C000053649

Hermeneutik Des Neuen Testaments...

Henrik Nicolai Clausen

Nabu Public Domain Reprints:

You are holding a reproduction of an original work published before 1923 that is in the public domain in the United States of America, and possibly other countries. You may freely copy and distribute this work as no entity (individual or corporate) has a copyright on the body of the work. This book may contain prior copyright references, and library stamps (as most of these works were scanned from library copies). These have been scanned and retained as part of the historical artifact.

This book may have occasional imperfections such as missing or blurred pages, poor pictures, errant marks, etc. that were either part of the original artifact, or were introduced by the scanning process. We believe this work is culturally important, and despite the imperfections, have elected to bring it back into print as part of our continuing commitment to the preservation of printed works worldwide. We appreciate your understanding of the imperfections in the preservation process, and hope you enjoy this valuable book.

Hermeneutik

des

Neuen Testaments.

Von

D. Henrik Nikolai Clausen,

ordentlichem Professor der Theologie an der Universität
zu Kopenhagen, Ritter vom Dannebrog.

Aus dem Dänischen übersetzt

von

C. O. Schmidt-Phiseldek,

Candidaten der Theologie zu Kopenhagen.

Leipzig 1841,
bei Karl Franz Köhler.

Hermeneutik

des

Neuen Testaments.

von

D. Samuel Davidson,

BIBLIOTHECA
REGIA
MONACENSIS

Aus dem Englischen übersetzt

von

C. G. Schmidt-Phiseldeck,

Leipzig 1841,

bei Karl Franz Köhler.

Dem Andenken

Friedrich Schleiermachers

des Unvergeßlichen

geweihet

vom

Verfasser.

Während die biblische Exegese im letzten Jahrzehend mit außerordentlichem Eifer getrieben und ausgebildet worden ist, und die dahin gehörende Literatur mehrere und inhaltsreichere Werke als irgend ein vorhergehender Zeitabschnitt aufzuweisen hat, und zwar sowohl im Bezug auf philologische und historische Bearbeitung des vorliegenden Stoffs als rücksichtlich christlich-rationeller Behandlung des heiligen Textes, so ist unterdessen die Theorie der Schriftauslegung nur gelegentlich und beiläufig Gegenstand der Betrachtung geworden, wie sehr es auch anerkannt werden muß, daß eine starke Aufforderung zu tieferer wissenschaftlicher Begründung in der Verschiedenheit der Auslegungs-Prinzipien, die in den biblischen Commentaren sich geltend machen, enthalten ist. Die

Schleiermachersche Hermeneutik ist allerdings eine bedeutende und einflußreiche Arbeit; aber selbst abgesehen von den formellen Unvollkommenheiten, welche sie in ungewöhnlichem Grade mit der ganzen Classe der opera posthuma gemein hat, dürfte sie, ihrer Anlage und der Allgemeinheit zufolge, worin die Untersuchungen gewöhnlich gehalten sind, eher in das Gebiet der Sprachphilosophie als in das der Theologie gehören. Nicht weniger ist, seit Meyers „Geschichte der Schrifterklärung“ (1802—5), ein Werk, das schwerlich den Sachkundigen viel mehr gelten wird, als eine fleißige, aber, bei aller unnöthigen Weitläufigkeit, dennoch unvollständige und ungeordnete Materialiensammlung, die Geschichte der Schriftauslegung ohne fördernde Pflege gewesen.

Ein Versuch, die früher mit großer Vorliebe getriebene Disciplin auf den Platz zurückzuführen, den ihr eine evangelisch-protestantische Theologie nicht vorenthalten kann, ohne mit den Prinzipien ihrer Kirche in Widerspruch zu treten, darf sonach als zeitgemäß angesehen werden, namentlich auch mit Rücksicht auf die Richtung, welche die theologischen Stuben nicht mehr neben zu wollen scheinen? Denn soll die Theologie aus der Verbindung, die sich längst aber je zuvor zwischen ihr und der Philosophie entschlossen, den rechten Segen ziehen, so darf sie sich nicht von einer Spekulation über Göttliches lassen, die da meine, daß der dialektische Lehmacker ... unendlich ergiebiger an Sand als an Wasser ... jenen andern Werkstoffe mache; wöchend sie theologischen Ge ... freunden mit Wohlwollen entgegenkommt, darf sie dieselben nicht Herren im Hause werden lassen. Denn wo eine gründ liche theologische Schule durchgemacht ist, steht zu erwarten, daß die philosophische Richtung selbst ihre rechte Begrenzung bilden und ihre Aufgabe darin finden werde, ... das histor isch gegebene Christenthum zu philosophiren, anstatt dasselbe durch apriorische Construktion herauszuphilosophiren. ...

Was den historischen Theil des Werkes anlangt, hätte ich erwartet, bei der letzten Revision meiner Sammlungen, welche ich, vom Reichthum unserer Bibliotheken unterstützt, durch eine Reihe von Jahren fortgesetzt habe, daß ich in den Stand gesetzt werden würde, dieselben mehr, als geschehen ist,

... Ich überzeugte mich indessen bald davon, daß die historische Objectivität durch geringere Vollständigkeit der Mittheilung aus den reichen Quellen zu viel einbüßen würde. Auch greifen die Grundsätze für die Behandlung des heiligen Wortes so tief in die ganze kirchliche Literatur ein, daß jene Sammlungen, durch wissenschaftliche Ordnung des Stoffes und durch Zusammenziehung der gleichartigen Bestandtheile, so wie ich sie versucht habe (l. S. 84. 85.), mir eine so wohl lehrreiche, als interessante Ausbeute zu geben scheinen. Was endlich das scheinbare Misverhältniß zwischen dem theoretischen und dem historischen Theile des Buches betrifft, so wird es dem sachkundigen Leser nicht entgehen, daß sich im letzteren Partieen allgemeineren Inhalts finden (S. 77—83, 86—97, 322—333), welche ungefähr mit gleichem Fug ihre Stelle in der theoretischen Untersuchung hätten einnehmen können.

Die geistigen Gegensätze, die in der theologischen Welt einander gegenüber stehen, treten auf keinem Punkte schärfer hervor, als wo es auf Würdigung der heiligen Schrift ankommt. Während es von einer Seite als der höchste

didaktischen Inhalt derselben mit den Resultaten eines dia=
lektischen Begriffssystems zu identificiren, so wird von einer
anderen Seite das Heil der Kirche wie der Theologie darin
gesucht, daß dem Princip krasser Buchstäblichkeit, welches jede
Ausbeute der Bibelkritik und Religionsphilosophie späterer
Zeiten zu ignoriren sucht, von Neuem wieder gehuldigt werde.
Als Uebergangs-Periode betrachtet, hat eine solche Zeit un=
ter Anderm den wohlthätigen Einfluß, daß es dem theologi=
schen Verfasser klarer als gewöhnlich vor Augen gestellt wird,
wie wenig daran zu denken ist, es allen Parteien recht zu ma=
chen. Es bleibt ihm sonach, nachdem er sich gehörige Mühe ge=
geben, für den einwirkenden und bildenden Einfluß des Geistes
der Zeit und der Organe desselben sich empfänglich zu erhal=
ten, weiter nichts zu thun übrig, als in sich selbst zurückzukeh=
ren, sich seinen eigenen Standpunkt zu möglichst klarem Selbst=
bewußtseyn zu bringen, und, an demselben festhaltend, seine
Ueberzeugung so auszusprechen, daß er erwarten darf, dieselbe

werbe, unter Widerspruch und Anfechtung, dazu beitragen, die Erkenntniß der Wahrheit zu fördern, und werde noch über die seinem persönlichen Wirken angewiesene Zeitgränze hinaus Wiederklang finden können.

Kopenhagen im August 1840.

Der Verfasser.

Inhalt.

Einleitung

Natur und Wesen der Hermeneutik, insbesondere der neutestamentlichen.

Uebersicht der Geschichte der neutestamentlichen Hermeneutik.

1. Von der apostolischen Zeit bis zum Schluß des sechsten Jahrhunderts.

2. Vom siebenten Jahrhundert bis zur Reformation.

Einleitung.

Natur und Wesen der Hermeneutik, insbesondere der Neutestamentlichen.

Die Hermeneutik als Wissenschaft.

Ἑρμηνευτικὴ (διδαχὴ, ἐπιστήμη, τέχνη) ist wissenschaftliche Begründung und Entwickelung der allgemeinen Grundsätze und Regeln zum Verständniß einer gegebenen Rede, oder: der Regeln, deren Beobachtung nothwendig ist, um dasjenige zur Anerkennung zu bringen, was der Redende oder Schreibende durch seine Worte hat ausdrücken wollen*). In dieser De-

---

*) Nach der älteren allgemein angenommenen und auch von Ernesti (instit. interpr. N. T.) beibehaltenen Definition ist die Hermeneutik die Wissenschaft, welche „ad subtilitatem tum intelligendi tum explicandi auctoris cuiusque sententias" (prolegom. §. 10) führt; und zufolge dieser Trennung zweier Funktionen, der inventio und der explicatio, ist die Untersuchung über die verschiedenen Arten der Auslegung — durch Uebersetzung, Paraphrase, Commentar — mit in das Gebiet der Hermeneutik hineingezogen worden. So auch Keil (der verschiedene Regeln aufstellt: „wenn man den Sinn richtig und gewiß verstehen, und ihn Andern überzeugend vortragen will"), Lücke („der Ausleger hat ein doppeltes Geschäft, einmal den Sinn einer Rede oder Schrift zu erforschen, dann den gefundenen Sinn vorzutragen") u. A. Aeltere Verfasser, z. B. Gerhard und Glassius, gehen noch weiter, und dehnen die Untersuchung auf die verschiedenen Arten der enarratio veri et genuini sensus, auf den Vortrag vom akademischen Catheder und von der Kanzel aus. Es wird aber nicht minder willkührlich seyn, die Regeln für einen äußern Akt — den Sinn einer gegebenen Rede zu entwickeln und vorzutragen — auf die Hermeneutik zurückzuführen, als wenn man die Regeln für Ausdruck und Darstellung eigener Gedanken uns

finition liegt eine Voraussetzung, und wieder eine Einschränkung, welche beide der Rechtfertigung bedürfen.

Einmal nämlich: Giebt es wirklich gemeingültige, feststehende Grundsätze und daraus entlehnte Vorschriften, welche die
Grundlage einer Auslegungswissenschaft zu bilden im Stande
sind? Und sodann: wenn eine solche Wissenschaft überhaupt
construirt werden kann, mit welchem Rechte darf sie dann auf
ein einzelnes Mittel der Mittheilung beschränkt werden, während
es mehrere solche giebt, welche dies mit dem Worte gemein haben,
daß ein inneres Leben sich durch dieselben verständlich für Andere
ausdrückt?

Um diese Fragen zu beantworten, müssen wir die eigenthümliche Beschaffenheit genauer ins Auge fassen, wodurch die Mittheilung durchs Wort sich von jeder anderen Mittheilung unterscheidet, und namentlich von derjenigen, welche durch die Sprache
der Zeichen und Töne geschieht. Und das eigenthümlich Un-
terscheidende wird hier theils in dem Gegenstande der Mittheilung,
theils in der Beschaffenheit des Mittels der Mittheilung selbst zu
suchen seyn. Dieses führt auf eine zweiseitige Betrachtung des
Wortes: nämlich als Rede und als Sprache. Beim Begriff
„der Rede“ ist jede Vorstellung einer bestimmten, besonderen
Wortform noch ausgeschlossen; wir bleiben bei dem allgemeinen
Verhältniß stehen, worin das Wort sich zu einem durch dasselbe
ausgedrückten innern Leben befindet; wogegen das Wort „Sprache“ den Gedanken auf die materielle Beschaffenheit dieser oder
jener unter mehreren verschiedenen Ausdrucksformen hinlenkt, welche
sich für den Gebrauch der Rede gebildet haben. —

Das Wort, als Rede im Allgemeinen betrachtet, ist in
seiner Mittheilung nicht auf das rein Objektive beschränkt, es mögen nun — wie bei den einfach abbildenden Zeichen — vereinzelte
Gegenstände seyn, welche durch materielle Mittel unmittelbar können nachgebildet werden, oder — wie bei den bildlich symbolischen

---

ter die Logik befassen wollte. Erst bei Schleiermacher ist die rechte Gränze
genau bezeichnet: „Nur Kunst des Verstehens, nicht auch der Darlegung des
Verständnisses; dies wäre nur ein specieller Theil von der Kunst zu reden
und zu schreiben, der nur von den allgemeinen Principien abhängen könnte.“
(Herm. S. 1.)

Zeichen, z. B. in der Hieroglyphik, oder in der höheren Kunst-Symbolik — ein in die Ideenwelt hingehörendes Objekt, dem aber innerhalb des Kreises der sinnlichen Dinge eine entsprechende Andeutung sich darbietet, der Inhalt abstrakter Begriffe, von welchen in den konkreten Gegenständen ein Abbild gegeben ist. Ebenso wenig ist auf der anderen Seite das Wort, sowie die Tonsprache, Ausdruck des bloß und rein Subjektiven, gewisser Stimmungen und Bewegungen der Seele, welche, wie sie denn selbst leidende Zustände sind, so auch allerdings lebendiges Mitgefühl erregen können, aber keine bestimmten Vorstellungen. Auch die malende Musik, inwiefern sie die Töne nicht zu einfacher Nachahmung einzelner Phänomene benutzt — in welchem Falle sie unter die abbildenden Zeichen gehören — ruft ein Bild des geschilderten Auftrittes, eines Gewitters oder einer Schlacht, nur dadurch hervor, daß sie die verschiedenen Gemüthsstimmungen der Furcht und Hoffnung, der Angst und Zuversicht, der Verzagtheit und des begeisterten Muthes, des Kummers und der Freude ausdrückt, durch welche, als durch ihre psychologischen Wirkungen, die Beschaffenheit und Größe der objektiven Scene sich gleichsam reflektirt. Wie diese Tongemälde aber hinsichtlich der Wahl der Gegenstände beschränkt sind, so werden sie sich auch auf einzelne Seiten derselben beschränken müssen. Noch ferner liegt die Vergleichung mit der Lautsprache der Thiere, der bloßen Aeußerung eines allgemeinen Befindens, gewisser Empfindungen oder Bedürfnisse. Denn die Rede — die mündlich vorgetragene oder niedergeschriebene Rede — ist der unmittelbare Ausdruck des selbstbewußten Denkens; sie ist das Denken selbst in hörbarer oder sichtbarer Form. Das Wort „men“ (wovon μέρος — mens — Mensch) hat im Sanskrit die Bedeutung „denken,“ in der Zendsprache „reden“*); und demnach ist alles Denken ein innerer Monolog; „ohne Worte ist der Gedanke noch nicht vollständig und klar“**), nicht herausgetreten aus der Form der Unmittelbarkeit, ungeschieden einerseits von seinem Gegenstande, andererseits von dem geistigen Wesen des denkenden Subjekts im Allgemeinen.

---

*) F. Lange: Almindelig Grammatik (Allgem. Gramm.; bis jetzt nur Bruchstück) S. 54.

**) Schleiermacher: Herm. S. 11.

Das Denken aber ist die Vereinigung des Objektiven und Subjektiven, das selbständige Aneignen und Bearbeiten der über dem
Subjekt und außerhalb desselben liegenden Wirklichkeit zu einer
entsprechenden Begriffswelt. Die ganze objektive Welt, soweit
der Gedanke innerhalb der Gränze der Zeit und des Raumes und
über sie hinausgeht, ist daher ein Gegenstand der wörtlichen Mittheilung. Sie ist es aber nur, inwiefern und sowie sie gedacht
wird: „Die Sprache ist der Mensch, die Sprache ist aber auch
die Welt; und wollten wir die Wahrheit dieser beiden Sätze in
einem dritten aussprechen, so würde es dieser seyn: „Die Sprache
ist Weltansicht").“ Nicht bloß einzelne Gedanken also, sondern
das ganze Gedankenleben, die fortgehende Gedankenbewegung,
die verschiedenen Gedankenverbindungen, die Uebergänge von
der einen Reihe zur andern, und gleichfalls die wechselnden, hieraus entspringenden, also selbstbewußten Stimmungen der Seele,
— das ganze geistige Wesen und Seyn des Subjekts, in seiner
individuellen Eigenthümlichkeit, seinen momentanen Zuständen,
seinem Wirken und Leiden kann vermittelst des Wortes anschaulich
hervortreten. Es ist daher eine Verschiedenheit, in welcher der
ganze Abstand des Inhaltes und Umfanges der Offenbarung, ihres
Verhältnisses zum menschlichen Geiste und menschlichen Leben gegeben ist, wenn Gottes Wesen und Wille im Christenthum und
Judenthum in der Form des Worts geoffenbaret ist, während die
heidnischen Religionen allein auf die sichtbaren Gottesoffenbarun-
gen in der physischen Natur hinweisen. —

Aber indem die Rede der naturgemäße Ausdruck des Gedan-
kenlebens des Individuums ist, ist sie zugleich auch der Ausdruck
von Denkgesetzen, die das Grundwesen aller Intelligenz und intel-
ligenten Wirksamkeit ausmachen. Hieraus folgt nun wieder, daß
jede Rede in eben dem Maße, als sie Ausdruck eines folgerechten
Denkens ist, auch dem Zuhörer oder Leser verständlich wird, durch
Anwendung nämlich eben derselben Denkgesetze, welche bei dem
Redenden oder Schreibenden dem Inhalte und der Form dieser
Rede zum Grunde gelegen haben. Gleichwie die Gedanken durch
die Rede in eine bestimmte Form hinausgeführt werden, so führt
die Auslegung die Worte nach dem Gedankenursprunge zurück;

---

*) Lange: Ebendas. S. 95 f.

es ist das Denken, welches mit gleicher Nothwendigkeit den nämlichen Weg fort- und wieder zurückschreitet. Und hiemit ist denn eine feststehende Grundlage für die Auslegung menschlicher Rede gegeben. Aber eben weil die Möglichkeit aller Auslegung in der natürlichen Verbindung zwischen Denken und Rede gegründet ist, wird der Auslegung der Weg versperrt seyn, wo die Rede entweder gar kein Denken ist, oder wo sie aus dem natürlichen Verhältnisse zum Denken herausgerissen ist. Der erste Fall tritt bei der Rede des Wahnsinnigen ein. Diese liegt außerhalb des Gebietes der Auslegung, weil sie der Ausdruck von Gedankenschwingungen ist, welche außerhalb des eigenen Bewußtseyns des Redenden liegen. Den einzelnen Elementen, welche hier nach Zeit und Ort verbunden sind, fehlt es an jeder logischen Verbindung; und es muß darum verlorene Mühe bleiben, die wilden Spuren treffen und verfolgen zu wollen; jeder Auslegungsversuch wird nur zum deutlicheren Erkennen der Sinnlosigkeit der Rede führen. Aehnliches wird bei einer jeden Rede Statt finden, die bis zu einem gewissen Grade verworren und springend ist. Das Regellose in Bildung und Ausdruck der einzelnen Gedanken oder das Willkührliche in ihrer gegenseitigen Verbindung wird hier der rechten Auffassung des Sinnes der Worte und dem Verfolgen der Gedanken in ihrem Gange größere oder kleinere Hindernisse in den Weg legen. Anders verhält es sich, wo es an der zweiten Bedingung, nämlich dem wahrhaften und aufrichtigen Ausdrucke des Gedankens, fehlt. Hier findet nämlich eine Doppelheit im Denken Statt; und es ist hier nicht mehr die wirkliche Meinung — diese hat gerade der Redende durch angewandte Kunst versteckt und in sich selbst zurückgedrängt, — die Gegenstand der Auslegung ist. Eben die vorgespiegelte Meinung, folgerecht ausgedrückt, indem der Redende sich verläugnet und seine natürliche Stellung mit einer andern gleichsam vertauscht hat, wird vom Standpunkte des Auslegers als die wahre Meinung zu betrachten seyn. Denn eben diese hat der Redende für seine wirkliche Meinung ausgeben wollen, und darum auch als solche ausgedrückt; nicht aber den Gedanken an und für sich, sondern nur insofern er in der Rede ausgedrückt ist, zu erkennen, kann als Aufgabe der Auslegung gelten. — Ferner aber kommt hier die Mannigfaltigkeit bestimmter Formen in Betracht, unter welchen die Rede als Sprache hervortritt. Auch hier wird die Vergleichung hinsichtlich des Mittels und der Art der Mittheilung auf eine nicht minder wesentliche Verschiedenheit führen. Nicht nur bei den unmittelbar abbildenden Zeichen, sondern auch bei der Pantomime, der Hieroglyphe und der allegorisirenden Kunst geschieht die Mittheilung durch Benutzung einer gewissen, materiellen oder geistigen, Aehnlichkeit; und auch in der Tonsprache beruht die Bedeutung auf einem gewissen sympathetischen Verhältniß des Zeichens zum Bezeichneten. Der rechte Gebrauch dieser Bezeichnungsmittel wird nun allerdings bei jedem einzelnen Falle eingeübt werden können; die korrekte Ausführung eines Musikstücks, einer Pantomime ist das Werk des Fleißes. Fragt es sich dagegen um eigene, freie und selbstständige Anwendung, um beliebige Gegenstände oder Gemüthsstimmungen auszudrücken, so läßt sich diese weder durch Regeln bestimmen, noch durch Unterricht mittheilen und bezeichnen; denn die erste Bedingung ist hier eine besondere geistige Fähigkeit, ein Talent, um erst die entsprechenden Bezeichnungsmittel ausfindig zu machen, und sie hernach in die rechte, anschaulichmachende Verbindung zu bringen. Und wie nun die Mittheilung vermittelst dieser Zeichen besondere Naturgaben voraussetzt, so wird auch die Auslegung unsicher und schwankend. Allerdings giebt es, namentlich zur Deutung der Symbole, gewisse, im Denken vorgeschriebene Grundgesetze, — denn die Symbolisirung ist kein willführliches Spiel, sie ist ein Ergreifen und Aneignen der eignen Sprache der Natur, worin die Creatur vom Schöpfer, die Körperwelt von der Geisterwelt Zeugniß giebt*). Aber diese Gesetze können nur die allgemeinsten Züge angehen. Zu allen Zeiten ist die Deutung der Symbolik in den Religionen des Alterthums und in dem dazu gehörenden Cultus den Eingeweihten vorbehalten gewesen; und gewiß ist bei keiner Untersuchung eine innigere Vereinigung um-

---

*) „War dem Menschen die Sinnlichkeit und Sichtbarkeit überhaupt der unmittelbare Ausdruck des Uebersinnlichen, eine Sprache und Offenbarung der unsichtbaren Gottheit an ihn: so folgte daraus nothwendig, daß, wenn er sein Inneres der Gottheit wollte offenbaren, und darthun, worin denn der Cultus überhaupt besteht, er sich derselben Sprache bediente, die die Gottheit mit ihm redete, daß er dasselbe, durch die Gottheit selbst sanctionirte Darstellungsmittel, nämlich das Sinnliche, Sichtbare und Aeußerliche gebrauchte." Bähr, Symbolik des Mosaischen Cultus, S. 25.

fassender Gelehrsamkeit nöthig, nicht nur mit Scharfsinn und Be-
sonnenheit im Denken, sondern auch mit dichterischem Sinne, oft
sogar mit künstlerischer Anlage, die den Wenigsten gegeben ist, die
durch Anleitung und Uebung zwar ausgebildet, nicht aber mitgetheilt werden kann, wo sie nicht als Gabe der Natur vorhanden
ist. Die Sprachen dagegen — wenn wir nicht auf den wahr-
scheinlichen Ursprung oder die ersten, unvollkommenen Rudimente,
sondern auf den ausgebildeten Zustand derselben sehen — sind in
ihren einzelnen Bestandtheilen als positiv gegebene Bezeichnungen
zu betrachten. Die Bedeutung der einzelnen Wörter sowohl als
Wortfügungen ist in allgemeiner Uebereinkunft gegründet, und
dadurch sicher und feststehend. Die Sprache ist demnach ein Gegenstand vollständigen Unterrichts, und die Rede in einer gegebenen Sprache wird verständlich, ohne Weiteres vorauszusetzen, als
einfache Sprachkenntniß von Seiten des Hörenden oder Lesenden,
und Fähigkeit, diese Kenntniß nach der besonderen Art und Weise
anzuwenden, worauf die Sprache sich im Styl des Redenden oder
Schreibenden individualisirt. —

Durch das hier Gesagte ist zugleich die Stelle angezeigt,
welche die Hermeneutik in der Reihe der Wissenschaften einnimmt.
Wenn uns die Logik, gleichsam durch geistiges Anatomiren, den
Blick in den Organismus des Denkens eröffnet, die Gesetze, die
unser geistiges Wesen unwillkührlich in seinem unsichtbaren Wirken befolgt, und die verschiedenen Operationen, aus welchen dieses zusammengesetzt ist, vor das Bewußtseyn führt, so werden
durch die Hermeneutik die Resultate jener Beobachtung auf die
menschliche Rede angewendet, als das ausgeführte, in Sprachform abgebildete, verkörperte Denken. Die Hermeneutik ist demnach ein Theil der angewandten Logik, und steht den anderen
Theilen derselben zur Seite, welche ebenfalls das Wort zum Gegenstande haben, aber mit Rücksicht auf den eignen Gebrauch und
die Anwendung desselben. Auch hier finden wir das Wort theils als
Rede, theils als Sprache betrachtet: in der Rhetorik und in
der Grammatik.

Aufgabe und Umfang der Auslegung [*].

Die Mittheilung durch das Wort also ist allein ein Gegenstand wissenschaftlicher Auslegung. Bei jeder Wortform aber kommt ein doppeltes Verhältniß in Betracht: zum Subjekt, von dem sie gegeben ist, und zum Objekt, worauf sie sich bezieht; indem sie theils der Ausdruck einer persönlichen Auffassung und Ansicht, theils die Bezeichnung der Beschaffenheit eines gewissen Gegenstandes ist. Nur wo Gedanke und Ausdruck die ganze Objektivität umfaßt und genau wiedergiebt, z. B. in einer Berechnung oder mathematischen Beweisführung, verliert diese Unterscheidung ihre Bedeutung. Bei jedem sonstigen Gebrauche menschlicher Rede dagegen, selbst wo das eigne Denken und die eigne Gemüthsbeschaffenheit des Individuums Gegenstand der Rede ist, bleibt ein Abstand zwischen der objektiven und subjektiven Wahrheit; denn die Richtigkeit der Selbstanschauung und Selbstcharakteristik ist nicht das am Wenigsten Schwierige. Am Deutlichsten aber tritt diese Verschiedenheit bei der Darstellung und Entwickelung des faktisch Gegebenen hervor. Nicht nur kann es der wahrhaften Rede an objektiver Wahrheit fehlen: wo die Beschaffenheit des Gegenstandes oder das Verhältniß, worin der Redende zu demselben gestanden hat, der rechten Erkenntniß Abbruch thut (z. B. der Alten Erklärung der Naturphänomene — Zeugenbericht von Thatsachen); sondern auch die verstellt vorspiegelnde Rede kann Wahrheit enthalten. Theils kann eine Rede, von dem Redenden selbst als falsche Darstellung gemeint, gerade, gegen Wissen und Willen desselben, eine dem Gegenstande entsprechende Darstellung geben (wo also der Wille, die Wahrheit zu verunstalten, von hinreichender Kenntniß nicht unterstützt ist); theils kann eine Rede, die darauf berechnet ist, eine unrichtige Vorstellung hervorzurufen, gerade gegen die Absicht des Redenden aufgefaßt werden, z. B. die Selbstanklage des Heuchlers, wo die Beobachtungsfähigkeit der Anwesenden nicht mit gehöriger Vorsicht berechnet worden ist.

Nun kann allerdings das Verhältniß, worin das Wort zum Objekt sich befindet, und das Verhältniß, worin es zum Subjekt steht, nicht als getrennt betrachtet werden. Denn das Verhält-

---

[*] Schleiermacher: Ueber den Begriff der Hermeneutik. Zwei Abhandlungen, in seinen „Reden und Abhandlungen" (1835), S. 344 und 366.

niß zum Subjekt betrifft doch gerade und zwar ausschließlich die
Anschauung, Auffassung und Darstellung des bestimmten Objekts,
welches den Inhalt der Rede ausmacht. Und auf der anderen
Seite ist dieses Verhältniß zwischen der Rede und dem Objekt derselben kein unmittelbares; es ist durch das Subjekt vermittelt,
welches den Gegenstand in Sprachform ausgedrückt hat; das Objekt wird in der Weise, wie, und insofern, als es vom Subjekt
aufgefaßt worden ist, dargestellt. Es mag daher entweder das
Verhältniß der Rede zum Subjekt, d. h. welche Ansicht des Gegenstandes in der Rede ausgedrückt sey, oder ihr Verhältniß zum
Objekt, d. h. wiefern die ausgedrückte Ansicht der objektiven Wirklichkeit entspreche, der Zweck der Untersuchung seyn: so wird diese
allemal aus den nämlichen Momenten bestehen. Das Besondere
in der Art und Weise, wie der Redende seinen Gegenstand aufgefaßt hat und denselben hat bezeichnen wollen, wird selten sich
bestimmen lassen, wo keine Kenntniß dieses Gegenstandes voraus-
geht; und wenn gefragt wird, in wieweit die Bezeichnung als der
Wirklichkeit des Objekts entsprechend angesehen werden dürfe, wird
es wesentlich in Betracht kommen, in welchem Verhältniß das
Subjekt bekanntlich zum Gegenstande gestanden habe. Die Richtung aber der ganzen Untersuchung und die gegenseitige Stellung
der verschiedenen Momente derselben wird wesentlich verschieden,
je nachdem die Hauptsache entweder die Erkenntniß des Objekts
ist, wozu die gegebene Rede ein Mittel unter mehreren darbietet,
oder das Verhältniß, in welchem es aus dem Worte erhellt, daß
das Subjekt zum Objekte gestanden hat. Die
Hiedurch ist die Gränze angegeben zwischen der historischen Kritik und der Auslegung. Die beiden Gebiete
stoßen nahe an einander; denn es ist natürlich, daß der Ausleger
bei der Frage von der objektiven Wahrheit des ausgelegten Worts
nicht gleichgültig seyn kann. Je leichter aber gerade deßhalb die
Gränze zwischen beiden zum Nachtheil der wissenschaftlichen Richtigkeit verschoben wird, um so bestimmter muß festgehalten werden, daß die Aufgabe der historischen Kritik das
Verhältniß des Objekts zum Worte ist, die der Auslegung dagegen das Verhältniß des Worts zum
Subjekt, oder — was das Nämliche ist — das im Worte und
vermittelst desselben bezeichnete Verhältniß des Subjekts zumObjekte.

Die Auslegung einer Rede aber ist ein Anderes und Mehreres, als das unmittelbare Verstehen, so wie es zu jeder Stunde des täglichen Lebens Statt findet, wo der Hauptsinn der fremden Worte unwillkührlich mit den Worten selbst gegeben ist. Was erzielt wird, ist ein vollkommenes und vollständiges Auffassen des Verhältnisses der Worte zu dem Denken und der Gemüthsstimmung des Redenden, so daß der Sinn mit allen besonderen Modifikationen nach Inhalt und Form erkannt wird, und jeder einzelne Theil weder einen größeren noch geringeren Grad von Gewicht und Nachdruck erhält, als welcher ihm von Seiten des Redenden zugedacht gewesen ist. Ein solches Auffassen setzt klare und genaue Einsicht voraus in die ganze mechanische und dynamische Verbindung der Worte, in das gegenseitige Verhältniß über- und untergeordneter Theile, des Hauptsatzes und der Nebensätze. Von dieser Kenntniß befindet der Redende oder Schreibende selbst sich im unmittelbaren Besitze; daher es auch nach einem alten und wahren Sprichwort heißt, daß ein Jeder selbst seiner Worte bester Ausleger ist, oder richtiger so: daß ein Jeder selbst der einzige zuverlässige und vollständige Ausleger seiner Worte ist, weil der Weg von der unsichtbaren Werkstätte des Gedankens bis zum sichtbaren Werk nur dem Werkmeister selbst offen steht. Jeder andere Ausleger wird nur in ganz besonderen Fällen versuchen dürfen, denselben Weg zu gehen, wo ihm nämlich im Voraus, unabhängig von den Worten, nicht nur die geistige Persönlichkeit des Redenden überhaupt bekannt und gegenwärtig ist, sondern auch die besondere Stimmung, in welcher die Worte ausgesprochen sind. Wenn wir geneigt sind, uns unmittelbare und vollständige Gewißheit von dem Sinne solcher Worte zuzutrauen, welche wir mit eigenen Ohren gehört haben, so ist es, weil wir hier nicht nur die Worte in ihrer ursprünglichen Form und Verbindung besitzen, sondern weil uns zugleich eine beigefügte Erklärung in der Betonung, Miene und Geberde gegeben ist, welche uns, selbst ohne Worte, von der Stimmung des Redenden vergewissern würden, und weil uns hier die historischen Verhältnisse gegenwärtig sind, die mit der Rede in naher Verbindung stehen: Dasjenige, welches dieselbe veranlaßt hat, woran sie entweder als Erklärung und Bestätigung oder als Entgegnung und Widerlegung geknüpft ist. Wo

wir aus zweiter Hand von den Worten Anderer benachrichtiget werden, pflegen wir daher, wo es uns um ihr rechtes Verständniß
zu thun ist, uns sorgfältig nach dem Ausdruck in Ton und Miene
zu erkundigen, der sie begleitet hat, nach der Veranlassung den
Umgebungen u. s. w.; und wo dieses Nachforschen vergeblich ist,
finden wir uns oftmals geneigt, unser Urtheil über den Sinn und
die Absicht der Rede auszusetzen. Hierin liegt ein unzweideutiges
Geständniß der Wahrheit, wie viel daran fehlt, daß die Worte
an und für sich hinreichend seyen, um zur rechten Erklärung zu
führen, wie sehr die Worterklärung durch unmittelbare Kenntniß
von der Person und den persönlichen Verhältnissen des Wortführenden unterstützt zu werden bedürfe. Wie wichtig aber auch die
historische Kenntniß als vorläufiges Anleitungsmittel oder auch
als Bestimmungsgrund in solchen Fällen ist, in welchen die Worte
an und für sich uns über den rechten Sinn im Zweifel lassen:
so wird doch Niemand wagen, mit solcher Zuversicht sich auf dieselbe zu verlassen, daß er wähnen sollte, er könne sich über die
Worte selbst hinwegversetzen. Diese zu untersuchen, wie sie gegeben
sind, um zu prüfen, wieweit ein Sinn in ihnen klar und bestimmt,
oder dunkel und schwankend ausgedrückt ist, thut allemal am Ersten Noth. Und wo die Kenntniß von der Individualität des
Wortführenden nur mittelbar ist und auf dem Wege der Tradition erworben werden soll, wo namentlich die Auslegung auf
Schriften sich bezieht, und zwar auf solche, welche aus einer älteren Zeit überliefert sind: da wird das Wort selbst das wichtigste
Hülfsmittel, das zuverlässigste Zeugniß, welches befragt werden
muß, um den Verfasser, seinen Charakter und sein Denken so
kennen zu lernen, daß dadurch wieder seine Worte in ihren Einzelheiten uns verständlich werden können. Vornämlich also
durch das Wort und aus dem Worte soll das Wort
ausgelegt werden. Und auch hier wird das Wort zuerst als
Sprache zu betrachten seyn, als zu einer bestimmten historischen
Wortform gehörend, in welcher es dem jedesmaligen Verfasser
gegeben ist sich auszudrücken. Das Denken, wie die Rede eines
jeden Individuums, ist bis zu einem gewissen Grade bedingt, wird
mehr oder minder gehemmt oder gefördert, in diese oder jene Richtung geführt durch die Beschaffenheit und Entwickelungsstufe der
Sprache, worin seine Ausbildung vor sich geht, worin er Mit-

theilung von Gedanken empfängt und wiedergiebt; und insoweit
kann der Mensch — um einen Ausdruck zu gebrauchen, worin
dieses Abhängigkeitsverhältniß auf die Spitze gestellt ist — als
„der Ort" betrachtet werden, „wo eine gegebene Sprache auf
eigenthümliche Weise sich bildet*)." Bekanntschaft mit dieser
Sprache, nicht allein mit den materiellen Bestandtheilen derselben,
mit dem Bau der Wörter und Formen, sondern mit dem Geiste
und eigenthümlichen Charakter der Sprache, nicht nur mit ihrem
Ursprung und Stamm, sondern auch mit ihren verschiedenen Ver-
zweigungen, mit der Ausbildung, die einem gewissen Zeitalter
gehört, der Anwendung, die gewissen Schriftclassen eigenthümlich ist, wird demnach die erste Bedingung der Auslegung seyn,
und gründliches Sprachstudium, umfassende Litteraturkenntniß in
dieser Hinsicht das fruchtbarste Beförderungsmittel derselben. Das
Wort aber, von welchem die Rede ist, muß demnächst auch als
Rede betrachtet werden, als Ausdrucksform für das Denken und
ganze geistige Wesen eines bestimmten Individuums. Denn auch
in Rücksicht der Sprache macht sich die Persönlichkeit des Menschen geltend. Mit elastischer Schmiegsamkeit fügt sich jene nach
den Formen des geistigen Wesens; und wie von einem Jeden, der
es versteht, die Sprache als Werkzeug seines Gedankens zu behandeln, ein mehr oder minder thätiger Einfluß zur Ausbildung
derselben in dieser oder jener Richtung ausgeht, so ist Eigenthümlichkeit der Sprache, der Form und Farbe des Styls, zugleich der
Ausdruck einer eigenthümlichen Weise des Seyns, Empfindens
und Denkens. Damit aber das Wort eines Verfassers so durch-
sichtig werde, daß sein geistiges Seyn und Wirken hinter demselben beschaulich hervortreten könne, dazu wird bei dem Betrachter
nicht nur Scharfblick und Scharfsinn überhaupt, sondern auch ein
Blick gefordert, der mit der ganzen Anschauungsweise des Verfassers verwandt ist. Wo eine divergirende Geistesrichtung den
Ausleger nicht allein außerhalb der geistigen Sphäre des Verfas-
fers, sondern auch weit von derselben entfernt hält, werden die
Worte, in ihrer natürlichen Unvollkommenheit, als nackte und
unbestimmte Gedankenumrisse da stehen. Erst wenn ihnen eine
natürliche Sympathie des Geistes entgegenkommt, oder auch der

---

*) Schleiermacher: Hermeneutik S. 12.

Geist beweglich genug ist, um sich aus seinem eigenen Gedanken-
kreise heraus und in den fremden hineinverseßen zu können, erhalten die Worte Geist und Leben und sprechenden Ausdruck, und
leiten den Ausleger rückwärts, auf der nämlichen Gedankenspur,
auf welcher der Verfasser vorwärts fortgeschritten ist, auf den
Standpunkt der menschlichen und litterairen Persönlichkeit, aus
welchem die Rede betrachtet werden muß, um als ein Ganzes sowohl als theilweise und in ihrer ganzen Composition recht verstanden zu werden. Das Wort als Einheit und Totalität ist es mithin, das zur Auslegung der einzelnen Theile des Wortes führt.

Als Gegenstand der Wirksamkeit des Auslegens ist demnach
im Worte selbst, als Sprache und als Rede betrachtet, ein positiv gegebenes, objektives Element, und ein, mit der Individualität und dem Leben wechselndes, subjektives. Daher auch die
Auslegung eine historische und eine geistige, pneumatische Seite
hat; sie muß das gegebene Wort auf einmal in seinem Verhältniß zur bestimmten Sprachform und zur Individualität des Verfassers betrachten, und wird also das Resultat linguistischer, historischer, logisch-psychologischer Untersuchungen. Da aber die
linguistische sowohl als die historische Untersuchung äußere, faktische Einzelheiten zum Gegenstande hat, so wird die Aufgabe der
Auslegung durch die Bezeichnung historisch-geistig erschöpft
seyn. Die historische Auslegung beschäftigt sich mit der Analyse
der linguistischen und faktischen Mannigfaltigkeit, welche sie auf
eine Einheit zurückzuführen sucht, indem sie zeigt, inwiefern ein
Sinn, den Worten und Verhältnissen zufolge, entweder als dargethan und erwiesen oder als annehmlich oder ausgeschlossen angesehen werden könne. Die geistige Auslegung geht von einer in
der geistigen Totalität des Verfassers gegebenen Einheit aus, indem sie den Sinn aufzuweisen sucht, welcher in Beziehung auf diese
unter mehreren anderen, die nach historischen Rücksichten möglich
sind, als der wahre angenommen, und wie dieser Sinn näher
modificirt werden müsse, um als genauer Ausdruck der Geistes-
Eigenthümlichkeit des Verfassers gelten zu können.

Wissenschaftliche Bedeutung der Hermeneutik.

Sollte irgend ein gegründeter Zweifel sich gegen die Wichtigkeit der Bestrebung erheben können, die Auslegungsarbeit zum

Gegenstände wissenschaftlicher Untersuchung zu machen, und die allgemeinen Grundsätze und Regeln, welche hiebei zu befolgen sind, zu klarer Anerkennung zu bringen: so müßte es seyn, entweder daß die Auslegungsarbeit nicht mit Schwierigkeiten verbunden sey, zu deren Ueberwindung die Hülfe der Wissenschaft als nothwendig anzusehen wäre, oder umgekehrt, daß diese Schwierigkeiten von der Natur seyen, daß die Hülfe in keiner wissenschaftlichen Theorie zu finden wäre.

Was das Erste betrifft, so giebt die Geschichte sowohl als die allgemeine Erfahrung Zeugnisse die Menge davon, wie leicht der richtige Sinn des Worts verfehlt werde. Nichts ist häufiger, im täglichen Leben sowohl als in der Litteratur, als die Klage über Misverständnisse, selbst da, wo wir an dem Wohlwollen oder an dem gesunden Sinne des Hörenden oder Lesenden nicht zweifeln zu können glauben. Wie manche Beeinträchtigung, wie mancher unnütze Streit, wie mancher, für die Wissenschaft und das Leben gleich bedauernswerther Gegensatz und Auflösung ist nicht aus dieser Quelle entsprungen! Selbst in Beziehung auf Gesetze, Contracte, testamentarische Bestimmungen und solche Dokumente überhaupt, auf deren Bestimmtheit und Deutlichkeit bei der Abfassung die größte Sorgfalt angewandt worden ist, sehen wir ein weites Feld für den auslegenden Scharfsinn offen, und auch bei solchen Bestimmungen, die wichtige Interessen für Einzelne oder für's Oeffentliche angehen, den Sinn vielfach bezweifelt. Die Geschichte der Theologie endlich zeigt uns, wie die verschiedensten Auslegungsprincipien auf die heiligen Bücher angewendet, und wie, als Folge dieses Verfahrens, die verschiedensten Ansichten und entgegengesetzte Sätze aus der Glaubens= und Sittenlehre mit gleicher Heftigkeit und scheinbar gleichem Rechte durch die Autorität der Schrift vertheidigt worden sind.

Dergleichen Erfahrungen sind wohl dazu geeignet, eine Vorstellung von den Schwierigkeiten zu erregen, die, nach der Natur der Sache, mehr oder weniger mit dem rechten Verständniß eines gegebenen Wortes verbunden sind. Und da nach dem Vorhergehenden alles Verstehen darauf beruht, daß durch's Wort ein solches Verhältniß zwischen dem Verfasser und dem Ausleger herbeigeführt werde, daß Dieser in den Jenem eigenthümlichen Gedankenkreis hineinversetzt und es ihm möglich gemacht wird, seiner

Denkrichtung zu folgen: so muß die objektive, von zufälligen Verhältnissen unabhängige Schwierigkeit der Auslegungsarbeit in der eigenthümlichen Beschaffenheit des Worts als Mittheilungsmittel gegründet seyn, vermöge deren jenes Verhältniß sich nur unvollkommen und annäherungsweise erreichen läßt.

Zuerst und vornämlich kommt hier die wesentliche, nicht bloß materielle, sondern geistige Verschiedenheit der Sprachen in Betracht, — der sichtbare Typus der eigenthümlichen Weise des Denkens und Empfindens, die die verschiedenen Völkerstämme unterscheidet. Man vergleiche unter einander die orientalischen und occidentalischen Sprachclassen — in wie verschiedene Auffassung der Phänomene der Natur und des Geistes sie uns hineinführen, — oder die römischen und gothisch-germanischen: wie Ausdrucksformen, welche für die äußere Betrachtung als gleichartig erscheinen, zur Einkleidung verschiedenartiger Gedanken dienen, und umgekehrt, wie ganz verschiedenartige Formen auf den nämlichen Gedankeninhalt zurückgeführt werden müssen. Hiezu kommt die wechselnde Gestalt der einzelnen Sprachen zu verschiedenen Perioden: alle Eigenthümlichkeiten, die in den Namen Sprachgebrauch zusammengefaßt werden, in Rücksicht der Form der Wörter und deren Bedeutung nicht minder als der Regeln für ihre Zusammenfügung. Hierin liegt der Hauptgrund zu der besonderen mit der Auslegung alterthümlicher Schriften verbundenen Schwierigkeit.

Sodann aber weiß jeder Redner und jeder Schriftsteller sich selbst zu sagen, welch' ein Abstand zwischen dem Gedanken und der symbolisirenden Form Statt findet — kein geringerer, als, nach dem Worte Lessings, zwischen dem Auge des Künstlers und seiner Hand, — wie schwach ein Abbild dessen, was von innen heraus Mund und Feder in Bewegung gesetzt hat, selbst die am sorgfältigsten gewählte und geordnete Rede giebt. Dieses gilt gewissermaßen sogar in höherem Grade vom geschriebenen, als vom mündlichen Worte; denn wenn jenes gleich mit größerer Sorgfalt gewählt und zusammengestellt werden kann, so entbehrt es wiederum den Beistand zur Erklärung, Belebung, Verstärkung und Milderung, welchen Stimme, Mimik und Betonung gewähren können. Dieses natürliche Misverhältniß zwischen dem Gedanken und seinem Ausdruck nimmt in eben dem Grade zu, als sein Gegenstand sich über die Sphäre der sinnlichen Wahrnehmung erhebt, aus welcher die Worte unmittelbar genommen sind. Ob der Vortrag abstrakte oder konkrete, historische oder didaktische, sinnliche oder übersinnliche Gegenstände betrifft, ob er in poetischer oder prosaischer, in wissenschaftlicher oder volksthümlicher Form abgefaßt ist, kommt bei der Auslegung wesentlich in Betracht. — So groß kann der Unterschied seyn des Zwecks und Interesses der Bedingungen und Verhältnisse — z. B. bei der Abfassung eines gesetzlichen Contrakts und eines lyrischen Gedichts — daß ein und dasselbe Sprachvehikel kaum als hinreichend erscheint. Gleichwohl ist die Rede an den nämlichen Kreis von Bezeichnungen gebunden, und muß sich im Wesentlichen durch wohlberechnete Anwendung des einmal gegebenen Wortvorrathes behelfen.

So werden wir auch in dieser Hinsicht in das Wort des Apostels einstimmen, daß derjenige ein vollkommener Mann sey, der seine Zunge im Zaum zu halten, sie gehörig zu gebrauchen, und nach den Anforderungen des Gegenstandes der Rede und der jedesmaligen Bedingungen zu lenken weiß. Denn um dem Worte die Vollkommenheit zu geben, deren es empfänglich ist, wird nicht nur eine durch Bildung erworbene Macht über die Sprache erfordert, sondern auch ein stetes Aufmerken auf den Inhalt und die gegenseitigen Verhältnisse der Gedanken in allen ihren Verwickelungen, ein anhaltendes Verarbeiten des Stoffs des Denkens, eine oft ermüdende Sorgfalt in der Auswahl unter den verschiedenen Wortformen, bis der adäquateste Ausdruck, die entsprechendste Einkleidung sich darbietet, — und zugleich, bei vielerlei Verhältnissen, eine geistige Stärke und Selbstbeherrschung, um die Unabhängigkeit der Seele von äußeren Eindrücken und inneren Regungen zu behaupten, welche über die Fassung des sprachlichen Ausdrucks entscheiden wollen.

Aber zu den Schwierigkeiten der Kunst wohl zu reden stehen die Schwierigkeiten der Kunst richtig auszulegen in natürlichem Verhältniß. Und wirklich muß hiebei auf eine Vereinigung von Eigenschaften gerechnet werden, die im Allgemeinen nur selten neben einander gefunden werden: auf eine an Passivität gränzende Ruhe des Gemüthes, welches ohne vorgefaßtes, in eigener Ansicht gegründetes Interesse für die eine oder die andere Seite mitzubringen, oder diese oder jene Einzelheit zu ergreifen, und durch

dieſelbe ſich in ſeinem Urtheile, zur Gunſt oder Ungunſt, beſtimmen zu laſſen, ſich dem Verfaſſer hingiebt, und ſich ſtufenweiſe zu
einem völligeren Verſtehen führen läßt, — verbunden mit einem
immer wachſamen und thätigen Vermögen zur Beobachtung des
fortſchreitenden Ganges in der Entwickelung, der nach und nach
hervortretenden Züge, in welchen das Vorhergehende ſeine Erklärung und Berichtigung, Erweiterung oder Einſchränkung findet;
— auf kritiſchen Scharfſinn im Sammeln und Vergleichen, im
Verbinden und Trennen, vereinigt mit einer leicht erregbaren
Phantaſie, die ſich in den fremden Gedankengang und in die äußere Lage hineinzuverſetzen vermag, ja ſelbſt mit divinatoriſchem
Vermögen, zwiſchen den Zeilen zu leſen und etwaige Sprünge der
Rede auszufüllen, welches wiederum mit ſelbſtbeherrſchender Kraft
geleitet werden muß, wo die Gelegenheit dazu verſucht durch ſinn-
reiche Auslegung glänzen zu wollen auf Koſten der Wahrheit.

Müßte nun aber nicht, allem Angeführten zufolge, das Wort
als eine ſo ins Unendliche bedingte und ins Unendliche wechſelnde
Form erſcheinen, daß das Beſtreben, eine Theorie der Auslegung
zu bilden und allgemeine Regeln als Grundlage derſelben aufzu-
ſtellen, vergeblich und verlorene Mühe werden muß? Denn bei
Schwierigkeiten, die größtentheils in ſpeciellen Verhältniſſen — im
Geiſte der Zeit, in äußeren Lebensverhältniſſen, vorübergehenden
Gemüthsſtimmungen — gegründet ſind, und darum auch auf
verſchiedene Arten der Rede ſowohl als auf verſchiedene Perſön-
lichkeiten einen weſentlich verſchiedenen Einfluß äußern, ſcheint
es, als müſſe die Behandlung, wenigſtens was die geiſtige Seite
der Auslegung betrifft, einem gewiſſen Tact überlaſſen werden, der
urſprünglichen Anlagen zu verdanken ſey, und durch Uebung geſchärft werden könne, übrigens aber eben ſowenig zu definiren,
als durch theoretiſche Anweiſung zu leiten ſey.

So würde es ſich nun allerdings verhalten, wenn die angedeuteten Schwierigkeiten, was das Weſentliche betrifft, nicht ſo
in der Natur der Dinge gegründet wären, daß die Unterſuchung
ihrer Beſchaffenheit zu gewiſſen allgemeinen Reſultaten, und dadurch auch zu gewiſſen allgemeinen Maßregeln hinſichtlich ihrer
Löſung führte.

Wie große Verſchiedenheit jene Schwierigkeiten aber auch
darbieten, und zwar ſowohl in Rückſicht der Art als des Grades,

2

ſo giebt es dennoch gewiſſe Einheitspunkte, auf welche ſie zu=
rückgeführt werden können und müſſen. Von einer allgemeinen
Sprachanalogie, welche auf nothwendige Weiſe in einer allge=
meinen Analogie des Denkens gegründet iſt, können ſich die Spra=
chen, ſelbſt in ihrer verſchiedenſten Geſtalt, nicht losreißen; es
iſt Sache der Sprachphiloſophie, die allgemeinen Grundzüge des
Sprachausdrucks in den beſonderen Formen der verſchiedenen
Sprachen nachzuweiſen. Noch leichter und ſicherer läßt ſich bei
jeder einzelnen Sprache ein gewiſſer Grundcharakter unterſchei=
den und feſthalten, der ſich durch alle Perioden derſelben erhält
und durch den Beſchaffenheit ſowohl als Umfang der ſucceſſiven
Veränderungen zu jeder Zeit als weſentlich bedingt erſcheinen
wird, wenngleich in ſehr verſchiedenem Grade, je nachdem ſolche
Veränderungen mehr eine Wirkung ſind der innerlich vor ſich ge=
henden Entwickelung oder der Einwirkung von außen her.
Aehnliches gilt von den mannigfaltigen, inneren und äußeren,
Bedingungen, von welchen der Gebrauch des Worts abhängig iſt.
Allerdings iſt dieſe Abhängigkeit einem unendlichen Wechſel un=
terworfen, theils im Verhältniß zu den Gegenſtänden dieſes Ge=
brauchs, theils zu der Kraft des Einzelnen in Behauptung ſeiner
Selbſtſtändigkeit unter fremdem Einfluſſe. Jedoch werden wir
auch hier zuletzt auf ein gewiſſes allgemeines Grundverhältniß
zurückkommen. Die natürliche Unvollkommenheit der wörtlichen
Mittheilung iſt in einem objektiv gegebenen Verhältniß des Den=
kens zur Rede gegründet. Das Abhängigkeitsverhältniß, worin
der Wortführende zu den äußeren, ferneren und näheren, Umge=
bungen ſteht, iſt gleichfalls in den allgemeinen Bedingungen des
Menſchenlebens gegründet, und bis zu einem gewiſſen Grade für
Alle das nämliche, daher es auch in ſoweit ein Gegenſtand allge=
meiner Betrachtung und Unterſuchung wird.

Die zur Auslegung jedes durch Rede oder Schrift gegebenen
Worts anzuwendende Wirkſamkeit iſt demnach in allen weſentli=
chen Beſtandtheilen durch gewiſſe allgemeine Rückſichten bedingt,
welche wiederum theils in der eigenen Natur der Rede, theils in
den allgemeinen Verhältniſſen, unter welchen das Wort angewen=
det wird, gegründet ſind. Und hieraus folgt die Nothwendigkeit
wiſſenſchaftlicher Auslegung. Denn überall, wo das Verhältniß
zwiſchen etwas Allgemeinem und etwas Speciellem, zwiſchen dem

Höherliegenden und dem darunter Begriffenen erkannt wird, ent=
ſteht zugleich das Bedürfniß zu deutlicher Auseinanderſetzung die=
ſes Verhältniſſes durch tiefere und ſchärfere Unterſuchung; und je
vollſtändiger und ſchärfer die allgemeinen Geſichtspunkte, aus
welchen jede Rede zu betrachten iſt, zur Anerkennung gebracht wer=
den, um ſo mehr wird wieder das Vermögen zur richtigen Auf=
faſſung und Beurtheilung deſſen geſchärft werden, was dem ein=
zelnen Vortrage eigenthümlich iſt. Freilich geht die Auslegung
der Auslegungswiſſenſchaft voran. Wie das Denken älter iſt, als
die Logik, die Rede älter als die Grammatik; wie man Kunſtwerke
früher als irgend eine Kunſttheorie, muſikaliſche Compoſitionen
früher, als die Regeln des Generalbaſſes gehabt hat: ſo iſt auch
die menſchliche Rede von Menſchen verſtanden worden, ehe ſie
darüber nachgedacht, was zu einem ſolchen Verſtehen erfordert
werde. Dieſes gilt von jeder Theorie im Verhältniß zur entſpre=
chenden Praxis, von jeder Wiſſenſchaft im Verhältniß zu der Wirk=
ſamkeit im Leben. Nicht dies wird von ihr bezweckt, bisher un=
bekannte Reſultate zu Wege zu bringen, ſondern zur Einſicht in
die Natur der vorhandenen Reſultate, zur Anerkennung und Be=
gründung ihrer Wahrheit zu führen, und dadurch der bisher un=
willkührlich angewandten Wirkſamkeit größere Feſtigkeit und Con=
ſequenz zu geben. So wird der praktiſche Nutzen der Hermeneu=
tik auch nicht bezweifelt werden können; denn je klarer es zum
Bewußtſeyn gebracht wird, daß alle Auslegung auf Anwendung
der Geſetze der Vernunft, wie alle Misdeutung auf Hintanſetzung
oder Verletzung derſelben beruht: deſto ernſtlicher wird die Auf=
merkſamkeit darauf gerichtet werden, dieſer eben ſo wichtigen als
oftmals leichtſinnig behandelten Wirkſamkeit das Gepräge der
Vernünftigkeit zu geben *).

---

*) „Habent suam utilitatem praecepta. Docet enim natura ho-
mines quandam viam ac rationem magnas et obscuras causas explicandi, quam homines, magna quadam ingenii vi praediti, partim
beneficio naturae animadvertere partim usu deprehendere solent.
Hinc exstitit ars. Nemo enim potest longas et perplexas disputationes animo complecti, nisi arte aliqua adiuvetur, quae ostendat
seriem partium et intervalla et dicentium consilia, et viam tra-
dat res obscuras explicandi ac patefaciendi. Haec utilitas movit
homines prudentes ad excogitanda praecepta, ut in commune con-

Specielle Hermeneutik.

Es ist bei der Behandlung der Sittenlehre nicht ungewöhnlich, daß ihr Inhalt mit besonderer Rücksicht des Alters, Geschlechts und Standes betrachtet und abgehandelt wird. Dabei kann nicht gemeint seyn, entweder, daß es von den allgemeinen Gesetzen der Sittlichkeit irgend welche Ausnahme geben könne, oder daß etwa ein Grundsatz oder eine Regel aufgenommen werden sollte, der außer dem Kreise jener Gesetze, und eben dadurch zugleich außerhalb des Gebietes der Sittenlehre läge, sondern ein solches Specialisiren findet seine Rechtfertigung in dem natürlichen Begränztseyn unseres Denkens, das nicht im Stande ist, auf einmal das Gesetz in seiner reinen Allgemeinheit aufzufassen, und zugleich die ganze Reihe von Modificationen zu überschauen, denen das Gesetz sich fügen muß, um auf alle besondere Fälle anwendbar werden zu können. Wir suchen darum die Einsicht uns zu erleichtern, indem wir solche Stellungen im Leben zum Gegenstande einer besonderen Betrachtung machen, in welchen die Wirksamkeit einen stark hervortretenden eigenthümlichen Charakter annimmt, und uns klar machen, wie diese Wirksamkeit, bei aller Eigenthümlichkeit, dennoch Umfang, Richtung und Verfahrungsart nach den allgemeinen Forderungen des Sittengesetzes bestimmen lassen müsse. Die Regeln, die hiedurch entstehen, sind also nähere Bestimmungen, deren Inhalt in der Natur und dem Wesen der allgemeinen Gesetze gegründet ist, während ihre Form durch die besondere Beschaffenheit des gegebenen Verhältnisses bestimmt wird. Sie können in soweit auch als Ausnahmen betrachtet werden — zwar nicht von der allgemeinen Regel, sondern von der äußeren Form und von der Art und Weise, auf welche die Regel in den gewöhnlich vorkommenden Fällen angewendet und in Ausübung gebracht wird. Auf dieselbe Weise ist es zu verstehen, wenn es bei der historischen Personalkritik eingeschärft zu werden pflegt: daß Individuen, deren geistige Physiognomie sich von der gewöhnlichen durch scharfe Züge unterscheidet, um nicht falsch verstanden und gemißdeutet zu werden, nach einem anderen Maßstabe, als

sulerent omnibus, et adolescentes non tam ad recte dicendum quam ad prudenter intelligenda aliena scripta praepararent." Melanchthon elem. rhetor. I. I. init.

dem gewöhnlichen, gewürdigt werden müssen. Die Meinung ist auch hier nicht, daß solche Individuen von der Botmäßigkeit der allgemeinen Moralgesetze losgesprochen werden sollen, als könne irgend einer Individualität ein Freibrief zukommen, um nach willkührlichem Belieben zu handeln, sondern uns selbst und Andere wollen wir daran mahnen, daß wir einer Verstandesillusion nur gar zu leicht ausgesetzt sind, indem sich an die Stelle des Sittengesetzes in seiner ideellen Reinheit unvermerkt eine gewisse Form hinschiebt, die durch Abstraktion der Art und Weise gebildet ist, auf welche uns bei den meisten Fällen des Lebens die Anwendung des Gesetzes entgegen tritt. Hat aber einmal eine solche Verwechslung des Gesetzes selbst mit einer gewissen Aeußerungsweise desselben Statt gefunden, so wird auch bei der Beurtheilung in einzelnen Fällen das Conventionelle die Stelle des Sittlichen einnehmen, und sonach das Urtheil nicht selten dem Rechte der Individualität zu nahe treten. Das Unrechtmäßige eines solchen Verfahrens kann sich vor uns verbergen, so lange wie wir es mit Menschen zu thun haben, deren geistiges Leben in allen seinen Aeußerungen die gewöhnliche Bahn beschreibt, als einfaches Abbild des alltäglichen Menschenlebens. Sehen wir dagegen, wie Andere von ihrem Genius aus dem gewöhnlichen Gleise geführt werden, ohne daß wir darum ihren Weg für eine Verirrung vom Ziele der Sittlichkeit zu erklären wagen: so entsteht ein Zweifel, ob auch unsere Begriffe vom Sittlichen wirklich mit der Idee des Sittlichen zusammenfallen. Wir werden genöthigt, in unserm Nachdenken über das sittliche Gut tiefer zu gehen, und gewinnen dadurch die Ueberzeugung, daß ein anderer Maßstab, als welchen wir bisher für den richtigen gehalten haben, angelegt werden müsse, wenn der ungewöhnlichen Form, unter welcher die moralischen Ideen hervortreten, ihr Recht soll widerfahren können. Durchaus so verhält sich die specielle Hermeneutik zur allgemeinen. Das Leben eines jeden Menschen würde, um gehörig gewürdigt werden zu können, seiner eigenen Auslegung bedürfen. Denn kein Mensch ist ohne etwas Besonderes, ursprünglich Gegebenes, welches ihn als geistiges Individuum bezeichnet; und bei keinem Menschen ist das Verhältniß, worin dieses Ursprüngliche zu den äußeren Lebensbedingungen tritt, ganz das nämliche, wie bei einem andern. Nach der Verschiedenheit dieser Faktoren kommt ein verschiedenartiges Produkt heraus. Dieses — die geistige Entwickelung, und den Antheil daran, welcher dem Ursprünglichen oder den von außen einwirkenden Verhältnissen zukommt, zu bestimmen — wird die Aufgabe der Auslegung, wo das Leben eines Menschen der Gegenstand derselben ist; und damit wieder jedes einzelne Moment im Leben richtig verstanden und geschätzt werden könne, muß eine allgemeine Kenntniß von der geistigen Totalität des Individuums und der ganzen früheren Geschichte desselben im Voraus gegeben seyn. Auf dieselbe Weise und aus demselben Grunde würde auch die Rede eines jeden Menschen — der Ausdruck des geistigen Zustandes, worin er sich zu einer gegebenen Zeit befindet — auf eine besondere Auslegung, d. h. eine besondere Anwendung der allgemeinen Auslegungsregeln, Anspruch machen können. Eine Anwendung aber, die durch unzählige Abstufungen und Schattirungen des geistigen Lebens bedingt wird, kann kein Gegenstand wissenschaftlicher Theorie werden. Die Beobachtung der gehörigen Rücksicht auf die Eigenthümlichkeit der Individualitäten muß der Sorgfalt und dem Beobachtungsvermögen des Auslegers überlassen werden. Ein festerer Ausgangspunkt dagegen und eine bestimmtere Grundlage ist in dem geschriebenen Worte gegeben, wenn wir uns auf solche Classen von Schriften beschränken, welche sich von anderen durch gewisse gemeinschaftliche und feststehende Charakterzüge unterscheiden. Bei der antiken und modernen, der orientalischen und occidentalischen Litteratur, bei poetischen und prosaischen, wissenschaftlichen und populairen Schriften wenden wir demnach unwillkührlich die Regeln der Auslegung auf verschiedene Weise an, und lassen es kaum einmal als Auslegung gelten, wenn diese Verschiedenheit nicht gehörig berücksichtigt wird. Beim tieferen Eindringen in das Eigenthümliche des litterairen Charakters dieser Schriftclassen werden sich auch entsprechende Modifikationen der allgemeinen Auslegungsgesetze als feststehend darbieten, und in diesen ist denn die Grundlage einer wissenschaftlichen Theorie gegeben. Hiemit wird der Begriff motivirt seyn von

Biblischer Hermeneutik.

Nicht als sollte im Begriff der Bibel — was oft gesagt und noch öfter durch thätliches Beispiel empfohlen worden ist — Etwas liegen, das uns einer genauen und vollständigen Beobachtung der allgemeinen Regeln der Auslegung überheben, geschweige berechtigen könnte, andere Regeln an ihre Stelle zu setzen. Entweder würde dieses ein Geständniß dahin werden, daß die allgemeinen Auslegungsgesetze noch nicht in der Ausdehnung entwickelt wären, daß sie Schriftclassen eines mehr eigenthümlichen Charakters umfaßten — und hierin läge denn keine Befugniß, Ausnahmen zu machen, sondern eine Aufforderung, die Untersuchung der allgemeinen Gesetze weiter zurückzuführen, — oder es würde eine Behauptung der Rechtmäßigkeit wirklicher Abweichung von den Gesetzen für die Auslegung aller menschlichen Rede werden; wodurch denn der menschliche Charakter der Bibel der Form nach geläugnet, und der Begriff der Bibelauslegung aufgehoben wäre. Insofern dagegen als die Sammlung von Büchern, die unter die Benennung Bibel zusammengefaßt werden, sich durch große und tief eingreifende Eigenthümlichkeiten des Inhaltes und der Form von allen anderen unterscheidet, und noch mehr, inwiefern der Begriff von heiliger Schrift Eigenschaften in sich faßt, durch welche ein relativer Gegensatz zu rein menschlichen Schriften entsteht, wird eine diesen Büchern eigenthümliche Anwendung der Auslegungsregeln als nothwendig anerkannt werden müssen. Wenn diese Anwendung, in ihren wesentlichen Grundzügen, sich auf bestimmte Grundsätze zurückführen läßt, so haben wir den Begriff von biblischer Hermeneutik.

Das Verhältniß dieser zur allgemeinen Hermeneutik läßt sich durch das zwischen der biblischen und allgemeinen Philologie beleuchten. Dieses Verhältniß ist nach beiden Seiten hin verkannt worden. Es ist bekannt, in welchem Grade die biblischen Commentatoren, insonderheit die über's Neue Testament, aus einer Periode vor eben nicht vielen Jahren her, es mangeln ließen an philologischer Genauigkeit bei der Bestimmung der Bedeutung der Wörter, des Gebrauches der Partikeln, des Zusammenhanges der Wortfügungen. Es war, als sollte hier eine ganz besondere Lexikographie und Grammatik geltend gemacht werden, als sollte es wieder „eine besondere Ehre für die Theologen seyn, allein das Recht zu haben, barbarisch zu reden*)." Erst seitdem die

---

*) Erasmus, in seiner Vorrede zu Valla's Annotationes.

Philologen gegen diese Mishandlung der Sprache ihre Stimme erhoben haben, hat die biblische Exegese in ihrem philologischen Theile die nöthige Strenge wieder zurückgewonnen. Aber auf der anderen Seite ist es nicht minder übersehen worden, mit welcher Vorsicht die Parallelisirung der Schriften des N. Testaments mit den Classikern gehandhabt werden müsse, und zwar in Hinsicht der Worte sowohl als der Gedanken. Eine Auslegung jener Schriften, bei welcher die sprachrichtige Gräcität ohne Rücksicht auf das Eigenthümliche des neutestamentlichen Sprachgebrauchs zum Grunde gelegt wird, oder wo man bei der Entwicklung des Inhaltes der Sätze nicht von der Totalität der christlichen Ideen als von der obersten Regel ausgeht, wird bald zu unrichtigen, bald zu unbestimmten und unvollständigen Resultaten führen*).

In der biblischen Hermeneutik werden sowohl die Bücher des Alten als des Neuen Testaments als Gegenstand derselben Auslegungsregeln betrachtet. Diese Zusammenfassung ist in dem Gemeinschaftlichen der beiden Classen von Büchern gegründet. Nicht allein gehören sie beide einem weit entfernten Alterthume und dem nämlichen Vaterlande an, sondern auch dieselben Hauptideen, die monotheistischen und messianischen, durchdringen sie von Anfang bis zu Ende, bezeichnen ihren Hauptcharakter, und knüpfen sie an dieselbe historische Offenbarung an. Wie nahe sie endlich in Hinsicht der Sprache und Darstellung mit einander verwandt sind, davon zeugen die Apokryphen des A. Testaments und die alexandrinische Uebersetzung, welche unmittelbar den Uebergang vom Hebräischen zur hebraisirenden Gräcität bezeichnen. Dennoch aber läßt es sich nicht minder vertheidigen,

die neutestamentliche Hermeneutik

von der biblischen zu trennen, im selbigen Sinne nämlich, wie wir diese von der allgemeinen getrennt haben.

Denn eben dieselben Momente, in welchen wir eine gewisse

---

*) Als auf ein merkwürdiges Beispiel in dieser Hinsicht, welches zur Rechtfertigung der Trennung der biblischen Hermeneutik von der allgemeinen beitragen kann, läßt sich hinweisen auf Hermanns exegetisches Programm: De Pauli Ep. ad Galatas tribus primis capitibus (1832), verglichen mit Usteri's Kritik, als Beilage zu seinem Commentar über denselben Brief (1835).

Gleichartigkeit und gegeben gefunden haben, bezeichnen zugleich eine
wesentliche Verschiedenheit. Ein Zeitraum von mehr als dreißig
Jahren liegt zwischen der Abfassung der Haupttheile beider Sammlungen; und ein Zeitraum wie dieser, der die größten Veränderungen im Zustande des jüdischen Volks in Rücksicht der bürgerlichen Verfassung nach inneren und äußeren Verhältnissen, der Religionslehre und des Cultus, der Sprache und wissenschaftlichen
Bildung umfaßt, kann nicht zurückgelegt worden seyn, ohne daß
die schriftlichen Denkmäler, die den Anfang und das Ende der
Periode bezeichnen, auch nach innerm Charakter weit aus einander liegen müssen. Diese Eigenthümlichkeit ist durch das Verhältniß näher bestimmt, worin der Inhalt des N. Testaments, als
Geschichte und als Lehre, zum A. Testament steht. Es ist das
Verhältniß zwischen der Unruhe der Ahnung, Hoffnung, Sehnsucht und der Klarheit und dem Frieden der Befriedigung und Erfüllung, zwischen den eng angepaßten Formeln des Buchstabens
und der Ceremonie und den freien Bewegungen des geistigen Lebens, zwischen dem nationalen Partikularismus und dem rein
Menschlichen in seinem Verhältniß zu Gott; und dieses Verhältniß tritt in der Entwickelung aller Hauptlehren hervor: vom Wesen Gottes und der Vorsehung, von der Offenbarung Gottes an
den Menschen und seiner Wirksamkeit in ihm; vom Messias und
vom messianischen Reiche, vom Gehorsam des Glaubens und des
Gesetzes, von der künftigen Vergeltung. Diese Verschiedenheit
mußte sich zugleich auf die merkwürdigste Weise in der Sprache
abprägen. Denn da Christus und die Apostel, nationalen und
lokalen Verhältnissen zufolge, auf den Kreis von Sprachformen,
die sich entweder im A. Testament oder in der späteren Schrift-
und Redesprache vorfanden, angewiesen waren: so konnte eine
Befriedigung des größeren geistigen Bedürfnisses nur dadurch möglich werden, daß die Begränzung in dem Gebrauch der einzelnen
Ausdrücke die nöthige Erweiterung erhielt. Im Neuen Testament
hat sonach — bei aller formellen Aehnlichkeit mit dem Alten Testament — das Alte dem Neuen weichen müssen. Mit und aus
dem Christenthum heraus hat eine neue Entwickelungsperiode der
Sprachbezeichnungen für den religiösen Glauben und das religiöse
Leben begonnen; und damit diese in ihrem ganzen Umfange gedeutet werden, muß es rathsam seyn, ihnen eine besondere Be-

trachtung zu widmen. Und endlich muß der Begriff von heiliger Schrift oder Gotteswort, auf die Sammlung der Bücher Alten und Neuen Testaments bezogen, auf verschiedene Weise bestimmt und modificirt werden; vom Einflusse hievon auf die Anwendung der Auslegungsgesetze zu handeln, wird unten an Ort und Stelle seyn.

Auf der anderen Seite muß eingeräumt werden, daß, je mehr die menschliche Seite der Schrift durch die wissenschaftliche Theologie neben der göttlichen zur Anerkennung gebracht wird, desto einfacher und natürlicher werden sich die hermeneutischen Untersuchungen über das N. Testament der allgemeinen Hermeneutik anschließen*). Der Umfang, wozu sich jene Disciplin in den älteren Lehrbüchern gesteigert hat, ist vornämlich — die formellen Mängel und polemischen Interessen abgerechnet — im scholastisirenden Inspirationsdogma gegründet, welches die natürliche Verbindung mit der Auslegungswissenschaft im Allgemeinen aufgehoben, und auf diese Weise eine Menge spitzfindiger Deduktionen und Distinktionen nothwendig gemacht hat, damit ein Schein von Wissenschaft bei den vielen gewaltsamen Verletzungen ihrer Gesetze noch erhalten werde.

Die wissenschaftliche Stellung der neutestamentlichen Hermeneutik wird nach dem Vorhergehenden folgendermaßen angegeben werden können.

Gleichwie die Hermeneutik, in Rücksicht des Inhaltes der Schrift oder ihrer Worte als Rede betrachtet, als menschlicher Ausdruck der geoffenbarten Wahrheit, eine Anwendung der Logik wird, unter Anleitung der christlichen Glaubenseinsicht, so wird sie, in Rücksicht der Form der Schrift oder ihrer Worte als Sprache betrachtet, ein Theil der heiligen Philologie, und als

---

*) „Interpretatio est ex eo genere rerum, quae prope totae observatione et usu tenentur, paucis admonitionibus contenta, quae etiam melius et efficacius inter interpretandum et quasi in ipso actu rerum proponuntur; interpretandorum scriptorum graecorum et latinorum nulla propria disciplina est, quae praeceptis in certum corpus redactis constat; sed in iis interpretandis omnia ad usum et exercitationem referuntur, et tamen eorum interpretes omni tempore egregii fuerunt." Ernesti instit. interpr. N. T. praefat.

solcher schließt sie sich an die Linguistik, Kritik und Archäologie als an nebengeordnete Disciplinen an. Während sie nämlich alle die selbe Sammlung von Büchern zum Gegenstande haben, beschäftigt sich die erste mit dem Materiale der Sprache, die zweite mit der Form, in welcher die Bücher überliefert sind, und dem Texte, die dritte mit den vorkommenden historischen Realien. Die Hermeneutik tritt hinzu, und macht — theils durch Benutzung der schon gewonnenen historischen Resultate, theils durch eine Reihe eigener Untersuchungen — den Sinn des Textes zum Gegenstande wissenschaftlicher Bearbeitung.

Hiedurch ist zugleich das Verhältniß gegeben, in welchem die Hermeneutik des Neuen Testaments zu den theologischen Hauptdisciplinen steht. Zur Exegetik steht sie in unmittelbarem Verhältniß — im nämlichen Verhältniß, wie die Theorie zur Praxis, die Wissenschaft zur Kunst; — zur Dogmatik in mittelbarem Verhältniß: so, daß die Hermeneutik für die Bearbeitung der Materialien Regeln giebt, die Exegetik sie nach diesen Regeln, ihrer besonderen Natur gemäß, verarbeitet, und die Dogmatik endlich sie nach höheren Gesetzen zu einem ganzen, abgeschlossenen Lehrgebäude sammelt, ordnet und verbindet. Doch muß das erstewähnte Verhältniß auch in einem gewissen Grade umgekehrt gedacht werden. Die Geschichte der Schriftauslegung zeigt, wie alle Verschiedenheiten in der Behandlung der Schrift von einiger Bedeutung, alle Uebergänge von einer Methode zu einer anderen, zuletzt in der Art gegründet sind, auf welche der Begriff von der heiligen Schrift, der wieder seine Wurzel im Offenbarungsbegriff hat, aufgefaßt worden ist. Und so ist denn die Nothwendigkeit einer gewissen dogmatischen Grundlage für die Schriftauslegung schon erwiesen. Erst spät und langsam ist die gehörige Abgränzung zu Wege gebracht worden, wodurch die neutestamentliche Hermeneutik zu einer für sich bestehenden Disciplin abgerundet worden ist. Einerseits ward es, nach der Reformation, eine Folge des erneuerten Interesses für die so lange vernachlässigten linguistischen und kritischen Studien, daß eine Masse von kleinlichen grammatischen Observationen und eine Menge von den Untersuchungen, die jetzt in der Einleitung ins N. Testament abgehandelt werden (von der Authentie und Integrität der heiligen Bücher, von Varianten und Regeln für ihre Behandlung, von Handschriften, Uebersetzungen und Ausgaben vom N. Testament), mit der hermeneutischen Theorie zusammengedrängt wurde; so z. B. in Flacii Clavis S. Scr. und Glassii Philologia sacra. Demnächst aber hatten die hermeneutischen Resultate ein so großes polemisches Interesse in den fortwährenden Controversen gegen die Katholiken, daß die dogmatische Untersuchung über die Eigenschaften der Schrift und ihre Hinlänglichkeit zu ihrer eigenen Auslegung in den hermeneutischen Schriften noch immer eine größere Rolle spielte, als die eigentliche Anweisung zur rechten Auslegung. Erst die in so mancher Hinsicht wohlthätige Richtung in der Theologie, welche von der pietistischen Schule ausging, machte die Hermeneutik von den grammatischen und dogmatischen Banden frei, und die Auslegungsmethode selbst zum eigentlichen Mittelpunkte der Untersuchung, brachte aber allerdings wieder Vieles von anderer Natur, was zu dieser Untersuchung nicht gehört, in sie hinein, namentlich in die Länge gezogene und künstlich classificirte Betrachtungen über die erbauliche Anwendung der Schrift. Noch immer wurde (bis zu der Ernesti-Semlerschen Zeit) die Hermeneutik des A. und N. Testaments in Eins zusammengefaßt[*]; denn die strenge Inspirationstheorie drückte beiden Sammlungen den Stempel einer unzertrennlichen Einheit auf und drängte die Untersuchung über die Eigenthümlichkeiten des Inhaltes und der Form, welche die Anwendung des Begriffs der speciellen Hermeneutik begründen könnte, zurück. Selbst in Ernesti's institutio interpretis N. Test. findet man noch die hermeneutische Anweisung mit verschiedenartigen historisch-kritischen Untersuchungen vermengt. Eine Trennung dieser letzten ist später nicht allein wegen des immer zunehmenden Stoffs für die einzelnen Untersuchungen nothwendig geworden, sondern je tiefer die Untersuchung in die Einzelheiten hineinführte, um so mehr mußte man sich von der verschiedenartigen Beschaffenheit der Materien, die hier mit einander nahe verbunden waren, überzeugen, wie von dem Vortheilhaften einer wissenschaftlich durchgeführten Sonderung.

Schreiten wir nunmehr an die nähere Bestimmung

---

[*] Doch muß hievon ausgenommen werden: Wolle's Hermeneutice Novi Foederis acroamatico-dogmatica, 1736, und Wetstein's Schrift: Libelli ad crisin et interpretationem N. Test.

des Umfanges und der Bestandtheile der neutesta=
mentlichen Hermeneutik,

so wird die Untersuchung von der Beschaffenheit des Eigenthümli=
chen bei den Büchern selbst ausgehen müssen, weil hierin die Be=
fugniß liegen soll, die Hermeneutik des N. Testaments als eine
für sich bestehende Disciplin abzuhandeln.

Das Neue Testament ist:

1. wenn wir bei der Sprachform, in welcher die Bücher
vor uns liegen, stehen bleiben: eine Sammlung von Büchern,
Griechisch geschrieben, zugleich aber in einem eigenthümlichen ge=
mischten Dialekt, und dabei durch Eigenthümlichkeiten des Styls und
der Darstellungsweise unter sich geschieden;

2. wenn wir auf ihren historischen Ursprung zurückgehen:
eine Sammlung von Büchern, im nämlichen Zeitalter, und zwar
in einer politischen und religiösen Gährungsperiode abgefaßt, in
welcher Staatsverfassungen, Religionsformen, und philosophische
Systeme sich auflöseten, um wieder neue Amalgamationen zu
binden, anzuknüpfen, — von Verfassern geschrieben, die die
jüdische Religion, in welcher sie erzogen waren, mit der christli=
chen vertauscht hatten, und von dem Ideen dieser ergriffen, und
der christlichen, oder Diktate des Evangelii Leben und Kräfte wid=
meten, — geschrieben an verschiedene und verschiedenartige Ge=
meinen oder Individuen in der Absicht, das christliche Glaubens=
leben zu verbreiten und zu befestigen; in welchen wir also erwarten
werden, Spuren der Vorstellungsart und des Sprachgebrauchs
eines bestimmten Alterthümlichen Volks zu finden, auf besondere
Weise aber modificirt nicht allein durch die verschiedene Indivi=
dualität der Verfasser, sondern vornämlich durch die in ihrem gan=
zen geistigen Zustande vorgegangene Veränderung, und zugleich
nach dem verschiedenen Bedürfniß der Leser abgemessen, zum Theil
auch nach vorübergehende äußern Verhältnisse berechnet;

3. wenn wir den Inhalt zum Gegenstande der Betrach=
tung machen: eine Sammlung von Büchern, in welchen das Le=
ben und die Lehre Jesu von seinen Jüngern dargestellt sind, und
zwar als unzertrennliche Theile der in Gottes ewigem Rathschluß
gegründeten, in den verflossenen Zeiten verheißenen und vorberei=
teten, und da die Zeit erfüllet ward, geoffenbarten Veranstaltung

der göttlichen Gnade zur Erlösung und zum Heile des Menschengeschlechts.

Die Auslegung des Neuen Testaments muß also, um diesen Momenten zu entsprechen, fürs Erste philologisch seyn. Durch richtige Spracherklärung muß der Sinn jeder einzelnen Stelle gesucht werden, nach der im Sprachgebrauch gegründeten Wortbedeutung und der gegenseitigen Verbindung der Redetheile bestimmt; und diese philologische Untersuchung macht — wie überall, so auch hier — das unumstößliche Grundelement der Auslegung aus. Wo ein Sinn mit erweislicher Nothwendigkeit, dem Sprachgebrauche und Zusammenhange zufolge, in den Worten liegt, da muß dieser Sinn der wahre seyn; und umgekehrt, wo ein aufgefundener Sinn erweislich gegen Worte und Context streiten würde, da muß er ohne Weiteres für falsch gehalten werden. Dieser Fall ist aber der seltnere. Der gewöhnlichere Fall: daß der Text die Wahl zwischen mehreren gleich möglichen Erklärungen schweben, oder den Sinn in unbestimmter Allgemeinheit dahin stehen läßt — wird gerade im N. Testament um so häufiger eintreffen, als theils die Sprache, von so verschiedenartigen Theilen wie Hebräisch und Griechisch zusammengesetzt, den Charakter organischer Unvollendetheit hat, die sich in Unklarheit und Zweideutigkeit des Ausdrucks verräth, theils auch der Vortrag die Correktheit und Präcision der wissenschaftlichen Rede entbehrt.

Die philologische Auslegung sucht demnach ihre Ergänzung und Stütze in der historischen, zufolge des allgemeinen Grundsatzes, daß die Persönlichkeit des Menschen, seine Wirksamkeit und die einzelnen Momente derselben in einem gewissen, größeren oder geringeren, Abhängigkeitsverhältniß zu dem Zeitalter überhaupt und den näheren Verhältnissen insbesondere stehen, in und unter welchen seine Ausbildung und seine Wirksamkeit vor sich gehen, so daß diese, im Ganzen und in ihren einzelnen Aeußerungen, nur in eben dem Grade gehörig verstanden und gewürdigt werden kann, als auch die äußeren Bedingungen seines Wirkens und der bestimmende Einfluß, welcher von diesen ausgegangen ist, bekannt werden. Die Aufgabe für die historische Auslegung des Neuen Testaments wird demnach die: den Sinn der Worte durch Berücksichtigung historischer Momente, die sich theils in der Schrift, theils außer derselben finden, — sowohl in Beziehung auf Sitten, Vor-

stellungen und Sprachgebrauch des Allgemeinen, als auf die gegenseitige Stellung, worin der Redende oder Schreibende zu gewissen
Personen und anderen lokalen Verhältnissen insbesondere gestanden hat, zu erläutern und zu bestimmen.   Diese ganze Untersuchung ist gerade bei diesen Büchern um so wichtiger, und verspricht
um so reichere Ausbeute, als theils der ganze Inhalt in einem na-
hen historischen Verhältniß zu der Form des religiösen Lebens steht,
wie ihn A. Testament ausgedrückt und begründet ist, theils auch
die einzelnen Theile der Sammlung, was die Form betrifft, Ge-
legenheitsreden und Gelegenheitsschriften sind.   In solchen pflegt
die Persönlichkeit des Wortführenden sowohl als die fernere und
nähere Umgebung von mehreren Seiten unverhohlen und beschaulich hervorzutreten, und daher wird auch im N. Testament die
Untersuchung in ein größeres und reicheres Detail äußerer und
innerer Verhältnisse führen, als es bei Schriften des Alterthums
im Allgemeinen der Fall ist.

    Aber auch nicht bei diesem Punkte, — wo die historische Aus-
legung im weiteren Sinne des Worts, aus philologischen und
historischen Untersuchungen zusammengesetzt, abgeschlossen ist, —
kann die Auslegung als vollendet stehen bleiben.   Die angedeutete
historische Untersuchung führt nämlich nicht weiter als zur Anerkennung einer gewissen Correspondenz zwischen der Darstellungs-
und Ausdrucksweise, wie sie in der Schrift gegeben ist, und gewissen gleichzeitigen historischen Phänomenen.   Wir schließen aus
dieser Beobachtung auf eine gegenseitige Verbindung. Aber die
nähere Beschaffenheit dieser Verbindung, wo der Grund zu der
gegenseitigen Uebereinstimmung dessen, das in der Schrift gegeben
ist, mit dem, das außer ihrem Gebiete liegt, zu suchen sey, ist
hier noch nicht erläutert; und doch ist es die verschiedene Beantwortung dieses Punktes, worauf die Entscheidung des Sinnes
zuletzt beruhen wird.   Es ließe sich nämlich — bei einer solchen
Uebereinstimmung zwischen den Aeußerungen der Schrift und herrschenden Vorstellungen und Ausdrucksweisen der Zeitgenossen, die
nicht als zufällig angenommen werden kann — entweder denken, daß die Verfasser, nach Art und Weise gewöhnlicher Menschen, unwillkührlich und unbewußt in den hergebrachten Formen
des Denkens und der Rede sich bewegt, oder, daß sie sich mit
Bewußtseyn und Vorsatz dieselben angeeignet hätten.   Im letzten

Falls könnte wiederum die Absicht entweder darin, durch den Gebrauch gewisse Vorstellungen für unbedingt wahr und gültig, ihren Ausdruck für treffend und erschöpfend zu erklären, oder die zu erkennen zu geben, daß diesen Vorstellungen und Ausdrucksweisen so viel Wahrheit zum Grunde liege, daß sie sich als Anknüpfungspunkt für die Verkündigung der Wahrheit benutzen ließen, durch welche eine Bezeichnung in reineren und eigentlicheren Ausdrücken für die Folge vorbereitet werden könne. Dieses heißt mit anderen Worten die Frage aufwerfen: ob die Verfasser des N. Testaments dem Einflusse des Zeitalters dergestalt unterworfen gewesen sind, so wenig über den Irrthümern und Gebrechlichkeiten desselben gestanden haben, daß dieses mit allen Eigenthümlichkeiten desselben sich in ihren Schriften abgespiegelt hat; oder ob sie mit solcher Selbstständigkeit über ihre Zeit erhaben, dagestanden haben, daß sie die Wahrheit des Glaubens von der besonderen Weise, auf welche sich dieselbe ihren Zeitgenossen darstellte, zu unterscheiden gewußt, und diese also nur insoweit benutzt haben, als sie, aus einem höheren Standpunkte, diesen Gebrauch als geeignet für den Dienst der evangelischen Wahrheit gefunden haben. So lange diese Frage von dem gegenseitigen Verhältniß zwischen den Verfassern des N. Testaments und ihrer Zeit und Umgebungen noch nicht beantwortet ist, muß die Auslegung als unvollendet angesehen werden. Denn die apostolischen Schriften werden vor uns dastehen müssen als ein Produkt der durch Christus umgebildeten und entwickelten Persönlichkeit der Verfasser auf der einen, und der ganzen Summe äußerer Verhältnisse auf der anderen Seite, ohne daß zu bestimmen sey, wie groß der Antheil sey, der jedem von den beiden Faktoren besonders zukomme, und welchen Sinn also als ihn eigen festzuhalten sey.

Wo wird nun hier die leitende Regel zu finden seyn?

Blicken wir auf den oben entworfenen Umriß der allgemeinen Auslegung zurück, so bleibt noch die dort genannte grössere, die logisch-psychologische Auslegung übrig. Durch Anwendung und Beziehung dieser auf die Schriften des Neuen Testaments wird demnach die Beantwortung jener Frage und sonach die Beendigung der Auslegungsarbeit zu suchen seyn. Was gesucht wird, ist nämlich, theils ein Charakterbild von der geistigen Eigenthümlichkeit des einzelnen Verfassers, theils ein Begriff

von der Glaubenslehre und dem Glaubensleben, welche bei Al=
len zugleich die gemeinschaftliche Grundlage des innern und äu=
ßern Wirkens ausgemacht haben; damit, in Beziehung hierauf,
das Verhältniß zwischen der Selbstständigkeit und der Abhängig=
keit sowohl im Allgemeinen als bei den einzelnen Theilen der
Schriften des einzelnen Verfassers bestimmt werden könne.

Das Neue Testament ist hier noch ganz unter dieselbe Kate=
gorie gestellt, als jede andere Sammlung von Büchern, in wel=
chen die Darstellung dieser oder jener Geschichte und Lehre ent=
halten ist. Namentlich bei jedem dogmatischen Werke, jeder Ent=
wickelung eines älteren oder neueren philosophischen Systems giebt
Jedermann zu, daß das Einzelne aus dem Ganzen erklärt werden
müsse, daß — wenn immerhin eine vorläufige Auffassung, doch
kein gründliches Verstehen der einzelnen Aeußerungen möglich sey
ohne Kenntniß sowohl von der fraglichen Lehre, als von der Art
und Weise, wie sie überhaupt vom jedesmaligen Verfasser auf=
gefaßt worden. Eben darum aber werden wir durch diese Regel
in der Auslegung des N. Testaments auch nicht weiter geführt,
als es bei der Behandlung jedes andern Werks von didaktisch=
historischem Inhalte der Fall ist. Wenn in einer solchen Schrift
Stellen etwa sich vorfinden, wo die Ausdrücke einen Sinn, der
entweder den Hauptideen der Lehre oder anerkannter geistiger oder
historischer Wahrheit entspräche, nicht zu gestatten scheinen, so
werden wir kein Bedenken tragen, an dem Sinne festzuhalten,
auf welchen die Worte nach einfacher und ungekünstelter Auslegung
führen, sollten wir auch dadurch zu der Annahme genöthigt wer=
den, daß der Verfasser das Rechte verfehlt habe, wohl gar den
Grundsätzen seines Systems untreu geworden sey. Im N. Testa=
ment nun läßt es sich um so weniger erwarten, daß ähnliche Phä=
nomene — dem Anschein nach unabweisbarer — dogmatischer oder hi=
rischer Unrichtigkeiten und Selbstwidersprüche ausbleiben werden,
als einerseits dasjenige, was uns von den mehrsten unter den
heiligen Verfassern hinterlassen ist, zu wenig ist, als daß wir da=
durch zu einer deutlichen Vorstellung von dem Eigenthümlichen
ihrer christlichen Ansichten gelangen könnten, und andererseits das
Aphoristische in der Behandlung der Glaubenslehren und die bild=
liche Einkleidung eine vielseitige und harmonische, gegen Mis=
verständniß hinlänglich gesicherte Entwickelung nicht an jeder ein=

3

zelnen Stelle gestattet haben. Ebenfalls ist der Bericht von den historischen Begebenheiten sowohl ohne historische Kunst als ohne Beobachtung der Regeln für historische Dokumentation erstattet. Es fragt sich nun: kann und soll die Auslegung bei dem hier angegebenen Punkte stehen bleiben? Oder mit anderen Worten, die Frage wird diese: kann und soll der Begriff von heiliger Schrift bei der Auslegungsarbeit in Bezug aufs Neue Testament ohne Bedeutung bleiben? Darf und muß der christliche Ausleger sich bei jenen Phänomenen in den heiligen Büchern auf die nämliche Weise verhalten, als wo dergleichen in anderer, menschlicher Schrift vorkommen? Darf und muß er sich rücksichtlich ihrer ebenso beruhigen, wie der Ausleger, der außerhalb des Glaubens an das Christenthum steht, und an das Verhältniß der Schrift zur christlichen Lehre und Kirche nicht gebunden ist? Oder sollte nicht aus diesem Glauben auf der einen Seite eine schärfere Begränzung, auf der anderen eine weitere und freiere Ausdehnung der geistigen, analogischen Auslegung folgen, von welcher bisher die Rede war?

Denken wir uns den Begriff von der Heiligkeit und Göttlichkeit der Schrift bis auf die äußerste Spitze hinausgetrieben, so wird er sich nicht eher als in einem solchen Verhältniß zwischen der Schrift und Gott oder dem Geiste Gottes als ihrem Urheber erschöpfen, welches demjenigen ganz gleich wäre, das zwischen der menschlichen Schrift und ihrem Verfasser Statt findet, wornach die Subjektivität der Apostel, der Einfluß der menschlichen Persönlichkeit auf die Abfassung der Schriften sich in einen bedeutungslosen Schein verliert, und nur die abstrakte Vorstellung von einer absoluten Vollkommenheit der Materie und Form zurückbleibt. Nach der rein historischen Weise, worauf sich der Offenbarungsbegriff in der älteren katholischen Kirche entwickelt und gebildet hat, mußte dieser Begriff auch auf die Schrift bezogen werden. Wäre aber das göttliche Orakel in sich selber, in Rücksicht des Ursprungs und Inhalts, außer jedem Verhältniß zur menschlichen Subjektivität gestellt, so könnte eine Auslegung durch Hülfe menschlicher Wissenschaft und Kunst nur als frevlerische Vergreifung am Heiligthume betrachtet werden. Eines deutenden und auslegenden Vermittlers kann aber die Schrift, vermöge ihrer faktischen Beschaffenheit, nicht entbehren; daher auch jener Begriff

vom Worte Gottes im absoluten Gegensatz zu jedem Menschen-
worte erst durch den Begriff einer entsprechenden, ebenso historisch
gegebenen göttlichen Auslegungsautorität als vollendet und abgeschlossen zu betrachten ist: derselbe heilige Geist, der als Verfasser
durch die Apostel gewirkt hat, wirkt als Ausleger durch das Ober-
haupt der Kirche *). Und sonach haben wir eine, für die heiligen
Bücher ausschließend eigenthümliche, im strengsten Sinne des
Worts theologische — oder richtiger: theokratische —
Auslegung auf objektive Weise gegeben, an die
Kirche und ihre hierarchischen Formen gebunden **).

Durch die Reformation ist das Recht der menschlichen Subjektivität auf dem Gebiete der Religion geltend gemacht worden.
Diese Richtung ist negativ ausgesprochen durch die Opposition
gegen das Kirchenthum und die kirchlichen Institutionen und Gebräuche als objektiv nothwendige Mittel, um Zutritt und Antheil
an Christo und seinem Verdienste zu erhalten, positiv, durch die
Grundlehre von der Rechtfertigung des Menschen durch den Glauben, durch die in demselben gegebene unmittelbare, im eigenen
geistigen Wesen des Individuums begründete, Gemeinschaft mit
Christo. Der Glaube aber hat sein objektives wie sein subjektives
Moment; und je entschiedener so viele von den kirchlichen Formen,
bisher bestimmt, die Reinheit und Vollständigkeit des Inhalts des
Glaubens zu bewahren, in der evangelischen Kirche verworfen
wurden, um desto näher mußte die Aufforderung liegen, den
natürlichen Schutz für diesen Inhalt hervorzusuchen, damit es
nicht schiene, als wäre er der subjektiven Willkühr Preis gegeben.
Dies ist die Bedeutung des andern Grundsatzes der Reformation:

---

*) Bellarmin. De verbo Dei c. 3: „Convenit inter nos et ad-
versarios, Scripturas intelligi debere eo Spiritu quo factae sunt,
i. e. Spiritu S. Tota igitur quaestio in eo posita est, ubi sit iste
Spiritus. Nos existimamus, hunc Spiritum, etsi multis hominibus
saepe concedatur, tamen certo inveniri in ecclesia, i. e. in concilio episcoporum confirmato a summo ecclesiae totius pastore, sive
in summo pastore cum concilio aliorum pastorum.“

**) Conc. Trid. Sess. IV decr. 2: „Ne quis S. Scripturam in-
terpretari audeat contra eum sensum, quem tenuit et tenet S.
mater Ecclesia, cuius est iudicare de vero sensu et interpretatione Scripturarum Ss., aut contra unanimem consensum Patrum.“

vom Worte Gottes in der heiligen Schrift als einzigem (äußerm) Grunde des christlichen Glaubens, als der Regel, wornach alle Wahrheit, in Beziehung auf die Geschichte und Lehre des Christenthums, geprüft und beurtheilt werden müsse. Zwar finden wir erst 60 Jahre nach dem Beginn der Reformation diesen Grundsatz in der Concordienformel mit klaren Worten ausgesprochen*). Neu ist aber nur die bestimmte, thetische Form. Ein jeder, der die Acten der Reformation durchgeht, wird sich davon überzeugen, daß jener Grundsatz von der ersten Zeit an die Stellung der Reformatoren und der protestantischen Kirche zur katholischen bezeichnet, daß er sowohl den Hauptpunkt in der ganzen Polemik ausgemacht, als den Zweck und die Verfahrungsart des neu begonnenen Strebens angegeben hat**). Luthers Uebersetzung der Bibel in die Muttersprache; seine Forderung an seine Gegner zu Worms: durch „Zeugnisse aus der heiligen Schrift oder offene, klare und deutliche Gründe" widerlegt zu werden; das bei den Religionsgesprächen zu Leipzig 1519 und zu Zürich 1523 ausgesprochene Princip: „nicht die Schrift nach dem Urtheile der Menschen, sondern die Schriften, Reden und Handlungen der Menschen nach der Schrift zu verstehen***);" die Protestation zu

---

*) „Sola Sacra Scriptura iudex, norma et regula agnoscitur, ad quam, ceu ad lapidem Lydium, omnia dogmata exigenda sunt et iudicanda, an pia an impia, an vera an falsa sint. Cetera autem symbola non obtinent auctoritatem Iudicis, sed duntaxat pro religione nostra testimonium dicunt eamque explicant, et ostendunt, quomodo singulis temporibus sacrae litterae in ecclesia Dei a doctoribus qui tum vixerunt intellectae et explicatae fuerint." Epit. praef.

**) „Ich frage sie nicht, wie lange und wie Viele also gehalten haben, sondern ob's recht gehalten sey. So antworten sie: es ist so lange und von so Vielen gehalten. — Frei, frei, frei wollen wir seyn in Allem, das außer der Schrift ist, trotz der es uns wehre." Luther, Antw. auf König Heinrichs Brief, von 1522 (Walch. XIX S. 310. 333.).
Credo, iam habere vos responsum adversariorum; scilicet „patres, patres, patres, ecclesia, ecclesia, ecclesia, usus, consuetudo" audituri estis, praeterea ex Scripturis nihil." Luther in einem Briefe von 1530 an Jonas, Spalatin, Melanchthon, Agricola (de Wette, IV p. 96.).

***) Löschers Reform. Acta III S. 200. Hagenbachs Vorles. über die Reform. II S. 69.

Speyer 1529: in der Predigt und der Lehre bei Gottes Wort allein zu bleiben, und da einen Text heiliger göttlicher Schrift mit dem andern zu erklären und auszulegen *); die Bestimmung der Augsburgischen Confession: eine Darstellung der christlichen Lehre zu geben, wie sie in den evangelischen Ländern verkündigt wird „nach den heiligen Schriften und dem reinen Worte Gottes;" ihre Beweisführung in allen Hauptartikeln aus dem Zeugniß der heiligen Schrift, der bestimmte Gegensatz, welcher zwischen der Autorität der Schrift und menschlichen Traditionen (in den Artikeln von den Misbräuchen) festgestellt wird — sind davon Beweise, wie dieser Grundsatz, durch entschiedene Schritte in Wort und That, von der ersten Zeit an, als die Aufgabe der Reformation klar ins Auge gefaßt wurde, angewandt und geltend gemacht worden ist. Als natürliche Fortsetzung und Entwickelung des Werks der Reformation haben wir daher den Ernst und die Sorgfalt zu betrachten, womit die Lehre von der heiligen Schrift und ihrem Verhältniß zur Tradition vom Ende des sechszehnten Jahrhunderts an und im siebenzehnten von den protestantischen Dogmatikern behandelt worden ist **).

Wir sehen uns aber hier auf einen Grundsatz hingeführt, der in neueren und zwar in den neusten Zeiten von verschiedenen Seiten, selbst woher man es am wenigsten hätte erwarten sollen, vielfache Anfechtung zu erleiden gehabt hat. Denn die Polemik, die früher von den Wortführern des Katholicismus, von Bossuet, Bellarmin und Maimburg gegen das Symbolum des evangelischen Protestantismus geführt worden ist, ist unsern Tagen vorbehalten gewesen, auf den eigenen Boden unserer Kirche ver-

---

*) Johannsen: Die Entwickelung des protest. Geistes. S. 175 f.

**) Sowohl Chemnitz in seinem Examen concilii Trident., als Gerhard in seinen Loci theol. eröffnet die dogmatische Untersuchung mit den Abschnitten von der Schrift, ihrer Auslegung und ihrem Verhältniß zur Tradition; und im 10. Theile vom Werk Gerhards ist noch hinzugefügt eine Exegesis sive uberior explicatio art. de Script.: „Quum Scriptura sit unicum et proprium theologiae principium, ideo ab ea merito initium facimus." Dagegen heißt es von den Katholiken: daß, wenn sie mit dem Artikel von der Kirche anfangen, so geschieht dieses nicht weniger füglich: „Scripturae enim auctoritatem in solidum ab ecclesia dependere asserunt."

pflanzt zu sehen. Für das hermeneutische Princip ist der Erfolg dieser ganzen Untersuchung vom höchsten Interesse; denn der Begriff theologischer Auslegung, ihrer Bedeutung, Gültigkeit und Hinlänglichkeit beruht auf der Stellung, die der Schrift im Verhältniß zur Kirche und zur kirchlichen Ueberlieferung zuerkannt wird. Eine kritische Darstellung der Hauptpunkte in der hieher gehörenden Diskussion darf darum hier nicht fehlen.

Vorläufig ist die Behauptung aufgestellt worden, daß dieser Grundsatz erst zur Zeit der Reformation und durch die persönliche Autorität der Reformatoren zum Ansehen gelangt sey. Und schon in dieser Behauptung liegt ein starker Einspruch. Denn wenn die Kirche funfzehn Jahrhunderte hindurch bestanden hätte, in deren erstem Drittheil die christliche Wissenschaft ihr kräftiges Jugendalter gehabt, ohne daß die heiligen Bücher die Stelle in der Kirche, die ihnen später angewiesen worden, eingenommen hätten: so würde allerdings die Wahrheit und Gültigkeit jenes Grundsatzes für die historische Betrachtung großem Zweifel unterworfen seyn. Also: wiefern läßt sich jener Grundsatz in der alten Kirche nachweisen? Es kann hier weder von ausdrücklichen Erklärungen von Individuen, noch von ausführlichen Deduktionen die Rede seyn; — wenn solche hier oder in ähnlichen Fällen gesucht werden, so geschieht es nur, weil die Formen der neueren Wissenschaftlichkeit auf das Alterthum übertragen werden; auch würde eine einzelne Stimme hier nichts entscheiden können. Wir wenden aber an das kirchliche Leben, die wissenschaftliche Wirksamkeit überhaupt unsere Frage, suchen das Zeugniß der Geschichte davon, was die heiligen Bücher in der Wirklichkeit gewesen sind und wofür sie den Lehrern der Kirche gegolten haben von der Zeit an, als die Kirche ihre Sammlung von diesen Büchern gehabt, und bis zu der, als der hierarchische Machtspruch der wissenschaftlichen Freiheit ein Ende machte. Und hier kommt uns denn der Fleiß, der Ernst und die Sorgfalt entgegen, den eine ehrwürdige Reihe von Kirchenlehrern auf die Auslegung der Schriften in wissenschaftlicher und populärer Form, in Commentaren, Homilien und Katechesen auf die Hervorziehung und Deutung ihrer Zeugnisse in allen dogmatisch-kirchlichen Untersuchungen angewendet hat — ohne Zweifel der stärkste Beweis, wie es als unerläß-

liche Forderung angesehen worden, daß eine Lehre, um als eine
christliche gelten zu können, ihren erweislichen Grund und Gewähr in den heiligen Büchern haben müsse. Auf der anderen
Seite war es natürlich, daß man sich nicht veranlaßt finden
konnte, diesen Grundsatz in eine bestimmtere Form zu bringen,
oder sich das Verhältniß zwischen der schriftlich und der mündlich
überlieferten Lehre, zwischen der Autorität der Schrift und der
der Kirche klar zu machen, so lange noch keine Erfahrung von den
bedenklichen Folgen eines Nebeneinanderstellens der mündlichen
und der schriftlichen Ueberlieferung gemacht worden war. Diese
Erfahrung in reichem Maaße zu bringen, war den Jahrhunderten
des Mittelalters vorbehalten; und nicht erst die Reformatoren des
sechszehnten Jahrhunderts, sondern die ganze Reihe von Vorgängern, von freisinnigen Oppositionsmännern gegen die römische
Hierarchie, haben die Bibel reklamirt und ihre Einsprüche durch
die Autorität derselben gerechtfertigt*). Es ist aber der gewöhnliche Fall, daß die Wirksamkeit im Einzelnen der Entwickelung
des Prinzips dieser Wirksamkeit voraneilt; und so ist dieses das
Verdienst der Reformation geworden, den Augen der Welt jene
Folgen in ihrer ganzen Ausdehnung aufzuschließen, und das Verhältniß zwischen der Autorität der Schrift und der der Kirche zum
Bewußtseyn und klarer Anerkennung zu bringen. Denn jedes
Nachdenken darüber, wie es der hierarchischen Tyrannei und dem
ganzen Gespinnst der damit verbundenen antichristlichen Lehren,
Gebräuche und Einrichtungen möglich geworden sey, sich in der
Kirche geltend zu machen, mußte auf die mystische Fiktion der
kirchlichen Tradition als der obersten und unbedingten Gewähr
derselben zurückführen. Jede Bemühung, die christliche Welt
von der ungeheueren Verunstaltung des Evangelii zu überzeugen,
mußte in dem geschriebenen, dem feststehenden apostolischen Worte
ihre Stütze suchen und finden, und jede Zusammenstellung der verflossenen Zeiten mit den bevorstehenden mußte eine Warnung vor
ähnlichen Rückfällen werden, falls man von neuem in die Versuchung gerathen sollte, in den trügerischen Phantomen der Tra-

---

*) So Claudius von Turin, die Waldenser, Wiklef, Huß u. a. S.
Flathe: Gesch. der Vorläufer der Reformation. I S. 180 ff. 292 ff. II S.
196 ff. 298 ff.

dition und Kirchenherrſchaft Zuverſicht und Troſt zu ſuchen, an=
ſtatt am reinen Gottesworte in der heiligen Schrift feſtzuhalten.

Um nun genauer auf die Gründe einzugehen, die gegen das
evangeliſche Schriftprinzip angeführt worden ſind, ſo hat man
ſich theils darauf beſchränkt, daſſelbe als unrichtig, unanwend=
bar und nichtig zu beſtreiten; theils iſt man von dieſen Behaup=
tungen zu einem Verſuch übergegangen, ihm angeblich größere
Feſtigkeit durch eine Modifikation zu geben, die aber im Grunde
als Aushöhlung ſeines innerſten Weſens erkannt werden muß.

Die Einwendungen gegen die Wahrheit und Gültig=
keit des Prinzips ſind theils aus der Geſchichte und Erfahrung
genommen, theils aus der Schrift ſelbſt, mit Rückſicht ſowohl
auf ihre äußere Form, als auf ihren eigentlichen Inhalt.

Es ſcheint erſtlich willkührlich zu ſeyn, den Urſprung der
chriſtlichen Lehre und den Prüfſtein ihrer Reinheit und Aechtheit
in den Büchern der Schrift zu ſuchen, wenn es unbeſtreitbar iſt,
daß die chriſtliche Lehre verkündigt worden und Eingang gefunden
hat, daß die chriſtliche Kirche gegründet und erweitert worden iſt
ohne Hülfe der Schrift, daß die heilige Schrift in der Mitte einer
ſchon gebildeten Gemeinſchaft von Gläubigen als der Ausdruck
einer Geſchichte und einer Lehre entſtanden iſt, die lange ſchon
durch mündlichen Vortrag war verkündigt worden, ja! daß ein=
zelne Bücher, wie die Evangelien des Markus und Lukas, und
einzelne Theile auch in den übrigen Evangelien, z. B. die Ge=
ſchichte von der Kindheit Jeſu und ſeine Leidensgeſchichte bei den
erſten Evangeliſten, das Geſpräch mit Nikodemus und der Sa=
mariterin bei Johannes, als einzelne ſchriftlich ausgeprägte Aeu=
ßerungen im Voraus bekannter Traditionen zu betrachten ſind;
um nicht einmal hier die wahrſcheinlichen Reſultate der neueſten
kritiſchen Unterſuchungen über den apoſtoliſchen Charakter des
Evangeliums Matthäi zu berückſichtigen. Und was nun die Kirche
betrifft, wie ſich dieſe von der Zeit an, als die heilige Schrift ans
Licht trat, entwickelt hat, wie möchte es ſich wohl von irgend
einem Zeitraum beweiſen laſſen, daß durch ſie und mittelſt ihrer
der chriſtliche Glaube Feſtigkeit, Leben und Fülle gewonnen habe?
Berathen wir uns mit unſerer eigenen Zeit, ſo wiſſen wir, wie
der Seele des Kindes die erſte Weihe des allgemeinen chriſtlichen
Glaubens theils durch mündliche Mittheilung, theils mittelſt

der Eindrücke zu Theil wird, die das früheste Alter halb unbewußt von einem christlichen Leben, welches es von allen Seiten
umgiebt, empfängt; die allmälige Vollendung dieses Glaubens,
durch immer zunehmende Einsicht und Ueberzeugung, wird ebenfalls nicht allein durch unmittelbar sich darauf beziehende Veranstaltungen (als Unterricht und Andachtsübung) bewirkt, sondern
auch durch den ganzen Einfluß der Umgebungen des Lebens, die
mehr oder weniger den christlichen Charakter in sich aufgenommen
haben, und Allen, mit denen sie in Berührung kommen, ihn wieder unwillkührlich mittheilen. Die heilige Schrift erscheint hier
nur als ein Mittel unter mehreren, öfter sogar als ein unter-
geordnetes; die Stelle, die ihr beim Religionsunterricht und dem
öffentlichen Gottesdienste eingeräumt wird, ist oftmals meist als
eine Ehrenstelle zu betrachten, und noch seltener dürfte wohl die
Nahrung sonderlich hoch angeschlagen werden, die der Frömmigkeit aus dem Lesen der Schrift im privaten Leben zufließen sollte.
Dennoch würde man irren, wenn man glaubte, aus dem fleißi-
geren oder spärlicheren Gebrauch der heiligen Bücher auf den Umfang der Kenntniß, den Grad des Glaubens und die Kraft der
Frömmigkeit schließen zu können; wenigstens muß man gestehen,
daß, je mehr ihr Inhalt und Geist übergegangen ist in zahlreiche
Schriften zum Unterricht und zur Erbauung, die den Vorzug
haben, auf das Bedürfniß des Zeitalters näher berechnet zu seyn,
je mehr eine allgemeine christliche Erkenntniß, wie sie es werden
kann und soll, das allgemeine Eigenthum des christlichen Volks
geworden ist, desto weniger kann es nothwendig seyn, seine Zuflucht zu diesen Büchern zu nehmen, um, in Analogie mit der Art
und Weise, auf welche der christliche Glaube dort seinen Ausdruck
gefunden, entweder davon sich zu vergewissern, was in einem
vorkommenden Falle als christliche Wahrheit angesehen werden
müsse, oder Belebung und Stärkung des eigenen Glaubens zu
suchen.

Richten wir demnächst unsere Aufmerksamkeit auf die
Schrift selbst, so scheint es auch keine rechte Bedeutung zu haben,
wenn man auf eine Sammlung Bücher als Quelle und Regel des
Glaubens hinweiset, ohne daß es irgend eine authentische Gewißheit davon giebt, wie viele und welche Bücher denn wirklich zu
dieser Sammlung gehören (Canonicität), bei wie vielen und

welchen Büchern die Authentie und der apostolische Name als
unbestreitbar angesehen werden können. Es scheint seltsam, auf
eine Sammlung von Schriften als unerschütterliche Grundlage
und oberste Instanz sich zu berufen, so lange der Begriff von der
Anzahl und dem Umfange dieser Schriften so schwankend ist, daß
die Kritik die Aechtheit von Büchern, die bisher unbestritten als
apostolische Schriften gegolten haben, problematisch zu machen
vermag, und, indem sie uns auf diese Weise einen Theil nach
dem andern entzieht, Zweifel erregt, ob auch am Ende eine Sammlung von Schriften übrig bleiben werde, die ein Gegenstand der
glänzenden Prädikate seyn könne, welche ihr in der protestantischen Glaubenslehre beigelegt werden. — Hiezu kommt nun die
besondere Beschaffenheit dieser Bücher. Denn was mag es doch
eigentlich bedeuten, heißt es, die Schrift, richtig ausgelegt, zum
Richter in Glaubenssachen zu machen, wenn man sich selber sagen
muß, daß es bei den heiligen Büchern in eben dem Grade schwierig, als es wichtig ist, schwieriger sogar als bei den meisten Büchern ist, die Regeln für die rechte Auslegung zu bestimmen, und
die rechte Anwendung dieser Regeln auf den freien populairen
Vortrag, die orientalisch-bildliche Einkleidung zu machen, worin
uns dort die höchsten Ideen entgegen treten? wenn man aus der
Geschichte der Theologie weiß, daß die Grundsätze dieser Auslegung — nach welchen man die dogmatischen Controversen entschieden wissen will — zu allen Zeiten gerade einer der Haupt-
streitpunkte gewesen sind, daß so verschiedene Auslegungsweisen
unter der Firma der Wissenschaft hier vertheidigt und angewandt
worden sind, daß sich die Schrift selbst bald dazu hat müssen gebrauchen lassen, das Positive, das Eigenthümlichste in der Lehre
des Evangeliums aus dem Wege zu räumen, bald wieder Lehren
hineinzuzwängen, in welchen der nicht-christliche Charakter klar
zu Tage liegt? wenn man aus der Geschichte der Kirche weiß,
daß alle Sekten und Parteien, welche sich im Schooße des Un-
glaubens und des Skepticismus, des Aberglaubens und des Fa-
natismus erzeugt haben — selbst diejenigen, welche sich in den
meist excentrischen Bahnen vom Lichte des Evangeliums entfernt
haben — mit Hartnäckigkeit, jede insbesondere, die heilige Schrift
zu ihrem Schwert und Schild gemacht, und, indem sie sich den
Besitz des rechten Auslegungsschlüssels beigelegt haben, ihren

Gegnern einen widerrechtlichen oder geistlosen Gebrauch des Heiligen vorgeworfen haben?

Verhält es sich nun in der That so, daß man der katholischen Polemik Recht geben muß, wenn sie behauptet, daß die heilige Schrift, sich selbst überlassen, zu dunkel, vieldeutig und unvollständig sey, um die Glaubenseinheit, die jeder kirchlichen Gemeinschaft nothwendig ist, bewirken zu können, daß folglich die protestantische Kirche die christliche Wahrheit der Schlauheit oder der Befangenheit der Ausleger Preis giebt, und eine unselige Auflösung der einen Gemeinschaft in eine Menge schismatischer Parteien vorbereitet: so scheint das protestantische Auslegungsprinzip ohne Rettung verloren, es sey denn, daß ein feststehender Regulator sich aufweisen lasse, durch welchen die Anwendung des Prinzips zum Dienste der einen christlichen Wahrheit könne gesichert werden. Wenn nun die Behauptung einer fortwährenden göttlichen Auslegungsgabe als Depositum im Schooße der Kirche sich als willkührliche Fiktion erweiset, durch das Zeugniß der Geschichte widerlegt, so wird weiter Nichts übrig seyn, als nachzusuchen, ob die wahrhaft christliche Auslegung der Schrift nach einer positiven für sich bestehenden Regel sollte geprüft werden können, welche, gleichzeitig mit der Kirche selbst und bei allem Wechsel unversehrt, die Hauptsumme der Lehre des Evangeliums enthielte, wie sich diese sowohl in der Schrift als außer ihr in der Kirche ausgedrückt findet.

Und auf diese Weise sind wir denn zu dem Punkte gelangt, wo einige Theologen in der neuesten Zeit Fuß gefaßt haben. Ein solches Dokument meinen sie nämlich an dem sogenannten apostolischen Symbolum zu haben. Dieses wollen sie als die Formel betrachtet wissen, in welcher die Kirche unmittelbar seit der Zeit der Apostel ihren Glauben ausgedrückt und bei der Taufe das Bekenntniß dieses Glaubens abgefordert habe, in deren einzelnen Gliedern und Theilen man demnach ein Zeugniß von dem haben solle, was auf unveränderliche Weise in der Kirche gegeben sey, die Regel für jede Lehre und jede Wirksamkeit, die den Namen einer christlichen verdienen solle. Hieraus ist denn der Grundsatz entstanden, daß die Kirche nicht auf der heiligen Schrift, sondern auf der historisch gegebenen Glaubensregel ruhe, oder — um dem protestantischen Prinzip näher zu kommen — auf der

heiligen Schrift, in soweit als diese in Ueberein =
stimmung mit der Glaubensregel ausgelegt werde*).

Wenn wir dieser kurzen Darstellung der Hauptpunkte der
Opposition eine kritische Prüfung hinzuzufügen haben, so müssen
wir im Voraus daran erinnern, daß nichts an der bestimmten
Form gelegen ist, worin das Prinzip ursprünglich in der prote=
stantischen Kirche ist aufgestellt worden, namentlich mit Rücksicht
auf den Begriff der Tradition und deren Verhältniß zur Schrift.
Vielmehr müssen wir anzunehmen geneigt seyn, daß die Prüfung,
der die Schrift später in den verschiedenen Entwickelungszeiten der
protestantischen Theologie unterworfen gewesen ist, die Erfahrun=
gen, die gemacht worden sind von Misbräuchen und Misverständ=
nissen, denen das aufgestellte Prinzip ausgesetzt gewesen ist, zu
einer klareren und vollständigeren Einsicht in das Verhältniß der
Schrift zur Kirche und Wissenschaft führen. Und wenn es nun
auch nicht zu läugnen ist, daß die gemachten Einwendungen nicht
Weniges enthalten, was gegründet und treffend ist, so liegt hier=
in eine Aufforderung, diesen so entgegen zu treten, daß wir eine
schärfer bestimmte Darstellung des Wesens und der eigentlichen
Bedeutung des Prinzips versuchen.

Was wegen der untergeordneten Stelle, welche die heilige
Schrift sowohl in der Stiftungsgeschichte der Kirche als in der

---

*) F. Delbrück: Philipp Melanchthon der Glaubenslehrer (1826):
„Die alte Kirche, die sich auf die apostolische Glaubensregel stützte, war auf
einem Fels gebauet; die protestantische, welche zu ihrer Grundlage anstatt der
Glaubensregel die H. Schrift macht, ist auf Sand gebauet.“ — Hiemit
gleichzeitig: N. F. S. Grundtvig: „Om Christendommens Sandhed“
(Theol. Maanedsskrift, 1826—27) (Von der Wahrheit des Christenthums
— Theol. Monatsschrift); dessen Hauptpunkte später wiederholt sind von
E. C. Boisen: „Om Betydningen af den chr. Kirkes Bekjendelse“ (1835).
(Von der Bedeutung des Bekenntnisses der chr. Kirche). Gegenschriften sind:
„K. C. Sack, C. J. Nitzsch, F. Lücke: Ueber das Ansehen der H.
Schrift und ihr Verhältniß zur Glaubensregel“ (1827); — „N. Faber:
Har Troesbekjendelsen Eneret til at bestemme, hvad der sand Christen=
dom?“ (1827) (Hat das Glaubensbekenntniß ausschließlich das Recht zu be=
stimmen, was wahres Christenthum sey); H. B. Möller: „Forsvar for
den evangeliske Kirkes Grundsotning; et luthersk=christeligt Stridsskrift“
(1834) (Vertheidigung des Grundsatzes der evangelischen Kirche; eine luthe=
risch=christliche Streitschrift).

selbsterlebten Erfahrung von dem Entwickelungsgange des christlichen Lebens und den Bedingungen desselben einnimmt, einge-
wandt werden zu können scheint, das wird sich der tieferen Betrachtung als in Misverständniß gegründet zeigen. Die positiven
Gesetze nämlich, nach welchen Gemeinschaften verschiedener Natur
geordnet und verwaltet werden, sind nicht identisch mit den Ideen
selbst, deren Einführung und Verwirklichung im Leben der Zweck
jener Gemeinschaften ist; sie sind bis zu einem gewissen Grade der
Ausdruck dieser Ideen, Versuche, sie von gewissen Seiten darzustellen, auf gewisse Verhältnisse anzuwenden. Das Daseyn der
Gemeinschaft kann daher nicht eigentlich als durch die positive
Eigenthümlichkeit dieser Gesetze bedingt angesehen werden; sie
kann sich gar wohl gebildet und einen gewissen Entwickelungsgrad
erreicht haben, ehe die Nothwendigkeit bestimmt ausgedrückter
Gesetze fühlbar geworden ist; und nachdem diese Gültigkeit und
Macht gewonnen haben, wird es in vielen Fällen schwierig seyn
können, ihren bestimmten Nutzen und ihre Nothwendigkeit nachzuweisen. Je mehr das geschriebene Gesetz (lex scripta) mit dem ursprünglichen (lex nata) übereinstimmt, desto weniger wird es als
nothwendig erscheinen, zu ihrer Autorität die Zuflucht zu nehmen,
um in die nöthige Kenntniß von gegenseitigen Pflichten und Rechten gesetzt zu werden; vielmehr wird durch mündliche Ueberlieferung, Erziehung und Unterricht die natürliche Kenntniß von Recht
und Unrecht vervollständigt, und durch diese läßt man sich in den
mehrsten Fällen leiten, ohne an die ausdrücklichen Bestimmungen
des Gesetzes zu denken, ohne daß es also scheint, als sey diesem
die allgemeine Gesetzlichkeit im Handel und Wandel zuzuschreiben.
Dennoch ist es so. Zwar nur in verwickelten Fällen zusammen-
stoßender Verhältnisse, in heftigen Bewegungen der verschiedenen
Kräfte des Lebens offenbart sich die wohlthätige Gewalt des Gesetzes auf recht handgreifliche Weise; aber seine Wirksamkeit, als
unsichtbares Gemeinschaftsband, als innerlich durchgreifendes Prinzip, erstreckt sich auf alle Zeiten und alle Verhältnisse. — Denn
eben dadurch, daß die Ideen der Gerechtigkeit hier in bestimmter, gegebener Form hervortreten, daß ihre Anwendung in den
einzelnen, zumal schwierigeren und wichtigeren Theilen der Anordnung und Verwaltung aufgestellt ist, theilt es diesen Ideen
eine Klarheit und Stärke mit, welche sie unter anderen Umständen

entbehren würden. Sowohl die Leichtigkeit, mit der Einige, ohne
deutliches Bewußtseyn des Rechten, sich innerhalb der gezogenen
Gränzen zu halten wissen, als die Sorgfalt, mit der Andere ihr
persönliches Wirken in Uebereinstimmung mit dem allgemeinen zu
bringen bemüht sind, darf sonach als eine Wirkung des Gesetzes
betrachtet werden, das allmälig in die Natur des Einzelnen gleich=
sam übergegangen, die unwillkührliche Regel seiner inneren und
äußeren Wirksamkeit geworden ist.

Auf die nämliche Weise müssen wir uns die Stelle denken,
welche die heilige Schrift in der Kirche einnimmt. Auch hier muß
der wichtige, nur gar zu häufig übersehene Unterschied festgehalten
werden: nämlich die ideelle Wahrheit und ihre sichtbare Form,
der schriftliche Ausdruck des geoffenbarten Gotteswortes, und dieses
Wort selbst, welches, wie es älter ist als die Schrift, so auf
anderen Wegen und durch andere Mittel, als der geschriebene
Buchstabe, wirkt. Wir sagen daher weder, daß das Daseyn der
Kirche vom Daseyn der Schrift an datirt werden müsse, noch daß
das Wort Gottes an die schriftliche Form so gebunden sey, daß
Kenntniß, Glaube und Gottesfurcht durch dieselbe allein entstehen
sollten. Wenn aber die Schrift das einzige Zeugniß der Apostel
vom Leben und der Lehre Jesu ist, welches nach der Leitung der
Vorsehung treu und in allen wesentlichen Theilen unverändert den
künftigen Geschlechtern aufbewahrt ist, und wenn diese Bücher die hi=
storisch=anschauliche Darstellung des christlichen Glaubens in seinem
ganzen Umfange und seiner Fülle enthalten, so hat das Bekennt=
niß seinen festen Grund: daß die Schrift d e r Ausdruck des durch
Christum geoffenbarten Wortes ist, der nach Gottes gnadenreichem
Willen die Kirche begründen und die christliche Wahrheit sichern
solle, daß, indem wir aus ihrer Quelle schöpfen, wir uns nahe an
sie, ihren Geist und ihr Leben anschließen, unsere Einsicht an
Reinheit, unser Glaube an Kraft und Fruchtbarkeit, unser Ur=
theil in Glaubenssachen an Klarheit und Sicherheit gewinnen
werden. Wir können denn recht wohl einsehen, wie die Kirche
eine Zeitlang hat bestehen können, ohne des Wortes der Schrift
als einer Leuchte und eines Lichtes zu bedürfen, zugleich aber, wie
sie bald, je nachdem sie sich vom Ursprunge der mündlichen Tra=
dition entfernte, zu einem Punkte kommen mußte, wo sie nicht
länger einer feststehenden Anweisung entbehren konnte. Wir dür=

fen demnach annehmen, daß es unter den gewaltsamen Kämpfen
im vierten, fünften und sechsten Jahrhunderte, während welcher
eine christliche Theologie zuerst sich zu gestalten anfing, nicht geglückt wäre, die christlichen Ideen — wenn auch nicht von spitzfindiger Dialektik unverfinstert, so doch von fremden Elementen
nicht verunstaltet zu erhalten, wenn nicht die Schrift einen leitenden Faden dargereicht hätte; und wir sehen es nicht ein, wie die
Stimme der kirchlichen Opposition hätte hindurchdringen und die
Wiedergeburt christlicher Wahrheit und christlichen Lebens durch
die Reformation bewirkt werden können, wenn nicht Luther und
seine Gehülfen das christliche Volk auf die Worte der Apostel hätten
hinweisen können, wenn sie nicht eine Reihe von Auslegern dieses
Worts vor sich gehabt hätten, an deren Arbeiten sie ihre eigenen
anschließen konnten.   Dieselbe Kraft ruht noch in der heiligen
Schrift, so oft die Rede davon ist, das schlummernde Leben zu
erwecken, von falschen Richtungen, die sich immer wiederholen,
zurückzurufen, den Frieden und das Gleichgewicht unter sich feindlich gegenüberstehenden Kräften wiederherzustellen; und wenn es
oftmals scheint, als werde dies eher durch Worte der Menschen
als durch die heilige Schrift bewirkt, so kann man gerade hierin
den größten Beweis von ihrem mächtigen Einflusse finden, daß
ihre Zeugnisse mit den Zeugnissen des inneren Bewußtseyns allmälig zusammenfließen, daß sie sich Organe bildet, durch welche
ihre Stimme ertönt.   Bis zu dem Grade ist sonach die Wahrheit
Gottes mit der Wahrheit, die in uns redet, Eins geworden, daß
die Wirksamkeit des Christenthums und des Christen oft nicht getrennt werden kann; es sind aber uns die größten geistigen Segnungen, bei welchen die befruchtenden Kräfte sich gleichsam verbergen hinter der reichen Fülle der Frucht.

Was demnächst das vermeintlich Unsichere und Bedenk-
liche darin betrifft, die Kirche und die Lehre auf die heilige Schrift
zu stützen, wenn man die Macht bedenkt, welche die Kritik täglich
ausübt im Prüfen und Beurtheilen der Aechtheit der einzelnen
Bücher, aus denen die Schrift zusammengesetzt ist: so würde die
Stärke dieser Einwendung nicht geläugnet werden können, wenn
es mit der Sammlung der Bücher des Neuen Testaments dieselbe
Bewandtniß, wie mit einem organischen Körper hätte, so daß der
vollständige Gebrauch von der numerischen Vollständigkeit, von,

dem Vorhandenseyn aller einzelnen Theile, als eben so vieler Glie=
der, und von der gleichmäßigen Verbindung zwischen diesen ab=
hängig wäre. Aber Jedermann weiß, daß es sich so nicht ver=
hält. Ausgenommen die Doppelheit eines historischen und eines
didaktischen Bestandtheils, deren Nothwendigkeit in dem unzertrenn=
lichen Zusammenhange des Lebens mit der Lehre gegründet ist,
läßt sich kein Grund angeben, warum alle Hauptschriften des
Neuen Testaments gerade entweder in erzählender oder in episto=
lischer Form abgefaßt sind, warum gerade diese Apostel und Apo=
stelschüler, und nicht andere, uns Schriften hinterlassen haben,
warum eben so viele Evangelien und so viele Briefe, weder meh=
rere noch wenigere, uns hinterlassen sind. So würde denn auch
nicht der Gebrauch dieser Schriften, um eine hinlängliche und
sichere Darstellung des Lebens Jesu und seiner Lehre in allen Haupt=
theilen zu geben, aufhören oder bedeutend eingeschränkt werden,
wenn auch die Anzahl der Bücher geringer wäre, als sie jetzt ist;
denn diese Bücher, abgesehen von einzelnen Ausnahmen (nament=
lich dem Evangelium des Johannes) stehen in keinem solchen ge=
genseitigen Verhältniß, daß sie sich unter einander ergänzen; der
Inhalt der Geschichte und der Lehre ist nicht auf die Weise unter
sie vertheilt, daß ein Ganzes durch die Vereinigung gewisser Bei=
träge aus jeder einzelnen Schrift zu Wege gebracht werde. Viel=
mehr verbreiten sich die meisten Bücher über dieselben Hauptgegen=
stände des christlichen Glaubens, und unterstützen demnach ein=
ander, indem wir denselben Inhalt von verschiedenen Seiten be=
trachtet, unter verschiedener Form und in verschiedener Verbindung
dargestellt finden. Nun beziehen sich aber — was wohl zu be=
herzigen ist — die kritischen Untersuchungen nicht einmal auf die
Frage: ob auch alle Bücher befugt sind, ihre Stelle in der Samm=
lung des Neuen Testaments einzunehmen, sondern auf die: wie
viele Bücher in der Sammlung als wirklich apostolische anzusehen
sind. Die Kritik — insofern sie den wissenschaftlichen Namen
verdient — räumt nämlich allen Schriften, deren Aechtheit in den
neueren Zeiten bezweifelt worden ist, das apostolische Zeitalter
oder die Gränze desselben ein; nur die apostolische Verfasserschaft
ist Gegenstand des Verdachtes und der Einwendungen. Die Un=
gewißheit nun, ob eine Schrift von einem Apostel oder einem
apostolischen Manne, einem Zeitgenossen der Apostel, verfaßt sey,

kann allerdings auf die Bestimmung der größeren oder geringeren Glaubwürdigkeit, wo von einzelnen historischen Datis oder dogmatischen Formen gehandelt wird, Einfluß erhalten; was aber das Wesentliche des Inhalts betrifft, bleibt jenes Problem ohne allen Einfluß. Ob man das Evangelium Matthäi in seiner gegenwärtigen Form für ein Werk des Apostels oder für eine Umarbeitung einer Apostelschrift von einem unbekannten Verfasser hält, ob man die Briefe an den Timotheus und den Titus als von Paulus oder — wie der Brief an die Hebräer — von einem Jünger des Paulus geschrieben ansieht, das wird in nichts Wesentlichem unsere Meinung von diesen Büchern als vollgültigen Zeugnissen von dem Leben und den Werken Christi, seinem Tode und seiner Auferstehung, seiner Lehre und Verheißung ändern. Denn die völlige Uebereinstimmung des ganzen wesentlichen Inhaltes mit den übrigen Schriften, deren apostolische Aechtheit durch jede gründliche Kritik in ein immer klareres Licht treten wird, giebt den unmittelbaren Beweis von der Wahrheit an die Hand; und nicht minder gewichtig wird das Zeugniß der ältesten Kirche, welches schon in der Aufnahme in die heilige Sammlung und in der Berufung auf ihre Autorität ausgedrückt ist. Der Gebrauch von den Büchern des Neuen Testaments, von welchem hier die Rede ist, beruht also keinesweges darauf, daß die unmittelbare apostolische Aechtheit aller einzelnen Bücher erweislich wäre, und das Prinzip vom höchsten Ansehen der Schrift und von der Hinlänglichkeit derselben zur Begründung der christlichen Kirche kann folglich durch kritische Untersuchungen über die Authentie eines einzelnen Buches keiner Gefahr ausgesetzt werden*).

Wenn ferner geäußert wird, daß die Verschiedenheit der Auslegung und Anwendung, die durch jedes Blatt der Kirchengeschichte wie durch die Erfahrung jedes Tages bezeugt wird, die Widerlegung des Grundsatzes von der heiligen Schrift als an und für sich hinreichender Stütze des christlichen Glaubens enthalte: so beruht die Gültigkeit oder Ungültigkeit dieser Einwendung auf

---

*) Aus demselben Gesichtspunkte, aber freilich ohne Rücksicht des damals nicht geahnten Umfanges späterer kritischer Untersuchungen, heißt es bei Gerhard: „Perfectio Scripturae aestimanda est non ex numero librorum, sed ex sufficientia dogmatum ad salutem scitu necessariorum." Exeg. de Scr. S. c. 18. n. 366.

dem Begriff der Glaubenseinheit, welche als nothwendige Be=
dingung für die Erhaltung der kirchlichen Gemeinschaft und als
nothwendiger Zweck für die Wirksamkeit der Kirche angenommen
wird. Läßt man diese — wie es in der katholischen Kirche der
Fall ist, und wie man auch in der protestantischen Kirche nur gar
zu oft geneigt ist, die Sache darzustellen — auf Sätze sich erstre=
cken, die mit dem Interesse des Glaubens nur in entfernter Ver=
bindung stehen; unterscheidet man so wenig die Lehre, insofern
sie ein Gegenstand des Glaubens ist und das Bedürfniß des from=
men Gemüths befriedigt, von der Lehre, insofern sie einen taug=
lichen Stoff für den reflektirenden und abstrahirenden Verstand
abgiebt, daß man nichts Geringeres als eine Einerleiheit der Vor=
stellungen von der Form und der Art und Weise fordert, wie das
Dogma seinen richtigsten und vollständigsten Ausdruck finden möge:
so ist es vollkommen wahr, daß die heilige Schrift nicht im Stande
seyn wird, nach diesem Ziele zu führen. Weit entfernt aber, die=
ses als Einwendung gegen die Hinlänglichkeit der heiligen Schrift
zur Verwirklichung der christlichen Einheit, ohne welche keine christ=
liche Kirche bestehen kann, gelten zu lassen, müßte man hierin
billig eine Mahnung daran sehen, daß der christliche Begriff der
Glaubenseinheit in dieser Vorstellung verfehlt sey; man müßte,
statt im Voraus die Idee der kirchlichen Einheit nach eigener oder
Anderer Autorität zu construiren, und ohne Bedenken seine An=
forderungen an die Schrift nach dem egoistischen Maßstabe zu stellen,
es ihr überlassen, die Beschaffenheit und den Umfang dieser Ein=
heit anzugeben, und in selbstverläugnender Demuth in die Man=
nigfaltigkeit von Vorstellungen und Ansichten sich fügen lernen,
welche in der Beschaffenheit des religiösen Glaubens und der mensch=
lichen Natur gegründet ist, und welche — nach dem schönen Gleich=
niß des Paulus von den verschiedentlich gebildeten Gliedern des
einen Leibes — für die Ausbildung der Kirche unter Menschen
nicht minder nothwendig ist, als die höhere Einheit des Glaubens,
auf deren Endzweck durch den Gebrauch der Glieder hingezielt wird.
Aber — entgegnet man — wollen wir uns auch auf eine biblische
Einheit beschränken, ohne an alle die Erweiterungen und Zusätze
zu denken, welche die Kirche im Laufe der Zeit hinzugefügt hat,
und von dem ausgehen, was nach der Lehre Jesu und der Apostel
die Grundlage ausmacht, auf welche die Christen ihren Glauben

und ihre Hoffnung zu bauen haben: von der Lehre von dem allei-
nigen wahren Gott und Vater Aller, von dem Eingebornen, in
dem der Vater sich geoffenbaret hat, als demjenigen, welcher durch
seine Lehre, sein Leben und seinen Tod den Menschen Erlösung
und Heil gebracht hat, von dem Geiste, der da wirkt in der Schwachheit des Menschen, zur Erleuchtung und Heiligung, — sollte man
wirklich sich darauf vertrösten dürfen, daß die Auslegung der heiligen Schrift, jedem frei und ungebunden anheim gegeben, zur
Anerkennung jener Lehren als des Alpha und Omega des christlichen Glaubens führen würde? Mit welcher Gelehrsamkeit und
welchem Scharfsinn haben sich nicht manchmal die Ausleger bemüht, an die Stelle dieser Lehren andere zu setzen, oder doch ihnen
das Eigenthümlichste zu rauben? und wohin würde es wohl geführt haben, wenn man, in blindem Vertrauen auf die Schrift,
fortwährend auf diesem Wege fortgegangen wäre, und, während
es noch Zeit war, versäumt hätte, die Lehre durch Bollwerke
kirchlicher Dogmenbestimmungen und Auslegungsregeln gegen den
Strom der Willkührlichkeit und Freidenkerei sicher zu stellen! Das
Gegründete in diesen Klagen über die subjektive Willkührlichkeit
der Auslegung darf gewiß nicht geläugnet werden, während man
doch auch nicht übersehen darf, daß die Abweichung der verschiedenen Auslegungen und ihrer Anwendung oftmals, wie es auch
von den philosophischen Schulsystemen bemerkt zu werden pflegt,
geringer ist, als es den Anschein hat. Damit aber ist der Glaube
nicht widerlegt, daß das Vertrauen zum Worte Gottes und zu
der Gewalt, die in und über diesem Worte ruht, nicht hätte zu
Schanden werden lassen, daß die Gemeinschaft der Christen auf
diesem Wege schneller zur Reife des Alters, zur Mündigkeit des
Geistes und Festigkeit des Glaubens gelangt wäre, als es der Fall
geworden und hat werden können nach der Art, auf welche es
Sitte gewesen ist, die Angelegenheit des Glaubens in der christlichen Kirche zu behandeln. Leider giebt es hier keine Zeugnisse
der Erfahrung, auf die wir uns berufen könnten; aber eben so
wenig können wir irgend ein Zeugniß von dieser Seite zu befürchten haben. Nicht Jahre, noch Jahrzehnte, sondern Jahrhunderte
wären hier erforderlich, um Zeugniß geben zu können; wann und
wo hat man es aber gewagt, diese Probe im Großen anzustellen?
wann und wo hat man nicht, verzagt und mismüthig über die

4 *

Misbräuche der Schrift, wovon man eben Zeuge war, gleichwie in aller sonstigen Gefahr, zu zwingenden Machtsprüchen seine Zuflucht genommen, und dadurch den Gebrauch mit dem Misbrauche zugleich gehindert? Welch ein Wunder denn, wenn die Geschichte der Schriftauslegung — neben den wenigen und kurzen Zeiträumen freier, wissenschaftlicher Wirksamkeit — abwechselnde Scenen einer Unterjochungsknechtschaft, wo der Gebrauch der Schrift verbannt gewesen, und wiederum zügelloser Frechheit darbietet, die die verhaßten Fesseln zersprengt und in einem gesetzwidrigen und regellosen Gebrauche ihren Ersatz gesucht hat? Aber darum wird kein Christ den Glauben aufgeben können, daß die wahre Einheit des Geistes, zu welcher die Christen geführt werden müssen, um für die Entwickelung der Wahrheit und eines höheren Lebens leben und gemeinschaftlich wirken zu können, nur in eben dem Verhältniß gefördert werde, als die heilige Schrift, d. h. als Jesus und seine Apostel selbst die Macht erhalten, die Regungen des geistigen Lebens, von menschlichen Bestimmungen ungehemmt, zu leiten und zu lenken.

Verhielte es sich nun anders — so nämlich, daß einerseits d i e Einheit des Glaubens, welche die Frucht freier und ernstlicher Forschung in den heiligen Büchern seyn kann und wird, keine hinreichende Grundlage einer christlichen Gemeinschaft wäre, während andererseits der Besitz einer fortdauernden Gnadengabe zur Entscheidung der rechten Auslegung der Schrift und somit zur Herbeiführung der größeren für nothwendig gehaltenen Einheit der Kirche abgesprochen werden müßte: so würde weiter keine Rede seyn können von der Erhaltung der kirchlichen Gemeinschaft, welche ihrer Natur zufolge jede Anwendung von Zwang und Machtspruch ausschließt. Es könnte zwar scheinen, als deuteten schon die ältesten Kirchenväter auf ein besonderes Mittel zur Sicherung der Einheit der Lehre und zur Befestigung der Gemeinschaft der Gläubigen hin, wenn sie häufig eine R e g e l d e s G l a u b e n s (regula fidei) anpreisen, und als unerläßliches Erforderniß aufstellen, daß jede Lehre oder Auslegung mit derselben in Uebereinstimmung stehen müsse. Durch Vergleichung aber der verschiedenen Aeußerungen werden wir zu der Erkenntniß geführt, daß unter dieser Glaubensregel kein in bestimmter Form abgefaßtes Dokument, noch überhaupt irgend eine von der Schrift und der Kirche verschiedene positive Autorität zu verstehen sey. Nach einem schwankenden, allerdings in unklaren Vorstellungen gegründeten, Sprachgebrauche scheint man sich b a l d eine idealische Glaubensanalogie, eine in der Gemeinschaft der wahren Christen vorauszusetzende Einheit des Glaubens, bei Einigen zunächst als die Frucht des Bibelstudiums, bei Anderen von tieferer, vom Geiste des Christenthums durchdrungener, Spekulation, und wieder bei Anderen von gläubiger Annahme der apostolischen Ueberlieferung; b a l d wieder — als Folge der überspannten, mystischen Vorstellungen von der göttlichen Autorität der Kirche, wozu sich der Keim bei mehreren von den ältesten Lehrern findet — den Lehrbegriff gedacht zu haben, der mit einer höheren kirchlichen Sanktion schon versehen war oder würde versehen werden*).

Wenn man dagegen in den neuesten Zeiten unter jener regula fidei d a s a p o s t o l i s c h e S y m b o l u m hat verstehen und aus jenen Aeußerungen beweisen wollen, daß diese Form des Glaubensbekenntnisses von den ältesten Zeiten der Kirche her als Regel des Glaubens und der Lehre anerkannt und angewandt gewesen sey, und folglich auf die Apostel als die Begründer der Kirche zurückgeführt werden müsse: so sind diese Behauptungen mit Allem, was man aus ihnen weiter hat folgern wollen, bis zur völligen Evidenz durch die erweisliche Verschiedenheit des Umfanges und der Form als widerlegt anzusehen, unter welcher die ältesten kirchlichen Symbole vorkommen, durch die Veränderungen und Zusätze, die man allmälig bald in der einen, bald in der anderen Kirche anzubringen kein Bedenken trug, bis endlich (nicht vor dem fünften Jahrhundert) die jetzt gebräuchliche Form allgemein geworden zu seyn scheint, als Folge des allgemeinen Strebens nach äußerer Einheit, welches von dieser Zeit an die Kirche zu charakterisiren anfängt. Wir können daher mit gutem Gewissen diesem Symbol den apostolischen Namen in Beziehung auf den Inhalt einräumen, der ganz und gar innerhalb des Kreises der Sätze, meistentheils sogar der Ausdrücke des Neuen Testaments gehalten ist; wir können einräumen — was an und für sich durchaus wahrscheinlich ist — daß ähnliche, obgleich ohne Zweifel kür-

---

*) Vom Begriff der Glaubensregel bei den Kirchenvätern wird unten ausführlicher gehandelt werden.

zere, Zusammenfassungen des Hauptinhaltes des Evangeliums unmittelbar nach der Zeit der Apostel gebraucht worden sind, namentlich wenn den Katechumenen bei der Taufe ihr Glaubensbekenntniß abgefordert wurde. Es muß aber dagegen als grundlose und durch die Geschichte widerlegte Vorstellung angesehen werden, daß eine abgeschlossene Form des Glaubensbekenntnisses von den Aposteln verfaßt und hinterlassen seyn sollte; und hiemit fällt denn auch die Behauptung weg, die in den neuesten Zeiten mit zudringlicher Heftigkeit aufgestellt worden ist: daß diese Glaubensregel als Regel für die Auslegung der Schrift gelten, und die Gültigkeit der Auslegung also auf der Uebereinstimmung mit dieser Regel beruhen solle. Nach dem Vorhergehenden kann nämlich dieses Symbolum nicht anders als wie ein Dokument betrachtet werden, das nach und nach in der Kirche entstanden ist, von ihren Lehrern nach demjenigen, was offenbar die Hauptsumme des mündlich und schriftlich verkündigten und bekannten Evangeliums ausmachte, geordnet und gebildet; verhält es sich aber so, so findet man mit Recht in diesem Unterordnen der Schrift unter eine menschliche Regel eine stillschweigende Verkennung der Schrift als h e i l i g e r Schrift *).

Aber selbst in dem Falle, daß der apostolische Ursprung des Symbols sich nicht historisch widerlegen ließe, würde die erwähnte Anwendung davon als Regel für die Auslegung der Schrift bei näherer Betrachtung sich als aller wirklichen Bedeutung ermangelnd zeigen. Man versuche einmal sich eine Vorstellung von einer Regel zu bilden, durch welche die rechte christliche Auslegung der Schrift gegen vorurtheilvollen und willführlichen Misbrauch gesichert seyn sollte, und man wird ohne Zweifel finden, daß eine solche sowohl rücksichtlich des Inhaltes als der Form mit der Regel,

---

*) „Minoris esse momenti Scripturam S. quam Symbolum apost., non miror dictum ab homine Papista, sed a Christiano non patior. Sic tamen libet horum hominum ingenium observare, quaslibet occasiones captantium detrahendi Scripturas, easque deducendi e solio summae auctoritatis. Certe ineptiam facile quilibet agnoscat, qui sciat, Symbolum nihil aliud esse quam Scripturae particulam, neque posse unius aut plurium partium maius esse momentum quam totius corporis." Chamier, Panstratiae cath. (1626). De can. VII. 3. n. 6.

worauf wir uns hier hingewiesen sehen, wenig Gemeinschaftliches
erhalten würde. Eine solche Regel müßte für den, der an die
Auslegung der heiligen Bücher ginge, verständlich und einleuchtend
seyn, während dagegen das Symbol — eine natürliche Folge der
kompendiarischen Form — einem Jeden, der in den Inhalt der
evangelischen Geschichte und Lehre nicht eingeweiht wäre, als
Räthsel und dunkle Rede klingen würde; sie ist sonach selbst der
Auslegung bedürftig und setzt die Kenntniß voraus, die durch sie
erleichtert und gesichert werden sollte. Jene Regel müßte sich ferner auf solche Lehren und Aeußerungen der Schrift beziehen, deren
rechtes Verständniß mit der größten Schwierigkeit verbunden ist,
und die christliche Auffassung müßte hier auf bestimmte Weise
jeder anderen entgegengestellt seyn, welcher die Schrift ausgesetzt
seyn könnte; aber im Symbol sind gerade viele von den meist bestrittenen Punkten — von der Dreieinigkeit, der Sünde und der
Erlösung, von der Natur Christi, seinem Versöhnungstode, von
der Dämonologie — ganz übergangen, oder auch die Worte, mit
welchen sie angeführt werden, sind die Worte der Schrift selbst,
und zwar solche, deren nähere Entwickelung gerade Gegenstand
des Streites und verschiedener Auslegung ist. Was im Symbol
von Vater, Sohn und heiligem Geiste gesagt ist, würde nämlich
von den Socinianern angenommen werden können, was von
Christo gesagt ist, von jedem Nestorianer oder Monophysiten,
was von dem ewigen Leben, der Auferstehung und dem Gericht,
von dem Chiliasten und Anabaptisten; wie denn auch die Geschichte
lehrt, daß keine Partei dieses Symbolum als das ihrige anzuerkennen je Bedenken getragen hat, indem man richtig einsah, daß
ein Symbol, welches die Ausdrücke der Schrift ohne irgend eine
hinzugefügte Erklärung aufnimmt, weiter keinen Zwang aufer-
legt, als die Schrift selbst, weil jede dogmatische Controverse erst
da ihren Anfang nimmt, wo das Symbol zu reden aufhört. Wenn
sonach dieses Symbol wegen seiner rein biblischen Form jede Auslegung und jeden Streit über die Auslegung mit der Schrift selbst
theilen muß, so scheint es unbegreiflich, welchen Nutzen man
sich von einer solchen Auslegungsregel hat versprechen können;
und kaum kann man des Gedankens sich erwehren, daß diejenigen,
welche so eifrig auf dieselbe gedrungen, stillschweigend vorausgesetzt haben, daß jeder einzelne Artikel des Symbols wieder nach

dem ganzen späteren kirchlichen System zu verstehen seyn müsse, so daß es in der That, wenngleich unter einer minder auffallenden Form, dieses würde, welches in allen einzelnen Theilen zur Regel für die Auslegung der Schrift erhoben werden sollte.

Wir sehen uns sonach von diesem Versuche zurückgewiesen, eine theologische Auslegung dadurch zu Wege zu bringen, daß die Auslegung auf eine positive, außerhalb der Schrift stehende, kirchliche Autorität gestützt werde. Die katholisirende Richtung in diesem Versuche läßt sich nicht verkennen. Er geht von denselben Prämissen von der Unzulänglichkeit der Schrift zur Begründung einer christlichen Glaubenslehre und einer kirchlichen Gemeinschaft aus, und strebt, vom nämlichen Bedürfniß geleitet, nach demselben Ziele hin: die Schrift durch die Autorität der Kirche zu suppliren. In der weiteren Deduktion aber wird die Consequenz und die großartige Haltung, welche das System des Katholicismus auszeichnet, vermißt. Man bleibt bei einem isolirten Buchstaben, einem kirchlichen Dokument stehen, das weder in Rücksicht des Ursprunges noch des Inhaltes das Erforderliche zu leisten im Stande ist; und die verheißene Sicherheit der Auslegung löset sich in Dunst und Nebel auf.

Folgende Sätze werden wir, nach der vorhergehenden Untersuchung, als in dem Grundsatz unserer Kirche von der heiligen Schrift als der für sich bestehenden, von jeder anderen Autorität unabhängigen Grundlage für die christliche Lehre enthalten finden.

1. Das Wort Gottes ist nicht an und für sich an die heilige Schrift gebunden. Diese ist der sichtbare Ausdruck des unsichtbaren Wortes, nicht aber der erste ursprüngliche Ausdruck; denn das Evangelium ist früher durch Rede als durch Schrift verkündigt worden.

2. Der uns in den heiligen Büchern überlieferte Ausdruck der christlichen Glaubenslehre ist indessen hinreichend, um uns zu dem ursprünglichen Gottesworte im Evangelium zu führen; denn wie die Schrift zu allen Zeiten — durch die besondere Art und Weise, auf welche sie in das geistige Leben des Menschen eingreift — ihre Kraft zur Läuterung, Belebung und Befestigung des christlichen Glaubens bewährt hat, so ist auch das Wesentliche in der Lehre so klar und vielseitig entwickelt, ihr geistiger Charakter tritt da in so sichtbarer, so erweckender und ansprechender Gestalt her-

vor, daß eine christliche Auslegung nicht wird verfehlt werden
können, wo die Schrift der Gegenstand eines fortgesetzten freien
und wissenschaftlichen Studiums ist.

3. Da nun die Schrift das einzige Organ des unmittelbaren
Unterrichts Jesu und seiner Apostel ist, so schließt die Schrift jedes
Mittelglied zwischen sich und der menschlichen Forschung eben so
aus, wie Christus jedes Mittelglied zwischen seiner Wirksamkeit
und der Aneignung derselben von Seiten des Menschen zu seiner
Erlösung ausschließt.   Daher auch unsere Kirche, als ächt evan=
gelisch, jede andere Auslegungsregel als diejenige verwirft, welche
von der Schrift abgeleitet und auf sie zurückgeführt wird.

———————

Kehren wir nun aber zur evangelischen Kirchenlehre von der
Schrift zurück, von ihrer Hinlänglichkeit zur eigenen Auslegung,
um auf dem dadurch angezeigten Wege die Vollendung des Be=
griffs der Schriftauslegung zu suchen: so kommt ein Einspruch von
ganz entgegengesetztem Charakter in Betracht, der vom Begriff
der reinen Wissenschaft ausgeht, und, sich auf ihr aner=
kanntes Recht stützend, jede Verschiedenheit zwischen der Ausle=
gung der Schriften des N. Testaments und jedweder anderen als
gesetzwidrig und erschlichen abgewiesen wissen will. Wenn von
Auslegung die Rede seyn soll — heißt es — so ist das N. Testa=
ment kein Gegenstand des Glaubens, sondern der Wissenschaft.
Die Wissenschaft aber ist von aller positiven Religion unabhängig;
ihre Gesetze wechseln nicht mit dem Glaubensbekenntniß. Unter
der Voraussetzung also gleicher Einsicht, Gründlichkeit und Ge=
wissenhaftigkeit wird die Verfahrungsweise und das Resultat für
den christlichen, den jüdischen, den muhamedanischen Ausleger
eben dasselbe werden. Keine Auslegung kann folglich gestattet
werden, die mehr als diese wissenschaftlichen Bedingungen voraus=
setzen sollte, und deren Richtigkeit nicht von jedem wissenschaftlich
gebildeten Manne, ohne Rücksicht seines religiösen Glaubens,
anerkannt werden müßte. Dies wird indessen der Fall, wenn
das N. Testament dem Ausleger als heilige Schrift gilt, und er
demnach einen vorgefaßten Glauben an die unbedingte Wahrheit
der Schrift zur Auslegungsarbeit mitbringt. Der Standpunkt
ist hiedurch von vorn herein verschoben; ein fremdartiges Element

iſt hineingedrängt, wodurch die Funktionen der Auslegung in
ihrem natürlichen Gange gehemmt werden; denn in jenem Glauben ſoll eine Befugniß, ſogar eine Verpflichtung zu einer Verfahrungsart enthalten ſeyn, die, auf jede andere Schrift angewendet,
als willkührlich abgewieſen werden würde. — Entweder alſo muß
der Ausleger geradezu geſtehen, daß die Schrift als Ausnahme
kein Gegenſtand der Auslegung ſeyn, ſondern daß ihr Inhalt nach
dem Bedürfniß der Dogmatik conſtruirt werden ſoll, oder die
Schrift muß eben denſelben und nur denſelben Geſetzen, welche
für die Auslegung eines jeden Buches gelten, unterworfen werden, und folglich der Ausleger, mit Verläugnung ſeines Glaubens, ſich auf den Standpunkt der reinen Wiſſenſchaftlichkeit hin-
ſtellen *).

Um in ihrer wahren Bedeutung verſtanden zu werden, muß
dieſe Behauptung in der Verbindung mit den Richtungen, durch
welche ſie hiſtoriſch hervorgerufen iſt, betrachtet werden. Es iſt
nämlich kein Wunder, wenn Verſuche, die die Forderungen der
Schriftauslegung mit denen des chriſtlichen Glaubens zu vereinigen
bezwecken, mit Mistrauen angeblickt werden, wenn man geneigt
wird, darin Verſuche zu erblicken, unter dem Namen des Glaubens,
was demſelben fremd iſt, einzuführen. Denn nur zu oft haben
ſich bald ganz ſubjektive Meinungen, bald ſtereotypiſche Syſtem-
formen einer traditionellen Orthodoxie unter der Firma des Glaubens geltend gemacht; allerlei vorgefaßte Meinungen ſind zur Auslegung der Schrift mitgebracht worden; und um, wie es heißt, die
Ehre der Offenbarung, im Grunde aber, um eine im Voraus auf-
geſtellte Inſpirationstheorie oder eine gewiſſe Auffaſſung der chriſt-

*) Am ſtärkſten iſt dieſe Forderung von einem der vorzüglichſten Exege-
ten unſerer Zeit, Rückert, in der Vorrede zu ſeinem Comm. über den Römerbrief (S. IX) ausgeſprochen: „Der Exeget des N. T. als ſolcher hat wegen der Bedeutung, die das N. T. für die chriſtliche Kirche als Quell und
Norm ihrer theol. Erkenntniß hat, gar kein Syſtem, und darf keins haben,
weder ein dogmatiſches noch ein Gefühlsſyſtem; er iſt, inſofern er Exeget iſt,
weder orthodox noch heterodox, weder Supranaturaliſt, noch Rationaliſt, noch
Pantheiſt; er iſt weder fromm noch gottlos, weder ſittlich noch unſittlich, weder zart empfindend noch gefühllos; denn er hat bloß die Pflicht, zu erforſchen, was ſein Schriftſteller ſagt, um dies als reines Ergebniß dem Philoſophen, Dogmatiker, Moraliſten, Aſketen u. ſ. w. zu übergeben.“

lichen Dogmen zu retten, hat man kein Bedenken getragen, gemeingültige Auslegungsgrundsätze zu verwerfen, der Grammatik
und der Logik Trotz zu bieten. Es kann aber der Glaube an die
heilige Schrift, als welche von Gott gegeben ist „zur Lehre, zur
Strafe, zur Besserung, zur Züchtigung in der Gerechtigkeit,"
nicht stärker gegen sich selbst zeugen als dadurch, daß er gegen das
Recht der Wissenschaft, ihren Inhalt zu prüfen, Einsprüche erhebt, nicht stärker sich selbst entgegenarbeiten und sein eigenes
Werk zerstören. Denn die Gesetze der Wissenschaft sind so dem
Innersten unseres geistigen Wesens eingepflanzt, daß Keiner,
selbst der nicht, welcher methodisch auf einen geistigen Selbstmord
es anlegen wollte, von ihnen sich loszureißen vermag. Eingriffe
in diese Gesetze bei der Deutung der heiligen Bücher würden daher nur die lebendige Gemeinschaft, den fruchtbaren Einfluß ihres
Inhalts auf unser geistiges Leben aufheben.

Inwiefern also jene Opposition einer solchen Verwechslung
des Glaubens mit seinen unächten Formen, dem Misbrauch vom
Namen des Glaubens, eine freie, wissenschaftliche Schriftauslegung zu hindern und zu hemmen, gilt: insoweit hat sie offenbar
die Wahrheit auf ihrer Seite; und eine Exegese, die mit unbe-
fangenem Blick, mit Kenntniß und Scharfsinn ein treues historisches Objektiviren des Inhaltes und der Form der heiligen Bücher
bezweckt, muß nothwendig zur Reinigung der Atmosphäre und
zur Zerstreuung der ungesunden Nebel, welche so leicht um die
heiligen Bücher sich herumlegen, wohlthätig wirken; denn zu jeder
Zeit wird bei denen, deren Frömmigkeit des Gemüthes größer ist
als die Klarheit des Gedankens, eine Scheu davor gespürt werden, den heiligen Schriften in ihrer wahren Gestalt unter die
Augen zu treten, eine — wenn gleich verblümt ausgesprochene —
Tendenz, zu Gunsten vorgefaßter Vorstellungen, in welchen der
unmittelbare, ungeprüfte Glaube Ruhe findet, die strengen Gesetze der Wissenschaft zu suspendiren.

Was aber von dieser Seite von dem Unnatürlichen und Wi-
dersinnigen eines Gegensatzes zwischen den heiligsten Interessen,
denen des Glaubens und der Wissenschaft, bemerkt wird, das trifft
nicht minder die Behauptung: daß der Ausleger der heiligen
Schrift, um des Interesses der Wissenschaft wahrzunehmen, den
christlichen Glauben abschwören, den Einfluß desselben auf seine

Arbeit verläugnen müsse. Ohne Zweifel liegt hier ein nicht minder einseitiger und verfehlter Begriff des Glaubens, als dort der Wissenschaft, zum Grunde. Wenn der Glaube eines Menschen das Endresultat der reinsten und höchsten Wirksamkeit der geistigen Kräfte, der oberste Stützpunkt seiner Ansicht der Dinge wie der ganzen Wirksamkeit seines Lebens, das Lebensprinzip ist, dessen Aeußerung jede einzelne Geistesthätigkeit in höherem oder geringerem Grade ist: so widerlegt sich von selbst jene Forderung, daß der Glaube auf eine Weile aufgegeben werden müsse; denn sie fordert das Unmögliche, eine Selbstzerstörung des geistigen Wesens. Nur wenn der Glaube als etwas außer dem Menschen Bestehendes, seine Persönlichkeit nichts Angehendes gedacht werden könnte, das — je nachdem Zeit und Umstände es geböten — als eine äußere Hülle an- und ausgezogen werden könnte, würde die Forderung Bedeutung haben. Sodann aber — wenn der christliche Glaube, in seiner Objektivität betrachtet, dem Menschen als die Wahrheit gilt, und er nicht bezweifeln darf, daß auch sein eigener Glaube an dieser Wahrheit seinen Antheil hat: wie sollte denn der Glaube als Hinderniß für die Auslegung, das erst aus dem Wege geräumt werden müsse, damit diese in der rechten Spur fortschreiten könne, betrachtet werden können, wie müßte er vielmehr als unentbehrliches Mittel, um den Schritt des Auslegers zu leiten und zu lenken, angesehen werden? Niemand wird ja doch die Forderung aufstellen, daß der Ausleger, wenn er an seine Arbeit geht, auf die wohl erworbene Ueberzeugung von aller sonstigen Wahrheit, von der Fakticität der geschichtlichen Weltbegebenheiten, von der Realität der höheren Ideen Verzicht leisten müsse; Niemand wird meinen, daß der vollendete Skeptiker oder Indifferentist hier einen Vorzug behaupte, oder bezweifeln, daß in solcher Allgemeinheit ein — allerdings wohl begründeter, dann aber auch recht fester und lebendiger Glaube gerade zum Verständniß und zur Auslegung solcher Bücher, welche religiös-sittliche an historische Thatsachen geknüpfte Ideen darstellen, erfordert werde. Soll denn die geprüfte Ueberzeugung vom Christenthum als geschichtlicher Gottesoffenbarung, und von der Schrift als dem gegebenen Vehikel dieser Offenbarung, dafür angesehen werden, minder erprobte und zuverlässige Wahrheit zu enthalten? oder — im entgegengesetzten Falle — wie sollte sie, wie jede Wahrheit, zu etwas Anderem als Wahrheit führen können? Dogmatische Wahrheit, die keine Ansprüche darauf hätte, in der Anwendung als Wahrheit zu gelten, wäre nicht minder ein Unding, als philosophische Wahrheit, die das Recht nicht hätte, in der Theologie als Wahrheit zu gelten.

Es muß sonach als ausgemacht angenommen werden, daß die Aufgabe der Schriftauslegung nur dadurch gelöset werden kann, daß Wissenschaft und Glaube, sich gegenseitig durchdringend, auf einander wirken. Wenn im Namen der Wissenschaft ausgesprochen wird, daß keine Auslegung des N. Testaments, die sich nicht nach den Gesetzen der allgemeinen Auslegung vertheidigen ließe, gelten könne; und wenn im Namen des Glaubens ausgesprochen wird, daß keine Auslegung, deren Resultat nicht mit der in der Schrift deutlich ausgesprochenen und überall hervorgehobenen, christlichen Wahrheit übereinstimme, gelten könne: so bestehen beide Grundsätze vollkommen wohl neben einander. Und gleichwie die Richtigkeit des ersten Satzes nothwendig vom Glauben anerkannt werden muß, wo dieser von einiger Einsicht in die Verbindung zwischen Christenthum und Wahrheit im Allgemeinen begleitet ist, so wird auch der letzte Satz mehr und mehr allgemeine Anerkennung finden, je mehr die wissenschaftliche Aneignung des Inhaltes des Christenthums ihrer Vollendung sich nähert. Der Satz von einer Ausschließung des Glaubens wird demnach dahin zu beschränken seyn: daß man den christlichen Glauben in solcher Reinheit und Klarheit zu entwickeln suchen müsse, daß dadurch der Unterschied zwischen dem Wesen des Glaubens und den subjektiven Formen desselben hervortrete, und so dem hindernden Einflusse dieser Formen auf die Freiheit der Schriftauslegung gerade durch die eigene Kraft des Glaubens vorgebeugt werde.

Haben wir also auf der einen Seite den Gedanken aufgeben müssen, daß die Auslegung des N. Testaments dadurch, daß sie einer traditionell-kirchlichen, von der Subjektivität des Auslegers unabhängigen Regel unterworfen werde, einen feststehenden, objektiven Charakter solle gewinnen können: so muß es auf der anderen Seite nicht minder als Verkennung des Geistes der evangelischen Kirche angesehen werden, wenn die Subjektivität anstatt von etwas Objektivem, in der Schrift Gegebenem, geleitet

zu werden, zum letzten Grunde und zur Regel der Auslegung gemacht
wird. Dagegen ist die Vereinigung des Objektiven und des Sub=
jektiven, die wir suchen, in dem christlichen Glauben gegeben.
Das Objektive, Faktische ist hier der geistige Besitz des Subjekts,
und sonach wird im Begriff der heiligen Schrift als Ge=
genstandes des Glaubens die Regel, die der Schriftaus=
legung des Subjekts einen objektiven Charakter geben soll, zu
suchen seyn. Nur innerhalb der Gränzen der Kirche, wo die
Schrift als heilige Schrift gilt, wird daher die erschöpfende und
vollständige Auslegung zu erwarten seyn. Aber auf der anderen
Seite ist diese Vollendung nicht minder dadurch bedingt, daß der
Begriff vom höheren Charakter der Schrift ein solcher ist, welcher
eben darum, weil er im christlichen Glauben enthalten ist, auch
das Resultat gründlicher, theologischer Forschung wird. In die=
sem Sinne wird die logisch-psychologische Schriftauslegung, näher
durch den christlichen Glauben bestimmt, als theologische
Auslegung zu betrachten seyn.

Wenn also die theologische Auslegung auf der einen Seite
in der logisch=psychologischen im Allgemeinen enthalten, auf der
anderen aber durch eine positive Eigenthümlichkeit von derselben
unterschieden seyn soll: wie wird das gegenseitige Verhältniß näher
zu bestimmen seyn?

Bei jeder Schrift, namentlich jeder Schrift von didaktischer
Natur, wird die Auslegung fragmentarisch und unbestimmt wer=
den, der Sicherheit und Klarheit der Vollendung entbehren, so
lange sie nicht im Einzelnen durch Berücksichtigung der Tota=
lität der Schrift geleitet wird. Es ist diese nämliche Regel,
welche auch hier unter einer besonderen Form geltend gemacht
wird. Denn zu der Betrachtung der heiligen Schrift in ihrer To=
talität gehört gerade, sie sowohl von der menschlichen
als von der göttlichen Seite zu betrachten. Sie wird
aber nur von der menschlichen Seite betrachtet, und es verschwin=
det der Begriff von heiliger Schrift, wenn eine Auslegung,
deren Resultat als mit christlicher Wahrheit unvereinbar erkannt
wird, als richtig eingeräumt wird; sie wird nur von der göttlichen
Seite betrachtet, und der Begriff der Schrift, als eines Aus=
drucks des menschlichen Gedankens, fällt weg, wenn die
Auslegung, um einen christlichen Sinn zu Wege zu bringen, sich

über die Gesetze, nach welchen alle menschliche Rede verstanden
werden muß, hinweg setzt. Sonach wird also die theologische
Schriftauslegung von dem Glaubenssatze ausgehen: daß, überall
in der Schrift, wo von christlichen Wahrheiten gehandelt wird
(wozu auch der historische Inhalt gehört, insoweit er dogmatische
Bedeutung hat), sich auch die christliche Wahrheit findet, —
zugleich aber von dem Grundsatze: daß diese christliche Wahrheit
auf jeder einzelnen Stelle, den allgemeinen Regeln für wissenschaftliche Auslegung zufolge, nachgewiesen werden muß. Mit
anderen Worten: die theologische Schriftauslegung
ist durch eine solche Betrachtung der Schrift bedingt, wodurch der menschliche Charakter mit dem
göttlichen in eine Einheit zusammenfließt.

Das eigenthümlich Christliche in der Schriftauslegung wird
hiernach auf zwei Punkte zurückzuführen seyn. Wenn die logisch-
psychologische Auslegung im Allgemeinen, um die einzelne Stelle
zu deuten, in der allgemeinen Analogie, im Geiste der Schrift und
in den leitenden Hauptideen derselben („summa quaedam coelestis
doctrinae ex apertissimis Scr. locis collectae") *) die nöthige
Anweisung sucht, so läßt sich nur bedingungsweise ein solcher
Schluß aus dem Ganzen auf das Einzelne anwenden;
denn wir werden es nicht wagen, ohne Weiteres eine Auslegung
als unrichtig aus dem Grunde zu verwerfen, weil dadurch dem
Verfasser eine Meinung beigelegt wird, die weder mit dem Geist
und der Tendenz der Schrift übereinstimmt, noch sich mit anderen
ausdrücklichen Aeußerungen desselben Verfassers in Einklang bringen läßt. Und noch weniger werden wir, wo wir eine Sammlung von Schriften verschiedener Verfasser über denselben
Gegenstand, als z. B. die Entwickelung und Darstellung verschiedener Schüler vom philosophischen System ihres gemeinschaftlichen
Meisters, vor uns haben, es unbedingt wagen, die diese Lehre
betreffenden Aeußerungen des einen Verfassers zur Erklärung der
Aeußerungen des andern zu benutzen. Diese Einschränkung nun,
die bei der Deutung anderer Schriften in beiden Rücksichten
nöthig ist, muß — als eine unerläßliche Forderung des allgemeinen
christlichen Glaubens — bei der Auslegung des N. Testaments

---

*) Gerhard, Loci theol. I. de Scr. s. c. 4. n. 61.

wegfallen. Der christliche Ausleger muß nothwendig sowohl die einzelnen Theile von den Schriften desselben Verfassers als die einzelnen Bücher verschiedener Verfasser, inwiefern sie das Wesen der evangelischen Geschichte und Lehre angehen, als eine un = zertrennliche Einheit betrachten; und einen Widerspruch entweder mit sich selbst oder unter sich in irgend einem Punkte, welcher wesentlich die nämliche christliche Wahrheit betrifft, wird er nicht einräumen können, weil jeder solcher, auf der einen oder der anderen Seite, eine Abweichung von dieser Wahrheit seyn würde *).

Die christliche Wahrheitsharmonie, welche demnach den neu = testamentlichen Schriften beigelegt wird („omnia in iis esse σvναληϑῆ")**), ist auf der einen Seite die nothwendige Vor = aussetzung jedes christlichen Begriffs von heiliger Schrift, auf der anderen die natürliche Wirkung des psychologischen Verhältnisses, worin die Verfasser derselben zu Jesu gestanden haben, der Macht, mit welcher seine Persönlichkeit die verschiedenen Individualitäten in dieselbe Klarheit der Einsicht, dieselbe Festigkeit des Glaubens, dieselbe Tüchtigkeit zu wahrer und treffender Mittheilung zu ver =

---

*) „Setzen wir den Fall, wir hätten einen Verfasser zu erklären, den wir als einen Anhänger der platonischen Philosophie kenneten. Die erste und vornehmste Regel bei der Auslegung würde dann die werden: bei dunkeln Stellen keine Meinung zuzugeben, die gegen das platonische System streitet, weil man nicht ohne Grund annehmen darf, ein weiser und gelehrter Mann widerspreche sich selbst, oder lehre, was gegen sein System streitet. Dennoch ist dies nicht ganz unmöglich; ja, es lehrt die Erfahrung, daß die weisesten und gelehrtesten Männer auf diese Weise mitunter an den Tag gelegt haben, daß sie Menschen sind. Was aber die h. Schrift betrifft, wird das Urtheil ein ganz anderes. Da sie nämlich von einem und demselben Geiste, der selbst wahrer Gott ist, und weder in Irrthum führen noch geführt werden kann, ausgegangen ist, so muß sie nothwendig immer und allenthalben mit sich selbst einig seyn .... Diese Glaubensanalogie aber soll nicht nach diesem oder jenem theologischen System oder Compendium, sondern nach der h. Schrift selbst beurtheilt werden." u. s. w. Budde, in der Vorrede zur philologia sacra des Glassius. Was die ältere Dogmatik einem strengen Inspirations = begriff angeknüpft hat, ist keinesweges durch diese Prämisse bedingt; denn die Conclusion enthält nur, was in dem allgemeinen Glauben an die Schrift als heilige Schrift gegeben ist.

**) Gerhard, Exeg. n. 531. Der Ausdruck erinnert an den in neueren Zeiten (von Germar) vorgeschlagenen Ausdruck „Panharmonisch."

einigen vermocht hat.   Die Auslegung wird daher durchaus nicht
aus ihrem logisch = psychologischen Grunde oder aus der durch die
rationalen Gesetze angewiesenen Bahn herausgerissen. Der Unter=
schied ist nur der: daß das oberste Auslegungsgesetz, wel=
ches durch Berücksichtigung der allgemeinen Ana=
logie entsteht, bei allen übrigen Schriften nur mit
Einschränkung und bedingungsweise, bei der hei=
ligen Schrift dagegen vollständig und unbedingt
angewendet werden kann.   Dieser Unterschied aber ist
nichts desto weniger wesentlich, wenn man auf das Verfahren
und das Resultat Rücksicht nimmt. Wo genaue philologisch = histo=
rische Untersuchung zu klarer und bestimmter Deutung des Sinnes
führen kann, da würde auch ein Ausleger, der des christlichen
Glaubens nicht theilhaft wäre, seinem Beruf Genüge leisten kön=
nen; wo aber eine solche Untersuchung uns schwankend und un=
schlüssig zwischen verschiedenen Deutungen läßt, da würde jener,
ohne Rücksicht auf die objektive Wahrheit des herausgebrachten
Sinnes, die Erklärung vorziehen, die ihm aus irgend einem sub=
jektiven, oft wenig bedeutenden Grunde am nächsten zu liegen und
die natürlichste zu seyn schiene. Dem christlichen Ausleger dagegen
wird es als erste Voraussetzung gelten, daß jede Erklärung, die
als die rechte soll festgehalten werden können, mit dem Geiste und
den Hauptsätzen des Christenthums übereinstimmen müsse.   Wo
das Entgegengesetzte der Fall zu seyn scheint, wird also Eine von
zwei Alternativen anzunehmen seyn: entweder, daß die Aeuße=
rung, von der die Rede ist, außerhalb des Wesentlichen in der
Geschichte und Lehre des Christenthums liegt, folglich nicht die
Schrift als heilige Schrift, sondern nur die menschliche Seite der=
selben angeht, welche Unrichtigkeit und Irrthum nicht ausschließt
(wie z. B. in den Evangelien: das Anführen einzelner von den
Worten des Herrn und die Erklärung derselben, die Auffassung
und Erklärung einzelner Begebenheiten in ihrer kausalen Verbin=
dung, chronologische und geographische Angaben); — oder,
wofern die in Frage stehende Stelle wirklich dogmatische Bedeu=
tung hat, daß es der gegebenen Auslegung an gehöriger Genauig=
keit und Gründlichkeit, an gehöriger Sonderung des religiösen
Moments von der historischen Form fehlt, so daß die Auslegungs=
arbeit noch nicht als vollendet betrachtet werden darf.   So weit

5

entfernt ist es also, daß die wissenschaftliche Auslegung durch die scheinbare Collision mit dem Interesse des Glaubens gehindert oder gehemmt werden solle, daß sie vielmehr dadurch noch strenger und gewissenhafter werden muß. Denn in jedem solchen Collisions= falle wird dadurch entweder unsere Auslegung der gegebenen Stelle, oder überhaupt unsere Vorstellung von dem Umfange und der Beschaffenheit der christlichen Wahrheit, von dem Wesentlichen in der Geschichte und Lehre des Christenthums, und vom Ver= hältniß zwischen dem göttlichen und dem menschlichen Charakter der Schrift, zu erneuerter Revision und höherer Entscheidung in der Ueberzeugung vorgefordert, daß es durch fortgesetztes christlich= wissenschaftliches Forschen müsse gelingen können, die Ansprüche des Glaubens und der Wissenschaft zu vereinigen *).

Nur von der praktischen Seite scheinen Schwierigkeiten noch im Wege zu stehen. Wenn nämlich die Vervollständigung der Auslegung des neuen Testaments dadurch, daß sie auf den Glau= ben an die Göttlichkeit der Schrift gestützt wird, gesucht werden soll, und man doch wiederum zugeben muß, daß dieser Glaube das Resultat von angestellter Untersuchung des Inhaltes der Schrift ist, wird dann nicht die ganze Auslegungsarbeit in einem Cirkelgange herumgeführt? und umgekehrt — wenn die ange= führte Schriftanalogie, die die letzte Entscheidung herbeiführen soll, selbst auf einer vorhergehenden, allgemeinen Auslegung be= ruhen muß, wird dann dieser nicht die Entscheidung darüber zu=

---

*) Aus Schleiermachers Hermeneutik gehören hieher folgende apho= ristisch ausgesprochene Sätze: „Die philologische Ansicht bleibt hinter ihrem eigenen Princip zurück, wenn sie die gemeinsame Abhängigkeit neben der individuellen Bildung verwirft. — Die dogmatische geht über ihr Bedürfniß hinaus, wenn sie neben der Abhängigkeit die individuelle Bildung verwirft, und zerstört so sich selbst. — Es bleibt noch die Frage, welche von beiden über die andere gestellt werden soll; und diese muß die philologische Ansicht selbst zu Gunsten der Abhängigkeit entscheiden. — Wenn die philologische Ansicht dies verkennt, vernichtet sie das Christenthum. — Wenn die dogmatische den Kanon von der Analogie des Glaubens über diese Grenzen hinaus dehnt, ver= nichtet sie die Schrift. — Die Analogie des Glaubens kann also nur aus der richtigen Auslegung hervorgehen, und der Kanon kann als ein wahrhaft her= meneutischer nur heißen: Es ist irgendwo falsch erklärt, wenn aus allen zusammengehörigen Stellen nichts Gemeinsames übereinstimmend hervor= geht." (S. 80—82.)

fallen, was als Hauptsumme des Christenthums gelten solle? Wenn also an diese Autorität, als in allen zweifelhaften Fällen urtheilend und entscheidend, hingewiesen wird, was ist es dann weiter als ein Zurückschieben des Bestrittenen auf das eben so sehr Bestrittene? — Hiemit ist indessen weiter nichts gesagt, als was von allen solchen Untersuchungen gilt, welche in mehrere verschiedene aufgelöst und jede für sich geführt werden müssen. Eine Wechselwirkung bildet sich hiedurch zu gegenseitiger Begründung und Unterstützung; und so oft wie wir den Ausgangspunkt für die eine Reihe von Untersuchungen in den Resultaten der anderen wählen, und die einmal erwiesene Richtigkeit dieser Resultate voraussetzen, ohne immer von neuem die Beweisführung selbst zu wiederholen, so entsteht der Schein eines in sich selbst zurücklaufenden Kreisganges.

So ist die Betrachtung des Lebens der Natur und des Ganges der Weltbegebenheiten für den religiösen Menschen dem Glauben an die Alles regierende Vorsehung untergeordnet; wo keine Ordnung und kein Zusammenwirken zu höhern Zwecken zu entdecken ist, ist es dieser Glaube, der stärkend und ergänzend der Betrachtung zu Hülfe kommt. Und doch zieht der Glaube wiederum seine Nahrung aus der aufmerksamen Beobachtung der Offenbarung einer höhern Weisheit in der Einrichtung der Welt und in der Entwickelung der Dinge. Auf die nämliche Weise bildet das christliche Bewußtseyn sich das Verhältniß zwischen der Kraft, womit die Schrift, als ein Ganzes betrachtet, zu immer klarerer Einsicht in dasjenige führt, was den wesentlichen Inhalt des Christenthums ausmacht, und den Glauben an das Christenthum als göttliche Offenbarung stärkt, und der Wirksamkeit, die wieder von diesem Glauben ausgeht, um die Auslegung der Schrift in ihren einzelnen Theilen zu leiten und zu sichern. In diesem Glauben aber ist zugleich — und zwar zuvörderst der Glaube enthalten, daß die Analogie der Schrift kein unbestimmbares und mysteriöses Wesen ist, woher keine Anleitung zu holen wäre; sondern daß vielmehr das fortgesetzte wissenschaftliche Studium der Schrift, die sorgfältige Betrachtung der Entwickelung, die darin von den Lehren, von dem christlichen Leben, worin das Evangelium sein Wesen und seine Kraft ausgeprägt hat, gegeben ist, immer mehr zur Einheit in der Erkenntniß dessen, was

5 *

die Seele des Christenthums ausmacht, und damit zu einer festen
Grundlage für die Auslegung der Schrift führen wird.

Dies ist auch die Idee in der älteren dogmatischen Entwickelung des Verhältnisses der Auslegung zur Schrift. Daß eine col-
lustratio Spiritus Sancti zur Schriftauslegung nothwendig sey,
wird immer von neuem behauptet und eingeschärft*). Aber als
grundfalscher Irrthum wird es bezeichnet, wenn die Gnade und
Kraft des heiligen Geistes von der Schrift getrennt wird: „Wir
dürfen uns nicht vorstellen, daß eine unmittelbare Erleuchtung
von dem h. Geiste zu erwarten sey, ehe wir an die Lesung, Erwägung und Forschung der Schrift gehen; sondern jenes Leben
des Geistes soll in den Schriften und durch dieselben gesucht und
erreicht werden;" „gleichwie das Licht, welches macht, daß die
Sonne gesehen werden kann, nicht von dem Funken geholt, sondern in der Sonne selbst gefunden wird **)." Die subjektive Bedingung, worauf es bei der Auslegung ankommt, ist also die,
daß der Ausleger von der Analogie der Schrift, oder von dem
christlichen Geiste und Glauben durchdrungen ist, welcher, über
die christliche Gemeinschaft verbreitet, seinen ursprünglichen, seinen reinsten und kräftigsten Ausdruck in dem Worte des N. Testaments hat. Die Tradition tritt somit in das natürliche Verhältniß zur Schrift. Denn die Ueberlieferung, als unmittelbare und
mittelbare Fortpflanzung der christlichen Einsicht und des christlichen Glaubens, wirkt mit der Schrift zusammen, um diesen
Glauben bei dem Einzelnen aufzuklären und zu befestigen, und
wirkt dadurch wieder auf die Auslegung der Schrift zurück: „Die
Kirche selbst sieht oder hört Niemand als Ausleger; denn die
Kirche ist kein Individuum; wir sagen aber, daß die Kirche auslegt, wenn alle oder viele von denen, woraus sie besteht, in der

---

*) Genauer so: Nach der allgemeinen Regel „ad quem pertinet iuris
constitutio, ad ipsum quoque pertinet interpretatio," ist Gott selbst
oder der heilige Geist „interpres summus et authenticus (ἀνυπεύθυ-
νος);" und hieraus folgt die andere Regel: „Scripturae sensus ex ipsa
Scr. est eruendus." Gott richtet in dogmatischen Fragen: πρῶτος, ἐξο-
χικῶς κ. αὐθεντικῶς, die Schrift κανονικῶς, die Kirche διακονικῶς. Gerhard, Exeg. c. 22. n. 452. c. 25. n. 528.

**) Gerhard, Loci theol. I. de interpret. Scr. S. c. 4. n. 57. —
Chamier, Panstratiae cath. de can. XV. 5. n. 27.

Auslegung einverstanden sind, deren Sorgfalt und Treue darnach größeren oder geringeren Beifall in der Gemeinschaft der Gläubigen gewinnt; — die wahren Katholischen nehmen an, die Schrift müsse allerdings durch den Fleiß und die Arbeit des Einzelnen, wie es von Augustinus, Hieronymus, Chrysostomus geschehen ist, nicht aber nach dem Geiste des Einzelnen, sondern in dem wahren, ächten, der Schrift inwohnenden Geiste, in dem Geiste, der den Paulus, Petrus und die übrigen heiligen Verfasser beseelt hat, ausgelegt werden *).“

Die Entwickelung der eigenthümlichen Aufgabe der Schriftauslegung führt noch zur Behandlung

der Wichtigkeit und des Werthes der Hermeneutik des N. Testaments.

Die Hermeneutik ist die wissenschaftliche Grundlage der Exegetik. Ihre Wichtigkeit wird also theils nach den besonderen Schwierigkeiten bei der Auslegung des N. Testaments, deren Behandlung durch Grundsätze wissenschaftlicher Theorie geordnet und geleitet werden muß, theils nach der theologischen und kirchlichen Wichtigkeit, die den Resultaten der Schriftauslegung zukommt, zu bestimmen seyn.

Die Schwierigkeiten, die auf besondere Weise der Auslegung des N. Testaments in den Weg treten, sind schon zum Theil in dem Vorhergehenden berührt **). Zuerst kommen hier die linguistischen Schwierigkeiten in Betracht. Diese sind theils in dem besonderen Zusammenwachsen zweier Sprachstämme, die verschiedener Wurzel entsprungen sind, theils in der Vermischung der Schriftsprache mit der Redesprache gegründet. Die rechte Auslegung in philologischer Rücksicht kann daher nicht allein wegen Mangels an gehöriger Kenntniß der hebräischen und der griechischen Sprache, jede für sich betrachtet, der klassischen Gräcität ferner, und deren späterer Ausartung, sondern auch durch Einseitigkeit in der Anwendung dieser Sprachkenntniß verfehlt werden. Je nachdem nämlich dem einen oder dem andern von

---

*) Chamier, XV. 5. n. 27.

**) Vergl. Ernesti's Dissertation: de difficultatibus N. T. recte interpretandi.

den verschiedenen Sprachmomenten ein zu großer oder zu geringer
Einfluß auf die durch Mischung entstandene Sprache des N. Testaments beigelegt wird, wird das rechte Verhältniß gestört werden;
und die Geschichte der Dogmatik (z. B. im System Augustins)
enthält Beweise davon, wie sehr selbst die theologische Wahrheit
durch diese philologische Einseitigkeit leiden kann. Auch ist hiebei
zu bemerken, daß es verhältnißmäßig wenig Hülfsmittel giebt —
die Apokryphen des A. Testaments mit der alexandrinischen Uebersetzung, Josephus und Philo und einige der ältesten Kirchenväter
— um nähere Kenntniß von den Eigenthümlichkeiten des hellenistischen Dialekts zu erwerben. Hiezu kommen noch die historischen Schwierigkeiten. Während sich die Schriften des N. T.,
in ihren einzelnen Theilen und durch die ganze Form, in genaue
Verbindung — nicht bloß mit einer bestimmten Nationalität, einer
bestimmten Religionslehre und Cultus, sondern auch mit besonderen lokalen und persönlichen Verhältnissen stellen, wird uns nur
Weniges und Unsicheres sowohl von dem früheren Leben der heiligen Verfasser, ihrer Bildung und ganzen Individualität berichtet,
als von den verschiedenen Verhältnissen und Bedingungen, in religiöser und sittlicher, in politischer und litterärer Beziehung, die
die Wirksamkeit Jesu und der Apostel durch That, Rede und
Schrift entweder veranlaßt haben, oder auf welche bei derselben
Rücksicht genommen ist. Es giebt nicht wenig Stellen in Reden,
Gleichnissen und Briefen, wo, was uns jetzt unverständlich ist,
oder wo wir uns zwischen verschiedenen Erklärungen schwankend
finden, ohne uns dazu entschließen zu können, die eine der anderen
vorzuziehen, sich aufklären würde, wenn die geschichtlichen Umgebungen, der Zustand der Personen oder Gemeinen, an welche
das Wort gerichtet ist, die Begebenheiten, auf welche angespielt
wird, die Stimmung endlich, in welcher die Worte gesprochen
oder niedergeschrieben sind, uns hinlänglich bekannt wären. Es
gehört nicht zu den geringsten Verdiensten der neueren Auslegung,
die historischen Verhältnisse, die mit dem N. Testament in Verbindung stehen, zum Gegenstande einer sorgfältigeren Betrachtung
gemacht, mit ebenso vielem Fleiß die hieher gehörenden, zerstreu-
ten Züge gesammelt, als mit Kritik und psychologischer Kunst
die Resultate zur Förderung der Auslegungsarbeit benutzt zu

haben *). Endlich die besonderen religiösen Schwierigkeiten. Schon wenn das N. Testament unter der allgemeinen Kategorie von Religions-Codex betrachtet wird, ist es einleuchtend, daß es hier in einem andern Sinne als bei Schriften überhaupt gelten muß, daß die Worte sich zum Inhalt wie bildlich-symbolische Zeichen verhalten; und zwar um so mehr, als ein historisch gegebener Kreis religiöser Symbole zur Benutzung und weiteren Ausbildung ins N. Testament aufgenommen ist. Die Auslegung wird hier ein Dechiffriren, wo man sich eben sowohl vor einem starren Festhangen an den materiellen Zeichen zu hüten hat, wodurch der symbolisirte Gegenstand aus den Augen sich verliert, als vor einem leichtfertigen Umgange mit den Zeichen, wodurch die natürliche Verbindung zwischen diesen und dem Bezeichneten verkannt wird. Und endlich ist das N. Testament, als Offenbarungsdocument betrachtet, der Gegenstand eines Glaubens, dessen Recht so heilig und unverletzbar ist, wie das der Wissenschaft. So entsteht für die Auslegung eine Aufgabe, von deren Schwierigkeit Nachdenken und Erfahrung mit gleicher Stärke Zeugniß geben: das Recht des einen wahrzunehmen, ohne dem der anderen zu nahe zu treten.

Daß die Schwierigkeiten, die man bei der Schriftauslegung zu bekämpfen hat, klar erkannt werden, ist auch von praktischer Wichtigkeit. Gegen das hierarchische System, welches in der Auslegung der Schrift, wie in Allem, was die Angelegenheiten des Glaubens betraf, von jedem Christen Unterwerfung unter die Kirche und ihre geweihten Diener forderte, hat die Reformation die inhaltsreiche Wahrheit geltend gemacht: daß alle Christen an dem priesterlichen Charakter Antheil haben, in soweit als Allen durch Christum und die von ihm gestifteten Gnadenmittel ohne Anderer Vermittelung der Weg zum Frieden und zur Versöhnung mit Gott eröffnet ist, und daß sonach auch die heilige Schrift Jedem offen steht, und für Jedermann, der gesundes Auge und andächtiges Gemüth mitbringt, eine Quelle zur Erleuchtung und zur Stärkung des Glaubens ist **). Diese Sätze sind in der evange-

---

*) Namentlich hat in dieser Hinsicht der Commentar des Paulus über die Evangelien einen Werth und ein Verdienst, das von den historisch-theologischen Prinzipien der Auslegung unabhängig bleibt.

**) Vergl. meine Darstellung der Kirchenverfassung, der Lehre und des Ritus des Katholicismus und Protestantismus, S. 216. 312.

.lischen Kirche, sowohl in älteren als in neueren Zeiten, nicht selten
misverstanden oder dazu gemisbraucht worden, der Wissenschaft
ihr gesetzmäßiges Recht zu rauben. Man hat es als hierarchische
Anmaßung, als Eingriff in die allgemeine christliche Freiheit darzustellen gesucht, wenn von der Nothwendigkeit der Gelehrsamkeit
und Forschung bei der Auslegung der heiligen Bücher die Rede
war; man hat sich Mühe gegeben, den Verdacht der unwissenden
Menge gegen die gelehrte Auslegung zu erregen und sie zum Wi-
derstande zu reizen, wenn sie an das Geziemende darin erinnert
wurde, mit Achtung und Vertrauen der Anleitung und Zurechtweisung der Kundigeren sich anzuvertrauen. In der Natur der
oben angedeuteten Schwierigkeiten liegt der Beweis für die Nothwendigkeit der Gelehrsamkeit und der wissenschaftlichen Bildung
bei der Auslegung des N. Testaments. Auch hier werden wir zur
Unterscheidung einer πίστις und einer γνῶσις geführt, wo das
Bedürfniß eben so verschieden ist, als die Bedingungen es sind,
damit die erwünschte Befriedigung erreicht werde. Die Nothwendigkeit einer Auslegungsgabe (donum ἑρμηνείας καὶ προφη-
τείας) ist von den Reformatoren und ihren Nachfolgern mit nicht
geringerem Nachdruck und Sorgfalt als die allgemeine Befugniß
und Fähigkeit des Christen, Aufklärung und Erbauung in der heiligen Schrift zu suchen, entwickelt worden. Derselbe Geist wirkt
in den Herzen aller Gläubigen zur Aufhellung der Wahrheit; die
Art aber und der Grad der Wirksamkeit sind von dem Grade des
Vorhandenseyns der geistigen Bedingungen im Individuum abhängig; durch diese Verschiedenheit erhält sich zu allen Zeiten in
der Kirche ein Verhältniß, welches dem ähnlich ist, das zwischen
den Aposteln und den Gläubigen unter ihren Zeitgenossen Statt
fand *).

---

*) Vergl. Gerhard: „Quando Scr. perspicuam esse asserimus,
neque Spiritus S. illuminationem internam neque operam ministerii
ecclesiastici in Scripturae interpretatione externam exclusam cupi-
mus; sed hoc duntaxat volumus, dogmata ad salutem scitu omnibus
necessaria tam clare et perspicue in Scr. proponi, ut non sit pro-
pterea, relictis Scripturis, ad traditiones, ad iudicium ecclesiae
rom., ad dicta Patrum, ad decreta conciliorum confugiendum, sed
ut ex solis Scripturis de dogmatibus illis et possit et debeat certi
aliquid statui, et ut Laici etiam ad illas legendas admitti et possint

Die Wichtigkeit aber der wissenschaftlichen Begründung der Exegetik kann nur da völlig erkannt werden, wo sie als die Grundlage der christlichen Dogmatik anerkannt wird, oder, mit anderen Worten, wo es erkannt wird, daß Gottes Wort in der heiligen Schrift — richtig verstanden und ausgelegt — die reinste Quelle ist, woraus Kenntniß vom Christenthum, seiner Geschichte und Lehre geschöpft werden kann, die zuverlässigste Regel zur Begründung des Urtheils über christliche Wahrheit, wie über das Verhältniß dieses oder jenes Lehrsatzes zu derselben. Die Stellung des Bibelstudiums und namentlich der biblischen Hermeneutik muß daher in der protestantischen Kirche nothwendig von der in der katholischen höchst verschieden seyn. Wie es hier aus dem Begriff der Kirche als des unmittelbaren und beständigen Organs für den heiligen Geist folgt, daß die Auslegung als des Irrthums überwiesen betrachtet werden muß, wo sie als von den kirchlichen Dekreten abweichend erscheint, so muß sie für überflüssig angesehen werden, wo die Kirche sich schon ausgesprochen hat, und für unzulänglich und dem Verwerfungsurtheile rücksichtlich ihrer Conclusionen ausgesetzt, wo ein solches Urtheil noch nicht gegeben ist. Die Auslegungswissenschaft oder Auslegungskunst, auf die heilige Schrift angewendet, hat sonach hier weder selbstständige Existenz — denn sie ist, zufolge der kirchlichen Formel „salva auctoritate ecclesiae" einem Machtspruch unterworfen, der jede Moti-

---

et debeant. " Exeg. de Scr. S. c. 20. n. 429. Das Verhältniß zwischen der einfachen und der wissenschaftlichen Auslegung ist nicht übel durch folgendes Gleichniß erläutert: Ein Bild, z. B. vom Brande Troja's, sey einem Ungebildeten und Einem, der der Malerei kundig ist, zugleich vorgestellt. Jener sieht die Farben, die Figuren, Licht und Schatten, die historische Handlung; dieser aber, außer allem dem, zugleich auch die verschiedenen Gemüthsstimmungen, die historisch=sittlichen Momente, den Geist der Kunst, das Zweckmäßige und Symmetrische in der Composition. Jener sieht das Nothwendige; dieser sieht sowohl mehr, als er es auch klarer und vollständiger sieht. Was ist aber die ganze h. Schrift weiter als ein Bild von den göttlichen Dingen? Es giebt keinen Christen, der nicht darin sehen könnte, was zu seinem Heile noth thut; denn es giebt eine gemeinschaftliche Regel, die Jeden, der sie befolgt, vor Verkennung der Wahrheit bewahrt. Aber der Theolog, als welcher mit mehreren Hülfsmitteln versehen und durch Uebung ausgebildet ist, muß, im Verhältniß zu seinen Fähigkeiten und seinem geistigen Beruf, mehr sehen; und nicht allein sehen, sondern auch das, was er sieht, gegen die falsche Auslegung behaupten. **Dannhauer, Herm. sacra p. 2.**

virung durch wissenschaftliche Gründe ausschließt, — noch selbstständige Bedeutung in der Kirche. Denn wenn ihr von Seiten
der Kirche keine Hindernisse in den Weg gelegt werden, so geschieht
solches nur unter der Voraussetzung, daß ihren Resultaten kein
Einfluß auf die Gestaltung des Lehrbegriffs gestattet wird. Das
Wort der Kirche tritt auf diese Weise überall an die Stelle des
Wortes der Schrift; und auf jeden Fall müßte die Auslegung
jenes Wortes, nicht dieses, eine wichtige Aufgabe der theologischen Wissenschaft werden, wofern eine solche nicht — was oft
der Fall ist — durch ausdrückliches Verbot ausgeschlossen wird*).

Indessen finden wir nicht immer die faktische Entwickelung
der Richtung angemessen, welche durch die kirchlichen Prinzipien
angegeben ist. Es ist nicht selten in der neueren Zeit, katholische
Theologen mit großer Sorgfalt an der Unterstützung des kirchlichen Lehrbegriffs durch exegetische Beweisführung arbeiten zu
sehen; und selbst wo diese, in der Anlage und Ausführung, ihre
Abhängigkeit von vorgefaßtem, kirchlichem Interesse deutlich verräth, ist schon in dem Streben selbst die Ueberzeugung ausgesprochen, daß keine Lehre darauf Anspruch machen dürfe, als christliche zu gelten, außer wenn sie sich aus der Schrift rechtfertigen
läßt, und daß kein kirchlicher Machtspruch den Mitgliedern der
Kirche das Recht, nach dem wahren Grunde der Lehre in der
Schrift zu forschen, nehmen dürfe, wie wenig übrigens diese
Ueberzeugung und die daraus entstandene Bestrebung als übereinstimmend, sowohl mit den ausdrücklichen Vorschriften der Kirche
als mit der allgemeinen Forderung eines unbedingten Glaubens
und Vertrauens auf die göttliche Machtvollkommenheit derselben
gelten kann.

Auf der anderen Seite hat die protestantische Kirche Zeiträume durchgemacht, in welchen von wissenschaftlicher Schriftauslegung nicht viel mehr als ein eitler Name übrig geblieben ist, da

---

*) In Beziehung auf den Antrag des Tridentiner Conciliums (in der
25. Session) an den Papst, die nöthigen Vorkehrungen treffen zu wollen,
falls „Etwas sich ereignen sollte, das Erklärung oder Bestimmung in Ansehung der Dekrete des Conciliums heischte," ist eine eigene Congregation
von Cardinälen und Prälaten, unter dem Namen einer congregatio concilii, um diesen Auftrag auszuführen, niedergesetzt. Vergl. meine Darstellung des Katholic. und Protest. S. 104. 140.

sich ihre Theologen der kirchlichen Tradition — unter der Form symbolischer Bücher — in einem unbedingten Gehorsam, welchen sie bei den Katholiken in der dem Papste und den Concilien dargebrachten Huldigung verdammten, unterwarfen. Das Prinzip des Protestantismus vom höchsten Ansehen der Schrift behauptete zwar fortwährend seine Ehrenstelle in den Systemen. Es war aber ein Figuriren ohne Bedeutung; denn, damit das Prinzip von der Schrift zur Anwendung gebracht werde und auf die Behandlung der christlichen Lehre Einfluß gewinne, ist geistige und wissenschaftliche Freiheit die erste Bedingung. Und wie es im Allgemeinen natürlich ist, daß geistige Bewegungen in der evangelischen Kirche auf die Ansichten von der heiligen Schrift, ihrer Bestimmung und rechten Anwendung zurückwirken müssen, so findet sich in den zum Theil sehr verschiedenen, zum Theil entgegengesetzten theologischen Ansichten, welche sich heut zu Tage kreuzen, ein größeres oder kleineres Moment, das das Interesse von einer Schriftauslegung im Geiste der evangelischen Kirche und nach ihrem Bedürfniß ablenkt. Sie ist dem sogenannten Rationalismus unbequem und lästig, der zwar für eine negative Anwendung der Autorität der Schrift, inwiefern diese gegen die sich aufdringende Macht menschlicher Systeme Sicherheit gewährt, Interesse hat, dagegen aber die positive Anwendung heiliger Bücher mit dem rechten Begriff des Verhältnisses zwischen Vernunft und Offenbarung unvereinbar findet, — und nicht minder unbequem dem strengen Positivismus, dessen Forderungen und Bestrebungen eine abgeschlossene dogmatische Einheit bezwecken, nur dann erreichbar, wenn die Schrift einer kirchlichen Auslegungsregel als höherer Instanz untergeordnet wird. Sie wird mit Geringschätzung von der mystischen Ansicht angeblickt, die zwar die Schrift als ein nützliches Mittel zur Berichtigung einzelner Irrlehren und Irrthümer gelten läßt, aber bei der höheren Frage nach Grund und Regel kirchlicher Wahrheit sich über einen todten und tödtenden Buchstaben höhnend vernehmen läßt, und dagegen auf das kirchliche Gemeinschaftsleben, auf den Geist der Rechtgläubigkeit als das in und durch sich selbst lebendigmachende Prinzip hinweiset *); und in den

---

*) Von den starken Worten, welche von dieser Seite oft gegen die Schrift, ihre Kraft und ihren Werth gehört werden, gilt, was Gerhard

Schulen endlich, die einer Wiedergeburt des Christenthums und der Theologie aus der reinen Speculation entgegensehen, durch deren apriorische Construktionen der unvollkommenen Buchstabenform der Schrift ihre Ausbildung und Umbildung werden soll, ist es wohl oft nur scheinbare Ehre, die der Schriftauslegung bezeugt wird. Aber gerade in dem Umstande, daß die h. Schrift als Stein des Anstoßes zu einer Zeit erscheint, die, während sie auf mancherlei Wegen die religiöse Entwickelung fördert und begünstigt, auch zu Extremen in allen Richtungen führt, werden ohne Zweifel Viele, und vielleicht die ruhigsten und umsichtigsten Betrachter der geistigen Zeichen der Zeit, ihre Ueberzeugung davon gestärkt finden, wie wichtig es sey, daß die heilige Schrift ihre Stelle in der Kirche als Erkenntnißgrund und Prüfstein der christlichen Wahrheit, und gleichfalls die wissenschaftliche Auslegung derselben die ihrige als Grundlage der christlichen Theologie behauptet. Es ist der Ruhm und die Ehre der evangelischen Kirche, daß in ihr das Bibelstudium in seinem weitesten Umfange getrieben und geübt ist. Und so gewiß wie das Interesse für alle dahin gehörenden Untersuchungen in unserer Kirche in der dogmatischen und kirchlichen Wichtigkeit, die zufolge des kirchlichen Prinzips dem Resultat dieser Untersuchungen gebührt, seinen letzten Grund hat, so gewiß darf wiederum der blühende Zustand jener Studien als Zeugniß davon betrachtet werden, daß die evangelisch=protestantische Kirche sich selbst, ihre Natur und Bestimmung, und den Weg, der sie dieser Bestimmung näher führt, versteht, — in der Ueberzeugung nämlich, daß es die wissenschaftliche Auslegung ist, die den rechten Gebrauch und die rechte Anwendung der Schrift sichert, und daß nur unter der Voraussetzung eines solchen Gebrauchs die Schrift das wirksame Prinzip zur Entwickelung und Bildung der kirchlichen Dogmen wird.

---

den Katholiken vorwirft: „Proponunt npbis talem Scripturae ideam, quod sit quasi sceleton quoddam et statua muta atque mortua, quae sit prius animanda per Spiritum in ecclesia et per ecclesiam.“ De interpr. Scr. c. 3. n. 22.

Uebersicht

der Geschichte der neutestamentlichen Hermeneutik.

Rich. Simon: Hist. Crit. des principaux commentateurs du
   N. T. 1693.

E. F. K. Rosenmüller: Handb. für die Litteratur der bibl. Kritik
   und Exegese. 4. B. 1800.

S. F. N. Mori acroases super Hermeneutica N. T. Ed. H. C.
   A. Eichstädt. 1797. 1802. II. p. 204—340: und die
   Eichstädt'sche Vorrede zum 1. Theil.

Schon oben ist bemerkt worden, wie Jeder, der die Jahr-
bücher der christlichen Theologie durchgeht, seine Aufmerksamkeit auf die Zeit und den Fleiß, die Gelehrsamkeit und Forschung, welche die Lehrer der Kirche auf die heiligen Bücher angewandt haben, auf die durch alle Zeiträume hindurch ununterbrochene Reihe von Schriften, in welche die Früchte dieses Studiums
niedergelegt sind, vorzüglich hingezogen finden muß, — ein faktischer Beweis davon, wie lebendig es anerkannt worden ist, was
die Kirche an diesen Büchern besitzt, und in welcher Verbindung
das Bibelstudium mit dem christlichen Lehramte steht. Je wirksamer und freier ein christlicher Geist in der Kirche gewaltet hat,
mit desto größerem Ernst und desto größerer Tüchtigkeit haben sich
auch ihre Lehrer um das heilige Wort als den Vereinigungspunkt
versammelt, und ihre Kräfte der Auslegung desselben gewidmet.
Diese Erscheinung steht indessen nicht isolirt. Sie ist so natürlich in dem Glauben an den göttlichen Ursprung und die göttliche Autorität der Schrift gegründet, daß wir erwarten müssen,
auch in andern religiösen Gemeinschaften, wo heiligen Büchern
als der Regel des Glaubens und des Lebens gleichfalls gehuldigt
wird, unter der Voraussetzung, daß überhaupt eine entsprechende
litteräre Wirksamkeit dort Statt gefunden habe, sie wiederholt zu
finden. So verhält es sich auch. An das Alte Testament
schließt sich eine bandreiche Litteratur an. Die chaldäischen Paraphrasen, das Buch Zohar, die kabbalistischen Medraschim bilden,
in Verbindung mit dem Philo, die erste Reihe. Die Resultate
der nachfolgenden exegetischen Wirksamkeit in den Rabbinerschulen

sind im Talmud gesammelt; und eine neuere, ungleich gehaltrei=
chere Schriftauslegung nimmt im 12. Jahrhundert, vornämlich
in Spanien und Frankreich, mit Aben = Esra, „dem großen Wei=
sen" († 1167) ihren Anfang.   Er unterscheidet fünf verschiedene
Methoden in der Behandlung der heiligen Bücher: die erste, die
jedes einzelne Wort benutzt, um daran weit ausgesponnene, wis=
senschaftliche Untersuchungen über die verschiedenartigsten Gegen=
stände anzuknüpfen; eine andere, die, mit Hintansetzung der Auto=
rität der Tradition, nur eigenes Denken zum Grunde legt; eine
dritte, die durch Hülfe willkührlicher Allegorisirung Mysterien, die
dem Texte fremd sind, in denselben hineinlegt; eine vierte (die
kabbalistische), die in künstliche Combinations = Spielereien mit
Buchstaben, Sylben und Zahlen sich verliert.   Mit Verwerfung
dieser Ausartungen bekennt sich Aben = Esra selbst zu einer fünften
Auslegungsmethode, deren Gesetz ist, bei Bestimmung des Sin=
nes, sich an die Worte des Textes so nahe wie möglich zu halten.
Auch bei den späteren gelehrten Commentatoren ist eine Verschie=
denheit des Prinzips und der Methode bemerkbar; indem bei
Einigen die grammatische Worterklärung vorherrschend ist (z. B.
R. Kimchi, † 1190), bei Andern die traditionelle Auslegung
(R. Jarchi, † 1170 u. A.), während wieder Andere (Moses
Maimonides, † 1205, R. Levi Ben Gerson, † 1370, Don
Isaak Abravanel, † 1405 u. A.) eine größere philosophische
und dialektische Kunst auf die Auslegung des Worts anwenden *).
— Nicht minder ist der Koran Gegenstand der Bearbeitung
muhamedanischer Gelehrten, mit Benutzung philologischer Gelehr=
samkeit, allegorisirender Kunst und historischer Tradition (Sunna)
geworden **).   Ein encyclopädisches Hauptwerk („Unterricht von
Büchern und Wissenschaften") von dem berühmten türkischen Biblio=
graphen Hadschi Kalpha (in der Mitte des 17. Jahrhunderts) ***)

---

*) Rich. Simon: Hist. crit. du V. T. p. 371—383. Vergl.
Eisenmengers entdecktes Judenthum, 1. Theil. Cap. 9. Gesenius:
Gesch. der hebr. Sprache und Schrift, S. 99 ff.

**) Sale: Der Koran (aus dem Englischen ins Deutsche von Arnold
übersetzt), S. 87 f.

***) Das Buch ist nebst Auszügen aus sechs anderen türkischen Schriften
ähnlichen Inhalts von Jos. v. Hammer ins Deutsche übersetzt: Encyklo=
pädische Uebersicht der Wissenschaften des Orients, 1. Theil. 1804.

unterscheidet. 305 verschiedene wissenschaftliche Disciplinen, und
bringt sie unter sechs Klassen, von welchen die sechste „die theo-
retisch = positiven oder Religions = und Rechtswissenschaften" umfaßt. Unter diesen nimmt „Kenntniß von der Lesung und Auslegung des Korans" die erste Stelle ein, und 80 verschiedene
Untersuchungen über Inhalt und Form desselben werden dazu gerechnet, wie z. B. „Kenntniß der nach dem Sinn getrennten, aber
nach den Worten verbundenen Stellen im Koran" — „Kenntniß von der Analogie des Korans — von ähnlichen Stellen im
Koran — vom Vorhergehenden und Nachfolgenden — vom Allgemeinen und Besonderen — von den bedingten und den unbedingten Aeußerungen — der eigentlichen und der uneigentlichen
Meinung — der Koranstropik — der Koransstylistik — der Ko-
ransdialektik" u. s. w. „In den ersten Zeiten des Islamismus
— heißt es (S. 594) — war die Auslegungskunst sehr leicht;
denn der Koran war in der reinsten Sprache gegeben, die damals
noch geschrieben wurde; und wo ein Zweifel entstand, konnte man
zum Propheten selbst oder zu denjenigen, die noch unmittelbaren
Umgang mit ihm gehabt hatten, seine Zuflucht nehmen. Ganz
anders aber verhält es sich in unseren Zeiten, da die Auslegung
durch die Entfernung der Zeit ungleich schwieriger und nothwendiger geworden ist." Ein kurzer Abriß der Auslegungsgeschichte
des Korans von den ersten Jüngern und Nachfolgern des Propheten an wird zugleich (S. 581 ff.), mit Bemerkungen über die
verschiedenen Richtungen, geliefert: „Später traten Ausleger
auf, die sich auf eine einzelne Wissenschaft beschränkten, z. B. die
grammatische, die sich weiter mit nichts, als mit den Veränderungen und Abwechselungen der Ausdrücke beschäftigten. Die Neuerer
kannten weiter keinen Zweck, als Veränderung und Verunstaltung
der Verse zu Gunsten ihrer Partei vorzunehmen. Und nicht viel
besser gehen die wissenschaftlichen Ausleger zu Werke, die häufig
nicht im Mindesten die Glaubenslehren berücksichtigen, sondern
allerlei eigene Ansichten und sonderbare Auslegungen vorbringen" u. s. w.

Es ist indessen bekannt, daß die exegetische Litteratur bei den
Arabern, wie überhaupt die theologische, selbst in ihrer wissen-
schaftlichsten Periode, neben ihren Verdiensten um Naturwissen-
schaften, Poesie und sogar Philosophie, gänzlich im Schatten ge-

standen hat. Und nicht geringer ist der Abstand zwischen der jüdischen und der christlichen Bibellitteratur in Ansehung des Charakters
und der wissenschaftlichen Bedeutung. Die äußeren historischen
Verhältnisse kommen hiebei allerdings wesentlich in Betracht. Das
Neue Testament trat mit dem Christenthum selbst zugleich, als
Erstling des neuen geistigen Lebens, welches das Evangelium geschaffen hatte, hervor; die Sammlung dieser Bücher wurde abgeschlossen und zum Gebrauch bei dem öffentlichen Gottesdienste aufgenommen, während der christliche Glaube an seiner Ausbildung
und Befestigung noch arbeitete; und wie diese Arbeit ihren Stützpunkt in den heiligen Büchern fand, so wurde die auslegende
Thätigkeit eine Fortsetzung der niederschreibenden. Es waren
die neugeweckten Kräfte in ihrer ganzen Jugendfrische, die sich
an dem heiligen Nachlaß versuchten, und den reichen Stoff in
einer Mannigfaltigkeit von Richtungen und Formen zu bearbeiten
und für die Gemeinen fruchtbar zu machen sich bemühten. Die
Abfassung des Alten Testaments dagegen umfaßt eine lange Reihe
von Jahrhunderten, die durch große Umwälzungen in allen inneren und äußeren Verhältnissen des jüdischen Landes bezeichnet
sind; die Vollendung der Sammlung, und damit zugleich ihr Eintritt in das rituelle und litteräre Leben fällt in ein Zeitalter, in
welchem die mosaische Verfassung augenscheinlich zu altern angefangen hatte, spätere Ueberlieferungen sich neben den Gesetzen der
Theokratie geltend machten, und der freie, produktive Geist, der
lebendige Zeuge von dem Leben der Religion, knechtischem Samm-
lerfleiße oder künstelnder Spitzfindigkeit wich. Diese Merkzeichen
geistiger Altersschwäche trägt das jüdische Bibelstudium überall zur
Schau. Nur im uneigentlichen Sinne kann von Schriftauslegung
die Rede seyn, wo die Schrift durch Unkritik mit späteren Traditionen in Eins zusammengeworfen wird, und wo in den Schriften
selbst der materielle Buchstabe bald zum Gegenstande abergläubiger Wortklauberei, bald wieder willkührlicher Phantasterei gemacht wird, während der religiöse Kern vernachlässigt wird. Zu
diesem ist der Zutritt ungleich mehr durch christliche als durch jüdische Ausleger eröffnet worden, und das Neue Testament hat auf
diese Weise die Schuld abgetragen, worin das Christenthum zum
Judenthum in apologetischer Beziehung steht.

Aber der nähere und eigentliche Grund, der jede zwischentretende, der Zeit und den äußeren Verhältnissen abgeborgte Erklärung überflüssig macht, — ist in der verschiedenen Eigenthümlichkeit der heiligen Bücher zu suchen, die mit dem eigenthümlichen Charakter der Religion Eins ist. Wenn nämlich der Inhalt der Zendbücher — soweit unsere Kenntniß derselben reicht, theils aus den übriggebliebenen Theilen, theils aus Nachrichten von den verloren gegangenen *) — aus Orakeln, die von Gott und der Geisterwelt, vom Werden der Dinge und dem Kampfe und bevorstehenden Siege des Lichtreiches handeln, aus detaillirten auf rituelle Uebungen und die Geschäfte des bürgerlichen und häuslichen Lebens sich beziehenden Vorschriften, endlich aus dichterischen Lobpreisungen und Anrufungen des Ormuzd und des Mithras, der verschiedenen Naturkräfte, Elemente und Himmelskörper bestanden hat: so läßt sich begreifen, wie der mysteriöse Theil dieser Bücher dem Hange zu grübelnder theosophischer und kosmogonischer Spekulation Stoff und Nahrung hat geben können, auch wie der rituell = asketische Theil derselben Gegenstand der Ehrfurcht und des fleißigen Gebrauchs der Gläubigen zur Unterstützung der inneren und äußeren Andacht hat seyn können. Um aber Gegenstand und Stützpunkt einer rationalen Geistesthätigkeit, eines wissenschaftlichen Studiums zu werden, dazu wird sowohl die Reinheit und Nüchternheit des sittlich = religiösen Charakters, als auch ein religiöser Realismus, als nöthiges Gegengewicht gegen das phantastische Element, vermißt. Dieser realistische Charakter ist in dem Alten Testamente und im Koran in der historischen Persönlichkeit des Gesetzgebers und des Propheten vorhanden. Aber beide Schriftsammlungen — bei aller sonstigen Verschiedenheit des Inhaltes und der Composition — haben theils dieses gemein, daß sie aus höchst verschiedenartigen Theilen bestehen, in welchen der historische Inhalt (man denke an den Inhalt der Bücher der Richter, der Könige, der

---

*) Von den 21 Theilen (Nosker), aus welchen Zend = Avesta (das lebendige Wort) ursprünglich bestanden haben soll, wird Vendidad (das gegebene Gesetz) als der einzige in einigermaßen vollständiger Gestalt übriggebliebene angegeben; ein Verzeichniß aber der verlorenen Theile, mit Angabe der Titel und des Hauptinhalts derselben, ist bei den Persern aufbewahrt und nach parisischen Manuscripten von Anquetil du Perron mitgetheilt. S. Rhode: die heil. Sage und das Religionssystem des Zendvolks, S. 54 ff.

Chroniken, und im Koran an die zusammengelesenen und bunt
ausgeschmückten Erzählungen aus dem A. und N. Testament),
oft nur durch nationales und lokales Interesse mit der Religion
verknüpft, selbstständig für sich steht, theils daß der religiöse In=
halt in eine Masse von rituellen Vorschriften, die wieder in Re=
geln für äußere Zucht und Ordnung übergehen, eingesponnen ist,
und daß er, meistens von gewissen historisch gegebenen, nationalen
oder individuellen Lebensverhältnissen ausgehend, von hier aus sich
in einem engen Kreise religiös=sittlicher Ideen bewegt*). In einer
litterären Wirksamkeit, die sich auf so angelegte Schriftsammlun=
gen bezieht, wird man es natürlich finden, wenn das religiöse
Interesse von dem linguistischen, dem historischen und dem rituel=
ten immer mehr verdrängt wird.   Mit jenen Sammlungen von
heiligen Büchern verglichen, fällt die Eigenthümlichkeit des In=
haltes und der Form des N. Testaments klar in die Augen.   Die
religiöse Idee und das historische Faktum treten hier in Eins ver=
schmolzen hervor: das Eintreten der Gottheit in das menschliche
Leben.   Alle Theile sammeln sich um einen Mittelpunkt: die hi=
storische Gottesoffenbarung in Christo; und diese Einheit entfaltet
sich wieder in eine reiche Mannichfaltigkeit von Gesichtspunkten,
aus welchen die Lehre beleuchtet ist, von historischen Charakteren,
durch deren sittliche Schönheit jedoch das Gepräge der Individua=
lität nicht verdunkelt ist, von historischen Verhältnissen, durch
welche die Anwendung der christlichen Ideen aufs Leben anschau=
lich gemacht ist.   Die Tiefe der Idee ist mit der Einfachheit und
Klarheit der Form, wodurch selbst das Höchste unserm Denken
nahe gebracht wird, im Bunde; und während sich der Inhalt auf
die ganze Menschheit ohne Einschränkung der Zeit und des Orts
bezieht, ist zugleich durch die Form die genaueste Verbindung mit
der älteren Religionsverfassung, durch welche ihr der Weg be=
ritet ist, angeknüpft.   Wo eine Einheit der Idee und der Ge=

*) „Die Theologie und die Rechtsgelehrsamkeit bei den Arabern stehen
in inniger Verbindung, weil sie beide auf einem gemeinschaftlichen Grunde,
dem Koran, ruhen, und insofern die Gesetzgebung also bei den Moslemen, wie
bei den Hebräern, Persern und den meisten morgenländischen Völkern, einen
religiösen Charakter hat, und als Gottes, nicht als der Menschen Werk be=
trachtet wird." Gesenius, Allgem. Encyklop. der Wissensch. und Künste.
Art. Arab. Litteratur.

ſchichte gegeben iſt, da wird das Studium auch zur Vereinigung
der Philoſophie und der Geſchichte führen, worin das Prinzip aller
Wiſſenſchaftlichkeit zu finden iſt. Und hieraus iſt die Kraft zu
erklären, die, ſchaffend, umbildend und befruchtend, von dem
Evangelium in alle Theile und Richtungen der Wiſſenſchaft aus=
geſtrömt iſt, indem neue Zwecke dem Denken zur Erreichung auf=
gegeben, neue Richtungen und Wege angewieſen und eröffnet,
neue Kräfte in Bewegung geſetzt oder von hemmenden Banden
losgemacht ſind. Namentlich iſt bei der Auslegung des N. Teſta=
ments ein ſorgfältiges Sichten und Zuſammenſtellen aller lin=
guiſtiſchen und hiſtoriſchen Einzelheiten nicht minder nöthig, als
das Zurückführen der poſitiv gegebenen Mannichfaltigkeit auf die
Einheit des religiöſen Bewußtſeyns. Gerade dieſes macht die
chriſtliche Schriftauslegung von einem Geſchlechte zum andern zum
Hauptzweck der Theologie, das beſtändig fortgeſetzte Studium der=
ſelben auf einmal nothwendig, anziehend und belohnend, und ver=
hindert einerſeits, daß nicht die hiſtoriſchen Specialunterſuchungen,
durch Verwechſelung des Mittels mit dem Zweck, den hiſtoriſchen
Charakter einbüßen; andrerſeits aber, daß nicht das ſpekulative
Intereſſe vom hiſtoriſchen Inhalt der Offenbarung ſich losmacht.
Von der Geſchichte der Exegetik wird die Geſchichte der Her=
meneutik zu trennen ſeyn. Denn was hier in Frage ſteht, iſt:
wie die Aufgabe der Schriftauslegung zu verſchiedenen Zeiten dar=
geſtellt worden, welche Hauptregeln man zu befolgen entſchloſſen
geweſen, nicht aber, wie weit es geglückt ſey, in einzelnen Fällen
dieſen Regeln getreu zu bleiben. Wie groß der Abſtand zwiſchen
der Erkenntniß und der Ausübung iſt, davon wird gerade die ſpä=
ter folgende hiſtoriſche Ueberſicht merkwürdige Beiſpiele liefern.
Zunächſt werden wir uns alſo hier auf Schriften, in welchen theo=
retiſche Anweiſung zur Deutung und Behandlung der Schrift mit=
getheilt iſt, angewieſen finden; deren giebts aber verhältnißmäßig
nur wenige an der Zahl, und dieſe kommen erſt in der Litteratur=
geſchichte der Kirche vor, lange nachdem die heiligen Bücher ein
Gegenſtand exegetiſcher Behandlung geworden ſind. Eine fort=
laufende Darſtellung der Theorie und der Prinzipien der Exegeſe
läßt ſich daher ohne Benutzung der Materialien nicht durchführen,
die ſich in exegetiſchen Werken, zum Theil auch Schriftbearbeitun=
gen in homiletiſcher und katechetiſcher Form finden, nur daß hiebei

der exegetische Totalcharakter vom Detail der Ausführung soweit möglich unterschieden werde.

Wenn wir nach den vornehmsten Ruhepunkten bei einer solchen historischen Uebersicht suchen, so stellt sich die Zeit der Reformation, gerade in Ansehung des Bibelstudiums, auf die augenscheinlichste Weise als ein Abbild der Geburtsepoche der christlichen Litteratur dar. Halten wir nun diese beiden Ausgangspunkte der Betrachtung fest, so werden wir finden, wie in den Zeiträumen, die an sie sich anschließen, dieselben geistigen Krisen Statt gefunden haben. Gleichwie die erste Periode der Kirche von dem Zeitalter der hierarchischen Knechtschaft abgelöst wurde, so folgte auch auf die fruchtbaren Jahre der Reformation eine verhältmäßig unfruchtbare Periode unter dem Druck einer neuen kirchlichen Zwangsherrschaft; und wieder hat das kräftige Wiedererwachen zu einem wissenschaftlichen Leben, welches den Uebergang von der hierarchischen Despotie zu der kirchlichen Emancipation bildet, sein Seitenstück in dem Freiheitskampfe des achtzehnten Jahrhunderts auf dem Gebiete der Wissenschaft. Auf diese Weise bildet sich ein Schema, welches der nachfolgenden historischen Uebersicht zweckmäßig wird zum Grunde gelegt werden können, indem wir fünf Perioden unterscheiden: die patristische (bis zum 7. Jahrhundert), die hierarchische (bis zum Anfange des 16. Jahrhunderts), die reformatorische (bis zum Schluß des 16. Jahrhunderts), die symbololatrische (bis zur Mitte des 18. Jahrhunderts), die freie wissenschaftliche (bis auf unsere Zeit).

Ferner aber — um eine klare Vorstellung von der Art, auf welche, in einer jeden der hier genannten Perioden, die Aufgabe der Auslegung der Schrift und die Grundsätze der Lösung derselben aufgefaßt und dargestellt worden sind, zu gewinnen, dazu wird eine Anordnung der Schriftausleger bloß nach äußeren Verhältnissen, und zwar entweder nach der Zeitfolge oder nach der kirchlichen Heimath, nicht zum Grunde gelegt werden können. Dagegen wird jene Einsicht erreicht werden, wenn in jeder einzelnen der angegebenen Perioden die verschiedenen Richtungen, welche in der Bibelauslegung auf einander gefolgt sind, oder neben einander bestanden haben, verfolgt, und die Ausleger also, welche den nämlichen Auslegungsprinzipien gehuldigt, und diese allmälig zu größerer Entwickelung und Festigkeit gebracht haben, zusammen-

geſtellt werden. Die charakteriſtiſche Verſchiedenheit in dieſer Hin=
ſicht wird in der Stellung, welche die Subjektivität
des Auslegers zu dem objektiv Gegebenen eingenom=
men hat, zu ſuchen ſeyn. Die Subjektivität geht zu Grunde,
wo die Schriftauslegung durch den Machtſpruch einer hiſtoriſchen
Autorität beſtimmt wird. Das Objektive wird todt und bedeu=
tungslos, wenn der Ausleger ſeine individuelle Anſicht zum Be=
ſtimmungsgrunde für den Sinn des Schriftwortes erhebt. Woge=
gen das Subjekt des Auslegers in ein lebendiges Verhältniß zum
Objekt der Schrift tritt, wenn die Aufgabe dahin geſtellt wird:
den in der Schrift ausgedrückten Sinn ſich anzueignen und durch
die Thätigkeit des Geiſtes zu reproduciren. Wir werden ſonach,
in Uebereinſtimmung mit der vorhergehenden Entwickelung (ſiehe
S. 33 ff.), einen dreifachen Charakter der Auslegung: einen tra=
ditionell = kirchlichen — einen philoſophirenden
oder allegoriſirenden — einen hiſtoriſch = theologi=
ſchen zu unterſcheiden haben; und indem dieſe Trilogie der fol=
genden Ueberſicht zum Grunde gelegt werden ſoll, werden wir bei
jeder Periode mit der Auslegungsart, welche für die am meiſten
hervortretende und die wiſſenſchaftliche Richtung am meiſten be=
zeichnende angeſehen werden kann, den Anfang machen.

I.

Von der apostolischen Zeit an bis zum Schluß des sechsten Jahrhunderts.

J. G. Rosenmüller: Historia interpretationis librorum sacrorum. P. I—V. 1795—1814.

Die subjektive Auslegung in der Form der Allegorisirung ist in diesen Jahrhunderten als die vorherrschende anzusehen. Wie, der Etymologie (ἄλλο ἀγορεύειν) zufolge, eine jede Rede, die einen von dem Wortsinne verschiedenen Sinn ausdrückte (nach dem Spruche Quinctilians: „aliud verbis, aliud sensu ostendo"), als allegorische Rede anzusehen seyn müßte, wogegen der Sprachgebrauch das Wort auf einen solchen Vortrag beschränkt, welcher durch fortlaufende Reihen von Bildern oder durch laufende Entwickelung der Theile eines Bildes, ferner liegende, meistens höher liegende Begriffe bezeichnet*): so gebietet gleichfalls der Sprachgebrauch, den Begriff allegorischer Auslegung einzuschränken. Wo die Rede selbst bildlicher Natur ist, wird Niemand die Auslegung, die über die eigentliche Bedeutung der Worte hinausgeht, und durch den allgemeinen Charakter des Vortrags und die vorkommenden bestimmteren Winke geführt, den beabsichtigten Sinn zu treffen sucht, eine allegorische nennen. Die Benennung bezieht sich nämlich nicht auf das Verhältniß der Auslegung zur Wortbedeutung, sondern zum Sinne der Worte.

Aber auch nicht jede solche Auslegung ist allegorisch, welche die Worte auf einen andern Sinn bezieht als denjenigen, welchen auszudrücken sie bestimmt sind; — allegorische Auslegung würde hiedurch mit willführlicher Auslegung im Allgemeinen gleichbedeu-

---

*) Hiemit analog ist die Allegorie in Abbildungen und in Gebräuchen, die im Cultus der alten Welt das Prinzip in der ganzen Anordnung von Heiligthümern und heiligen Handlungen ist. So auch im N. Testament das Fußwaschen im Evang. Joh.; im katholischen Tauf-Ceremoniell: das Anblasen, die Bestreichung der Augen mit Speichel, Salz in den Mund, u. s. f. Gleichfalls in historischen Handlungen, z. B. wenn der Prophet Jeremias ein irdenes Gefäß vor den Augen des Volks zerbricht, um den bevorstehenden Untergang des Staates zu bezeichnen (Cap. 19.).

tend werden und zwar, ſogar in dem Falle, daß die Auslegung auf eine der Allegoriſirung gerade entgegengeſetzte Weiſe verführe, indem ſie nämlich das uneigentlich Geſprochene im eigentlichen Sinne nähme: wie z. B. wenn die Schriftgelehrten auf den Spruch im 5 B. Moſ. 6, 8. („und du ſollſt dieſe Worte binden zum Zeichen auf deine Hand, und ſollen dir ein Denkmal vor deinen Augen ſeyn“) die Sitte gründeten, Denkzettel an Stirn und Händen zu tragen, oder wenn die Jünger die Warnung des Herrn rückſichtlich des Sauerteiges als Anſpielung darauf, daß ſie die Brode vergeſſen hatten, verſtanden (Matth. 16, 7.). Allegoriſche Auslegung wird alſo nur diejenige ſeyn, welche ohne erweislichen Grund eine Rede als bildliche Bezeichnung betrachtet, und dem zufolge, anſtatt des eigentlichen Sinnes, einen andern uneigentlichen, der Abſicht des Redenden fremden Sinn geltend macht. Die Wahrheit, daß das Ueberſinnliche nur durch Hülfe aus der Sinnenwelt genommener Bezeichnungen angedeutet werden kann, wird durch die Allegoriſirung mit dem Satze, daß alle und jede einzelnen ſinnlichen Gegenſtände als Bezeichnungen entſprechender überſinnlicher zu betrachten ſeyen, verwechſelt. Eine Behandlung einer gegebenen Rede, von dieſer Vorausſetzung ausgehend, kann nur in ganz uneigentlichem Sinne Auslegung genannt werden; denn ſie geht den Weg der Willkühr, und will die verſtändige Betrachtung des Gegebenen, das ernſtliche Eindringen in den fremden Gedankengang, die vollſtändige Auffaſſung deſſen, was in die Worte gelegt iſt, durch eine dichtende, eine producirende und combinirende Thätigkeit, die darauf hinſtrebt, den Worten Alles abzugewinnen, was in ihnen etwa verborgen liegen könnte, erſetzt wiſſen.

Die Allegoriſirung iſt aber ſolchen Perioden, welche in Beziehung auf die Beſchaffenheit der Bildung und die ganze Richtung derſelben am weiteſten von einander entfernt ſind, gemeinſchaftlich, und iſt auf eben ſo verſchiedene Weiſe angewendet worden, als ſie aus verſchiedener Quelle entſprungen iſt*). Wenn die alten

---

*) Von der Geſchichte der allegoriſchen Auslegung, deren Hauptmomente allein hier berührt werden können, iſt ausführlich von Olshauſen gehandelt: Ein Wort über tiefern Schriftſinn, 1824, S. 16—68, und von Döpke: Hermeneutik der neuteſtamentl. Schriftſteller, 1829, S. 91—189.

Völker des Orients, ins Naturleben versunken, die Perioden der
abnehmenden und zunehmenden Macht der Sonne als den Kampf
zwischen dem bösen und dem guten Prinzip, als die historischen
Momente im Leben einer leidenden und hinsterbenden, aber wieder
auferstandenen und siegreichen Gottheit deuteten, und diese in den
— verschiedentlich gestalteten, jedoch gleichartigen — Mythen von
Osiris, Mithras, Herakles, Attys, Adonis u. a. darstellten, oder
wenn das merkwürdige Kausalitätsverhältniß zwischen der dursten=
den Erde, dem befruchtenden Nil, dem austrocknenden Gluthwinde
den Aegyptern eine Naturhieroglyphe des entsprechenden Verhält=
nisses in der Welt der Götter ward: zwischen der mütterlichen
Isis, Osiris, der erschaffenden Kraft, und dem Typhon, dem
bösen Prinzip, dem Verfolger alles Lebenden: so sind diese astro=
nomischen und tellurischen Mythen als Anwendungen einer alle=
gorischen Auslegung anzusehen *), nach welcher das regelmäßige
Wechseln der Naturdinge eine Symbolisirung des Lebens der
höheren Welt wird.   Die nämliche Betrachtungsweise wurde von
der Schrift der Natur auf die Schriften der Menschen, nament=
lich der Verfasser, die für eingeweihte Verkündiger der Geheim=
nisse der Götterwelt galten, übertragen.   Die Ehrfurcht, mit der
man dergleichen Schriften betrachtete, machte, daß man sich nir=
gends mit einem einfachen, in den Kreis des täglichen Lebens
gehörenden Sinne begnügen lassen zu dürfen glaubte; unwillkühr=
lich ward man dahin geführt, überall wo die Worte keinen andern
und erhabeneren Sinn ausdrückten oder wohl gar gegen den Be=
griff der Sitte oder des Anstandes zu verstoßen schienen, eine tie=
fer liegende Bezeichnung (ὑπόνοια) des Mysteriösen anzunehmen.
Dies ist das unbewußte, das naive Allegorisiren, wel=
ches, wie der Mythus, in dem unwillkührlichen Verwechseln des
Objektiven mit dem Subjektiven seinen Grund hat, welches der
mit Bewußtseyn reflektirenden Thätigkeit vorangeht. Noch ist die
Phantasie vorzugsweise wach und rege, und diese läßt das Indi=
viduum in Allem, was die Natur und die Menschen ihm entge=
gen führen, Abbildungen erblicken der vielfarbigen Bilder, die er
in seiner Seele trägt.   Hiezu ist die Erklärung der griechischen

---

*) Creuzers Symbolik u. Mythologie, im Auszuge. S. 89 ff. 245 ff.
271 ff. 287 ff. 318 ff.

Mythologen und Dichter: Orpheus, Musäus, Hesiodus und Homer zu rechnen, welche die allgemeine war, so lange man in einfältigem Glauben den ganzen Inbegriff menschlicher und göttlicher Weisheit in ihren Werken verborgen fand, vielleicht noch zur Zeit des Anaxagoras (ungefähr 500 v. Chr.), der als Allegorist*) genannt wird, gleichwie Pythagoras, Demokrit, Empedokles u. A.

So verschieden wie die unfreiwilligen Spiele der kindlichen Phantasie von mühsam gebildeten Kunstcompositionen sind, eben so sehr unterscheidet sich das Allegorisiren des Alterthums von demjenigen, welches sich in späteren Zeiten entwickelt hat, entweder aus verschrobener Bildung, die für eitle Exercitien des Scharfsinns Stoff gesucht, oder aus unnatürlichen, gezwungenen Verhältnissen, als Mittel zum Ausgleichen solcher Collisionen, in welchen sich das freiere geistige Streben mit positiven Autoritäten, besonders auf dem religiösen Gebiete, gefunden hat. Dieses Letztere war in der späteren Periode der Griechen der Fall. Die symbolischen Göttergestalten, durch die schaffende Phantasie des Orients componirt, um die Himmelskörper, Elemente und Naturkräfte — die Gegenstände andächtiger Anbetung — zu personificiren, änderten allmälig ihre Form, nachdem sie über die Gränzen Griechenlands hineingewandert waren. Der lebendige Schönheitssinn, das mehr nüchterne Denken konnte sich mit Misgestalten, in welchen die von Natur am meisten entgegengesetzten Theile in Eins verbunden waren, um auf Kosten der physischen Wahrheit und des ästhetischen Gefühls eine anschaulichere und umfassendere Darstellung der religiösen Idee zu geben, nicht versöhnen**). Die

---

*) Diog. Laert. vom Anaxagoras (II. 11): δοκεῖ πρῶτος τὴν Ὁμήρου ποίησιν ἀποφήνασθαι περὶ ἀρετῆς καὶ δικαιοσύνης." Ungefähr gleichzeitig mit diesen Philosophen lebten Stesimbrotus, Glaukon und Metrodorus, welche Plato in seinem Jon als allegorische Mythusausleger nennt.

**) Ihre höchste Spitze hat diese, allein die Idee berücksichtigende, um die Schönheit der Form unbesorgte Symbolik in den bizarren Zusammensetzungen der Menschenfigur mit allerlei Thiergestalten bei den Hindus und den Babyloniern erreicht. (S. Creuzers Symbolik u. Mythologie, im Auszuge S. 211 f. Nic. Müller, Glauben, Wissen u. Kunst des alten Hindus, 1822. Bähr, Symbolik des mosaischen Cultus. S. 356—361.) Unter milderen Formen ist das nämliche Prinzip in den Sphinxen und Hippogryphen der Aegypter, den Hermaphroditen, Centauren, Satyrn der Griechen und Römer, den Cherubim der Juden u. s. w. beibehalten.

mehr phantaſtiſche und bedeutungsvollere Form mußte einer ver-
ſtändiger angeordneten und dem Auge gefälligeren allmälig weichen. So entſtand eine Götterwelt nach dem Bilde des Menſchen
geſtaltet. Allerdings war dieſes Bild durch den Genius der Kunſt
vom reichſten Glanze der Schönheit umſtrahlt; aber die beſtimmte,
wohlbekannte Geſtalt, in welcher ſich hier die Gegenſtände der Anbetung dem Auge darſtellten, mußte immer mehr die urſprüngliche
Bedeutung verdunkeln, das myſtiſche Element der Religion verdrängen, und die Vorſtellung von den Göttern als den Schranken der
Endlichkeit unterworfenen Weſen befeſtigen. Auf dieſelbe Weiſe
mußten die religiöſen Mythen unter den Händen der Dichter Weſen und Bedeutung wechſeln. Was ſich unwillkührlich als bildliche Bezeichnung kosmiſcher Verhältniſſe, des Urſprunges und der
Geſtaltung der Welt durch gegenſeitige Entgegenſetzung oder Zu-
ſammenwirkung der Naturkräfte, der Abhängigkeit der Erde von
der einwirkenden Kraft der Himmelskörper gebildet hatte, das
ward ſpäter auf die menſchliche Götterwelt übertragen, und als
Schilderung ihres Handelns und Leidens in menſchlicher Weiſe,
der Freundſchaft und Feindſchaft der Ehe und des Ehebruchs ausgeführt; und zugleich wurde der Stoff nach und nach durch ſolche
Zuſätze, die ſchon in der urſprünglichen Form von dieſer Betrachtung des Weſens der Götter ausgingen, vermehrt*). So ent-
ſpann ſich zwiſchen den ſpäteren Formen und dem urſprünglichen
Inhalt ein fortwährender Streit; und für die Philoſophen, die
Repräſentanten des religiöſen und ſittlichen Lebens, wurde es eine
Aufgabe von der höchſten Wichtigkeit dieſen Streit zu ſchlichten,
und zwar ſowohl um der Volksreligion willen, deren früherer oder
ſpäterer Verfall ſich ſonſt vorausſehen ließ**), als auch im Intereſſe der Speculation, der es bedenklich vorkommen mußte, in gar
zu augenſcheinlichen Gegenſatz zur Mythologie zu treten. Der

---

*) Cic. de nat. D. II. 24: „Ex ratione physica magna fluxit
multitudo deorum; qui, induti specie humana, fabulas poetis sup-
peditaverunt; hominum autem vitam superstitione omni referse-
runt... Physica ratio non inelegans inclusa est in impias fabulas.‟

**) Hieher gehört die bekannte Stelle im zweiten Buch des Plato von
der Republik, wo er den homeriſchen Göttererzählungen, wegen ihres ſchlüpf-
rigen Inhaltes, „οὔτ' ἐν ὑπονοίαις πεποιημένας οὔτ' ἄνευ ὑπονοιῶν,‟
Eingang in ſeinen Staat verſagt.

erwünschte Ausweg wurde hier durch die allegorische Auslegung der mythologischen Dichtungen, wie sie von den Stoikern*) und später von den Neoplatonikern fortgesetzt wurde, eröffnet; und zwar um so mehr, weil diese Methode in soweit sich rechtfertigen ließ, als die Mythologie in ihrer ursprünglichen Form gewiß hat uneigentlich gedeutet werden sollen. Es mußte demnach scheinen, als führe die Allegorisirung die Mythen auf die mit Unrecht verlassene Spur zurück. Aber abgesehen davon, daß der wahre Schlüssel eben so schwierig zu finden, als falsche Schlüssel leicht nachzumachen waren, war auch die Mythologie großentheils schon umgebildet worden, und viele aus einer rein historischen Auffassung der alten Mythen hervorgegangene Bestandtheile waren nach und nach hinzugekommen. In den meisten Fällen war daher von Restauration keine Rede, sondern von neuen Produktionen; und die mythologische Auslegung gewann ganz und gar den Charakter erkünstelter Allegorisirung.

Bei den Juden — was uns hier näher liegt — hatte die allegorische Auslegung im Wesentlichen denselben Ursprung, und entwickelte sich wesentlich auf die nämliche Weise. Zwar schloß der strenge Monotheismus religiöse Mythen nicht minder als Bilder des Unsichtbaren aus; aber den gottesdienstlichen Gebräuchen und Anordnungen überhaupt lag unverkennbar eine Symbolik zum Grunde, z. B. der Opferung in ihren verschiedenen Formen, der Ceremonie der Salbung, den Lustrationen, dem Wassertragen von Siloam am Laubhüttenfeste, den Cheruben auf der Stiftshütte, den Urim und Thumim; und zur Deutung dieser Symbole war durch den dichterischen Bilderreichthum in den heiligen Büchern der Weg angezeigt**). Und wenn ferner Jeho-

---

*) Cic. de nat. D. 15: „(Chrysippus) Orphei, Musaei, Hesiodi Homerique fabellas vult accommodare ad ea, quae ipse de diis immortalibus dixerit; ut etiam veterrimi poetae, qui haec ne suspicati quidem sint, Stoici fuisse videantur. Quem Diogenes Babylonius consequens, in libro de Minerva partum Iovis ortumque virginis ad physiologiam traducens, disiungit a fabula.“ II. 24. 28. Porphyrius will auch die Allegorisirung des Origenes aus seiner genauen Bekanntschaft mit den Schriften platonischer, pythagoräischer und stoischer Philosophen erklärt wissen (Euseb. H. E. VI. 19).

**) Bähr: Symbolik des mosaischen Cultus. Siehe z. B. den Abschnitt

vah auf menſchliche Weiſe als ſichtbarer, umherwandernder und
redender, zürnender und den Zorn bereuender Gott dargeſtellt
wird, ſo mußte dieſelbe Auslegung unwillführlich dahin führen,
den Sinn tiefer zu ſuchen als im buchſtäblichen Ausdruck, und
mit klarerem oder dunklerem Bewußtſeyn an der Veredlung oder
Milderung des Anſtößigen in dieſen Vorſtellungen zu arbeiten.
Entſchiedenen Einfluß aber auf die Behandlung der heiligen Bü=
cher mußte in dieſer Hinſicht die Verbindung, in welche die Juden
mit anderen Völkern traten, gewinnen; die Verbindung nämlich
mit den Bewohnern des inneren Orients zur Zeit des Exils, und
noch mehr, vornämlich nach Alexanders Zeit, die mit den Grie=
chen. Das freiere und reichere Gedankenleben, welches ſich hier=
aus entwickelte und allmälig zu einem Philoſophiren über das
Weſen und Wirken Gottes in verſchiedenen Richtungen führte,
mußte oft mit Aeußerungen in den heiligen Büchern, und noch
öfter mit den traditionellen Begriffsformen, welche bisher den Ge=
danken beherrſcht hatten, unverträglich werden. Dieſe Steine des
Anſtoßes ($\pi\rho\sigma\sigma\kappa\acute{o}\mu\mu\alpha\tau\alpha$, $\sigma\kappa\acute{\alpha}\nu\delta\alpha\lambda\alpha$) mußten aus dem Wege
geräumt werden, und wie wäre dies leichter und beſſer als durch
Allegoriſirung zu erreichen? Auch in anderen Beziehungen mußte
die Ueberlegenheit der griechiſchen Cultur in Wiſſenſchaft und
Kunſt und Leben ſich geltend machen, den Wunſch und das Be=
ſtreben, ſich ihr zu nähern und an ſie ſich anzuſchließen, hervor=
rufen; aber auch hier ſtand das Geſetz Moſis und die damit ver=
knüpfte Tradition im Wege, „als ein Zaun, der dazwiſchen war‟
(Eph. 2, 14.); und durch die Gewalt, die das Geſetz auf alle
Verhältniſſe des bürgerlichen und häuslichen Lebens erſtreckte,
durch die Strenge, womit es jede Thätigkeit an gewiſſe beſtimmte
Formen band, wurde jede Annäherung und Aneignung des Frem=
den ausgeſchloſſen. Unter ſolchen Umſtänden zur Huldigung eines
bequemen Latitudinarismus mehr Freiheit zu gewinnen, und zwar
mit Vermeidung des Scheines einer Verſündigung an der Heilig=
keit des Geſetzes, dazu lag die Hülfe nirgends näher, als in der
allegoriſchen Auslegung; durch die ließ ſich der läſtige Buchſtabe
eludiren, unter dem Scheine höherer Weisheit und höheren Eifers

von der ſymboliſchen Bedeutung der Stiftshütte, der darauf angebrachten
Bilder und Farben.

für das Intereſſe das Geiſtes; und ſelbſt die Ausſicht zeigte ſich
von fern, den Moſes mit Ariſtoteles und Plato zur Ehre und zum
Vortheil beider Theile zu identificiren *).

Bei den alexandriniſchen Juden, welche der Sprache
der Griechen, ihrer Wiſſenſchaft und ihren Sitten am nächſten
ſtanden, in deren Schulen eine Verſchmelzung der platoniſchen Philoſophie mit der jüdiſchen Religion höchſtes Ziel der Weisheit war,
mußte das Intereſſe für dieſe ſpiritualiſtiſche Auslegungsart am
lebhafteſten ſeyn **). Ungefähr ums Jahr 200 vor Chriſtus ſoll
nach den Kirchenvätern der jüdiſche Peripatetiker Ariſtobulus,
als namhafter Allegoriſt ***) gelebt haben; den Therapeuten
wird ſchon die in den allegoriſchen Schulen als Ausgangspunkt
der myſtiſchen Auslegung ſpäter häufig gewordene Vergleichung
der Schrift mit einem Thier, der buchſtäblichen Vorſchriften mit
dem Leibe des geheimen dahinter verborgenen Sinnes mit der
Seele beigelegt †); und bei dem Auftreten des Chriſtenthums finden
wir in Philo's Schriften (von den Allegorien des Geſetzes —
vom Geſetz Moſis — von den Opfernden u. a.) eine Theorie der
allegoriſchen Auslegungskunſt vor, die ſich auf die Unterſcheidung
einer exoteriſchen Religionslehre von einer eſoteriſchen, und auf
die Theilung der Menſchen in ψυχικοὶ und πνευματικοὶ ſtützt ††).

---

*) Vergl. Eichhorn: Bibl. der bibl. Litt. V. S. 233—253. — Auch
für die Gnoſtiker mußte bei einem ähnlichen Beſtreben, nämlich dem der
Amalgamirung des Orientalismus mit dem Occidentalismus, des Heidenthums mit dem Chriſtenthume, die allegoriſche Auslegung ein unentbehrliches
Mittel zur Neutraliſirung ſolcher Theile von der Geſchichte oder der Lehre
werden, welche ihren Beſtrebungen zuwiderliefen. Siehe Baur: die chr.
Gnoſis, S. 234—240.

**) Vergl. das Zeugniß des Philo (de vita contempl. p. 893. Ed.
Paris. 1640): ἔστι συγγράμματα παλαιῶν ἀνδρῶν, οἱ ... πολλὰ μνημεῖα
τῆς ἐν τοῖς ἀλληγορουμένοις ἰδέας ὑπέλιπον.

***) Orig. c. Cels. IV. 51. Euseb. praep. ev. VII. 13. 14. Hier.
Chron. 9. — Uebrigens iſt ſeine hiſtoriſche Exiſtenz einigem Zweifel unterworfen. S. Rich. Simon: Hist. crit. du V. T. 2, 2. Eichhorn: Bibl.
b. bibl. Litt. V. S. 253 ff. Dagegen Valckenaer: de Aristobulo Iudaeo. 1805.

†) Philo: de vita contempl. p. 901: αἱ ἐξηγήσεις τῶν ἱερῶν γραμμάτων γίνονται δι᾽ ὑπονοιῶν ἐν ἀλληγορίαις· ἅπασα γὰρ ἡ νομοθεσία
δοκεῖ τοῖς ἀνδράσι τούτοις ἐοικέναι ζώῳ κ. τ. λ.

††) Mehrere hieher gehörende Aeußerungen aus Philo's Schriften ſind
von Döpke, S. 110, citirt.

Bei den paläſtinenſiſchen Juden finden wir das nämliche Beſtreben, durch Hülfe der Allegoriſirung Alles, was nur in den heiligen Büchern anſtößig ſcheinen mochte, aus dem Wege zu ſchaffen. In den älteſten Denkmälern rabbiniſcher Litteratur, welche zum Theil ins zweite Jahrhundert vor Chriſtus hinaufreichen; in den Büchern Zohar und Jezirah, in den chaldäiſchen Targumim, in Miſchnah iſt dieſelbe Trennung zwiſchen dem Leib des Textes (גוף) und der Seele deſſelben (נשמה) angenommen; zum körperlichen Beſtandtheil gehört die Worterklärung (פשט), zum geiſtigen die myſtiſch-allegoriſche Auslegung (רמז, דרש, סוד)*). Der leichtfertige Misbrauch ſinnreichen Talents, welcher die rabbiniſch-kabbaliſtiſche Auslegungsweiſe charakteriſirt, erreicht ſeine Culmination in den künſtlichen Spielen mit Buchſtaben und Punkten, wodurch bald die Buchſtaben in Zahlen verwandelt werden und an die Stelle der Zahl wieder irgend ein Gegenſtand, auf welchen die Zahl gerade paßt (Gematria), geſetzt wird, bald das Wort in ſeine einzelnen Buchſtaben aufgelöſet, und jeder von dieſen wieder zu einem Worte, das mit demſelben Buchſtaben anfängt (Notarikon), ausgefüllt wird, bald endlich die Buchſtaben eines Worts willkührlich unter einander umgeſetzt werden (Temura)**). Auch aus Aeußerungen des Joſephus läßt ſich auf den allgemeinen Gebrauch der Allegoriſirung ſchließen, obgleich er ſelbſt, als Anhänger der ſtrengen phariſäiſchen Schule, ſie misbilligt***). Um ſo merkwürdiger iſt es, daß es den apokryphiſchen Büchern an Beiſpielen dieſer Auslegungsart faſt gänzlich fehlt†). Nur zum geringen Theil iſt dieſes aus dem

---

*) Beweisſtellen ſind von Döpke, S. 123 ff. 134 ff. geſammelt.

**) V. Glaſſii philol. sacra p. 425 — 438. Beiſpiele: Bei den Worten יבא שילה kommt die Zahl 358 heraus, die nämliche wie beim Wort משיח; alſo die Stelle 1. Buch Moſis 49, 10. iſt vom Meſſias zu erklären. — Die Buchſtaben ברא werden durch die Worte: רוח, בן, אב ausgefüllt, alſo iſt in der Stelle 1. B. Moſ. 1, 1. eine Andeutung der Dreieinigkeit. — Das Wort בראשית kann zu בתשרי א umgeſetzt werden; alſo: Die Erſchaffung der Welt hat am erſten Tage des Monats Tiſri Statt gefunden.

***) Döpke, S. 120 ff.

†) Das Beiſpiel, welches angeführt zu werden pflegt aus dem B. der Weish. 18, 24, wo es von der Tracht Aarons heißt: „In ſeinem langen Rock war die ganze Welt (nach Luther: der ganze Schmuck), und der Väter

theils historischen, theils moralischen Inhalte dieser Bücher zu
erklären, wie aus der größeren Ruhe der Form, wodurch sie sich
von der Begeisterung der älteren Bücher unterscheiden. An Gelegenheit konnte es daher nicht fehlen; und daß keine solche benutzt
ist, scheint allerdings davon zu zeugen, daß der Geschmack und
die Achtung für die Allegorisirung erst weiterhin gegen die Zeit
Christi allgemein geworden sind.

Es ist einleuchtend, wie die allegorische Auslegung ihre Wurzel in einer religiösen Geistesrichtung hat, durch eine phantasiereiche Betrachtung genährt, welche, indem sie die verbindenden
Mittelglieder übersieht, die sinnlichen Phänomene unmittelbar
auf die Ideenwelt zurückführt. In soweit könnte sie vorzugsweise
auf die Benennung theologischer Auslegung Anspruch zu haben
scheinen, wenn nicht der religiöse Charakter, der sie noch auf der
Stufe ihrer kindlichen Unschuld so anziehend macht, bei weiter
fortgeführter Ausbildung immer mehr in leichtfertiges Maskenspiel
überginge, und der gesunde Lebenskern der religiösen Ideen durchs
Componiren und Decomponiren in nichtige und widrige Schau-
gerichte aufgelöset würde. Nichts desto weniger aber giebt es eine
Anwendung der Allegorisirung — nur ohne darauf Anspruch zu
machen, für Auslegung zu gelten, — die in der Correspondenz
zwischen dem Reiche der sinnlichen Empfindung und dem des Gedankens, wie diese in der Natur und in der Geschichte hervortritt,
ihre Rechtfertigung hat, wenn nämlich vorliegende Momente gegenseitiger Aehnlichkeit zur Anknüpfung höher liegender Wahrheiten an das in der Erfahrung Gegebene benutzt werden. Zu
solcher Benutzung können, wie wir gesehen, die historischen Verhältnisse zu einer Zeit größere Aufforderung, als zu einer anderen
enthalten; und bedenken wir, in wie schwieriger Lage die reine
Wahrheitslehre zur Zeit Christi einem feststehenden, überlieferten
Buchstaben gegenüber sich befinden mußte, so werden wir noth-

---

Ehre und die vier Stiegen der Steine gegraben, und Deine Herrlichkeit an
dem Hut seines Haupts" — enthält bloß eine etwas genauere Beschreibung
der Bestimmungen rücksichtlich der hohenpriesterlichen Tracht, die im 2. B.
Mos. 28, 6. 15 ff. 36 vorkommen. Noch weniger gehören hieher die reli-
giös-poetischen Schilderungen der Weisheit (B. d. Weish. 10, 16. Sir. 24,
39.), welche in der citirten Schrift von Olshausen als Beispiele der Allegorisirung angeführt werden.

wendig erwarten müssen, im Vortrage Jesu und der Apostel Spuren dieser Behandlungsweise, namentlich in Beziehung aufs A. Test. zu finden. Die nähere Betrachtung hievon gehört anderswo hin. Nur dieses sey hier noch bemerkt, daß solche Warnungen, als welche öfter gegen σοφία τοῦ κόσμου τούτου, κενοὶ λόγοι, μῦθοι καὶ γενεαλογίαι vorkommen, schon eine gewisse Gränze, die in dieser Hinsicht beobachtet worden, und einen Gegensatz zum Misbrauch der Allegorieen in den gleichzeitigen jüdischen Schriften andeuten. Es ist die apologetisch-dogmatische Anwendung des A. Testaments, worauf die Allegorisirung beschränkt ist, — eine Anwendung, die durch die im Wesen der christlichen Offenbarung gegründete Idee gegeben ist, daß die mosaische Verfassung und was damit in Verbindung steht, sich zum Christenthum verhalte, wie das Bild zur Wirklichkeit, der Schatten zum Körper sich verhält (Col. 2, 17.); ohne daß darum dieses Verhältniß sich mit historischer Wahrheit muß können nachweisen lassen in allen einzelnen Beispielen, welche — mehr gelegentlich als nach Auswahl — gebraucht worden sind, um dasselbe anschaulich zu machen. Als Beispiele können folgende angeführt werden: Sarah und Hagar als Vorbilder des Christenthums und des Judenthums (ἅτινά ἐστιν ἀλληγορούμενα, Gal. 4, 24 ff.); — Christus als Manna, das Brod des Lebens (Joh. 6, 48 ff.), als der geistliche Fels, dem das Wasser entspringt (1. Cor. 10, 4.), als das Osterlamm (1. Cor. 5, 7.), als der Hohepriester im Allerheiligsten, im Himmel (Hebr. 9, 8 ff.); — Melchisedek als das Vorbild Christi (Hebr. 7.); — die Worte im ersten Buch Mosis von Mann und Weib auf Christus und die Gemeine bezogen (Eph. 5, 32.: τοῦτο ἐστι μυστήριον); — die Auswanderung des jüdischen Volks aus Aegypten auf die Rückkehr Jesu nach Palästina gedeutet (Matth. 2, 15.); die Einwanderung des Volks in das Land Canaan als ein Vorbild des Einganges der Christen in das ewige Leben, κατάπαυσις (Hebr. 4.); — das Weinen Rachels über die in Gefangenschaft weggeführten Juden, auf die bethlehemitischen Kinder bezogen (Matth. 2, 18.); — das Fest der ungesäuerten Brode als eine Ermahnung zur Fortschaffung des Sauerteiges des Herzens (1. Cor. 5, 8.); das verdeckte Angesicht des Moses, ein Bild der verblendeten Seelen der Juden (2. Cor. 3, 13.). Es ist diese Behandlungsweise, die im Briefe an die Hebräer als λόγος δυσ-

ἑρμήνευτος, τελειότης τοῦ λόγου benannt wird, und als denen
vorbehalten, welche das geiſtige Mannesalter erreicht, und daher
geſchärftes Verſtandesvermögen zur Unterſcheidung des Guten vom
Böſen haben (Hebr. 5, 11. 6, 1).

Dieſelben Gründe, welche der allegoriſchen Auslegung in den
Vortrag Jeſu und der Apoſtel Eintritt verſchafften, mußten ihr
auch den Weg in der chriſtlichen Kirche bereiten. Ihren Gebrauch
unmittelbar und ausſchließlich aus Philo's Schriften ableiten zu
wollen *), hieße das Verhältniß verkennen, worin jene Tendenz
zum geiſtigen Bedürfniß des Zeitalters im Allgemeinen ſtand, und
jene Ableitung iſt aus den Beiſpielen in den älteſten chriſtlichen
Schriften, wo die Erzählungen und Gebräuche des A. Teſtaments
auf eine mit der Philonianiſchen Auslegungsart analoge Weiſe,
nur mit beſtändiger Beziehung auf Chriſtus und ſeine Kirche ausgelegt werden, keinesweges zu beweiſen.

So wird ſchon in dem erſten Briefe des Clemens Romanus (Cap. 12.) das rothe Seil, wodurch Rachab ſich und die
Ihrigen vom Untergange errettete, auf den Opfertod Chriſti gedeutet **). Mehrere und auffallendere Beiſpiele kommen im Briefe
des Barnabas vor. Im 7. Capitel findet ſich folgender Commentar über die, theils moſaiſchen, theils ſpäter hinzugefügten
Vorſchriften in Betreff des jüdiſchen Verſöhnungsopfers: beide
Böcke ſollen einander ganz gleich ſeyn; ſie ſind alſo beide zuſammen ein Bild des Einen Jeſu, und wenn der eine unter Mißhand-
lungen und Verwünſchungen in die Wüſte hinausgetrieben, während der andere Gott zum wohlgefälligen Opfer dargebracht wird,
ſo ſind hier die Leiden und der Tod Jeſu abgebildet: das Abwa-
ſchen der Eingeweide der Opferthiere mit Eſſig bezeichnet den ſau-
ren Trunk, der Jeſu am Kreuze gereicht ward, während die pur-
purfarbene Wolle, die dem einen Thiere auf den Kopf gelegt
wurde, die königliche Würde Jeſu bezeichnet; und wenn dieſe
Wolle darnach abgenommen und auf einen Dornbuſch gelegt wird,
ſo wird hiedurch das Loos der Kirche Chriſti bezeichnet: daß, wer

---

*) Photius (cod. CV.): ἐξ οὗ (τοῦ Φιλῶνος), οἶμαι, καὶ πᾶς ὁ ἀλ-
ληγορικὸς ἐν ἐκκλησίᾳ λόγος ἔχεν ἀρχὴν εἰσρυῆναι.

**) Dieſelbe Auslegung kommt ſpäterhin bei einer Menge von Kirchen-
vätern vor: von Juſtin dem Märtyrer an bis auf Auguſtinus. Die Stellen
ſind bei Cotelerius in der Note zu dieſer Stelle angeführt.

7

an der Herrlichkeit Jesu Theil haben will, zuvor seiner Leiden
theilhaft werden muß. — Im 8. Cap. wird die röthliche Kuh
(Num. 19.), die vor das Lager hinausgeführt, und daselbst ge=
schlachtet und verbrannt wird, worauf Knaben die Asche sammeln,
und mit ihr, sowie mit Wolle und an einen Stock geheftetem
Ysop eine Reinigungs=Besprengung des Volkes unternehmen, —
als ein Vorbild des zum Tode hinausgeführten Christus darge=
stellt; die Knaben sind die Verkündiger des Evangeliums, drei an
der Zahl zum Andenken Abrahams, Isaaks und Jakobs; die
Wolle und der Ysop, welche zur Reinigung Aussätziger gebraucht
wurden, bezeichnen die Kraft der geistigen Reinigung, und der
Stock das Holz des Kreuzes, durch welches Christus regiert. —
Im 9. Cap. wird die Verbindung, worin die jüdische Beschneidung
vorzugsweise vor derjenigen, welche bei anderen Völkern Statt
fand, mit Christo steht, daraus bewiesen, daß Abrahams Haus=
gesinde, an welchem sie bei der Einsetzung vollzogen ward, 318
Seelen betrug; weil diese Zahl (I—10. H—8. T—300) eine
Bezeichnung des Namens Jesu und seines Kreuzes enthält, und
also auf den Tod Jesu als den Endzweck der Beschneidung hin=
weiset. Der Verfasser giebt den Werth, den er selbst dieser Ent=
deckung beigelegt hat, mit diesen Worten zu erkennen: „οὐδεὶς
γνησιώτερον ἔμαθεν ἀπ᾽ ἐμοῦ λόγον· ἀλλὰ οἶδα, ὅτι ἄξιοί
ἐστε ὑμεῖς.“ — Auch die bei den späteren Apologeten so häu=
figen Berufungen auf den während der Schlacht gegen die Ama=
lekiter mit ausgestreckten Händen betenden Moses, auf die eherne
Schlange in der Wüste, auf Josua (Ἰησοῦς) als den Nachfolger
des Moses, finden sich hier im zwölften Capitel, um die biblischen
Vorbilder Jesu des Gekreuzigten aufzuweisen; gleichfalls, im 15.
Capitel, die Benutzung der Worte des 90. Psalms, um die sechs
Arbeitstage und den siebenten Ruhetag von 6000 Jahren als der
Periode der gegenwärtigen Welt und von der darnach bevorste=
henden Wiederkunft des Herrn zu erklären.

Die übrigen — ächten oder unächten — Schriften der soge=
nannten apostolischen Väter liefern keinen Beitrag zur Geschichte
der Bibelauslegung; wogegen eigene Allegorieen einen wesentli=
chen Theil vom Pastor des Hermas ausmachen.

Justin der Märtyrer († 163) eröffnet die Reihe der
Apologeten, und legt zuerst die Hauptansichten und Beweisme=

thoden dar, welche, wenn gleich auf verſchiedene Weiſe variirt, in den ſpäteren apologetiſchen Schriften feſtſtehend geworden ſind. Unter dieſen nimmt die allegoriſche Erklärung ſowohl griechiſcher Philoſophen und Dichter als der Verfaſſer des A. Teſtaments eine vorzügliche Stelle ein, um durch dieſes Synkretiſiren die Blume der griechiſchen Cultur, der jüdiſchen Weisheit und der chriſtlichen Lehre auf eine — dort geahnete und angedeutete, hier zur Aner= kennung und Anſchauung gebrachte — Einheit zu reduciren. Auf der einen Seite nimmt es nämlich Juſtinus als Faktum an, daß die Dichter und Philoſophen der Griechen, vornämlich Plato, durch die ägyptiſchen Prieſter einen Theil ihrer Weisheit aus Moſes und den Propheten geſchöpft haben, ſo aber, daß ſie bald die wahre Meinung misverſtanden, bald das Geborgte hinter ein Ge= wand von Mythen verſteckt, und durch allegoriſches Umgießen zu ihrem ſcheinbaren Eigenthum gemacht haben*), woraus denn die völlige Befugniß folgt, Allegorie gegen Allegorie zu ſetzen, und das Bild zur urſprünglichen Meinung zurückzuführen. Nach die= ſer Schließart werden die Gärten des Alcinous zum Garten des Edens, das Aufthürmen von Oſſa und Pelion zum babylo= niſchen Thurmgebäude, die Niederſtürzung von Ἄτη vom Olymp zum Falle des Teufels gemacht**). Auf der anderen Seite iſt ins= beſondere ſein Geſpräch mit Tryphon reich an Allegoriſirungen übers A. Teſtament, welche durch die Bemerkung gerechtfertigt werden (S. 317): „Alles, was die Propheten geſagt und ge= than haben, das haben ſie unter Parabeln und Typen verſteckt, ſo daß das Meiſte nicht leicht von Allen erkannt wird; indem ſie nämlich die Wahrheit verhüllen, damit die Suchenden ſich an= ſtrengen müſſen, um es herauszufinden und zu lernen." So wird

---

*) Cohort. ad Gr. p. 32 (ed. Colon. 1686): διὰ τίνος ἀλληγορίας ὑπὸ Μωσέως καὶ τῶν λοιπῶν προφητῶν ἐν τοῖς ἑαυτῶν συγγράμμασιν ἀπήγγειλαν. Vergleiche in der unächten oder interpolirten Schrift: quaest. et resp. ad orthod. p. 397: „Τὰ ἀλληγορικῶς παρὰ τῶν προφητῶν περὶ τοῦ θεοῦ λεχθέντα, κατ᾽ ἀναφορὰν ἐλέχθη (ὑπὸ τῶν Ἑλλήνων) ἐκ τῶν φύσει εἰς τὸ οὐ φύσει. Dieſelbe Behauptung kommt ſchon bei Joſephus vor (contra Apion. II. p. 1079. ed. Colon. 1691.). Vergl. meine Schrift: Apologetae ante-theodosiani Platonis eiusque philosophiae arbitri, 1817. p. 187—200.

**) Cohort. ad Gr. p. 28.

— um einige Beispiele anzuführen — der Kampf Jakobs (1 B. Mos. 32.) auf die Versuchung Jesu gedeutet, seine Lähmung auf die Leiden und den Tod Jesu, seine doppelte Ehe mit der Lea und der Rachel auf die Offenbarung Gottes in der jüdischen und der christlichen Religion, die Wunderthat Elisa's mit dem schwimmenden Eisen im Flusse auf die Erlösung von der Last der Sünden durch die Taufe*).

Ohne bei den übrigen Apologeten: Tatian, Theophilus, Athenagoras, bei welchen die allegorische Auslegung dieselbe Form und Farbe hat, und auch meistens in demselben Kreise von Typen sich bewegt wie bei Justinus, zu verweilen, wenden wir uns an den großen Lichtpunkt des christlichen Alterthums, die alexandrinische Schule, wo der erste Versuch einer Begründung christlicher Hermeneutik als christlicher Wissenschaft uns überhaupt entgegenkommt, und vornämlich an Origenes, der allerdings die großen, seinem tiefschauenden Blicke sich darstellenden Aufgaben nicht so zu umfassen vermocht hat, daß er sie zu völliger, christlicher Lösung hätte bringen können, doch aber noch weniger von seinen Zeitgenossen und der Nachwelt in seiner Größe ist verstanden worden. Erst bei Clemens († 220) und Origenes († 253) finden wir die allegorische Auslegung nicht allein auf die Schriften des Neuen Testaments angewendet und dieses Beispiel gerechtfertigt, sondern auch zugleich auf einen allgemeinen Begriff von der Natur der Auslegung gestützt und an bestimmte Regeln geknüpft. So unrichtig es daher ist, Origenes den Vater der allegorischen Auslegung zu nennen, mit so gutem Fug führt er den Namen des wissenschaftlichen Begründers derselben.

Die Hermeneutik der alexandrinischen Schule steht mit ihrem ganzen theologischen Spiritualismus und den Grundzügen ihres dogmatischen Systems in genauer Verbindung; wie denn auch das dogmatische Werk des Origenes περὶ ἀρχῶν sich im vierten Buch mit Untersuchungen über die heilige Schrift, namentlich über τρόπος τῆς ἀναγνώσεως καὶ νοήσεως τῶν θείων γραφῶν (IV. 8.) beschäftigt. Wir denken hiebei an die Scheidung der πίστις — des unmittelbaren Aufnehmens und Festhaltens des Wahren ohne vorhergegangene Untersuchung, wie ohne Einsicht in die Gründe

---

*) Dial. c. Tryph. p. 355. 364. 513.

der Wahrheit, als der allgemeinen und unentbehrlichen Grundlage des chriſtlichen Lebens und des Weges zum Heile *) — und der γνῶσις, als der vollendeten Anſchauung der Wahrheit, der erſten und vornehmſten Gottesgabe, wodurch der Gegenſtand des Glaubens feſtes und ſicheres Eigenthum wird **). Wir brauchen nicht erſt auf das wohlthätige Gegengewicht, welches hier gegen den traditionellen Autoritätsglauben gegeben war, der zur nämlichen Zeit in der occidentaliſchen Kirche feſten Fuß gefaßt hatte, Rückſicht zu nehmen, um die Einſicht in das wahre Bedürfniß der Kirche und der Wiſſenſchaft, die dieſer Scheidung zwiſchen dem unbewußten und dem bewußten Glauben zum Grunde lag, gehörig anzuerkennen. Die faktiſche Trennung Gläubiger und Erkennender iſt in den allgemeinen Bedingungen der Kirche gegründet; und die Aufhebung dieſer Zweiheit: ein Erkennen des Inhalts des Glaubens, bezeichnet das Weſen der Theologie als Religionswiſſenſchaft. Es iſt dieſe Idee, die den Alexandrinern vorgeſchwebt hat, wenn Glaube und Erkenntniß als eine Einheit dargeſtellt werden, nur rückſichtlich der Form und der Potenz verſchieden: „πιστὴ ἡ γνῶσις — ſagt Clemens (Strom. II. p. 365) — γνωστὴ δὲ ἡ πίστις θείᾳ τινὶ ἀκολουθίᾳ τε καὶ ἀντακολουθίᾳ γίνεται" ***). Allerdings aber gränzte die Wahrheit hier ſo nahe an den Irrthum, daß der Uebergang ſich ſchwerlich vermeiden ließ. Je ſchärfer dieſe Gnoſis als Einweihung zu einer hö

---

*) Πίστις· περὶ τὸ ὂν στάσις τῆς ψυχῆς. πιστὸς· ὁ ἀπαραβάτως τηρητικὸς τῶν ἐγχειρισθέντων. Clem. (Strom. IV. p. 531. ed. Sylb.) ἡ πίστις στοιχειωδέστερα, οὕτως ἀναγκαία τῷ γνωστικῷ ὑπάρχουσα ὡς τῷ κατὰ τὸν κόσμον τόνδε βιοῦντι πρὸς τὸ ζῆν τὸ ἀναπνεῖν. Strom. II. p. 373. Χρήσιμον τοῖς πολλοῖς ὁμολογοῦμεν, διδάσκειν πιστεύειν ἀλόγως. τοὺς μὴ δυναμένους πάντα καταλιπεῖν καὶ ἀκολουθεῖν ἐξετάσει λόγου. Orig. (adv. C. I. 9. 10. VI. 13.)

**) Γνῶσις· θέα τις τῆς ψυχῆς τῶν ὄντων τελειωθεῖσα. Clem. (Strom. VI. p. 649.) — ἡ γνῶσις, ἀπόδειξις τῶν διὰ πίστεως παρειλημμένων ἰσχυρὸς καὶ βέβαιος. VII. p. 732. γνωστικοὶ, οἱ προσωτέρω χωρήσαντες, ἀκριβεῖς γνώμονες τῆς ἀληθείας ὑπάρχουσι. Die weitere Ausführung der Eigenthümlichkeit der alexandriniſchen Dogmatik findet ſich in Neanders allg. Kirchengeſch. I. 3. S. 908 ff., Baur's chriſtl. Gnoſis S. 502 ff., Thomaſius Origenes S. 22 ff.

***) Vergl. Strom. II. p. 373.: „ὡς ἄνευ τῶν τεσσάρων στοιχείων οὐκ ἔστι ζῆν, οὐδ' ἄνευ πίστεως γνῶσιν ἐπακολουθῆσαι."

heren Stufe des geiſtigen Daſeyns — „ἡ θεία σοφία ἑτέρα οὖσα τῆς πίστεως“ (Orig. adv. Cels. VI. 13.) — vom Glauben geſchieden ward, deſto leichter mußte es dahin kommen, daß ſie nicht als auf derſelben Grundlage wie der Glaube ruhend, als zur Entwickelung und Begründung des Inhaltes des Glaubens beſtimmt, ſondern als an und für ſich ſelbſt berechtigt und im Stande, durch die Kraft der Spekulation die chriſtliche Lehre zu ergänzen und zu conſtruiren, betrachtet wurde. Und ſonach hatte das Chriſtenthum ſchon hier denſelben Kampf zu beſtehen, der ſpäter ſo oft wiederholt worden iſt: mit einer Schulweisheit, die ſich die Gewalt über das poſitive Weſen deſſelben, mit der Verheißung ſeinen ganzen Inhalt zur Anſchaulichkeit des Begriffs zu bringen, hat anmaßen wollen.

Auf ganz hiemit analoge Weiſe wird nun zwiſchen einem doppelten Sinne der Schrift, gleichwie zwiſchen den höheren und niederen Kräften der menſchlichen Seele unterſchieden: einem ſichtbaren, der auf der Oberfläche liegt, für Alle zugänglich (τὸ βλεπόμενον κ. τὸ ἐπιπόλαιον κ. πρόχειρον), und einem tiefer liegenden, der, hinter dem Sichtbaren gleichſam verſteckt, eben deshalb nicht von Allen bemerkt wird (τὰ ἐναποκείμενα κ. οὐ πᾶσιν ὁρώμενα, ἀλλ᾽ ὡσπερεὶ ὑπὸ τὰ βλεπόμενα κατορωρυγμένα) *).

Auch hier finden wir einen Grundſatz ausgeſprochen, der, recht verſtanden und gebührlich angewendet, das Prinzip aller Schriftauslegung iſt, indem er auf der wahren Einſicht in das Verhältniß zwiſchen dem myſteriöſen Inhalte der Schrift und der allgemeinen Unvollkommenheit der menſchlichen Ausdrucksform beruht. Auf dieſes Verhältniß weiſen ſie oft hin **); ſie machen darauf aufmerkſam, wie die prophetiſchen Reden voll räthſelhafter und dunkler Worte (αἰνίγματα κ. σκοτεινοὶ λόγοι) ſind, wie zu genauer Einſicht (ὁ ἀκριβὴς νοῦς) in die Evangelien dieſelbe göttliche Gnade, welche den Apoſteln zu Theil geworden, erfordert wird, und wie oft in den Briefen derſelben die größten Gedanken eben nur durchſchimmern (ὡς δι᾽ ὀπῆς) ***); ſie berufen

---

*) Strom. VII. p. 759. IV. p. 575. περὶ ἀρχ. IV. 23. I. 8.

**) περὶ ἀ. I. 8: „Formae sunt haec quae descriptae sunt sacramentorum (μυστηρίων) quorundam et divinarum rerum imagines.“

***) Strom. I. p. 285. περὶ ἀρχ. IV. 10.

ſich auf Jeſu Wort (Matth. 13, 44.) vom Himmelreiche als dem
verborgenen Schatz, und auf die in den Apoſtelbriefen häufig
vorkommende Anwendung des A. Teſtaments *). Dabei erinnern
ſie daran, daß es gewiſſe allgemeine Kriterien für die rechte Be=
weisführung aus der Schrift giebt; denn nur Misbrauch der
Schrift iſt es, wenn man, anſtatt die Totalität und die gegen=
ſeitige Verbindung der Schrift ($\tau \grave{o}$ $\sigma \tilde{\omega} \mu \alpha$ $\varkappa \alpha \grave{\iota}$ $\tau \grave{o}$ $\tilde{\upsilon} \varphi o \varsigma$ $\tau \tilde{\eta} \varsigma$ $\pi \varrho o$-
$\varphi \eta \tau \varepsilon \acute{\iota} \alpha \varsigma$) zu berückſichtigen, „Dasjenige, was zweideutig geſagt
iſt, auswählt und mit eigenen Anſichten in Verbindung bringt,
indem einzelne zerſtreute Aeußerungen ausgepflückt werden, deren
bloße Worte benutzt werden, ohne auf die Bedeutung Acht zu
haben; — die Wahrheit wird aber nicht dadurch gefunden, daß
man die Bedeutungen umſetzt, ſondern dadurch, daß man bedenkt,
was vor dem Herrn und dem allmächtigen Gotte genehm und recht
ſey, und dadurch, daß man dasjenige, was nach den Schriften
bewieſen wird, aus eben dieſen Schriften beſtätigt **).‟ Durch
das Behaupten und Geltendmachen dieſer Auslegungsgrundſätze
ſind die alexandriniſchen Lehrer Erhalter der reineren chriſtlichen
Lehre zu einer Zeit geworden, wo die craß = buchſtäbliche Ausle=
gung in mehreren Theilen der lateiniſchen Kirche, vornämlich in
den afrikaniſchen Provinzen, daran arbeitete, die roheſten Mei=
nungen von dem Weſen Gottes, der Natur der Seele und dem
künftigen Leben aus den heiligen Büchern zu rechtfertigen; und
hiedurch zugleich haben die Alexandriner ſiegreich die Gnoſtiker
bekämpft, deren falſche und vermeſſene Anſichten ($\psi \varepsilon \upsilon \delta o \delta o \xi \acute{\iota} \alpha \iota$
$\varkappa$. $\mathring{\alpha} \sigma \varepsilon \beta \varepsilon \tilde{\iota} \alpha \iota$), theils vom Verhältniß des Alten Teſtaments zum
Neuen, theils von mehreren chriſtlichen Lehren, ſie richtig daraus
ableiteten, daß die Schrift nicht auf geiſtige Weiſe ($\varkappa \alpha \tau \grave{\alpha}$ $\tau \grave{\alpha}$
$\pi \nu \varepsilon \upsilon \mu \alpha \tau \iota \varkappa \grave{\alpha}$), ſondern nach dem bloßen Buchſtaben ($\pi \varrho \grave{o} \varsigma$ $\tau \grave{o}$
$\psi \iota \lambda \grave{o} \nu$ $\gamma \varrho \acute{\alpha} \mu \mu \alpha$) ausgelegt wurde; wie ſie es z. B. in Beziehung
auf die Geſchichte von der Schöpfung, auf die Lehre der Schrift
von der Auferſtehung und dem Gericht, auf die moraliſchen Vor=
ſchriften in der Bergpredigt nachgewieſen haben ***).

So richtig aber wie die hier angedeutete Richtung würde

---

*) $\pi \varepsilon \varrho \grave{\iota}$ $\mathring{\alpha}$. IV. 13. 23. 26.
**) Strom. VII. p. 757 s.
***) $\pi \varepsilon \varrho \grave{\iota}$ $\mathring{\alpha}$. II. 4. n. 4. 10. n. 5. 8. IV. 10. 16. 18.

geweſen ſeyn, wenn man überall von der hiſtoriſchen Auslegung ausgegangen und dem Grundſatz treu geblieben wäre, von dieſer nur in ſoweit abzuweichen, als es der eigene Geiſt und Inhalt der Schrift (ὅλος ὁ νοῦς τῆς γραφῆς, IV. 28.) forderten: ebenſo verderblich mußte der Einfluß werden, wenn das Verhältniß zwiſchen der eigentlichen Auslegung als Regel und der uneigentlichen als Ausnahme von der Regel umgekehrt wurde. Schon die Unterſcheidung eines d r e i f a c h e n Sinnes und einer d r e i f a c h e n Auslegung deutet auf einen überwiegenden Einfluß der platoniſchen Dreitheilung der menſchlichen Natur und der darauf beruhenden philonianiſchen Auslegungsweiſe hin; und die Theorie, deren Grundzüge mit den eigenen Worten ihres Verfaſſers mitgetheilt werden ſollen, zeigt von Anfang bis zu Ende die Schriftauslegung als einem fremdartigen Geſetze unterworfen:

„Die ganze Schrift iſt ein vollkommen harmoniſches Gottesorgan, deſſen verſchiedene Theile wie die Saiten des Pſalters zuſammenſtimmen. Nirgends findet ſich ein Fehler noch Widerſpruch, nirgends etwas Ueberflüſſiges und Unbedeutendes; denn Alles iſt unter dem unmittelbaren Beiſtande des heiligen Geiſtes aufgezeichnet‟ (Hom. in Ierem. IV. Fragm. in Matth.).

Da nun dieſer Begriff von der Inſpiration der Schrift und von der darin gegründeten formellen Vollkommenheit ſich durch die philologiſch=hiſtoriſche Auslegung, die ſo wenig im Stande iſt, hiſtoriſche Differenzen aufzulöſen, als religiöſe und ſittliche Anſtöße (im A. Teſt.) aus dem Wege zu räumen, nicht durchführen läßt, ſo muß die Auslegungstheorie über dieſe Stufe hinausgehen.

„Gleichwie der Menſch aus Leib, Seele und Geiſt beſteht, alſo auch die Schrift, die von Gott beſtimmt iſt, den Menſchen zum Heile zu dienen. Auf dreifache Weiſe gebührt ſich daher, die Gedanken der heiligen Schriften der Seele einzuprägen, damit der Einfältigere (ὁ ἁπλούστερος) erbauet werde gleichſam durch den Leib der Schrift, d. h. die einfache Auffaſſung (τὴν πρόχειρον ἐκδοχήν); wer etwas höher geſtiegen iſt (ὁ ἐπὶ πόσον ἀναβεβηκώς) gleichſam durch ihre Seele*), der Vollkommene aber

---

*) Als Beiſpiel dieſer moraliſch=praktiſchen Erklärung wird die Anwendung des Paulus in der Stelle 1 Cor. 9, 9. vom Worte des Geſetzes: „Du ſollſt dem Ochſen nicht das Maul verbinden, der da driſcht‟ IV, 12. angeführt.

(ὁ τέλειος) durch das geistige Gesetz, das den Schatten von den zukünftigen Gütern hat (τὴν σκιὰν τῶν μελλόντων ἀγαθῶν)." (περὶ ἀ. IV. 11.)

„Die ganze heilige Schrift hat einen geistigen Sinn, wohingegen nicht die ganze einen leiblichen hat" (IV. 20.) „Gleichwie Joh. 2, 6. einige von den nach der Weise der jüdischen Reinigung hingestellten Wasserkrügen zwei, andere drei Maß enthielten, ebenso haben auch einige Stellen in der Schrift gar keinen leiblichen Sinn, sondern in ihnen hat man allein Seele und Geist zu suchen; wogegen andere auch einen leiblichen Sinn haben, der zur Erbauung dienen kann; wie nützlich dieser an Ort und Stelle seyn kann, davon zeugt die große Anzahl derer, die mit aufrichtigem und einfältigem Gemüthe (γνησίως κ. ἁπλούστερον) geglaubt haben." (IV. 12.)

„Der heilige Geist hat nämlich, um die Seelen über die heiligen Wahrheiten zu erleuchten, den Weg gewählt, dieselben in geheimnißvollen Worten darzustellen, die von den sichtbaren Werken Gottes und den Thaten der Menschen reden; so daß selbst Erzählungen von Kriegen und Siegen Mysterien für diejenigen enthalten, welche sie zu ergründen wissen; und die Harmonie zwischen dem Unsichtbaren und dem Sichtbaren ist hier so beobachtet, daß auch die sinnliche Einkleidung an und für sich einigen Nutzen hat." (IV. 14.)

„Damit aber die Menschen nicht, wegen des Nutzens des Gesetzes und der Abwechslung der Erzählungen, versucht werden sollen, beim Buchstaben stehen zu bleiben, kommen in der Schrift oft σκάνδαλα καὶ προσκόμματα vor; indem nämlich der heilige Geist die Wahrheit nicht allein an faktische Begebenheiten, sondern oftmals auch an dasjenige, was nicht geschehen ist, nicht einmal geschehen kann (in physischer oder in geistiger Beziehung), geknüpft hat, damit die Schärfersehenden durch solche Beispiele von der Nothwendigkeit, einen Gottes würdigen Sinn (νοῦν ἄξιον τοῦ Θεοῦ) zu suchen, überzeugt werden mögen." (IV. 15.)

Als Beispiele solcher ἀδύνατα καὶ ἄλογα, wo die Nothwendigkeit, einen in den anstößigen Worten verborgen liegenden geistigen Sinn zu suchen, einem Jeden einleuchtend seyn muß, werden die Erzählungen von der Blutschande Loths, von den beiden Weibern Abrahams, von Jakobs Verheirathung mit zweien Schwe-

stern, ferner das mosaische Sabbathsgesetz, chronologische und
historische Differenzen zwischen den Evangelien*) u. s. w. anges
führt. So von jedem objektiven Grunde losgerissen und dem
Gutdünken des Einzelnen Preis gegeben, mußte die Auslegung,
zumal, wenn eine kühne und phantasiereiche Spekulation noch
hinzukam, sich nothwendig immer mehr vom rechten Wege ver:
irren, und der Beschreibung sich nähern, die Clemens gerade von
dem Verfahren der gnostischen und anderer Sekten in Betreff der
heiligen Schrift entwirft: „sie ziehen beständig das, was ihnen
wahr und einleuchtend scheint, demjenigen vor, welches von dem
Herrn durch die Propheten und das Evangelium gesagt und von
den Aposteln bezeugt und bestätigt ist**)."

Indessen kam diese Auslegungsmethode nach dem, was im
Vorhergehenden angeführt ist, verschiedenen Bedürfnissen auf er:
wünschte Weise zur Hülfe: dem frommen Gemüthe zeigte sie einen
Ausweg zur Beseitigung vorkommender Schwierigkeiten in den
heiligen Büchern, und das erwachte Bedürfniß zu größerer Rein:
heit in religiösen Begriffen ließ durch ihre Hülfe sich leichter und
freier befriedigen, als durch die eigene Arbeit, mit dem in der
Schrift Gegebenen ins Klare zu kommen. Es war demnach in
der Natur der Verhältnisse gegründet, daß sich die Prinzipien der
allegorischen Auslegung in einem weiteren Kreise verbreiteten und
festen Fuß faßten, auch ohne daß wir den großen Einfluß mit in
Betrachtung ziehen, welchen die ausgezeichnete Persönlichkeit des
Origenes auf eine Anzahl unmittelbarer und mittelbarer Schüler
in Aegypten sowohl als in Palästina und den angränzenden Län:
dern äußerte***). Zu diesen gehörten Herakles, Diony:
sius, Pierius, Theognostus†), Pamphilus u. M.
Hier müssen wir uns aber insbesondere die drei berühmten Kir:
chenlehrer: Gregorius Thaumaturgus, Hippolytus
und Eusebius Pamphili merken. Der Erste, Bischof zu

---

*) περὶ ἀ. IV. 9. 17. 18.

**) Strom. VII. p. 758. Vergl. Thomasius: Origenes S. 311—318.

***) „Inenumerabiles ex sinu suo doctores, innumeri sacer-
dotes, confessores et martyres exstiterunt." Vincent. Lerin. com-
monit. I. 23.

†) Guerike: de schola quae Alexandriae floruit catechetica
p. 64 ss.

Neocäsarea († 265.), spricht in seiner Danksagungsrede an Origenes*) (πανηγυρικὸν εὐχαριστίας), bei der Rückreise von der
Schule desselben, seine Bewunderung des großen Lehrers auch als
Schriftausleger betrachtet, aus: als welcher vor allen Anderen
durch die Mittheilung des heiligen Geistes mit der Gnadengabe,
als Dolmetscher des Göttlichen die prophetischen Geheimnisse aufzuschließen, ausgerüstet ist**). Daß er hiebei vornämlich die allegorisirende Methode vor Augen gehabt hat, erhellt daraus, daß
es als die Frucht der Origenianischen Auslegung angeführt wird,
daß derselben Nichts in der Schrift als ungereimt (ἀσύνετον)
erscheint, und daß Nichts seinen Schülern heimlich, verborgen
und unzugänglich geblieben ist: οὐδὲν ἡμῖν ἄῤῥητον, οὐδὲ κε-
κρυμμένον καὶ ἄβατον ἦν. — Als allegorisirenden Schriftausleger lernen wir Hippolytus, ohne Zweifel Bischof zu Porto
bei Rom (Portus Romanus), aus den Fragmenten kennen, die
von seinen exegetischen Schriften sind aufbewahrt worden***);
und von seiner Verbindung mit Origenes zeugt eine Homilie, die
nach Hieronymus in Gegenwart desselben gehalten ist. Als Beispiel kann die Auslegung der Geschichte Esau's und Jakobs dienen †): Isaak stellt Gott, Rebekka — den heiligen Geist, Esau
— das jüdische Volk, Jakob — Christus vor; sonach soll nun
Isaaks Greisenalter die Fülle der Zeit, seine Blindheit die geistige
Finsterniß bezeichnen; die beiden Böcklein, welche Jakob aus der
Heerde holte, sind die Sünder aus der Zahl der Juden und der
Heiden; die Speise, die davon bereitet wird, das Gott wohlgefällige Opfer; Esau's Kleid: der Glaube der Juden und ihre
heiligen Bücher; die Felle, in welche Jakobs Hände eingewickelt
sind, die Sünden der Menschen, die ans Kreuz geschlagen sind

---

*) Cf. Hieron. de vir. illustr.: „convocata grandi frequentia, ipso
quoque Origene praesente, recitavit."

**) ὁ πάντων ἀρχηγὸς ὁ τοῖς τοῦ Θεοῦ φίλοις προφήταις ὑπηχῶν κ.
ὑποβάλλων πᾶσαν προφητείαν καὶ λόγον μυστικὸν κ. θεῖον, οὕτως αὐτὸν
τιμήσας, ὡς φίλον προήγορον κατεστήσατο. ἐν δ᾽ ἑτέρῳ ἤρξατο μόνοι,
τούτων διὰ τούτου τὴν διδασκαλίαν ποιούμενος. — Λέγει ταῦτα μὴ
ἄλλως, οἶμαι, ἢ κοινῶν. τοῦ θείου πνεύματος — δῶρον τὸ μέγιστον
τοῦτο θεόθεν ἔχει λαβὼν, ἑρμηνεὺς εἶναι τῶν τοῦ Θεοῦ λόγων πρὸς ἀν-
θρώπους. Ed. Paris. 1622. p. 73.

***) Hippolyti Opera, ed. Fabricius. 1716.

†) Hieron. Ep. 125. ad Damasum qu. 3.

gleichwie die Hände Jesu u. s. w. — Im nämlichen Geschmack
ist seine Erklärung der Geschichte von Susanna, die uns noch
übrig geblieben ist: Susanna ist die Kirche; Joachim — Christus; der Garten — die Gemeinschaft der Heiligen; Babylon —
die Welt; die zwei Alten — die zwei feindlich nachstellenden Völker u. s. w. — Einen nicht minder enthusiastischen Bewunderer
fand Origenes an Eusebius († 340.), welcher nicht allein in
seiner Kirchengeschichte (im 6. Buche) ausführlich seiner Verdienste
erwähnt, sondern auch eine besondere Vertheidigungsschrift gegen
diejenigen, die ihn verkannten, ausgearbeitet hat (H. E. VI. 23.).
Es wird hier zu seinem Ruhme hervorgehoben, daß er sich schon
von früher Jugend auf durch den einfachen und nicht zu verken-
nenden Sinn der heiligen Bücher (τὰς ἁπλᾶς καὶ προχείρους
ἐντεύξεις) nicht befriedigt fand, sondern ein Mehreres suchte und
nach tieferen Bedeutungen forschte (βαθυτέρας πολυπραγμονεῖν
θεωρίας, VI. 2.).

Gleichzeitig mit den hier angeführten griechischen Lehrern
lebte der syrische Kirchenvater Ephraem — „propheta Syro-
rum" — geboren zu Nisibis, darnach Abt zu Edessa († 378).
Zwar fehlt es bei ihm nicht an Warnungen vor der allegorischen
Auslegung, die sich die Gnostiker rücksichtlich des Pentateuchs er-
laubten *); es ist aber ohne Zweifel eher die bestimmte Anwendung
dieser Auslegung als die Methode selbst, welche er hier im Auge
gehabt hat. Diese hat nämlich an Ephraem einen ihrer wärmsten
Lobredner und eifrigsten Verehrer gehabt. Ueber den geistigen,
mystischen, allegorischen Sinn, der in der Schrift neben dem
buchstäblichen und historischen zu finden ist **), über die verschiedenen Grade der geistigen Contemplation, die zu den höheren
Schriftmysterien den Weg eröffnet, — über verschiedene Arten
der mystischen Auslegung: je nachdem die Ausdrücke im A. Testament sich entweder auf die sichtbare oder auf die unsichtbare Kirche
beziehen sollen (allegorische und anagogische Auslegung), findet
sich umständliche Auskunft, und nicht minder der praktische Commentar dazu; die einzelnen Spuren gesünderer Auslegung verlieren sich in der Masse typisch-allegorischer Spitzfindigkeiten ***).

---

*) Adv. haer. II. 558. **) Ad Ies. 25, 7.
***) In der mit vorzüglichem Fleiße ausgearbeiteten Monographie:

Es iſt nicht unwahrſcheinlich, daß dieſe Richtung in Meſopotamien durch das Buchſtäblichkeitsertrem, welches hier bei den ſogenannten Audeanern oder Anthropomorphiten zur Abſurdität und Blasphemie führte, genährt worden iſt. Gegen dieſe ſowohl, als gegen die Marcioniten, welche auf die nämliche Weiſe den Buchſtaben misbrauchten, um das Alte Teſtament mit dem Neuen in Streit zu bringen, hat Ephraem ſich öfter erklärt*); und die ſtrenge Inſpirationstheorie rückſichtlich des Alten Teſtaments**) mußte natürlich dahin führen, die bequemſte Widerlegung der Gegner und die Ehrenrettung der Schrift im Reichthum der Allegoriſirung zu ſuchen. Ein geſünderer apologetiſcher Gedanke findet ſich allerdings an vielen Stellen angedeutet: daß keine Mittheilung an die Menſchen möglich wäre, wenn Gott ſich nicht nach der menſchlichen Schwachheit fügte, Namen und Bezeichnungen der menſchlichen Sprache entlehnte, welche alſo nicht nach dem Buchſtaben verſtanden werden dürfen***). Aber Bemerkungen dieſer Art ſind ohne merklichen Einfluß auf die Auslegungslehre ſelbſt und die exegetiſche Anwendung geblieben.

Im fünften Jahrhundert kann der zelotiſche Patriarch Cyrillus († 444) als Repräſentant der alexandriniſchen Schriftausleger betrachtet werden; ſeine Commentare über den Pentateuch, den Jeſaias und die kleinen Propheten und das Evangelium des Johannes ſind noch übrig. Cyrillus warnt zwar vor denjenigen,

---

C. a Lengerke: Comm. de Ephraemi Syri ratione hermeneutica (1831), finden ſich die wichtigſten hieher gehörenden Aeußerungen auszugsweiſe aus Ephraems Schriften nebſt einer großen Menge erläuternder Beiſpiele angeführt p. 23—44. 55—92.

*) Adv. haer. II. 488. Hymn. 24. II. 485.

**) I. 433: „Alle Ausſprüche, die in den Pſalmen niedergeſchrieben ſind, hat derjenige, welcher Davids Zunge bewegte, von Gott gelernt; gleich wie der Schreiber ſeine Feder lenkt, ſo hat er ihn gelenkt."

***) Adv. Scrut. III. 25. 45. 55. sq. „Obgleich weder Zorn noch Reue in ſeiner Bruſt war, ſo nahm er doch deren Namen um unſerer Schwachheit willen an. Wir erkennen, daß er nicht zu uns hätte reden können, wenn er nicht die Namen jener Gegenſtände angenommen hätte. — Wenn er nach der bewundernswürdigen und Erſtaunen erregenden Größe ſeiner Göttlichkeit zu reden angefangen hätte, ſo wären die Verſtändigen in Irrthum geleitet und die Unverſtändigen geärgert worden. Darum hat er ſich verſchiedener Symbole bedient, damit ihn die Menſchen ſoweit möglich faſſen möchten."

die in den heiligen Büchern die Geschichte als etwas Unbrauch=
bares (ὡς ἕωλον) vernachlässigen, und erinnert daran, daß,
wie schön und nützlich die geistige Betrachtungsweise (θεωρία
πνευματική) auch sey, es doch zur rechten Benutzung der
heiligen Bücher gehöre, das historisch Gegebene auf historische
Weise aufzufassen*); er tadelt gleichfalls „τοὺς περιεργότερον
ἐξετάζοντας, die mehr an verwickelten und täuschenden λογι=
σμοί, als an der Wahrheit Gefallen haben." Aber sein eigener
Begriff von der rechten Schriftauslegung findet sich an mehreren
Stellen entwickelt. In der Einleitung zum Comm. über den Jo=
hannes werden die Worte im Buche des Predigers: „Wer Holz
spaltet, der wird davon verletzet werden" — auf folgende Weise
angewendet: „Die h. Schrift, heißt es, pflegt durch Holz τὰ ἐν
ταῖς θεοπνεύστοις γραφαῖς θεωρήματα zu bezeichnen; wer
also das geistige Holz in der inspirirten Schrift, d. h. τὰ θεῖα τε
καὶ μυστικὰ θεωρήματα durch Forschung und scharfes Auf=
merken der Seele zu spalten versucht, der wird verletzt werden,
wenn das Eisen seiner Hand entfallen sollte, das heißt: wenn nicht
die Seele, vom wahren Verständniß des Geschriebenen getragen,
zum rechten Sinne gelangt, und, den geraden Weg gleichsam
verlassend, auf eine andere abweichende Spur der Betrachtung
hingeführt wird." Wenn diese bildliche Erklärung wieder selbst
näherer Erklärung bedarf, so ist solche in der Exegese Cyrills zu
finden, wo der historische Sinn, insbesondere im A. Testament,
überall vom sogenannten geistigen zurückgedrängt wird. Nach
dem Grundsatz: daß das Gesetz unnütz sey, wenn es nicht geistig
verstanden wird**), wird das A. Testament als eine zusammen=
hangende Reihe von Mysterien betrachtet, die alle auf Christus,
der, wiewohl nach seiner Natur Einer, dennoch durch eine Man=
nigfaltigkeit bildlicher Figuren***) bezeichnet ist, zurückgeführt wer=
den müssen. Eine solche Abbildung ist, um ein Beispiel anzuführen,

---

*) Comm. in Ies. I. 4. p. 113 sq. (ed. Paris. 1638.)

**) ἀνωφελὴς ὁ νόμος, εἰ μὴ νοοῖτο πνευματικῶς. De adorat. in
spir. et verit. I. 13. p. 459.

***) μυσταγωγὸς σαφὴς ὁ Χρ., τὰ τοῦ γράμματος ἰσχνοφωνίαν εἰς
εὐηχεστάτην ὥσπερ μεταπλάττων ἐξήγησιν (ibid. I. 2. p. 74.) — εἰς μὲν
κατὰ φύσιν ὑπάρχων, αἰνίγμασι πολλοῖς καὶ διαφόροις νοούμενος (ibid. I.
9. p. 316.).

in den heiligen Tempelteppichen, die aus Byssus von verschiedenen Farben gewebt waren, zu suchen: der feine Byssus nämlich bezeichnet die unkörperliche Natur des Logos, das Gewebe dagegen die Verbindung mit dem Körper; die Hyacinthfarbe den ätherischen Leib, die Purpurfarbe die königliche Würde, die Scharlachfarbe das vergossene Blut (ebendas.). — Bei der Erklärung des Evangeliums ist Cyrillus der oben angeführten Ermahnung sorgfältiger nachgekommen: doch begleitet durchgehends eine geistige Auslegung, die die leibliche Form durchbricht*), die historische Auslegung. So nach bemerkt er zu Joh. 5, 5.: daß das Abziehen Jesu von Jerusalem nach dem Osterfeste in die Gegend außerhalb Judäa, und seine Rückkehr zum Pfingstfeste, als er den Lahmen gesund machte, nach geistiger Auslegung bezeichne, daß Jesus nach seinem Tode gen Galiläa zog, zuletzt aber, am Ende dieser Welt, wieder als Erlöser dem jüdischen Volke erscheinen wird, nachdem dasselbe durch langwieriges Drangsal seinen Unglauben abgebüßt hat. In der Speisungsgeschichte Cap. 6 werden die fünf Brode auf die Bücher Mose, „die durch den Buchstaben und die Geschichte eine gröbere Nahrung darreichen," die zwei Fische (mit Anspielung auf das Gewerbe der Apostel) auf die feinere Nahrung in der evangelischen und apostolischen Predigt gedeutet; die zwölf Körbe, die mit den übriggebliebenen Brocken gefüllt werden, sollen den Lohn bezeichnen, der nach vollendeter Arbeit den Aposteln und nach ihnen den Vorstehern der Gemeinen zu Theil wird. Im Cap. 18, 10. soll das abgehauene rechte Ohr eine Andeutung darauf seyn, daß das jüdische Volk, indem es demselben am rechten Gehör (τῆς δεξιᾶς ἀκοῆς) gebricht, an dem falschen Gehorsam (ὑπακοὴν τὴν εὐώνυμον) gegen sein Eigenes festhalten wird. Wir finden demnach hier, gleichwie beim Origenes, Misverständniß und Misbrauch eines in sich selbst gesunden und richtigen Auslegungsprinzips. Ein solches finden wir nämlich dem Comm. Cyrills über den Johannes an die Spitze gestellt, wenn es heißt „Es ist die Herrlichkeit des Herrn, die die Rede dunkel macht; denn die ganze Kraft der Worte ist gering im Verhältniß zu einer genauen Erklärung der unaussprechlichen und göttlichen Majestät

---

*) μεταβαλόντες αὐτὰ πρὸς θεωρίαν πνευματικὴν, καὶ τὸ ἐν τύπῳ παχὺ περικείροντες σχῆμα. Comm. in Ioh. l. 8. p. 875.

Darum dürfen wir uns an der Geringfügigkeit der Worte nicht ärgern, sondern der göttlichen und unaussprechlichen Natur den Sieg sowohl über die Kraft der Zunge als über die Schärfe des Gedankens überlassen; auf diese Weise werden wir uns von der Gottesfurcht nicht verirren" (p. 49).

Insofern die allegorisirende Behandlung der Schrift als ein Spiel der Phantasie und des fruchtbaren Combinationsvermögens erscheint, und in dem Uebergewicht desselben über den besonnenen Gebrauch von Kenntniß und Nachdenken gegründet ist, wäre es zu erwarten, daß diese Auslegungsweise zu den meist charakteristischen Unterscheidungspunkten zwischen dem christlichen Orient und Occident gehören müsse. Kaum ist sie wohl auch jemals hier so allgemein verbreitet gewesen, wie dort, wie sie denn auch bei den occidentalischen Kirchenvätern zuerst Widerstand erfahren hat. Es muß aber auf der anderen Seite bemerkt werden, daß jene Eintheilung, nach welcher Aegypten zur morgenländischen, das proconsularische Afrika aber zur abendländischen Kirche, Griechenland zu jener, Italien zu dieser gerechnet wird, bloß auf der Sprache als dem nächsten Theilungsgrunde ruht. Obgleich nun die Repräsentanten dieser beiden Kirchengemeinschaften durch eigenthümliche geistige Charakterzüge als unter einander verschieden erscheinen, wenn sie als Einheit betrachtet werden, oder wenn einzelne, am weitesten von einander entfernte Persönlichkeiten zur Vergleichung vorgenommen werden, so fällt doch ein Gemeinschaftliches der geistigen Physiognomie nicht minder in die Augen, namentlich bei denjenigen, die gleichsam den Uebergang von der einen Kirche zur anderen bilden. In Ansehung der Auslegung der Schrift kommt der Umstand hinzu, daß das Allegorisiren, als ein faltenreiches Gewand, die linguistische Schwäche, welche bei den meisten lateinischen Kirchenvätern eine selbstständige und gründliche Schriftauslegung unmöglich machte, verhüllte, und eine denselben höchst willkommene, durch einige Uebung leicht zu erreichende Illusion herbeiführte.

Im vierten Jahrhundert werden wir demnach die Grundsätze der allegorischen Auslegung von drei der berühmtesten Kirchenlehrer und fruchtbarsten Schriftsteller in drei verschiedenen Provinzen des Occidents, — Gallien, Italien, Afrika: — dem Hilarius, dem Ambrosius, dem Augustinus angenom-

men und angewandt finden. Daß Keiner von diesen sich ausdrücklich als Schüler und Nachfolger des Origenes nennt, darf
uns nicht wundern. Wir wissen, wie sehr dem Hieronymus in
seinen Briefen an Vigilantius und Tranquillus (75 und 76.) daran
gelegen war, sich von dem Verdachte des Origenianismus, in den
er durch Rufinus gerathen war, zu reinigen, um der Verdammung
zu entgehen, die von Epiphanius u. M. dem großen Lehrer und
den Schülern desselben bereitet wurde.

Hilarius, Bischof zu Poitiers († 368), wird von Hieronymus *) als Uebersetzer vom Commentar des Origenes über das
Buch Hiob genannt. Als Schriftausleger kennen wir ihn aus
seinen Commentaren über die Psalmen und das Evangelium Matthäi; der ersten erwähnt Hieronymus gleichfalls als einer Umarbeitung vom Werke des Origenes **), und schon Cassiodorus charakterisirt die Kunst, mit welcher er sich in die Schrift zu vertiefen weiß ***).

Das Wort Gottes kann nämlich entweder geradezu verstanden (simpliciter intelligi) oder tiefer betrachtet werden (interius
inspici) †), weil „die Rede darin so gefügt ist, daß die Schriften nicht minder demjenigen entsprechen, was schon ausgeführt
worden ist, als dasjenige abbilden, was ausgeführt werden
soll ††).“ Die Meisten aber verstehen die Schrift nach dem Buchstaben (secundum litteram sapiunt), „wollen sie bloß nach
dem Urtheil der Ohren verstehen, ohne einen anderen Sinn zu
finden, als welcher bei den einzelnen Worten von jedem Gegenstande verlautet; diese verhindern jedes wirkliche Verständniß, und
meinen, daß die Propheten nicht nach Vernunft und Wahrheit
von den irdischen, geschweige von den himmlischen Dingen geredet
haben †††).“ Der wahre Sinn liegt unter den Worten verborgen („veritas sub dictis — ultra litterae opinionem celsioris

*) De scriptor. eccles. Apol. adv. Rufin.
**) De vir. illustr. „in quo opere imitatus Origenem, non-
nulla etiam de suo addidit.“
***) De inst. div. litt. „H. nimia profunditate subtilis et acu-
tissimus disputator incedit, altasque div. scripturarum abyssos in
medium reverenter adducens patefacit.“
†) Comm. in Matth. 12, 9.   ††) Ibid. 19, 4.
†††) Comm. in Ps. 58. n. 1. Ps. 124. n. 1.

intelligentiae sensus")*), jedoch ohne daß die hiſtoriſche Wahr=
heit durch die geiſtige Deutung geſchmälert wird; denn auch das=
jenige, was dem Texte zufolge von Patriarchen, Propheten oder
anderen hiſtoriſchen Perſonen in der erſten oder der nachfolgenden
Generation zu verſtehen iſt, muß deſſenungeachtet auf Chriſtus
zurückgeführt werden, weil Alles in ihm und durch ihn iſt**);
folglich „non nos intelligentiam fingimus, sed gesta ipsa
intelligentiam impertiuntur***).“ Zwar wird für die typiſche
Auslegung ausdrücklich die Regel hinzugefügt: „daß etwas Be=
ſonderes und Eigenthümliches für die Perſon des Herrn, welches
er mit keinem Andern gemein haben kann, ausgeſagt ſeyn muß†);“
wenn dieſes nicht beobachtet wird, „ſo werden Viele zu meinen
wagen, daß nichts in den Pſalmen im geiſtigen Sinne geſagt
ſey, ... daß wir alſo, was geſchrieben ſteht, nach unſerer eigenen
Meinung erklären, während wir vielmehr aus dem Geſchriebenen
die Meinung des aufmerkenden und ſorgfältigen Verſtandes her=
ausbringen††).“ Wie es aber mit jenen Kriterien für die Allego=
riſirung gemeint iſt, das zeigt hinlänglich ſeine Exegeſe. So z. B.
iſt in der Bergpredigt „das Erdreich,“ welches die Sanftmüthigen
beſitzen werden: der Körper, den der Herr als eine Wohnung an=
legte; „die Vögel unter dem Himmel:“ die unſauberen Geiſter der
Luft, denen Gott das Leben, wenn gleich ohne Theilnahme an ſei=
nem Werke, gönnt; „die Lilien auf dem Felde:“ die Engel; „das
Gras, das in den Ofen geworfen wird:“ die Heiden, in welchen
der Stoff zum ewigen Feuer iſt. Matth. 20, 20—34. iſt die
Mutter der Söhne Zebedäi: das Geſetz des Moſes; die Söhne:
das jüdiſche Volk, die Nachkommen Sems; die zwei Blinden zu
Jericho: die heidniſchen Völker, die Nachkommen Chams und
Japhets u. ſ. w.

Nicht weniger wird der Mailändiſche Biſchof Ambroſius
(† 397) mit Recht als Anhänger der Origenianiſchen Schriftaus=
legung genannt†††). Gleichwie „die Kirche zwei Augen hat,

---

*) Comm. in Ps. 134. n. 13. Ps. 150. n. 1.
**) Comm. in Matth. 7. n. 1. Ps. 138. n. 1.
***) Comm. in Matth 7. n. 8.
†) Comm. in Ps. 138. n. 1.   ††) Ibid. 125. n. 1.
†††) Hieron. Ep. 90: „Origenem noster Ambr. in quibusdam
secutus est.“

womit sie Christum betrachtet, ein moralisches nämlich und ein mystisches, von welchen dieses das schärfere, jenes das mildere ist*), so „ist die ganze göttliche Schrift entweder natürlich oder moralisch oder mystisch**)." „Der mystische Verstand der himmlischen Schriften ist wie das Brod, das des Menschen Herz stärkt, als die stärkere Nahrung des Worts***);" er gilt „fast an allen Stellen in den Evangelien; denn damit nicht die Härte der expositio nuda Anstoß errege, muß die Meinung durch altitudo spiritalis gemildert werden†)." Auch „giebt es gewöhnlich in den heiligen Schriften nicht bloß eine figürliche Bedeutung, sondern sehr viele, so daß die nämliche Rede mehrere Arten befaßt††)."

In den exegetischen Schriften des Ambrosius über die Genesis, die Psalmen und das Evangelium des Lukas ist die allegorisirende Spielerei aufs Aeußerste getrieben†††). Keinesweges bloß um geschichtliche Schwierigkeiten oder sittliche Anstöße zu vermeiden, sondern auch, und zwar am öftersten, um die Majestät der Worte zu erhöhen, verläßt er den Sinn des Textes und nimmt seine Zuflucht zu vermeinten Mysterien — „mysterium in figura, peccatum in historia; culpa per hominem, sacramenta per verbum†*)." Zum Beispiel diene Folgendes: die Quelle im Paradiese ist Christus; die vier daraus entspringenden Flüsse, die 4 Kardinaltugenden†**); — die Arche Noahs ist, als ein Ganzes betrachtet und in allen ihren einzelnen Theilen, die mystische Abbildung des menschlichen Körpers†***); — Gen. 14, 1 ff. sind die vier Könige, welche die fünf besiegen, die sinnlichen Begierden, die die Sinne beherrschen; Abraham dagegen, der die Reiterei Sodoma's zurückführt, ist Christus, der die Begierden

---

*) Exposit. in Ps. 118. ser. 11. n. 7.

) Ibid. 36 praef.   *) Ibid. 118. ser. 13. n. 23.

†) Exposit. in Ev. Luc. VII. n. 134.   ††) Ibid. VIII. n. 52.

†††) Dieses Spielen hat das harte Urtheil des Hieronymus (prol. in homil. Orig. in Luc.): „in verbis ludens, in sententiis dormitans," welches schon Rufinus in seinem Streit mit Hieronymus (invect. 2.) benutzte, hervorgerufen. Ein entgegengesetztes Urtheil bei Trithemius (de scriptt. eccl. c. 83.): „in exponendis declarandisque div. scripturis omnes doctores vicit."

†*) Exposit. in Ev. Luc. III. 38.

†**) De parad. 3. n. 13. 14.

†***) De Noe et arca c. 6—9.

bezähmt*); vom Verhältniß Davids zur Bathſeba werden mehrere verſchiedene Erklärungen angeführt; eine der auffallendſten iſt folgende: David iſt der Prophetenſtand, Bathſeba die jüdiſche Synagoge; das erſte Kind, das im zarten Alter ſtarb, iſt das jüdiſche Volk, welches nicht durch das Geſetz Moſe das reife Mannesalter erreichen konnte; der zweite Sohn Salomo, der ehelich geboren wurde, iſt das chriſtliche Volk**). — Matth. 17, 24 ff. iſt der Fiſch, der gefangen wird, der erſte chriſtliche Märtyrer, Stephanus; die Didrachme iſt Chriſtus, der die im Geſetz verheißene, im Evangelio gegebene Erlöſung geleiſtet hat; der Fiſch hatte die Münze im Munde, d. h. Stephanus bekannte Chriſtum in der Stunde ſeines Todes***). — Luc. 7, 37 ff. iſt Bethania die Welt; das Haus Simons, der Jordan; das Weib, die Kirche; ſie ſucht das Haupt Chriſti, d. i. Gott; ſie ſalbet es, d. h. verbreitet den Gott wohlgefälligen Wohlgeruch ihrer guten Werke†). — In der Erzählung vom Einzuge in Jeruſalem iſt die angebundene Eſelin und ihr Füllen: das Menſchengeſchlecht in ſeinem gebundenen Zuſtande, welches von Chriſtus erlöſet wird; die Apoſtel legen ihre Kleider unter Chriſtus, d. h. ſchätzen ihre eigenen Werke geringer als die Ehre, Verkündiger des Evangeliums zu ſeyn; das Volk ſtreuet Zweige auf den Weg, d. h. ſchneidet die unfruchtbaren Werke ab††) u. ſ. w.

Zu den eifrigſten Origeniſten in der lateiniſchen Kirche gehört der Jugendfreund des Hieronymus und ſein Kloſterbruder in Italien und Paläſtina, Tyrannius Rufinus, aus der Stadt Julia Concordia in der Nähe von Aquileja, wo er nachher als Presbyter lebte († 410). Ein achtjähriger Aufenthalt in Alexandrien hatte ihn in ſeiner Jugend in die myſtiſche Weisheit der alexandriniſchen Schule eingeweiht, und mit Begeiſterung für ſeinen Lehrer Didymus†††) und den gemeinſchaftlichen Lehrer Ori-

---

*) De Abr. II. 7. n. 41. 42. **) Apol. Dav. 2. VII. 38.
***) Expos. in Ev. Luc. IV. n. 75.
†) Ibid. VI. n. 13 sq. ††) Ibid. IX. n. 4 sq.
†††) Apol. in Hieron. II. n. 12: „Ego sex annis Dei causa commoratus sum (Alexandriae), et iterum post intervallum aliquod aliis duobus, ubi Didymus et alii illo non inferiores ... viri natura et moribus et eruditione germani ... nos haec docebant, quae ipsi a Deo discebant.‟ — Hist. eccl. II. 7: „Velut lampadem quandam

genes als „spiritus vivificantis assertor" durchdrungen *).
Durch ſeinen unermüdlichen Ueberſetzerfleiß trug er vor allen
Anderen zur Erleichterung der litterären Verbindung zwiſchen der
griechiſchen und der lateiniſchen Kirche bei **), und wählte hiezu
beſonders die Schriften des Origenes, von welchen er die vier
Bücher περὶ ἀρχῶν, 133 Homilien über das A. Teſtament, und
15 τόμοι über den Römerbrief überſetzte. Seine Standhaftigkeit in Vertheidigung des Nachrufes des Origenes gegen Epiphanius und andere fromme oder unfromme Eiferer für den kirchlichen
Lehrbegriff — er überſetzte die Apologie des Pamphilus zu Gun-
ſten des Origenes, und fügte eine eigene Schrift „de adultera-
tione librorum Origenis" hinzu — verwandelte die Freundſchaft mit Hieronymus, dem Vertrauten ſeiner Jugend, in die
bitterſte Feindſchaft, und zog ihm eine Reihe von Streitigkeiten
und Verfolgungen zu, in welchen es ihm mit genauer Noth ge-
lang, ſeine Rechtgläubigkeit zu vertheidigen. Unter den exegetiſchen Schriften, die ihm beigelegt worden ſind, iſt ſeine Auslegung
des Segens der zwölf Patriarchen in der Geneſis ächt. Dieſe iſt
in der Anlage und der Ausführung durchaus origenianiſch. Die
Vollkommenen nennt er diejenigen, „welche, indem ſie die Nahrung der Schrift durch würdige und geziemende Erklärungen aus-
deuten, den Leib der Kirche mit dem intellectus subtilis et mi-
nutus, der der geiſtige genannt wird, verſehen." „Wie in vielen
anderen Abſchnitten — heißt es im Vorworte — ſo muß man
auch in dieſem Capitel annehmen, daß die Erklärung durch ab-
wechſelnde Deutung geleitet, und daß die hiſtoriſche Erklärung
unterbrochen werden muß, damit das Geheimniß des myſtiſchen

-----

divina luce fulgentem Didymum Dominus accendit. — Nos qui et
vivae vocis eius ex parte aliqua fuimus auditores, et ea quae a non-
nullis dicente eo descripta legimus, longe maiorem gratiam et divi-
num nescio quid ac supra humanam vocem sonans in illis magis sermonibus, qui de ore ipsius proferebantur, agnovimus."

*) Apol. in Hieron. libr. 2. n. 36.

**) „Rufinus Aquileiensis, Ecclesiae presbyter, non minima pars
fuit doctorum ecclesiae, et in transferendo de Graeco in Latinum
elegans ingenium habuit." Gennad. de scr. eccl. c. 17. Er hat, außer
den Schriften des Origenes, auch recognitiones Clementis, Schriften von
Baſilius und Gregor Naz., die Kirchengeſchichte des Euſebius u. A. überſetzt.

Sinnes hervortrete." Bei den einzelnen Segnungen gehen ſonach drei verſchiedene Erklärungen neben einander her: die hiſtoriſche, die myſtiſche und die moraliſche: „weil die h. Schrift nicht allein scientiam sacramentorum enthalten, ſondern auch die Sitten und Handlungen der Leſer bilden muß*)."

Aber erſt bei dem Afrikaner Auguſtinus (geboren zu Ta= geſte 354, unterrichtet in Madaura und Carthago, nach einem Aufenthalte von einigen Jahren in Rom und Mailand Presbyter und Biſchof zu Hippo regius, † 430) finden wir in der lateiniſchen Kirche, gleichwie beim Origenes in der griechiſchen, ein Beſtreben, der allegoriſchen Auslegung eine wiſſenſchaftliche Grundlage zu geben. In ſeinen zahlreichen exegetiſchen Werken entfaltet ſich die Allegoriſirung in ihrem ganzen Reichthum und in ihrer ganzen Mannigfaltigkeit, und zugleich — was für denjenigen, der den Buchſtaben der Schrift nicht hinreichend in ſeiner Gewalt hatte, vom größten Intereſſe ſeyn mußte — in ihrer polemiſchen Brauch= barkeit, um auf eine leichte und ſichere Weiſe die Angriffe der Manichäer auf einzelne Schriftſtellen zurückzuweiſen**).

Auguſtinus warnt einerſeits vor einem knechtiſchen Feſthalten an den äußeren Zeichen der Buchſtaben, andrerſeits vor einer freventlichen Hintanſetzung des heiligen Worts***). Vor beiden Fehlgriffen ſucht er Sicherung in der Regel: daß der uneigentliche Sinn der Worte der Schrift da feſtgehalten werden müſſe, wo der eigentliche die Wahrheit des Glaubens oder das ſittliche Ge= fühl gegen ſich haben würde†). Zwar wird die Warnung hinzu= gefügt, daß das Urtheil einer neueren Zeit vom Wahren und

---

*) Lib. I. n. 5. 7.

**) De Gen. contr. Manich. II. 19: „Manichaei si non coeci legerent, intelligerent, quomodo accipiendae sint V. T. scripturae, neque tam sacrilega voce auderent accusare, quod nesciunt."

***) De doctrina chr. III. 13, 5. De cons. Evv. II. 76.

†) De doctr. chr. III. 14: „Quicquid in sermone divino neque ad morum honestatem neque ad fidei veritatem referri possit, figurate dictum esse." De Gen. contr. Manich. II. 3: „Si exitus nullus datur, ut pie et digne Deo quae scripta sunt intelli- gantur, nisi figurate atque in aenigmatis proposita ista credamus, modum quem intendimus teneamus, et omnes istas figuras rerum explicemus." — De spir. et litt. n. 6. Contr. Faust. XXII. 96. Conf. VI, 6.

Sittlichen mit der Idee der Wahrheit und Sittlichkeit nicht verwech⸗
ſelt werden dürfe *); dieſe Warnung aber wird in der Wirklichkeit
unnüß und Selbſttäuſchung unvermeidlich, wenn nicht aus der
Schrift ſelbſt genommene Merkmale, ſondern das Verhältniß,
worin die Aeußerungen der Schrift zum Urtheil des Auslegers vom
Wahren und Sittlichen ſtehen, in letzter Inſtanz zu entſcheiden hat,
wo der eigentliche Sinn dem uneigentlichen weichen müſſe. Hiezu
kommt, daß Auguſtin, indem er die angeführte Regel aufſtellt,
ebenſo wenig das Alte und das Neue Teſtament, als diejenigen
Aeußerungen, die zur Lehre und zu dem hiſtoriſchen oder dichteri⸗
ſchen Ausdruck der Meinungen, Vorſtellungen und Begriffe einzel⸗
ner Perſonen oder Zeiten gehören, unterſcheidet. Wie jene Regel,
auf den verſchiedenartigen Inhalt der Bücher des A. Teſtaments
angewendet, zu völliger Vernichtung einer wahren hiſtoriſchen
Auslegung führen mußte, leuchtet von ſelbſt ein. So ſtellt ſich
dem Auguſtin das A. Teſtament als eine ununterbrochene Reihe
von theils in Worten, theils in geſchichtlichen Ereigniſſen ausge⸗
drückten Allegorien dar**); alle Begebenheiten in der israelitiſchen
Geſchichte und alle Anordnungen des bürgerlichen und religiöſen
Lebens werden als geheimnißvolle Vorbedeutungen (aenigmata,
mysteria, sacramenta) gedeutet***), und die geiſtige Auslegung
nimmt überall die erſte Stelle ein. In dieſer unterſcheidet Augu⸗
ſtin vier verſchiedene Arten: die hiſtoriſche, die ätiologiſche
(die den Grund zu einem Faktum oder einer Aeußerung unterſucht),
die analogiſche (die die Verbindung zwiſchen dem Alten und
dem Neuen Teſtamente darſtellt) und die allegoriſche†).

Der überſchwenglich reiche Stoff, welcher ſich bei einer ſolchen
Betrachtungsweiſe der heiligen Bücher und des Verhältniſſes des
Auslegers zu denſelben darbot, iſt von Auguſtinus auf eine eigen⸗
thümliche Weiſe, die in gleichem Grade von dichteriſcher Erfindung
und philoſophiſcher Conſtruktion zeugt, geformt und ausgebildet

*) De doctr. chr. III. 15 — 19. 26.
**) Enarr. in Ps. 136. n. 7: „diximus, omnia quae secundum
litteram in illa civitate (Hieros.) contingebant, figuras nostras
fuisse." Ser. 4. n. 8. Contra Faust. XII. 7. de mendac. n. 26.
***) De civ. D. XIII. 21. XVI. 27, 1. 37. Enarr. in Ps. 113.
ser. 1. n. 1.
†) De utilit. cred n. 5.

worden. Man kann nämlich sagen, daß seine Exegese ein eigenes System der allegorisirenden Sprache zu bilden versucht, wo der Anfang mit gewissen Elementen gemacht wird, die hernach auf verschiedene Weise zusammengesetzt werden, wodurch die ferneren Resultate einen Schein von Festigkeit und Folgerichtigkeit erhalten.

Zuerst werden einzelne Natur= oder Kunstgegenstände, einzelne Namen verschiedener Länder und Städte u. s. w. ein für allemal als bildliche Bezeichnungen der Hauptbestandtheile der christlichen Lehre und Geschichte angenommen. So soll der Himmel — der Regenbogen — der Regen in der Schriftsprache eine Bezeichnung der heiligen Schrift, der Mond (der das Licht von der Sonne hat) die der Kirche; Sterne und Schiffe die der einzelnen Gemeinen; Wolken oder Berge oder Ochsen (nach 1 Cor. 9, 9.), die der Propheten und Apostel; Vögel oder Hirsche, die der geistlich=gesinnten; Meereswogen oder Fische die der weltlich=gesinnten Menschen; Schnee und Hagel, die der Gottlosen; Stiere die der Ketzer seyn u. s. w.

Eine andere zahlreiche Classe hieroglyphischer Zeichen fand Augustinus in den Zahlen, die er nach Art und Weise der Pythagoräer und Talmudisten zu Bezeichnungen solcher Gegenstände oder Begriffe macht, auf welche ihre Zahlengröße entweder an und für sich oder durch eine oder die andere arithmetische Operation anzuspielen scheinen könnte. Sonach soll die Zahl 3 die geistige Natur des Menschen (anima, mens, cor), 4 die leibliche Natur, (nach den vier Elementen) 7 also die vollständige Menschennatur bezeichnen. Die Zahl 40 soll die Vollkommenheit, als das Produkt nämlich von 4 (der Körperwelt) und 10 (dem Schöpfer der Welt, aus 3: der Dreieinigkeit und 7: Seele und Leib) bezeichnen. Die Zahl 11 bezeichnet die Sünde, weil sie die Zahl 10, welche die zehn Gebote bezeichnet, überschreitet, und die Zahl 77 daher die sämmtlichen Sünden aller Menschen (7×11). Die Zahl 46 bezeichnet die Abkunft der Menschen von Adam, weil die vier Buchstaben, die zusammengezählt diese Zahl ausmachen (α-δ-α-μ), sowohl den Namen Adams bilden, als die vier Himmelsstriche ($\dot{\alpha}\nu\alpha\tau o\lambda\dot{\eta}$, $\delta\dot{\upsilon}\sigma\iota\varsigma$, $\ddot{\alpha}\rho\kappa\tau o\varsigma$, $\mu\epsilon\sigma\eta\mu\beta\rho\dot{\iota}\alpha$) bezeichnen. Die Zahl 153 bezeichnet die Gemeinschaft der Heiligen in ihrem Verhältniß zu den Gnadenwirkungen des Geistes; denn sie ist aus 50 (die heilige Pfingstzeit), multiplicirt mit 3 (die drei Zeiten: vor dem

Gesetz, während des Gesetzes, unter der Gnade), und dazu 3 (die Dreieinigkeit) gefügt, zusammengesetzt.

Ein Beispiel aus dem Alten und eins aus dem Neuen Testament werden hinreichend seyn, um zu zeigen, welche exegetische Kunstgebäude sich von solchen Materialien aufführen lassen.

Die sechs Tage der Schöpfung in der Genesis sollen sechs Perioden in der Geschichte der Menschheit bezeichnen: der erste Tag (die Erschaffung des Lichts) ist das erste Kindheitsalter (infantia) bis zum Noah; der zweite (die Veste zwischen den Wassern des Himmels und der Erde) ist das Knabenalter bis zum Abraham; der dritte (die Scheidung der Erde vom Meere, d. h. der Juden von den Heiden): die erste Jugend (adolescentia) bis zum Saul; der vierte (die Sterne, d. h. die Macht des jüdischen Staates): die Jugend bis zum Exil; der fünfte (Fische und Vögel, d. h. die Zerstreuung der Juden unter die Heiden): das abnehmende Alter bis zur Erscheinung Jesu; der sechste (die Erschaffung des Menschen): das Greisenalter des alten Menschen bis zur Erneuerung durch Christus. Der siebente Tag ist die Wiederkunft Christi in seiner Herrlichkeit [*]).

Das Gleichniß vom barmherzigen Samariter wird folgendermaßen ausgelegt: Durch den Fall Adams verlor der Mensch den himmlischen Frieden (ging von Jerusalem hinab), und ward sterblich (ging hinab gen Jericho) [**]); der Mensch fiel unter den Teufel und seine Engel (die Räuber), welche ihm die Unsterblichkeit (die Kleider) raubten, und ihm allein die Kenntniß von Gott übrig ließen (ließen ihn halb todt liegen). Die Priester des Alten Testaments konnten nicht helfen, sondern allein der Herr (der Samariter) [***]); der gab dem Menschen Trost (Oel) und Ermunterung (Wein), erweckte ihn zum Glauben an den menschgewordenen Sohn Gottes (hob ihn aufs Thier), verschaffte dem Menschen Erquickung in der Kirche (Herberge), hinterließ die beiden Liebes-

---

[*]) De Gen. contr. Manich. l. 35—41.

[**]) Jericho ist nach der Augustin'schen Clavis eine Bezeichnung des Mondes (nach der Etymologie יָרֵחַ), und dieser wiederum, mit Rücksicht auf das wechselnde Licht, die Bezeichnung der Sterblichkeit.

[***]) Der Samariter ist die Benennung des Heilandes, nach der Etymologie (שָׁמַר).

gebote (zwei Denarien), und gab die Verheißung ſeiner Wieder=
kunft zur Auferweckung der Todten*).

Einer der eifrigſten Anhänger und Verfechter Auguſtins ge=
gen die Semipelagianer war der Aquitaner Proſper**) († un=
gefähr 460). In den älteren Ausgaben ſeiner Werke wird, unter
mehreren unächten Schriften, ein Buch „de promissionibus et
praedictionibus Dei,“ welches merkwürdige Proben einer Nach=
ahmung von Auguſtins allegoriſcher Kabbaliſtik enthält, ihm bei=
gelegt. Solchergeſtalt werden Pauli Worte Eph. 3, 18. von der
Länge, der Breite, der Höhe und der Tiefe der Liebe oder der
Erkenntniß, mit der Beſchreibung von der Arche Noahs in Ver=
bindung geſetzt, um zu zeigen, wie die Dimenſionen derſelben eine
myſtiſche Andeutung der Kirche Chriſti darbieten. „Quantum di-
vinitus adiutus fuero,“ — heißt es — „colligens pauca archi-
tecti illius nostri Pauli apostoli sententiam introducam.“
Der künſtlichen Berechnung wird die Zahl 5 (aus der Dreizahl
der Dreieinigkeit und der Zweizahl der Liebesgebote zuſammen=
geſetzt) und die Zahl 6 (5+1: die Dreieinigkeit als Einheit) zum
Grunde gelegt: am fünften Tage ſchuf Gott Alles, mit Aus=
nahme des Menſchen; in fünf Büchern iſt das Geſetz des Moſes
enthalten; am fünften Tage iſt Chriſtus zum Tode am Kreuze dahin=
gegeben; am ſechſten Tag iſt der Menſch erſchaffen; im ſechſten
Weltalter iſt Chriſtus Menſch geworden; am ſechſten Tage iſt
Chriſtus gekreuziget. Ferner 5×6=30, die Höhe der Arche,
welche die chriſtliche Hoffnung, die ſich auf den in der Höhe ge=
kreuzigten Chriſtus ſtützt, bezeichnet. 5×10=50, die Breite
der Arche, welche den Umfang der Liebe am Kreuze, woran Chriſti
Hände befeſtigt waren, bezeichnet. 6×50=300, die Länge
der Arche, welche die Geduld, mit der ſich Chriſtus am Kreuze
ausſtrecken ließ, bezeichnet. — Ebenfalls ſoll Paulus 1 Cor. 13.
die drei Stockwerke in der Arche durch den chriſtlichen Glauben,
die chriſtliche Hoffnung und Liebe erklärt haben. (I. 7.)

***

*) Quaest. Evang. II. 29. — Eine ausführlichere Charakteriſtik von
Auguſtin als Schriftausleger findet ſich in meiner Monographie: Aur.
Augustinus S. Scripturae interpres. 1827. p. 149 — 156. 219 — 243.

**) „Prosper ex Augustini libris utilissimum volumen excerpsit,
cui multa de aliorum opusculis intexuit.“ Notker, de illustr. vir.

Unter den folgenden Kirchenlehrern in der lateinischen Kirche ist Gregor der Große insbesondere ein Gegenstand der Bewunderung und Nachahmung geworden, namentlich als Verfasser der weitläufigen „libri moralium in expositionem beati Iob"[*], welche sich, wie sein Schüler Paterius schon bemerkt hat, über die ganze Reihe der Bücher des Alten und des Neuen Testaments verbreiten[**]. In seinem Briefe an Bischof Leander von Sevilla[***], dessen Zumuthung diese Arbeit zunächst veranlaßt hatte, hat er selbst von seiner Absicht und den Grundsätzen, nach welchen er gearbeitet hat, Rechenschaft gegeben. „Das göttliche Wort," sagt er, „übt die Verständigen durch seine Mysterien, erquickt aber meistens zugleich die Einfältigen durch seine Oberfläche; es trägt dasjenige offenbar zur Schau, womit es die Kleinen ernähren kann, während es dasjenige im Verborgenen verwahrt, wodurch es die Seelen der höher Gestimmten in Bewunderung erhält; es ist einem Flusse zu vergleichen, der zugleich seicht und tief ist, so daß das Lamm darin gehen und der Elephant in ihm schwimmen kann." Dabei bemerkt er so wahr als schön: daß „wenn die Worte durch gegenseitige Vergleichung nicht mit einander übereinstimmen können, sie auf etwas Anderes in sich, das gesucht werden muß, hinweisen, gerade als redeten sie uns folgendermaßen an: wenn Ihr sehet, daß wir selbst durch dasjenige, was

---

[*] Isid. Hispal. de eccl. script. c. 27: „ia voluminibus Gregorii quanta mysteria sacramentorum aperiantur ..... nemo sapiens explicare valebit, etiamsi omnes artus eius vertantur in linguas." Notker, de illustr. viris: „ Difficillimum librum b. Iob prophetae ab omnibus magistris anterioribus intactum apostolicus noster Gregorius ita exposuit, ut super historiae fundamentum moralitatis construeret aedificium, et anagoges imposuerit culmen praestantissimum." Viele spätere Verfasser, unter diesen der cluniacensische Abt Odo, lieferten Auszüge aus dem Werke Gregors. Es soll auch ins Deutsche und Schwedische übersetzt worden seyn. (S. die Vorrede in der Benedictinerausgabe p. XIII, XIV.)

[**] in prol. lib. de Testim. „Dam unius sancti viri, h. e. beati Iob historiam abstrusis mysteriorum opacitatibus tectam sub triplici i. e. typica, morali atque historica studuit expositione discutere, ... paene totam V. ac N. Testamenti seriem rerum explicandarum necessitate coactus est exponere."

[***] Dieser Brief findet sich im ersten Theil der Benedictinerausgabe, vor dem Commentar über das Buch Hiob.

auf der Oberfläche ist, vernichtet werden, so suchet das in uns, was in unserm Innern geordnet und zusammenstimmend gefunden werden kann!" Aber gleichwie seine Vorgänger, vertheilt er den exegetischen Stoff unter eine dreifache Auslegung: die historische, die allegorische und die moralische Auslegung, und zuweilen behält er sich das Recht vor, sie alle drei zu verbinden*).

Nun kommen allerdings, sowohl in dem obenerwähnten Commentar als in den 40 Homilien über die Evangelien, verschiedene Aeußerungen vor, welche nützliche und treffende Wahrheiten enthalten, und vor willkührlicher Anwendung der dreifachen Auslegung zu sichern scheinen könnten. „Die Dunkelheit, die in der Schrift obwaltet, ist von großem Nutzen, weil sie den Gedanken übt, so daß er durch die Anstrengung ausgebildet wird, und durch Uebung faßt, was er müßig nicht würde faffen können, und weil die Wahrheit, die durch die Anstrengung der Seele gesucht werden muß, um so besser paßt, wenn sie gefunden wird **)." „Die Schrift ist uns zwar in der Finsterniß dieses Lebens das Licht auf unserm Wege geworden; aber das erschaffene Licht leuchtet uns nicht, es sey denn, daß es selbst vom unerschaffenen Lichte," welches der Geist des Allmächtigen ist, „erleuchtet werde ***)." „Wenn wir Alles nach dem Buchstaben verstehen, so haben wir das Unterscheidungsvermögen verloren; wenn wir Alles auf die geistige Allegorie zurückführen, so sind wir ebenfalls von der Thorheit, die keinen Unterschied macht, beherrscht †)." „Die äußere Thürschwelle der h. Schrift ist der Buchstabe, ihre innere die Allegorie ††)." „Die Auslegung der h. Schrift muß so sorgfältig zwischen dem Texte und dem Mysterium abgewogen werden, daß es durch Gleichgewicht in der Schale verhindert wird, daß die Auslegung weder durch gar zu großes Gewicht niedergedrückt werde, noch wegen gleichgültiger Stumpfheit ihre Bedeutung verliere †††)." „Die geschichtliche Wahrheit muß zuerst wahrgenommen werden,

---

*) „Sciendum est, quod quaedam historica expositione trans-currimus; et per allegoriam quaedam typica investigatione per-scrutamur; quaedam per sola allegoricae moralitatis instrumenta discutimus; nonnulla autem per cuncta simul sollicitius exquirentes, tripliciter indagamus."

) Hom. I. 6. n. 1.   *) ib. 7. n. 17.   †) ib. 3. n. 4.
††) Hom. II. 3. n. 18.   †††) Mor. 21. n. 1.

darnach wird der geistige Sinn der Allegorie zu suchen seyn; denn
alsdann ist die Frucht der Allegorie lieblich zu pflücken, wenn sie
durch Hülfe der Geschichte auf die Wurzel der Geschichte gegründet
wird *).“ „Daher es ernstlich eingeschärft werden muß, daß,
wer seine Seele zum geistigen Sinne erhebt, von der Ehrfurcht
gegen die Geschichte nicht weiche **).“

Wenn aber das so im Allgemeinen Gesprochene die nähere
Erklärung in der Anwendung, die Gregor von diesen Grundsätzen
gemacht hat, zu suchen hat, so verliert das, was gute und nützliche Wahrheit zu enthalten scheint, seine Bedeutung und seinen
Werth. Seine Exegese — abgesehen von einem Theil der popu-
lär-praktischen Anwendung — liefert durchgehends Beispiele von
Verkennung des Wesens der Auslegung, von willkührlicher Gleich-
schätzung der Auslegung und der Allegorisirung.

So soll Hiob — um ein Beispiel anzuführen — das Bild
des leidenden Erlösers und seiner bedrängten Kirche seyn; seine
Frau, die ihn zur Gotteslästerung auffordert, das der fleischlich
Gesinnten unter den Bekennern Christi; seine sieben Söhne bezeichnen die mit den siebenfältigen Gaben des Geistes ausgerüsteten
Apostel; die drei Töchter: die Gemeinen der Gläubigen, welche,
obschon mit geringerer Stärke, den Glauben an die Dreieinigkeit
bewahren; die Heerden von Schafen und Ochsen bezeichnen die
gottesfürchtigen Juden, welche sich vom knechtischen Gehorsam
gegen das mosaische Gesetz zum Glauben an Christus bekehren;
die Heerden von Kameelen und Eseln: die halsstarrigen Heiden ***).
Die treulosen Freunde dagegen sind die Bezeichnung der Ketzer,
die unter dem Scheine, weise Rathschläge zu ertheilen, nur ver-
führen †); ihre Versöhnung mit Gott nach der Fürsprache Hiobs

---

*) Hom. II. 40. n. I. **) Mor. I. n. 56.

***) Oder auch die Samariter; nämlich: die Kameele sind wiederkäuende
Thiere, aber ohne zweispaltigen Huf; dieses paßt auf die Samariter, von
denen man sowohl sagen kann, daß sie wiederkäuen, insofern sie zum Theil die
Worte des Gesetzes annehmen, als daß sie ungespaltenen Huf haben, insofern
sie zum Theil das Gesetz verwerfen. (I. 11. 22.)

†) Gregorius nimmt auch Bestätigung dieser Allegorisirungen aus den
vorkommenden Namen. Eliphas soll „Verachtung gegen den Herrn“ (בּוּז
und צָוָה oder בָּזָה), Bildad „das bloße Alter“ (בָּלָה und דָּר) bezeichnen, und die Ketzer „werden nicht durch den Eifer des neuen Menschen,

bezeichnet ihre künftige Ausſöhnung mit der Kirche; und die Opfe=
rung von Stieren und Böcken bezeichnet, daß ſie allen geiſtigen
Stolz und alle Herrſchſucht auf den Altar der Demuth zum Opfer
bringen; denn der Stier zeichnet ſich durch ſeinen ſteifen Nacken
aus und der Bock iſt der Führer der Heerde *).

Von der typiſch = allegoriſchen Behandlung der heiligen Bü=
cher — welche in der Mitte einer überſchwenglichen Fülle phanta=
ſtiſcher Combinationen und Dichtungen ebenſo einförmig und geiſt=
quälend iſt, als ſie, mitten in ihrem Streben nach Geiſtigkeit
und aus Sorgfalt für die Heiligkeit der Schrift entſprungen, mis=
leitend und für alle poſitive Autorität der Schrift von zerſtören=
dem Einfluß iſt — gehen wir zu einer anderen Reihe von Kirchen=
vätern über, die als der eigentliche Stamm von Schriftauslegern
des chriſtlichen Alterthums anzuſehen ſind, inſofern durch ſie die
Grundſätze

hiſtoriſch = theologiſcher Auslegung

theils durch Oppoſition gegen die allegoriſirende Willkühr, theils
durch Anwendung dieſer Grundſätze in exegetiſchen Schriften, ge=
ſichert und behauptet worden ſind.

Eine Oppoſition gegen eine Auslegungsmethode, die mit der
Vorſtellung des Alterthums von ehrfurchtsvoller Behandlung hei=
liger Bücher in genauer Verbindung ſtand, hätte ſich gewiß ſo früh
nicht in der Kirche erhoben, wenn nicht der Eifer, womit dieſe
Methode von den Gnoſtikern adoptirt, und die abſchreckende Ge=
ſtalt, worin ſie von ihnen angewendet wurde, ſie in übeln Ruf
gebracht und die Augen für die Wirkungen derſelben geöffnet
hätten. Die Kühnheit, womit dieſe Gnoſis, unter dem Scheine,
den rechten, geiſtigen Auslegerberuf wahrzunehmen, das göttliche
Wort zu meiſtern und auf einen völlig unſtatthaften Sinn hinzu=

ſondern durch die Verkehrtheit des alten Menſchen zum Reden gereizt;“ Zo=
phar bedeutet „Zerrüttung des Denkens,“ nämlich der Gläubigen und From=
men (vermuthlich צמם und צפר, חפר). Gleichfalls ſoll Hiobs Vaterland
Uz „Rathgeber“ (יעץ) bedeuten, um zu bezeichnen, wie Chriſtus in den
Herzen derer herrſcht, die ſich ſeinem Rathe hingeben (prol. n. 16. I. n. 15.

*) Prol. n. 14. 18. I. n. 19—23.

lenken sich anmaßte, müßte, wenn anders die Schrift zur Siche=
rung christlicher Wahrheit gegen unchristlichen Irrthum dienen
sollte, von der Nothwendigkeit überzeugen, gegen die gränzenlose
Willkühr, mit welcher sie die Schrift an Höhe und Tiefe überbieten
wollte, einen Damm zu errichten, und der Auslegung durch Zu=
rückführen derselben auf die Schrift selbst Festigkeit und Haltung
zu geben. Es sind daher die ersten und kräftigsten Bekämpfer des
Gnosticismus, Irenäus und Tertullian, bei welchen wir
die ersten Einsprüche gegen die allegorische Auslegung und den
ersten Versuch zur Begründung einer wirklichen Auslegung der
heiligen Bücher finden.

Der merkwürdige Standpunkt des Irenäus (eines gebor=
nen Griechen, Bischofs zu Lugdunum, † 202), als Vertheidiger
und Ausleger der Schrift, wird in folgendem Grundriß bezeichnet
seyn:

„Wenn uns die Apostel die Schriften nicht hinterlassen hät=
ten, so müßten wir die Vorschrift der Tradition befolgen, welche
die Apostel denen, welchen sie die Gemeine anvertrauten, über=
geben haben;" aber „die Apostel, welche zuerst mündlich lehrten,
überlieferten nachher nach Gottes Willen die Schriften, funda=
mentum et columnam fidei nostrae futuram[*])." Durch diese
Schriften werden die Gnostiker widerlegt; deshalb „wenden sie
sich mit ihren Anschuldigungen an die Schriften selbst, als hätten
diese das Rechte nicht oder als wären sie nicht gültig, weil sie
verschiedentlich ausgedrückt sind, und weil die Wahrheit von denen,
die die Tradition nicht kennen, nicht soll gefunden werden können;
denn diese Tradition soll nicht durch die Schrift, sondern durch
mündliche Ueberlieferung erhalten worden seyn, und als diese Weis=
heit gilt einem Jeden von ihnen die Dichtung, die er von selbst
erfunden." (III. 2.) „So sagen Einige, kopfschüttelnd mit in
die Höhe gezogenen Augenbrauen, sie haben einen tiefliegenden
Sinn ergriffen, nur daß nicht Alle die Größe des darin Enthal=
tenen fassen." (IV. 69.) Wenn man daher, indem man die
Schriften erklärt, nicht von demjenigen ausgeht, was in ihnen
sicher und unbestreitbar ist, „so wird die regula veri=
tatis bei Niemanden zu finden seyn; so Viele aber die Gleichnisse

---

[*]) Adv. Hor. III. 1. 4.

erklären, ebenso viele sich widersprechende Wahrheiten werden dem Anschein nach vorgebracht werden; ... auf diese Weise wird der Mensch immer suchen und nimmer finden, weil er die Kunst zu finden verworfen hat .... Aber alle Freunde der Wahrheit müssen gestehen, daß es unverständig und ein tollkühnes Wagniß ist, so dasjenige zu verlassen, was gewiß, unzweifelhaft und wahr ist." (II. 46.) „Einmal gereicht es zum Nachtheil, die Wahrheit zu verfehlen und anzunehmen, was sich so nicht verhält; sodann aber verfällt man in die nicht geringe Strafe, welche demjenigen bestimmt ist, der der Schrift etwas hinzufügt oder wegnimmt." (V. 30.)

„Die Schriften sind vollkommen, vom Worte Gottes und seinem Geiste herrührend; wir aber, die wir geringe und schwache Anfänger (minores et novissimi) sind, bedürfen außerdem noch der Einsicht in die Mysterien derselben. .... Da wir aber die Wahrheit selbst und das vor Aller Augen vorgetragene Zeugniß von Gott zur Regel haben, ziemt es uns nicht, indem wir zwischen verschiedenen Erklärungen über allerlei Fragen unstät hin und her schwanken, das feste und wahre Wissen von Gott wegzuwerfen." (II. 47.) „Die größere oder geringere Einsicht besteht nicht darin, daß man das Gegebene (τὴν ὑπόθεσιν) ändert, ... sondern darin, daß man Alles, was in den Gleichnissen enthalten ist, ausfindig macht." (I. 4.) Zur wahren Gnosis gehört „Scripturarum tractatio plenissima, die weder irgend welchen Zusatz noch irgend ein Wegschneiden gestattet, ferner eine Lesung (des Textes) ohne Verunstaltung, et secundum scripturas expositio legitima et diligens et sine periculo et sine blasphemia." (IV. 63. 66.) Hiezu gehört vornämlich, dasjenige zum Grunde zu legen, was „in den heiligen Schriften φανερῶς καὶ ἀναμφιβόλως gesagt ist." Auf diese Weise wird „ὁ ὑγιὴς νοῦς καὶ ἀκίνδυνος καὶ εὐλαβὴς καὶ φιλαληθὴς" erworben, und wer demgemäß auslegt, „sine periculo absolvit, et parabolae ab omnibus similiter absolutionem accipient." (II. 46.)

Von den hier dargestellten Grundsätzen liegt indessen ein anderer Misbrauch nahe: nämlich an der buchstäblichen Wortbedeutung festzuhalten, mit Hintansetzung höherer exegetischer Kritik (significatio statt des sensus litteralis). Wie wenig Irenäus dieses Extrem zu vermeiden gewußt hat, geht aus seiner Beweis-

führung für die Schriftgemäßheit der Vorstellungen von einer Auferstehung des Fleisches und einem zeitlichen und irdischen Reiche der
Heiligen nach der Auferstehung hervor. Bei den im A. und N.
Test. vorkommenden Aeußerungen von der Auferstehung und dem
Gericht behandelt er jede geistige Deutung von himmlischen Gütern
im zukünftigen Leben, als willkührlich und verwerflich: „Wenn
Einige den Versuch machen wollen, diese Zeugnisse zu allegorisiren,“ sagt er, „so werden sie nicht mit einander übereinstimmend
gefunden werden können, und durch ausdrückliche Worte werden
sie widerlegt werden.“ (V. 35.) Wenn dagegen Irenäus seine
Meinung durch das Wort des Apostels 1 Cor. 15, 50.: „Fleisch
und Blut können das Reich Gottes nicht ererben,“ widerlegt
finden mußte, so nimmt er selbst seine Zuflucht zu dem sonst so
eifrig bestrittenen Allegorisiren: „Diejenigen werden Fleisch und
Blut genannt, welche das nicht haben, was erlöset und zum Leben heranbildet, Gottes Geist nicht in sich haben; — das Fleisch
kann also an und für sich allerdings das Reich Gottes als Erbe
nicht besitzen, wohl aber kann es selbst vom Geiste im Reiche Gottes als Erbtheil besessen werden.“ (V. 9.)

Die Bestreitung des Gnosticismus war dem Tertullian
(geboren zu Karthago, aus heidnischem Advokaten christlicher
Presbyter ebendaselbst, † ungefähr 220), nicht minder als dem
Irenäus die Hauptaufgabe der litterairen Thätigkeit*). Aber selbst
ohne diesen Einfluß von außen her mußte das theologische Stabilitätssystem, das überwiegende Interesse für feststehende Formen
sich als Antipathie gegen die allegorisirende Richtung in der Schriftauslegung äußern. Auch Tertullian wurde durch diese Richtung
zu einem ebenso einseitigen Extrem, als dasjenige, welches er
bekämpfte, geführt; in seiner Schrift „de resurrectione carnis“
ist die buchstäbliche Deutung ebenso weit, als bei Irenäus getrieben. Aber von der einseitigen Anwendung müssen wir die richtigen Bestimmungen vom Wesen der Auslegung im Allgemeinen
wohl unterscheiden.

Auf der einen Seite macht Tertullian darauf aufmerksam,
daß „Vieles (in der Schrift) figürlich durch Räthsel, Allegorien

---

*) Neander: Antignostikus, Geist des Tertullians und Einleitung in
dessen Schriften. 1825.

und Gleichniſſe angedeutet wird, und daher anders, als wie es
geſchrieben iſt, verſtanden werden muß*), z. B. von Bergen, die
mit ſüßem Wein triefen werden (Joel 3, 23.), und vom Lande,
darinnen Milch und Honig fließen wird (Exod. 3, 8.); weil:
„verba non solo sono sapiant, sed et sensu; neque auribus
tantummodo audienda sunt, sed et mentibus**).“ Auf der
anderen Seite erinnert er gegen diejenigen, welche behaupten, es
müſſe Alles im A. und N. Teſt. bildlich verſtanden werden: „daß,
wenn es ſich ſo verhielte, die Bilder ſelbſt nicht würden gedeutet
werden können, wenn nicht Wahres vorgetragen wäre, nach welchem die Bilder gedeutet werden könnten; — res in litteris tenentur, et litterae in rebus leguntur. Alſo nicht immer noch
in Allem iſt die allegoriſche Form in der prophetiſchen Rede vorhanden, ſondern zuweilen und an einigen Stellen. Wenngleich
durch die Parabeln das Licht des Evangeliums nicht verdunkelt
wird, ſo dürfen doch Sätze und Erklärungen, deren Inhalt offenbar iſt, keinesweges anders, als wie ſie lauten, verſtanden werden***).“

In Beziehung auf dieſe allgemeinen Bemerkungen ſchildert
Tertullian der Gnoſtiker treuloſe Behandlung der Schrift mit Zügen, welche zum Theil auch auf die Allegoriſten im Allgemeinen
angewendet werden können. „Sie nehmen gewiſſe Schriften
nicht an; und wenn ſie ſie annehmen, verdrehen ſie ſie durch Zuſätze und Abkürzungen nach ihrem eigenen Bedürfniß; und wenn
ſie ſie annehmen, nehmen ſie ſie nicht ganz wie ſie ſind, an; und
wenn ſie ſie auch einigermaßen in ihrem ganzen Umfange gelten
laſſen, verdrehen ſie ſie nichts deſto weniger dadurch, daß ſie verſchiedene Erklärungen erſinnen†).“ „Da — fährt er fort —
muß man Verunſtaltung von Schriften und ihrer Auslegung zu
finden erwarten, wo Abweichung in der Lehre Statt findet; diejenigen, welche anders zu lehren geſonnen ſind, werden nothwendig gezwungen, einen andern Gebrauch von instrumenta doctrinae zu machen; denn ſie würden nicht anders lehren können, es
wäre denn, ſie hätten die Mittel, durch welche ſie ihre Ketzerei
lehren können, in einer anderen Form. Der Eine (Marcion)

*) Adv. Marc. III. 5. Cf. Scorp. c. 11. **) Scorp. c. 7.
***) De resurr. carn. n. 20. 33.
†) De praeser. adv. haeret. c. 17.

hat die Schriften mit der Hand (machaera hon stylo usus est), der Andere (Valentinus) die Erklärungen durch die Auslegung verunstaltet; ... bald hat er abgeschnitten, bald hinzugefügt, hat den einzelnen Wörtern ihr Eigenthümliches geraubt, und Pläne von Dingen hinzugefügt, welche nicht vorgefunden werden *).“ Indem er die allegorische Erklärung des Gleichnisses vom verlorenen Sohne anführt, welche durch die beiden Söhne das jüdische und das christliche Volk und ihr gegenseitiges Verhältniß bezeichnet wissen will, giebt er nicht nur eine genaue Widerlegung, sondern nützt auch die Gelegenheit, um das Geschmacklose und Unerlaubte in dergleichen Auslegungen herauszustellen: „Wenn auch Alles wie in einen Spiegel passen könnte, so muß man sich doch in der Auslegung insbesondere vor diesem Einen hüten, daß nicht die Wahrheit in den Vergleichungen anderswohin gelenkt werde, als wohin es der Inhalt jedes Gleichnisses angiebt. Wir erklären nicht die Lehren (materias) aus den Gleichnissen, sondern die Gleichnisse aus den Lehren, und es liegt uns nicht viel daran, durch Auslegung Alles gleichsam hervorzuzwingen, wenn wir uns nur vor Allem hüten, was dagegen streitet: warum es gerade hundert Schafe und zehn Drachmen sind u. s. w.; denn solche Curiositäten erregen Verdacht, und leiten durch die Spitzfindigkeit der gezwungenen Erklärungen von der Wahrheit ab; es giebt Verschiedenes, welches nur dahin gesetzt ist, zur Anlage, Ordnung, Vervollständigung des Gleichnisses, damit es darauf hindeute, wozu das Beispiel gewählt worden ist. Wir wollen aber in den Schriften jedenfalls lieber etwas weniger sehen, als etwas Schriftwidriges; wir sollen eben sowohl die Meinung des Herrn, als sein Gebot, heilig halten; Uebertretung in der Auslegung ist nicht geringer, als Uebertretung im Leben **).“

Cyprian, Bischof zu Karthago, seinem Geburtsorte († 258), muß hinsichtlich der Grundsätze für die Behandlung der Schrift sowohl, als in so mancher sonstigen Beziehung, als von seinem ihm an Geist überlegenen Landsmanne Tertullian abhängig betrachtet werden. Zwar fehlt es in seinen Schriften — was

---

*) De praescript. adv. haer. c. 38. cf. adv. Hermog. c. 27.
**) De pudicit. c. 8. 9.

9*

schon Hieronymus bemerkt hat*) — an eigentlicher Bibelauslegung; aber eine große Menge von Schriftstellen werden in seinen Briefen und Abhandlungen als Stützpunkte moralischer Entwickelungen citirt, und die darin gemachte Anwendung selbst von
solchen Schriftstellen, welche besonders von den Allegoristen fruchtbringend gemacht worden sind, läßt auf streng-buchstäbliche Auffassung schließen. Nur die typischen Anspielungen auf Christus
und die Kirche, welche als allen Kirchenvätern gemeinschaftlich
anzusehen sind, machen hievon eine Ausnahme.**).

Von den übrigen afrikanischen Lehrern giebt nur Tychonius, ein Zeitgenoß von Hieronymus und Augustinus, einige
Aufschlüsse über die Geschichte der Schriftauslegung, durch sein
Werk „Liber de septem regulis“ — Gennadius fügt hinzu:
„ad investigandam et inveniendam intelligentiam scripturarum ***).“ Dieser Titel sowohl, als das Zeugniß Augustins
(„non parum adiuvant ad penetranda quae tecta sunt divinorum eloquiorum †),“) und noch mehr das eigne Versprechen des
Verfassers von der großen Wirkung dieser Regeln zur Lösung aller
Knoten und zur Aufklärung aller Dunkelheiten in der Schrift ††),
führt indessen zur Vorstellung von Regeln einer ganz anderen Art,
als diejenigen, welche wir hier vor uns haben.

Die erste Regel hat zur Ueberschrift: „de Domino et corpore eius,“ d. h. vom Herrn und seiner Gemeine. Sie schärft
nämlich ein, daß Vieles in der Schrift sich finde, was von

---

*) Ep. ad Paulam: „Cypr. quum totus sit in exercitatione vir-
tutum, occupatus persecutionum angustiis, de scripturis divinis
nequaquam disseruit.“

**) Es ist eine einseitige Rücksicht auf diese Typik, welche Rosenmüller
verleitet hat, Cyprian unter die entschiedenen Allegoristen zu zählen: „ple-
rumque, sensu historico neglecto, allegorias sectatus est“ (Hist.
interpr. p. 230.).

***) De viris illustr. c. 18. Tychonius selbst wird ebendaselbst „in
divinis litteris eruditus iuxta historiam sufficienter et in secularibus
non ignarus, in ecclesiasticis quoque negotiis studiosus“ genannt.

†) De doctr. III. c. 4.

††) „Quarum si ratio regularum sine invidia, ut communica-
mus, accepta fuerit, clausa quaeque patefient et obscura dilucida-
buntur, ut quis prophetiae universam sylvam perambulans, his regulis quodammodo lucis tramitibus deductus, ab errore defendatur.“

Chriftus gesagt ift, während es gleichwohl auf die Gemeine angewandt werden, und umgekehrt Bieles, was von der Gemeine
gesagt ift, und auf ihr Haupt zurückgeführt werden müffe.

Die zweite Regel handelt: „de Domini corpore bipar-
tito," d. h. was von der chriftlichen Gemeinschaft im Allgemeinen
gesagt ift, ift oft von einem einzelnen Theile derselben, bald von
dem gläubigen, bald wieder vom ungläubigen Theile zu verftehen.

Die dritte Regel — „de promissis et lege" — macht
auf den scheinbaren Widerspruch zwischen den Aeußerungen der
Schrift aufmerkfam, indem bald alle Rechtfertigung in Folge der
verheißenen Gnade aus dem Glauben abgeleitet, bald dagegen
eine Gerechtigkeit vor Gott dem Menschen beigelegt wird, und entwickelt das Verhältniß des Gesetzes zum Glauben und zur Gnade.

Die vierte Regel — „de specie et genere" — zeigt,
wie die Rede der Schrift oft unbemerkt vom Allgemeinen zum
Besonderen, oder umgekehrt, übergehe, und wie das daraus ent-
ftandene Misverhältniß zwischen Subjekt und Prädikat durch die
Auslegung ausgeglichen werden müffe.

Die fünfte Regel — „de temporibus" — führt verschiedene Methoden an, durch welche die Unrichtigkeit oder Ungenauigkeit der Zeitberechnungen oder Zeitangaben an einzelnen Stellen
der Schrift soll vermieden werden können.

Die sechfte Regel — „de recapitulatione" — macht
auf die Art und Weise aufmerkfam, nach welcher die Schrift dasjenige, was verschiedener Zeit und verschiedenem Orte angehört,
zusammenfüge, und sonach die Gegenwart bald mit der Vergan-
genheit, bald wieder mit der Zukunft verbinde.

Die siebente Regel „de Diabolo et corpore eius" —
(d. h. seine Kinder und Unterhanen) ift das Gegenftück zur erften.

Man sieht leicht, daß diese sogenannten Regeln bloße Observationen über verschiedene — wirkliche oder vermeintliche —
Eigenheiten der Schrift, ohne innern Zusammenhang, sind, und
daß sie nur einen Werth haben, insofern sie von einer gewiffen
sorgfältigen Beobachtung des Textes und einem Intereffe für eine
genauere Deutung im Einzelnen zeugen. Dagegen ift die Entwickelung und auch die Anwendung auf namhafte Beispiele großentheils allegorisirend; was auch mit dem Berichte des Gennadius von einem verloren gegangenen Commentar von Tychonius

über die Apokalypse: „nihil in ea carnale, sed totum intelli-
gens spirituale,“ übereinstimmt. Namentlich wird angeführt,
daß Tychonius nur eine Auferstehung in diesem Buche angegeben
fand, weil er die erste Auferstehung, die der Gerechten, vom
Wachsthum der Kirche: „wo die durch den Glauben gerecht Ge-
wordenen durch die Taufe zum ewigen Leben erweckt werden,“
erklärte.

Zur Periode der hier genannten Kirchenväter scheinen auch
die clementinischen Pseudepigraphen zu gehören*).
In diesen Büchern tritt Petrus als Repräsentant der apostolischen
Wahrheit auf, im Gegensatz zum Simon Magus, in dessen Person die gnostischen, namentlich die marcionitischen Ketzereien concentrirt sind; und dieser Gegensatz ist auch auf die Auslegungskunst
im Allgemeinen und ihre Anwendung auf die heiligen Bücher übertragen. „Dasjenige, was auf einleuchtende Weise gesagt ist,“
sagt Petrus in Beziehung auf die prophetischen Schriften,“ ist
darum nicht ebenso einleuchtend in der Schrift; so daß es bei der
Lesung wegen der den Menschen anklebenden Sündlichkeit nicht
ohne Ausleger verstanden werden kann;“ — „Diejenigen daher,
welche das Gesetz ohne Anleitung des Lehrers lesen und sich selbst
zu Lehrern haben, indem sie es ohne dessen Hülfe, der vom Mei-

---

*) Von verschiedenen Benennungen der Clementiner: κηρύγματα (homi-
liae) Κλήμεντος, ἀναγνώρισμοι Κλ. (recognitiones Cl.) von den verschiedenen, hieburch bezeichneten, Recensionen desselben Werks, und dem gegenseitigen Verhältniß zwischen diesen sowohl, als vom Verhältniß zu anderen
apokryphischen Schriften (περίοδοι Πέτρου, πράξεις Π., itinerarium Petri
u. m.) siehe Coteler. 1. p. 484. Baur, die chr. Gnosis S. 300 ff. Schar-
ling (Theol. Zeitschr. III. 1.). — Die Schrift enthält den Bericht von den
Wanderungen des Clemens durch die Schulen der Philosophen, bis er, durch
das Gerücht vom Propheten aus Judäa angeregt, den Barnabas und Petrus
aufsucht, von der Ueberlegenheit des Letztern über Simon Magus Zeuge ist,
und endlich zum Christenthum bekehrt wird. Nach verschiedenen Reisen, die
er als Begleiter des Apostels unternommen hatte, trifft er unerwartet seine
Eltern und Verwandten an, welche ebenfalls vom Apostel von ihrem bisherigen Irrthum und Vergehen überzeugt werden. Aus dieser Zusammenkunft
ist der Name des Buchs ohne Zweifel zu erklären. Anders Baur (S. 373.):
„Der Titel bezeichnet nicht bloß etwas Zufälliges, sondern etwas sehr Wesent-
liches: Die Idee, daß das Christenthum zum ursprünglichen Wesen des Menschen selbst gehöre, den Menschen mit sich selbst vermittle.“ Ohne Zweifel
eine mehr sinnreiche als wahre Deutung.

ster gelernt hat, verstehen zu können meinen, laffen sich gewöhn=
lich ungereimte Gedanken gegen Gott einfallen*)." In Folge
einer solchen Anleitung dagegen „wird Vieles, was Einigen in=
nerlich unübereinstimmend zu seyn scheint, im tieferen Sinne als
zusammenstimmend erscheinen; gleichwie auch Verschiedenes, was
zusammenzustimmen scheint, bei näherer Untersuchung unüberein=
stimmend befunden wird**)." Worin nun diese Anleitung zum
Verständniß der heiligen Schrift gesetzt werden solle, das leuchtet
aus einer höchst merkwürdigen Aeußerung auf Veranlassung der
mystisch=spekulativen Deutungen der Mythen bei Orpheus und
Hesiodus, auf deren Willkührlichkeit aufmerksam gemacht wird,
hervor. „Sinnreiche Leute," heißt es, „leiten viele Aehnlich=
keiten aus dem, was sie lesen, ab; daher es genau beobachtet
werden muß, daß Gottes Gesetz, wenn es gelesen wird, nicht so
gelesen werde, wie ein Jeder es selbst verstehen will; denn es giebt
viele Aeußerungen in den heiligen Schriften, welche der Meinung,
die ein Jeder sich im Voraus gebildet hat, angepaßt werden kön=
nen; und doch darf solches nicht geschehen. Denn eine Meinung,
die von außen hineingebracht wird, fremd und in den Zusammen=
hang nicht passend, soll man nicht durch die Autorität der Schrift
zu bestärken suchen, sondern aus der Schrift selbst die wahre Mei=
nung herausbringen. Wenn man sich aber aus den göttlichen
Schriften eine Regel der Wahrheit vollständig und fest gebildet hat,
so ist darin nichts Ungereimtes, daß man Etwas von der allge=
meinen Gelehrsamkeit und den wissenschaftlichen Studien, welche
in der Kindheit getrieben worden sind, zur Hülfe ruft, um die
wahre Lehre zu bestärken, doch so, daß man, wo die Wahrheit
gelehrt ist, dem Falschen und verstellter Weise Gesagten aus=
weicht***)." Die gesunde Betrachtung der Schriftauslegung,
welche hier so bestimmt geltend gemacht worden ist, ist auch im
Buche selbst in Anwendung gebracht; denn im zweiten und dritten
Buche, wo Simon Magus im Streit mit Petrus eingeführt wird,
indem er eine Menge Schriftstellen anführt, theils um dem A. T.
solcherlei Lehren, daß es mehrere Götter gebe, daß Jehovah nicht
der wahre Gott sey, anzudichten, theils um den gegenseitigen Wi=

---

*) Recogn. Lib. I. 21. II. 55.   **) Lib. II. 34.
***) Lib. X. 42.

derſpruch zwiſchen verſchiedenen Aeußerungen im Alten und Neuen
Teſtamente darzuthun, iſt nie, wie man erwarten könnte, die
Hülfe der Allegoriſirung in Anſpruch genommen, ſondern durch
genaue, oft ſcharfſinnige Auslegung der angezogenen Schriftſtellen ſind die Einwendungen widerlegt und die Ehre der Schrift gerettet.

Die Oppoſition gegen die allegoriſirende Schriftauslegung,
welche von der antignoſtiſchen Seite zunächſt aus polemiſchem
Intereſſe hervorgerufen wurde, ging in der Antiocheniſchen
Schule*) von einem mehr wiſſenſchaftlichen Standpunkte aus:
von der Beſtrebung nämlich, die menſchliche Beſchaffenheit der
Schrift mit ihrem göttlichen Charakter zu vereinigen. Eine Reihe
von exegetiſchen Arbeiten und bibliſchen Homilien bieten uns von
dieſer Seite, durch die nüchterne Auffaſſung, die einfache, klare,
conciſe Auslegung der Schrift, einen erquickenden und wohlthuen-
den Ruhepunkt nach der hieroglyphiſchen Wortfülle der Allegoriſten, obgleich der orthodoxe Eifer ohne Zweifel der Zeit zur Hülfe
gekommen iſt, um uns die Schriften des Euſebius, Biſchofs
zu Emiſa († 360) und des Ibas, Biſchofs zu Edeſſa,
dem Sitz einer theologiſchen Schule, welche in einer langen Reihe
von Jahren der perſiſchen Geiſtlichkeit ihre wiſſenſchaftliche Bildung ertheilt hatte († 457), zu rauben; und ältere und neuere
Verfaſſer von Katalogen über viri illustres der Kirche erwähnen
nur ſpärlich ihre Schriften und noch weniger ihre Verdienſte**).

Von Diodorus, Biſchof zu Tarſus († ungef. 394), der
von Suidas als Verfaſſer einer hermeneutiſchen Schrift (τίς δια-
φορὰ θεωρίας καὶ ἀλληγορίας) und verſchiedener Commentare
über das A. Teſt. und über mehrere Bücher des Neuen, zugleich
aber von Sokrates und Sozomenus als ein Gegner der allegoriſchen

---

*) F. Münter: De Schola Antiochena. 1811.

**) „Euſebius Emiſ., vir in div. scripturis eruditissimus .. fer-
tur multa et paene infinita scripsisse opuscula; sed nos paucorum
solos titulos et numeros potuimus invenire." Trithemius, de script.
eccles. c. 66. Neulich hat Thilo mit Gelehrſamkeit und Scharfſinn („Ueber die Schriften des Euſebius von Alexandrien und des Euſebius von Emiſa,"
1832.) die Unächtheit von drei Homilien, die dem Letztern von Auguſti beigelegt worden ſind (Eusebii Emiseni quae supersunt opuscula. 1829.),
dargethan.

Auslegung genannt wird *), ſind nur einige unbedeutende Fragmente aufbewahrt. Theodorus, Biſchof zu Mopſueſtia (†
ungef. 428), Schüler des Diodorus, von Theodoret (Kirchengeſch.
V. 40.) als πάσης ἐκκλησίας διδάσκαλος geprieſen, ſchrieb fünf
Bücher gegen die Allegoriſten (de allegoria et historia), außer
einer Reihe von Commentaren über die meiſten Bücher des A. und
N. Teſt. **). Fragmente von dieſen ſind in verſchiedenen Catenen
aufbewahrt; aber vollſtändig herausgegeben hat man nur ſeinen
Commentar über die zwölf kleinen Propheten, aus einem Codex
in der kaiſerlichen Bibliothek zu Wien und aus zwei vatikaniſchen
Handſchriften ***). Der hingeworfene Hohn, den Theodors Auslegung von der orthodoxen Partei erfahren hat, zieht die Aufmerkſamkeit auf dieſelbe hin †). Es wird ihm zur Laſt gelegt, daß er
bei der Auslegung der Schöpfungsgeſchichte die Allegoriſirung
ausſchloß ††); daß er in ſeinem Commentar über die Pſalmen,
ohne ſich durch die Angaben der Ueberſchriften binden zu laſſen,
die hiſtoriſche Erklärung von älteren oder gleichzeitigen Begebenheiten geltend machte, und die Anzahl der meſſianiſchen Pſalmen

---

*) Socr. H. E. VI. 3.: Ψιλῷ τῷ γράμματι τῶν θείων προςέχων γρα-
φῶν τὰς θεωρίας αὐτῶν ἐκτρεπόμενος. Sozom. H. E. VIII. 2.: περὶ τὸ
ῥητὸν τῶν ἱερῶν λόγων τὰς ἐξηγήσεις ποιήσασθαι, τὰς θεωρίας ἀποφεύ-
γοντα.

**) Genaue Unterſuchung über dieſelben findet ſich bei Fritzſche: De
Theodori Mopsu. vita et scriptis (1836.).

***) Theodori Mopsu. Opera quae supersunt. t. I. ed. A. F. V.
a Wegnern. 1834. Ang. Mai: Scriptorum veterum nova collec-
tio e codd. vatic. edita. t. I. 1825. t. VI. 1832. Vergl. Sieffert:
Theodorus Mopsu. Veteris Testamenti sobrie interpretandi vindex.

†) Acta Conc. Constpl. 553: „Commentarius ... abnegans pro-
phetias de Chr. esse praedictas." Leontius Byzant. adv. Nestor. et
Eutych. (Canisii lectiones ant. vol. I.): „Th. audet contra gloriam
Spiritus S., omnes quidem scripturas altas, quas Sancti afflatu eius
tradiderunt, humiliter et demisse interpretans." — „non nisi de-
bacchationes scripturarum interpretationes, quas in eas composuit,
appellare possum." „Hic scelestus in omni prava interpretatione
scripturarum labores sanctorum doctorum, qui in iis laborarunt,
nunquam irridere et illudere desinebat."

††) Phot. cod. 38.: φεύγων τὸν δυνατὸν αὐτῷ τρόπον τὰς ἀλληγορίας καὶ κατὰ τὴν ἱστορίαν τὴν ἑρμηνείαν ποιούμενος.

einschränkte*); daß er das Buch Hiob als dramatisirende Dichtung, wo es dem Verfasser oft mehr darum zu thun gewesen ist, zu glänzen, als die historische Wahrheit zu befolgen, auffaßte**). Nach den nämlichen Prinzipien werden in seinem Commentar prophetische Stellen, wie z. B. Hos. 11, 1. Joel 3, 1. Mich. 5, 2. Zach. 12, 10. Mal. 3, 1. auf den Kreis nabeliegender historischer Ereignisse zurückgeführt, mitunter, ohne daß auf den Gebrauch, der von diesen Stellen im N. T. gemacht ist, Rücksicht genommen wird, jedoch öfters so, daß er zwischen ἔννοια πρόχειρος, durch den Zusammenhang des Textes und historische Data bestätigt, und der typischen Anwendung, die darin gegründet ist, daß die valle Wahrheit erst in Christus gegeben ist, unterscheidet; daher er auch bemerkt, daß die prophetischen Anspielungen, so lange sie sich nur auf die Geschichte, welche die Verfasser vor Augen gehabt haben, beziehen sollen, einen hyperbolischen Charakter haben. Ueber die Allegoristen äußert er sich oft mit Bitterkeit, als μυθολόγους, μυθολογεῖν ἐθελόντας, μύθους γραώδεις ἀγαπῶντας. Charakterisirend in dieser Beziehung ist seine Auslegung des Hohenliedes, als eines erotischen Gedichts, von Salomo geschrieben, zur Rechtfertigung seiner Heirath mit einem ägyptischen Mädchen aus dem verhaßten Geschlechte Chams***).

Hauptsächlich aber repräsentiren uns die zahlreichen Schriften des Chrysostomus und des Theodoretus die Richtung, die der Schriftauslegung durch die Antiochenischen Kirchenlehrer und diejenigen, welche von ihrer Schule ausgegangen sind, gegeben worden ist.

Johannes Chrysostomus, Patriarch zu Constantinopel, war zu Antiochien im Jahre 337 geboren, und hatte seine wissenschaftliche Bildung ebendaselbst, seine theologische aber — wie auch sein Zeitgenoß und Freund Theodor — zunächst von Diodor aus Tarsus erhalten († 407)†). Die zahlreichen Homilien und populären Commentare sowohl über ganze Bücher als

---

*) Acta Conc. Cstpl. (Harduin III. p. 78 ss., 88 ss., wo einige Beispiele angeführt werden.) Leontius l. l. „Omnes psalmos iudaice ad Zorobabelam et Ezechiam retulit, tribus tantum ad Dominum reiectis."

) Fritzsche l. l. p. 60.   *) Leontius l. l.

†) Neander: Der heil. Chrysostomus, 1. S. 13 f.

über einzelne Aeußerungen im A. und N. Testament zeigen uns
den hochbegabten Redner zugleich als einsichtsvollen Schriftaus=
leger. Seine Ehrfurcht gegen das göttliche Wort, die Fülle und
Tiefe des Inhaltes desselben legt er durch seine Opposition gegen
die gesetzlose Willkühr, mit der man es auslegte, durch sorgfältige
Beobachtung alles dessen, was zur Begründung und Sicherung
des wahren Sinnes dienen kann, an den Tag.

Auf der einen Seite erinnert Chrysostomus daran, daß
„nichts in der göttlichen Schrift müßig sey, nichts ohne Bedeu=
tung und Grund hingesetzt *)," daß „ein großer geistiger Schatz,
eine mächtige Kraft der Gedanken und ein unsäglicher Reichthum
in wenige Worte, oftmals in eine einzelne Sylbe gelegt seyen **);"
nicht minder aber macht er auf der andern Seite auf die anthro=
pomorphistischen Ausdrücke, in welchen die Schrift redet, „sich
nach dem menschlichen Sprachgebrauche fügend (πρὸς τὴν συν-
ήθειαν τὴν ἀνθρωπίνην συγκαταβαίνων)," aufmerksam ***).

In den heiligen Büchern kann nämlich nicht Alles auf einerlei
Weise genommen und behandelt werden: „Einiges muß ver=
standen werden, wie es gesehen ist, Einiges wieder anders,
als wie es vor uns liegt — κατ᾽ ἀναγωγήν; Einiges
muß in zweifachem Sinne verstanden werden — κατὰ διπλῆν
ἐκδοχήν, — so daß wir sowohl das Sinnliche verstehen, als das
Geistige auffassen †)." Wenn „Gott gewollt hat, daß nicht Alles
in der Schrift leicht zu durchschauen und von selbst in die Augen
fallend seyn sollte, namentlich bei der ersten Lesung, so ist solches
„aus Liebe" geschehen, „damit der stumpfe Sinn geweckt werde
und die angestrengte Wachsamkeit den vollen Nutzen aus dem
Worte ziehen möge ††)." „Die mit dem Verständniß der Schrift
verbundene Schwierigkeit liegt daher nicht in der Beschaffenheit
der Rede, sondern in dem Unverstand der Zuhörer †††)." Denn

---

*) Hom. 10. in Gen. n. 3. 28. n. 4. 58. n. 1. Hom. 2. in Ies. n. 2.

**) Hom. 8. in Gen. n. 2. 10. n. 7. 15. n. 1. 21. n. 1. 24. n. 1. 32. n. 1.
39. n. 1. 42. n. 2. 60. n. 3. in Ps. 42. n. 1.

***) Hom. 4. in Gen. n. 2. 3. 17. n. 3. 18. n. 3. in Ps. 6. n. 1.

†) Hom. in Ps. 46. n. 1. Als Beispiele der letzten, der typischen, Aus=
legung werden die Opferung Isaaks und das Osterlamm, beide als Bezeich=
nungen des Todes Christi, angeführt.

††) Hom. 32. in Gen. n. 1. in Ps. 48. n. 3.   †††) De Melchised. n. 1.

„die göttliche Schrift kann nicht mit ſich ſelbſt im Widerſpruch ſtehen*).“ Was alſo erfordert wird, um die Schrift zu verſtehen, iſt „nicht menſchliche Weisheit, ſondern ἀποκάλυψις τοῦ πνεύματος, Anſtrengung des Verſtandes, nüchternes und aufgewecktes Denken (συντεταμένη διάνοια καὶ λογισμὸς νήφων καὶ διεγηγερμένος)**).“ Hieraus werden folgende Regeln für die Auslegung abgeleitet:

1. „Nichts von dem, was geſagt iſt, nicht die kürzeſte Aeuſſerung noch irgend eine einzelne Sylbe darf überſehen, ſondern Alles muß genau ausgeforſcht werden***).“

2. „Gleichwie das Gebäude ohne Grundlage baufällig iſt, ebenſo nützt auch die Schrift nichts ohne Ausfindung ihres Zwecks†).“ „Wir ſollen in unſerm Forſchen nicht bei dem einzelnen Worte ſtehen bleiben, ſondern auch auf die ganze Redefolge Achtung geben: bei welcher Veranlaſſung, von wem, an wen, aus welchem Grunde, wann und wie es geſagt ſey... Man darf die Worte nicht aus einander reißen, die Gliedmaßen im Körper der Schrift nicht verrenken, die nackten und bloßen Worte aus ihrem rechten Zuſammenhange nicht herausnehmen, noch willkührlich und frevelhaft mit ihnen Spott treiben;... denn wenn wir ihre gegenſeitige Verbindung und Verwandtſchaft aufheben wollten, ſo würden viele irrige Lehren zur Welt geboren werden. Iſt es nicht ein Widerſpruch, daß, während wir vor dem Gericht, wo um weltliche Sachen geſtritten wird, unſere Rechte, Ort und Zeit, Perſonen und unzählige Sachen anderer Art vorbringen, wir dagegen, wenn der Streit das ewige Leben zum Gegenſtande hat, die Aeußerungen der Schrift ἁπλῶς καὶ ὡς ἔτυχε vorbringen††)?“ Den Grund des Geſagten haben wir überall zu erforſchen, und wir dürfen nicht wähnen, die Unwiſſenheit könne uns hinlänglich vertheidigen; denn der Herr hat uns nicht allein geboten, einfältig, ſondern auch verſtändig zu ſeyn†††).“

3. Der Gebrauch der allegoriſchen Auslegung („τὸ πότε καὶ τίνα ἀλληγορεῖν χρὴ τῶν γραφῶν“) wird durch das Ge-

---

*) Hom. 31. in Gen. n. 3.
**) Hom. 21. in Gen. n. 1. 32. n. 1. in Ps. 48. n. 1. Hom. 17. in Ioh.
***) Hom. 15. in Gen. n. 1. Hom. 39. in Ioh.
†) Hom. in Ps. 3. n. 1.   ††) Hom. in Ier. n. 2. 3.
†††) Hom. 39. in Ioh.

set eingeschränkt: daß jede willführliche Behandlung des Wortes durch Zusatz oder Wegnahme, Veränderung oder Verdrehung — „πλεονασμὸς ἢ ὑφαίρεσις ἢ διαστροφὴ ἢ μεταβολὴ“ als eine κακουργία τοῦ διαβόλου, durch welche verderblichen Lehren Thor und Thür geöffnet wird, vermieden werden müsse*). „Wir sollen nicht selbst,“ sagt er „diese Gesetze beherrschen wollen, sondern die Meinung der Schrift befolgen, und so τὸν τρόπον τῆς ἀλληγορίας anwenden; denn dieses Gesetz wird überall behauptet in der Schrift, daß, wo sie allegorisirt, da fügt sie selbst die Auslegung der Allegorie hinzu, damit nicht die Begierde derer, die allegorisiren wollen, überall aufs Gerathewohl ungestraft umherschweifen solle**).“

Theodoret, Bischof zu Cyrus († ungefähr 458), Jugendfreund des Nestorius, war Schüler und Nachfolger Theodors von Mopsuestia***) und des Chrysostomus. Seinen Zweck als Schriftausleger giebt er selbst in der Vorrede zum Comm. über die Psalmen folgendermaßen an: „Als ich verschiedene Commentare, welche sich mit Uebersättigung in Allegorien verloren, angetroffen hatte, . . . so bestrebte ich mich, dieses Uebermaß zu vermeiden, und durch dasjenige, was mit alten geschichtlichen Verhältnissen zusammenhangt, diese Verbindung zu unterhalten. — Auch werde ich mich nach Vermögen bestreben, Weitläufigkeit im Vortrage zu vermeiden, und das Nützliche dagegen denjenigen, die es benutzen wollen, in der Kürze darzustellen.

Im Ganzen kann man wohl sagen, daß Theodoret in seinen Commentaren über das A. Testament und die Briefe des Paulus

---

*) Hom. in Ier. n. 3.   **) Hom. in Ies. c. 5. n. 3.

***) Von seinem Verhältniß zu Diodor von Tarsus und Theodor von Mopsuestia äußert er sich in seinem 16. Briefe (an Bischof Irenäus) folgendermaßen: „Wie ich diese Männer verehre, davon zeugt meine Vertheidigungsschrift für sie, in welcher ich widerlegt habe, was gegen sie geschrieben ist, ohne mich vor der Macht der Ankläger oder ihren Nachstellungen gegen mich zu fürchten.“ Dagegen bemerkt er, daß er, wo es ihm um seine eigene Vertheidigung zu thun ist, genöthigt ist, sein Zeugniß von ihnen zurückzuhalten. — Ein Commentar über das Hohelied, in welchem gegen die Auslegung Theodors von Mopsuestia (von Salomo und einer äthiopischen Königin) als gegen „weibische und unsinnige Fabeln, Lästerungen des heiligen Geistes“ u. s. w. geeifert wird, ist fälschlich dem Theodoret beigelegt worden. Siehe Garnerii diss. de libris Theod. in Schultzens Ausg. t. V. p. 266—271.

diesem Plane getreu geblieben ist. Daneben aber ist es merkwürdig, daß Widerlegungen der Allegoristen oder Seitenblicke auf sie
äußerst selten vorkommen. Bei Erklärung der Stelle: Gen. 3,
21. führt er es als „ἄγαν μυθῶδες" an, daß „οἱ ἀλληγορηταί"
„Röcke von Fellen" durch „sterbliche Leiber" auslegen*). Im
Allgemeinen aber begnügt er sich an der Darstellung des im Texte
gegründeten Sinnes, ohne selbst die Gelegenheit zu benutzen, die in
solchen Schriftstellen, wie z. B. 1 Cor. 1, 19 ff. Col. 2, 8. 1 Tim. 2, 18.
Tit. 1, 10. nahe liegt, um die Willkühr der Allegoristen zu rügen.
Es fehlt auch an Consequenz in der Ausführung, und Theodoret
hat oft vollends den Weg der Allegoristen eingeschlagen. Von An-
erinnerungen, wie solche, daß die heilige Schrift in den anthropo-
morphistischen Ausdrücken von Gott: als welcher Reue empfindet,
erinnert u. s. w., „rede, wie es zweckmäßig ist für Menschen
(προσφόρως τοῖς ἀνθρώποις), und ihre Rede einrichte (μετα-
σχηματίζει), je nachdem sie sie zu fassen vermögen **); daß die
verschiedenen Gebote, welche im A. Testament als einander entgegengestellt erscheinen, darthun, daß „es gottlos sey, an dem bloßen
Buchstaben festzuhalten (τὸ γυμνῷ προσέχειν τῷ γράμματι
δυσσεβές) ***)" — geht er zu der gewöhnlichen Scheidung über
von ἡ τοῦ γράμματος ἐπιφάνεια, die sich den Juden eigne, und
dem tieferen Sinne, über welchen ἡ ἀληθὴς θεολογία Aufschlüsse
gebe †). Unter diesem letzteren versteht er am öftersten eine willkührliche typische Deutung, und gewöhnlich, besonders in seinen
Auslegungen der Psalmen, stellt er zwei durchaus verschiedene
Auslegungen zusammen, als die Wahrheit in geringerer und in
höherer Potenz: οὐ τὴν ἱστορίαν ἐκβάλλων, ἀλλὰ τῇ ἀλη-
θείᾳ παραβάλλων τὸν τύπον ††). Bei den Worten des Paulus von dem geistlichen Fels, der mit den Juden folgte in der Wüste
(1 Cor. 10, 4.), bemerkt er: „Paulus will sagen, daß nicht der
Fels, der mitfolgte, sondern die göttliche Gnade bewirkte, daß
jener Fels wider Erwartung Wasserströme ausgoß." Wenn die
Exodus als die Theile, welche geopfert werden sollen, das Fett,

*) Quaest. in Gen. III. 39. **) Ibid. VIII. 52.
***) Quaest. in Exod. XX. 40. cf. Quaest. in Gen. XIX. 69.
†) Comm. in Ps. 62. v. 6.
††) Quaest. in Joh. I, prooem.

welches den Magen umgiebt, die Nieren und einen Theil der Leber
verordnet, ſo findet Theodoret hierin „αἰνίγματα τῶν ἐν ἡμῖν
παθημάτων;“ nämlich die geiſtige Aufopferung der Schwelgerei,
der Wolluſt und des Zorns beſchrieben *). Wenn Iſaak in ſeinem Segen (Gen. 27, 39.) dem Eſau den Thau des Himmels
und eine fette Wohnung auf Erden verheißt, ſo ſoll dieſes „κατὰ
μὲν τὸ πρόχειρον καὶ ἐπιπόλαιον τοῦ γράμματος νόημα“
die phyſiſchen Güter bezeichnen; aber nach der höheren Auslegung
deutet der Thau die Gottheit Chriſti, und die fette Wohnung ſeine
Menſchheit an **). Unter „den Wolken“ im 11. Verſe des 57.
Pſalms verſteht er „die Menſchen, die der göttlichen Gnade gewürdigt ſind,“ und unter „dem Bach auf dem Wege“ im 7. Verſe
des 110. Pſalms die Juden, denen die Quelle der Wahrheit fließt,
jedoch ſo, daß ſie zuweilen vertrocknet.

Dergleichen Flecken giebts indeſſen ſo wenige, daß ſie das Zeugniß nicht ſchwächen können, womit Photius der exegetiſchen Werke
Theodorets auf ehrenvolle Weiſe gedacht hat: „Seine Sprache,
wenn ſolches anders von irgend einem Verfaſſer behauptet werden
darf, entſpricht dem Inhalte; denn er zieht ſowohl mit klaren
und treffenden Worten, was im Texte verborgen liegt, hervor,
als er durch Annehmlichkeit und Anmuth des Vortrages zum Leſen
einladet. Dadurch, daß er von dem einmal feſtgeſetzten Plane
nicht abweicht, noch ſich in Umſchweife und Digreſſionen verliert,
beugt er aller Langeweile vor; und dasjenige, was zweifelhaft iſt,
lehrt er zugleich ſeine Leſer, ohne ſie zu verwirren oder irre zu
leiten ***).

Anderen Kirchenlehrern von ausgezeichnetem Anſehen und
Einfluß können wir ihre Stelle als Schriftausleger am füglichſten
in der Mitte zwiſchen der Alexandriniſchen und der Antiocheniſchen
Schule anweiſen; indem ſie, vom Geiſte des Origenes angezogen
und großentheils durchs Studium ſeiner Werke gebildet, durch ge-
mäßigte Anwendung der Allegoriſirung, den Streit zwiſchen dieſer
und den Prinzipien der ſtrengeren Auslegung zu ſchlichten ſuchen.

---

*) Quaest. in Exod. XXIX. 61.
**) Quaest. in Gen. XXVII. 83. (***) Cod. 203.

Zu diesen gehören in der griechischen Kirche die drei mit einander nahe verbundenen Lehrer aus Kleinasien, die Gebrüder Basilius der Große und Gregor von Nyssa, und beider vertrauter Freund, Gregor von Nazianz. In Verbindung mit dem letzt Erwähnten führte Basilius, Bischof zu Cäsarea in Cappadocien († 379)*), die Arbeit aus, die unter dem Namen Philocalia, d. i. Auszüge aus den exegetischen Werken des Origenes, bekannt ist. Aber ungeachtet dieses Beweises von Neigung und Achtung für die Schriftauslegung des Origenes, verrathen doch verschiedene Aeußerungen in den Schriften des Basilius, namentlich in seinen Homilien über die Schöpfungsgeschichte und die Psalmen, eine völlige Unabhängigkeit von dieser großen Autorität**).

„Diejenigen,“ heißt es, „welche die einfachen Bedeutungen (κοινὰς ἐννοίας) des Geschriebenen nicht zugeben, sagen, daß Wasser nicht Wasser, sondern ein anderes Naturding sey, erklären eine Pflanze und einen Fisch nach ihrer eigenen Meinung. ... Aber was mich betrifft, wenn ich Gras nennen höre, verstehe ich darunter Gras; ich nehme Pflanzen und Fische und Thiere und Vieh, Alles, wie es gesagt ist; denn ich schäme mich des Evangeliums nicht. — Andere haben versucht, durch gewisse παραγωγαὶ καὶ τροπολογίαι der Schrift durch ihren eigenen Scharfsinn eine Würde zu ertheilen; solches aber ist die Sache dessen, der sich selbst weiser dünkt als die Rede des Geistes, und unter dem Vorwande auszulegen, sein Eigenes hineinbringt. Wie es also geschrieben steht, muß es verstanden werden***).“ In einer anderen Stelle†) äußert er sich mit gleicher Heftigkeit gegen diejenigen (die Origenisten), „welche, unter dem Vorwande von ἀναγωγὴ καὶ νοήματα ὑψηλότερα, zu Allegorien ihre Zuflucht nehmen;“ er verwirft solche Auslegungen als „ὀνειράτων συγκρίσεις καὶ γραώδεις μῦθοι.“

---

*) Klose: Basilius der Große nach seiner Lehre und seinem Leben dargestellt. 1835.

**) Rufin. H. E. II. 9. von den Gregoren und dem Basilius: „Scripturarum intelligentiam non ex propria praesumtione sed ex maiorum scriptis et auctoritate sequebantur; quos et ipsos ex apostolica successione intelligendi regulam suscepisse constabat.“

***) Hom. in Hexaem. 9. n. 1.   †) Hom. 3. n. 9.

Dieſe Aeußerungen laſſen rückſichtlich der Grundſätze des Baſilius von der rechten Auslegungsweiſe keinen Zweifel übrig*), und man darf ſie bei der Beurtheilung anderer unbeſtimmt aus= gedrückter Aeußerungen nicht aus den Augen verlieren. Wenn es nämlich z. B. heißt: daß „nichts, nicht einmal eine Sylbe der inſpirirten Worte müßig ſey**);" daß „τὸ δόγμα τῆς θεο= λογίας (von der Gottheit Chriſti) überall auf myſtiſche Weiſe der Geſchichte eingewebt ſey***); oder, gegen das Verfahren der Eu= nomianer im Urgiren gewiſſer Schriftſtellen als Verneinungen dieſes Dogma's: „daß was κατ᾽ οἰκονομίαν geſagt iſt, nicht verſtanden werden ſolle, als wäre es geradezu geſagt†): ſo geben uns dieſe Aeußerungen noch nicht das Recht, irgend eine eigent= liche Abweichung von den oben dargeſtellten Grundſätzen anzu= nehmen; wie wenig auch hiemit geläugnet werden ſoll, daß Ba= ſilius exegetiſche Misgriffe, namentlich auf dem Gebiete der Typik, mit den übrigen Schriftauslegern jener Jahrhunderte gemein hat.

Mit größerer Ausführlichkeit giebt Gregor, Biſchof zu Nyſſa († ungefähr 394), von ſeinen hermeneutiſchen Grund= ſätzen Rechenſchaft.

Seine Schriften über Hexaemeron und über die Erſchaffung des Menſchen kündigt er ſelbſt als einen Anhang zu der Schrift des Bruders Baſilius über denſelben Gegenſtand an, welcher er die Stelle unmittelbar nach der heiligen Schrift zuerkennt: „μόνης τῆς θεοπνεύστου διαθήκης τὰ δευτερεῖα φερέσθω††);" und was er bei demſelben anpreiſet, iſt „ἡ ἁπλούστερα τῶν ῥημά= των ἐξήγησις†††)." Als die Aufgabe ſeiner eigenen Ausle= gungsarbeit giebt er Folgendes an: „die Schrift εἰς τροπικὴν ἀλληγορίαν nicht umzubilden (μεταποιεῖν)," ſondern „den Sinn der Worte (τῶν ῥητῶν διάνοιαν) ausfindig zu machen, ſo daß

---

*) Wenn es daher bei Sokrates (IV. 26.) von Baſilius und Gregor Naz. heißt: „τὰ Ὠριγένους βιβλία συνάγοντες, ἐξ αὐτῶν τὴν ἑρμηνείαν τῶν ἱερῶν γραμμάτων ἐπέγνωσαν," ſo ſcheint das Zweite für einen wenig genauen aus dem Erſten abgeleiteten Schluß angeſehen werden zu müſſen.

) Hom. in Hexaem. 6. n. 11.   *) L. l. n. 2.

†) Adv. Eunom. IV. p. 293. (Ed. Bened.)

††) De Hexaem. p. 5. 45. Ed. Paris. 1615.

†††) L. l. p. 4.

der Text seine eigenthümliche Bedeutung behält (τῆς λέξεως μενούσης ἐπὶ τῆς ἰδίας ἐμφάσεως)*).

Wenn wir hier den Gregor als Gegner der allegorischen Auslegung sehen, finden wir, daß er sie bei anderen Gelegenheiten in Schutz nimmt und ihrer sich bedient: Die heilige Schrift gebraucht nicht das Wort nach einer „τεχνικὴ περὶ ῥημάτων διδασκαλία," sondern nach einem besonderen, herrschenden Sprachgebrauch („συνήθεια γραφική, ἐπικρατοῦσα"), dessen sie sich durch Herablassung (συγκατάβασις) zur Schwachheit der Menschen bedient**). Aus diesem Grunde unterscheidet er den Buchstaben, „den Leib des Worts" vom „Geiste, dem Unkörperlichen (τὸ ἄϋλον), dem Göttlichen, das vom Leibe der Schrift wie von einem Schleier verdeckt wird***), und tadelt „οἱ δοῦλοι τοῦ γράμματος," die da läugnen, daß etwas „δι᾽ αἰνιγμάτων καὶ ὑπονοιῶν" gesagt sey, und, gleich jenen, die das Korn in der rohen, nicht zubereiteten Gestalt als Nahrung für Menschen statt des Brodes darreichen, aus den göttlichen Worten weiter nichts als „τὴν πρόχειρον τῆς λέξεως ἔμφασιν" herausbringen, die Hauptsache aber, nämlich „τὴν κατὰ διάνοιαν, κατὰ τὸν νοῦν θεωρίαν, τὴν θεωρίαν διὰ τῆς ἀναγωγῆς," vernachläsigen †).

Es könnte nun diese Opposition allein gegen die knechtisch-buchstäbliche Auslegung gerichtet zu seyn scheinen, und wäre sonach mit den oben dargestellten Regeln leicht zu vereinen; und zwar um so mehr, als er sich auf den parabolischen und bilderreichen Vortrag im A. und N. Testament und auf die Misbilligung Jesu in Beziehung auf der Jünger buchstäbliche Auffassung seiner Worte beruft. Wirklich hat auch Gregor öfters von der freieren und geistigeren Auslegung rühmlichen Gebrauch gemacht, wie z. B. wenn er bei den Worten in der Genesis „Gott sprach," erinnert: daß dieses nicht „παχύτερον, vom λόγος ἔναρθρος," sondern „θεοπρεπῶς, von der φωνὴ λόγου παραστατικὴ" verstanden werden müsse — denn „Alles, was mit Weisheit geschieht, ist λόγος

---

*) L. I. p. 6. 42. 43.
**) Ep. de Python. p. 869 sq. de Trin. III. n. 25. 26. ad Graecos de not. comm. II. 86
***) Hom. in Cant. Cant. prooem.
†) Hom. in Cant. Cant. prooem. p. 468 sq. Ep. de Python. p. 869.

Θεοῦ, nicht ein ſolcher, der durch gewiſſe Redeorgane artikulirt, ſondern der durch die Wunderwerke der ſichtbaren Dinge ſelbſt ausgeſprochen wird *);“ — wenn er die Oeffnung und die Zu= ſchließung der Fenſter des Himmels durch „ἐπομβρία καὶ ἀνομ= βρία“ erklärt **), und in der Erzählung von der Wahrſagerin zu Endor nur ein Gaukelbild von Samuel ſieht, weil „ἡ συνήθεια γραφικὴ oftmals dasjenige ſetzt, was zu ſeyn ſcheint, ſtatt deſſen, was wirklich iſt ***).“ Aber zu einer Gränzbeſtimmung zwiſchen einer in der Beſchaffenheit des Textes gegründeten, uneigentlichen Auslegung und dem willführlichen Allegoriſiren findet ſich kein Verſuch. Im Vorworte zu den Homilien über das Hohelied iſt die Unterſuchung über den Begriff von ἡ θεωρία διὰ τῆς ἀνα= γωγῆς als Tropologie, Allegorie u. ſ. w. geradezu abgewieſen, und die Auslegung dieſes Buches ſelbſt iſt in ganz allegoriſchem Styl gehalten. Auch an anderen Stellen verliert er ſich in Alle= goriſirungen, ohne daß irgend ein religiöſer noch ſittlicher Grund vorhanden iſt, um von dem eigentlichen Sinne abzuweichen. So giebt er z. B. eine fortlaufende allegoriſche Entwickelung des Le= bens Joſua: Wie er die Arche trug, ſo ſollen wir das Evange= lium tragen; wie er die Wüſte verließ und über den Jordan ging, ſo ſollen wir die Sünde verlaſſen und das Land der Verheißung in Chriſto ſuchen; wie er Jericho zerſtörte, ſo ſollen wir das alte Leben vernichten †) u. ſ. w.

Gregor von Nazianz († ungefähr 390) führt in ſeiner dritten Rede gegen den Kaiſer Julian den Gegenſatz zwiſchen den mythologiſchen Fabeln, die ein Gegenſtand allegoriſirender Aus= legungen waren, und denen κατ' ἐπίκρυψιν λόγοι,“ die bei den Chriſten gefunden werden, aus; er macht auf die große Be= deutung der Wahrheit, die in dieſen verborgen liegt, und auf die Schönheit und anziehende Kraft der Einkleidung aufmerkſam ††). In einer anderen Rede, der 42. (S. 683 f.), giebt das Verhältniß zwiſchen dem alten und dem neuen Bunde ihm die Veranlaſſung, ſeine Grundſätze über die Auslegung der Schrift auszuſprechen.

---

*) Hom. in Hexaem. p. 19. **) L. I. p. 28 sq.
***) Ep. de Python. p. 869 sq.
†) Vgl. Rupp: Gregors Nyſſ. Leben u. Meinungen. 1834. S. 247— 259. Heyns: De Gregorio Nyss. 1835. p. 47—51.
††) P. 106. Ed. Colon. 1690.

In der Ueberzeugung nämlich, daß nichts ohne Grund und höhere Vernunft (εἰκῇ καὶ ἀλογίστως) angeordnet sey, daß es daneben aber seine Schwierigkeiten habe, „für ein jedes der Schattenbilder die entsprechende Gestalt (θεωρία) ausfindig zu machen," stellt er die Aufgabe der Schriftauslegung so, daß die Mittelstraße zwischen „denen, die überall παχύτεροι τὴν διάνοιαν, und denen, die ἄγαν θεωρητικοὶ καὶ ἀνηγμένοι sind, gehalten werden solle, so daß man weder ganz stillstehend und unbeweglich, noch gar zu beweglich wird, indem man im letzten Falle außerhalb des Gegebenen nach Dingen, die zur Sache nicht gehören, ausschweift (τῶν προκειμένων ἔκπτωτοι καὶ ἀλλότριοι); denn das Erste ist jüdisch und thöricht, das Andere träumerisch, beides aber gleich sehr zu tadeln." Uebrigens geben sich die Schriften Gregors so wenig mit der Schriftauslegung ab, daß es sich nicht bestimmen läßt, wie weit es ihm gelungen sey, die beschriebene Mittelstraße zu halten.

Auch der berühmte „Vater der Orthodoxie [*]" Athanasius, Bischof zu Alexandrien, seinem Geburtsorte († 373), muß hier genannt werden [**]. Der polemischen Thätigkeit, welche in Folge der kirchlichen Verhältnisse sein Leben ausfüllte und großentheils Störung in dasselbe hineinbrachte, muß es ohne Zweifel zugeschrieben werden, daß er in seinen Schriften nur in soweit als Schriftausleger aufgetreten ist, als es die dogmatischen Controversen nothwendig machten; aber die hermeneutischen Prinzipien, denen er — wenn nicht immer gefolgt ist, so doch hat folgen wollen, sind deutlich ausgesprochen. Wenn der dialektische Scharfsinn, der in Athanasius repräsentirt ist, in vielen Fällen seine Exegese unter schädlichen Einfluß des dogmatischen Systems, für dessen Rechtfertigung er alles aufbot, stellen mußte, so finden wir dagegen die hermeneutischen Prinzipien hier mit ungewöhnlicher Klarheit und Bestimmtheit aufgestellt.

„Die göttlichen Schriften sind die Quellen des Heils; in ihnen allein wird das Gesetz der Wahrheit und Gottesfurcht verkündigt, aus ihnen kann jeder selbst den Glauben sich erwerben. Niemand aber darf ihnen etwas hinzufügen noch entziehen, und

---

[*] Epiphanius, haer. 69. 2.
[**] J. A. Möhler: Athanasius der Gr. u. die Kirche seiner Zeit. 1827.

wer ſie falſch auslegt, tödtet die verlaſſene Seele und den für die
Wahrheit gewonnenen Geiſt (χῆραν ψυχὴν καὶ προσήλυτον
νοῦν)*).“ Wenn es demnach in der Schrift heißt: daß die Men=
ſchen allzumal Sünder ſeyen, daß es keinen gebe, der da
Gutes thue, ſo „iſt dieſes nicht hyperboliſch geſagt, denn nichts
in der Schrift iſt hyperboliſch, ſondern alles nach der Wahrheit
geſagt**).“ Der gefährlichſte Misbrauch aber iſt der, den die Ke=
tzer mit den Worten der Schrift zu treiben pflegen: indem ſie
„nach dem Laut der Worte ſie richtig zu verſtehen ſcheinen, und
ſomit Andere dahin bewegen, Sätze anzunehmen, die der Schrift
fremd ſind***).“ Aber nur „der Einfältige achtet allein auf das,
was geſagt iſt, ohne den Sinn in Betrachtung zu ziehen. Bei
allen Stellen in der Schrift muß beobachtet werden, bei welcher
Gelegenheit der Apoſtel geredet habe, was es für eine Perſon oder
Sache ſey, um derentwillen er geſchrieben hat, damit nicht aus Un=
wiſſenheit oder Misverſtändniß der rechte Sinn verfehlt werde†).“
Namentlich gilt dieſes, wenn „die nämlichen Ausdrücke mitunter
in der heiligen Schrift Gott und den Menſchen zugleich beigelegt
werden; es iſt die Sache der Scharfſehenden, hier auf das Vor=
handene zu achten und die Sache zu erwägen, und nach der Natur
der bezeichneten Gegenſtände zu beurtheilen, was geſchrieben ſey,
und die Meinung nicht zu verwirren, ſo daß, was ſich auf Gott
bezieht, nicht auf menſchliche Weiſe verſtanden, noch umgekehrt,
was zu den Menſchen gehört, als für Gott eigenthümlich gedacht
werde††).“ — Wenn wir in dieſer Mahnung den reineren Blick
der alexandriniſchen Schule im geiſtigen Gebiete wiedererkennen,
ſo bezeichnen die vorhergehenden Aeußerungen einen nüchternen
Ernſt, eine genau rechnende Strenge, welche durch die allegoriſche
Auslegung, ſowie ſie in dieſer Schule nach der Zeit des Origenes
herrſchend war, nothwendig ſich abgeſtoßen fühlen mußten. Atha=
naſius erwähnt ſeines großen Vorgängers mit Ruhm, aber mehr
als Bewunderer denn als Schüler: er nennt ihn ὁ πολυμαϑὴς
καὶ φιλόπονος†††), aber unterſcheidet, gleichſam entſchuldigend,

---

*) Epist. fest. Or. contr. gentes n. 1. Expos. in Ps. 93. v. 6.
**) Expos. in Ps. 52. ed. 4.
***) Ep. ad Episc. Aegypt. et Lib. n. 4.
† Or. I. contr. Arian. n. 54.
††) Ep. de decr. syn. Nic. n. 10.   †††) Ep. 4. ad Serap. n. 9.

dasjenige, was er ſagt ὡς ζητῶν καὶ γυμνάζων, von dem, was er ſagt, ὡς ἀδεῶς ὁρίζων *).

Den hier erwähnten Kirchenlehrern müſſen wir noch den Jſidorus, Mönch in der Nähe von dem ägyptiſchen Peluſium († ungefähr 449), beifügen **). Wir haben von ihm eine zahl= reiche Sammlung von, zum Theil allerdings ſehr kurzen und un= bedeutenden, Briefen ***), meiſt moraliſchen oder populär= philo= ſophiſchen Betrachtungen und Ermahnungen. Indeſſen verdienen ſie auch in hermeneutiſcher Beziehung unſere Aufmerkſamkeit. Von der Erhabenheit und dem Werthe der Schrift ſowohl, als von ihrer Auslegung kommen treffende und ſchöne Aeußerungen vor.

„Zu den Menſchen des Alterthums,“ ſchreibt er †), „redete Gott nicht durch Buchſtaben, ſondern durch ſich ſelbſt. ... Nach= dem ſich aber das Volk der Juden in den Abgrund der Sünde hin= abſtürzte, wurden die Buchſtaben und die darin enthaltenen Er= mahnungen für nothwendig erachtet. ... Sonach ward auch den heiligen Apoſteln nichts durch Schrift übergeben, ſondern an der Stelle des Buchſtabens ward ihnen die Gnade des h. Geiſtes ver= heißen. — Nachdem aber im Lauf der Zeit einige in der Lehre des Glaubens, andere im Leben ſtrauchelten, wurde eine Zurechtwei= ſung durch den Buchſtaben wieder nothwendig. — Wenn es nun ſchon ein Vergehen iſt, des geſchriebenen Buchſtabens zu bedürfen, anſtatt ſich die Lehre des h. Geiſtes durch Reinheit des Wandels anzueignen, ſo müſſen wir bedenken, wie tadelnswerth es ſeyn würde, ein ſolches Hülfsmittel ſich nicht zu Nutze machen zu wol= len, ſondern die Schrift gering zu ſchätzen.“ Ferner: „Wir be= ſitzen die Schätze der göttlichen Weisheit in den heiligen Büchern in geringen, ärmlichen und ungelehrten Worten und Beiſpielen ein= geſchloſſen; — denn wenn Gott allein ſeine Majeſtät berückſichtigt hätte, und nicht lieber für das Bedürfniß der Leſenden hätte ſorgen

---

*) Ep. de decr. syn. Nic. n. 27.

**) H. A. Niemeyer: De Isidori Pelusiotae vita, scriptis et doctrina. 1825.

***) Suidas giebt die Zahl auf 3000, Nicephorus dagegen (14, 53.) und nach ihm Sixtus Senenſis auf ungefähr 10,000 an; Baronius (ad n. 431.) nimmt an, daß durch einen Schreibfehler die Buchſtaben I und Γ verwechſelt ſind; ſelbſt führt er 3, 113 Briefe als gedruckt an.

†) Lib. III. ep. 106.

wollen, so würde er himmlische und göttliche Reden und Beispiele
gebraucht haben; — er milderte die himmlischen Wahrheiten
durch einfache und schlichte Worte, damit sowohl Weib als Kind,
und alle Ungelehrte einigen Nutzen daraus ziehen könnten, sie zu
vernehmen *)." Noch folgendes Bruchstück aus einer gleichartigen
Stelle sey hinzugefügt: „Die göttlichen Orakel dürfen nur herge-
sagt werden, um die Seele zur Bewunderung zu stimmen; denen
aber, die sie mit Aufmerksamkeit betrachten, erlauben sie nicht,
sich der Ruhe zu ergeben; alle Fähigkeiten der Seele werden zu
ihnen hingezogen, so daß sie nach dem Folgenden trachten, ehe
sie noch das Gegenwärtige ins Auge gefaßt haben; wenn sie dieses erreicht haben, zu dem zurückkehren, was sie verlassen haben,
und am Ende, wenn sie auch dieses betrachtet haben, nicht wissen,
was am meisten zu bewundern sey **)."

Die Ausleger der heiligen Schrift erinnert er daran, „daß
sie mit Anstrengung ihrer Kräfte und mit Gebet anfangen, und auf
diese Weise sich zur Erforschung des Sinnes derselben wenden ***)."
Indem er sich über diesen in der Schrift enthaltenen Sinn ausspricht, bedient er sich solcher Worte, wie z. B. ἀπόῤῥητοι λόγοι,
ἐνθυμήματα, αἰνίγματα κεκρυμμένα, θεωρίαι u. a. Seine
Aeußerungen in einem Briefe an den Presbyter Valentinian †)
scheinen mithin von einer Vorliebe für die allegorische Auslegung zu
zeugen: „Du scheinst mir denjenigen nicht deinen Beifall zu schen-
ken, welche die Leser der Schrift ἐπὶ τὰς θεωρίας aufmuntern.
Denn diese, sagst Du, dünken sich selbst weiser als die Schriften,
und leiten auf mancherlei Weise die Leser irre, indem sie die göttlichen Worte deuteln, wie sie wollen. Was mich betrifft, will
ich weder jene tadeln, wenn sie etwas Weises, welches sie ausgefunden haben, ankündigen, noch Dich zwingen, der nicht allegorisiren will." Es fehlt endlich auch nicht an rein allegorischen
Auslegungen: Jakob, der bei der Geburt die Fersen des Esau
hält, ist die Seele, die Gott sieht (Israel, d. i. אֵל רָאָה), der
die sinnliche Begierde vernichtet ††), — Jakobs Anlegung der
Bocksfelle, d. i. Christi Anlegung einer sichtbaren Natur ohne

---

*) Lib. II. ep. 4. 5. Von dieser Weisheit in der Form der Schrift
handelt J. öfters, s. lib. IV. Ep. 28. 53. 54. 67. 76. 140.
) Lib. III. Ep. 388. *) Lib. II. Ep. 106.
†) Lib. IV. Ep. 117. ††) Lib. I. Ep. 192.

Sünde*), — der Stater im Munde des Fisches, d. i. die menschliche Natur in Sinnlichkeit versunken, aber durch den Heiland erkauft **); — Matth. 24, 19. (wehe den Schwangern und Säugern), das sind diejenigen, die die göttliche Liebe verborgen in sich tragen, ohne es zu wagen das Bekenntniß und die Vertheidigung derselben ans Licht zu bringen ***), — die beiden Räuber, d. i. das jüdische und das heidnische Volk†).

Es würde aber nichts desto weniger ungerecht seyn, den Isidorus zur Klasse der eigentlichen Allegoristen zu zählen; was von einem Schüler des Chrysostomus, der fortwährend der wärmste Anhänger und eifrigste Vertheidiger seines Lehrers blieb, auch nicht zu erwarten ist ††). Wir finden bei ihm vielmehr die Grundsätze der antiochenischen Schule für eine gesunde und strenge Auslegung wieder. Hiezu rechnen wir seine häufigen Warnungen vor dem Leichtsinne, der „tollkühn und freventlich das Heiligthum der Schrift antastet †††)“ — „ich habe mich oft,“ heißt es†*), „über diejenigen gewundert, die die göttlichen Schriften fälschlich auslegen und es lieber darauf anlegen, ihre eigene Meinung zu vertheidigen, als diejenige, die in denselben enthalten ist, indem sie die Lehre dadurch verunstalten, daß ihnen ihre faden Lehren ebenso viel gelten, als der reine und klare Sinn der Schrift;“ — ferner: seine Einschärfung umsichtiger Berücksichtigung des Textes als eines Ganzen und der historischen Verhältnisse desselben: „Wer den Sinn der heiligen Schrift auslegen will, der thue es so, daß er eine ernste, klare Zunge, eine fromme und gottesfürchtige Seele habe; er folge den Schriften, und greife ihnen nicht vor, noch verkehre sie nach seinem Gutdünken †**).“ „Zerreiße nicht die Schrift, indem du einzelne Aeußerungen schlechtweg anführst; sondern durch genaue Untersuchung des Inhaltes wirst du die Auslegung finden; denn die Auslegungen tappen im Finstern, wenn sie von den Worten losgerissen sind †***).“ „Wenn etwas mit Rücksicht auf dasjenige, was sich damals zugetragen hat, gesagt

---

*) Lib. I Ep. 193.   **) Lib. I. Ep. 206.
***) Lib. I. Ep. 211.   †) Lib. I. Ep. 255.
††) Man sehe Lib. I. Ep. 152. 156. 310. Lib. V. Ep. 32. Cf. Niceph. XIV. 53.
†††) Lib. I. Ep. 24. II. Ep. 253.   †*) Lib. III. Ep. 125.
†**) Lib. I. II. Ep. 292.   †***) Lib. III. Ep. 136.

iſt, ſo geſtehe, daß es ſo geſagt ſey, und ziehe es ja nicht mit Gewalt nach einem die Sache nichts angehenden Sinne hin*).« — Endlich verdient die kritiſche Unbefangenheit, womit Iſidorus vor der falſchen Typik warnt, alle Aufmerkſamkeit: „Diejenigen, die das ganze A. Teſtament auf Chriſtum zu deuten verſuchen, ſind nicht ohne Schuld, weil ſie den Heiden und Ketzern, die die rechte Trennung nicht machen, Waffen gegen uns in die Hand geben. Denn indem ſie dasjenige, was nicht mit Anſpielung anf Chriſtus geſagt iſt, mit Zwang dahin auslegen, ſo machen ſie auch das, was ohne Zwang geſagt iſt, verdächtig. Ich, meines Theils, nehme an, daß beides Statt finde: nämlich, daß nicht Alles von ihm geſagt ſey, daß es aber auf der anderen Seite an Stellen über ihn nicht fehle **).«

Nicht allein als kritiſcher Ueberſetzer, ſondern auch als eigent- licher Schriftausleger nimmt Hieronymus***) (geboren zu Stridon in Dalmatien, in Italien und Gallien ebenſo ſehr dem Studium der Claſſiker ergeben, als ſpäter in Syrien und Palä- ſtina für das aſketiſche Leben eifrig, ſtarb in der Nähe von Bethlehem als Mönch 420) eine ausgezeichnete Stelle in der ehrwürdigen Reihe der Lehrer der alten Kirche ein. Seine zahlreichen exegeti- ſchen Schriften†) — über die poetiſchen und prophetiſchen Bücher des Alten und über die meiſten Bücher des Neuen Teſtaments — zeigen allerdings unverkennbare Spuren der Eilfertigkeit, womit er nach ſeinem eigenen Geſtändniß gearbeitet hat ††); aber ſeine Auslegungen empfehlen ſich im Allgemeinen, bei aller ihrer Kürze,

---

*) Lib. II. Ep. 63.   **) Lib. II. Ep. 195.

***) L. Engelstoft: Hieronymus Stridonensis criticus, inter- pres caet. 1797.

†) „Hieron. laborantissimus et desudantissimus.“ Notker, de illustr. viris. „In div. scripturis inter omnes doctores eruditissi- mus — inter omnes eccl. doctores nullus plus Hieronymo profuit.“ Trithemius, de scriptt. eccl. c. 100. Noch glänzender iſt jedoch ſein eigenes Zeugniß von ſich: „philosophus, orator, grammaticus, dialecticus, Hebraeus, Graecus, Latinus, trium linguarum peritus“ (apol. adv. Ruf. I. 3.).

††) Prooem. in Ep. ad Ephes.: „Sciatis, ... me interdum per singulos dies usque ad numerum mille versuum pervenire.“ Dieſelbe Entſchuldigung kommt in der Vorrede zu ſeinem Comm. über Matth. vor („commaticum interpretandi genus“).

durch gesunden Blick, durch treffende Auffassung der Hauptpunkte und einfache Natürlichkeit der Darstellung *). Außerdem hat er, sowohl in seinen Commentaren als in seinen Briefen, seinen polemischen Schriften und seinen Selbstapologien gegen den Rufinus, seine Ansichten von der Schrift, von den verschiedenen Auslegungsweisen derselben, und von seinem eigenen Verhältniß als Schriftausleger zu den älteren Exegeten aus verschiedenen Schulen, oft und ausführlich ausgesprochen. Eine kurze Zusammenstellung der Resultate soll hier versucht werden.

„Qui nescit Scripturas, nescit Dei virtutem eiusque sapientiam; ignoratio scripturarum ignoratio Christi est," — schreibt Hieronymus in der Vorr. zu seinem Commentar über den Jesaias **), und durch diese Worte hat er gleichsam eine Würdigung der Thätigkeit eines Lebens gegeben, das der Sorgfalt für die Erhaltung der heiligen Bücher in unverfälschter Gestalt, für die Verbreitung und Sicherung der Kenntniß von ihnen gewidmet war. Es ist als nähere Entwickelung dieses Satzes zu betrachten, wenn er es an anderen Orten als christliches Axiom ausspricht: „daß die ganze heilige Schrift mit sich selbst nicht in Widerspruch stehen, und daß namentlich das nämliche Buch sich selbst nicht

---

*) Rosenmüller meint (Hist. interpretat. II. p. 393.), Hieronymus habe „der Religion und Kirche mehr Schaden als Nutzen gebracht." Er macht aber selbst auf die scharfen Gegensätze in den Urtheilen über diesen Kirchenvater aufmerksam: Wenn Erasmus (in seiner Vorr. zu den Worten des Hieronymus in die Worte ausbricht: „quis angulus div. Scr., quid tam abditum, quid tam varium, quod ille non velut in numerato habuerit? quis sic universam div. Scripturam edidicit, imbibit, concoxit, versavit, meditatus est? — so hat dagegen Clericus (quaestt. Hieron. l. p. 7.) geäußert: „Si separes multam Graecorum et praesertim Latinorum lectionem, coniunctam cum facultate acriter declamandi aut declamatorie scribendi pro eius aevi palato: cetera omnia sunt mediocria." Das harte Urtheil Luthers („H. soll nicht unter die Lehrer der Kirche mit gerechnet noch gezählet werden; denn er ist ein Ketzer gewesen … ich weiß keinen unter den Lehrern, dem ich so feind bin u. s. w.") geht allein von der Betrachtung des Eifers des H. für das Mönchsleben und die ganze Werkheiligkeit aus, und enthält keine Würdigung seiner wissenschaftlichen Verdienste.

**) Eine ganz ähnliche Aeußerung findet sich in seinem Comm. über den 77. (78.) Psalm. V. 1.

widerſprechen könne *)," und wenn er daran erinnert, daß „die
Einfachheit und die ſcheinbare Geringfügigkeit in den Worten der
Schrift keinen Anſtoß erregen dürfe," ſondern, wo ſie nicht in
dem Vergehen des Auslegers gegründet iſt, als weislich auf die
Erbauung des Volkes berechnet, betrachtet werden müſſe (rusticam
concionem), indem durch ſie der Gelehrte und der Ungelehrte,
jeder auf ſeine Weiſe, den nämlichen Satz verſtehen könne **).
Dieſe Aeußerungen bezeichnen Grundanſichten, die nothwendig von
entſchiedenem Einfluß auf die Auslegungsarbeit ſelbſt ſeyn mußten.

Mit ſtarken und lebendigen Zügen ſchildert Hieronymus den
Leichtſinn, mit welchem ſich Viele zur Auslegung der heiligen Bü=
cher hervordrängten, ohne den geringſten Begriff von dem zu ha=
ben, was dazu erfordert wird, und die Misbräuche, denen die
Schrift durch die grobe Unwiſſenheit, die eitle Sophiſtik, den
egoiſtiſchen Parteigeiſt ausgeſetzt war ***). Den Gegenſatz hievon
bildet die unermüdliche Sorgfalt, womit er ſich ſelbſt fortwährend
auf den Beruf des Auslegers vorbereitete. „Ich reiſete nach Alex=
andrien," ſchreibt er, „um Didymus zu ſehen, und von ihm
über die Zweifel, die ich in Beziehung auf alle Schriften hatte,
Aufſchlüſſe zu erhalten .... ich bin ihm vielen Dank ſchuldig; was
ich früher nicht wußte, habe ich gelernt; was ich wußte, iſt mir
durch ſeinen Unterricht ſicherer geworden (illo docente non per-
didi)†);" — „aus Apollinaris und Didymus habe ich Verſchie=
denes, wenngleich nur Weniges entlehnt, und theils hinzugefügt,
theils abgekürzt nach beſter Ueberzeugung ††);" „dem Origenes

---

*) Ep. ad Marcellam.   **) Ep. ad Paulinum.

***) Comm. in Dan. c. II. sub fin. „Scripturae intelligentiam abs-
que gratia Dei et doctrina maiorum sibi imperitissimi vel maxime
vindicant." Ep. ad Paulin. „Quod medicorum est, promittunt me-
dici; tractant fabrilia fabri. Sola Scripturarum ars est, quam sibi
omnes passim vindicant; scribimus indocti doctique poemata passim:
hanc garrula anus, hanc delirus senex, hanc sophista verbosus, hanc
universi praesumunt, lacerant, docent antequam discant. Alii,
adducto supercilio, grandia verba trutinantes, inter mulierculas de
sacris litteris philosophantur. — Taceo de similibus, qui .. ad sensum suum incongrua aptant testimonia, quasi grande sit et non vi-
tiosissimum docendi genus, depravare sententias et ad voluntatem
suam scripturam trahere repugnantem."

†) Prooem. in Ep. ad Eph. Ep. 65.   ††) Ibid.

bin ich; im Gefühl der Schwäche meiner eigenen Kräfte, zum
Theil gefolgt, — ebenfalls dem Euſebius von Emiſa und dem
Theodor von Heraklia; — dies Alles habe ich geleſen und in mei=
nem Gedächtniß geſammelt, worauf ich den Abſchreibern theils
mein Eigenes, theils Anderer Weisheit, zuweilen freilich ohne
ihre Worte und Wortfügung, noch ihre Meinung anzuführen,
diktirt habe; wolle nur der Gott der Barmherzigkeit, daß nicht,
was von Anderen ſchön geſagt worden iſt, durch meine Unkennt=
niß verloren gehe, noch dasjenige den Fremden misfalle, was
denen wohl gefällt, deren Eigenthum es iſt [*])!" Von den übri=
gen griechiſchen und lateiniſchen Exegeten, deren Schriften er be=
nutzt hat, nennt er Theophilus von Antiochien, Hippolytus und
Hilarius, „omissa autoritate veterum, quos neque legendi
neque sequendi mihi facultas data est [**]).“

Wie richtig Hieronymus die Aufgabe der Auslegung
gefaßt habe, geht aus nachſtehenden Aeußerungen hervor: „Ein
jeder, der das Evangelium in einem andern Geiſte und Sinne,
als in welchem es geſchrieben iſt, auslegt, der verwirrt die Gläu=
bigen und verunſtaltet das Evangelium Chriſti [***]).“ — „Es iſt
die Obliegenheit des Auslegers, kurz und bündig zu erläutern,
was dunkel iſt, und nicht ſowohl ſeine Beredſamkeit zu zeigen, als
vielmehr die Meinung des Verfaſſers, den er auslegt, aus einan=
der zu ſetzen [†]).“ Dieſes beſtimmt er dadurch näher, daß er die
Spur zwiſchen den verſchiedenen Extremen genau bezeichnet. Auf
der einen Seite warnt er vor der Willkühr, womit die Juden den
buchſtäblichen Sinn durch „Genealogien und überflüſſige Tradi=
tionen" vernichten [††]), womit die Ketzer dies und jenes Zeugniß
der Schrift von ſeinem Orte losreißen und mit anderen fremdar=
tigen Aeußerungen in Verbindung ſetzen [†††]), womit die Allegori-

---

[*]) Prooem. in Ep. ad Gal. = ad Eph.
[**]) Prooem. in Ev. Matth.   [***]) Comm. in Ep. ad Gal. I. 6.
[†]) Prooem. in Ion. Er fügt von den alten griechiſchen ſowohl, als
lateiniſchen Kirchenlehrern hinzu: daß ſie durch ihre Erklärungen über den
Jonas die Meinung eher verdunkelt als erläutert haben, „ut ipsa interpre-
tatio eorum opus habeat interpretatione, et multo incertior lector
recedat quam fuerit antequam legerat.“
[††]) Comm. in Amos. c. 2. init.
[†††]) Comm. in Ezech. c. 13. sub fin. c. 16. s. fin. c. 32. init.
Hiemit ſteht der Ernſt in Verbindung, womit H. ſelbſt vor wohlgemeinten

sten endlich, mit stolzer Hintansetzung des klaren Sinnes, ihren eigenen Fiktionen folgen, und die Schrift in Nebel und Blend= werk einhüllen*). Aber nicht minder ernstlich sucht er, auf der anderen Seite, das Misverstandene, mit dem Wesen aller Aus= legung Unvereinbare in der Behauptung derer zu zeigen, die den Ausleger an die Worte, wie sie lauten, gebunden wissen wollen, „die nicht Früchte suchen auf dem Baume, sondern nur Blätter, die schnell vertrocknen, und den Schatten der Worte, der bald vergeht **).“ „Ich gestehe es frei,“ sagt er, „daß ich bei der Aus= legung griechischer Verfasser nicht Worte aus Worten suche, son= dern einen Sinn aus dem Zusammenhange; — mögen Andere immerhin Sylben und Wörter zählen, Du aber suche den Sinn ***).“ Zwar betrachtet Hieronymus an diesem Orte die heilige Schrift, „wo sogar die Wortfügung ein Mysterium ist,“ als eine Aus= nahme; aber sowohl hier als an anderen Orten rechtfertigt er gleichwohl die Anwendung der nämlichen Verfahrungsart in Be= ziehung auf die heiligen Bücher. Er beruft sich auf das Beispiel der Apostel, welche sich bei der Auslegung des A. T. offenbar „weder an die Worte gebunden noch um die Ordnung und Folge der Worte sich sonderlich bekümmert haben, wenn nur die Sache selbst verständlich geworden ist;“ er beruft sich ferner auf die älte= ren Kirchenlehrer, namentlich auf den Hilarius †), und erinnert „daß eine bildliche Auslegung der Geschichte nicht immer mit der

---

Veränderungen im Texte der Schrift warnt: „ Melius est in div. libris transferre quod dictum est, licet non intelligas, quare dictum sit, quam auferre quod nescias; alioquin et multa alia, quae ineffabilia sunt et humanus animus capere non potest, hac licentia dilabuntur.“ Comm. in Ezech. c. I. med.

*) „Delirat allegoricus interpres.“ (Comm. in Ier. c. 27. init.) „Nos, qui ista contemnimus, quasi pro brutis habent ani= mantibus, et vocant πηλουσιῶτας, eo, quod, in luto istius corporis instituti, non possimus sentire coelestia. — Nos simplicem et ve= ram sequamur historiam, ne quibusdam nubibus atque praestigiis involvamur.“ ibid.

**) Comm. in Ies. 29, 17. in Iob. 31, 35.

***) Ep. 101. ad Pammach.: de vero interpr. genere.

†) „H. non assedit litterae dormitanti et putida rusticorum in= terpretatione se torsit, sed captivos sensus in suam linguam victoria iure transposuit.“ Ep. ad Pammach.

Allegorie Eins sey, weil die Geschichte oft selbst in bildlichem Sinne dargestellt werde*); daß „das Evangelium nicht in den Worten der Schrift, sondern im Sinne derselben, nicht in der Oberfläche, sondern im Mark, nicht in den Blättern der Worte, sondern in der Wurzel des Geistes bestehe**)." Und sonach wird es denn der Endzweck der wahren Auslegung seyn, „den Sinn, der sich im Buchstaben findet, und daselbst fest und wohlbegründet gegeben ist***), dadurch frei zu machen und „zu ergreifen," daß „die Schrift nicht nach der Meinung des Auslegers erklärt, diese aber mit der Schrift verbunden, und das Nachfolgende mit in die Betrachtung hineingezogen werde†)."

Dieses führt nun wieder auf den Begriff von der geisti=gen Auslegung („intelligentia spiritualis robusta et di=ves")††), die „der an Thorheit gränzenden Einfalt ohne Klugheit, die sich durch das bloße Grübeln über Worte zu erkennen giebt," entgegengesetzt ist†††). „Alles," heißt es, „was in den göttlichen Büchern gelesen wird, glänzt allerdings und strahlt schon an der Rinde, jedoch im Mark ist es süßer; wer die Nuß essen will, der breche die Schale mit mir†*)." „Wenn du die Evan=gelien zerbrichst, so wirst du mitten im Buchstaben und in der Geringfügigkeit der Geschichte sacramenta spiritus Sancti fin=den†**)." Hiezu folgende Hauptstelle: „Was geschrieben steht: du sollst das Fleisch nicht roh, auch nicht ausgekocht essen — be=deutet: daß wir die heiligen Schriften (die das wahre Fleisch des Leibes sind) nicht nach der Geschichte allein verstehen, noch sie — nach dem Beispiele der Ketzer (d. i. der Gnostiker) — durch Alle=gorien und nebelichte Auslegung auf Irrlehren sich beziehen lassen, und ihnen dadurch ihre Kraft rauben sollen; sondern wir sollen sie sowohl nach der Geschichte, wie sie geschrieben sind, verstehen .... als wir, was in ihnen nach dem Buchstaben unschicklich oder ver=

---

*) Comm. in Habac. c. 3. med.   **) Comm. in Ep. ad Gal. I, 11.
***) Comm. in Amos. c. 2. init.   †) Comm. in Matth. c. 10, 29.
††) Comm. in Ep. ad Gal. 4, 8. Prov. 25, 3.
†††) Comm. in Ies. c. 59. sub fin.   †*) Ep. ad Paulin.
†**) Comm. in Ezech. c. 1. med. — „Singula verba Scriptu=rae singula sacramenta sunt; verba, quae rustica putantur a se=culi hominibus, plena sunt sacramentis." Comm. in Ps. 91, (92) 7. Ps. 86 (87), 6.

schlossen erscheint, durch geistige Auslegung aufschließen sollen*)."
"Den Mann werden wir also geistig nennen, der alle sacramenta
der Schrift kennt, und sie sublimiter versteht, so daß er Christum
in den göttlichen Büchern sieht, und nicht etwas von der jüdischen
Tradition allein verstattet**)."

Ein solches Eindringen aber in den geistigen Sinn des Wor=
tes der Schrift hat Hieronymus so wenig als irgend Einer von
seinen Vorgängern überall von einem phantastischen Umgehen des
Geistes und der Worte der Schrift durch allegorisches Künsteln
zu unterscheiden gewußt. Wenn er sagt: "Die historische Aus=
legung habe ich kürzlich entwickelt, und mitunter Blumen der
geistigen Erklärung eingestreuet***)," so bekennt er sich an ande=
ren Orten zu der gewöhnlichen dreifachen Schriftauslegung: der
buchstäblichen, der geistigen (per tropologiam) und der mysti=
schen oder allegorischen (secundum futurorum beatitudinem) †).
Was er an dem gewöhnlichen Allegorisiren tadelt, ist zunächst die
willkührliche Ausdehnung: "in Vorschriften, die zum Leben ge=
hören und deutlich sind, müssen wir nicht Allegorien suchen, ne
iuxta comicum nodum quaeramus in scirpo ††);" und ferner:
"wo die Weissagung von dem Zukünftigen offenbar ist, da gilt
die Regel, die Kraft des Geschriebenen nicht durch unsichere Alle=
gorien zu schwächen †††)." Demnächst misbilligt er die Zusam=
mensetzung des historischen und moralischen Sinnes, wodurch man
"geistige Dichtungen ohne Grundlage zusammensetzt †*)" — denn
"wo nichts inwendig verborgen ist, da ist es vergeblich an einen
mystischen Sinn zu appelliren †**)," — und findet dagegen
Gal. 4, 24. für die allegorische Auslegung von dem Apostel Pau=

---

*) Sermo de esu agni.   **) Comm. in Ep. ad Gal. 4, 22. 23.
***) Prooem. in Ev. Matth.
    †) Comm. in Ezech. c. 16. init. in Amos. c. 4. init. . . . Als ein
Beispiel der tropologischen Erklärung führt er die Worte des Paulus 1 Cor.
9, 9. (Du sollst dem Ochsen nicht das Maul verbinden, der da drischt); als
Beispiel der allegorischen: die Erklärung des Paulus von Christus und der
Gemeine Eph. 5. an.
    ††) Comm. in Zach. c. 8, 1.   †††) Comm. in Mal. c. 1, 1.
    †*) Comm. in Ezech. c. 16. init. An Origenes, Hippolytus und
Didymus tadelt er daher: "quod tota eorum exegesis allegorica fuit,
et historica vix pauca tetigerunt." Prooem. in Zach., in Mal.
    †**) Adv. Iovin. 2, 14.

lus die Regel angegeben: „ut manente historiae veritate figuras Vet. Test. exponamus."

Wie aber auch Origenes von der Unverletzlichkeit der historischen Wahrheit sich mit allem Nachdruck geäußert hatte, so kann die Allegorisirung bei Hieronymus weder nach der Theorie noch nach der Anwendung von derjenigen, die er bei Origenes zum Gegenstande des Tadels macht, unterschieden werden: „Diejenigen, die der geistigen Erklärung folgen, sind zwar im Fleische, weil sie denselben Buchstaben haben als die Juden, sie streiten aber nicht nach dem Fleische, indem sie vom Fleische zum Geiste übergehen. Wenn man Jemand, nach der Anweisung eines verständigen Lehrers, durch den Weg des Gesetzes hindurch zum Evangelium fortschreiten sieht, so daß er Alles, was darin vom Sabbath, von dem ungesäuerten Brode, der Beschneidung und den Opfern geschrieben ist, auf eine gotteswürdige Weise versteht, sich darnach aber von einem Juden ode reinem Bundesgenossen der Juden überreden läßt, umbras et allegoriae nubila zu verlassen, und die Schriften so auszulegen, wie sie geschrieben sind, so kann man von demselben sagen: „Du bist ein Thor, der du im Geiste angefangen hast, und nun im Fleisch vollendest *)." Von dieser Ansicht hat Hieronymus nicht selten bei seinen Auslegungen Anwendung gemacht. Vom Hohenliede giebt er die gewöhnliche mystisch-allegorische Auslegung **), und er hat zwei von den Homilien des Origenes über dieses Buch übersetzt, von welchen es in der Vorrede heißt: daß, „wenn Origenes bei den übrigen Büchern alle Andere übertroffen hat, er beim Hohenliede sich selbst übertroffen habe." — Bei der Erzählung von Juda und Thamar zeigt er, wie man von der turpitudo litterae zum decor intelligentiae spiritualis hinaufsteigen müsse ***). Beispiele aus dem Neuen Testament sind: die Erzählung vom Fisch und vom Stater im Munde des Fisches (Adam, und das Bekenntniß von Christus als Lösegeld)†), — die vom Einzuge in Jerusalem auf den zwei Thieren (Matth. 21, 7.): „quum historia vel impossibilitatem habeat vel turpi-

---

*) Comm. in Gal. 3, 3. 1, 6.

**) „Totum corpus ejus mysticis formatur eloquiis. — Invisibilia et aeterna spiritualibus quidem sensibus sed adopertis amorum quibusdam figuris docentur." Praef. in Caut. Cantic.

***) Comm. in Amos. c. 2. init.   †) Comm. in Matth. c. 17, 27.

tudinem, ad altiora transmittimur" (die Eselin: das jüdische
Volk; das Füllen: die Heiden, vor der Erscheinung des Heilandes nackt und verloren, jetzt von den Aposteln, durch ihre Lehre,
bekleidet) — Eph. 4, 26. (weil es nicht anzunehmen ist, daß
es erlaubt seyn sollte, vom Aufgange der Sonne bis zu ihrem
Untergange, zu zürnen): „lasset uns nicht, vom Zorn besiegt,
das begehen, wodurch uns die Sonne (die geistige) untergehen
und die Seele in Finsterniß eingehüllt werden sollte."

Sowohl Auslegungen in diesem Geschmack als noch mehr die
oben angeführten Aeußerungen über Origenes und die Bestrebung,
durch Uebersetzungen ins Lateinische seine Schriften zu verbreiten *),
zeugen hinreichend davon, in welchem Grade Hieronymus ein
Bewunderer und Anhänger von Origenes war, wie sehr er auch
sowohl rücksichtlich des Charakters, als der Geistesgaben und der
Richtung seiner Studien von ihm verschieden war. Erst nachdem
drohende Gewitterwolken — besonders als Folge des Rechtgläu-
bigkeitseifers des Epiphanius — gegen den Nachruhm des Origenes
und gegen seine Partei heraufzogen, fing auch Hieronymus an sich
zurückzuziehen; und als das furchtsame Schwanken einen Bruch
seines freundschaftlichen Verhältnisses zu Rufinus hervorrief, und
ihm die heftigen „invectivae" gegen seine Redlichkeit und Selbstständigkeit zuzog, so gab er sich, nicht allein in seinen Vertheidigungs-
schriften gegen seinen Neider, sondern auch in verschiedenen Briefen
die möglichste Mühe, um den Schein des Origenismus von seinen
Schriften zu entfernen **). Und wie es allerdings, der vorher-

---

*) Rufinus giebt in der Vorrede zu seiner Uebersetzung von der Schrift
des Origenes de principiis „ultra 70 libellos homileticos" von Origenes an, welche H. übersetzt haben soll. Uebrig geblieben sind noch zwei
Homilien über das Hohelied, neun über Jesaias (?), acht und zwanzig über
Jeremias und Hesekiel, und neun und dreißig über Lukas.

**) „Ego Origenem propter eruditionem sic interdum legen-
dum arbitror, quomodo ... nonnullos ecclesiast. scriptores graecos
pariter ac latinos, ut bona eorum eligamus vitemusque contraria;
... neque propter dogmatum pravitatem, si quos commentarios in
Scr. sacras utiles edidit; prorsus respuendi sunt." Ep. ad Tranquill.
„Laudavi interpretem non dogmatistam, ingenium non fidem, phi-
losophum non apostolum. — Si mihi creditis, Origenistes nunquam
fui; si non creditis, nunc esse cessari." Ep. 65. Cf. Ep. 125. ad
Damas.

11

gehenden Darstellung zufolge, höchst unbillig seyn würde, die Schriftauslegung des Hieronymus im Allgemeinen als origenistisch zu bezeichnen, so muß es noch bemerkt werden, daß er auch an mehreren von den Stellen, wo er die allegorische Erklärung gut heißt, theils eine einfachere Erklärung mittheilt*), theils sich über die Richtigkeit der Allegorisirung zweifelnd und unbestimmt äußert**).

Aber den ohne allen Vergleich vorzüglichsten und wichtigsten Versuch, der Schriftauslegung eine sichere und dauerhafte Grundlage unterzulegen, verdanken wir dem nämlichen Kirchenlehrer, welchen wir im Vorhergehenden als den excentrischsten und phantasiereichsten Allegoristen kennen gelernt haben. Dies regellose Spiel macht bei dem Augustin als Ausleger der heiligen Bücher die starken Schattenpartien aus; aber eine nicht minder hervortretende Lichtseite tritt uns in dem Umriß entgegen, den er vom Beruf des Auslegers und von den Eigenschaften, welche erfordert werden, um diesem Beruf Genüge zu leisten, entworfen hat. Insbesondere in den vier Büchern de doctrina christiana sind diese Vorschriften für die Behandlung der Schrift enthalten***):

1. Die Absicht aller Auslegung ist die, so genau wie möglich den Gedanken und die Meinung („sensus et voluntas") des Verfassers auszudrücken; das Gegentheil hievon ist, dem fremden Worte Gewalt anzuthun, indem man ihm einen fremdartigen Sinn unterlegt†).

2. Dieses wird in der h. Schrift nicht durch strenges Urgiren jedes einzelnen Ausdrucks für sich erreicht; denn Vieles, was mit denselben Worten ausgedrückt ist, hat an verschiedenen Orten verschiedene Bedeutung; Vieles ist dunkel und unbestimmt aus-

---

*) So z. B. bei Gal. 4, 24. 5, 13.

**) Sonach fügt er bei Hesek. 40 hinzu: „Ignosce lector difficultati locorum, aut, si melius quid invenire potes, doce; libenter discimus quod nescimus." „Non nocet diversum dicere, quum uno spiritu dicitur." Comm. in Ps. 91 (92), 1.

***) l. l.: „Sunt praecepta quaedam tractandarum Scripturarum, quae studiosis earum video non incommode posse tradi, ut non solum legendo alios, qui div. litterarum operta aperuerunt, sed et aliis ipsi aperiendo proficiant."

†) De doctr. chr. I. 41. II. 6. Confess. XII. 32—33.

gedrückt; Vieles wird durch buchstäbliche Auslegung mit anderen Aussprüchen in Streit gerathen*).

3. Dagegen muß man die Dunkelheit solcher Stellen aufzu=
klären und ihre Mehrdeutigkeit zu bestimmen suchen, erstlich durch
genaue Berücksichtigung des Zusammenhanges der Rede im Vor=
hergehenden und Nachfolgenden, sodann durch Vergleichung mit
verwandten Stellen, wo der Sinn klarer und bestimmter ausge=
drückt ist, und endlich durch Zurückführen auf den wesentlichen
Inhalt der christlichen Lehre**).

4. Der Ausleger der h. Schrift muß christliche Ehrfurcht
gegen das göttliche Wort und den demüthigen Sinn mitbringen,

*) Contr. Adim. XIV. 2.: .. „istorum fraus, qui particulas quas-
dam de scripturis eligunt, quibus decipiant imperitos, non connec-
tentes quae supra et infra scripta sunt, ex quibus voluntas et intentio possit intelligi.“ De fide et operib. n. 5: „Errant homines
non servantes modum; et quum in unam partem procliviter ire
coeperint, non respiciunt div. auctoritatis alia testimonia, quibus
possint ab illa intentione revocari, et in ea, quae ex utrisque tem-
perata est, veritate ac moderatione consistere.“ De doctr. chr. III.
25. 35. De cons. Evv. n. 72. Ser. 32. n. 6: „Non semper in Scr. eadem
significantur rebus certis, sed pro locis Scripturarum, quo pertinent
cetera circumstantia ipsius lectionis, — quemadmodum litterae
in tot millibus verborum atque sermonis ipsae repetuntur, non au-
gentur, — quum una littera variis in locis ponitur, pro loco valet,
non unam rem valet.“ Enarr. in Ps. 45, 8: „Mutationes persona-
rum repentinae et omnino ex improviso inveniuntur in S. Scr. libris;
et si quis advertat, plenae sunt paginae divinae.“

**) De doctr. chr. III. 4.: „Rarissime et difficillime inveniri pot-
est ambiguitas in propriis verbis, quam non aut circumstantia ipsius
sermonis, qua cognoscitur scriptoris intentio, aut interpretum collatio aut praecedentis linguae solvat collatio.“ II. 14.: „Ad ob-
scuriores locutiones illustrandas de manifestioribus sumantur exem-
pla; et quaedam certarum sententiarum testimonia dubitationem
incertis auferant.“ Cf. De fide spe et charit. n. 67. 68. De unit.
eccl. n. 8. 9. De civ. Dei XX. 5. 4. De pecc. mer. et remiss. III. 7. 8.
Ep. 147. De quaest. Dulcit. n. 5. 11. De doctr. chr. III. 38.: „Quando
ex iisdem Scripturae verbis non unum aliquid sed duo vel plura
sentiuntur: etiamsi latet, quid senserit ille qui scripsit, nihil periculi est, si quodlibet eorum congruere veritati ex aliis locis S. Scr.
doceri potest.“ Contr. Faust XXXIII, 3: „Contemplantes omnia
et cum aliis alia conferentes, perpendimus, utrum eorum quidque
a Chr. dici potuerit necne.“

der vorgefaßte Meinungen demjenigen hintanſetzt, was als im Worte Gottes enthalten erkannt wird*). Dieſe Stimmung ſetzt den Glauben voraus, daß die h. Schrift die über menſchlichen Irrthum erhabene Wahrheit ſey**), — daß ſie die chriſtliche Lehre ſo vollſtändig***) und ſo deutlich dargeſtellt enthalte, daß Kenntniß von dem, was zur Seligkeit des Menſchen nöthig iſt, einem Jeden durch gehörige Anwendung der Vernunft zugänglich iſt†).

5. Wo die Auslegung deſſenungeachtet unſicher wird, da muß man annehmen, daß der Inhalt außerhalb des Kreiſes der weſentlichen Wahrheiten des chriſtlichen Glaubens liege††).

6. Es iſt unvernünftig und gefährlich, wenn Jemand, im Vertrauen auf den Glauben und die Verheißungen deſſelben von den Wirkungen des heiligen Geiſtes, die Anleitung und Hülfe der

---

*) Scr. 51. n. 6.: „Loquor vobis aliquando deceptus; quum primo puer ad div. scripturas ante vellem afferre acumen discutiendi quam pietatem quaerendi, ipse ego contra me perversis manibus claudebam ianuam Domini mei; .. superbus enim audebam quaerere, quod nisi humilis non potest invenire.“ Ep. 147. n. 4.: „Si div. scripturarum .. perspicua firmatur auctoritate, sine ulla dubitatione credendum est.“

**) De cons. Ev. II. 9.: „Homo religiosus quodlibet aliud quaerendum potius iudicaret, quam Evangelistam crederet esse mentitum.“ Ep. 83. n. 3.: „Scripturarum libris didici hunc honorem timoremque deferre, ut nullum eorum auctorem scribendo aliquid errasse firmissime credam.“ In Ev. Joh. tract. 112. n. 1.

***) De civ. D. XI. 3. De Gen. ad litt. V. 23.

†) De doctr. chr. II. 7. 8.: „Magnifice et salubriter Spir. S. ita Scr. S. modificavit, ut locis apertioribus fami occurreret, obscurioribus autem fastidium detergeret; nihil enim fere de illis obscuritatibus eruitur, quod non planissime dictum alibi reperiatur.“ n. 14.: „In iis, quae aperte in Scr. posita sunt, inveniuntur illa omnia, quae continent fidem moresque vivendi, spem scilicet atque caritatem.“

††) De pecc. mer. et rem. II. 59.: „Etsi quodlibet horum, quemadmodum explicari et demonstrari possit, ignorem, illud tamen credo, quod etiam hic div. eloquiorum clarissima auctoritas esset, si homo id sine dispendio promissae salutis ignorare non posset.“ Ad Oros. contr. Priscill. n. 14.: „Neque ista multum ad nos pertinent, ut ea summo studio indagare curemus, quae remota sunt a sensibus nostris, ab intellectu infirmitatis humanae, neque in ipsis Scr. ita posita, ut nobis eorum sit mandata cognitio.“

Wissenschaft zur Auslegung der Schrift verschmäht *). Vielmehr setzt die Schriftauslegung Kenntniß von der Grundsprache des A. und des N. Testaments **), Kenntniß von Naturgegenständen, historischen Verhältnissen und bürgerlichen Einrichtungen ***), und endlich eine durch die Philosophie ausgebildete Kraft des Denkens zum Trennen und zum Verbinden, um so durch die Schale bis zum Kern hindurchzudringen, voraus †).

Den hier angeführten Aeußerungen möge noch folgende gedrängte Schilderung des vollendeten Schriftauslegers hinzugefügt werden: „ne amet certamina, pietate mansuetus; praemunitus etiam scientia linguarum, ne in verbis locutionibusque ignotis haereat; praemunitus etiam cognitione quarundam rerum necessariarum, ne vim naturamve rerum, quae propter similitudinem adhibentur, ignoret; adiuvante etiam codicum veritate, quam solus emendationis diligentia procuravit; veniat ita instructus ad ambigua Scripturarum discutienda atque solvenda ††);" — und man wird ohne Zweifel gestehen, daß keiner von den übrigen, älteren oder jüngeren, Kirchenvätern im Auffassen und Darstellen des Wesens und der Bedingungen der Schriftauslegung dem Augustinus nahe kommt. Die Wahrheiten, welche die Reformation im sechszehnten Jahrhunderte wieder zum fruchtbaren Leben hervorrief, nämlich vom Verhältniß der h. Schrift zur christlichen Lehre und von dem der wissenschaftlichen Auslegung zur Schrift, und welche später die Grundpfeiler für die Bearbeitung der evangelischen Dogmatik geworden sind, lassen sich alle in den Schriften Augustins nachweisen, in seiner klaren, kräftigen Sprache ausgedrückt. Jede andere Lobrede würde überflüssig seyn.

Wollte man nun etwa meinen, daß das Verdienst Augustins in dieser Hinsicht sich darauf beschränke, Regeln aufzustellen und den Weg anzuweisen, daß aber jene Regeln durch sein eigenes

---

*) De doctr. chr. Prolog. n. 4—8.

**) De doctr. chr. II. 14. 16. 17. 19. 21. De civ. D. XV. 14. 2.

***) De doctr. chr. II. 24. 28. 40. 42.

†) l. l. II. 48.: „Disputationis disciplina ad omnia genera quaestionum, quae in litteris sanis sunt penetranda et dissolvenda, plurimum valet; tantum ibi cavenda est libido rixandi et puerilis quaedam ostentatio decipiendi adversarium."

††) De doctr. chr. III. 1.

Beispiel nur insofern unterstützt werden, als dieses uns die Folgen ihrer Uebertretung auf anschauliche Weise vor die Augen führt: so würde man sich höchlich irren*). Es ist allerdings wahr, daß das Beispiel des großen Mannes nicht bloß rücksichtlich des ausschweifenden Allegorisirens dem Schriftausleger zur Warnung dient; daß er oftmals aus Mangel an linguistischen Kenntnissen, noch öfter aber durch spitzfindige Dialektik und einseitige Spekulation das Rechte verfehlt hat, daß überhaupt seine Auslegung der Schrift nur gar zu sehr dem Einfluß eines dogmatischen Systems unterworfen war, welches das Gepräge der Tiefe und Festigkeit des Denkens, zugleich aber auch der heftigen Leidenschaftlichkeit an sich trägt, die durch die in seinem Glauben und Leben vorgegangene Umwälzung, und durch die polemischen Spannungen, unter welchen sein Leben verlief, genährt worden war. Aber nichts zeugt gerade stärker von der geistigen Ueberlegenheit Augustins, als daß — aller Mängel und positiven Fehler ungeachtet — kaum irgend einer von den übrigen Kirchenvätern, als Schriftausleger, in mehreren der wichtigsten Beziehungen mit ihm verglichen werden kann. In seinen Schriften von den Evangelien hat er mit bewundernswürdiger Geistesklarheit und Schärfe die Wahrheit, welche das Wesen des göttlichen Worts ausmacht, von derjenigen, die außerhalb des Begriffs von heiligen Büchern liegt, unterschieden; und gerade weil er Abweichungen von der historischen Genauigkeit in unbedeutenden Einzelheiten als gleichgültig zugibt, ist es ihm gelungen, mit großem Scharfsinn viele scheinbare Differenzen auf befriedigende Weise auszugleichen**). In seinen polemischen Schriften hat er mit gro-

---

*) Vgl. Richard Simon Hist. crit. p. 250.: „Il (Aug.) établit plusieurs beaux principes de théologie; et c'est ce qu'on y doit plutôt chercher que l'interprétation de son évangile. Il-y-a néanmoins des endroits, qu'il explique très-bien à la lettre; mais il faut lire beaucoup pour cela."

**) De cons. Evv. II. 128.: „Ne putemus, quasi consecratis sonis ita muniri veritatem, tanquam Deus nobis, quemadmodum ipsam rem, sic verba, quae propter illam sunt dicenda, commendet." n. 29. 66. 67.: „Per Evangelistarum locutiones varias sed non contrarias rem plane utilissimam discimus et pernecessariam: nihil in cuiusque verbis nos debere inspicere nisi voluntatem, cui debent verba servire, ... ne miseri aucupes vocum apicibus quodammodo

ßer Ueberlegenheit den frevelhaften Leichtsinn aufgedeckt, womit
die Manichäer in Verstümmelung und Entstellung der heiligen
Bücher verfuhren, die bornirte Buchstabenkunst, womit die Do-
natisten an einzelnen Schriftstellen festhielten, um für ihre fana-
tischen Vorstellungen von der Reinheit der Kirche Zeugnisse zu erhalten, und die schwankende Halbheit, womit die Pelagianer über
die Aeusserungen der Schrift vom Wesen des Bösen und von
den Folgen der Sünde leise hinweggingen. Was überhaupt die
Schriftauslegung Augustins charakterisirt — abgesehen von den
Punkten, in welchen ihn die polemische Heftigkeit aus dem geistigen
Gleichgewicht herausfallen ließ, — ist das geniale Ergreifen und
Herausstellen der christlichen Wahrheit in ihrem Mittelpunkte; es
ist ein mit Propheten und Aposteln verwandter Geist, der mitten
in der Fülle der christlichen Ideen gelebt hat, und daher sich unter
den Ausdrücken dieser Ideen mit klarem und sicherm Takte bewegt *). Und sonach hat Luther wohl Recht gehabt, wenn er
sagte: „Wenn es sollte Wünschens und Wählens gelten, entweder daß ich S. Augustini und der lieben Väter Verstand in der
Schrift sollte haben, mit dem Mangel, daß S. Aug. zuweilen
nicht die rechten Buchstaben oder Worte im Hebräischen hat, oder
sollte der Juden gewisse Worte und Buchstaben ohne S. Augustins
und der Väter Verstand, ist gut zu rechnen, wozu ich wählen
würde: ich ließe die Juden mit ihrem Verstande und Buchstaben
zum Teufel fahren, und führe mit S. Augustins Verstande ohne
ihre Buchstaben zum Himmel **).“

Von Pelagius ist uns eine Reihe von Commentaren über
die dreizehn Briefe des Paulus übrig geblieben, welche in Scho-
lienform abgefaßt, den Werken des Hieronymus***) von der Zeit

litterarum putent ligandam esse veritatem, quam utique non in
verbis tantum, sed etiam in ceteris omnibus signis animorum non
sit nisi ipse animus inquirendus.“

*) Eine vollständigere Entwickelung des hier Angedeuteten findet sich in
meiner Monographie: Aur. Augustinus S. Scr. Interpres. p. 91—130.
136—142. 181—218. 243—251.

**) Walchs Ausg. III. S. 2783. Cf. Hieron. Ep. 1. 19 ad Aug.:
„Certe quidquid dici potest et sublimi ingenio de Scr. S. hauriri
fontibus, a te positum atque dissertum est.“ Trithemius de scriptt.
eccl. c. 115.: „Nemo sic profunde S. Scripturam ut Aug. explanavit.“

***) So in der Frankfurt-Leipziger Ausgabe, im 9. B. S. 213—321.

an einverleibt gewesen sind, seit welcher sie den Namen desselben führten, bis G. J. Vossius durch seine kritische Untersuchung dem Pelagius sein Eigenthum zurückgab*). Diese Commentare werden mit Recht unter die vorzüglichsten aus dem christlichen Alterthume gezählt**). Einzelne Vorzüge, die wir beim Augustinus bemerkt haben, sind in höherem Grade bei seinem Gegner zu finden. Die Auslegung ist einfach, klar und gedrängt („simpliciter brevibusque sermonibus compositus," sagt er selbst in der praefatio), unterstützt durch ruhige und verständige Beobachtung des gegebenen Worts, und sorgfältige Berücksichtigung der praktischen Anwendung des Worts; von den Flecken, die die exegetischen Schriften Augustins entstellen, und theils aus Mangel an philologischen Kenntnissen, theils aus den Eigenwärtaten der Spekulation oder der Phantasie herrühren, findet sich hier auch nicht der geringste Schatten. Aber auf der anderen Seite sucht man nicht allein die Vorzüge vergeblich, welche in glänzender Weise den Augustinus als Schriftausleger auszeichnen; sondern der Charakter nüchterner Schlichtheit, die hier an die Stelle des tiefen Blicks in das Wesen des Christenthums; der umfassenden Anschauung und der geistvollen, erweckenden Darstellung beim Augustinus tritt, ist, gleichsam aus Furcht, die Gränze der christlichen Wahrheit in der einen oder der anderen Richtung zu überschreiten, oft unterhalb dieser Gränze stehen geblieben. Mit einer gewissen einseitigen Unbeweglichkeit des Geistes auf den praktischen Gebrauch der Schrift gerichtet, bedacht darauf, Alles, was durch die Anwendung auf

---

*) Hist. Pelag. libr. I. c. 4.: Cassiodorus, der in diesen Commentaren (die damals dem Papste Gelasius beigelegt wurden) zwar „subtilissimas ac brevissimas dictiones" fand, daneben aber „Pelagiani erroris venena seminata," hat eine Reinigung des Comm. über den Römerbrief vorgenommen, und Andere ermuntert, die angefangene Arbeit fortzusetzen: „Epistolam ad Rom. qua potui curiositate purgavi reliquas vobis emendandas reliqui." De inst. div. litt. c. 8.

**) Dieß hat schon Richard Simon zu behaupten gewagt: Hist. crit. des comm. du N. T. p. 237.: „ Si l'on excepte quelques endroits de S. Paul, qu'il a interpretés selon ses faux prejugés, il peut être mis au rang des plus habiles commentateurs du N. T. — C'est pourquoi le nom de Pelage, devenu si odieux, ne nous doit point détourner de la lecture de son commentaire, où il a donné des preuves de son habileté.

Leben Anſtoß geben könnte, zu entfernen, und allenthalben eine nützliche und erbauliche Wahrheit hervorzuheben, iſt Pelagius oft dem vollſtändigen Sinne der Schrift und der treffenden Schärfe deſselben ausgewichen, hat oft des Scharfſinns ſich bedient, um, was zu hart und ſtark, der Misdeutung oder dem Misbrauche ausgeſetzt ſchien, auszugleichen und auszuglätten, zu bedingen und einzuſchränken, und eine gewiſſe unbefriedigende Falſchheit iſt hiedurch an vielen Orten in die Auslegung hineingekommen. Da die dogmatiſchen Controverspunkte in dem Auguſtin-Pelagianiſchen Streite in unmittelbarer Verbindung mit der Schriftauslegung ſtehen, ſo dürfte es hinreichend ſeyn, auf die verſchiedenen Reſultate, in welchen der Charakter der Auslegung deutlich hervortritt, hinzuweiſen. Dennoch werden einige Beiſpiele nicht überflüſſig ſeyn.

Römer 5, 12.: ἐφ᾽ ᾧ πάντες ἥμαρτον: „in eo, quod omnes peccarunt exemplo Adami, peccant. Hic autem ideo dicit omnes mortuos, quia in multitudine peccatorum non excipientur pauci iusti." Zum Beiſpiele werden Abraham, Iſaak und Jakob angeführt, „von welchen der Herr ſagt: Jene leben alle;" aber der Tod iſt zu allen denen gekommen, welche „auf menſchliche, nicht aber auf himmliſche Weiſe lebten."

Römer 9, 15.: Ἐλεήσω ὃν ἂν ἐλεῶ, καὶ οἰκτειρήσω ὃν ἂν οἰκτείρω: „Illius miserebor, quem praescivi posse misericordiam promereri, ut iam tunc illius sim misertus."

Römer 9, 16.: Ἄρα οὖν οὐ τοῦ θέλοντος, οὐδὲ τοῦ τρέχοντος: .... Pelagius lieſet dieſe Worte fragweiſe, und erklärt ſie als Einwendung, die ſpäter von Paulus widerlegt wird: „non esse in nobis aut recte aut malum agere, sed in Dei arbitrio constitutum."

2 Cor. 10, 5.: αἰχμαλωτίζοντες πᾶν νόημα .... Pelagius nimmt mit auffallender Kühnheit dieſe Worte als Objekt des vorhergehenden Zeitworts καθαιροῦντες, und giebt ſonach einen Sinn, der dem Texte ganz entgegengeſetzt iſt: „Illos destruimus, qui sub nomine obsequii Christi omnem intellectum sententiae cupiunt captivare."

Eph. 2, 3.: ἦμεν τέκνα φύσει ὀργῆς: „Ita nos paternae traditionis consuetudo possederat, ut omnes ad damnationem nasci videremur."

Phil. 2, 13.: ὁ Θεός ἐστιν ὁ ἐνεργῶν ἐν ὑμῖν καὶ τὸ θέλειν καὶ τὸ ἐνεργεῖν: „Velle operatur suadendo et praemia promittendo.“

Was hier von Pelagius als Schriftausleger geſagt iſt, gilt auch von ſeinem Freunde und Anhänger Julian, Biſchof zu Eklanum in Apulien, abgeſehen freilich von einer wortreichen Weitläufigkeit der Entwickelung, die der gedrängten Schreibart des Pelagius entgegengeſetzt iſt. Dieſe Eigenſchaft findet ſich we‐ nigſtens in den ſehr vollſtändigen Fragmenten, welche Auguſtinus in ſeine polemiſche Vertheidigungsſchrift: opus imperfectum contra Iulianum, aufgenommen hat*). Schon Gennadius führt ihn unter den vorzüglichſten Schriftauslegern an**); und wirklich lehrt uns ihn dasjenige, was aufbewahrt iſt, als einen der wich‐ tigſten Repräſentanten der grammatiſch‐hiſtoriſchen Schule ken‐ nen, während der Einfluß des pelagianiſchen Syſtems auf die Auslegung unverkennbar iſt***).

Der voranſtehenden Reihe müſſen wir noch den römiſchen Senator Magn. Aur. Caſſiodorus†) aus dem ſechſten Jahr‐ hunderte († ungef. 562), beſonders mit Rückſicht ſeiner Schrift „de institutione divinarum litterarum,“ hinzufügen. Da — wie er in der Vorerinnerung zu dieſer Schrift berichtet — Kriege und bürgerliche Unruhen ſeiner Beſtrebung eine öffentliche Schule für die Schriftauslegung in Rom zu errichten, und zwar nach dem früheren Vorbilde zu Alexandrien und dem ſpäteren zu Niſibis, Hinderniſſe in den Weg legten, ſo ſuchte er in Ausarbeitung dieſer einleitenden Schrift („libri introductorii“) einen Erſatz††).

---

*) Ein jetzt verloren gegangener Commentar von Julian über das Hohe‐ lied — gegen die allegoriſche Deutung dieſes Buches — wird von Beda Venerab. in Cant. Cantic. I. 1. erwähnt.

**) De Scr. eccl. c. 45.

***) Beiſpiele von der Exegeſe Julians finden ſich in Roſenmüller: Hist. Interpr. III. p. 542. II. Vgl. meine Monographie: Aur. Augustinus S. Scr. interpres, p. 193—197.

†) Stäudlin: Caſſiodorus (Kirchenhiſt. Archiv. 1825.).

††) Als ältere introductores Scripturae divinae nennt er: Tycho‐ nius, Auguſtinus, Hadrianus, Eucherius und Junilius: „quos sedula cu‐ riositate collegi, ut, quibus erat similis intentio, in uno corpore adunati codices clauderentur.“ (cap. 10.)

Er geht hierin erst die Schriften des A. und N. Testaments, die er auf neun Abtheilungen zurückführt, mit Hinzufügung der so= wohl griechischen als lateinischen Commentare über die einzelnen Schriften, durch, und handelt sodann insbesondere von den christ= lichen Geschichtschreibern und den wichtigsten Exegeten in der latei= nischen Kirche, indem er — allerdings mehr rühmend als charakte= risirend — die Verdienste eines Jeden angiebt. Der historische Charakter ist sonach vorherrschend in dieser Schrift; er macht selbst darauf aufmerksam, daß „es nicht eigene Lehre, sondern die Aus= sprüche der Alten seyen, welche er empfehle, weil hierin keine ge= hässige Prahlerei gefunden werden könne,“ und er fordert dazu auf, „zur h. Schrift sich zu erheben durch Hülfe der Auslegungen der Väter,“ die in dieser Beziehung mit der Himmelsleiter Jakobs verglichen werden. Daneben räumt er ein, wie wichtig es ist, sich mit den griechischen Auslegern zu berathen, wo die gehörige Genauigkeit bei den lateinischen vermißt wird; erklärt aber doch sich am liebsten an die römischen halten zu wollen, weil er für die Italiener schreibe: „dulcius enim ab unoquoque suscipitur, quod patrio sermone narratur.“

Während demnach die Schrift Cassiodor's zu benützigen ge= hört, die den Uebergang zu den Sammlungsschriften der späteren Periode bilden, fehlt es nicht an Vorschlägen und Anweisungen, die den eigenthümlichen Charakter des Verfassers als Schriftaus= leger bezeichnen. Er empfiehlt die sorgfältigste Vergleichung der verschiedenen Aeußerungen in der Schrift, „quoniam in alio libro clarius est positum, quod alibi dictum constat obscu= rius“ (praef.); macht es zur Gewissenssache, die Reinheit der himmlischen Worte nicht durch willkührliche Behandlung bildlicher Redensarten oder überhaupt solcher Ausdrücke, die den heiligen Büchern eigenthümlich sind (idiomata, propriae locutiones), nach dem Sprachgebrauch des täglichen Lebens[*]) zu verunstalten,

---

[*]) Cap. 15. Wenn Cassiodorus ebendaselbst einschärft, die grammat= kalischen Anomalien in dem lateinischen Texte unverändert zu lassen, wenn sie in den alten Handschriften gefunden werden (wie z. B. obliti sumus te — inflabitur ventrem — terra, in qua habitant in ea), so bezeich= net dies Standpunkte seiner philologischen Gelehrsamkeit. Nur wo der latei= nische Text sinnlos ist, fordert er zur Berichtigung nach dem griechischen

und zeigt die „frequens et intenta meditatio" als den Weg
zum wirklichen Verſtändniß der Schrift an, mit beigefügter Warnung vor dem Vertrauen auf wunderthätige Einwirkungen des
Geiſtes Gottes anſtatt des „usus communis doctrinae." Wie
er daher ſeine eigne Sorgfalt für Berichtigung des Textes durch
Collation alter Handſchriften und für Erleichterung der Auslegung durch den Gebrauch von Diſtinctionszeichen (cola et com-
mata) erwähnt, ſo ermuntert er auch die Gelehrten, dieſe kritiſch-
grammatiſchen Arbeiten fortzuſetzen*). Dieſe Richtung der wiſſenſchaftlichen Thätigkeit Caſſiodors — wir beſitzen auch eine Schrift
von ihm „de artibus et disciplinis liberalium litterarum" —
konnte ihn nicht auf den Weg der Allegoriſten führen**). Dies
wird auch durch ſeine Aeußerungen über die verſchiedenen Ausleger
beſtätigt. Vor Allen erhebt er den Hieronymus als „planus,
doctus, dulcis," und den Auguſtinus, von welchem es heißt:
„in quibusdam libris nimia difficultate reconditus, in quibusdam ita est planissimus, ut etiam parvulis probetur acceptus***)." Hilarius dagegen wird bei ihm, mit allem ſonſtigen
Ruhme, als ein „nimia profunditate subtilis et cautissimus
disputator" genannt†); Origenes wird als ein lehrreicher, aber ge-
fährlicher Verfaſſer erwähnt††); welches jedoch mehr mit Rückſicht
auf ſeine dogmatiſchen Ketzereien als auf ſeine Exegeſe behauptet
wird. In ſeinem Commentar über die Pſalmen hat Caſſiodor ſich
ganz an Auguſtinus angeſchloſſen („est enim litterarum omnium
magister egregius, et, quod in ubertate rarum est, cautissimus disputator"), und ſich nach ſeinen eigenen Aeußerungen
darauf eingeſchränkt, „in gedrängter Kürze das reiche Meer in

uns, wo möglich, dem hebräiſchen Texte auf: „decet enim, ut, unde ad
nos venit salutaris translatio, inde iterum redeat decora correctio."
*) „In sæcularibus litteris omnium suo tempore facile erudi-
tissimus ... studium litterarum humanitatis ad expositionem san-
ctarum Scripturarum confessus." Trithemius, de scriptt. eccl.
cap. 212.
) Cap. 2L. *) Cap. 22. †) Cap. 18.
††) Cap. 1.: „caute sapienterque legendus est, ut sic inde
succos saluberrimos assumamus, ac pariter eius venena perfidiae
vitae nostrae contraria absorbeamus." Origenes war ſchon damals,
worauf C. ſich bezieht, „a Vigilio papa viro beatissimo damnatus."

untiefe Bäche abzuleiten," mit bescheidener Beifügung dieses oder jenes Neuen *). Dieser Commentar ist reich an typischen Deutungen, auch nicht arm an Augustin'schen Allegorisirungen; sein Charakter ist aber im Ganzen doch worterklärende Entwikelung des einfachen Sinnes.

———

Die allegorisirende und die biblisch-rationelle Auslegung haben, bei aller Verschiedenheit, dies mit einander gemein, daß beide aus einem unmittelbaren Verhältniß hervorgehen, in welches sich der einzelne Ausleger der Schrift stellt, entweder so, daß er als bildender Künstler, sich herausnimmt, den Stoff nach der Regel einer vermeintlich höheren Einsicht auszubilden, oder so, daß er sich als forschender Betrachter, bescheidener darauf einschränkt, das ursprünglich Gegebene zu reproduziren. Im letzteren Falle wird das Objekt der Schrift durch die Thätigkeit des Auslegers in seiner wirklichen Bedeutung in klarer, mehr entwickelter Form dargestellt; im erstern wird die Schrift der Subjektivität des Auslegers als Vehikel dienstbar gemacht, um künstlerische Erfindsamkeit und Combinationsvermögen an den Tag zu legen. Auf das Verhältniß aber, welches sich so zwischen dem Objekt der Schrift und der Subjektivität des Auslegers bildet, erhält ein anderes Verhältniß wesentlichen Einfluß. Jede geistige Individualität ist, sowohl in ihrer Richtung als in ihren Aeußerungen, in einem gewissen Grade bedingt durch die Gesammtheit der Zeit und des Raums, wozu sie gehört; auch in jedem Schriftausleger wird sonach mehr oder weniger das Verhältniß hervortreten, worin die ganze christliche Gemeinschaft sich gleichzeitig zum heiligen Worte befindet. Je mehr nun die Abhängigkeit der geistigen Thätigkeit des Einzelnen von der der Gemeinschaft zur Anerkennung gebracht wird, desto mehr wird eine Neigung dazu entstehen, die eigene Ansicht derjenigen unterzuordnen, die als Inbegriff der allgemeinen Ueberzeugung erkannt wird; und hierin ist der erste Ursprung

der traditionell-kirchlichen Auslegung zu suchen.

Denn das Wort Tradition (παράδοσις) kann im kirchlichen Sinne nicht allein die historisch gegebene, mündliche oder schriftliche,

———

*) Praef. in psalter.

Ueberlieferung der Lehre Christi bezeichnen; sondern auch den kirchlichen Gemeingeist, das allgemeine christliche Bewußtseyn, das als geistiges Erbtheil von einem Geschlechte zum andern
übergeht, und mit klarerer oder dunklerer Erkenntniß aller Entwickelung der Lehre und aller Ordnung des christlichen Lebens zum
Grunde liegt.

Von einer solchen allgemeinen Verbindung mit der Gemeinschaft, in deren Schooße das Bewußtseyn des Individuums geboren und genährt wird, vermag sich keiner loszureißen. Als besondere Richtung der Schriftauslegung unterscheidet sich daher die
traditionell-kirchliche von den vorher erwähnten erst dann, wenn
die geistige Betrachtung und Auffassung jener Verbindung einer
rein historischen weicht; — so nämlich, daß die traditionelle Wahrheit als unter einer bestimmten empirischen Form, welche daher dik-
tatorische Gesetzlichkeit erhält, und welcher gegenüber der einzelne
Ausleger nur ein Benehmen des Gehorsams und der Unterwür-
figkeit zu beobachten hat, gegeben und ausgeprägt betrachtet wird.

In ganz anderm Sinne heben die alexandrinischen
Kirchenlehrer bei der Auslegung der Schrift das Ansehen der
Kirche, der Tradition, der Glaubensregel hervor, worüber schon
die Prinzipien der alexandrinischen Theologie vorläufige Gewißheit geben. Indessen ist hier oft die Mehrdeutigkeit der Wörter
zur unkritischen Darstellung dieser Seite der Auslegungstheorie
der Alexandriner benutzt worden; daher eine gedrängte Uebersicht
über diese hier nicht fehlen darf.

„Der Endzweck des Weisen ist geistiges Anschauen (θεωρία);
er trachtet nach göttlicher Einsicht; er erreicht aber diese nicht,
wenn er nicht durch Unterricht die prophetische Rede, durch welche
er das Gegenwärtige, das Zukünftige und das Vergangene versteht, fassen lernt; diese γνῶσις aber ist hinabgestiegen, ohne
Schrift (ἀγράφως παραδοθεῖσα) von den Aposteln einigen Wenigen überliefert." — „Nachdem der Heiland die Apostel gelehrt,
wird die ungeschriebene Tradition von der geschriebenen (ἡ τῆς
ἐγγράφου ἄγραφος παράδοσις) auch uns übergeben, in Folge
der Erneuerung des Buches, die durch Gottes Kraft in unsere
Herzen eingeschrieben ist." — „Die Schriften sind τοῖς γνωστι-
κοῖς fruchtbringend. Andere thun ihnen nach Gutdünken Gewalt
an; dem Wahrheitliebenden aber ist nach meiner Meinung geistige

Stärke von nöthen; denn gar sehr müssen nothwendig diejenigen
irren, die, wenn sie nicht die Regel der Wahrheit (τὸν κανόνα
τῆς ἀληϑείας) von der Wahrheit selbst empfangen haben, zu den
wichtigsten Dinge sich anschicken — weil sie nämlich den Prüfstein
des Wahren und Falschen nicht sorgfältig ausgebildet besitzen, um
das Rechte zu wählen; hätten sie diesen erworben, so würden sie
den göttlichen Schriften Folge leisten. — Der Mensch hört auf
Gott anzugehören und dem Herrn treu zu seyn, wenn er gegen
die kirchliche Ueberlieferung (τὴν ἐκκλησιαστικὴν παράδοσιν)
streitet, und auf Meinungen menschlicher Ketzereien verfällt. —
Wer von selbst gläubig ist, der ist glaubwürdig durch die Schrift
und Rede des Herrn, die durch den Herrn zum Heile der Menschen
wirkt; diese gebrauchen wir nämlich als Prüfstein, um die Dinge
ausfindig zu machen; — sonach beweisen wir auch zur Genüge
aus den Schriften von denselben, und werden durch den Glauben
klar überzeugt." — „Der allein gilt uns als γνωστικός, der in
den Schriften alt geworden ist, und in der Lehre die rechte aposto=
lische und kirchliche Spur (τὴν ἀποστολικὴν καὶ ἐκκλησιστι=
κὴν ὀρϑοτομίαν τῶν δογμάτων) festhält, rechtlich nach dem
Evangelio lebt, indem er von dem Herrn, dem Gesetze und den
Propheten angeleitet wird, die Beweise zu finden, wenn er sie
sucht; denn sein Leben ist weiter nichts als That und Rede, welche
τῇ τοῦ κυρίου παραδόσει folgen." — „Alles verhält sich den
Verständigen wahr und richtig, nämlich dem Urtheil derer, welche
die vom Herrn bestätigte, mit der Kirchenregel (κατὰ τὸν ἐκκλη=
σιαστικὸν κανόνα) übereinstimmende Auslegung der Schriften so
bewahren, wie sie sie empfangen haben. Die kirchliche Regel aber
ist der Einklang und die Zusammenstimmung (ἡ συνῳδία καὶ ἡ
συμφωνία) des Gesetzes und der Propheten mit dem Bunde, der
von der Erscheinung des Herrn herrührt." „Die Ketzer entwenden
die Regel der Kirche (τὸν κανόνα τῆς ἐκκλησίας); — da sie den
Schlüssel zum Eingange (τὴν κλεῖν τῆς εἰσόδου) nicht haben,
bedienen sie sich eines falschen Schlüssels (ἀντικλεῖδα), durch
dessen Hülfe sie den Vorhang nicht aufheben, so wie wir durch die
Ueberlieferung des Herrn (διὰ τῆς τοῦ κυρίου παραδόσεως)
hineingehen, sondern die Thüre sprengen, und die Mauer der
Kirche heimlich durchbrechen. — Denn wir sagen, daß es e i n e
alte und allgemeine Kirche giebt zur Einheit desselben Glaubens

nach ſeinen beſonderen Bünden, oder vielmehr nach dem einen Bunde; — denn bei allen Apoſteln war, wie eine Lehre (διδασκαλία); ſo auch eine Ueberlieferung *).

Hiemit ſtimmen die Aeußerungen des Origenes gänzlich überein. In der Vorrede zu ſeinem Hauptwerk de principiis erklärt er dasjenige allein für chriſtliche Wahrheit, was mit der kirchlichen Lehre, wie ſich dieſe von den Apoſteln her fortgepflanzt, in der Kirche findet, harmonirt. Er unterſcheidet daher, indem er die einzelnen Theile der Glaubenslehre durchgeht, die Kirchenlehre von den Anſichten einzelner Lehrer. Aber gerade der Umfang deſſen, was er zur Kirchenlehre rechnet, z. B. die Lehre von der Freiheit des Willens, von der Inſpiration der Schrift u. dgl., zeigt, daß er bei der kirchlichen, der apoſtoliſchen Tradition nicht an ein kirchliches Symbol, das mit dem analog wäre, welches zu uns gekommen iſt, gedacht hat; wie er denn auch in ſeiner Beweisführung der einzelnen Dogmen die heiligen Schriften und die kirchliche Lehre in eine Einheit zuſammenfaßt.

Hieraus wird es einleuchtend ſeyn, wie weit man von dem Wahren ſich entfernt, wenn man ſich unter der kirchlichen Regel, der Regel der Wahrheit im Munde der Alexandriner, ein ſchriftlich abgefaßtes, von den heiligen Büchern verſchiedenes Dokument denkt, autoriſirt, um als Inbegriff der wahren Lehre zu gelten. Jene „Regel der Wahrheit“ oder „kirchliche, apoſtoliſche Ueberlieferung“ wird auch „die ohne Schrift überlieferte Gnoſis“ genannt; ſie wird als die in den heiligen Büchern enthaltene Wahrheit beſchrieben, welche durch die Einwirkung des Geiſtes Gottes auf den Menſchen erhalten, verbreitet und fortgepflanzt wird, und ſich als den bleibenden, wahren Ausdruck der Schrift und Rede des Herrn äußert; „Alles was Ihr thut“ — heißt es an einem anderen Orte.**) — „das thut zur Ehre Gottes, Alles nämlich, was unter der Regel des Glaubens (ὑπὸ τὸν κανόνα τῆς πίστεως) zu thun erlaubt iſt.“ Dieſes führt uns denn auf den Begriff eines geiſtigen Kleinodes, eines chriſtlichen Wahrheitſchatzes, als des Eigenthums der Gemeinſchaft der Gläubigen, im Worte des Herrn

---

*) Clem. Strom. I. VI. p. 645. 676. 679. VII. p. 755. 56. 762—65. (ed. Sylburg).
**) Strom. IV. p. 513.

gegründet, ſowie dieſes durch Schrift und ohne Schrift in ſeiner Gemeine verkündigt und erhalten wird, wie es in den Seelen der Gläubigen lautet als Harmonie der allgemeinen chriſtlichen Grund-akkorde, die ſich in einer Vielheit zuſammenſtimmender Melodien verſchiedener Tonarten entwickelt.   Und in dieſem Begriff werden wir die Hauptſätze der alexandriniſchen Theologie wiedererkennen: daß der Leib der Kirche nicht allein durch eine hiſtoriſche, ſondern auch und zwar hauptſächlich durch eine geiſtige Gemeinſchaft mit ſeinem Haupte verbunden ſey, daß die chriſtliche Wahrheit, kraft dieſer Gemeinſchaft, zwar unſichtbar, jedoch wirkſam in der Mitte der Gläubigen vorhanden ſey.   In dieſem Sinne kann die Tradi-tion nicht als ſelbſtſtändige Quelle der Erkenntniß außerhalb der Schrift oder derſelben entgegengeſetzt werden, eher könnte man ſagen, daß ſie dieſe in ſich faſſe; denn der Name bezeichnet das geiſtige Reſultat aller chriſtlichen Ueberlieferung, Unterweiſung und Mittheilung.   Dieſe hat ihren vornehmſten Sitz und Ausgangs-punkt in der Schrift ſelbſt, und ſonach iſt es der Schrift eigener, aus ihrem Buchſtaben herausgetretener und in das Leben der Ge-meinſchaft übergegangener Geiſt, der hier als oberſter Leiter der Schriftauslegung geltend gemacht wird *).

Aber dieſer Begriff von der Beſchaffenheit der kirchlichen Tra-dition und dem Verhältniß derſelben zur Schriftauslegung — daß die chriſtliche Wahrheit in der Kirche vorhanden ſey, nicht allein in dem geſchriebenen Worte, ſondern auch in dem lebendigen Be-wußtſeyn, und daß eine chriſtliche Schriftauslegung in ihrer Ueber-einſtimmung mit der Analogie des chriſtlichen Glaubens ihr Merk-mal habe — iſt noch ſehr von demjenigen verſchieden, der uns gleichzeitig in der lateiniſchen Kirche entgegenkommt. Faſſen wir zuſammen, was hierüber bei Irenäus und Ter-tullian, den beiden älteſten Repräſentanten des kirchlichen und dogmatiſchen Syſtems des Occidentalismus, gefunden wird. Denn beide gehen von demſelben Punkte aus: Oppoſition gegen den Misbrauch der Gnoſtiker von den heiligen Büchern, und das ge-meinſame polemiſch-apologetiſche Intereſſe treiben Beide an, Hülfe zu ſuchen in der kirchlichen Autorität.

---

*) Vgl. Nitzſch und Lücke: Ueber das Anſehen der h. Schrift und ihr Verhältniß zur Glaubensregel, S. 46 ff. 124 ff.

12 *

„Wenn die Gnostiker" — heißt es bei Irenäus [*]) — „durch die Schriften widerlegt werden, so wenden sie sich zur Anklage dieser selbst. Wenn wir sie aber wieder auf die Tradition verweisen, welche von den Aposteln herrührt und in den Gemeinen durch die Presbyter als Erbtheil erhalten wird, so widersetzen sie sich der Tradition, indem sie behaupten, daß sie, weiser nicht nur als die Presbyter, sondern sogar als die Apostel, die reine Wahrheit gefunden haben." — „Wer dagegen die Regel der Wahrheit (τὸν κανόνα τῆς ἀληθείας), die er bei der Taufe empfangen hat, unverrückt festhält, der wird Namen, Ausdrücke und Parabeln der Schrift verstehen, ohne den gotteslästerlichen Inhalt, der ihnen beigelegt wird, zu erkennen." — „Aber die wahre Gnosis ist die Lehre der Apostel und das ursprüngliche Lehrgebäude (σύστημα) der Kirche über die ganze Welt, und das Gepräge (character) des Leibes Christi nach der Succession der Bischöfe, denen Jene die Kirche, die an jedem Orte besteht, übergeben haben; diese Lehre ist wohlbehalten zu uns gekommen ohne Erdichtung von Schriften, in ihrer vollsten Entwickelung, ohne Zusatz und Abkürzung." „Somach muß man also, wenn über eine Frage Streit entsteht, zu den ältesten Gemeinen, in welchen die Apostel gelebt haben, seine Zuflucht nehmen, um aus ihnen die sichere und klare Kunde zu schöpfen [**]).“

Als solche werden die Gemeinen zu Smyrna und Ephesus angeführt, vor allen aber die Gemeine in Rom, deren zwölf Bischöfe nach den Aposteln aufgezählt werden: „Dieweil es zu weitläufig ist, die Erbfolge in allen Gemeinen herzuzählen, so verkündigen die größten und ältesten und Allen bekannten Gemeinen, welche von den beiden ruhmwürdigen Aposteln Paulus und Petrus in Rom gestiftet sind, die Tradition, die von den Aposteln stammt, den Glauben, der durch die Succession der Bischöfe auf geradem Wege zu uns kommt. Durch diese Einsetzung und Succession ist die apostolische Tradition und Verkündigung der Wahrheit in der Kirche auf geradem Wege zu uns gekommen; und dieses ist der vollständige Beweis, daß der einige und unveränderte, lebendig machende Glaube, der seit der Zeit der Apostel in der Kirche ist,

[*]) Adv. haer. III. 2.
[**]) l. l. n. 20. III. 2. 4. IV. 63.

in Wahrheit erhalten und überliefert iſt bis auf den heutigen Tag.
— Zu dieſer Gemeine, aus dem Grunde des überwiegenden Vor=
ranges derſelben (propter potiorem principalitatem) nimmt
jede Gemeine ihre Zuflucht, weil in dieſer die Tradition, die von
den Apoſteln herrührt, erhalten iſt*)."

Ausführlicher und mit größerer Stringenz finden wir dieſes
Autoritätsprinzip der Auslegung von Tertullian, vorzüglich
in ſeinen Schriften „de praescriptione haereticorum" und
„adversus Marcionem" entwickelt. — „Die Ketzer beziehen ſich
auf die Schriften, und durch dieſe Dreiſtigkeit regen ſie gleich
einige Gemüther auf. Zuvörderſt müſſen wir ihnen alſo dieſen
Standpunkt verſperren: daß ſie zu keiner Diſputation aus den
Schriften zugelaſſen werden; es muß unterſucht werden, wem
der Beſitz der Schriften zukomme, damit nicht der Zutritt denen
geſtattet werde, welchen er auf keine Weiſe zukommt. Hier haben
wir eine Ketzerei, die gewiſſe Schriften nicht annimmt; und wenn
ſie ſie annimmt, ſo entſtellt ſie ſie durch Zuſätze und Abkürzungen
nach eigenem Bedürfniß; ſie nimmt ſie nicht ganz an, wie ſie ſind;
und wenn ſie ſie auch einigermaßen unverkürzt läßt, ſo verdreht
ſie nichtsdeſtoweniger durch ihre Auslegungen verſchiedene Aeuße=
rungen. Alſo darf man nicht an die Schriften appelliren, noch
den Streit hier, wo kein Sieg, oder doch ein unſicherer oder we=
nig ſicherer Sieg zu erwarten iſt, beruhen laſſen. Die rechte
Ordnung aber gebietet, daß dieſes zunächſt entſchieden werde:
wem der Glaube ſelbſt und die Schriften angehören, von wem
und durch wen, wann und wem die Lehre übergeben iſt, durch
welche ſie Chriſten werden; denn wo augenſcheinlich die wahre
chriſtliche Lehre und der Glaube vorhanden ſind, da werden auch
die Schriften und Auslegungen und alle chriſtliche Traditionen in
ihrer Wahrheit ſich befinden**)."

„Die Apoſtel ſtifteten Gemeinen in jedem Staate, aus wel=
chen die übrigen Gemeinen, um wirklich Gemeinen zu werden,
traducem fidei et semina doctrinae entlehnten und täglich ent=
lehnen; daher ſie ſelbſt für apoſtoliſch gerechnet werden, als die
Nachkommenſchaft der apoſtoliſchen Gemeinen. Was die Apoſtel

---

*) L. I. III. 3.
**) De praescr. haeret. n. 15. 17. 19.

gepredigt haben, d. h. was ihnen Christus geoffenbaret habe, das darf nicht anders bewiesen werden, als durch eben dieselben Gemeinen, welche die Apostel durch ihre Predigt gestiftet haben, sowohl durch das lebendige Wort als später durch ihre Briefe. Wenn dieses sich nun so verhält, so ist es klar, daß jede Lehre, die mit jenen ecclesiae apostolorum matrices et originales übereinstimmt, als Wahrheit gelten muß, weil sie ohne allen Zweifel dasjenige enthält, was die Kirche von den Aposteln, die Apostel von Christo, Christus von Gott empfangen haben; und daß jede abweichende Lehre im Voraus für lügenhaft angesehen werden muß, weil sie der Wahrheit der Kirchen, der Apostel, Christi und Gottes widerstrebt*). — Der heilige Geist ist darum vom Vater gesandt, darum von Christo herabgesendet worden, daß er der Lehrer der Wahrheit seyn solle; und dieser Haushalter Gottes und Vicarius Christi sollte seinen Beruf versäumen, und den Gemeinen gestatten, anders zu verstehen, anders zu glauben, als wie er selbst durch die Apostel gepredigt hat! — Es wird also weiter keine Tradition als apostolisch anzuerkennen seyn außer derjenigen, welche noch immer in jenen Gemeinen vorgetragen wird**).

„Verhält sich dies nun so, daß die Wahrheit uns, die wir nach der Regel wandeln, welche die Kirche von den Aposteln, die Apostel von Christo, Christus von Gott empfangen haben („regula fidei sola immobilis et irreformabilis***)"), zuerkannt werden muß, so ist unsere Behauptung, daß es den Ketzern nicht verstattet werden dürfe, an die Schriften zu appelliren, erwiesen. Wir beweisen ohne Schrift, daß sie nicht mit den Schriften zu thun haben; — das ist mein Eigenthum; ich bin der Erbe der Apostel; Euch haben sie erblos gemacht. Ueberall, wo Verschiedenheit sich in der Lehre findet, muß man also Verunstaltung der Auslegung voraussetzen; diejenigen, welche sich vorgesetzt haben, anders zu lehren, werden durch die Noth gezwungen, andern Gebrauch von den Quellen der Lehre zu machen†)."

---

*) L. I. n. 20. 21. Cf. de cor. mil. n. 4.: „.. si legem expostules scripturarum, nullam invenies; traditio tibi praetendetur auctrix, consuetudo confirmatrix et fides observatrix."

**) De praescr. haer. I. 28. Adv. Marc. I. 21.

***) De virgin. vel. n. 1.

†) De praescr. haeret. n. 37. 38.

Die angeführte juristische Deduktion geht von der Erfahrung
aus, daß die Ketzer (die Gnostiker) sich durch die heiligen Schriften nicht zum Schweigen bringen ließen, und daß folglich die
christliche Wahrheit nicht hinreichend geschützt wäre, wenn nicht
eine außerhalb der Schrift existirende und von derselben unabhängige Regel der Auslegung, eine positive, ein für allemal gegebene
Autorität sich in der Kirche nachweisen ließe. Diese ist die regula
fidei, worunter das kirchliche Symbolum, dessen Bekenntniß bei der Taufe abgelegt wird, und dessen Inhalt Irenäus
und Tertullian an mehreren Orten anführen, verstanden wird.
Es muß eingeräumt werden, daß dieser Inbegriff der Glaubenslehren einen Gegensatz von den ketzerischen Systemen darbietet,
die jene Kirchenlehrer im Auge hatten, den gnostischen, namentlich den Sätzen vom Ursprunge der Welt und von der Natur
Christi. Dieser Gegensatz aber ist nicht minder bestimmt in der
heiligen Schrift ausgedrückt; und auf der anderen Seite mußte
das Symbol nicht minder als die Schrift sowohl Einwendungen
hinsichtlich seiner Authenticität als willkührlicher Auslegung im Einzelnen ausgesetzt seyn. Daher die Deduktion nur durch einen
Sprung, eine petitio principii, zu Ende geführt wird: durch
Voraussetzung der apostolischen Gemeinen oder der Vorsteher derselben als der auserkorenen Besitzer und Hüter der überlieferten
Wahrheit, und durch Vernichtung jedes Zweifels hieran durch die
Waffe des Machtspruchs: „Wenn wir," sagt Tertullian, „noch
immer nöthig haben zu suchen, wo gebührt sich's uns denn zu
suchen? Wir haben die Regel des Glaubens, so daß wir schon
hieraus erkennen können, was wir glauben sollen; denn wenn sie
noch fortwährend suchen, so haben sie es noch nicht gefunden;
wenn sie es aber noch nicht haben, so glauben sie nicht; glauben
sie aber noch nicht, so sind sie keine Christen*)." Die streng
historische Betrachtungsweise von Kirche und Tradition und dem
Verhältniß beider zu der heiligen Schrift kommt hier zuerst zum
Vorschein; durch die apostolische Stiftung, durch die ununterbrochene Succession der von den Aposteln eingesetzten Bischöfe, und
das so organisirte Priesterthum sieht die Kirche in fortwährender

---

*) De praescr. haeret. n. 12. 14.

Verbindung mit Christo *); die christliche Wahrheit ist, als ein materielles Depositum, den Lenkern dieser Gemeinen anvertraut; auf diese, als auf die untrüglichen Orakel, werden die Christen hingewiesen, und erst durch ihre Vermittelung wird die Auslegung und Anwendung der Schrift gesichert. Diesem entspricht ganz und gar die empirische Vorstellung vom Glauben als einem ein für allemal empfangenen Kleinode, das, einmal angeeignet, wie jeden Zweifel, jede fortgesetzte Forschung, so jede fortschreitende Erweiterung und Berichtigung ausschließt: „Man soll suchen, bis daß man findet, und glauben, wenn man gefunden hat; darnach aber weiter nichts thun, als bewahren, was man geglaubt hat. — Der Glaube ist in der Regel des Glaubens gegeben; — die Wißbegierde (curiositas) muß dem Glauben, die Ehre dem Heile weichen; entweder soll man nicht gegen die Regel reden, oder sich zur Ruhe begeben; Nichts zu wissen jenseits ihrer, ist Alles wissen **).“

---

*) Adv. Marc. IV. 5.: „Wenn es gewiß ist, daß dasjenige, was früher ist, wahrer ist, daß dasjenige, was von Anfang ist, früher ist, daß dasjenige, was von der Zeit der Apostel herrührt, von Anfang ist: so wird es ebenfalls gewiß seyn, daß dasjenige, was in den Gemeinen der Apostel geheiligt gewesen ist, von den Aposteln überliefert ist.“ — Doch ist hier zunächst von dem historischen Beweise für die Aechtheit des Evangeliums Lucä die Rede.

**) Adv. Marc. IV. 9. 12. — Merkwürdig ist es, wie ganz andere Grundsätze in anderen Schriften uns entgegenkommen: de virg. vel. n. 1.: „Die Gewohnheit, aus Unwissenheit oder Einfalt entsprungen, wird durch die Erbfolge im Gebrauch gestärkt, und gegen die Wahrheit behauptet. Unser Herr Christus aber hat sich die Wahrheit genannt, nicht die Gewohnheit. Ketzereien werden nicht sowohl durch den Grund der Neuheit, als durch die Wahrheit besiegt; Alles, was der Wahrheit widerstreitet, ist Ketzerei, wenn es gleich alte Gewohnheit ist.“ De cor. mil. n. 4.: „Untersuche, ohne die Achtung vor der Tradition, von wem immerhin ihr Ursprung hergeleitet wird, zu verletzen, die göttliche Vernunft, in welcher die Begründung jener zu suchen ist; siehe nicht auf den Autor, sondern auf die Auctorität, und besonders bei einem allgemeinen Gebrauch, der aus dem Grunde in Ehren gehalten werden muß, weil er als Ausdruck der Vernunft gelten muß; so daß man einsehen könne, weil Gott auch die Vernunft gegeben, warum dieser Gebrauch beobachtet werden müsse.“ Solche Aeußerungen aber können nicht dazu berechtigen, wie bei Lücke in der obgenannten Schrift S. 143, Irenäus und Tertullian mit Rücksicht auf ihre Ansichten von der Schrift und der Glaubensregel, mit Clemens und Origenes zusammenzustellen. Die Verschiedenheit —

Die weſentlich verſchiedene Art und Weiſe, auf welche die alexandriniſchen und die lateiniſchen Kirchenlehrer den Begriff der kirchlichen Tradition und des Verhältniſſes derſelben zur Auslegung der Schrift entwickelten, hat auch ſpäter fortwährend einen der wichtigſten Unterſcheidungspunkte der orientaliſchen und der occi= dentaliſchen Theologie ausgemacht. Nachdem es eingeführt wurde, die chriſtliche Wahrheit nach den Stimmen der Majorität in Con= cilien zu dekretiren, mußten allerdings die Lehrer der Kirche, frei= willig oder nothgedrungen, darüber einverſtanden werden, ihre Auslegung der Schrift in die möglichſte Uebereinſtimmung mit jenen Dekreten zu bringen. Dieſe Abhängigkeit aber tritt bei den g r i e = c h i ſ c h e n Schriftauslegern in den Hintergrund; ſie beharren dar= auf, die Deutlichkeit der Schrift, die Hinlänglichkeit derſelben, um ſich ſelbſt auszulegen, und um zur Erkenntniß der Wahrheit zu führen, geltend zu machen. Auch die Vertheidiger der kirch= lichen Orthodoxie hüten ſich vor jeder Trennung der Schrift von der Tradition, ſuchen vielmehr die traditionellen Dogmenbeſtim= mungen aus der Schrift ſelbſt zu rechtfertigen, und halten ſonach das Feld der wiſſenſchaftlichen Schriftauslegung frei und offen[*]). In der l a t e i n i ſ c h e n Kirche dagegen ward die Lehre von der Einheit der Kirche, von der Abhängigkeit der Gemeinen von ihren Presbytern, der Abhängigkeit dieſer von den Biſchöfen, der Ab= hängigkeit der Kirchen von den einzelnen apoſtoliſchen Mutterkir= chen, und hiemit auch von der Abhängigkeit des Bibelſtudiums von der in jenen Gemeinen heimiſchen Tradition — immer mehr der Mittelpunkt, worauf die ganze Thätigkeit hinzielte; und die ſummariſche Verfahrungsart, welche eine Hinweiſung auf dieſe Tradition an die Stelle der wiſſenſchaftlichen Beweisführung aus

---

wir ſagen nicht der Gegenſatz — tritt deutlich hervor, und iſt in der Eigen= thümlichkeit der verſchiedenen theologiſchen Syſteme begründet.

[*]) So A t h a n a ſ i u s (vita Anton. n. 89.): „Hütet Euch vor Jenen (den Arianern), und bewahret die Ueberlieferung der Väter, vornämlich aber den frommen Glauben an unſern Herrn J. Chr., welchen I h r a u s d e n S c h r i f t e n vernommen habt, und an welchen Ihr oft von mir erin= nert worden ſeyd.“ C y r i l l v o n J e r u ſ a l e m (catech. V. 12.): „Das Glaubensbekenntniß iſt nicht nach menſchlichem Gutdünken zuſammengeſetzt, ſondern aus der ganzen Schrift ſind die vornehmſten Lehren geſammelt und zu einem Lehrbegriff vereinigt.“

den Schriften ſetzte, empfahl ſich immer mehr durch ihre polemiſche Brauchbarkeit gegen wirkliche oder vermeintliche Verunſtalter des Wortes der Schrift.

Es iſt nicht allein **Cyprian**, der die Deduktion Tertullians aufnimmt: „Wenn eine Waſſerleitung,“ — ſagt er im 74. Briefe — „die zuvor mit reichlichem Waſſer floß, plötzlich nach= läßt, geht man dann nicht nach der Quelle, um den Grund zur Abnahme des Waſſers zu unterſuchen, damit das Waſſer, durch Zurechtmachung und Ausbeſſerung der Waſſerleitung, ſich ſammeln und in eben der Fülle und Reinheit, in welcher es der Quelle ent= ſpringt, hervorquellen könne? — Solches müſſen auch die Prie= ſter Gottes, die die göttlichen Vorſchriften bewahren, thun, ſo daß wir, wenn die Wahrheit in etwas wankt und wackelt, nach dem urſprünglichen Evangelium des Herrn und der apoſtoliſchen Tradition zurückkehren können.“ — **Hilarius** nennt die Gemei= nen, die von den Apoſteln geſtiftet ſind, principatus*), und lehrt: „gleichwie das Wort des Lebens in der Kirche niedergelegt und gepredigt iſt, ſo können diejenigen, die außenvor ſind, nicht das Wort verſtehen, ſondern ſind unfruchtbar und unnütz **).“ — **Ambroſius** äußert ſich in derſelben Weiſe: „Laßt uns die Vor= ſchriften der Vorfahren bewahren, und nicht freventlich die ver= erbten Siegel brechen; — die ſie zu brechen nicht gewagt haben, ſind Confeſſoren und Märtyrer geworden; wie können wir den Glauben derer, deren Sieg wir lobpreiſen, verläugnen ***)?“ — **Hieronymus** ſchärft ein, „der Spur der Väter zu folgen, und von ihrer Autorität nicht abzuweichen †);“ denn „der Herr hat den Apoſteln und allen Lehrern der Kirche aufgetragen, Alles auszulegen, was ſchwer und ſchwierig in der Schrift ſcheint, dem Verſtändniß den Weg zu ebnen, und alle Steine des Anſtoßes aus dem Wege zu räumen, damit das Volk des Herrn ungehin= dert verſtehen könne, was es lieſet ††).“ Auch **Auguſtinus** weiſet auf eine hiſtoriſche Gewähr und Glaubensregel (praescrip= tio aliqua et regula fidei veritatis“) hin, die im consensus ecclesiae zu ſuchen ſey, trennt dieſe beſtimmt von der Schrift

---

*) Tract. in Ps. 138. n. 38.   **) Comm. in Matth. c. 13. n. 1.
***) Ad Gratian. imp. 3.   †) Comm. in Eccl. 12.
††) Comm. in Iesai. 58.

selbst, und giebt die Ermahnung, bei allen Stellen in der Schrift, wo die Auslegung zweifelhaft ist, sich an sie zu halten, um nicht des katholischen Glaubens zu verfehlen *).

Es sind diese Sätze von den Wortführern in der lateinischen Kirche allgemein angenommen und häufig eingeschärft, welche den Hauptinhalt in dem bekannten Commonitorium pro cath. fidei antiquitate et universitate des **Vincentius Lerinensis** († ungef. 450) ausmachen. Diese Schrift — eine Anweisung zur Unterscheidung des wahren katholischen, durch die Autorität der Bibel und der Tradition bewährten, Glaubens von ketzerischen Lehren — ist von der Kirche als authentische Entwickelung der Lehre von der Anwendung der Tradition und dem Verhältniß derselben zur Schrift anerkannt worden. „Wenn man — heißt es hier **) — Jemand von den Ketzern fragt, woraus beweisest und lehrest du, daß ich den allgemeinen und alten Glauben der katholischen Kirche verlassen müsse, so antwortet er: dieweil es geschrieben stehet; und gleich stehen ihm tausend Zeugnisse, tausend Beispiele, tausend Autoritäten aus dem Gesetz, den Psalmen, den Aposteln und den Propheten zu Gebote, die er in neuer und schlechter Weise auslegt, und wodurch die unglückliche Seele von der Burg der katholischen Kirche in den Schlund der Ketzereien hinabgestürzt wird.“ „Wenn ich daher oft mit großem Ernste und vieler Aufmerksamkeit gar viele, durch Heiligkeit und Gelehrsamkeit ausgezeichnete Männer gefragt habe, wie ich auf sicherem und gleichsam bewährtem und regelrechtem Wege die Wahrheit des katholischen Glaubens von der Lüge der ketzerischen Verkehrtheit unterscheiden könne, so habe ich von Allen immer zur Antwort erhalten: daß man, unter Gottes Beistande, seinen Glauben in doppelter Weise befestigen müsse: zuerst nämlich durch die Autorität des göttlichen Gesetzes, sodann durch die Tradition der katholischen Kirche ***); — nicht weil der heilige Kanon sich selber nicht zu

---

*) De doctr. chr. XIV. 5. 6. de civ. D. XV. 7, 1. De Gen. contra Manich. II. 3. contra Cresc. I. 33.: Von der Kindertaufe: „Quamvis huius rei certae de scripturis canonicis non proferatur exemplum, earundem tamen scripturarum etiam hac in re a nobis tenetur veritas, quum hoc faciamus, quod universae iam placuit ecclesiae, quam ipsarum scripturarum commendet auctoritas.“

) Cap. 37. *) Cap. 1.

Allem genügen follte, fondern weil die Meiften die göttlichen Worte nach eigenem Gutdünken auslegen, darum ift es nothwen= dig, daß die Auslegung der himmlifchen Schrift nach der einen Regel des kirchlichen Sinnes gelenkt werde *).“ „In der katho= lifchen Kirche felbft muß man infonderheit darauf achten, daß wir uns an dasjenige halten, was überall, immer und von Allen ge= glaubt worden ift**): zuerft ob Etwas in alten Zeiten von allen Prieftern der katholifchen Kirche durch die Autorität eines allge= meinen Conciliums feftgefetzt worden fey; fodann, wenn diefes nicht der Fall feyn follte, muß man zu den Meinungen der hei= ligen Väter, derer allein, welche, ein Jeglicher zu feiner Zeit und an feinem Orte, als glaubwürdige Lehrer in der Einheit der Gemeinfchaft und des Glaubens gelebt haben, feine Zuflucht nehmen***).“

---

*) Cap. 41. **) Cap. 3. ***) Cap. 41.

II.

Von dem siebenten Jahrhunderte bis zur Reformation.

G. W. Meyer: Geschichte der Schrifterklärung seit der Wiederherstellung der Wissenschaften. 1—5. Th. 1802—1809*). (Vorausgeschickt ist eine kurze Uebersicht über die Bibelauslegung der voranliegenden Zeit.)

Ein kurzer Ueberblick über die theologische Litteratur im Allgemeinen durch diese lange Reihe von Jahrhunderten muß hier vorausgehen.

Wenn die Forderung an jede Litteratur, um den Namen einer wissenschaftlichen zu verdienen, gemacht werden muß, daß sie Resultate eigenen Nachdenkens über die Gegenstände der inneren oder der äußeren Welt darlege, welche dann, als Frucht selbstständiger Geistesthätigkeit, nicht ohne Einfluß auf das geistige Leben Anderer bleiben werden zur Hervorrufung gleichartigen Wirkens, es sey nun als Fortsetzung oder als Widerspruch: so wird es in den achthundert Jahren, die wir vom Anfange des siebenten bis zum Schlusse des vierzehnten Jahrhunderts zählen, nur einzelne Abschnitte von verschiedenem Umfange der Zeit und des Raumes geben, in welchen eine Thätigkeit in der Theologie von wissenschaftlicher Richtung nachgewiesen werden kann. Meistens ist diese durch kirchliche Polemik, welche einzelne, oft wenig fruchtbare Punkte zum Gegenstande gehabt hat, hervorgerufen worden. Im 7. Jahrhunderte riefen die monotheletischen Streitigkeiten in der orientalischen Kirche eine reiche Fortsetzung der früheren Streitschriften über die Christologie hervor; wir nennen hier bloß die Mönche Maximus Confessor und Sophronius aus Damask, der den Zunamen des Sophisten und Philosophen erhielt. Eine noch reichere Litteratur sammelt

---

*) Dieses mit großem Fleiße, aber geringer Kritik ausgearbeitete Werk umfaßt die Geschichte des ganzen Bibelstudiums: außer der der Hermeneutik und Exegetik zugleich die der Sprachstudien, der Lexikographie, der biblischen Realwissenschaften, der Kritik des Textes u. s. w.

ſich im 8ten Jahrhunderte in demſelben Theile der Kirche um die Streitfrage von der Bedeutung und dem Gebrauch der kirchlichen Bilder. Im Decident ſetzten im 9. Jahrhunderte zwei gleichzeitige Streitigkeiten: über die Lehre vom Sakrament und den Begriff der Transſubſtantiation, durch Paſchaſius Radbertus erregt, und über die auguſtiniſche Prädeſtinationslehre, vom Mönche Gottſchalk veranlaßt, die Wortführer der lateiniſchen Kirche: Rabanus Maurus, Ratramnus, Erigena, Prudentius, Biſchof zu Troyes, Servatus Lupus, Abt zu Ferreires, Remigius, Erzbiſchof zu Lyon, in Bewegung. Von noch größerem Einfluß auf die Litteratur ward der Streitpunkt zwiſchen der griechiſchen und der lateiniſchen Kirche vom Ausgange des heiligen Geiſtes; eine unzählige Menge Schriften wurden hierüber von beiden Seiten gewechſelt, und die Polemik ward ſowohl heftiger als umfaſſender, nachdem im 11. Jahrhunderte das lange vorbereitete Schisma ausbrach, gleichzeitig mit dem Berengar'ſchen Streite, der die Polemik des früheren Jahrhunderts erneuerte, und eine ſpitzfindige Entwickelung der Lehre vom Sakrament veranlaßte.

Schönere Mittelpunkte eines wiſſenſchaftlichen Lebens verdanken wir einzelnen, in geiſtiger wie in politiſcher Beziehung hochmögenden Männern. Ein ſolcher Mittelpunkt war vor allen der Hof Carls des Großen, wo Alkuin*), Paul Warnefried, Peter von Piſa, Paulinus von Aquileja, Eginhard dem Kaiſer zur Seite ſtanden, und von welchem aus ein wohlthuendes, läuterndes und ſtärkendes Leben in Wiſſenſchaft und Kirche ſich verbreitete**). Dieſe Veranſtaltungen und Reformen wurden von den Carolingern, Ludwig dem Frommen, Lothar und Carl dem Kahlen, fortgeſetzt, und die Wirkungen davon laſſen ſich weit in die nachfolgende Zeit hinaus verfolgen. Noch im folgenden Jahrhunderte iſt die theologiſche Wiſſenſchaft gleichſam an die Schulen, Klöſter, Bisthümer geknüpft, die von Carl

---

*) „A tanta familiaritate Carolo acceptus, ut appellaretur imperatoris delitiosus, cuius maxime magisterio ipse imperator omnibus liberalibus artibus initiari satagebat.“ Sigebert. de scriptt. eccles. c. 83.

**) J. Ellendorff: Die Karolinger und die Hierarchie ihrer Zeit. 1838.

dem Großen errichtet waren. Rabanus Maurus war Abt zu Fulda, hernach Erzbischof in Mainz, Walafrid Strabo, Abt des Benediktinerklosters Reichenau; Haimo, zu Fulda und in der Hoffschule zu Tours unterrichtet, war Bischof in Halberstadt; woselbst er eine Bibliothek anlegte; Paschasius Radbertus war Abt des Klosters Alt=Corbei; Druthmer, mit Zunamen Grammatikus, Mönch ebendaselbst; Hinkmar, unterrichtet und gebildet im Kloster St. Denys, war Erzbischof zu Rheims; Ott= frid, Verfasser der poetischen Bearbeitung der Evangelien in deutscher Sprache, war in Fulda unterrichtet und Vorsteher der Schule zu Weißenburg im Elsaß. Auch Johannes Erigena fand als Gelehrter einen Zufluchtsort am Hofe Carls des Kahlen. In das 9. Jahrhundert fallen die Bemühungen Alfreds des Großen um das kirchliche und wissenschaftliche Leben, nicht minder preiswürdig, als jene Carls des Großen; aber ohne Unter= stützung der äußeren Verhältnisse mußten sie ohne sichtbaren Er= folg bleiben.

Von größerer Bedeutung ist das Zusammenwirken forschender Geister, das durch den Namen des Scholasticismus bezeichnet wird. Vom Streite zwischen Realisten und Nominalisten wandte dieser sich den christlichen Dogmen zu, und ging, vom zwölften bis zur Mitte des vierzehnten Jahrhunderts, durch die verschiedenen Stadien der Dialektik, indem er sich zuweilen zur Höhe wirklicher Spekulation erhob, während seiner Einseitigkeit durch die mystische Theologie entgegengearbeitet wurde. Mit dem funfzehnten Jahr= hunderte endlich fingen die reineren und stärkeren Strahlenbrechun= gen des Lichts von Osten an, welche ein wissenschaftliches Zusam= menleben in größerer Ausdehnung erregten.

Oefters werden wir sonach die wissenschaftliche Thätigkeit, die sich bis gegen das Ende der Periode des Mittelalters geäußert hat, durch polemisches Interesse in Bewegung gesetzt finden. Die Män= ner, die als die wahren Repräsentanten der Wissenschaftlichkeit zu betrachten sind, indem bei ihnen die litteräre Thätigkeit nicht durch vorübergehende Streitverhältnisse bestimmt worden, sondern aus innerm Triebe zur Erkenntniß der Wahrheit hervorgegangen ist; werden bald gezählt seyn; zu diesen können wir den alexandrini= schen Grammatiker Johannes Philoponus im 7. Jahr= hunderte, den Spanier Claudius, Bischof von Turin, im 9.

Jahrhunderte, die englischen Gelehrten Beda Venerabilis, Alkuin und Johannes Erigena im 8. und 9. Jahrhunderte; den constantinopolitanischen Gelehrten Michael Psellus im 11. Jahrhunderte, Johannes von Salisbury im 12., den Franziskanermönch Roger Bako im 13. Jahrhundert, die parisischen Mönche Hugo und Richard de St. Victore im 12., und den Rektor der Universität zu Paris Wilhelm de St. Amore im 13. Jahrhundert, ferner die sogenannten mystischen Theologen und den besten Stamm der Scholastiker rechnen. Die nachtheiligen Folgen, die bei einer, längere Zeit hindurch fortgesetzten, polemischen Thätigkeit schwerlich ausbleiben — krankhaftes Brüten über einzelnen Gegenständen, Einseitigkeit in der Betrachtung der vorliegenden Fragen, spitzfindige Sophistik in Vertheidigung und Bestreitung, — konnten am wenigsten ausbleiben in einem Zeitalter, in welchem Unwissenheit und Vorurtheil nicht die einzigen noch schlimmsten Thyrannen waren, sondern in welchem die Wirksamkeit der Individuen von der Macht der Hierarchie beherrscht wurde, und die Wissenschaft offenbar nur zur Unterstützung der kirchlichen Orthodoxie gebraucht werden durfte; — eine Thyrannei, deren Druck nur darum weniger empfunden wurde, weil die Erkenntniß und ihr freimachender Einfluß so gering war, und es der Mittel zur Erweiterung derselben noch weniger gab als zuvor, nachdem der feindliche Bruch alle Gemeinschaft der lateinischen und der griechischen Kirche aufgelöst hatte. Wenn das Resultat hievon auf der einen Seite eine Spekulation auf dürrer Heide, eine Dialektik ohne das erforderliche Materiale der Kenntniß, ein Formalismus ohne Fülle des Inhaltes und ohne Freiheit der Bewegungen werden mußte, so tritt in jenen Jahrhunderten eine entgegengesetzte Richtung noch mehr hervor: ein Historisiren nämlich ohne Philosophie, ein prinzipıloses Zusammenlesen von Materialien aus der Vorzeit oder ein unkritisches Erzählen zusammengeworfener Wahrheit und Fabel. Die unübersehbare Menge sogenannter geschichtlicher Monographien von heiligen Männern und Weibern, die zahlreichen byzantinischen Chroniken bei aller sonstigen litterairen Armuth, der unermüdliche Fleiß im Anlegen und Vermehren ganzer Sammlungen von Legenden und Martyrologien, von kaiserlichen Gesetzen, päpstlichen Dekretalen, kirchlichen Kanones, Klosterregeln und

Liturgien — charakterisiren die literäre Thätigkeit jener Zeiten. Jede Wissenschaft ward unter den Händen derselben in Geschichte umgebildet. Das selbstständige Produktionsvermögen, das schon in früheren Jahrhunderten immer mehr nachgelassen hatte, scheint mit dem sechsten Jahrhunderte fast ausgestorben. Ein kümmerlicher Ersatz ward in der Autorität der Kirche und der Kirchenväter gesucht; und Darstellung der christlichen Lehre, Untersuchung über die schwierigen Punkte derselben wurde durchaus auf traditionellem Wege getrieben. Als wäre der Zutritt zu denselben Quellen, die den Vorgängern zugänglich gewesen waren, versperrt, oder als hätte die Benutzung derselben auf besonderen, nunmehr verloren gegangenen Gnadengaben beruht, ließ man sich an Auszügen aus den hinterlassenen Schriften der Aelteren genügen, mit bunten Zusammenstellungen ihrer verschiedenen Ansichten, ohne Beruf noch Kraft, weiter zu geben. Schon gegen das Ende des siebenten Jahrhunderts wird ein französischer Mönch Defensor als Verfasser einer solchen Compilation (scintillae sive sententiae sanctorum Patrum) genannt; und das dogmatische Werk des syrischen Mönches Johann von Damask, aus demselben Jahrhunderte, welches in der morgenländischen Kirche classisches Ansehen gewann, war gleichfalls eine Darstellung der Meinungen der älteren orthodoxen Lehrer, nach aristotelischen Prinzipien gewürdigt. Zum zwölften Jahrhundert gehört das bekannte Werk (Panoplia dogmatica orthodoxae fidei) von dem constantinopolitanischen Mönche Euthymius Zigabenus; und ein Zeitgenoß desselben war der griechische Mönch Antonius, der wegen seines Sammlerfleißes den Beinamen Melissa erhielt. Den höchsten Gipfel der Berühmtheit erreichte diese Behandlungsweise der Theologie in den libri sententiarum des Petrus Lombardus. Der Name sententiarii für die Dogmatiker jener Zeit bezeichnet die ganze Methode; und die Werke der scholastischen Heroen wurden den Schülern derselben, was die Kirchenväter einige Jahrhunderte zuvor gewesen waren.

Wenn sonach die Wissenschaftlichkeit des Mittelalters, und namentlich die theologische, als eine Losreißung der Philosophie von der Geschichte, der Geschichte von der Philosophie sich bezeichnet, so ist hierin zugleich die möglichst schlechte Vorbedeutung für die Schriftauslegung enthalten, die eben auf der Vereinigung der

Kenntniß von einem gegebenen historischen Stoffe, und des Eindringens in die geistige Bedeutung desselben beruht. Allerdings werden die nämlichen Elemente der Schriftauslegung, welche in der älteren Periode nachgewiesen sind, sich auch in dieser nachweisen lassen; wir müssen aber zu finden erwarten, theils, daß sie gegenseitig isolirt da stehen, theils, daß sie in ein anderes gegenseitiges Verhältniß, als welches dort Statt fand, getreten sind. Wir werden es natürlich finden, daß die Autorität der geschichtlichen Tradition immer mehr das entscheidende Uebergewicht erhalten, und der Auslegungsarbeit einen rein compilatorischen Charakter mitgetheilt hat; daß man daneben in ausschweifendem Subtilisiren und Allegorisiren über das halbverstandene Schriftwort für die fehlenden philologischen und historischen Kenntnisse einen Ersatz gesucht hat; daß erst, nachdem eine Verbindung der getrennten Kirchen die Sprachstudien von Neuem ins Leben gerufen hatte, und sich ein freierer wissenschaftlicher Geist gegen den Despotismus der Hierarchie erhob, eine Erneuerung der wahren Auslegungsprinzipien gesucht werden darf. Wir werden in der hier angeführten Ordnung die nöthigen Züge zu einem Bilde der Auslegungswissenschaft jener Jahrhunderte aufsuchen.

Traditionell-kirchliche Auslegung.

Die Form, unter welcher die Auslegung im Dienste der Tradition hervortritt, ist Excerpirung aus den älteren Exegeten. Unter diesen σειραί (catenae) ist in der griechischen Kirche diejenige, die dem Oekumenius, Bischof zu Trikka in Thessalien im 10. Jahrhundert, beigelegt wird, die vollständigste. Sie umfaßt verschiedene Bücher von denen, welche verhältnißmäßig selten behandelt worden sind, nämlich, außer den Paulinischen Briefen, die Apostelgeschichte und die katholischen Briefe. Aus der Aehnlichkeit der Behandlungsweise und der Ausdrücke schließt man auf die Identität des Verfassers. Nur gelegentlich und beiläufig hat sich der Bearbeiter von seinen Quellen unterschieden. So heißt es bei Eph. 4, 16.: „Sieh Acht darauf, was auch meine Meinung ist; denn ich habe nicht Gelegenheit gehabt, die Schrift des heiligen Mannes (Chrysostomi) nachzusehen;" und am Schlusse des Briefes an die Colosser: „Da ich aus der Handschrift die Erklärungen des heiligen Johannes (Chrysostomi) über den Brief an die Colosser nicht mit Genauigkeit fand, so habe ich diejenigen, welche ich habe ausfindig machen können, zusammengeschrieben; wenn sich daher in ihnen etwas Ungegründetes oder Tadelnswerthes findet, so wisse der Leser, daß ich die Schuld davon trage." Auch findet sich die Erklärung des Sammlers selbst hin und wieder durch Formeln, wie z. B.: „ἐγὼ νομίζω — μετὰ πάντων καὶ ταῦτα δέξαι εἰ βούλει," hinzugefügt. Was die Behandlungsweise betrifft, so sind die Commentare des Chrysostomus — was die hier angeführten Beispiele vermuthen lassen — die Hauptquelle, aus welcher diese Sammlungen genommen sind, bald mit ausdrücklicher Erwähnung derselben, bald wieder — zumal wo ein Auszug geliefert ist — mit Verschweigung des Namens. Außer dem Chrysostomus sind Cyrillus von Jerusalem, Basilius, die beiden Gregore, Isidorus, Methodius, Photius diejenigen, welche am fleißigsten benutzt sind, doch ohne daß die Namen immer angeführt sind. An Verbindung oder Zusammenarbeitung ist nicht gedacht. Die verschiedenen Erklärungen, mitunter selbst solche, die einander gegenseitig ausschließen, werden gewöhnlich mit einem „Ἄλλο — Ἄλλως — καὶ ἄλλως" zusammengestellt. Die Anzahl solcher Deutungen, die zur Auswahl dargestellt werden, beläuft sich zuweilen auf 10 und darüber (z. B. zu 1 Cor. 6, 18.). Nur selten ist einer derselben der Vorzug vor den anderen eingeräumt worden.

Was hier von der Anordnung im Commentar des Oekumenius gesagt ist, gilt gleichfalls von einem anderen, der mehreren Ausgaben von Oekumenius beigefügt ist, um diesen zu complettiren: vom Commentar des Arethas, Bischofs zu Cäsarea in Cappadocien, wie es scheint im 10. Jahrhunderte, über die Apokalypse. Er besteht aus Auszügen, vornämlich aus dem Commentar eines früheren, Cäsareensischen Bischofs Andreas (aus der letzten Zeit des fünften Jahrhunderts), doch auch aus Basilius, Cyrillus, Gregor von Nazianz, Hippolyt u. M.[*]). Andere griechische Catenenschreiber aus dem 11. Jahrhundert sind Niketas, Erzbischof zu Serron in Macedonien, später zu Heräklea in Thracien (über d. Evang. Matthäi und den ersten Brief des Paulus an die Corinther), und Euthymius Zigabenus, Mönch

_____

[*]) Siehe Lückes Einl. in die Offenb. Joh. S. 497 ff.

in Constantinopel (über die vier Evangelien). Mit größerer Selbstständigkeit arbeitete **Theophylaktus**, Erzbischof von Achris in Bulgarien, gegen das Ende des 11. Jahrhunderts. Sein Commentar über die Evangelien und Briefe nähert sich, was die Form betrifft, der Einfachheit der älteren Exegeten, giebt dann und wann eine kurz und bündig entwickelte Erklärung.

Im nämlichen Styl ist die Arbeit von den lateinischen Schrift-auslegern getrieben; diese bilden eine einigermaßen zusammen-hangende Reihe.

Von dem berühmten englischen Gelehrten **Beda Venera-bilis** (geboren in Northumberland, † 735) haben wir eine große Anzahl Commentare über die Bücher des A. und N. Test.*). Ueber den Standpunkt, worauf er sich bei der Ausarbeitung dieser Schriften gestellt hat, äußert er sich an seinen Bruder Nothelm in der Vorrede zu Quaestiones in libr. Regum folgendermaßen: „Was von den Vätern geschrieben ist, das können Alle manch-mal nicht Alles haben, und ihre Untersuchungen über die Schrift sind nicht bekannt, weil man sie entweder nicht hat oder sie nicht versteht. Dies ist der Fall mit dem Meisten von dem, worüber Du von mir Aufschlüsse verlangt und erhalten hast; und bei den hiemit folgenden Antworten habe ich durch Befolgung der Spur der Väter Deine Wünsche zu befriedigen gesucht." Bei seinem Commentar über Hexaemeron giebt er es als seine Aufgabe an: aus Basilius, Ambrosius und Augustinus „decerpere velut de amoenissimis laete florentis paradisi campis quae infirmo-rum necessitati viderentur sufficere**)." Bei dem Neuen Te-stament hat er sich meist auf Excerpte aus Augustinus beschränkt;

---

*) „**Beda**: quum essem, inquit, annorum septem ... omnem meditandis Scripturis operam dedi, atque semper ... aut discere aut docere aut scribere dulce habui. Decimo nono vitae anno diacona-tum, tricesimo presbyteratus gradum suscepi, ex quo tempore us-que ad annum aetatis meae quinquag. oct. venerabilium Patrum scripta breviter annotare, sive etiam ad formam sensus et interpre-tationem eorum semper adiicere curavi." **Sigebert**, de scripptt. eccles. c. 68.

) Auch von Hieronymus hat er fleißigen Gebrauch gemacht: „Hiero-nymi sententias demessuit et collegit." **Notker, de interprett. div. script.

„maximam partem ex homiliis S. Aug. compendiosus bre-
viator excerpsi," erklärt er selbst in der Vorrede zur Apostelgeschichte; und ebenfalls in der Vorrede zum Römerbriefe: „In
apostolum quaecunque in opusculis S. Aug. exposita inveni,
cunctaque per ordinem in unum colligens transscribere curavi." Die späteren Catenenschreiber haben im Allgemeinen den
Beda der Reihe der Kirchenväter angefügt, aus welchen sie ihre
Excerpte genommen haben.

Beda's noch berühmterer Landsmann, der Lehrer seines Jahrhunderts, Alkuin*) († 804), der die Hofschule zu Tours
stiftete und nach dem Muster der York'schen Schule einrichtete, steht,
bei aller seiner hochgepriesenen Gelehrsamkeit**), als Schriftausleger nicht höher. Wir besitzen seinen Commentar über die Briefe
an Titus, an Philemon und an die Hebräer — über die beiden
ersten aus Hieronymus, über den letzten aus Chrysostomus zusammengezogen, — ferner über das Evangelium Johannis. Hier
nennt er selbst Ambrosius, Augustin, Gregor und Beda als seine
Quellen: „magis horum omnium sensibus et verbis utens
quam meae quippiam praesumtioni committens' . . . cautis-
simo stylo providens, ne quid contrarium S. Patrum sensibus ponerem." Ebenso verhält es sich mit seinen Commentaren
über das A. Test. Seine interrogationes et responsiones in
Genesin sind durchgehends aus den Quaestiones des Hieronymus
und den Moralia Gregors epitomirt, und sein Commentar über
das Buch des Predigers kündigt sich in der Vorrede als „parvum
breviarium ex sanctorum Patrum opusculis ac maxime de
B. Hieronymi commentario" an.

Etwas später, im neunten Jahrhundert, hat der berühmte Bischof Claudius in Turin, von Geburt ein Spanier, einen Commentar über den Brief an die Galater geschrieben***). „Epistolam,
sagt er selbst in der Vorrede, ex tractatibus beatorum Augustini et Hieronymi permixtis procuravi ordinare sententiis."

---

*) F. Lorenz: Alkuins Leben. 1829.

**) Notker l. l.: „Quid dicam de Albino, magistro Caroli im-
peratoris, qui nulli secundus esse voluit, sed in gentilibus et sacris
litteris omnes superare contendit."

***) In der Biblioth. max. t. XIV.

Auch die anderen Schriften Augustins sind zu Hülfe gezogen. Hin und wieder sind seine eigenen Ansichten hinzugefügt.

Aus einem größeren Apparate, als welchen seine Vorgänger benutzt haben, hat der Benediktiner, der Mainzische Erzbischof **Rabanus Maurus** († 856) seine Commentare über die meisten biblischen Bücher zusammengesetzt. In der Vorrede zum Matthäus hat er sich ausführlich über seine Grundsätze und Methode geäußert: „Nicht als wäre meine Arbeit so sehr nothwendig, da mir so viele Verfasser in dieser Spur vorangegangen sind, mehr aber um der Leichtigkeit willen, dadurch daß ich die Ansichten und Erklärungen Vieler in eins zusammengezogen habe, damit der dürftige Leser, der die Mittel nicht hat, das Buch sich zu verschaffen, noch dem tiefen Sinne der Väter an mehreren Orten nachforschen kann, hier wenigstens finde, was sein Bedürfniß befriedige." Er führt vierzehn Väter namhaft an, drei griechische (Eusebius, Gregor von Nazianz, Chrysostomus) und eilf lateinische: „horum lectioni intentus, in schedulis ea mandare curavi, quae ab iis exposita sunt, vel ipsis eorum syllabis vel certe meis breviandi causa sermonibus." „Weil es," fährt er fort, „mühsam war, die Worte Wort für Wort einzuschalten, und namentlich anzugeben, was von jedem Verfasser gesagt sey: so sah ich es für zweckmäßig an, an der Seite die ersten Buchstaben der Namen anzuführen, und somit anzudeuten, wo die Rede jedes der Väter anfange und wo sie aufhöre, überall Sorge tragend, daß es nicht den Anschein haben sollte, als wolle ich mir die Worte der Vorfahren als die meinigen zueignen. Außerdem habe ich, wo sich mir die Gelegenheit dazu darzubieten schien, unter dem Zeichen meines eigenen Namens Eins und das Andere hinzugefügt, „quae mihi auctor lucis aperire dignatus est, proprii sudoris indicia." Auch seinen Commentar über die apostolischen Briefe nennt er in der Vorrede „collectarius quidam do S. S. Patrum opusculis."

Sein Zeitgenoß und Ordensbruder, **Paschasius Radbertus**, Abt in Corbei († 865), ist Verfasser eines Commentars über den Matthäus, aus den gewöhnlichen älteren Auslegern: Chrysostomus, Hieronymus, Ambrosius, Augustin, Gregor und Beda compilirt: „quorum adhaerens vestigiis — heißt es in der Vorrede — ab eorum sensibus credo me in nullo deviasse."

Gleichwohl erhebt er ebendaselbst gegen den Namen eines Compi-
lators Einsprüche, indem er sein Verfahren nicht anders verstanden wissen will, als dasjenige, welches Cicero befolgt haben soll,
wenn er sich das Ideal und die Regeln eines Rhetors aus früheren
Philosophen und Rednern bildete, oder als dasjenige, dessen alle
Philosophen, Dichter und Künstler in ihren Werken sich bedienen.

In der öfters angeführten Schrift des Benediktinermönchs
Notker (mit Zunamen Balbulus) in St. Gallen, hernach Bischof von Lüttich († 912): de interpretibus div. Scripturārum
— wird auf die Gefahr aufmerksam gemacht, die damit verbunden sey, sich über die Autorität der Väter hinwegzusetzen: „Nusquam periculosius erratur, si reverentissima humilitate di-
scatur" (cap. IV.). Zu dem Ende geht er die Reihe der Ausleger von Origenes bis auf Rabanus durch, und giebt bei jedem
einzelnen Theile der h. Schrift Anweisung auf den Ausleger, dessen
Autorität gelten muß: „In Matthaeo Hieronymus tibi suffi-
ciat, in Marco, pedissequo Matthaei, Beda pedissequus
Hieronymi" u. s. w. Er bezieht sich gleichfalls (c. V.) auf
ein älteres Ermahnungswort: „Si Augustinus adest, sufficit
ipse tibi. "

Im 11. Jahrhunderte tritt uns der berühmte Primas der
englischen Kirche, der Benediktiner Lanfrank, Erzbischof zu
Canterbury († 1089), als Ausleger der Paulinischen Briefe entgegen. Dieser Commentar ist in kürzerer Form, nämlich der der
Glossen, abgefaßt, den Hauptbestandtheil aber bilden Excerpte aus
Ambrosius und Augustin (hin und wieder aus Hieronymus und
Gregor), denen der Verfasser seine eigenen Bemerkungen hinzugefügt hat. Merkwürdig ist es übrigens, daß die Citate, welche
er als aus Ambrosius anführt, in den Werken desselben nicht gefunden werden; woraus man geschlossen hat, daß der von Lanfrank benutzte Ambrosianische Commentar verloren gegangen sey*).

Von den Coryphäen des Scholasticismus gehören die zwei
gleichzeitigen Dominikaner, Albertus Magnus, Erzbischof
von Regensburg († 1280) und Thomas Aquinas**), der in

---

*) Siehe die Vorrede zur Ausgabe des Benedikt. d'Acherii.
**) „velut alter Augustinus se studio scripturarum totum dedit,
die ac nocte in illius amore ac studio commorando" Trithemius
de scriptt. eccl. c. 458.

Deutschland, Frankreich, Italien bewunderte Lehrer († 1274),
zu den bekanntesten Schriftauslegern. Von dem Ersten hat man
eine postilla super IV evangelia, von dem Andern: Catena
aurea in IV evangelia und Expositio in epistolas D. Pauli.
Bei den Letzteren ist die Catenenform am vollständigsten ausgeführt. Den Excerpten aus den Kirchenvätern sind mehrere aus
Beda, Haimo, Alkuin, Rabanus, Remigius u. m. hinzugefügt:
„Mit Sorgfalt — schreibt er in der Vorrede zum Matthäus —
habe ich eine zusammenhangende Erklärung aus den verschiedenen
Schriften der Gelehrten compilirt, und Eins und das Andere besonders aus den Glossen hinzugefügt. Bei den Worten der heiligen Lehrer habe ich die Namen der einzelnen Verfasser sorgfältig
niedergeschrieben, und daneben aufgezeichnet, in welchen Büchern
die Zeugnisse vorkommen. Doch war es meistens nothwendig,
Einiges wegzuschneiden, um Weitläufigkeit zu vermeiden und den
Sinn deutlicher zu machen; zuweilen habe ich mich auch an den
Sinn gehalten, ohne mich an die Worte zu binden." Während so
die Excerpirung eine mehr compendiarische Form annahm, ist der
Commentar dagegen — was besonders von der Albert'schen Postille
gilt — in anderen Beziehungen durch eine Menge fremdartiger
Untersuchungen beeinträchtigt worden, in welche das scholastische
Schematisiren und Dialekticiren den heiligen Text eingesponn-
nen hat.

In diese Classe von Epitomatoren und Catenenschreibern gehören — mit ganz einzelnen Ausnahmen, von welchen später die
Rede seyn wird — alle übrigen uns bekannten Schriftausleger aus
dem 6., 7. bis zum 14. und 15. Jahrhunderte. Wir wollen nur
die merkwürdigsten nennen: Primasius, Bischof zu Adrumetum
(in der Mitte des 6. Jahrh.)*), — Sedulius aus Schottland
(in 8. bis zum 9. Jahrh.)**), — Smaragdus, Abt im Bisthum Verdun (im 9. Jahrh.)***), — Florus Magister,
Vorsteher der Domschule zu Lyon (im 9. Jahrh.)†), — Haimo,
Benediktiner, Bischof zu Halberstadt († 853)††), — Remi-

---

*) Comm. in Epp. Pauli. Bibl. max. X.
**) Ibid. Bibl. max. VI.
***) Comm. in Evv. et Epp. Ed. Argentor. 1536.
†) Comm. in Epp. Pauli, in den Werken Beda's und unter s. Namen.
††) Interpr. in Epp. Pauli. Ed. Colon. 1529.

gius, Benediktiner in Frankreich (im 9. Jahrh.) *), — Zacharias Chrysopolitanus (aus Goldsborough in England), Prämonstratenser zu Laon (in der Mitte des 12. Jahrh.) **), — Herveus, Benediktiner in Frankreich (im 12. Jahrh.) ***), — Petrus Lombardus († 1164) †), Hugo de S. Caro, Dominikaner, Cardinal in Frankreich († 1260) ††), — Ludolph aus Sachsen, Carthäuser-Prior in Straßburg (im 14. Jahrhundert) †††).

Die lästige Weitläufigkeit dieser Compilationen rief, zur leichteren Benutzung, die Sammlungen von Ercerpten hervor, die unter dem Namen der Glossen bekannt sind. Die verschiedene Art, wie man diese anbrachte, im Texte selbst oder an der Seite, ist als wichtig genug angesehen worden, um darin die Unterscheidung der glossae extrinsecae s. marginales, und der intrinsecae s. interlineares zu begründen †*).

Ein unverdienter Ruhm auf diesem wenig schwierigen Wege ist dem Walafrid Strabo, Abt zu Reichenau, in der Mitte des neunten Jahrhunderts, zu Theil geworden — um so weniger verdient, als die Arbeit, die seinen Namen führt, wahrscheinlich Mehreren zu verdanken ist, allmälig vermehrt und erweitert †**).

_____

*) Comm. in Epp. Pauli, in der Bibl. max. t. XVI; auch bald dem Haimo, bald wieder einem andern Remigius, Erzbischof zu Lyon, beigelegt.

**) Comm. in concordiam evangelicam, in der Bibl. Patrum (Colon. 1618.) t. XII.

***) Comm. in Epp. Pauli, in den Werken Anselms (bald ihm beigelegt, bald einem späteren Herveus Natalis, französischem Dominikaner im 14. Jahrh.).

†) Collectanea in D. Pauli. apost. epist. Ed. Paris. 1535 u. öfters.

††) Postillae (über die Evv. u. Briefe). Ed. Venet. 1487 u. oftmals.

†††) Vita Domini nostri J. Chr. Ed. Argent. 1474 und öfters.

†*) Cfr. Sixtus Sen. Bibl. S. III. p. 162.

†**) „Strabo nomen suum cum gloria transmisit ad posteros; glossam, quae nunc ordinaria dicitur, super totam Bibliam ex dictis ss. Patrum primus comportasse memoratur, quam alii multis postmodum adiunctis sententiis patrum ampliarunt." — „Quae hodie habetur Glossa quam vocant ordinaria, ex Bedae vestri commentariis ad verbum desumta est; idque miro artificio factum est; pars commentariorum subducta est in spatium marginis, pars resecta est in intervallum, quod versus epistolae dirimit." Erasmus, dedicat. in paraphr. 1 Ep. Petri.

Dieſe Sammlung — glossa ordinaria in Biblia — hat ſechs Jahrhunderte hindurch das Anſehen eines Orakels genoſſen; Thomas Aquinas hat in ſeinen Commentaren über dieſelbe wie über einen heiligen Text exegetiſirt; und die Citirweiſe des Lombarders in ſeinen libri sententiarum „autoritas dicit" iſt bekannt.

So ward die Aufgabe der Schriftauslegung allmälig bis zu dem Grade verkannt, daß man durch knechtiſches Excerpiren aus älteren Werken Verdienſt und Befriedigung ſuchte, — eine Richtung, die mit dem Uebergewicht der Tradition in allen Theilen des kirchlichen Lebens in Verbindung ſtand, und ohnehin wegen Mangels an der hiſtoriſchen Kenntniß, die zur unmittelbaren Beſchäftigung mit den heiligen Büchern erforderlich war, nothwendig wurde. Hieraus folgte aber auch, daß die Excerpirung ſich auf eine gewiſſe Anzahl von Auslegern beſchränkte, deren Ruf in orthodoxer Hinſicht am bewährteſten, und zu denen der Zutritt am leichteſten war. Die ganze Reihe antiocheniſcher Ausleger blieb unbenutzt; von den übrigen griechiſchen Auslegern wurden nur die Einzelnen zugezogen, die man in lateiniſcher Ueberſetzung hatte, und allmälig mußten ſelbſt die Kirchenväter zum Theil den angeſehenſten unter ihren Compilatoren das Feld räumen. Sonach iſt ſelbſt der untergeordnete Nutzen, den die Catenenſchreiber als Aufbewahrer älterer Schriften leiſten, auf den engen, gleichfalls durch die Tradition beſtimmten Kreis beſchränkt, innerhalb deſſen ſie ſich bewegen.

Doch hat dieſe Unterwerfung unter die Autorität der Vorzeit in der demüthigen Anerkennung der Ueberlegenheit der alten Kirchenlehrer nicht ihren einzigen Grund gehabt. Auch ohne ſolche Anerkennung mußte ein natürlicher Takt den Ausleger lehren, ſich durch Beziehung auf die ruhmwürdigen Namen, den Gegenſtand allgemeiner Ehrfurcht zu ſichern, während jede Freiheit im Gebrauch eigener Kräfte erwarten mußte, von dem kirchlichen Machtſpruch unterdrückt zu werden. Als der gelehrte Franciscaner Nikolaus von Lyra im 14. Jahrhunderte die Wichtigkeit des buchſtäblichen Sinnes des Textes (im Gegenſatz zum allegoriſchen), namentlich zum dogmatiſchen Gebrauch, in ſeiner Poſtille hervorhob, ſo nahm der ſpaniſche Biſchof Paulus de S. Maria (zu Burgos, † 1435), in den hinzugefügten Anmerkungen zur Poſtille, das Wort der Gegenrede im Namen der Kirche, mit folgender Zurechtweisung und Erklärung: „Der buchstäbliche Sinn in jeder Schrift ist derjenige, den der Verfasser derselben erzielt. Es ist aber offenkundig, daß Gott Verfasser der heiligen Schrift ist. Sonach ist es klar, daß der buchstäbliche Sinn in der heiligen Schrift derjenige ist, der von Gott bezweckt, und durch die in den Buchstaben enthaltenen Worte bezeichnet wird. Hieraus folgt wiederum, daß der buchstäbliche Sinn in der heiligen Schrift nicht ein solcher genannt werden dürfe, der der Autorität oder Bestimmung der Kirche irgendwie widerstrebe, wie übereinstimmend ein solcher Sinn auch mit der buchstäblichen Bedeutung sey; denn diese wird nicht nur nicht vom Verfasser bezweckt, sondern ist eher ketzerisch."

Später wagten Wiklef und Huß, auf den Freiheitsbrief der Schrift gestützt, den ersten Anlauf von Bedeutung gegen die Gewalt der Hierarchie; und ihr Schicksal würde einen Jeden getroffen haben, der früher es versucht hätte, die Schrift gegen die Tradition geltend zu machen. Die durch Huß hervorgerufene Catastrophe hat zugleich eine theoretische Entwickelung der Prinzipien des hierarchischen Systems rücksichtlich des Verhältnisses der Tradition zur Schrift veranlaßt, wie diese späterhin in der katholischen Kirchenlehre geltend gemacht worden sind. Einer der berühmtesten und hochmögendsten Männer seiner Zeit, der parisische Universitäts-Kanzler Johann Charlier Gerson (von seinem Geburtsorte im Rheims'schen, † 1429) steht als Repräsentant dieses Systems da — zu eben der Zeit, als das Papstthum an ihm seinen heftigsten Gegner, das kirchliche Repräsentativsystem dagegen seinen eifrigsten Vertheidiger auf den Kirchenversammlungen zu Pisa und Costnitz fand. Es war nämlich nur eine bestimmte Form der Hierarchie, die monarchische, gegen welche Gerson opponirte; für die Idee der Theokratie war Niemand lebendiger eingenommen; aber er meinte, diese dürfe nur in einer kirchlichen Aristokratie gesucht werden: „Nulla in terris altera infallibilis regula reperitur, nisi generale concilium, universam ecclesiam repraesentans; — pontifex max. examinator iuridicus supremus est doctrinarum fidem tangentium, post generale concilium vel cum ipso *)."

---

*) Tract. de examinatione doctrinarum.

Nach diesem Prinzip werden die Autorität der Schrift und die Gränzen der Schriftauslegung construirt. Gerson handelt von diesem Gegenstande in einer eigenen Schrift: de sensu litterali Scripturae Sacrae, wie auch in einem Traktat gegen Huß: contra haeresin de communione laicorum sub utraque specie, wo er sich mit gleicher Energie für die Unabhängigkeit der heiligen Schrift von aller menschlichen Autorität, wie für die Nothwendigkeit erklärt, die Kirche die Auslegung und Anwendung derselben bestimmen zu lassen. Auf der einen Seite heißt es, daß „die Schrift die Regel des Glaubens sey, gegen welche, wenn sie recht verstanden wird, keines Menschen Vernunft, keine Gewohnheit, Bestimmung noch Sitte gelten dürfe," — daß „der buchstäbliche Sinn immer der wahre sey, weil aus ihm allein der gültige Beweis genommen werden könne," — daß „dieser Sinn nicht nach Gründen der Logik noch Dialektik aufgefaßt werden könne, sondern nach dem gewöhnlichen Sprachgebrauch, nach den bildlichen und figürlichen Redensarten, welche die allgemeine Sitte gestatte, und durch Beobachtung des Vorangehenden oder Nachfolgenden." Aber auf der anderen Seite wird es eingeschärft: daß „die authentische Erklärung der h. Schrift zuletzt in die Autorität, Annahme und Approbation der ganzen Kirche aufgehe, weil diese die Hüterin der göttlichen Tradition, die untrügliche, vom heiligen Geiste regierte, Regel sey, die weder irre leiten noch sich verirren könne in dem, was den Glauben betreffe;" — daß „der buchstäbliche Sinn der Schrift so, wie es die Kirche, die vom heiligen Geiste inspirirt und regiert werde, bestimmt habe, nicht aber nach Jedermanns Gutdünken oder Auslegung beurtheilt werden müsse;" — daß „wenn dieser Sinn in dem, was offenbar von der Kirche bestimmt und angenommen ist, angegriffen wird, man alsdann nicht mit den Gegnern durch spitzfindige Untersuchungen unterhandeln dürfe, sondern gesetzliche Strafen anwenden müsse."

Unverhohlener findet sich die Satzung von dem kirchlichen Auslegungs-Orakel vor der Zeit der Reformation kaum irgendwo ausgesprochen. Gersons eigene Exegese (über die Bußpsalmen und das Hohelied) beschäftigt sich übrigens meist mit allegorischen und anagogischen Erklärungen.

Allegorische Auslegung.

Es ist früher schon bemerkt worden, wie alle verschiedene Arten von Unkraut, unter das Geschlecht der Allegorisirungen hingehörend, am häufigsten da hervorsprossen, wo das natürliche Produktionsvermögen wegen Mangels an befruchtender Kenntniß geschwächt, oder die Produzirung durch unnatürliche Zwangsbande gehemmt ist *). Es ist also ganz in der Ordnung, daß wir die Catenenschreiber des Mittelalters durch die allegorisirenden Erklärungen in den Werken der Kirchenväter besonders angezogen und eifrig darum besorgt finden, ihren Compilationen dadurch einen Werth zu ertheilen, daß sie unter denselben eine Auswahl treffen, und sie in neuen Verbindungen aufbewahren.

Von Beda haben wir eine expositio allegorica über die Bücher Samuels, Esra, Nehemiä und Tobiä. In der Vorrede zum erstgenannten erinnert er, indem er sich auf die Aeußerungen des Paulus: Röm. 15, 4. und 1 Cor. 10, 6. bezieht, daran, wie wenig dabei herauskomme, nach Art und Weise der Juden, die Worte an sich zum Gegenstande unserer Forschung zu machen, „wenn wir aus solchen Aussprüchen nicht verstehen exculpere sensum allegoricum, qui vivaciter interius castigando, erudiendo, consolando reficit.“ Die Aufgabe der Auslegung setzt er aus diesem Grunde darin: „retecto cortice litterae altius aliud et secretius in medulla sensus spiritalis invenire“ (Vorr. zu B. Esra); denn „so Jemand allegorisirend auszulegen weiß, wird er inne werden, daß der innere Sinn den einfachen buchstäblichen so weit übertreffe, als der Apfel die Blätter übertrifft.“ (Vorr. zum B. Tob.) Mit diesen Grundsätzen stimmt das Zeugniß Notkers vom Beda überein: „Scripsit magis iucunda quam necessaria, quippe qui simplicem historiam vertere conatus est in allegoriam.“

Rabanus Maurus ist Verfasser einer weitläufigen Schrift: Allegoriae in universam S. Scripturam. Dieses Buch

---

*) „Verbis utcunque iuxta elementorum rationem intellectis, non etiam sententiis, iam aniles allegorias coepit asciscere ac fingere cum pudor, ne quid ignorare videamur, tum amor nostri, quo nobis plus quam par est credimus, et maiora quam vires nostrae possint tribuimus.“ Zwingli, praef. in apologiam complanationis Iesaiae.

fängt mit folgenden hermeneutischen Maximen an: „Ein Jeder, der zur Einsicht in die h. Schrift zu gelangen wünscht, muß erst genau erwägen, wann die Erzählung derselben historisch, wann sie allegorisch, wann anagogisch, wann tropologisch zu verstehen sey. Denn diese vier Arten des Verständnisses nennen wir die vier Töchter der Mutter Weisheit, deren Kenntniß wir nicht erreichen können, ohne zuvor die Kenntniß von jenen gesucht zu haben. Denn durch diese nährt die mütterliche Weisheit ihre Pflegesöhne, indem sie den Kindern und den Unverständigen in der Milch der Geschichte Trank darreicht, denen aber, die am Glauben heranwachsen, im Brode der Allegorie Nahrung giebt, den guten und tüchtigen Arbeitern ferner durch die stärkende Nahrung der Tropologie Sättigung bereitet, und denen endlich, die durch Verschmähen des Irdischen über das Gemeine sich erhoben haben, und von der Sehnsucht nach dem Himmlischen getrieben, das Höhere erstreben, einen nüchternen Rausch der Beschauung im Wein der Anagogie zu Theil werden läßt. Denn die Geschichte reizt zur Nachahmung der Heiligkeit, die sie darstellt; die Allegorie reizt zur Erkenntniß der Wahrheit durch die Offenbarung des Glaubens, die Tropologie zum Eifer für die Tugend durch Bildung der Sitten, die Anagogie zur Sehnsucht nach der ewigen Seligkeit durch Offenbarung der ewigen Freuden. Da es demnach klar ist, daß diese vier Arten des Verständnisses der h. Schrift alle Geheimnisse, die in derselben verborgen liegen, offenbaren, so müssen wir in Betrachtung ziehen, wo sie nach einer derselben, wo nach zweien, wo nach dreien, wo sie nach allen vieren auf einmal verstanden werden wolle." Das Buch selbst ist in alphabetischer Ordnung angelegt, nach den in den heiligen Schriften am häufigsten vorkommenden Hauptwörtern. Ueber jedes derselben folgt eine Entwickelung, worin jedes solche Wort als ein Bild behandelt wird, das auf vielfache Weise gedeutet werden kann; verschiedene Stellen aus dem A. und N. Test., in welchen das Wort vorkommt, werden sodann zur Erläuterung angezogen, indem der eine oder der andere Sinn nach Belieben angewandt wird.

In der berühmten Postille Hugo's de S. Caro*) findet

---

*) „Hugo ordinis fratrum Praedicatorum, qui primus ex illo ordine cathedram theologiae meruit adscendere magistralem, totum

sich die nämliche Unterscheidung. „Historia narrat quid factum, allegoria docet quid intelligendum, anagoge quid appetendum, tropologia quid faciendum." (Prolog zur Gen.) Diese vier Erklärungen werden sodann mit den Farben im Vorhange des Tabernakels parallelisirt (Exod. 26, 31. 36.): Die weiße Farbe bezeichnet die Wahrheit der Geschichte; die Hyacinthfarbe, die Feinheit der Allegorie; die flammende Scharlachfarbe, die Anagogie, die zum Himmel erhebt, wo das Feuer Zions ist; die Purpurfarbe, die Tropologie, die, indem sie von den Sitten handelt, zur Liebe führt. Andere Vorbilder der nämlichen Tetralogie werden in den Rädern am Wagen Hesekiels, in den Flügeln des Cheruben, den Flüssen des Paradieses, den Teppichen des Tabernakels, den Hauptwinden u. s. w. nachgewiesen. Der Commentar über das N. Test. wird mit einer überkünstlichen Erklärung des Geschlechtsregisters bei Matthäus eröffnet. Die Patriarchen werden hier Bezeichnungen der drei theologischen Tugenden (Abraham die des Glaubens; Isaak die der Hoffnung; Jakob die der Liebe). Jakob ist ferner Christus, der im geistigen Sinne an den zwölf Aposteln zwölf Söhne hat, und auf die Erde herabgestiegen ist, wie Jakob nach Aegypten zog; und wie der Ausgang der Israeliten aus Aegypten Elend über das Land brachte, so wird auch die Welt zusammenstürzen, wenn sie die Heiligen verlassen. — Im Prolog zu den Briefen des Paulus wird der Apostel mit dem Benjamin aus sieben verschiedenen Vergleichungsgründen parallelisirt. Unter diesen kommt folgender vor. Die Geburt Benjamins ward der Tod der Mutter; durch die Bekehrung des Paulus starb die Synagoge, seine geistige Mutter. Im Kornsack Benjamins fand sich der silberne Becher Josephs, im Paulus ein Schatz von Weisheit und Beredsamkeit. Benjamin war (Gen. 49.) „ein reißender Wolf, der des Morgens Raub frißt, des Abends aber den Raub austheilt;" Paulus war in seiner Jugend Verfolger der Heiligen, wogegen er am Abend seiner Bekehrung dem Teufel seine Beute entriß. Joseph stellte sich, als wäre er erzürnt gegen Benjamin; Jesus gleichfalls in Beziehung auf Paulus (Apostelgesch.). Die Beschaffenheit der gegebenen Erklärungen ist durchgehends durch

corpus V. et N. T. dicitur postillasse." Henric. Gandav. de scriptt. eccles. c. 40.

die Wörter: Litteraliter — Moraliter — Mystice angegeben, welche als Randglossen beigefügt sind.

Zur Charakterisirung des Commentars von Thomas Aquinas sey folgende Probe des allgemeinen Vorworts zu den Paulinischen Briefen hergesetzt. Nach einer ausführlichen Erklärung über die biblische Vergleichung der Menschen mit Gefäßen (σκεύη), aus dem Grunde der Bestandtheile, der Anfüllung, des Gebrauchs und des Nutzens, wird eine künstliche Anwendung auf die Paulinischen Briefe gemacht. „Wir können vier Momente an diesem Werke unterscheiden: erstlich den auctor in vase, zweitens die Materie oder plenitudo vasis (die Lehre Christi); drittens, die Art oder die Form in usu portationis; denn die Lehre wird hier in Briefform gebracht; viertens, die Eintheilung des Werks in utilitate. Paulus hat nämlich vierzehn Briefe geschrieben, deren neun die Gemeine der Heiden unterrichten, vier die Vorsteher der Gemeine, einer das Volk Israels. Es handelt zwar die ganze Lehre von der Gnade Christi, diese aber kann auf dreifache Weise betrachtet werden: insofern sie sich im Haupte selbst findet, welches Christus ist (so im Br. an die Hebr.); insofern sie in den vornehmsten Gliedern des mystischen Leibes sich thätig beweiset (so in den Briefen an die Vorsteher); insofern sie in dem mystischen Leibe selbst wirkt (so in den Briefen an die Heiden). Diese lassen sich wieder eintheilen. Denn die Gnade Christi selbst läßt sich auf dreifache Weise betrachten: einmal an und für sich (so im Römerbriefe); sodann, insofern sie in den Sakramenten der Gnade sich findet — so in den Briefen an die Corinther, wo von den Sakramenten und der Würde der Diener derselben gehandelt wird, und im Briefe an die Galater, wo die überflüssigen Sakramente ausgeschlossen werden — gegen diejenigen, welche den neuen die alten hinzufügen wollten; — endlich mit Rücksicht auf die vereinigende Wirkung, die sie in der Gemeine ausübt. Zuerst handelt also der Apostel von der Begründung der kirchlichen Einheit: im Br. an die Ephefer; darnach von der Befestigung und dem Fortgange derselben: im Br. an die Philipper; ferner von der Vertheidigung derselben gegen Irrthümer: im Br. an die Colosser; wider gegenwärtige Verfolgungen: im ersten Br. an die Thessalonicher; gegen zukünftige: im zweiten Br. an die Thess. — Die Vorsteher der Kirche sind theils geistliche, theils weltliche. Die geistlichen belehrt er über die Regierung der Gemeine: im ersten Br. an Tim.; über Standhaftigkeit gegen Verfolger: im zweiten Br. an Tim.; über Vertheidigung gegen Ketzer: im Br. an Titus. Die weltlichen Herren hat er im Br. an Philemon unterrichtet. Und sonach begreift man Eintheilung und Ordnung in allen Briefen." (!)

Zu den geistreicheren Allegoristen gehört der berühmte mystische Theolog Richard de St. Victore, von Geburt ein Schottländer, Prior des Domstifts St. Victor zu Paris († 1173)*). Die allegorisirende Methode aber ist so einförmig, daß die angeführten Proben, in Verbindung mit denen aus der früheren Periode, für mehr als hinreichend anzusehen sind.

Zu wissenschaftlicher,

historisch-theologischer Auslegung

dürfen wir nicht erwarten, Beiträge in einer Periode zu finden, in welcher die griechischen Sprachforscher (Johannes Philoponus, alexandrinischer Grammatiker im 7. Jahrh., Suidas im 12., Thomas Magister im 13. und 14. Jahrh. u. A.) auf grammatische Studien sich beschränkten, und die lateinischen Theologen die Schrift nur in der Uebersetzung der Vulgata kannten. Als erläuterndes Beispiel, wie weit die griechische Litteratur von dem Gebiete der Studien der Gelehrten aus jener Zeit entfernt war, kann die Art gelten, in welcher Notker in der Zueignung vor dem Buche de interpretibus div. Scr. an seinen Schüler Salomon (späterhin Bischof zu Constanz) die Möglichkeit erwähnt, mit dem Commentar des Origenes über das Hohelied bekannt zu werden. „Ich lege dir," schreibt er, „dieses als Vergeltung meiner Arbeit und meiner Aufopferung ans Herz, daß Du, wenn Du jemals Geld erübrigen, und mit Jemandem, der der lateinischen und griechischen Sprache kundig wäre, ein freundschaftliches Verhältniß anknüpfen solltest, ihn alsdann ermahnen wollest, daß er sich nicht weigere, für gute Bezahlung eine Erklärung davon für die Lateiner zu machen."

---

*) „De Psalmis, de verbis Iesaiae et aliis scripturarum locis plurima disseruit, omnia moraliter et subtilissime, in contemplativam vitam dirigens semper intentionem disputationis suae." Henric. Gandav. de scriptt. eccles. c. 26.

Indessen dürfen wir doch in den Auslegern, die, vom richtigen Takt geleitet, sich theils der Alleinherrschaft der kirchlichen Tradition in Auslegung der Schrift widersetzt, theils vor der Willkührlichkeit der Allegorisirung gewarnt haben, nach Gelegenheit und Verhältnissen der Zeiten Fürsprecher der wahren Grundsätze erblicken, deren Entwickelung und ungehinderte Anwendung den nachfolgenden Zeiten vorbehalten seyn sollten. An solchen Männern hat es in dieser der Wissenschaft ungünstigen Periode nicht gänzlich gefehlt.

In der Mitte des neunten Jahrhunderts lebte der corbeische Benediktiner Chr. Druthmer, mit dem Zunamen Grammaticus, aus Aquitanien. Trithemius nennt ihn „in div. Scripturis doctus, graeco et latino sermone imbutus *);" und in der That finden wir in seinem Commentar Spuren einer für jene Zeiten seltenen philologischen Sorgfalt, indem mehrere griechische Wörter angeführt und erklärt sind; wie er denn auch auf die Frage, wie er es gewagt habe, nach Hieronymus diese Arbeit zu unternehmen, erklärt: daß er gefunden habe, daß bei H. viele Wörter als unbedeutend übergangen seyen. Noch größere Aufmerksamkeit verdient eine Aeußerung wie diese in der Vorrede zum Matthäus über seine Auslegungsgrundsätze: „Ich habe mich bestrebt, mehr dem historischen als dem geistigen Sinne zu folgen; denn es scheint mir unvernünftig, den geistigen Verstand in einem Buche zu suchen, den historischen aber zu vernachlässigen, da doch die Geschichte die Grundlage alles Verstehens ist; dieser muß zuvörderst gesucht und angeeignet werden, denn erst von diesem kann man mit Sicherheit zu einer anderen Erklärung übergehen."

Rupertus aus Lüttich war Benediktinerabt im Kloster Deutz bei Cölln im zwölften Jahrhunderte († 1135), und Verfasser eines Commentars über das Evangelium Johannis und die Apokalypse **). Die Selbstständigkeit, mit welcher er sich in den Vorreden über den Beruf des Auslegers äußert, bildet einen merkwürdigen Gegensatz zu der Unterwerfung des Zeitalters unter die

---

*) De scriptt. eccles. c. 280.
**) „R. a Spiritu S. per visionem illuminatus, totam paene Scripturam egregio stylo exposuit." Honorius Augustodun. de Scriptt. eccles.

Autorität der Kirchenväter. „Der große Augustinus — heißt es — hat wie ein mächtiger Adler die tiefen Mysterien in diesem Evangelium durchflogen; wir werden desselben Weges vorwärts streben, nicht aber in denselben Spuren. Denn während er die hohen Bergzinnen überfährt, werden wir zuweilen an der niedrigen Wurzel unsern Platz nehmen, und die kleinen Zweige des evangelischen Buchstabens, die der Erde nahe sind, und von ihm für kleine Geister übrig gelassen sind, zu erreichen suchen. — Will aber Jemand sagen: wir haben an dem, was von besseren, heiligen und gelehrten Männern ausgefunden und beschrieben ist, genug; es ist unerlaubt, ja frevelhaft, demjenigen, was von den katholischen Vätern gesagt worden ist, Etwas hinzuzufügen, und so durch Vervielfältigung der Menge der Auslegungen bei den Lesern Ueberdruß zu erregen, — so antworte ich: das Erdreich der heiligen Schrift ist von weitem Umfange, und allen Bekennern Christi ein gemeinschaftliches Gut; das Recht, die Schrift zu behandeln, kann Keinem versagt werden, nur daß sein Sinn, Wort und Schrift mit dem Glauben bestehen. Und wer sollte sich denn daran ärgern dürfen, wenn, nachdem die Väter, die vorausgegangen sind, einen oder zwei Brunnen in demselben Erdreich gegraben haben, die Söhne, die nachfolgen, durch Anstrengung eigener Kräfte mehrere graben?“

Zu den besseren Auslegern gehört der berühmte Franziskanergeneral Bonaventura, geboren in Toscana, hernach Cardinal, gestorben zu Lyon während des ökumenischen Conciliums 1274. Sein exegetisches Werk umfaßt die Evangelien, und zur Ausarbeitung desselben soll er durch die Aufforderung des Papstes Urban IV. an Thomas Aquinas zur Verfertigung seiner Catena, angetrieben worden seyn. „In dieser Auslegung hat er sich den Ruhm erworben, der ihm allein unter den scholastischen Theologen zuerkannt worden ist, daß er die Schrift aus der Schrift erklärt.“ Dieses Zeugniß, von einer Menge übertriebener Lobreden begleitet, ist seinem Commentar in der Vorrede zur Ausgabe desselben in Lyon 1668 gegeben, und insofern verdient, als die außerordentlich fleißige Vergleichung der Aeußerungen der Schrift unter einander denselben von den gleichzeitigen Commentaren unterscheidet. Die Kirchenväter, und außer diesen besonders Beza, Walafrid Strabo und Bernhard sind nicht minder benutzt worden, jedoch

so, daß ihre Worte in die Auslegung selbst hineingearbeitet sind.
So bietet dieser Commentar wenigstens einen fortlaufenden Text
dar, der sich durch eine gedrängtere Form und durch Vermeidung
weitläufiger fremdartiger Digressionen von den scholastischen Catenen unterscheidet.

Von größerer Bedeutung aber für das Bibelstudium ist der
Ordensbruder Bonaventura's, Provinzial der Provinz Burgund,
Nicolaus Lyranus (aus Lyra, einem Flecken im Bisthum
Evreux), † 1341. Durch seine Kenntniß der hebräischen Sprache
ward er ein Gegenstand der Bewunderung der Zeitgenossen und
der Nachkommen, und seine „Postillae perpetuae s. Commen-
taria brevia in universa Biblia" erwarben ihm den Zunamen
„doctor planus et utilis." Der Prolog zu diesem ausführlichen
Werke (in 6 Foliobänden) handelt „de commendatione S. Scr.
in generali" und „de intentione autoris et modo procedendi."
Zwar hat er hier die Unterscheidung der Scriptura exterior oder
„sensus litteralis, qui est patentior," von der Scr. interior
oder „sensus mysticus v. spiritualis, qui est latentior" aufgenommen, wie auch die der drei verschiedenen Arten dieser Scr.
interior: der allegorischen, der moralischen oder tropologischen,
und der anagogischen (nach dem Verse: „Littera gesta docet,
quid credas allegoria; moralis quid agas, quo tendas anago-
gia"). Aber dessenungeachtet ist diese Postille, durch ihre ganze
Anlage, ein Hauptbollwerk gegen die allegorisirende Auslegung
geworden. „Alle Auslegungen" — äußert er im eben erwähnten Prolog — „setzen den buchstäblichen Sinn als Grundlage
voraus; gleichwie ein Gebäude, das von seiner Grundfeste aus-
weicht, baufällig wird, so muß die mystische Auslegung, die von
dem buchstäblichen Sinne abweicht, als unziemend und fremdartig
angesehen werden. Diejenigen, welche im Studium der h. Schrift
Vollkommenheit erreichen wollen, müssen daher damit anfangen,
den buchstäblichen Sinn zu verstehen, zumal da aus diesem allein,
nicht aber aus dem mystischen, Gründe genommen werden können,
um zu beweisen oder zu erklären, was zweifelhaft ist." Er rügt
es demnächst, daß die h. Schrift in der letzten Zeit verunstaltet
werde, theils durch die nachlässige und unverständige Art, wornach man die h. Bücher abschreibe, wornach man anfange und en-
dige, wo nicht angefangen noch geendigt werden könne, und gegen

die Worte des Textes übersetze, theils durch die gewöhnliche
Auslegungsweise, die „wenig den buchstäblichen Sinn berühre,
die mystischen Erklärungen dagegen bis zu einem solchen Grade
vermehre, daß der buchstäbliche Sinn überwältigt werde und er-
sticke;" — „haec et similia" — fährt er fort — „vitare pro-
ponens, cum Dei adiutorio intendo circa litteralem sensum
insistere, et paucas valde et breves expositiones mysticas
interponere." Doch fügt er vorsichtig hinzu: „Weil ich weder
der hebräischen noch der lateinischen Sprache so mächtig bin, daß
ich mich nicht in Vielem noch immer irren könnte, so erkläre ich,
daß ich nichts assertive sive determinative vorzubringen gedenke,
ausgenommen mit Rücksicht auf dasjenige, was offenbar durch
die h. Schrift oder durch die Autorität der Kirche bestimmt ist;
alles Andere wird als scholastice et per modum exercitii dicta
genommen werden, weil ich Alles, was ich gesagt oder zu sagen
habe, der Zurechtweisung der Kirche, der heiligen Mutter, unterwerfe."

Die Postille Lyra's ist später, mit sehr verschiedenartigen Bestandtheilen vermehrt, herausgegeben worden. Paulus de S.
Maria, von jüdischer Abkunft („ex levitico sanguine descen-
dens"), Bischof zu Burgos und Erzkanzler in Leon und Castilien
(s. oben S. 231.), fand sich durch die Berühmtheit des Werks und
das Ansehen, welches es gewann*), dazu aufgefordert, diese Postille mit seinen „additiones ad postillam mag. Nicolai de
Lyra," von deren Zwecke er in der Vorerinnerung sich äußert,
zu begleiten. Er setzt nämlich an der Postille aus — nicht allein,
daß sie verrathe, daß die hebräische Sprachkenntniß erst in einem
späteren Alter „mendicativo suffragio" erworben sey, sondern
auch, daß der Verf. an vielen Orten ohne Grund die Erklärungen
der heiligen Väter seinen eigenen hintansetze. Insbesondere bekämpft er aber die Hauptthesis der Postille von der Vorzüglichkeit
des buchstäblichen Sinnes. Er macht darauf aufmerksam, wie
es diesem, nach den Worten des Paulus, an belebender Kraft

---

*) „Postilla sui recentia et digna celebritate clarescit; — sal-
tem in his partibus Hispaniae et ut credo Galliae communior est ceteris citra glossam ordinariam; ad istam enim recurrunt non solum
theologi sed etiam iuristae et alii, intellectum S. Scr. planum habere deiderantes." Prol. addition.

fehle, wie ſich derſelbe nur mit dem Aeußeren beſchäftige, und nur das erſte Anfangselement ausmache. Die Kritik, die in dieſen Zulagen des Paulus enthalten war, rief wieder eine Apologie der Poſtille hervor. In Folge „der Zumuthung Vieler, die der Po= ſtille als dem Lichte der Wahrheit folgten,“ ſchrieb der Francis= kanermönch Matthias Döring ſeine „replicae defensivae,“ welche er ſelbſt als „correctorium corruptorii Burgensis“ be= zeichnete. Auch dieſe finden ſich in den Ausgaben der Poſtille hin= zugefügt *).

Von Johannes Huß haben wir mehrere exegetiſche Schrif= ten: eine Erklärung über die Evangelien, ſynoptiſch betrachtet, und über die katholiſchen Briefe, wie auch über die ſieben erſten Capitel des erſten Briefes an die Corinther. Die erſte Arbeit iſt größtentheils eine Compilation, in der Form der Gloſſen, aus lateiniſchen Kirchenlehrern, von Ambroſius und Auguſtin bis auf Bernhard von Clairvaux; der Commentar über die Briefe iſt eine ſelbſtſtändigere und mehr ausgeführte Arbeit. Er läßt ſich auf keine philologiſche Auslegung, aber auch nicht auf Allegoriſirun= gen ein; moraliſch=dogmatiſirende Entwickelungen in einem aske= tiſchen Vortrage machen den größten Theil aus. Luther hat in einer Nachſchrift zu einer Ausgabe von Huſſens Briefen, 1537, ſeiner als „vir in explicanda ac tractanda Scriptura dexter et gravis“ erwähnt.

Gleichwohl würden dieſe Arbeiten keine Anſprüche darauf machen können, in der Geſchichte der Schriftauslegung genannt zu werden. Um deſto mehr aber verdienen die Grundſätze vom Verhältniß der Schrift zur Tradition unſere Aufmerkſamkeit, durch welche er — zum Theil nach dem Vorgange Joh. Wiklefs **) —

---

*) Cf. Trithemius, de scriptt. eccles c. 553: „Sunt qui eum (Nic. de Lyra) ob eloquii simplicitatem aestiment contemnendum; qui mihi videntur et vani et imperiti, ac sacra scientia salutaris philosophiae indigni, quoniam et simplicitatem ecclesiasticam vituperant, et verba non res amplectuntur.“

**) „Patet, quod totus error in Scripturae notitia, et quare idiotae ipsam turpificant atque falsificant, est ex grammaticae et logicae ignorantia; et nisi Deus adiuverit ad illa rudimenta fidei cognoscenda, fides Scripturae erit nimium parvi pensa.“ Wiclef, trial. I. 8.

sich in offenbare Opposition zur Macht der Hierarchie stellte, und somit zukünftigen Reformatoren der Kirche unter günstigeren Verhältnissen den Weg bereitete. „Diejenigen, welche es unterlassen — sagt er — aus Furcht vor der Excommunication der Menschen, das Wort zu predigen oder zu hören, sind selbst excommunicirt, und werden an dem Tage des Gerichts von Christus als Verräther angesehen werden." — „Christus hat ein Gesetz gegeben, daß es die katholische Kirche regiere: das A. und N. Testament, die unverwerfliche und hinreichende Lebensregel aller Christen *)." — Meine Meinung unterwerfe ich, wie ich es immer gethan, der heiligen Schrift; ich will nichts denken noch annehmen, was derselben zuwiderläuft, sondern im Glauben beharren **)." — „Nur wer in Rede, Schrift oder That der h. Schrift widerspricht, ist eigentlich und allein ein Ketzer ***)." — „Wenn der Papst erklärt, er habe Macht, die Schrift nach Gutdünken auszulegen und ihre Mängel zu ergänzen, so redet er frevelhaft †)." — „Was in der h. Schrift seine Gewähr nicht hat, kann eben so füglich verworfen als gebilligt werden; und selbst die evangelische Lehre muß mit Treue und Aufmerksamkeit nach den Kräften jedes Gläubigen aufgefaßt werden, und zwar mit Zurückweisung aller unnützen Untersuchungen ††)." — „Beweisführung aus der heiligen Schrift gilt nicht außer nach dem buchstäblichen Sinne †††)."

Obgleich Johann Weffel, — „Lux mundi" — geboren zu Gröningen, † 1489, als biblischer Theolog charakterisirt werden muß, sich auch gelegentlich mit Auslegung einzelner Theile des N. T. beschäftigt, und hier dem Grundsatze gehuldigt hat, sich an den klaren und erweislichen Sinn des Textes zu halten, so hat dennoch die Schriftauslegung als Studium außerhalb des Kreises seiner Studien gelegen †*).

Was bis zu dieser Zeit für die Worterklärung des N. Test. geschehen war, ist kaum des Nennens werth. Die philologische

---

*) De sufficientia legis Chr. n. 7.
**) De sacram. corp. et sangu. Dom. prooem.
***) De libris haeret. legendis n. 3.
†) Anatom. membr. Antichr. c. 42.
††) L. l. c. 26.
†††) Expl. in Ps. 117.
†*) S. Ullmann: Johann Weffel. 1834. S. 191 ff.

Unwiſſenheit der Theologen in dieſer Hinſicht war eben ſo groß wie die Geringſchätzung, mit der ſie auf die grammatiſchen Studien herabſahen; die Hülfe in dieſer Beziehung mußte deshalb von den italieniſchen Humaniſten kommen. Unter dieſen aber konnte, nach dem herrſchenden Geiſte, nicht leicht Jemand über ſich gewinnen, Plato und Ariſtoteles mit Johannes und Paulus zu vertauſchen. Laurentius Valla *) (Canonicus an der Laterankirche zu Rom, † 1465) ſteht allein da in der Beſtrebung, die neuerworbene philologiſche Gelehrſamkeit auf die heiligen Bücher anzuwenden. „Es giebt zwar ſolche,“ ſagt er, „welche erklären, daß die Theologie ſich nach den Regeln der Grammatik nicht richten dürfe; aber ich behaupte, daß ſie ſich nach dem Gebrauche jeder Sprache richten muß; denn was iſt thörichter, als die Sprache, die man gebraucht, entſtellen zu wollen, und es ſich ſelbſt unmöglich zu machen, von denjenigen, zu welchen man redet, verſtanden zu werden; denn Niemand verſteht denjenigen, der die Eigenthümlichkeit der Sprache nicht beobachtet, und daher giebt es Keinen, der dieſe mit Wiſſen und Willen übertritt, ſondern nur aus Mangel an Erfahrung **).“

Es ſind Valla's Annotationes in Nov. Test., von welchen man ſagen kann, daß ſie von Neuem eine philologiſche Auslegung der Schrift begründet haben. Erasmus hat dieſe Annotationen zuerſt veröffentlicht. Er fand ſie in einer Kloſterbibliothek in der Nähe von Brüſſel, und gab ſie zum erſten Male, 40 Jahre nach dem Tode des Verfaſſers, heraus, von einer Apologie begleitet, und dem päpſtlichen Protonotar, Chriſtopher Fiſcher gewidmet. „Mira sagacitate Novum omne Test. excussit“ — iſt das Zeugniß des Erasmus von der Schrift ***). Indeſſen kann dieſe Schrift nicht minder zum Beweis der Unzulänglichkeit als der

---

*) „Grammaticorum huius aetatis longe princeps, philosophus, rhetor et theologus praestantissimus, ingenio subtilis, acer et vehemens.“ Trithemius, de scriptt. eccl. c. 750.

**) Annotatt. in N. T. ad Matth. 4.

***) Und an einem andern Orte (annotatt. in Act. App. 23, 9.): „Equidem non possum non vehementer probare diligentiam L. Vallae, qui, quum homo rhetoricus esset, ut vulgus existimat, arte theologum non profiteretur, tamen vigilantia tanta vestigarit, quid in sacris litteris aut dissideret aut conveniret aut depravatum esset.“

Unentbehrlichkeit der philologischen Schriftauslegung dienen.   Die kurzen, aphoristischen Bemerkungen über Bedeutung und Construktion der Worte geben treffliche Beiträge zu einer exegetischen Vorschule; aber auch nicht das geringste Streben ist dahin zu spüren, auf den religiösen Inhalt einzugehen und den Sinn zu beleuchten; lebendiges Interesse für die linguistischen Eigenthümlichkeiten ist, wie es scheint, mit völliger Gleichgültigkeit gegen die Eigenthümlichkeit des Inhaltes verbunden.   Auch in anderen Aeußerungen giebt eine ähnliche Einseitigkeit sich zu erkennen: „Ich hätte es gar gern,“ schreibt er, „daß sowohl die Christen im Allgemeinen als diejenigen, welche Theologen genannt werden, kein so großes Gewicht auf die Philosophie legten, nicht so großen Fleiß auf dieselbe verwendeten, noch sie der Theologie gleichschätzten, und sie zur Schwester, fast möchte ich sagen, Beherrscherin derselben machten; denn diejenigen scheinen mir von unserer Religion geringe Gedanken zu haben, welche meinen, sie bedürfe des Beistandes der Philosophie.“

Aber auch in einer anderen Beziehung, durch seine geistige Unabhängigkeit und Freimüthigkeit, hat der Mann, dem wir den Beweis verdanken, wie sehr die kirchliche Bibelübersetzung einer Verbesserung bedürfte, und der die traditionellen Dichtungen von der apostolischen Composition des römischen Symbolums und von der Donation Constantins an den römischen Bischof bestritt, wie wenige Andere, zur Emancipation der theologischen Wissenschaft und namentlich der Bibelauslegung von der Herrschaft der Kirche beigetragen.   Im Anfange der letzt angedeuteten Schrift (de falso credita et ementita donatione Constantini) opponirt er gegen die Gültigkeit des Satzes: Nolo scribere in eos, qui possunt proscribere.   „Weil ich von einigen Verfassern von großem Ruf, die lange schon angesehene Schriftsteller gewesen sind, abweiche, so nehmen mir Viele dies übel, und beschuldigen mich des Frevels, als vergreife ich mich an dem Heiligen *).   Was werden denn diese

---

*) Ein Beispiel hievon ist die Art, worauf er die gangbare Legende von Paulus abfertigt, der in einem Gesicht dem heiligen Thomas Aquinas die Versicherung gegeben haben sollte, daß Keiner in dem Grade wie er, seine Briefe verstanden habe: „Peream, nisi id commentitium; nam cur eum Paulus non admonuit erratorum suorum!“ (ad 1 Cor. 9, 13.) Tho-

jetzt nicht anfangen? wie werden ſie jetzt nicht wüthend auf mich
losſtürmen, und mich, wo möglich, zur Richtſtätte ſchleppen!
Aber ich kämpfe nicht bloß gegen Todte, ſondern auch gegen Le=
bende, nicht gegen einen und den andern Einzelnen, ſondern gegen
Viele, nicht gegen private Männer, ſondern gegen die Obrigkeit,
und welche Obrigkeit! gegen den Papſt, der nicht bloß, nach Art
der Könige und Fürſten, mit dem weltlichen, ſondern auch mit
dem geiſtlichen Schwerte bewaffnet iſt. Aber ich habe meinen
Grund, weshalb die Furcht vor dieſer Gefahr mich nicht in Schre=
cken ſetzt, noch mich von meinem Vorſatze treibt. Denn einmal
iſt es dem Papſte nicht erlaubt, gegen menſchliche und göttliche
Geſetze irgend Etwas zu binden oder zu löſen; ſodann aber iſt es
die höchſte Tugend, wie es den höchſten Ruhm und Lohn verdient,
zur Vertheidigung der Wahrheit und des Rechts das Leben auf=
zuopfern. Wenn Viele dem Tode entgegen gegangen ſind, um
das irdiſche Vaterland zu vertheidigen, ſollte ich denn durch die
Gefahr des Todes mich abſchrecken laſſen, um das himmliſche
Vaterland zu erreichen*)?" — Das Urtheil, welches Valla über
die älteren Ausleger fällt, billigt Erasmus, obgleich es ihm ſchär=
fer vorkommt, als es nöthig war: „Wie ich nicht widerlegen
kann, was Valla ſchreibt, ſo meine ich doch, daß man bis zu
einem gewiſſen Grade ſolche Männer mit Nachſicht behandeln
müſſe, zumal, wenn ſie ſich durch Heiligkeit ausgezeichnet haben,

---

mas und Remigius erwähnt er als „homines non dico non sane excul-
tos, neque ita multum bonis litteris eruditos, sed ignaros omnino
linguae graecae, (quos) miror ausos commentari Paulum graece
loquentem." (ad 1 Cor. 9, 26.)

*) Jene Aeußerungen über das Papſtthum verdienen um ſo größere Auf=
merkſamkeit, als es bekannt iſt, in welchem Grade Valla ſich der perſönli=
chen Gunſt des Papſtes Nicolaus V. erfreuete, und wie nothwendig ihm dieſe
zu ſeiner Vertheidigung gegen ſeine offenbaren und heimlichen Feinde war.
Von ſeinem Verhältniß zu dieſem Papſte ſchreibt er in der Vorrde zu den
libri elegantiarum: „De litteris quoties nobiscum aliove quo eru-
dito post fluctus occupationum loquitur? ... nunquam vero minus
loqui, magis attendere libet, quam quum ipsum audio." In der
Nachſchrift deſſelben Werks nennt er ihn: „ut semper omnium doctrinarum cultor et censor, ita nunc non modo rom. pontificatus et rom.
imperii, verum etiam rom. eloquii moderator et princeps."

daß man die Zeit, zu welcher sie gelebt haben, berücksichtigen, und überhaupt nie vergessen dürfe, daß sie Menschen waren *).‟

Im Anfange des sechszehnten Jahrhunderts gab der französische Gelehrte Jakob Faber Stapulensis (le Fevre d'Etaples — nach dem Namen seines Geburtsorts, † 1537) eine französische Uebersetzung der Evangelien, eine lateinische Uebersetzung der Paulinischen Briefe, und kritische Anmerkungen sammt einem Commentar über sämmtliche Bücher des N. Test. heraus. Seine Ansichten von der heiligen Schrift und von der Auslegung derselben hat er in der Vorrede ausgesprochen: „Das Wort Gottes reicht hin; es ist dies die einzige Regel und Lehrerin zum ewigen Leben.‟ — „Will nun Jemand sagen: Ich wünsche das Evangelium zu verstehen, um zum Glauben an dasselbe zu gelangen und somit eine wahre Verehrung Gottes zu erreichen: so hat Christus das Evangelium nicht verkündigt, damit es verstanden, sondern damit es geglaubt werde, weil es Vieles enthält, was allen Verstand übersteigt.‟ — „Aber soll man darum nicht darnach trachten, es zu verstehen? Warum nicht? Nur so, daß die Bereitwilligkeit zu glauben die erste, der Verstand die zweite Stelle einnehme; denn wer nur glaubt, was er versteht, der glaubt noch nicht wirklich und hinreichend.‟ — „Um uns dahin zu führen, das Evangelium zu verstehen, haben Viele von unsern Vorvätern, und zwar unter diesen ausgezeichnete Männer, Einige durch Homilien, Andere durch Commentare ihr Zeitalter aufgeklärt; auf die Bemühungen derselben, zumal derer, die nach dem Antriebe des Geistes gearbeitet haben, setze ich hohen Werth.‟ — „Deshalb habe auch ich mit Fleiß einen neuen Commentar ausgearbeitet, der zur Aufklärung und Läuterung der Seele, allein im Vertrauen auf die Gnade Gottes, beitragen sollte; nur wo ich mir selber überlassen gewesen bin, habe ich Etwas von meinem Eigenen eingestreuet; von diesem weiß ich, daß es als mein Eigenes keinen Anspruch darauf hat, sonderlich geschätzt zu werden; was aber von dieser Art nicht ist, dafür habe ich Gott zu danken. Auch habe ich nicht ängstlich in den Arbeiten Anderer Nahrung gesucht, damit ich eher, als Hülfsbedürftiger, von Gott abhängig wäre.‟ Dieses Zeugniß von seiner Unabhängigkeit von der Autorität der

---

*) Annotatt. in 1 Cor. 9, 13.

Vorgänger findet ſeine Beſtätigung in ſeinen Werken. „Neque ego — ſchreibt er — in placita Thomae iuravi. Quid aliud potuisset Thomas, alioqui vir bono ingenio, qui ea temporum infelicitate natus est, in quibus bonae litterae omnes et latinae et graecae et hebraicae tanquam sepultae et emortuae ignotae iacebant; in tanta tamen temporum caligine pleraque non aliis sui temporis deterius, imo melius et vero vicinius vidit*).“ Durch ähnliche Aeußerungen zog er ſich den Tadel Vieler zu — „mallem, illum de tantis ecclesiae columnis paulo civilius fuisse locutum,“ ſagt Erasmus**), — und mehr noch durch die Freiheit, deren er in ſeiner Schriftauslegung ſich bediente. So behauptete er, — was jetzt allgemein angenommen iſt, — daß Maria, die Schweſter Martha's, von der Maria Magdalena und vom Weibe Luc. 7, 37 ff. verſchieden ſey; das römiſche Breviarium geht indeß von der Annahme aus, daß dieſe Drei eine und dieſelbe Perſon ſeyen, und ſeine hievon abweichende Anſicht ward ein Gegenſtand heftiger und langwieriger Streitigkeiten***). Sein Zeitgenoſſe Erasmus hat in ſeinen Bemerkungen zum N. T. ſein exegetiſches Werk einer Kritik unterworfen, die viele kritiſche und philologiſche Unvollkommenheiten aufdeckt, daneben aber hat er ſeiner Gelehrſamkeit und ſeinem Eifer für die Wiſſenſchaft ihr Recht widerfahren laſſen („ardentissimum in restituendis bonis litteris studium magnopere comprobo, eruditionem tam variam minimeque vulgarem admiror†).“ Sein Commentar iſt unter Clemens VIII. in den index librorum prohibitorum geſetzt worden; durch dieſes Urtheil

---

*) Comm. in Ep. ad Hebr. c. 2.
**) Annotatt. in Ep. ad Hebr. c. 2.
***) Siehe Bayle dictionn. s. v. le Fevre.
†) Annotatt. in Ep. ad Rom. 1, 5. Charakteriſtiſch für Erasmus iſt die großmüthige Ueberlegenheit, womit er ſeiner Polemik mit Faber erwähnt: „Utinam F., dum suam tuetur sententiam, non impetiisset simplicem ac sincerum amicum tot dictis odiosissimis; quod illo viro dignum erat, etiamsi quid illi adversatus essem; et tamen, quod ad contumeliam attinet, facile vel negligo vel amicitiae condono vel homini denique ignosco, praesertim quum quicquid hic criminis aut erroris impingit, sit mihi cum probatissimis ecclesiae doctoribus, imo cum publico totius ecclesiae commune.“ (Annotatt. in Ep. ad Hebr. 2, 7.)

hat sich aber Richard Simon nicht davon abschrecken lassen, den Werth desselben anzuerkennen („il doit être placé parmi les plus habiles commentateurs de son siècle").

Was aber diese Männer für ein gründlicheres und freieres Bibelstudium zu wirken angefangen haben, das ist in einer mehr entwickelten und vollendeten Form in den exegetischen Schriften von Desiderius Erasmus aus Rotterdam († 1536) zu finden *): in seiner Uebersetzung des N.T., seiner Paraphrase **) über dasselbe, und seinen Annotationen zu allen einzelnen Büchern. Hier findet kein Uebergang Statt, sondern vielmehr ein Sprung; der Abstand — man sehe nun auf die Verbindung philologischer und religiöser Auslegung, oder auf die Benutzung der älteren Vorarbeiten, oder aber auf die ganze exegetische Methode, ist so groß, und die Exegese der Reformatoren schließt sich so nahe an die Erasmische an, daß ein neuer Abschnitt in der Geschichte der Schriftauslegung am füglichsten mit dieser würde gemacht werden, wenn der einzelne Zweig der Wissenschaft vom gemeinschaftlichen Stamme getrennt werden könnte. Eine nähere Analyse der Exegese des Erasmus gehört nicht hierher, wohl aber eine Darstellung der allgemeinen Grundsätze, die den Charakter derselben bestimmen. Diese werden zugleich dazu dienen, sein Verhältniß zu den Reformatoren als Schriftausleger in das gehörige Licht zu stellen.

Von dem Verdienstlichen darin, die heilige Schrift Allen zugänglich zu machen, hat er sich ausführlich in der Vorrede zur Paraphrase über die Evangelien geäußert, die eine inhaltsreiche und bündige Anempfehlung und Anweisung zur Lesung der heiligen Bücher und zur Förderung christlicher Erkenntniß im Volke enthält. „Einige — schreibt er unter Anderem — sehen es

---

*) A. Müller: Leben des Erasmus von Rotterdam. 1828.

**) Die vier Paraphrasen über die vier Evangelien sind den vier Monarchen seiner Zeit: Carl V., Franz I., Ferdinand, Heinrich VIII. gewidmet. Er charakterisirt selbst (in der Dedikat. der apostolischen Briefe an Card. Grimani) sein Werk folgendermaßen: „ hiantia committere, abrupta mollire, confusa digerere, involuta evolvere, nodosa explicare, obscuris lucem addere, Hebraismum romana civitate donare, denique Pauli mutare linguam, et ita temperare παράφρασιν, ne fiat παραφρόνησις, h. e. sic aliter dicere, ut non dicas alia."

für eine Sünde an, daß die heiligen Bücher ins Französische oder Englische übersetzt werden. Die Evangelisten aber haben kein Bedenken getragen, Griechisch zu schreiben, was Christus Syrisch geredet hat, noch haben die Lateiner Anstand genommen, die Rede der Apostel in ihre eigene Sprache zu übersetzen. Ich, meines Theils, hätte es gern, daß sie in alle Sprachen übersetzt würden; und ich weiß nicht, weshalb diese Freiheit in so enge Gränzen eingeschränkt worden ist, außer weil es, wie ich vermuthe, Menschen giebt, die lieber unter dem Namen Christi das weltliche Regiment in einem engen Theile der Erde führen wollen, als daß Christus über den ganzen Erdkreis herrschen soll. Und warum sollte es sich nicht geziemen, daß Jeder das Evangelium in der Sprache hersagte, worin er geboren ist, und die er versteht? Mir kommt es eher unziemend und lächerlich vor, daß Männer und Weiber, wie Papageien, ihre Psalmen im Gebete auf Latein herplappern, ohne selbst zu verstehen, was sie sagen. Ich möchte eher der Herrlichkeit des Kreuzes Glück wünschen, und es für einen stolzen Triumph ansehen, wenn es in allen Sprachen von Menschen aller Art verherrlicht würde: wenn der Ackersmann bei seinem Pfluge die heiligen Psalmen singen, wenn der Weber bei seinem Gewebe sich durch das Singen aus dem Evangelienbuche die Arbeit erleichtern könnte, wenn der Steuermann, an sein Steuer gebunden, seinen Gesang lallen, und die Frau bei ihrem Spinnrocken von einer Verwandten oder Freundin könnte vorlesen hören. Was die Evangelien lehren und verheißen, das betrifft Alle gleich sehr, und sie sind so geschrieben, daß sie eher von dem gottesfürchtigen Ungelehrten, als von dem hochmüthigen Philosophen verstanden werden: „ego puellas quasdam audire mallem de Christo loquentes, quam quosdam summos vulgi opinione Rabbinos." Er gesteht, daß es im A. T. einige Bücher gebe, welche man vielleicht nicht ohne Grund wünschen könnte, den Ungelehrten zu entziehen (er führt Hesekiel und das Hohelied an), will aber doch die Lesung derselben nicht verboten wissen, weil die Leser wenigstens den Nutzen davon haben werden, daß sie besser unterrichtet und vorbereitet in den kirchlichen Versammlungen erscheinen, lieber zuhören und leichter verstehen.

Der Standpunkt der Selbstständigkeit, auf welchen er den Ausleger der heiligen Bücher gestellt wissen will, leuchtet aus folgenden Aeußerungen hervor: „Ich höre Einige sagen, daß die alten Ausleger, die dreier Sprachen kundig gewesen sind, so viel erklärt haben, als hinreichend ist. Einmal aber will ich lieber mit eigenen als mit Anderer Augen sehen, dann aber, wie viel sie immerhin gesagt haben, Vieles haben sie doch ihren Nachkommen zu sagen überlassen*).“ „Wenn ich“ — sagt er an einem andern Orte — „von Thomas (Aquinas) allein abwiche, so könnte es scheinen, als wäre ich ungerecht gegen ihn; nun aber weiche ich nicht selten sowohl von Ambrosius, als von Augustinus und Hieronymus ab, wiewohl mit geziemender Ehrerbietung, und gegen Thomas bin ich sogar wohlwollender, als es vielen rechtschaffenen und gelehrten Männern gefällt; dieselbe Ehrerbietung glaube ich aber nicht allen Hugonen und Lyranern schuldig zu seyn, wenn ich dem Lyra gleich Einiges verdanke**).“ Eine dreifache Rangordnung ist hier angedeutet, nach welcher Erasmus die Bibelausleger aus den verschiedenen Perioden ordnet. Auf die **Kirchenväter** blickt er mit Ehrerbietung zurück, jedoch ohne seine Freiheit zu vergeben: „Entweder muß ich hier,“ schreibt er irgendwo, „in den Tag hineinreden, oder Hieronymus hat sich geirrt; allerdings gestehe ich, daß er ein Mann von großer Gelehrsamkeit, von nicht geringerer Beredsamkeit und von unvergleichlicher Heiligkeit gewesen ist, daß er aber auch ein Mensch gewesen, darf nicht verhehlt werden***).“ Anders behandelt er dagegen die **Compilatoren des Mittelalters**, die „der alten Sprache unkundig, die heiligen Bücher tumultuario studio hinc atque hinc consarcinatis glossematis behandelt haben;“ — „die Alles, was gelesen zu werden verdient, aus den Alten geschöpft haben, und dennoch mit genauer Noth dieselben als ihre Quellen anerkennen wollen†).“ Bei Petrus Lombardus macht er auf einen „pudendus lapsus††), praesertim in iis“ aufmerksam, „qui se totius orbis doctores profiteantur, sed aetati magis imputandus quam homini;“ denn was vermochte

---

*) Vorrede zu Valla's Annotatt.

**) Dedikat. der Paraphr. über den Brief des Jakobus.

***) Anotatt. in Matth. 26, 31.

†) Annotatt. in 2 Cor. 11, 23. 1 Tim. 2, 15.

††) Nämlich παραδειγματίσαι (Matth. 1, 19.), lat. traducere, erklärt durch: „rem habere cum sponsa.“ Annotatt. in 1, 1.

er in einem Zeitalter, da die griechische Sprache völlig erloschen war, größtentheils auch die lateinische, die hebräische mehr als begraben, und fast alle alten Verfasser vertilgt waren!" Ehren-voller wird Thomas Aquinas erwähnt: „vir non suo tantum seculo magnus; nam meo quidem animo nullus est recen-tium theologorum, cui par sit diligentia, cui sanius inge-nium, cui solidior eruditio*);" bei vorfallender Gelegenheit aber weiß er von keiner Schonung. „Wer sollte glauben," bricht er aus, „daß ein solcher Mann sich mit so vielem Eigendünkel von Dingen, die er gar nicht verstanden hat, hat äußern wollen**)! — und dergleichen könnte man belachen, wenn nicht die Urheber eines solchen Geschwätzes der christlichen Welt Gesetze vorgeschrieben haben und immer noch vorschreiben, und wenn es solche nicht gäbe, die ihrem eigenen Namen fast das nämliche Ansehen, wie dem der Evangelien beilegen wollen***)." Seine strengste Satyre richtet er demnach gegen seine Zeitgenossen, die, im Autoritäts-glauben erstarrt, jede Anleitung zur richtigeren Bibelauslegung von sich wiesen: „Der Franziskaner duldet keine Abweichung von Nicolaus de Lyra, der Dominikaner keine von Thomas oder Hugo de S. Caro, der Augustiner keine von Augustinus; — ich kenne einen Theologen, welcher behauptete, neun Jahr seyen nicht hin-reichend, um zu verstehen, was Scotus allein in seiner Vorrede an Petrus Lombardus geschrieben hat, und einen Andern, welcher behauptete, es sey unmöglich, einen einzigen Satz im ganzen Scotus zu verstehen, ohne die ganze Metaphysik auswendig zu wissen. Nullius auctoritati debet esse addictus, qui veritatis agit negotium, neque par est, hoc cuiquam hominum tri-buere, quod neque ipsi sibi postulant, et, si postularent, tanto minus esset tribuendum†)."

Auch gegen den päpstlichen Machtspruch macht er das Recht der freien Wissenschaft geltend: „Wenn es wahr ist,

---

*) Annotatt. in Ep. ad Rom. 1, 4.

**) Die Rede ist von der Erklärung des Thomas vom Worte barbari: „qui in virtute corporis vigent, in virtute rationis deficiunt, et sunt quasi extra leges et sine regimine iuris." Annotatt. in 1 Cor. 14, 11.

***) Mit nicht geringerer Schärfe äußert er sich über Thomas in den Annotatt. in Ep. ad Hebr. 11, 37.

†) Annotatt. in Luc. 2, 35. 1 Tim. 1, 7.

wie Einige behaupten, daß der Papst als Richter nie irren kann, wozu sind denn allgemeine Kirchenversammlungen, wozu die Vorkehrungen nöthig, durch welche Rechtskundige und gelehrte Theologen als Richter zugezogen werden? Warum quält man denn so viele Universitäten mit Untersuchungen über Glaubensfragen? Und wie können denn die Dekrete eines Papstes gegen die des andern streiten? — Daß doch diejenigen, welche jetzt dem Papste so große Gewalt beilegen, ihm auch die übrigen hohepriesterlichen Tugenden geben könnten! — Solches aber läßt sich nicht behaupten, ohne in offenbaren Verdacht kriechender Schmeichelei zu gerathen, noch ohne Hintansetzung Christi, gegen welchen selbst die größten Fürsten weiter nichts als kleines Gewürm sind *)." Ebenso freimüthige Aeußerungen kommen über die Gewalt der Kirche vor: „Keiner kann, meiner Meinung nach, die Kirche, die aus der Gemeinschaft der Menschen besteht, von allem Irrthume so freisprechen, daß es Nichts geben sollte, was sie nicht wüßte **)." Dieses aber hält ihn von der Erklärung nicht zurück: „daß es gottesfürchtig sey, seine eigene Auslegung allezeit der Kirche zu unterwerfen, wenn wir die klare Ansicht derselben vernommen haben ***);" wie er auch — während er, durch Erklärung des Wortes μυστήριον Eph. 5, 32. zeigt, daß das Sacrament der Ehe nicht könne „satis efficaciter colligi ex apostoli verbis, iuxta peculiarem et exactam vocis rationem" — daneben erklärt, daß er darum keineswegs am Sacrament zweifle „cuius dignitati maiorem in modum faveo," weil „es wahrscheinlich ist, daß die Tradition davon von den Aposteln oder wenigstens von den heiligen Vätern her zu uns gekommen sey."

Je weniger man noch zu der Zeit die Wichtigkeit der Philologie für die Schriftauslegung zu würdigen im Stande war, um desto eindringlicher hat Erasmus den Gelehrten in dieser Hinsicht die Augen zu öffnen sich bemüht. „Es giebt jetzund, schreibt er, ich darf wohl sagen tausend Theologen, die nicht einmal wissen, in welcher Sprache die Apostel geschrieben haben; und wenn sie zufälligerweise hören, daß Markus,

---

*) Annotatt. in 1 Cor. 7, 39. 2 Cor. 10, 8. 1 Tim. 1, 7.
**) Annotatt. in 1 Cor. 7, 39.
***) Annotatt in 1 Joh. 5, 7.

Lukas, Paulus, Petrus und Johannes auf Griechisch geschrie=
ben haben, so erstaunen sie, als vor etwas Unerhörtem und
Unglaublichem; Einer meint, sie haben nur Hebräisch geschrie=
ben, weil sie Hebräer gewesen sind; ein Anderer, sie haben
so geschrieben, wie wir sie gewöhnlich lesen (auf Latein)*)."
Das Geschrei der Theologen „über die unausstehliche Frechheit,
vermöge welcher die Grammatiker mit ihrer muthwilligen Feder
nicht einmal die heiligen Bücher schonen," weiset er folgender=
maßen zurück: „Nicht einmal die Theologie selbst, die Königin
aller Wissenschaften, wird ihre Ehre durch Annahme des Dienstes
der Grammatik als ihrer Zofe für verletzt halten; wenngleich
diese an Würde gewissen anderen nachsteht, ist doch keines Dienst
nothwendiger; es sind Kleinigkeiten, womit sie sich beschäftigt;
solche aber, ohne welche Niemand groß geworden ist; nugas
agitat, sed quae seria ducant. Wenn man entgegnet, die
Theologie sey von zu hoher Würde, als daß sie den Gesetzen
der Grammatik dürfe untergeben seyn, daß mithin die ganze Aus=
legungsarbeit auf der Eingebung des h. Geistes beruhe: so ist es
eine ganz eigenthümliche Ehre für die Theologen, daß sie allein
das Recht haben, barbarisch zu reden. Eins ist, Prophet seyn,
ein Anderes, Ausleger seyn; dort sagt der Geist das Zukünftige
vorher; hier legt gelehrte Sprachkenntniß aus, was sie versteht**)."
„Was soll man aber von denjenigen sagen," fügt er an einem an=
dern Orte hinzu***), „die, selbst nachdem sie ermahnt worden sind,
nicht zur Besinnung kommen, noch ihrem Lehrer Dank wissen,
sondern ihn belachen und verspotten, den Hochverdienten als einen
Feind betrachten, ihn mit Schimpfwörtern verfolgen und als Ke=
zer verschreien!"

An dem sprachkundigen, gesundem Denken huldigenden, ge=
schmackvollen Ausleger mußte die allegorisirende Behand=
lung der Schrift nothwendig einen Gegner finden. „Die Alten,"
sagt er, „gehen theils ein Jeder seinen eigenen Weg, in ihren alle=
gorischen Erklärungen, theils fangen sie die Sache so an, daß sie
mir nur ein Spiel zu treiben scheinen†)." Und von seiner eigenen

---

†) Annotatt. in Act. App. 22, 9.
**) Vorrede zu Valla's Annotatt.
***) Annotatt. in Joh. 14, 26.
†) Dedikat. der Paraphr. über die Evangg.

Paraphrase sagt er (in der Dedikat. des Evang. Joh.): „Die Allegorien, in welchen ich sehe, daß einige der Alten bis zum Aberglauben eifrig gewesen sind, habe ich nur spärlich berührt, wie ich es hinreichend gefunden habe." Aber auf der anderen Seite gehört Erasmus nicht zu denjenigen Auslegern, die, gleichgültig gegen den heiligen Charakter der Schrift, durch Anwendung der Grammatik dieselbe zu erschöpfen wähnen. „Allerdings," heißt es ferner, „muß, wie eine gottesfürchtige Wißbegierde, so eine wißbegierige Gottesfurcht vorhanden seyn; aber die Vermessenheit muß verbannt werden, das tollkühne und halsstarrige Vertrauen auf eigenes Wissen; was Du liesest und verstehst, mußt Du mit dem festesten Glauben umfassen; frivole Fragen, oder solche, die aus misverstandener Frömmigkeit herrühren, sollst Du zurückweisen; die, quae supra nos, nihil ad nos! — Und vor diesem hat man sich besonders zu hüten: daß man nicht die Schrift nach eigener Lust und Ansicht zu erklären sucht; lieber richte man eigene Meinungen und eigene Lebensweise nach deren Regel ein *)."

Einige Bemerkungen über Eigenthümlichkeiten an der Form der Schrift müssen hier noch ihre Stelle finden. Von der Gräcität der Apostel heißt es: „Die Apostel haben ihr Griechisch nicht aus den Reden des Demosthenes, sondern aus dem Sprachgebrauche des Volks gelernt; und ich sollte meinen, daß es sich am besten für das Evangelium Christi schickt, daß es simplici inconditoque sermone mitgetheilt worden ist, und daß die Rede der Apostel ihrer Kleidung, ihrer Lebensweise, ihrem ganzen Leben entspricht, mit Ausnahme dessen, was der Frömmigkeit und der Gemüthsstimmung angehört, damit nicht der Hochmuth menschlicher Beredtsamkeit irgend einen Einfluß in dieser Sache gewinne; der Fromme darf an der ungebildeten Sprache der Apostel so wenig Anstoß nehmen, als an ihrem ungebadeten Körper und ihrer plebejischen Kleidung **)." So giebt er auch (in d. Einleit. in die Paraphr. des Römerbriefes) drei Hauptursachen der Schwierigkeit des Briefes an: die Uncorrektheit der Sprache, theils in Gleichgültigkeit gegen die Kunst der Beredtsamkeit gegründet,

---

*) Vorrede zur Paraphr. über die Evangg.
**) Annotatt. in Act. App. 10, 38.

theils in dem Unterschiede zwischen dem Griechisch der Attiker und dem der Cilicier, theils endlich im Einfluß der hebräischen Sprache — den aphoristischen, springenden Vortrag, als Folge des mysteriösen Inhalts — die häufige und plötzliche Umwechselung der Personen, welche redend eingeführt werden, und an welche die Rede gerichtet wird: „quibus fit, ut lector velut in labyrinthis ac maeandris quibusdam inextricabilibus oberrans, neque unde sit egressus satis videat, neque qua sit exitus." Auf ähnliche Weise erklärt er sich über die in der Schrift vorkommenden Unrichtigkeiten: „Der göttl. Geist, der die Seelen der Apostel gelenkt hat, hat seinen Werkzeugen gestattet, von etwas unwissend zu seyn, zuweilen sich zu vergreifen und entweder im Urtheil oder in der Sinnesbeschaffenheit zu irren, jedoch nicht allein ohne Nachtheil für das Evangelium, sondern sogar so, daß der Irrthum selbst zur Stütze des Glaubens geworden ist. Christus allein ist die Wahrheit genannt worden; er allein ist ohne allen Irrthum gewesen. Wenn wir aber meinen sollten, daß das Ansehen der ganzen Schrift erschüttert werde, wenn der geringste Fehler sich in ihr findet, so ist es mehr als wahrscheinlich, daß unter allen Exemplaren, deren sich die katholische Kirche jetzt bedient, kein einziges so verbessert sey, daß nicht entweder Zufall oder Absicht irgend einen Fehler in dasselbe hineingebracht hätten *)." Von den Dunkelheiten und exegetischen Problemen der Schrift heißt es: „Einiges ist von Christus so ausgesprochen, daß er, nicht einmal, als er redete, hat wollen verstanden werden**); auch in der Rede, in welcher er die Zerstörung Jerusalems, das Ende dieser Welt und die bevorstehenden Drangsale der Apostel vorhersagt, stellt und fügt er seine Rede so, daß er mir mit Fleiß dunkel seyn zu wollen scheint, und zwar nicht nur den Aposteln, sondern auch uns. Und wiederum giebt es Stellen, die nach meiner Meinung ganz unerklärbar sind, wie z. B. von der Sünde wider den heiligen Geist, vom jüngsten Tage, von dem der Vater allein weiß, während er dem Sohne verborgen ist. Hier ist es erlaubt, in den Commentaren verschiedene Ansichten verschiedener Ausleger anzuführen ***)."

---

*) Annotatt. in Matth. 2, 6.
**) Als Beispiele werden Luk. 22, 36. Joh. 2, 19. angeführt.
***) Dedik. der Paraphr. über das Ev. Matth.

III.

Vom Anfange der Reformation bis zum Schluß des Jahrhunderts derselben.

Historisch-theologische Auslegung.

Es wäre historisch unrichtig und dazu ungerecht, wenn man der Reformation das Verdienst beilegte, zuerst die wahren Grundsätze der Schriftauslegung aufs Neue ins Leben gerufen, oder nach dem langen Zwischenraume der Jahrhunderte der Unwissenheit, die erste Anwendung derselben, durch humanistische Gelehrsamkeit unterstützt, gemacht zu haben. Wir mögen nun das Auslegungswerk entweder von der negativen Seite betrachten — als Einspruch und Opposition gegen ein fremdartiges Auslegungsgesetz, namentlich gegen die kirchliche Diktatur, — oder von der positiven, als ein Arbeiten in der Schrift aus der Schrift selbst: so haben wir bereits gesehen, wie diese Prinzipien von den Repräsentanten der kirchlichen Freiheit und der theologischen Wissenschaft vor der Reformation anerkannt und ausgesprochen, und von Erasmus auf befriedigende Weise in Anwendung gebracht worden sind, mit einer solchen philologischen Gelehrsamkeit und in so geschmackvoller Form, daß ihm die Stelle neben Melanchthon und Calvin gebührt. Wenn indeß die Reformation in der Geschichte gleichwohl als Epoche der Wiedergeburt für die Auslegung der heiligen Bücher steht: so verhält es sich hiemit wie mit dem ganzen Einfluß, der sich von dieser Begebenheit aus über das kirchliche Leben und die kirchliche Wissenschaft verbreitet hat. Die Kräfte, Fähigkeiten und Kenntnisse, welche bisher isolirt gewirkt hatten, es sey nun in widerstrebender oder in vorwärtsstrebender und produzirender Richtung, wurden hier in einen kirchlichen Vereinigungspunkt gesammelt, und durch gegenseitige Ergänzung und Anleitung gestärkt und entwickelt. Die Prinzipien, welche früher beiläufig, ohne direkte Anwendung auf das Verhältniß zur Kirche oder sogar mit einer gewissen Reservation der kirchlichen Machtvollkommenheit ausgesprochen worden waren, wurden hier öffentlich proklamirt, in officiellen Urkunden dem Glaubensbekenntniß einer zahlreichen Gemeinschaft an die Spitze gestellt, ohne Umschweife gegen das katholische Kirchenthum geltend gemacht, und durch die scharfe Polemik in größerer Klarheit und Consequenz entwickelt, als es je zuvor geschehen war. In der Stellung endlich, worein die heiligen Bücher hier zu einer Kirchengemeinschaft traten, die sich zu diesen als der sichtbaren Grundlage bekannte, lag die stärkste Aufforderung, der Auslegung durch wissenschaftliche Entwickelung der Prinzipien derselben und der Bedingungen, ohne welche sie verfehlt werden müßte, die größtmögliche Festigkeit zu ertheilen*).

Die Reformatoren sind mehr als Exegeten denn als Hermeneuten zu betrachten. Der fruchtbarste Schriftausleger ist Calvin, der einen zusammenhangenden Commentar über alle Bücher des N. Test., die Apokalypse allein ausgenommen, geliefert hat. Von Luther haben wir nur einen Commentar über einen einzigen Brief, den an die Galater. Von Melanchthon kommt vornämlich seine Auslegung der Paulinischen Briefe in Betracht. Zwingli's Commentare über Evangelien und Briefe sind größtentheils nach seinem Tode von Leo Judä und Megander herausgegeben. Rücksichtlich des theologischen Charakters und der wissenschaftlichen Methode behaupten die Calvin'schen Commentare den Vorzug**), während sich die Auslegung Luthers der populären Form der Bibellesung nähert, deren Mängel durch den gesunden, scharf treffenden Takt und die religiöse Glaubenskraft, die den ganzen Vortrag durchdringt, ersetzt werden. Melanchthon zeichnet sich durch

---

*) „Dieß Einige erhebt die heilige Christenheit und Kirche, daß man die h. Schrift verstehet; dieß Einige unterdrückt die Christenheit und Kirche, daß man die h. Schrift nicht verstehet." — „Alle andere Künste und Handwerke haben ihre Präceptores und Meister, von denen man sie lernen muß, auch Ordnung und Gesetze, darnach man sich richten und halten muß; allein die h. Schrift und Gottes Wort muß eines Jeden Hoffahrt, Dünkel, Muthwillen und Vermessenheit unterworfen seyn, und sich meistern, brechen und deuten lassen, wie es ein Jeder versteht und will nach seinem Kopfe; daher auch so viel Rotten, Sekten und Aergerniß kommen; Gott wehre ihnen." Luther, XXI. S. 7. XXII. S. 94. (Walch.)

**) „Praecipuam interpretis virtutem in perspicua brevitate positam esse puto; ... ego dimoveri non possum ab amore compendii." Calvins Dedikation des Comm. über den Römerbrief an Simon Grynäus. Vgl. Tholuck: die Verdienste Calvins als Ausleger der h. Schrift. (Verm. Schriften, 2. Theil.)

philologische Sorgfalt und Concinnität in der Behandlung*);
Zwingli durch Genauigkeit der Worterklärung und durch prak=
tische Tendenz aus. Wenn sonach die Reformatoren durch ihre
exegetischen Schriften eine Grundlage für die Theorie der Schrift=
auslegung gelegt haben**), hat doch keiner von ihnen diese zum
Gegenstande besonderer Untersuchungen gemacht; die hermeneuti=
schen Hauptgrundsätze aber stehen mit den Prinzipien der Refor=
mation in so genauer Verbindung, daß sich zur Herausstellung
derselben öfters Gelegenheit darbieten mußte. Luthers Schriften
namentlich geben in dieser Hinsicht reiche Ausbeute. Unter Me=
lanchthons Schriften sind zwei bemerkenswerth, von der Theorie
der Rhetorik: de Rhetorica libri III und Elementa Rhetorices
libri II, auf deren Verbindung mit der Auslegungskunst er selbst
aufmerksam macht***). In Calvins tractatus theologici und in=
stitutio religionis chr. sowohl als in seinen Commentaren, und
gleichfalls in Zwingli's exegetischen Schriften kommen verschiedene
Aeußerungen über das Wesen und die Methode der Auslegung
vor. Nach der Verbindung, worin die Schriftauslegung mit dem
Reformationswerke steht, können wir demnach die Reformatoren
als eine Einheit betrachten, wenn es darauf ankommt, die durch
die Reformation zur Anerkennung gebrachten Grund=
sätze für die Auslegung der Schrift darzustellen. Die
Unabhängigkeit der Schriftauslegung vom Macht=
spruche der Kirche und von jeder menschlichen Auto=

---

*) Calvin äußert sich (in der oberwähnten Dedikation) über die Schrift=
auslegung Melanchthons folgendermaßen: „Phil. M. pro singulari et doctrina et industria et dexteritate, qua in omni disciplinarum genere
pollet, prae iis, qui ante ipsum in lucem prodierunt, multum lucis
intulit; sed quia illi propositum modo fuisse apparet, quae inpri-
mis essent animadversione digna excutere, in iisdem immoratur,
multa consulto praeterit, quae vulgare ingenium nonnihil fatigare
possint.“

**) Calvin. (antidotum in Conc. Trid. Sess. IV.): „Verissime
licebit profiteri, nos intelligendis Scripturis plus lucis attulisse,
quam omnes, qui ab exorto papatu inter nos exstiterunt auctores;
neque hanc ipsi laudem nobis detrahere audent.“

***) Elem. Rhet. I. I. init.: „nos ad hunc usum trademus Rhe-
toricam, ut adolescentes adiuvent in bonis auctoribus legendis, qui
quidem sine hac via nullo modo intelligi possunt.“

rität iſt ein Grundthema in den Schriften der Reformatoren.
Was Luther ſchon bei ſeinem erſten Auftreten, in ſeinen Briefen
an Papſt Leo und Kaiſer Carl, erklärte: daß das Wort Gottes,
das alle Freiheit lehret, nicht ſolle noch müſſe gefangen ſeyn," auch
„Regel oder Maaß die Schrift auszulegen" nicht zu dulden ſey;
„daß es nicht in der Gewalt der Menſchen ſtehe, dieſelbe den
Menſchen, quantalibet magnitudine, multitudine, doctrina
sanctitateque praepolleant, unterthan zu machen*):" das fin=
den wir genauer von Calvin entwickelt. „Jene wollen durch des=
potiſchen Machtſpruch der Kirche alle Freiheit rauben und ſich
eine gränzenloſe Gewalt anmaßen; denn jedwedem Sinne, wel=
chen ſie der Schrift willkührlich andichten, ſoll es nothwendig
ſeyn zu huldigen; außer ihnen aber ſoll es Niemanden erlaubt
ſeyn, irgend etwas aus der Schrift zu beweiſen. Daß ſie doch
einer ſo großen Aufgabe gewachſen wären ... daß ſie doch eine
ſolche Kirche, wie ſie die Schrift ſchildert, darſtellen könnten!
leicht würden wir uns alsdann über die Ehre verſtändigen. Da
ſie ſich aber fälſchlich den Namen der Kirche anlügen, ſie berauben
und für ſich ſelbſt die Beute aufheben, was bleibt uns denn anders
zu thun übrig, als Einſprüche zu erheben**)!" Auf dieſe Ein=
ſprüche muß gleichfalls die Speierſche Proteſtation zurückgeführt
werden: „Daß die Prieſter das h. Evangelium nach der Ausle=
gung der Schriften, die von der heiligen chriſtlichen Kirche appro=
birt und angenommen iſt, predigen und lehren ſollen, dies ließe
ſich wohl hören, wenn alle Theile darüber einverſtanden wären,
was die rechte, heilige, chriſtliche Kirche ſey. Weil aber der ge=
ringſte Streit nicht hierüber geführt wird, und es keine gewiſſere
Predigt und Lehre giebt, als allein bei Gottes Wort zu bleiben
... ſo gedenken wir mit Gottes Hülfe dabei zu bleiben, daß allein
das heilige Evangelium rein und lauter gepredigt werde" u. ſ. w.

Aus demſelben Geſichtspunkte wird das Verhältniß zu den
alten Kirchenlehrern betrachtet. „Ihre Gottesfurcht, Ge=
lehrſamkeit, Heiligkeit und Alter haben ihnen ſo großes Anſehen
erworben, daß wir nichts von dem, das von ihnen gekommen

---

*) Luthers Briefe, de Wette I, S. 513. 591.
**) Antidotum, in Sess. IV. Cf. inst. relig. chr. I. IV. c. 9.
n. 12 – 14. Comm. in 2 Pet. I, 20.

ist, verachten dürfen*). Aber für einen jeden der heiligen Väter gilt das nämliche Gesetz: „daß er seine Auslegung aus der Schrift soll erweisen können; wo nicht, soll man kein Vertrauen in ihn setzen." Hiezu kommt, daß „die lieben Väter, weil sie ohne Sprachen gewesen sind, zuweilen mit vielen Worten an einem Spruch gearbeitet haben, und dennoch nur kaum hinnach geahmet und halb gerathen, halb gefehlet." Darum „loben wir zwar anderer ihren Fleiß; aber wir sollen auch dieses glauben, daß auch wir dazu berufen seyn, ein Stück von dem Acker des Herrn zu bauen, und nicht alleine darzu da seyn, daß wir von desselben Früchten essen sollen. Jene haben nicht alles vermocht, auch uns ist ein Theil davon übrig blieben**)." „Da es in diesem Leben nicht zu erwarten ist, wie sehr es auch zu wünschen wäre, daß wir allezeit im Verständniß der Schrift einig seyn sollten: so müssen wir uns es angelegen seyn lassen, daß wir, nicht von Neuerungssucht getrieben, noch von der Begierde, Anderen Verdruß zu machen, gereizt, noch von Haß oder Ehrgeiz angespornt, sondern allein nothgedrungen und ohne alle andere Absicht als um Nutzen zu bringen, von den Meinungen unserer Vorgänger abweichen***)."

Die allegorisirende Auslegung, aus vorurtheilsvollen Vorstellungen von der Heiligkeit der Schrift entsprungen, mußte gleichfalls dem klaren Nachdenken über die Beschaffenheit der heiligen Bücher weichen. Der allgemeine Gebrauch der Allegorisirung, der sich bis zur Zeit der Reformation erhalten hatte, war großentheils in dem Mangel an philologischer Bildung, dem jetzt immer mehr abgeholfen wurde, gegründet; und endlich konnte er sich nur so lange in einigem Ansehen erhalten, als es noch nicht als ernstliche Bestimmung der Schriftauslegung anerkannt war, die Entwickelung der Glaubenslehre durch Ausscheidung und Zubereitung der christlichen Materialien vorzubereiten. Die Strenge, womit sich die Reformatoren über diese Auslegungsmethode herausließen, ist sonach leicht erklärbar. Sie geben zu, daß „die Dinge, die in der Schrift beschrieben werden, etwas weiter und ander Ding bedeuten (als die Worte an und für sich bedeuten)†);"

---

*) Calvin, Dedikat. an Grynäus.

**) Luther, IX. S. 857. X. S. 352. IV. S. 1272.

***) Calvin, Dedikat. an Grynäus.

†) Luther, XVIII. S. 1602.

daß „in den heiligen Büchern Thatsachen und Ceremonien vor=
kommen, die etwas anzudeuten bestimmt sind, wo also die Alle=
gorie an Ort und Stelle sey*);" daß „solche Allegorien, die
man auf die Analogie und Richtschnur des Glaubens zeucht, nicht
allein die Lehre zieren und schmücken, sondern auch die Gewissen
trösten**)." Aber „es ist lächerlich und tadelnswerth, die Schrift
einer prodigiosa metamorphosis zu unterwerfen durch Ausfin=
dung vier verschiedener Arten des Sinnes***); und „wenn viele
Jahrhunderte hindurch Niemand als sinnreich gerühmt worden ist,
wer es nicht verstanden und sich dazu verstehen wollte, das heilige
Wort Gottes spitzfindig umzubilden (subtiliter transfigurare),
so ist dieses eine Erfindung des Teufels (commentum Satanae),
um das Ansehen der Schrift zu vernichten†)." Denn „wenn ein
jeder sollte Macht haben, aus den reinen, einfältigen Worten zu
treten, und Folge und verdrehete Worte zu machen, wo er wollte;
was wäre denn die Schrift anders, denn ein Rohr, das der Wind
schlägt und webet††)!" „Das heißet die Schrift unehren und
besudeln — mit solchen ungeschickten, ungereimten, erdichteten
und altvettelischen losen Zoten, dadurch sie die Schrift in so man=
cherlei Verstand und Meinung zerrissen haben†††)." Luther legt
selbst das Geständniß ab: „daß er von der Zeit an, da er dem
historischen Verstand angefangen hatte nachzugehen, allezeit einen
Abscheu vor den Allegorien gehabt, auch keine gebrauchet habe,
es hätte sie denn der Text selbst mit sich gebracht; wiewohl es ihm
aber ganz schwer ward, die Allegorie, der er sich lange geflissen hatte,
fahren zu lassen, sahe er doch, daß es vergebliche Speculationes,
und gleichsam ein Schaum der heiligen Schrift wären†*)."

Die Grundsätze, nach welchen die Reformatoren selbst bei der
Auslegung der Schrift verfuhren, lassen sich in den Satz zusam=
menfassen: daß die Schrift sich selbst auslegen solle.
„Ein Text aus der heiligen, göttlichen Schrift soll durch den an=
dern erklärt und ausgelegt werden†**)." „Es gebühret uns nicht
Gottes Wort zu deuten, wie wir wollen; wir sollen es nicht len=

---

*) Melanchthon, Elem. Rhet. II. p. 94. (Colon. 1547.)
) Luther, I. S. 923. *) Melanchthon, I. I. p. 90, 92.
†) Calvin, Comm. in Gal. 4, 22. ††) Luther, XVIII. S. 2271.
†††) Luther, I. S. 428. VIII. S. 2533.
†*) Luther, I. S. 428. †**) Protest. zu Speier 1529.

ken, sondern uns nach ihm lenken lassen, und ihm die Ehre geben, daß es besser gesetzt sey, denn wir es machen können; darum müssen wir es stehen lassen *)." „Wenn über eine dunkle Stelle, wie sie verstanden werden solle, Streit ist, so giebt es keinen bessern Weg zum rechten Verständniß, als wenn gottesfürchtige Lehrer durch sorgfältige Untersuchung gemeinschaftlich darüber nachforschen **)."

Ju diesem Satze sind folgende Regeln enthalten:

daß der rechte und einzig rechte Sinn derjenige sey, welcher in den nach den Regeln der Grammatik und Logik erklärten Worten klar und deutlich gegeben ist: „unam ac certam et simplicem sententiam ubique quaerendam esse iuxta praecepta grammaticae, dialecticae et rhetoricae ***)" — „ein gewisser und wahrer Verstand der Schrift, der denn kein anderer seyn kann, denn des Buchstabens, Textes oder der Historie" — „ein rechter, einfältiger Verstand, der sich fein mit der Grammatik reime †);"

daß die erste Bedingung der Auslegung Einsicht in die Sprachen sey: „die Scheide, darin das Messer des Geistes, der Schrein, darin das Kleinod, das Gefäß, darin der Trank." „Soll man von der Schrift urtheilen, so muß Kunst der Sprachen da seyn, sonst ists verloren; — ja, wo wirs versehen, daß wir die Sprachen fahren lassen, so werden wir nicht allein das Evangelium verlieren, sondern wird auch endlich dahin gerathen, daß wir weder Lateinisch noch Deutsch recht reden oder schreiben können." „Es soll uns auch nicht irren, daß Etliche sich des Geistes rühmen, und die Schrift gering achten, Etliche auch, wie die Brüder Baldenses, die Sprachen nicht nützlich achten; aber, lieber Freund! Geist hin Geist her, ich bin auch im Geist gewesen und habe auch Geister gesehen; das weiß ich wohl, wie fast der Geist allein Alles thut; wäre ich doch allen Büschen zu fern gewesen, wo mir nicht die Sprachen geholfen, und mich der Schrift sicher und gewiß gemacht hätten ††)." Vgl. Zwingli:

---

*) Luther, III. S. 100. **) Calvin, antid. in Sess. IV.
***) Melanchthon, Elem. rhet. II. p. 92. Zwingli, Comm. in Ep. Iac. 1, 18. Calvin, Comm. in Gal. 4, 21.
†) Luther, I. S. 1436. II. S. 2712.
††) Luther, X. S. 548. 553.

„Observabit diligens interpres, quae cuique linguae propria ac peculiaria sint, ne linguarum proprietates ac idiotismos confundat ... habet enim quaeque lingua suos idiotismos *); “

daß die Auslegung von dem geschriebenen Worte ausgehen, und selbiges mit Fleiß erforschen, und sonach durch Vergleichung und Nebeneinanderstellung der verschiedenen Theile der Rede den Sinn zu entscheiden suchen müsse. „Die Buchstaben sind der Schlüssel, vermöge dessen der menschliche Geist zum Geiste hindurchdringt; darum darf der Buchstabe nicht gering geschätzt werden; ... denn es ist eigentlich nicht der Buchstabe selbst, welcher tödtet; wer aber an dem bloßen Buchstaben festhält und den Geist nicht erreicht, der tödtet sich selber **).“ „Das ist nicht die Art, die göttliche Schrift glücklich zu verstehen und auszulegen, wenn man verschiedene Stellen aus verschiedenen Orten zusammenraffet, ohne auf den Zusammenhang oder Vergleichung zu sehen; ja, es ist das der gemeinste Weg und Weise in der Schrift zu irren.“ „Man muß säuberlich handeln und fahren mit der Schrift, ... nicht allein darauf merken, ob es Gottes Wort sey, sondern auch, zu wem es geredet sey, ob es Dich oder einen Andern treffe, — allen Worten insonderheit aufs fleißigste nachdenken; was vor und nach steht, mit einander aufs genaueste vergleichen, und allen Fleiß dahin wenden, einen ganzen, gewissen und völligen Verstand aus dem Text zu fassen ***);“

daß die Einzelheiten in den Schriften aus der Totalität der Schrift erklärt werden müssen, oder mit anderen Worten: daß die Analogie der Schrift die oberste Regel der Auslegung sey. „Wir sehen, daß die Grammatici, die nichts mehr seyn denn Grammatici, und theologische Sachen nicht verstehen, an vielen Sprüchen ihre Marter haben, und nicht allein die Schrift, sondern auch sich selbst und die Zuhörer quälen und martern. Man soll aber erstlich des Handels und der rechten Meinung gewiß seyn, daß sie einerlei ist

---

*) Comm. in Gen. 17, 2.
**) Zwingli, Comm. in Luc. 16, 16.
***) Luther, XV. S. 1265. XVIII. S. 1366. VIII. S. 2638.
Vgl. Melanchthon, Elem. rhet. II. p. 98. 99.

und überall mit einander übereinstimmet; darnach soll man die Grammatik darauf appliciren." „Das ist der ganzen heiligen Schrift Eigenschaft, daß sie durch allenthalben zusammen gehaltene Stellen und Oerter sich selbst ausleget, und durch ihre Regel des Glaubens alleine will verstanden seyn." Und hieraus folgt denn, daß die Vorschrift vom Festhalten an dem geschriebenen Worte so eingeschränkt werden müsse, daß „man von den einfachen Worten und deren natürlicher Bedeutung nicht weichen dürfe, es zwinge denn ein offenbarlicher Artikel des Glaubens, die Rede anders, als wie die Worte lauten, zu verstehen *)." „Wo zweifelhafte Fälle uns in der Schrift entgegentreten, da müssen wir dem Geiste als dem Führer und Lehrer des Buchstabens gehorchen, und genau darauf achten, was er wolle, nicht aber hartnäckig, gegen die Vorschrift des Geistes, am Buchstaben hangen **)."

Da demnach alle wahre Schriftauslegung auf christlicher Einsicht und christlichem Glauben beruht, „so gehört dazu nicht allein lesen und predigen, sondern auch der rechte Ausleger, nämlich die Offenbarung des heiligen Geistes." Denn „die Schrift recht zu verstehen, darzu gehöret der Geist Christi;" und „es ist uns von Gottes Gnaden auch gegeben, daß wir ja können die Schrift auslegen und Christum erkennen; welches ohne den heiligen Geist nicht geschehen kann, der allein Meister und Präceptor seyn muß, der es uns lehrt; sondern mit dem Gebet soll man die Schrift fleißig bedenken und ihr nachtrachten ***)."

„Am allerwenigsten dürfen wir einem Geiste, der wider die Schrift ist, vertrauen; die Schrift muß mit dem Geiste übereinstimmen; ich rede von unserm eigenen Geiste, welcher, wenn er nicht durch die Bande der Schrift beschränkt wird, muthwillig und eigenwillig über alle Gränzen hinausschweift. Sonach wird der Geist dadurch, daß er von dem himmlischen Geiste erleuchtet und durchdrungen wird, mit der Schrift übereinstimmend †)."

Sonach ist das Verhältniß, worin sich die christliche Gemein-

---

*) Luther, I. S. 548. III. S. 2042. XIX. S. 1601. XX. S. 331.
**) Zwingli, Comm. in Matth. I, 25. Ep. Iac. I, 23.
***) Luther, XI. S. 917. I. S. 684. X. S. 160. XXII. S. 7.
†) Zwingli Comm. l. l.

ſchaft mit ihren einzelnen Mitgliedern, durch das ſichtbare Evangelium in der h. Schrift zuſammengehalten, zu den Führungen der Gnade Gottes weiſt, letzter Grund und Stütze der Auslegung. Die Zuverſicht, womit die Reformatoren zur Forſchung in den heiligen Büchern ihre Zuflucht nahmen und auf dieſelbe hinwieſen, ſteht daher in der allergenaueſten Verbindung mit der Grundlehre der Reformation von dem Glauben, dem Grunde und der Wirkung deſſelben.

Jede Gährungsperiode fordert die Kräfte zu praktiſcher Thätigkeit auf; und ſo finden wir die exegetiſche Arbeit von den Theologen der evangeliſchen Kirche in beſtimmter Richtung fortgeführt und auf die verſchiedenen Theile der Lehre und des Cultus angewendet, ehe noch irgend ein Verſuch gemacht war, die hiebei leitenden Grundſätze in eine Theorie zu bringen. Das Verdienſt, die Wirkſamkeit der Reformatoren dadurch ergänzt zu haben, daß der Schriftauslegung eine wiſſenſchaftliche Grundlage untergelegt wurde, kommt Matthias Flacius Illyricus zu, durch Geiſtesgaben, Gelehrſamkeit und Fleiß einem der ausgezeichnetſten unter den nächſten Nachfolgern der Reformatoren; aber ſtürmiſche Heftigkeit und ſcharfe Einſeitigkeit verunſtalteten die vorzüglichen Fähigkeiten, und verdarben ſeine Wirkſamkeit; und ein vielfach bewegtes Leben war das Bild der Unruhe, die in ſeinem Innern herrſchte, und ſich von da aus über ſeine Umgebungen verbreitete *). Seine hieher gehörende Schrift — ein Hauptwerk in der Geſchichte der Hermeneutik — „Clavis Scripturae Sacrae seu de Sermone sacrarum litterarum,“ welches zu Antwerpen 1567

---

*) Geboren in Illyrien 1520, ſtudirte er zuerſt in Venedig, hernach in Baſel, Tübingen und Wittenberg, wo er ein Schüler Luthers und Melanchthons wurde, und an der Univerſität 1544 eine Anſtellung erhielt. Nach einer Auswanderung nach Braunſchweig während des Religionskrieges kehrte er nach Wittenberg zurück; aber die Streitigkeiten wegen des Interims, in welchen er die ſtärkſte Partei gegen Melanchthon nahm, nöthigten ihn, ſeinem Amte zu entſagen. Er ging nach Magdeburg, woſelbſt er die magdeburgiſchen Centurien ausarbeitete; ward 1557 an der neulich errichteten Univerſität in Jena angeſtellt, aber nach Verlauf von fünf Jahren ſeines Amts entſetzt, aus dem Grunde ſeines fanatiſchen Verfahrens im Strigelianiſchen Streite. Er privatiſirte darnach in Regensburg, Straßburg und Frankfurt, wo er — der eifrigſte Verfechter Lutheriſcher Orthodorie — als Anhänger des Manichäismus verrufen, in einem Alter von 55 Jahren (1575) ſtarb.

herauskam, verdient hier etwas näher erörtert zu werden. — Die vorausgeschickte Dedikation an Herzog Christopher von Würtemberg enthält unter Anderm einen kurzen und treffenden Umriß von der Geschichte der älteren Schriftauslegung. „Was in der Kirche das einzig und höchst Nothwendige ist, wie es es immer war und seyn wird, ist, daß die Gläubigen und insonderheit die Lehrer mit der Sprache in der heiligen Schrift vollständige und vertraute Bekanntschaft haben. Aber auf Nichts ist, fast von den Zeiten Christi an bis auf die unsrigen, von den Theologen weniger Fleiß verwendet worden, als auf klare Auffassung der natürlichen Rede, des Textes und Sinnes in den heiligen Büchern. Vormals, kurze Zeit nach den Aposteln, warfen sich die meisten Schriftsteller auf philosophische Disputationen über das Gesetz und über moralische Vorschriften, Tugenden und Laster, durchaus unwissend rücksichtlich der Verderbtheit des Menschen, der Mysterien des Evangeliums und der Wohlthaten Christi. Einige Zeit nachher bildeten Origenes und Andere auf unverantwortliche Weise die heiligen Bücher in poetische Allegorieen oder richtiger in Mythologieen und fremde Gestalten um. Darauf folgte ein Zeitalter, welches der hebräischen Sprache ganz unkundig war, so daß es hier nur wenig ausrichten konnte; aus Lust zum Deklamiren und von ihren eigenen Kenntnissen und Erfindungen eingenommen, verdrehten die Theologen die Schriften nach eigener Erdichtung. Nach der Zeit der Kirchenväter folgten Theologen, die mit den Vätern und Kirchenversammlungen, wie sie nämlich menschliche Bestimmungen lehren und vortragen, ihre Aeußerungen und Meinungen excerpiren, sammeln und in kompendiarische Form bringen könnten, mehr beschäftigt waren, als mit Erforschung und Erläuterung der heiligen Bücher. Zuletzt kamen die Sententiarier und streitsüchtige Mönche, die allerlei Aberglauben und geschmacklose Probleme einer entstellten Philosophie anspannen; und diesen schlossen sich gewinnsüchtige Betrüger an, welche Wunderthaten erdichteten, und mit dem überschwenglichen Schatze ihrer guten Werke und mit den Verdiensten der Heiligen Handel trieben. Erst in unserer Zeit hat man angefangen, die h. Bücher hochzuhalten; von Vielen werden sie jetzt sorgfältig untersucht, und Luther und viele andere ausgezeichnete Männer haben sie mit vielem Erfolg erklärt, und zu großem Nutzen für die Frommen. Aber die meisten Ausleger haben durch gar zu große Weitläufigkeit eher, wie es ſcheint, ihre eigenen Abhandlungen vorgebracht, als den Text der h. Bücher ſelbſt ausgelegt; und meiſtentheils handeln ſie weitläufig vom Inhalte, gar zu ſpärlich aber von dem Texte und der Sprache in den heiligen Büchern." ꝛc.

Das Werk ſelbſt iſt in zwei Hauptabtheilungen eingetheilt. Der erſte und ausführlichſte Theil enthält eine Erklärung über die in der Schrift vorkommenden Hauptwörter, nach lateiniſcher Ueberſetzung in alphabetiſcher Reihefolge, und daraus zuſammengeſetzte Phraſen, nebſt Angabe der figürlichen Bedeutungen und Auslegung der Schriftſtellen, deren Sinn auf der Erklärung der fraglichen Worte beruht. Der andere Theil — „de ratione cognoscendi sacras litteras" — enthält die eigentliche hermeneutiſche Entwickelung, die größtentheils dem Verfaſſer ſelbſt beizulegen iſt *). Dieſe zerfällt in 7 tractatus: 1) „Causae difficultatis sacrarum litterarum" (viele treffende Obſervationen über die formellen Schwierigkeiten, über die Hülfsmittel nebſt Regeln für deren Anwendung); — 2) „Sententiae et regulae patrum de ratione cognoscendi ss. litteras" (als geſchichtliche Gewähr des proteſtantiſchen Schriftprinzips); — 3) „De partibus orationis" (Verſuch einer bibliſchen Grammatik); — 4) „De tropis et schematibus" (erläutert durch Beiſpiele aus der Schrift, und begleitet von Regeln zur Beſtimmung des uneigentlichen Sinnes der Worte; 5) „De stylo ss. litterarum" (Bemerkungen über ſtyliſtiſche Eigenthümlichkeiten in der Schrift, inſonderheit in den Pauliniſchen und Johanneiſchen Schriften)**); — 6) „Ali-

---

*) „In priore parte" — ſchreibt er ſelbſt in der Vorrede — „non parum sum ab aliis adiutus, qui commentationibus aut etiam annotationibus suis V. aut N. T. illustrarunt, vel phrases quoque biblicas collegerunt tractaruntque. At hic non perinde habui, quos vel ut duces sequerer, vel saltem ut adiutores consiliariosque consulerem eorumque ope adiuvarer."

**) „Quae tractatio" — heißt es im Vorworte — „ut longe difficillima est, utpote parum hactenus a Scriptoribus tractata, ita quoque suam non vulgarem utilitatem habebit. — Illud vero unum doleo, quod hic ipse noster conatus non plene ac perfecte, animadversis ac expositis omnibus ad hoc institutum necessariis, absolutus sit, sed tantum quaedam eius partes aut quasi fragmenta collecta, ac in unam reluct corpus et cumulum uteunque sint congesta."

quot libelli theologici ex sermone sacro pendentes" (verschie=
dene philologische, dogmatische, geographische Excurse); — 7)
„Norma coelestis veritatis" (Entwickelung und Vertheidigung
des Prinzips von der Schrift als „unica veritatis norma, cuius
scrutatione tum vera religio fidesque cognosci, tum impius
error retundi possit," gegen die tridentinischen Decrete).

Man wird aus dieser Inhaltsangabe ersehen, daß Regeln
für die Auslegung der Schrift vornämlich in der ersten, zum Theil
auch in der fünften Abtheilung gesucht werden können. Indem
wir die wichtigsten derselben anführen, werden wir den negati=
ven Inhalt, der gegen verschiedene Auslegungsprinzipien und
Methoden opponirt, von dem positiven, der dem Ausleger den
Weg und die einzelnen Andeutungen des Weges anzeigt, unter=
scheiden.

Gegen die kirchlich=traditionelle Auslegung:

„Wenn es die Kirche nicht bezeugt hätte, daß die heiligen
Schriften dem Menschengeschlechte von Gott übergeben worden,
und als alleinige Regel der wahren Frömmigkeit angekündigt sind,
so könnte es vielleicht Jemand sich einfallen lassen, anzunehmen,
sie seyen von einem oder dem andern Betrüger oder von einem
wenig glaubwürdigen Menschen geschrieben. In dieser Hinsicht
also vertrauen wir nicht allein der Kirche, sondern auch den Ju=
den, wenigstens was das A. Test. betrifft, ja gewissermaßen sogar
dem Mahomed und den Türken; denn auch diese zeugen von Christo.
Deshalb aber ist keinesweges entweder die Kirche oder sonst Je=
mand über der Schrift, weil behauptet wird, sie zeugen von die=
ser, oder weil man ihrem Zeugniß vertrauet; vielmehr erhellt es
gerade aus diesen Zeugnissen, daß es die Schrift allein sey, welche
gehört und befolgt werden solle;"

gegen die allegorisirende Auslegung:

„Die Dummdreistigkeit des Origenes verdient durchaus nicht
berücksichtigt zu werden, wo von gottesfürchtiger Behandlung der
Schrift die Rede ist; indem er, mit Hintansetzung des buchstäbli=
chen Sinnes, nach eigenem Gutdünken allerlei Allegorieen oder
vielmehr träumerische Anzettelungen ersonnen hat, und daneben
behauptet, es sey dies der wahre und ächte Sinn, ja Gottes ei=
gene Meinung; was allerdings weiter Nichts ist, als die Gedan=

ken und Meinungen menschlicher Eitelkeit anstatt des Wortes und
der Orakel Gottes in die Schrift einzuzwängen;"

gegen die Willkührlichkeit der dogmatisirenden
Auslegung:

„Es giebt eine Art Theologie, an deren Herbeischaffung,
nämlich durch philosophische Spekulationen oder aus gewissen Wahr-
scheinlichkeitssätzen, unverständige Menschen immer gearbeitet haben; sowie z. B. die ganze Mataiologie der Sophisten beschaffen
ist. In der Schrift selbst rufen sie eine Menge spitzfindiger, unnü-
ßer und unbeantwortlicher Fragen hervor, durch welche sie nur sich
selbst und Andere bestricken und verwirren, indem sie nicht im
Stande sind, sie zu erklären; man muß dagegen zusehen, daß
man in der himmlischen Lehre mit Nüchternheit und Gewissenhaf-
tigkeit philosophire. — Papisten und Sophisten, wenn sie die heiligen Bücher lesen, pflücken allein nach Gutdünken einzelne Stellen aus ihnen aus, und setzen sie hernach eben so willkührlich wieder zusammen; durch solches Spieltreiben mit den h. Büchern bringen sie es dahin, daß sie zwar mit lauter Worten aus der Schrift
reden, dennoch aber durch dieses Hersagen ihre eigenen Gedanken,
nicht die der Schrift ausdrücken."

Seine eigenen Auslegungsgrundsätze wird man
in nachstehenden Aeußerungen zusammengedrängt finden:

„Die Schrift allein ist die Quelle, daraus alle Wahrheit zu
schöpfen ist; auf diesen Grund allein, den Grund der Propheten
und Apostel, sind wir erbauet; auf den allein müssen wir uns, die
Kirche und die Religion stützen, und Jene darum so hören und
nachahmen, daß wir nicht gar zu sehr berücksichtigen, was andere
Menschen sagen oder berichten;"

„Die heiligen Bücher müssen mit Gottesfurcht gelesen
werden, so daß wir uns fest entschließen, weder im Glauben noch
im Leben rechts oder links von ihnen abzuweichen; — die Schrift
soll nicht anders vernommen werden, als wenn wir Gott selbst
reden hörten, und unter uns gegenwärtig sähen;"

„Wir sollen den Schwärmern nicht nachfolgen, als wären
die menschlichen Kenntnisse zur Einsicht in die heiligen
Bücher und die himmlische Lehre ohne Nutzen oder wohl gar
schädlich. Denn es ist nothwendig, die Sprachen und die Sprach-

lehre zu lernen; auch die Dialektik, die Rhetorik und die übrige Philosophie zu kennen, ist nützlich, ja durchaus nothwendig; denn auch diese Wissenschaften sind durch die Gnade Gottes mitgetheilt, von dem natürlichen Lichte angezündet;"

„Der Leser muß sich an der Ausfindung des einfachen und ächten Sinnes in den heiligen Büchern genügen lassen, darf aber nicht allerlei Schattenbilder suchen, noch allegorischen und anagogischen Träumereien nachjagen, es sey denn, daß die Allegorie offenbar ist;"

„Dessen muß man sich zuvörderst befleißigen, daß man mit dem Zweck und der Absicht der ganzen Schrift vertraut werde, den ganzen Inhalt fasse, und die Anlage klar im Auge habe;"

„Die äußerlichen Verhältnisse (circumstantiae) tragen gar viel dazu bei, den wahren Sinn einer dunklen Stelle zu beurtheilen und zu erkennen; dieselben sind sechs an der Zahl: Person, Zeit, Art und Weise, Ursache oder Absicht, Ort und Mittel;"

„Bei Auslegung der Schrift und Entwickelung des wahren Sinnes derselben ist die Vergleichung verschiedener Stellen in der Schrift von großer Bedeutung; denn das Dunklere muß aus dem Klareren, das Schwankende aus dem Gewisseren und Sichereren erklärt werden;"

„Jede Auffassung und Entwickelung der Schrift muß mit dem christlichen Glauben, der gleichsam die Regel des wahren Glaubens ist, übereinstimmend seyn (analoga fidei); und Alles, was rücksichtlich der Schrift gesagt wird oder was dieselbe sagt, muß daher mit den Artikeln des Glaubens harmoniren. — Wo die Schrift dunkel ist oder Zweifel erregt, da ist es am sichersten und nützlichsten, die Schrift aus der Schrift selbst auszulegen und zu beurtheilen, damit Gott selbst und sein Wort der oberste Herr und Schiedsrichter in allen Streitigkeiten und Zweifeln sey."

Das Werk des Flacius steht im sechszehnten Jahrhunderte allein da. Von den übrigen Zeitgenossen oder unmittelbaren Nachfolgern der Reformatoren hat Keiner die von ihm eingeleiteten hermeneutischen Untersuchungen fortgesetzt. Ohne Zweifel war auch die praktische Anweisung, die Ausübung der rechten Grund-

sätze in der Auslegung zunächst vonnöthen; in dieser und im Einflusse derselben zur Vertheidigung des Werks der Reformation aus
dem göttlichen Worte selbst, und um der ferneren Reinigung des
Lehrbegriffs und des kirchlichen Cultus den Weg zu bereiten, mußte
die Theorie ihre kräftigste Empfehlung finden. Und zu dieser Arbeit haben sich die Lehrer der evangelischen Kirche im Jahrhunderte
der Reformation mit vereinigten Kräften gesammelt; es ist die
exegetische Periode, die der dogmatischen vorangegangen ist. Als
Hauptarbeiter in dieser exegetischen Schule können Folgende genannt werden: aus der lutherischen Confession: Joh. Brenz,
Propst in Stuttgart († 1570); Joh. Bugenhagen, Professor
und Prediger in Wittenberg († 1558); Joh. Camerarius,
Professor in Leipzig († 1574); Martin Chemnitz, Superintendent in Braunschweig († 1586); — aus der reformirten Confession: Theodor Beza, Professor in Lausanne, hernach Prediger in Genf († 1605); Martin Bucerus, Prediger in
Strasburg († 1551); Heinr. Bullinger, der Nachfolger
Zwingli's in Zürich († 1575); Wolfg. Musculus (Meusel),
Prediger in Strasburg und Augsburg, hernach Prof. in Bern
(† 1563); Joh. Oekolampadius, Prediger und Professor
zu Basel († 1531).

Ueber die allgemeinen Grundsätze, auf denen die Auslegung
beruht, kommen nur gelegentliche Aeußerungen, theils in den
Commentaren selbst, theils in Vorreden und Dedikationen vor.
Diese Aeußerungen enthalten wenig Eigenthümliches. Es ist klar,
daß die Theorie der Schriftauslegung schon eine bestimmte Form
angenommen hat, über deren Erhaltung Alle einverstanden sind;
und die exegetische Verschiedenheit, die sich nachweisen läßt, ist in
keiner Verschiedenheit der Grundsätze gegründet. Einzelne Aeußerungen in Betreff der Aufgabe der Auslegung und der Entwickelung derselben werden daher als hinreichend erscheinen, um den
evangelischen Geist und die wissenschaftliche Tendenz, die von den
Stiftern der Reformation auf uns vererbt sind, zu charakterisiren.

„Zügellosigkeit im Gebrauch der Allegorie macht noch
immer nicht Wenige aus tüchtigen Kirchenlehrern zu leeren Schwä-
tzern. Denn Viele sind von einem nicht geringen Irrthum beherrscht, indem sie erwarten, daß eine übernatürliche Weisheit in
verborgenen Dingen an den Tag kommen werde, wenn das Evan-

gelium völliger geoffenbart worden ist, daß gewisse geheimnißvolle
Mysterien in den einzelnen Buchstaben der Schrift enthalten seyen,
und daß es diese Weisheit sey, welche Paulus unter den Voll=
kommneren geredet, und der Heiland seinen Jüngern vorbehalten
habe, als er ihnen die Schriften auslegte. Wenn wir versäumen,
mit unverwandten Augen dasjenige zu betrachten, was offenkun=
dig vorliegt, dagegen aber die einzelnen Worte mit Gewalt auf
Mysterien zurückführen, und aus jeglicher Begebenheit Christum
nicht sowohl aufweisen, als vielmehr herauszwingen, so heißt dies
nur, die Seele mit leerer Belustigung durch spitzfindige Erdichtung
kitzeln. ... Wie ich zweckmäßige und wohlangebrachte Allegorieen
billige, so kann ich dagegen das leichtsinnige Lesen und Erklären
der Schriften nicht empfehlen, und den geradezu unzeitigen und
unnützen Vorwitz verdamme ich; vielmehr ermahne ich zu nüchter=
ner und frommer Behutsamkeit, damit die einzelnen Stellen in
der Schrift, soweit möglich, rein und eigentlich aufgefaßt werden
mögen*)." — „Wer an Allegorieen Wohlgefallen hat, der ge=
brauche sie, wenn sie wirklich ein Bild des Christenthums geben!
Gleichwohl müssen jüngere Prädicanten sie sparsam gebrauchen,
um nicht mit Origenes und den Juden Alles in Allegorie zu ver=
wandeln; denn wenn diese in der Schrift nicht ihren sicheren und
festen Grund haben, so ist es rathsamer, sich ihrer zu enthalten,
als sie geschmacklos und ohne Nutzen zu gebrauchen; es ist sicherer,
bei der einfachen Wortbedeutung stehen zu bleiben, und daran
festzuhalten, daß Nichts in der Schrift so unbedeutend sey, daß
es nicht durch sorgfältiges Forschen eine besondere Lehre darbiete**)."

„Die erste Pflicht des Predigtamtes ist, die Schriften auszu=
legen. Aber der heilige Geist ist der oberste und der

---

*) B u c e r. Enarr. in Ev. Ioh. 3, 14. 14, 25. — Am heftigsten ge=
gen die Allegoristen ist Beza; Origenes heißt bei ihm „impurus ille;"
„und," heißt es, „den bedeutungsvollen Unterschied zwischen dem tödtenden
Buchstaben und dem lebendigmachenden Geiste hat Origenes, dessen Fleiß in
so starken Ausdrücken von Anderen gerühmt wird, in dem Grade entweihet,
daß er die Lehre Christi seinen allegoriae foedae et impurae ausgesetzt
hat." Comm. in Ep. ad Rom. 2, 27.

**) C h e m n i t z, Harmonia Evangelistarum (das exegetische
Hauptwerk, fortgesetzt von Polykarp Lyser, und beendigt von Joh. Gerhard),
c. 125.

authentische Ausleger; in deutlichen und klaren Stellen hat er offenkundig seine Meinung ausgesprochen, und aus diesen Stellen kann die Analogie des Glaubens herausgebracht werden, nach welcher die Auslegung der dunklen Stellen zu prüfen ist; hernach kommt Untersuchung der Quellen hinzu; ferner Beobachtung des Zwecks und der Umstände, Vergleichung anderer Stellen *).“ — Der Buchstabe ist kalt (littera friget); aber der Geist, dessen Werkzeug er ist, glühet (Spiritus ardet). Daher die Schrift innerlich zusammengehalten werden muß, damit sie nicht nach menschlicher Willkühr, sondern nach der Absicht des heiligen Geistes ausgelegt werde **).“ — „Die wahre und gesunde Auslegung der Schrift ist diejenige, welche die Worte, in ihrer Reinheit betrachtet, darbieten, und die der reinen Lehre der Schrift entspricht. In der Auslegung der Schrift ziemt es sich nicht, nach beiden Seiten hin zu schwanken oder zu hinken, so daß man sie nach Belieben so oder anders sollte verstehen, diesen oder jenen Sinn sollte wählen können; sondern die Seele muß mit fester Ueberzeugung und mit der Sicherheit des Glaubens ausgerüstet seyn. Daher kommt es nicht darauf an, was dieser oder jener sage; auch darf man nicht die Zeit daran verlieren, die Erklärungen verschiedener Väter in gegenseitige Uebereinstimmung zu bringen, noch einige behalten, andere aber verwerfen; sondern eine Schrift muß mit der anderen, eine Sache mit der anderen, ein Gegenstand mit dem anderen zusammengehalten werden, um auf diese Weise aus jeder Stelle den wahren und rechten Sinn aus der Totalität der Schrift selbst herauszubringen (compages et καταρτισμὸς ***).“

----

*) Chemnitz I. I. c. 211.

**) Brentius: Homiliae in Evang. Luc. (Epist. dedicat.) Als Ursache der Bekanntmachung seiner exegetischen Schriften führt er zum Theil folgende an: um die Schamlosigkeit der Gegner zu offenbaren, welche die Evangelischen der Entweihung, deren sie sich selbst schuldig machen, anklagen, und die Mächtigen gegen sie zu reizen suchen; während sie selbst „non accommodant Scripturae suam mentem, sed potius suae menti Scripturam, non referunt sed afferunt, et cogunt id dictis contineri, quod ante lectionem intelligendum praesumserunt.“

***) Chemnitz I. I. c. 19. 85. — So erinnert auch Bucerus, auf Veranlassung des Gebrauchs, der in der Versuchungsgeschichte vom N. T. gemacht ist: „wie gottlos diejenigen verfahren, die allein an den Buch=

Mit der Schriftanalogie wird zugleich eine allgemeine, in der allgemeinen kirchlichen Ueberlieferung enthaltene, christliche Geistesanalogie in Verbindung gesetzt: „Durch die Gnade Christi stehe ich in dieser Meinung fest, und werde ferner an derselben festhalten: daß in jeder Religionssache das Wort Gottes allein gelten und berücksichtiget werden dürfe. Aber, indem Gott durch die Heiligen in allen Jahrhunderten seine Entschlüsse offenbart, indem der Geist Christi sich in allen Gliedern Christi thätig beweiset, so achten wir mit Recht auf diesen Geist Christi, so oft wie er geredet und gewirkt hat, oder noch redet und wirkt, und zwar vornämlich durch seine Kirche, d. h. durch die zusammenstimmende Rede aller seiner Heiligen. Denn wenn nichts leichtsinnig verworfen werden darf, was selbst ein Privatmann, der vor Kurzem aufgetreten ist, im Namen Gottes vorbringt, so darf viel weniger dasjenige leichtsinnig verstoßen werden, was das heilige Alterthum und die öffentliche Uebereinstimmung der Gläubigen durch viele Jahrhunderte uns empfehlen[*]).“

Noch eine Aeußerung über den Styl des N. Testaments sey hier hinzugefügt: „Ich erkenne die höchste Einfachheit in den apostolischen Schriften an; auch läugne ich gewisse Hyperbata, Anantapodota und Solöcismen nicht. Jene aber nenne ich eine Tugend, nicht einen Fehler; und was diese betrifft, wer wird Demosthenes oder Homer von denselben freisprechen? Aber dieses wage ich noch zu sagen: daß Einiges bei Paulus incorrekt scheint, ohne es zu seyn. Weil er nämlich von Dingen redet, die außerhalb unsers Kreises liegen, und weil es immer nur Wenige gegeben hat, die Reinheit, Frömmigkeit und Aufmerksamkeit zum Lesen der apostolischen Schriften mitbrachten, Wenige, die zu den hebräischen Quellen zurückgehen konnten oder wollten, Wenige, die durch Gebet, Wachsamkeit und Beharrlichkeit das Licht der Einsicht zu erreichen versuchten, so ist es kein Wunder, daß die Meisten hier so blind sind, daß sie oft Knoten finden, wo keine da sind, für zweifelhaft ausgeben, was durchaus klar ist, wähnen,

_____

staben hangen, mit Hintansetzung der Analogie des Glaubens, und ohne zugleich andere Stellen aus der Schrift in Betrachtung zu ziehen.“ (Enarr. in IV Evv.)

[*]) Bucerus, Enarr. in IV Evv. (Epist. dedicat.).

daß dasjenige nicht zuſammenhange, was ſo genau und ſorgfältig
geſchrieben iſt, daß ich behaupten darf, daß es keine Schriften
giebt, wo eine ſolche Uebereinſtimmung und Verbindung aller Glieder ſich nachweiſen läßt; endlich, weil die Menſchen das Dunkel,
das in ihrem Innern iſt, nicht erkennen, darum fliehen ſie die Rede
des heiligen Geiſtes als eine dunkle. — Was aber die Einfachheit
der Sprache betrifft, ſo bin ich ſoweit entfernt, dieſelbe zu tadeln,
daß ich ſie nicht genug bewundern kann; und dennoch, wo Paulus
donnern will, da weiß ich nicht, was δεινότερον gedacht werden
könne. Welche ehrfurchtgebietende Würde bei Johannes, welche
Freiheit in den Reden des Petrus *)!" —

Im Socinianismus iſt ſchon frühzeitig der evangeliſchen
Kirche das warnende Bild eines dogmatiſchen — gleichwie im Ana-
baptismus das eines kirchlichen — Subjektivitätsextrems dargeſtellt und vorgehalten worden, und zwar in einer Richtung, welcher ſie ungleich mehr als der myſtiſchen ausgeſetzt ſeyn mußte:
nämlich das verneinende Proteſtiren, die auflöſende Kritik, die
aushöhlende Verſtandesanſicht. Auch die Stellung der Socinianer
zur Schriftauslegung trägt — neben Allem, was ſie mit den Reformatoren gemein haben — zum Theil das Gepräge dieſer Richtung.
Der Socinianismus war, gleichwie die Reformation, vom Studium
der Schrift ausgegangen, von Vergleichung der Lehre des Evangeliums mit der der Kirche **); dieſe zur Einfalt der Bibel zurückzuführen, war die Aufgabe deſſelben, ebenſo wohl als der Reformation;
und ſowohl Fauſtus Socinus († 1604) ***) als vornämlich

---

*) Beza, Comm. ad Act. 10, 45: Digressio de dono linguarum
et apostolico sermone.

**) (Laelius Socinus) dum S. libros impensius evolvit, non dif-
ficulter deprehendit, plurima ex iis, quae vulgo recepta sunt, eccl.
dogmatis divinis testimoniis plane adversari; idque tanto facilius,
quod ex iis pleraque rationi quoque et, quae nobis ipsa natura in-
sevit, principiis repugnarent. .. Neque abusus est deprehensis eccl.
erroribus ad Scripturae et religionis contemtum; sed potius Scripturae et religionis chr. autoritate usus est ad sanandos eccl. mor-
bos, qui nisi detectis erroribus curari non poterant. Itaque in eo
studio, non sine div. procul dubio ope, magna ei lux repente oborta
est" caet. Vita F. Socini, conscripta ab equite Polono (i. e. Bu-
cowietz), als Vorrede zur Bibl. Fratrum Polon. 1656.

***) Comm. über die Bergpredigt — den Prolog zum Ev. Joh. —

Joh. Crell († 1633)*) haben zahlreiche, sich darauf beziehende exegetische Schriften hinterlassen. Von ihrer exegetischen Theorie und ihren Grundsätzen haben sie indessen keine Rechenschaft gegeben. Socins Lectiones sacrae und die Schrift de autoritate S. Scripturae enthalten eine scharfsinnige und wohl geschriebene Apologetik für die Schrift, hinsichtlich der Authentie, der Integrität und der historischen Glaubwürdigkeit derselben, sie lassen sich aber auf keine hermeneutische Untersuchung ein, ohne Zweifel, weil die Socinianer nicht rücksichtlich der Grundsätze für die Auslegung, sondern rücksichtlich der Anwendung derselben, von einer Abweichung von den protestantischen Kirchenlehrern wissen wollten; nur daß der Inspirationsbegriff ausdrücklich — auf eine in die ganze Schriftauslegung eingreifende Weise — auf das Wesentliche vom Inhalte der Schrift beschränkt wurde**). Hiedurch anticipirte die Socinianische Exegese die Freiheit, deren Besitz den kirchlichen Theologen erst über ein Jahrhundert später zu Theil ward, und hatte im Gebrauche derselben einen wesentlichen Vorzug vor diesen voraus. Aber die Anwendung dieser Freiheit wurde durch den dogmatischen Oppositionscharakter bestimmt, und dieser war zu durchgreifend, um nicht überall seine Spur hinterlassen zu müssen. Eine Probe wie die nachstehende — die Auslegung der ersten Verse des Johanneischen Prologs von F. Socinus — wird hinreichend seyn, um diesen Einfluß zu charakterisiren: In der ersten Zeit des Evangeliums, als der Täufer die Juden zur Buße zu rufen anfing, war

---

daß 7. Cap. des Römerbriefes. — 1. Brief des Joh., und mehrere einzelne Schriftstellen.

*) Comm. über die meisten Bücher des N. T., im 3. Theil der Bibl. Fratr. Polon.

**) „Was Widersprüche in den Schriften des N. T. betrifft, so giebt es darunter keinen, der nicht entweder bloß wirklich scheint, ohne es zu seyn, oder der nicht bloß unbedeutende Dinge angeht, oder ohne Bedeutung ist. Von erster Art sind diejenigen, welche sich auf die Lehre beziehen; hier findet nicht allein kein Widerspruch noch Verschiedenheit Statt, sondern die Einigkeit und Uebereinstimmung ist so groß, daß sie hinreichend seyn müßte, um der Schrift ein größeres Ansehen zu gewähren, als irgend einem sonstigen Buche, worin eine Lehre enthalten ist. Von anderer Art sind die Widersprüche, die zur Geschichte hingehören, wo sich gleichfalls keine Uneinigkeit in den Theilen der Geschichte findet, die von einiger Bedeutung sind" u. f. w. De aut. S. Scr. c. I.

Christus schon da, von Gott zu dem Berufe ausersehen, seinen Willen durchs Wort zu offenbaren. Als dieses göttliche Wort war er damals noch Gott allein bekannt, aber mit göttlicher Kraft und Würde begabt, und dazu bestimmt, über Menschen und Engel erhöhet zu werden. — Von ihm rührt die ganze geistige und göttliche Ordnung der Dinge her, welche jetzt auf Erden obwaltet, und durch ihn sollen die Menschen das ewige Leben ererben. — Durch ihn ist die Menschenwelt aufs Neue geschaffen und ins Daseyn gerufen worden; und dieses Wort war Fleisch*), Mensch unter den Menschen." Von einer anderen Seite betrachtet, der anthropologischen nämlich, ist die Eigenthümlichkeit der Socinianischen Dogmatik in der eifrigen Bestrebung ausgedrückt, durch welche dargethan werden soll, daß Röm. 7. nicht von Paulus noch von dem Menschen nach der Wiedergeburt durch den Geist Christi**), sondern allein und ausschließlich von dem Zustande außerhalb des Gesetzes oder vor oder unter demselben zu verstehen sey.

* * *

Wo sich die katholische Kirche für unmittelbare Einwirkung der Reformation empfänglich gezeigt hat, da ist es bei solchen Theilen der Lehre oder des Cultus der Fall gewesen, welche als zufällige Außenwerke betrachtet werden konnten, wo Einräumungen gemacht und Veränderungen vorgenommen werden konnten, ohne daß der Theorie von der Unfehlbarkeit der kirchlichen Majestät zu nahe getreten wurde. Die Grundsätze für die Schriftauslegung dagegen, die von den Reformatoren aufgestellt waren, enthielten einen Angriff auf den Katholicismus in seiner Wurzel, einen Einspruch gegen die gesetzauslegende Gewalt, die nach dem System des Katholicismus die nothwendige Aeußerung der in der Kirche realisirten Theokratie ist. Hier war an keine Unterhandlung mit der Opposition zu denken; für die katholische Kirche war keine andere Partie zu nehmen, als, indem sie die revolutionären Grund-

---

*) „Nemo, qui graecas litteras vel a limine salutaverit, ignorat, verba non minus „et Verbum caro fuit" quam „et V. caro factum est," et bene et proprie verti posse."

**) „qua opinione vix quidquam perniciosius in universa chr. religione cogitari posse existimaverim." Exposit. Ep. ad Rom. init.

säße ignorirte, die Ansprüche der kirchlichen Hoheit im alten Styl geltend zu machen, und

die traditionell-kirchliche Auslegung

als die einzig rechtmäßige in Ausübung zu bringen. Dieses ist auf die förmlichste Weise durch das Tridentinische Dekret (Sess. IV.) geschehen, welches mit kirchlicher Strafe jedwede Auslegung, die entweder die Autorität der Kirche, „der es allein zukommt, von dem wahren Sinne und Auslegung der heiligen Bücher zu urtheilen," oder „die zusammenstimmende Erklärung der Väter" gegen sich hat, in den Bann thut. Sorgfältiges Studium der Canones der Concilien und der Werke der Kirchenväter war hiedurch dem Ausleger der Schrift als die rechte Vorschule angewiesen; und wirklich finden sich in den exegetischen Werken des berühmten Cardinals und Dominikaners Thomas de Bio Cajetan (1539) geringe Spuren von einem Einflusse des Beispiels der Reformatoren. Zwar erklärt er in der Vorrede, wie es seine Absicht sey, allein den wahren Sinn (sensus germanus) zu entwickeln; aber die Auslegung besteht in einer fortlaufenden dogmatisch-moralischen Erklärung, ohne die geringste philologische Erläuterung. Er behält sich gleichfalls das Recht vor, die Anweisung Kundige zu benutzen, um die Bulgata nach dem griechischen Texte zu berichtigen, wo sie weniger genau befunden wird (quandoque minus fida), und in dieser Hinsicht ist er vornämlich dem Erasmus gefolgt; die Auslegung hält sich aber übrigens durchgehends so sehr an den lateinischen Text, als gäbe es überhaupt keinen griechischen Grundtext, der billig der Gegenstand der Exegese seyn müßte. Eine Stufe höher in philologischer Beziehung, übrigens aber in demselben kirchlichen Geiste abgefaßt, steht der Commentar des spanischen Jesuiten und Cardinals Maldonatus über die Evangelien (beendigt im Jahre 1578, aber erst nach seinem Tode 1596 herausgegeben); der Verfasser war als theologischer Docent an der Universität zu Paris berühmt und als thätiger Gegner der Lehre Calvins.

———————

Aber auch in dieser Periode finden wir, gleichwie in der vorhergehenden, daß der kirchliche Geist des Gehorsams bei den katholischen Schriftauslegern mit einer Neigung zu

myſtiſch = allegoriſcher Auslegung
verbunden geweſen iſt. Der Werth derſelben wird mit Wärme
empfohlen, und ihre Methode findet ſich in den Schriften herme=
neutiſchen Inhalts zweier gelehrter Dominikaner angewieſen:

Santus Pagninus: Isagoge ad sacras litteras. Isagoge ad mysticos S. Scr. sensus. 1540.

Sixtus Senenſis: Bibliotheca sancta, ex praecipuis
cath. eccl. auctoribus collecta et in 8 libros digesta. 1593.

Die letzte Schrift iſt dem Papſte Pius V. als „ sanctissimus
chr. Bibliothecae reparator.“ gewidmet, mit Rückſicht auf ſeine
„vere divina providentia,“ um die ganze Bibliothek des chriſt=
lichen Staates durch die inquiſitoriſchen Veranſtaltungen zur Ver=
nichtung der ketzeriſchen, zur Ausſcheidung oder Reinigung der be=
fleckten Bücher, von der von Seiten der Ketzer drohenden Zerſtö=
rung zu befreien. Die Vorrede ſchildert die Gefahr, in welche die
heiligen Bücher durch die Ueberſetzungen und Commentare unhei=
liger Verfaſſer (des Erasmus und der Reformatoren) und durch
ihre frevelhafte Kritik gerathen ſind. Als Gegenſatz hievon er=
ſcheint gegenwärtiges Werk, welches „Alles in ſich faßt, was
das Leſen und Erklären aller derjenigen Bücher zunächſt zu betreffen
ſcheint, die durch das päpſiliche Urtheil als würdig anerkannt ſind,
die chriſtliche Bibliothek auszumachen, und ſolche Verfaſſer und
Bücher zu widerlegen, die nach jenem Urtheil deſſen unwürdig
ſind;“ damit, „nachdem die Schlingen entdeckt, die Gefahren
und Hinderniſſe aus dem Wege geräumt ſind, welche die Schlau=
heit der Ketzer denen, die nach der himmliſchen Weisheit trachten,
entgegengeſtellt hat, es denjenigen, welche ſich auf die heilige
Schrift legen, frei ſtehen könne, per amplos et amoenos sacros
bibliothecae campos liberius, audentius et inoffensius ex-
spatiari.“ Der Inhalt des Werks iſt folgender: Von dem In=
halte und der Autorität der einzelnen heiligen Bücher — Von
den hiſtoriſchen Perſonen und Schriften, die in den h. Büchern
erwähnt werden — Von der Auslegungskunſt in Beziehung auf
die heiligen Bücher — Hiſtoriſch=kritiſches Verzeichniß katholiſcher
Schriftausleger vom Jahre 300 an — Aeußerungen berühmter
Kirchenlehrer über ältere exegetiſche Werke, die mit Vorſicht ge=
leſen werden müſſen — Widerlegung ketzeriſcher Behandlungen
der heiligen Bücher.

Die erwähnten Schriften sind alle beide darin einig, den historischen Sinn als „allein tüchtig zur Unterstützung der Wahrheit und zur Vernichtung der Lüge" anzuerkennen. Demselben aber wird der mystische Sinn als nicht minder wichtig zur Seite gestellt: und zwar „als nothwendig, um die Reinheit der evangelischen Lehre zu erkennen, zu erhalten und zu entwickeln, damit sie nicht durch jüdische Erdichtungen befleckt werde;" wie auch „die alte Geschichte (von den Kriegen, Empörungen und anstößigen Auftritten in der Geschichte der Juden) ohne denselben zur Bildung der Sitten nicht wird wirken können." Pagninus hat eine Clavis angelegt, wo die Hauptwörter in der Schrift in alphabetischer Reihenfolge, mit beigefügter Erläuterung rücksichtlich der allegorisch-mystischen Deutung derselben, angeführt werden; und Sixtus hat die kabbalistischen Spitzfindigkeiten von der Auflösung der Wörter in Buchstaben, und von den Zusammenstellungen derselben, von dem Zahlenwerthe der Buchstaben und ihrer Anwendung in der Auslegung aufgenommen. Der dritte — dispositive oder methodische — Theil, der die Darstellung der aufgefundenen Bedeutungen lehren soll, zerfällt in 24 Abschnitte, nach ebenso vielen verschiedenen Methoden, deren sich die kirchlichen Ausleger bedient haben sollen. Eine prinziplose Atomistik und ein leerer Schematismus versetzen uns bei dieser Untersuchung in die unwissenschaftlichste Periode zurück. Als charakterisirend zu einer Zeit, da das Reformationswerk in dem andern Theile der Kirche zu Ende gebracht war, verdienen sie gekannt zu seyn. Die 24 Methoden sind folgende: translatio (Uebersetzung) — stigmatica (Punktiren der hebräischen Wörter) — syllabica (Concordanz-Zusammenstellungen nach den Hauptwörtern) — partitio (in Capitel und Verse) — epitome — ecloge (Excerpirung) — notoriaca (Andeutung des Sinnes durch gewisse Zeichen, entweder Anfangsbuchstaben oder kritische Zeichen: Asterisk, Obelus u. s. w.) — paraphrasis — lexica — annotatio — commentatio — („brevis expositio, annotatione aliquanto copiosior") — sciographica („quae per varias figurarum delineationes clarius prae oculis ponit, quae non admodum aperte verbis potuerunt exprimi") — tabellaria (expositionis per tabulas et columnas ordinatissima coaptatio) — enarratio (öffentlicher Vortrag aus der Schrift vor dem Volke) — collatio (vertrautes

Mittheilungsgespräch) — meditatio („enarratio prorumpens ex intimis affectibus in viva et ardentia verba") — poëma (entweder carmineum oder proso-carmineum) — epistola — inquisitio (entweder problema oder quaestio oder disputatio) — coacervatio (Zusammenstellung verschiedener Auslegungen) — thematica (die „die einzelnen Theile der Schrift nebst der Erklärung derselben auf einen bestimmten Inhalt zurückführt") — collectanea (die Catenenform) — scholastica (die verschiedenen älteren und neueren, von den Scholastikern angewendeten Methoden) — pandesia (wo, nach Art und Weise der Gastmähler, das Beste von allen verschiedenen Methoden benutzt wird). — Eine Vergleichung mit gleichzeitigen Werken in der evangelischen Kirche giebt ein lehrreiches Resultat.

IV.

Vom Anfange des 17. bis zur Mitte des 18. Jahrhunderts.

Die Gränzpunkte dieses Zeitabschnitts sind nicht willkührlich gesetzt. Die anderthalbhundert Jahre, die dazwischen liegen, schließen sich zu einem Zeitraum ab, in welchem die theologische Thätigkeit überhaupt und namentlich in Beziehung auf die Schriftauslegung sich sowohl rücksichtlich der Form und Richtung, als des beseelenden Geistes, von dem Vorhergehenden und dem Nachfolgenden sehr bestimmt unterscheidet.

Nach einem allgemeinen Naturgesetze, das sowohl in Beziehung auf die geistigen als auf die physischen Kräfte gilt, folgt auf die Bewegung Ruhe oder eine stillere Wirksamkeit. Nachdem der Kampf ausgekämpft, und das eroberte Gut in sichern Besitz gebracht ist, wendet sich die Seele zur Betrachtung der erworbenen Güter, zur Entwickelung des Wesens und Werthes derselben, zur Anordnung von Regeln, die ihre Anwendung leiten, den leichtsinnigen und schädlichen Misbrauch für die Zukunft abwenden sollen. So ist auch die hier anfangende Periode für die evangelische Kirche durch eine contemplative, eine theoretisirende und systematisirende Thätigkeit, die an die Stelle der praktischen Arbeit im unmittelbaren Dienste der kirchlichen Interessen tritt, bezeichnet. Während das Zeitalter der Reformation nur ein hermeneutisches Werk, aber um so zahlreichere Commentare, in welchen die Gelegenheit zu dogmatischen und kirchenrechtlichen Excursen sorgfältig benutzt wurde, aufzuweisen hat, tritt uns diesseits des sechszehnten Jahrhunderts eine Reihe theoretischer Anweisungen entgegen, mit Entwickelung und Rechtfertigung der Grundsätze, nach welchen die Schriftauslegung in jenem ausgeführt ist.

Je kühner aber der fortschreitende Gang gewesen, je schärfer der Gegensatz von dem bisher Bestehenden aufgetreten, und je energischer er durchgeführt worden ist: um desto leichter findet sich hernach eine ängstliche Unruhe ein, ob man nicht etwa in der verneinenden und zerstörenden Richtung zu weit gegangen sey.

Durch ruhigere und unparteilichere Prüfung der Streitpunkte und der Waffen des Streites von beiden Seiten wird manches Misverständniß und manche Verkennung rücksichtlich des Systems des Gegners, mancher Fehler ferner am eigenen Lehrgebäude, der früher übersehen worden ist, entdeckt werden; und polemische Extreme und dadurch veranlaßte Misbräuche vom Rechte der Freiheit werden beunruhigende Vorbedeutungen dessen zu enthalten scheinen, was die Zukunft möglicherweise bringen werde. So entsteht ein Bestreben, positive Autoritäten an der Stelle der vernichteten zu errichten und zu befestigen, um der Willkühr der Subjektivität Schranken zu setzen; und oft werden die Kräfte bei dieser Bestrebung unvermerkt in eine Richtung geführt werden, welche derjenigen, die kurz zuvor mit Begeisterung und Leidenschaft verfolgt wurde, entgegengesetzt ist. Dieser Umschwung der Stimmung, des Interesses und der Thätigkeit war in der lutherischen Kirche so zeitig schon vor sich gegangen, daß die krypto=calvinistischen Streitigkeiten sich mit der Wiedererrichtung einer kirchlichen Zwangsherrschaft endigen konnten, welche weniger in ihrer Wirkung als in ihrer Motivirung von derjenigen verschieden war, wegen deren Umsturzes man gleichwohl fortfuhr, sich glücklich zu schätzen; und 40 Jahre nach der Concordienformel übte die Dord= recht'sche Synode, wiewohl in engerem Kreise, denselben Ter= rorismus in der reformirten Kirche aus. Die nämliche Kirchen= gemeinschaft, welche die Wahrheit ihrer Lehre in der h. Schrift gegründet wissen wollte, belegte jede Schriftauslegung mit Fluch, die es wagte, von der durch den kirchlichen Lehrbegriff bezeichneten Linie abzuweichen; und die Geschichte der Schriftauslegung in dieser Periode zeigt uns demnach die Exegese nach einer kurzen Zeit der Freiheit wieder in Bande gefesselt, in der evangelischen wie in der katholischen Kirche, nur unter verschiedener Form, der Autorität der Kirche unterworfen.

Mit der Auslegungstheorie dagegen verhält es sich etwas anders. Die Grundsätze von der Unabhängigkeit der Schrift von kirchlicher Autorität, von der Einheit des Sinnes und der auf den Worten des Textes und der Analogie der Schrift ruhenden histo= risch=theologischen Auslegung als der einzig wahren, machten nun einmal das Symbolum des Protestantismus aus. Auf der Aner= kennung derselben beruhete die Rechtmäßigkeit der evangelischen

Kirche als kirchlicher Gemeinschaft; durch ihre Anwendung mußte man die organische Entwickelung von Lehrbegriff, Cultus und Verfassung zu fördern suchen; und die ganze Controverstheologie bezog sich deshalb auf diesen Mittelpunkt. Diese Grundsätze schlechthin zu verläugnen — und das würde bei der Anerkennung der gesetzgebenden Gewalt der kirchlichen Orthodoxie der Fall gewesen seyn — wäre ein offenbarer Abfall gewesen, dessen man, bei der lebendigen Polemik mit katholischen Verfassern, am ehesten überwiesen werden mußte. Es kam also darauf an, und zwar ohne sich von dem protestantischen Freiheitsprinzip loszusagen und zur Regel der kirchlichen Tradition zurückzukehren, eine objektive Autorität aufzustellen, die bei der Auslegung der Schrift und der Anwendung derselben auf den Lehrbegriff die nöthige Festigkeit geben, und gegen die subjektive Willkühr auf imponirende Weise auftreten könnte. Und sonach mußte man sich natürlich auf das evangelische, das positive Prinzip der Reformation, auf den Begriff von der Schrift als heiliger Schrift hingewiesen sehen. An diesem Begriff, um demselben mehr Inhalt, größere Fülle und Festigkeit zu geben, wurde so lange gearbeitet, bis das Dogma von einer verbalen Inspiration, die jedes Wort in der Schrift zu einem rein göttlichen Orakel machte, vollständig da stand, mit der ganzen Kunst scholastischer Dialektik ausgearbeitet. Dieser supernaturalistische Begriff von der Schrift mußte nicht allein auf die Exegese lähmend und hemmend einwirken, sondern auch — da der menschliche Charakter der Schrift dadurch in der Wirklichkeit aufgehoben wurde — auf die Auslegungstheorie selbst, mithin einen mehr oder weniger verdeckten Widerspruch in die Untersuchungen über Prinzip und Methode der Schriftauslegung hineinbringen; und dieses Beherrschtwerden vom Inspirations=Dogma wird sonach als das charakteristische Merkmal der Hermeneutik in dieser Periode anzusehen seyn. Zwar findet, mit Rücksicht auf die größere oder geringere Freiheit und Consequenz in der Behandlung der Schrift, ein Unterschied zwischen den Theologen der reformirten und der lutherischen Kirche Statt; auch ist die Methode der Schriftauslegung selbst, in dem letzten Theile dieser Periode, durch den Einfluß der pietistischen Schule und der Wolf'schen Philosophie auf die exegetische Kunst einer nicht unbedeutenden Veränderung unterworfen gewesen; was aber die aufgestellten Prinzipien selbst betrifft, die Gegenstand der Geschichte der Hermeneutik sind, so wird hierin kein hinreichender Grund seyn, die Periode zu zertheilen, wenn es sich zeigt, daß der Inspirationsbegriff in der hermeneutischen Theorie seine Stelle behauptet habe.

Es könnte nach dem hier Bemerkten zweifelhaft scheinen, ob überhaupt in dieser Periode von wissenschaftlicher Auslegungs=theorie die Rede seyn könne. Wo ein unbedingter Machtspruch als letzter Entscheidungsgrund aufgestellt wird, durch welchen jeder Auslegungsknoten, anstatt gelöset zu werden, durchgehauen werden soll, da scheint alle Gemeinschaft mit der freien Wissenschaft, deren Recht durch die Reformation geltend gemacht worden, aufgehoben. Aber der Inspirationsbegriff, selbst in seiner meist positiven Form, nöthigt der Auslegung keine Autorität von außen her auf, sowie die katholische Kirchentheorie. Die Schrift wird bei der Auslegungsarbeit der Endpunkt sowohl als der Ausgangs=punkt, nach einer Begriffsentwickelung, die allerdings in ihrer Form, als sich selbst aufhebend, grundlos ist, die aber doch in dem wahren evangelischen Prinzip ihre Wurzel hat, die sich daher von innen heraus gebildet hat, und das Bestreben nicht aufgeben kann, sich auf wissenschaftlichem Wege zu rechtfertigen, und ihre Voraussetzungen mit den Grundsätzen für die wissenschaftliche Be=handlung der Schrift in Einklang zu bringen. Wie sehr daher auch die hermeneutischen Schriften in der evangelischen Kirche aus dieser Periode, von einer Seite betrachtet, eine Abweichung von der Spur der Reformation bezeichnen, so stehen sie doch nicht allein als Denkmäler der ursprünglichen Idee derselben da; sondern sie tragen zugleich das unzweideutige Gepräge des fortwährend kräf=tigen Einflusses der Idee, und deuten gleichsam auf eine bevor=stehende Berichtigung, ein fernerhin kräftigeres Vorwärtsstreben in der ursprünglich angewiesenen Spur hin.

Historisch=theologische Auslegung.

Die wichtigsten hermeneutischen Schriften im 17. Jahrhundert sind folgende*):

---

*) Weniger bedeutende Schriften von Wille, Olearius, von der Hardt, Baier u. A. finden sich bei Rosenmüller S. 64 f. aufgezählt.

Wolfg. Franz (Prof. in Wittenberg): Tractatus theologicus novus et perspicuus de interpretatione maxime legitima. 1619. Die hermeneutische Anweisung ist in zwei „wesentlichen und deutlichen Regeln" befaßt, „welche Luther allein zum glücklichen Umsturz des römischen Papstthums bei der deutschen Uebersetzung der Bibel und bei seiner Vorrede zur Schrift, gegen die unter dem Papstthume herkömmliche Weise, gebraucht und angewendet hat, und welche durch 152 auserwählte und schwierige Beispiele erläutert sind." Die beiden Regeln sind diese: 1) „Wer die Stellen, die in der h. Schrift beim ersten Anblick dunkel erscheinen, richtig verstehen und erklären will, der muß im A. Testament die hebräischen, im N. Testament die griechischen Quellen befragen" (hiezu eine Erklärung über die Unvollkommenheit der verschiedenen Uebersetzungen); 2) darnach kommt „genaue Untersuchung aller einzelnen Wörter in jeder Stelle, wie auch des Vorhergehenden und Nachfolgenden im vollständigen Zusammenhange" (hiezu Bemerkungen über den rechten Gebrauch von Concordanzen). Uebrigens macht die theoretische Entwickelung einen ganz unbedeutenden Theil des Buches aus; ungefähr die $\frac{14}{15}$ Theile sind von polemisirender Exegese über Schriftstellen, auf welche das Prädestinations-Dogma von der Schule Calvins „propter violentissimas detorsiones, quibus sacra oracula contra Dei mentem φιλανθρωπίας infinitae plenissimam abripiuntur," begründet wurde, in Anspruch genommen.

Joh. Gerhard (Prof. zu Jena): Tractatus de interpretatione Scripturae Sacrae, 1610, als Anhang zu seinen Loci theologici, im 10. Theile; womit zugleich der ausführliche Artikel „de verbo Dei" im ersten Theil des Werks verglichen werden kann.

Sal. Glassius (Prof. zu Jena): philologia sacra. 1623*). Das Buch ist in vier Haupt-Abtheilungen eingetheilt: Philologia — Grammatica — Rhetorica sacra — Logica

---

*) „Dieses Werk ist mit so großem Beifall aufgenommen, und mit so vielen Lobreden, nicht allein in Deutschland, sondern auch in England, Holland und Frankreich gefeiert worden, daß alle Empfehlung überflüssig seyn würde; und nach Verlauf von beinahe einem Jahrhundert wird es noch immer eben so fleißig von den Gelehrten gebraucht, als damals, als es zuerst erschien. Alle sind darin einig, daß es zu den Büchern gehört, welche nicht

sacra. Die erſte Abtheilung zerfällt wiederum in zwei Abſchnitte: 1) de Scr. S. stylo et litteratura (Von der Reinheit, Klarheit, Kürze, Wirkſamkeit und Hoheit des Styls — von der Eigenthümlichkeit des Johanneiſchen und des Pauliniſchen Styls); 2) de Scr. S. sensu dignoscendo et eruendo. Die hierin enthaltene hermeneutiſche Theorie iſt durchaus kurz gefaßt, in der Form eines Auszuges, und weiſet ſelbſt auf Franzens Traktat hin*). „Am füglichſten nimmt das Buch unter denjenigen ſeine Stelle ein, die allgemeine Einleitungen in die Auslegung der h. Schrift mittheilen;“ ſo hat Budde in ſeiner Vorrede den Inhalt deſſelben richtig bezeichnet. Das theologiſche Element iſt überall durch eine kleinliche, in Spitzfindigkeit ausartende Genauigkeit im grammatiſchen und rhetoriſchen Detail verdrängt.

Dan. Chamier (Prof. zu Jena): Panstratiae catholicae s. controversiarum de religione adv. Pontificios corpus. 1646. (Opus posthumum.) Von den vier Abſchnitten: De Canone — De Deo — De homine — De sacramentis — geht uns hier der erſte an. Er behandelt den Begriff vom Canon (nicht die Kirche, nicht der Papſt, ſondern die Schrift), die Beſtandtheile des Canons (von den apokryphiſchen Büchern), die Beſchaffenheit des Canons (die höchſte Autorität der Schrift, ihre Vollkommenheit), den Gebrauch des Canons (die Leſung der Schrift, ihr Verſtändniß, ihre Auslegung). Die Streitfragen von der Deutlichkeit der Schrift und ihrer Hinlänglichkeit, um ſich ſelbſt auszulegen, von der Unſicherheit der Tradition unter ihren verſchiedenen Formen, ſind mit großer Ausführlichkeit, Genauigkeit und Gelehrſamkeit abgehandelt; ſowohl die Kirchenväter als die katholiſchen Polemiker ſind ſorgfältig benutzt; wogegen die hermeneutiſche Anweiſung nur ſkizzirt iſt.

Andr. Rivet (reformirter Prof. zu Leyden): Isagoge ad Scripturam S. Vet. et Novi Test. (im zweiten Theil von Opp. theol.) 1627. Von den 30 Capiteln, in welche die Schrift ge-

---

allein nützlich, ſondern für die Theologen ganz unentbehrlich ſind“ u. ſ. w. Aus Budde’s (Prof. zu Jena) Vorrede zur Ausgabe von 1713.

*) „nullum tempus felicius et fructuosius collocasse me palam profiteor, quam quod in diligenti integri libri istius lectione et relectione cum timore Domini insumsi.“

theilt ist, gehen die zehn (14—24) mehr oder weniger die herme=
neutische Untersuchung an. Diese ist mit einer Freisinnigkeit und
einer wissenschaftlichen Klarheit und Bestimmtheit geführt, die die=
ser Schrift einen ausgezeichneten Platz sichert.

Joh. Conr. Dannhauer (Prof. zu Straßburg): Idea
boni interpretis et malitiosi calumniatoris, 1642; worin ein
pathologischer Theil („von den Krankheiten, die die Auslegung
verunstalten, und deren Ursachen") von einem therapeutischen
(„von den Heilmitteln, die der Ausleger anzuwenden hat") unter=
schieden wird. Die ausführlichere Entwickelung des Inhaltes die=
ser Schrift ist in seiner Hermeneutica sacra, 1654, gegeben.

Aug. Pfeiffer (Prof. zu Leipzig, hernach Superintendent
zu Lübeck): Hermeneutica sacra s. tractatus de legitima interpretatione ss. Litterarum, 1684; in 15 Abschnitte einge=
theilt: theils von den allgemeinen Bedingungen der Schriftaus=
legung, theils von den Regeln der philologischen und theologischen
Behandlung des Textes.

In den angeführten Schriften ist die subjektive Eigenthüm=
lichkeit der Gesichtspunkte und der Entwickelung derselben so un=
bedeutend, daß die Beantwortung der hermeneutischen Hauptfra=
gen als eine, allen gemeinschaftliche, Antwort dargestellt werden
kann.

1. Von der Schrift als heiliger Schrift (vom
Einfluß des Theopneustie=Dogma's auf die Schrift=
auslegung).

„Keine Uebersetzung, welche man wolle, sondern allein der
hebräische Text im A. Test. und der griechische Text im N. Test.
rührt unmittelbar von Gott her, nicht allein rücksichtlich des Sin=
nes, sondern auch der Sprache und Wörter*)." Etwas modi=
ficirt kommt der Begriff bei Rivet vor: „Wir glauben nicht, daß
die einzelnen Wörter vom h. Geiste diktirt und aufs Neue geof=
fenbart, sondern daß die Apostel auf besondere Weise regiert wor=
den seyen, so daß sie sich nicht in Beziehung auf irgend ein ein=
zelnes Wort irrten; wiewohl Gott auch zuweilen ihnen die Worte
selbst eingegeben hat. Wenn er merkte, daß der gewöhnliche Styl
seiner Schreiber zur Erklärung einer Sache minder passend war,

*) Franz, p. 33.

17*

so dürfen wir mit gutem Grunde annehmen, er habe ihn verän=
dert, während er bei anderen Dingen, wo derselbe keiner Ver=
änderung bedurfte, ihn geheiliget und regiert, und gleichsam zu
seinem eigenen gemacht hat*).“

„Die Ursache der Hebraismen im N. Test. ist in keiner Aus=
artung der griechischen Sprache in einen besondern hellenistischen
Dialekt zu suchen, sondern eine Annäherung des Styls im N. T.
an den des A. Test. durch besondere Verfügung des h. Geistes.
Solche Hebraismen dürfen nicht Solöcismen noch Barbarismen
genannt werden, sondern Redensarten, die dem h. Geiste eigen=
thümlich sind. Wenn der Styl des N. Test. durch einen Namen
bezeichnet werden soll, so muß er lieber nach den Verfassern, der
heilige griechische Styl, als entweder hellenistisch oder halbhebräisch
oder hebräisch=griechisch oder hebraisirend, geschweige entstelltes
Griechisch genannt werden**).“

„In den heiligen Schriften giebt es nirgends wirklichen Wi=
derspruch. Wo ein solcher Statt zu finden scheint, ist er gehoben,
sobald der wahre Sinn an jeder Stelle gefunden ist; man wird
alsdann inne werden, daß der Widerspruch sich nicht auf die
Sache, sondern auf den Namen bezieht, oder daß der Verfasser
nicht das Nämliche noch dieselbe Art und Weise oder Zeit im Auge
hat***).“ „Die ganze Schrift ist vollkommen; sie muß also noth=
wendig aus inspirirten Vocalen bestehen; denn wie sollte eine
Schrift vollkommen seyn, die nur aus dem Leibe bestünde, der es
aber an der Seele der Vocale fehlte†)?“

2. Vom Verhältniß der Schrift zur kirchlichen
Tradition.

„Der erste Irrthum in der katholischen Kirche ist der, daß sie
die Meinung des h. Geistes vom Worte der Schrift unterscheiden,
als sollte jene anderswoher als aus der Schrift geschöpft werden,
und daß sie die Schrift als einen todten Buchstaben darstellen, der
durch den Geist der Kirche belebt werden soll, welchen Geist sie
wiederum im Papste concentriren, indem sie ihm einen Vorzug

---

*) Rivet, Cap. 2. §. 9. **) Pfeiffer, Cap. 8.
***) Gerhard, Cap. 12 (wo Chemnitz als artifex paene ἀμίμητος
in dieser ars conciliationis erwähnt wird). Chamier, XV. 15. §. 37.
†) Dannhauer, Herm. p. 19 seq.

beilegen, der Propheten und Aposteln allein gebührt*).“ — „Die Katholiken weisen bei der Schriftauslegung auf die Praxis der Kirche hin, als sollte die wahre Theorie aus der Praxis gelernt werden, und als sollte es nicht vielmehr nach den Regeln der Kunst beurtheilt werden müssen, welche Praxis die beste sey. Die Kirche beweise also ihre Praxis aus der Schrift; wo nicht, so gilt weder Behauptung, noch Praxis, noch Gewohnheit in den göttlichen Dingen. — Da die vornehmsten Theile des Glaubensinhalts in dem apostolischen Symbolum enthalten sind, so hat man demselben auch insbesondere den Namen der Glaubensregel gegeben. Was aber dem Symbol beigelegt wird, das wird der Schrift, woraus es genommen ist, nicht abgesprochen; denn das Symbol ist eine kurze Regel aus der großen Wahrheitsregel**).“

„Wir läugnen bei Auslegung der Schrift die Anleitung der Kirche nicht, ja nicht einmal die eines jeden Dieners in der Kirche, der in seiner Weise zur Förderung des Glaubens mitwirkt. Auch die katholischen Schriftsteller haben oft ihre Streitigkeiten und Vorurtheile vergessen, und beleuchten sonach die Schrift, oder überliefern die Erläuterung, die von Anderen gegeben ist. In= sonderheit müssen aber die Verfasser benutzt werden, über deren ausgezeichnete Gaben Alle einverstanden sind, und deren Fleiß der Kirche zum Nutzen gereicht hat, sie mögen nun ältere oder neuere Verfasser seyn; jedoch so, daß wir nicht ihre Schriften als Regel und Richter, sondern als Zeugen vom wahren Sinne betrachten. Habeantur patres pro luminibus; at nobis sit unicum numen***).“ — „Es fördern drei Classen von Zeugen die Aus= legung: Priester und Lehrer; ältere Kirchenlehrer; Concilien, deren heilsamen Einfluß die Christenheit vorlängst erfahren hat, um dem Wahnsinne der Ketzer zu widerstehen; denn wenn die Meinungen der einzelnen Väter nicht als geringfügig angesehen werden dürfen, welcher verständige Mann würde wohl gering= schätzen, was von so Vielen gemeinschaftlich ausgesprochen ist! Jedoch „testes iudicentur ex doctrina potius, quam a testi= bus confirmetur doctrina†).“ — „Auch bei anderen Verfassern

---

*) Gerhard, Cap. 3. **) Rivet, Cap. 18. §. 16. 17.
***) Rivet, Cap. 18. §. 11. 18. Cap. 20. §. 46.
†) Thamier, XVI. 5. §. 1. 5.

muß man Auskunft suchen, insonderheit veneranda priscorum ecclesiae doctorum canities; denn obgleich ihre Auslegungen nicht authentisch sind, noch kanonischen Schriften können gleichgestellt werden, so verdient ihre gottesfürchtige Arbeit doch dankbare Anerkennung; und was ist wohl gemüthlicher, als diese Verwandtschaft unserer Kirche mit der alten rücksichtlich der Lehre zu betrachten! — Man muß daher nicht ohne Grund die Praxis der Kirche, die Decrete der Concilien und die Meinungen der Väter verlassen, wohl aber, wo die Stimme der Schrift, d. h. Gottes Stimme in der Schrift, das Gegentheil lehrt *)."

3. **Das Verhältniß der Schrift zur wissenschaftlichen Auslegung derselben.**

a) **Der Grundsatz, daß die Schrift ihr eigener Ausleger sey.** „Die heilige Schrift muß entweder aus sich selbst, durch Erklärung der Wörter und des Zusammenhanges aus dem Vorhergehenden und dem Nachfolgenden, oder aus der Analogie des Glaubens, oder aus der Autorität der Väter und der Concilien ausgelegt werden. Die Glaubensanalogie kann entweder als der klare Ausspruch der Schrift oder als dieser oder jener Katechismus oder als irgend ein kirchliches, von Theologen verfaßtes, Bekenntniß verstanden werden; desgleichen auch die Autorität der Väter und Commentatoren entweder als Grund und Begründung der Erklärungen der Väter oder als einfacher Machtspruch (αὐτὸς ἔφα). Nun aber kann Niemand behaupten, es müsse die Schrift allein nach der Autorität der Väter oder Commentatoren ausgelegt werden, ohne daß sonst Etwas als Grund der Auslegung angegeben wird; auch nicht ohne Weiteres im Sinne des öffentlichen, von diesem oder jenem Manne verfaßten, Bekenntnisses, so lange die Wahrheit desselben nicht auf andere Weise dargelegt ist. Denn aus dem Grunde ward Luther zu seiner Zeit genöthigt, abgesehen von allen Concilien und Bekenntnissen, an die Schrift zu appelliren. Also bleibt weiter nichts übrig, als die Schrift aus der Schrift zu erklären; auf diese Weise wird das Dunklere aus dem Klareren verstanden werden **)."

---

*) Gerhard, Cap. 6. 15.

**) Franz, in der Vorrede. — Ebendaselbst heißt es: „Um dies Eine bitte ich: daß beurtheilende Leser nicht ohne Schrift noch ohne Gründe und

„Wir sagen, die Schrift lege sich selbst aus, jedoch so, daß Untersuchung und Zusammenstellung von denjenigen zu unternehmen seyen, die am Meisten mit der Schrift vertraut sind, und durch die Gabe Gottes und durch beständige Beschäftigung mit der Schrift die Führer Anderer seyn können, wo Zweifel entstehen.“ — „Dieses verlangen wir, daß es denjenigen, welche die Schrift lesen und hören, nicht an natürlicher Logik fehle, und daß sie die Vernunft zu Hülfe rufen. Wer die gering schätzt, der vergißt, daß er ein Mensch ist; aber diejenigen, die den Gebrauch derselben verhindern, oder den Auslegern der Schrift die Forschung in Beziehung auf die Sache unserer Seligkeit nicht gestatten, was haben die anders zur Absicht, als die Menschen zur thierischen Stumpfheit zurückzuführen, um sie hernach zu treiben, wohin sie wollen, oder sie sich selbst unterthänig zu machen? Wir denken aber dabei nicht an Aristotelische Sätze noch an verwickelte Disputationsfragen *).“ „Wir sind darin einig, daß die Auslegung der Schrift nicht ohne eine Gabe Gottes, die wir Auslegungsgabe nennen, auf rechte Weise vollführt werden könne. Da Gott selbst der Ausleger seiner Worte ist, kann Niemand zum Verständniß ihres Sinnes gelangen, der nicht von Gott geleitet wird; gleichwie das trübe Wasser die Bilder nicht rein wiedergeben, noch das umnebelte Auge die Gegenstände so sehen kann, wie sie sind **).“ „Der heilige Geist ist oberster und authentischer Ausleger der Schrift; unser Geist ist zum Verständniß und zur Auslegung der Schrift ohne das Licht des h. Geistes blind; und diese Erleuchtung wird dadurch, daß das Wort vernommen und erforscht wird, mitgetheilt ***).“ — „Der Geist, der in der Schrift und durch dieselbe redet, muß dem menschlichen Geiste entgegengesetzt werden; die Erklärung desselben darf nicht als die eines Einzelnen angesehen werden, sie mag nun von einem Privatmanne oder von demjenigen, der öffentlich dazu berufen ist, dargestellt werden. Dagegen ist die Auslegung des

___

Folgerungen, die allein aus der Schrift gezogen sind, also ohne solche Entscheidungsgründe, welche sie im Munde zu führen pflegen, mit mir verkehren wollen.“

*) Rivet, Cap. 17. §. 14. Cap. 22. §. 43.
**) Rivet, Cap. 18. §. 4. Cap. 19. §. 2.
***) Gerhard, Cap. 4. Chamier, XV. 8. §. 19.

menschlichen Geistes privat zu nennen, nicht allein, wenn sie von Jemandem nach eigenem Gutdünken ersonnen wird, sondern auch, wenn sie von der Uebereinstimmung Vieler und zwar öffentlicher Personen herrührt, wenn diese nicht den h. Geist, als Ausleger der Schrift selbst, zu Hülfe rufen. Nur durch die fleißige Behandlung der Schrift zündet der h. Geist sein Licht an; und wir dürfen nicht glauben, daß irgend eine unmittelbare Erleuchtung von dem h. Geiste zu erwarten sey, bevor wir an die Lesung und Erforschung der h. Schrift gehen; sondern in der Schrift und durch die Schrift soll das Licht des h. Geistes gesucht und gefunden werden. Als das Erste und Letzte muß es gemerkt werden, daß nichts die Schrift so aufschließt, wie die Schrift selbst *)." „Wir verlangen keine ἐνθουσιασμοί, keine außerordentlichen Offenbarungen, sondern nur die ordentliche Offenbarung, die durch Forschung in der Schrift nach der Verheißung derselben erworben wird **)."

b) Die Analogie der Schrift als oberste Regel der Auslegung. „Die Auslegung besteht aus ἑρμηνεία (die λέξις, Wortbedeutung, τάξις, Wortfolge, φράσις, Redeform, betrifft) und aus σύγκρισις, die theils durch ἀλληλουχία (Berücksichtigung der äußeren Umstände), theils durch ἀναλογία (die Totalität des Glaubens oder den Parallelismus der Schrift) angestellt wird ***)." — „Die Dogmen, in welche Einsicht für Jedermann zum Heile vonnöthen ist, sind in der Schrift mit eigentlichen, klaren und deutlichen Worten auseinander gesetzt. Aus diesen wird die Glaubensregel zusammengesetzt, durch welche, nächst der Anwendung grammatischer und historischer Auslegungsmittel, die Erklärung der übrigen Stellen angeleitet werden muß, so daß, wenn der eigentliche und wahre Sinn nicht auszumitteln ist, es hinreichen müsse, bei der Auslegung nichts vorzubringen, was die Analogie des Glaubens gegen sich hat†)." — „Da Alle, auch die Heterodoxen, sich auf die Analogie des Glaubens beziehen, und ihr Zeugniß für sich in Anspruch nehmen — die Katholiken wollen sie im Tridentiner Concilium und im röm. Katechismus,

*) Rivet, Cap. 18. §. 13. Cap. 19. §. 8.
**) Chamier, XVI. 2. §. 4.
***) Chamier, XVI. 4. 4. Pfeiffer, Cap. 5.
†) Gerhard, Cap. 4.

die Calvinisten in ihren Confessionen, die Socinianer im Rakov=
schen Katechismus und in ähnlichen Büchern enthalten wissen —
so ist die Frage: woher man mit Gewißheit wissen könne, welche
Analogie bei der Schriftauslegung zu befolgen sey. Wir antwor=
ten: rücksichtlich der Analogie des Glaubens ist die Entscheidung
aus der Schrift, insonderheit aus den eigentlichen und natürlichen
Beweisstellen der Artikel herzunehmen. Was die Schrift σπο-
ραδικῶς und gelegentlich vorträgt, das stellt die Theologie syste=
matisch, methodisch und geordnet dar, so daß die systematische
Theologie weiter nichts als die h. Schrift ist, auf gewisse Artikel
zurückgeführt und in gehörige Ordnung gebracht *)." — „Aus den
Prinzipien der Schrift, mit Benutzung des natürlichen Lichts der
Vernunft, können und müssen die Folgesätze des Glaubens abge=
leitet werden; wogegen man nicht bei den bloßen Worten oder
Sätzen stehen bleiben, noch sich versagen darf, weiter zu gehen
und Eins aus dem Anderen abzuleiten, um in der Erkenntniß der
Wahrheit fortzuschreiten. Doch wird hiezu mehr erfordert, als
einfache natürliche Vernunft, nämlich eine solche, welche durch die
Grundsätze der Theologie unterrichtet und gebildet ist **)."

4. Bestimmung des Sinnes der Schrift durch
wissenschaftliche Auslegungskunst.

„Die Unterscheidung des buchstäblichen und des geistigen Sin=
nes ist der Misdeutung ausgesetzt: als wäre der buchstäbliche Sinn
nicht zugleich ein geistiger, und als wäre auch die bildliche Rede
nach dem Buchstaben zu verstehen. Es muß daher zwischen signi=
ficatio und sensus unterschieden werden ***)."

„Der buchstäbliche oder historische Sinn ist derjenige, den
der h. Geist zunächst durch die Worte, entweder in der eigentlichen
und gewöhnlichen, oder in der metaphorischen und figürlichen Be=
deutung derselben, hat bezeichnen wollen. Er ist daher prior

---

*) Pfeiffer, Cap. 12. Als Beispiel von der Anwendung der Analogie
heißt es ebendaselbst: „Es ist eine über allen Zweifel erhabene Wahrheit, daß
Gott die Sünde nicht will, also auch der Urheber derselben nicht ist. Wenn
also Stellen vorkommen, die anscheinend das Gegentheil aussagen, z. B. von
der Verstockung Pharao's, so müssen diese gemildert und auf passende
Weise so erklärt werden, daß diese Wahrheit unverrückt bleibt, daß Gott der
Urheber der Sünde nicht ist."

) Rivet Cap. 17. §. 19.   *) Rivet, Cap. 14. §. 2 ff.

ordine et natura, und daneben praecipue argumentativus. Er ist an jeder Stelle vorhanden, und an jeder Stelle nur einer, weil der heilige Verfasser seine Begriffe schriftlich hat ausdrücken wollen. Nur dieses ist zuzugeben, daß zuweilen aus einem Sinne, der der vornehmste ist, auch andere Bezeichnungen abgeleitet werden können, die unter demselben als mit ihm analog verborgen sind (z. B. die nämliche Rede ist von der Zerstörung Jerusalems und dem Ende der Welt zu verstehen). Die eigentliche Bedeutung der Worte muß festgehalten werden, es sey denn, daß sie entweder gegen die Artikel des Glaubens oder die Vorschriften der Liebe offenbar anstoße, und zugleich die figürliche Bedeutung aus derselben Stelle oder aus anderen dargelegt werde." — „Der mystische Sinn ist ebenfalls vom h. Geiste beabsichtiget, nicht aber durch die Worte, sondern durch die Dinge selbst, die durch die Worte bezeichnet werden. Er ist allegorisch (d. i. auf eine geistige Lehre abzielend), typisch (d. i. wenn äußere Fakta oder prophetische Gesichte verborgene, gegenwärtige oder zukünftige, Dinge bezeichnen), parabolisch (d. i. wenn eine Sache als vor sich gegangen erzählt wird, um eine geistige Wahrheit zu bezeichnen). Hievon muß usus accommodatitius unterschieden werden, der zu billigen ist, wo sich wirkliche Analogie zwischen dem Gegenstande der Rede des Verfassers und der Anwendung findet*)."

Bei Anderen anders: „An jeder Stelle giebt es nur einen eigentlichen und wahren Sinn, den der h. Geist beabsichtigt, und der aus der wirklichen Bedeutung der Worte abgeleitet wird; der sogenannte mystische Sinn (Allegorie, Tropologie, Anagogie) ist nicht sensus, sondern applicatio und accommodatio; daher Paulus 1 Cor. 9, 9. („Du sollst dem Ochsen nicht das Maul verbinden, der da drischt"): non exprimit sensum praecepti Mosaici, per verba ista repraesentatum, sed accommodat praeceptum ad suum propositum, inferendo ad maius. Wenn dagegen der h. Geist selbst Etwas in der Schrift allegorisch oder typisch auslegt, so folgen wir mit Sicherheit der Allegorie, weil wir dann die Gewißheit haben, daß sie vom h. Geiste beabsichtigt ist**)."

---

*) Glassius, p. 406 s. Chamier, Cap. 1. 2. Rivet, Cap. 14. §. 14. 23.

**) Gerhard, Cap. 7. 8. Pfeiffer, Cap. 3. Auf nämliche Weise wird Matth. 12, 40 ff. erklärt.

Von der Auslegungstheorie, wie sich dieselbe im 17. Jahr=
hundert von den evangelischen Theologen entwickelt findet, wird
es demnach in weit höherem Grade, als von der Auslegungskunst,
behauptet werden dürfen, daß sie dem protestantischen Prinzip
getreu geblieben ist.   Die Unabhängigkeit der Auslegung von der
Tradition ist überall mit einer Bestimmtheit und einem Nachdruck
geltend gemacht worden, wodurch jede Ausnahme zu Gunsten der
kirchlichen Bekenntnisse und des darauf sich stützenden Lehrbegriffs
ausgeschlossen ist.   Die Confessionsschriften werden nirgends als
Auslegungsregel genannt, und die Reformatoren mit den übrigen
Kirchenlehrern, deren Arbeiten als wichtige Hülfsmittel anerkannt
und benutzt werden sollen, in eine Reihe gestellt; die polemische
Stellung hat nicht verhindert die kirchliche Ueberlieferung in ihrer
wahren Bedeutung aufzufassen, und den Organen derselben auch
in der katholischen Kirche ihr Recht widerfahren zu lassen.   Ebenso
ist in den Grundzügen der Auslegungstheorie der evangelische
Charakter der Reformation durch die Art und Weise erhalten,
worauf alle Theile der Schrift der Totalität untergeordnet und
die Worte des Textes auf die allgemeine Analogie der Schrift
zurückgeführt sind.   Es wird aber der hiedurch angewiesene Weg
der freien Forschung durch den Inspirationsbegriff, in welchen das
Dogma vom göttlichen Charakter der Schrift wie in eine verstei=
nerte Form eingezwängt ist, unterbrochen und abgeschnitten. Man
ist hiedurch zu einem abstrakten Vollkommenheitsbegriff in Be=
ziehung auf die Schrift, auf den Inhalt derselben in seinem ganzen
Umfange und auf ihre Form von allen Seiten betrachtet, und da=
durch zu vielen einzelnen Behauptungen geführt worden, die in
einem auffallenden Verhältniß zu der Art und Weise stehen, auf
welche schon so viele von den Kirchenvätern sich über die darauf Be=
zug habenden Phänomene in der heiligen Schrift geäußert haben.
Sie zerstören jede Vorstellung von einer mit der göttlichen Natur
verbundenen menschlichen, und wollen erzwingen, daß man den auf=
gestellten Grundsätzen und Regeln der Auslegung Gewalt anthue.

Hiezu kommt noch eine Einseitigkeit der Behandlung, in dop=
pelter Beziehung.   Die philologische Untersuchung der heiligen
Bücher war frühzeitig ein charakteristisches Merkmal der protestan=
tischen Schriftauslegung geworden, im Gegensatz von der histo=
risch=traditionellen Behandlungsweise in den katholischen Con=

mentaren, und ein Zeugniß sowohl von größerer Tüchtigkeit und
wissenschaftlicherer Bildung, als von der selbstständigen Stellung,
welche die Wissenschaft in der evangelischen Kirche einnahm. Auch
in den hermeneutischen Schriften mußte die philologische Auslegung nebst den Regeln derselben abgehandelt werden. Aber das
von Neuem erwachte Interesse an den philologischen Studien, auch
wohl die wünschenswerthe Freiheit, mit der man sich auf diesem
Gebiete bewegen konnte, während auf dem theologischen Behutsamkeit immer nöthiger wurde, konnten leicht veranlassen, daß
das philologische Element überschätzt und zur Bevortheilung des
theologischen hervorgezogen wurde. Die philologia sacra von
Glassius repräsentirt diese grammatische Mikrologie; aber
auch die Aeußerungen anderer Theologen zeigten den Weg zu
ähnlicher, zum Theil in polemischem Interesse gegründeter Einseitigkeit. „Ecclesia tantum debet esse Grammatica," heißt
es bei Chemnitz; das heißt: „sie soll nicht neue Dinge ersinnen,
noch neue Dogmen hervorbringen, sondern aus der ächten Bedeutung der Worte, deren sich die Schrift bei der Darstellung der
himmlischen Lehre bedient, dasjenige lehren, was vom h. Geiste
übergeben ist; amissa vera grammatica, statim exstincta est
lux purioris doctrinae*)." — Wenn demnächst bedacht wird,
wie viele Streitpunkte zwischen beiden Kirchen in den Grundsätzen
über die Auslegung der Schrift enthalten waren, so wird man es
natürlich finden, daß das polemische Interesse in die hermeneutischen Untersuchungen eine Unruhe gebracht hat, wodurch
Gleichgewicht und gleichmäßige Vertheilung des Stoffs verhindert worden sind. In allen Schriften finden wir die nämliche
ermüdende Untersuchung über die dogmatischen Grundfragen in
Betreff der Eigenschaften der Schrift, des Verhältnisses zwischen
der geschriebenen und der ungeschriebenen Tradition, zwischen der
Schrift und der Kirche, mit denselben Gründen und Gegengrün-
den wiederholt, wogegen der eigentlich hermeneutische Theil in großer Allgemeinheit gehalten, und als untergeordnete Nebensache
behandelt ist**).

---

*) Loci theol. I. p. 217. 246.

**) Eine anonyme hermeneutische Schrift aus dieser Periode, die als
eine isolirte merkwürdige Erscheinung und ohne eigentlich theologischen Charakter da steht, rührt von der Spinozistischen Schule her: Philosophia Scri-

Der Uebergang zu den hermeneutischen Schriften im 18. Jahrhunderte kann demnach durch folgende Aeußerungen von Aug. Herm. Franke passend gemacht und bezeichnet werden [*]): „Es ist allerdings beklagenswerth, daß nur wenige Ausleger darauf bedacht sind, den tiefern Sinn der heiligen Worte richtig zu erforschen, und daß sie sich dagegen meistens bloß mit der Kritik, die die äußere Schale betrifft, beschäftigen, oder sich in Polemik oder über allgemeine Sätze weitläufig verbreiten, und sich am liebsten mit solchen Stellen befassen, wo sich Etwas findet, das dem natürlichen Verstande Mühe und lästige Arbeit verursachen kann. Dies ist der geringste Grund nicht, weshalb die Commentare so unfruchtbar sind, daß sie denjenigen, welche dem geistigen Sinne tiefer nachforschen, und die Werke des göttlichen Bildes zur eigenen Erbauung suchen, selten Genüge leisten. Ich bin davon überzeugt, daß ein Commentar, der ohne fromme Untersuchung der Gemüthsstimmung der heiligen Verfasser geschrieben wird, mit leeren Hirngespinnsten angefüllt werden wird."

Der hier angedeutete Mangel, unter welchem die exegetischen Schriften litten, galt nicht minder in Beziehung auf die hermeneutischen. Ein Bestreben, demselben abzuhelfen, ist von der pietistischen Schule ausgegangen; und der erste Versuch, was die Behandlung der Hermeneutik betrifft, ist in

Aug. Herm. Franke's Manuductio ad lectionem S. Scr. 1693, und später in seinen Praelectiones hermeneuticae, 1717, gegeben.

Wie die Behandlungsweise der Schriftauslegung schon be-

---

pturae interpres, exercitatio paradoxa, 1666. Der Verfasser ist L. Mejer, holländischer Arzt und Freund von Spinoza. Die Thesis des Buchs ist diese: daß die Philosophie (d. i. „wahre und unzweifelhafte Einsicht, welche die von Vorurtheil befreite, durch das freie und natürliche Licht des Denkens unterstützte und durch Fleiß, Beharrlichkeit uud Uebung ausgebildete Vernunft, durch gültige Folgerungen und Beweise aus unerschütterlichen Grundsätzen ableitet") die einige rechte Auslegerin der Schrift sey, weil sie ebenso wohl als die h. Schrift, Gott zum Urheber habe, und weil sie allein zur wahren Erkenntniß führe. Woraus folgt, daß jede Auslegung der Schrift, welche einer Vernunftwahrheit widerspricht, falsch sey, und daß der richtige Sinn auch immer eine Wahrheit enthalte. Das Buch ist später im Jahre 1776, mit Anmerkungen versehen, von Semler herausgegeben.

[*]) Delineatio doctrinae de affectibus (im Anfange).

zeichnet ist, wenn der Endzweck derselben als „die Verherrlichung
Gottes durch eigene und Anderer Erbauung zum ewige Heile"
angegeben wird, so sind die beiden Zulagen, die der ersterwähnten
Schrift hinzugefügt sind, nicht minder charakteristisch in dieser Beziehung. Die erste ist die „Einleitung zur Lesung der h. Schrift"
für Ungelehrte und Einfältige, für Theologiestudirende und für
Katechisirende, worin jedes einzelne von den heiligen Büchern, mit
Entwickelung des Zwecks und praktischen Nutzens desselben, durch-
gegangen wird; die andere: „delineatio doctrinae de affectibus," eine Grundlage für die psychologische Auslegung, welche
die Aufmerksamkeit des Auslegers auf ein bisher übersehenes Moment richtet, und zugleich für höchst wichtig in ihren Folgen angesehen werden muß, um den Inspirationsbegriff zu modificiren,
indem die menschliche Seite der heiligen Verfasser zum besonderen
Gegenstande der Betrachtung gemacht wird: „Es ist durchaus
falsch — heißt es — daß sich die heiligen Verfasser als Klötze
verhalten, und ohne Gefühl noch Bewegung geschrieben haben;
der h. Geist hat sich nach ihrem natürlichen Charakter und ihrer
Schreibart gefügt, welche daher bei den verschiedenen Verfassern
verschieden ist; woraus es klar hervorgeht, daß ihre Seele beim
Niederschreiben nicht von einem Schlafe überwältigt, sondern vielmehr aufgeweckt, erleuchtet und in ihren Bewegungen geheiligt
gewesen ist."

Die Anlage der erwähnten Schrift, welche in Compendienform abgefaßt ist, und mehrere specielle, allein auf das Bedürfniß
der Studirenden berechnete Anleitungen und Anweisungen enthält, ist folgende:

I. „Von der Lesung, die zur Schale der Schrift gehört."

Hiezu wird gerechnet:

1. Die historische Lesung, d. i. Kenntniß von den Büchern,
den Verfassern, der Veranlassung und dem Zweck derselben, von
Parallelstellen, äußeren Verhältnissen, Manuscripten, Uebersetz-
zungen, Ausgaben, historischen und archäologischen Sacherläute-
rungen. „Wir müssen Acht haben, daß nicht Kenntniß der äußeren
Gegenstände uns in der Lesung der Schrift selbst gleichgültig und
stumpf mache; es stoßen sich Viele an diesen Felsen, und lassen
sich an den Schalen genügen. Im Bibelstudium muß jedes Buch

nur insofern geschätzt werden, als es dazu beiträgt, über den Endzweck der Schrift leichter ins Klare zu kommen."

2. Die grammatische Lesung, welche die philologische Analyse und die Sprach-Idiotismen betrifft. — „Die Theologen sollen keineswegs das große Meer von Profanschriftstellern durchpflügen, zumal wenn dieses Studium, wie es gewöhnlich der Fall ist, in den Schulen auf unfruchtbare Weise behandelt wird, um demjenigen nicht nachzuarten, der in seinem ganzen Leben nicht weiter kam, als daß er sich Werkzeuge verschaffte, und zuletzt sich einen Hammer schmiedete, um dadurch den Namen eines Schmidts zu verdienen." — „Es ist augenscheinlich, daß die heiligen Verfasser ihrer Muttersprache, worin sie erzogen waren, Vieles abgeborgt haben, und daß der Styl des N. Test. von dem anderer Verfasser sehr verschieden ist, so daß kein Buch so bequem ins Hebräische übersetzt werden kann, als das N. Test., nicht allein wegen der Aehnlichkeit des Inhaltes, sondern auch wegen der großen Uebereinstimmung der Sprache."

3. Die analytische Lesung, welche die logische Zusammenfügung und den logischen Zusammenhang sowohl einzelner Redetheile als der einzelnen Bücher betrifft: „nicht als sey es den heiligen Verfassern durch Anwendung logischer Kunst um Ordnung und Zusammenstellung in der Rede zu thun gewesen — Solches von inspirirten Verfassern anzunehmen, wäre ungereimt, — sondern weil eine solche Ordnung den Dingen, den Gedanken und der Rede selbst so natürlich ist, daß sie von selbst sowohl heilige als profane Worte begleitet, und in jeglicher Rede gleichsam das Gepräge des gesunden Wortes ist."

II. „Von der Lösung, die den Kern der Schrift betrifft."

Hiezu gehört:

1. Die exegetische Lesung, die sich auf die Ausfindung des sensus litteralis (verschieden vom s. litterae) bezieht, es mag derselbe eigentlich oder uneigentlich ausgedrückt seyn. Da die Schrift ihre eigene Auslegerin ist, so sind die Haupthülfsmittel in ihr selbst gegeben: in den Worten, den Parallelstellen und in der Analogie der Schrift, „harmonia et symphonicus oraculorum divinorum concentus;" nur daß diese nicht „aus einer irrigen Schriftauslegung oder aus menschlichen Traditionen" ausgezogen und gebildet werde.

2. Die dogmatische Lesung, durch welche „die himmlische Wahrheit in der Schrift aufgefaßt wird, so daß daraus die wahre und heilsame Kenntniß vom Wesen und Willen Gottes geschöpft werden könne." Dazu gehört: den ganzen Inhalt in seiner Betrachtung zusammenzufassen, das Hauptdogma durch die Worte der Schrift selbst zu bilden, daraus die specielleren Dogmen abzuleiten, die ausdrücklich vorgetragenen Dogmen von dogmata implicita, das Gesetz vom Evangelium u. s. w. zu unterscheiden.

3. Die porismatische *) Lesung, welche „sich damit beschäftigt, Folgesätze, und zwar entweder theoretische und mittelbar praktische oder formell praktische, durch rechtmäßige Folgerung aus dem heiligen Texte abzuleiten." Diese Porismata, die entweder aus dem Texte selbst, den Worten oder der Wortfügung desselben, oder aus seiner Vergleichung mit dem Endzweck, mit dem Vorhergehenden und Nachfolgenden, mit Parallelstellen u. s. w. gezogen werden, sind von verschiedener Art: „alia faciunt ad didascaliam, alia ad elenchum, alia ad paediam, alia ad paraclesin, alia ad fidem confirmandam, alia ad charitatem derivandam, alia ad spem sustentandam; alia ad pietatem, alia ad sapientiam, alia ad eloquentiam sanctam."

4. Die praktische Lesung, welche „die Anwendung der Schrift auf den Glauben und das Leben, sowohl mit Rücksicht auf uns selbst als auf Andere sucht." Diese Anwendung — eigentlich inchoatio applicationis, der continuatio per totam vitam entgegengesetzt — „wird am leichtesten so eingerichtet, daß wir, nachdem wir den Text erforscht haben, denselben mit seinen Worten in ein Gebet oder einen kurzen Seufzer zusammenfassen." Es werden specielle Regeln in Beziehung auf Selbstprüfung und Selbsterkenntniß als nothwendige Bedingung hinzugefügt.

Von ungleich wissenschaftlicherem Charakter ist ein anderes hermeneutisches Werk, welches dem, durch den Geist des Pietismus zu größerer Fruchtbarkeit erweckten, Bibelstudium zu verdanken ist:

Joh. Jak. Rambachs (Professors zu Jena, Gießen, Halle) institutiones Hermeneuticae sacrae, variis observationibus copiosissimisque exemplis biblicis illustratae. 1723.

---

*) porismata (πορίζειν: durch Folgerung ableiten), i. e. consectaria.

Der Inhalt ist folgendermaßen geordnet: I. De fundamentis Hermeneuticae S.: Von der rechten Disposition des Auslegers (einer besonderen Geistesgabe, außer den natürlichen Gaben, welche weder von der Natur gegeben noch durch den Gebrauch eigener Kräfte erworben, sondern von Gott der Seele mitgetheilt wird, die, wenn sie sich mit ihm vereinigt, von einem reineren und himmlischen Lichte durchdrungen wird). — Vom Texte — Vom Sinne des Textes. II. De mediis Hermeneuticae s. domesticis: Von der Glaubensanalogie als dem Prinzip der Auslegung. — Von der exegetischen Betrachtung der Umstände — Von Untersuchung der Affekte — Von Untersuchung des Zwecks — Von Zusammenstellung mit dem Vorhergehenden und Nachfolgenden — Von Untersuchung der Ordnung und des Zusammenhanges — Von Betrachtung einzelner Wörter und Redensarten — Von Erklärung der Emphasen im Texte — Vom Parallelismus der Schrift. III. De mediis Hermeneuticae s. externis et litterariis: grammatischen, kritischen, rhetorischen, logischen; Realwissenschaften; Benutzung der Rabbiner und Profanschriftsteller, der Uebersetzungen und Commentare. IV. De sensus inventi legitima tractatione: von der Mittheilung, der Beweisführung, der porismatischen und praktischen Anwendung desselben.

In Bestimmung des Verhältnisses zwischen dem buchstäblichen (historischen) Sinne und dem mystischen weicht Rambach nicht von Franke ab. Aber der Letztere wird weit stärker urgirt und weit umständlicher abgehandelt. Als Kriterien eines, vom h. Geiste wirklich intendirten, mystischen Sinnes wird Folgendes angeführt: wo einer Person so glänzende Prädikate beigelegt werden, daß sie auf sie keine schickliche Anwendung haben; wo die Verheißung zeitliche Güter betrifft, auf welche, nach der Lehre der Schrift, kein sonderlicher Werth zu setzen ist; wo Handlungen heiliger Personen erwähnt werden, die ihrer Heiligkeit nicht entsprechen (Abraham, Jakob u. A.)*). Es ist klar, wie hier zur alten Allegoristik und Typik zurückgekehrt wird, nach der Regel des subjektiven Dafürhaltens.

Die Glaubens-Analogie, als oberstes Auslegungsprinzip, wird der Vernunft entgegengesetzt — nicht allein im sub-

---

*) I. 3. §. 12. II. 4. §. 12.

jektiven Sinne, als dem Denkvermögen (sowohl bei dem Unwie-
dergeborenen als dem Wiedergeborenen), sondern auch im objektiven Sinne, als dem Inbegriff der Prinzipien des Denkens: „Man
muß zwar glauben, daß nichts von Gott in der Schrift geoffenbaret sey, was mit diesen Prinzipien im Widerspruch wäre; indessen können sie doch keine Regel der Auslegung abgeben; denn
da die höheren Wahrheiten der Schrift nicht von der Vernunft,
sondern von der Offenbarung des h. Geistes herrühren, so wäre
es unbillig, diese dem Urtheile der Vernunft zu unterwerfen.“
Auf der anderen Seite wird die Unabhängigkeit der Auslegung
von menschlicher Autorität behauptet: „Viele pflegen bei der Auslegung der Schrift den Lehrbegriff, der in ihrer Kirche gilt, vorauszusetzen; und wenn sie Aussprüche der Schrift finden, die ihren
Ansichten geradezu entgegengesetzt sind, so weichen sie dennoch von
diesen nicht ab, sondern suchen lieber der Schrift eine Auslegung
aufzunöthigen, welche die Glaubensanalogie, die sie sich selbst gebildet haben, nicht aufhebt; wodurch denn die Schrift nach menschlichen Meinungen als ihrer Regel berichtigt wird *).“

Einen Hauptabschnitt macht hier, gleichwie in der Franke'schen
Theorie, die Untersuchung über die exegetische emphasis s.
significantia, i. e. significantior sensus repraesentatio,
aus. „Der Grund zu den heiligen Emphases besteht darin, daß
nicht allein die Gegenstände, die den Inhalt ausmachen, sondern
auch die Worte selbst von dem allweisen Gott inspirirt, und den
heiligen Verfassern mitgetheilt sind; wornach den Worten natürlich
so großer Umfang von Bedeutung und so großes Gewicht gebührt,
als sie nach der jedesmaligen Beschaffenheit der Gegenstände tragen können. — Diese Emphases haben in den Wörtern ihren Sitz,
entweder an und für sich betrachtet oder in einer gewissen Zusammenfügung, selbst die geringsten Theile und Artikel im heiligen
Styl nicht ausgenommen.“ Sie sind also grammatisch (entweder
etymologisch oder syntaktisch), kritisch (durch Benutzung alter Gebräuche und Einrichtungen oder sprichwörtlicher Redensarten),
logisch (in der Ordnung und Construktion der Rede). Doch wird
eine Warnung in Beziehung auf diejenigen hinzugefügt, welche
auf rabbinische Weise in jedem Buchstaben und jedem Punkte

---

*) II. 1. §. 5. 9.

Berge suchen, und daneben verschiedene — in ihrer großen Allgemeinheit gewiß aber unnütze — Vorsichtsmaßregeln *).

Die Verschiedenheit der Form, welche die letzterwähnten Schriften von den früheren unterscheidet, betrifft — was schon aus der mitgetheilten Skizze erhellen wird — nicht nur das äußere Fachwerk, sondern sie ist in verschiedenem Interesse und in verschiedener Tendenz bei der Auslegungsarbeit selbst gegründet, in dem Bestreben, das wissenschaftliche Bibelstudium zu frommer und fruchtbarer Lesung der Schrift zurückzuführen. Polemische Einseitigkeit und grammatische Kleinlichkeit hatten früher der natürlichen und selbstständigen Entwickelung der Hermeneutik Hindernisse in den Weg gelegt und den theologischen Charakter zurückgedrängt. Als Gegengewicht blieb die pietistische Richtung nicht ohne bedeutenden Nutzen für die wissenschaftliche Behandlung. Der polemische Stoff ward weggeworfen oder untergeordnet, der grammatische in die theologischen Untersuchungen hineingearbeitet, und die Aufmerksamkeit dagegen auf die logisch-psychologische Betrachtung des Textes gerichtet; selbst die dogmatisch-praktische Anwendung, worauf vorzügliches Gewicht gelegt wurde, sprach das religiöse Interesse an. Das Rambach'sche Werk läßt demnach seine Vorgänger weit hinter sich zurück, sowohl durch den Reichthum des Inhaltes als durch die Klarheit der Anordnung, und daneben durch verständige Benutzung der älteren und neueren Litteratur. Es darf wohl als erste Behandlung der biblischen Hermeneutik angesehen werden, wo der Gegenstand selbst über die Form entschieden, die Gränzen der Untersuchung bezeichnet und den Plan derselben angelegt hat. Aber so gewiß wie das Interesse der Frömmigkeit die unsichtbare Seele, der geistige Träger bei aller wissenschaftlich-theologischen Thätigkeit seyn muß, so wenig wird es als sichtbarer und unmittelbarer Lenker hervortreten können, ohne daß die Wissenschaft darunter leidet; und am wenigsten konnte diese Wirkung bei einer einseitigen und formellen Entwickelung des religiösen Lebens ausbleiben, wie diejenige war, wozu der Keim von vorn herein im Pietismus lag. Die Göttlichkeit der Schrift wurde auf eine Weise aufgefaßt, welche die freie Untersuchung bei jedem Punkte abwies, wo sich eine Collision mit dem Inspirationsdogma

---

*) II. cap. 8.

zeigte, und die natürliche Verbindung der Schrift mit dem übrigen Alterthum in sprachlicher und sachlicher Beziehung abschnitt. Die Aengstlichkeit, womit die Benutzung der historischen Hülfsmittel zur Auslegung der Schrift betrachtet, der Ernst, womit die Arminianische Exegetik, namentlich die von Grotius, als unheilig bezeichnet wird *), sind in dieser Hinsicht charakteristisch. Nicht minder hat das Bestreben, die Fruchtbarkeit und den Reichthum der Schrift zu entfalten, eine Menge fremdartigen Stoffs in die Auslegungstheorie selbst hineingebracht, und somit einen schematischen Formalismus, der um so befremdender ist, als er auf dasjenige angewendet wird, was sich seiner Natur nach nicht ausmessen noch aufzählen läßt. Und endlich dringt sich uns der Gedanke auf, wie nahe die Sache der Gränze einer gefährlichen Schwärmerei gebracht sey, wenn auf eine besondere Gnadengabe zur Auslegung hingewiesen wird, die außer aller Verbindung mit den übrigen geistigen Bedingungen stehen solle.

Eine kleinere hermeneutische Schrift, die mehr das A. als das N. T. betrifft, deren Form freilich viel zu wünschen übrig läßt (sie ist ohne Wissen des Verfassers herausgegeben, und von ihm selbst ausdrücklich verläugnet worden), die aber durch den freisinnigen Geist und die hellen Blicke gleichwohl Aufmerksamkeit verdient, ist: tractatus bipartitus de S. Scr. interpretandae methodo, 1728, von J. Alph. Turettin, Prediger und Prof. zu Genf. Namentlich sind seine Erinnerungen gegen den Glauben an ein inneres Licht, eine unmittelbare Gnadengabe zur Auslegung der Schrift, und gegen die Regel, daß aus der Heiligkeit der Schrift folge, daß die Worte so viel gelten müssen, wie sie, an und für

---

*) Rambach, III. 7. §. 6 ff., wo auf das Urtheil Abr. Calov's, des bittern und unbilligen Gegners von Grotius, hingewiesen wird: „Non raro etiam magis ad obscurandam vel pervertendam sententiam Scripturae S. faciunt, et autoritati ac dignitati Scripturae potius derogant quam inserviunt, ac quandoque non tam analoga quam heterogenea et aliena sunt, imo non sine impietate conferri possunt: quod saepe in Grotio observari potest; vel denique e λέξει et φράσει exoticorum scriptorum sacros Dei amanuenses importuna, inofficiosa aut intempestiva sua crisi diiudicant; quae deprehendimus in criticis ἀθεολόγοις" cet. Aus Calov's Biblia V. T. illustrata, in quibus .... Grotianae depravationes et ψευδερμηνεῖαι iusto examini sistuntur et exploduntur. 1672.

sich betrachtet, gelten können — als heilsame Opposition gegen herrschende Vorstellungen anzusehen *).

Noch bleibt uns übrig, das wichtigste Werk aus dieser Periode zu erwähnen, wo die lateinische Sprachform zum ersten Male der Muttersprache hat weichen müssen:

Siegm. Jak. Baumgarten (Prof. zu Halle): Ausführlicher Vortrag der biblischen Hermeneutik, 1767 **). 1. Vom Sinne der Schrift. 2. Von der Bedeutung der Wörter und Redensarten. 3. Von den historischen Umständen. 4. Von dem Zusammenhange und der Analyse der Schriftstellen. 5. Vom Zweck der Schriftstellen. 6. Von der Erklärung der in den Schriftstellen enthaltenen Wahrheiten. 7. Vom Nachdruck (Emphasis) der Schriftstellen. 8. Von Folgesätzen und praktischen Anwendungen. 9. Von den vornehmsten hermeneutischen Aufgaben. 10. Von hermeneutischen Uebungen.

Eine Gründlichkeit und ein Scharfsinn zeichnen dieses Werk aus, welche nicht allein den Ruhm desselben zur Zeit seiner Erscheinung und in der ersten nachherigen Zeit rechtfertigen, sondern noch immer das Studium desselben fruchtbar und lohnend machen. Rücksichtlich des Reichthums an Inhalt und eines ernstlichen Eindringens in die Einzelheiten der Untersuchung darf es wohl immer noch als das hermeneutische Hauptwerk in der evangelischen Kirche gelten. Obgleich es sich in mehreren Theilen — so z. B. in Beziehung auf die vielfältigen „Folgerungen und Nutzanwendungen" und in der Behandlung der Emphasiologie (von den Arten und Graden der Emphase, den Quellen und Bestimmungsgründen derselben u. s. w.) — an die nächst vorangehenden Schriften anschließt, so kommt uns doch ein freierer und hellerer Geist entgegen, vom Einflusse der Leibnitz = Wolfischen Philosophie zeugend. Aller-

---

*) In mehreren Aeußerungen finden wir Lieblingssätze der neuesten exegetischen Schulen anticipirt. So heißt es: „animus vacuus, ut ita dicam, ad Scripturam legendam afferendus, debet esse instar tabulae rasae, ut verum et genuinum sensum Scr. percipiat." Später, im Jahre 1776, ist das Buch mit hermeneutischen Exkursen von W. A. Teller herausgegeben.

**) Nach seinem Tode (1757) von Bertram herausgegeben. Die erste Ausgabe, in Compendienform, ist von 1742; spätere, mit Anmerkungen vermehrte, von 1745 und 1759.

dings hat dieser Einfluß sich auch durch einen lästigen Schematis=
mus mit Eintheilungen und Unterabtheilungen, Distinctionen und
Subdistinctionen, Lehnsätzen und Folgesätzen, specialisirenden Re=
geln, wo der Stoff keine Erschöpfung möglich macht, geäußert;
aber für weit größer ist der wissenschaftliche Gewinn der kläreren
Begriffsentwickelung und der strengeren logischen Beweisführung
anzusehen. Namentlich findet sich hier zum ersten Male die bibli=
sche Hermeneutik durch vorausgeschickte, inhaltsreiche Bemerkungen
über das Verhältniß des Denkens zur Rede im Allgemeinen an die
allgemeine Hermeneutik angeknüpft. Es wird ans Herz gelegt,
daß „die h. Schrift nicht auf magische Weise Wirkungen im Men=
schen hervorbringen solle, sondern daß, wie alle Wirkungen und
Veranstaltungen Gottes, ihrem Gegenstande gemäß und nach Maß=
gabe der Empfänglichkeit desselben eingerichtet sind, so auch die Ein=
richtung dieser näheren Offenbarung Gottes in der h. Schrift der
Beschaffenheit des Menschen gemäß sey, so daß derselbe durch Ein=
sicht von Wahrheiten und deren Einfluß, Eindruck und Wirkung auf
den Willen gebessert und mit Gott vereinigt werde" (Einl.); daher
es auch gefordert wird: daß „der Ausleger alle Vorurtheile sorg=
fältig bei Seite setze, und sein Gemüth davon frei machen müsse,"
sie mögen sich nun auf die Autorität des Alters oder der Neuheit,
auf religiöse Parteien oder auf den kirchlichen Lehrbegriff und die
dazu gewöhnlich benutzten Beweisstellen stützen *). — Höchst lehr=
reich ist der Abschnitt von den verschiedenen Momenten der histori=
schen Auslegung, obgleich die Untersuchung hier durch die äußern
Verhältnisse abgebrochen ist, ohne Zweifel wegen der Schwierig=
keiten, die die Inspirationstheorie einer Uebertragung auf die gei=
stigen Verhältnisse in den Weg legen würde.

Dieser Theorie wird nämlich in den dogmatischen Lehnsätzen,
die sich in der Einleitung aufgestellt finden, in ihrer vollen Strenge
gehuldigt: „Nicht allein die Sachen, die in der h. Schrift vor=
kommen, sind göttlichen Ursprungs und von untrüglicher Zuver=
lässigkeit; sondern die Schrift selbst, d. h. die Ausdrücke, durch
welche die Sachen vorgetragen werden, sind von der göttlichen
Eingebung herzuleiten; welches einen sehr wichtigen Bestimmungs=
grund des Verfahrens eines Auslegers der h. Schrift ausmacht."

---

*) IX. §. 142.

In Beziehung hierauf wird dem mystischen Sinne dieselbe objektive Realität wie dem historischen beigelegt; und aus Gal. 4, 24 (Hagar und Sarah), 1 Cor. 5, 7 (Christus als Osterlamm), 2 Cor. 3, 7 (Einhüllung des Angesichts Mose) soll folgen, daß die entsprechenden Erzählungen im 1 Buch Mose 16 und 21, und im 2 Buch Mose 12, 15 ff., 34, 29 ff. — nicht durch Anwendung, sondern in Folge der Absicht des Verfassers — eine allegorische Bedeutung haben *). Wie die Theorie von der buchstäblichen, jeden einzelnen Theil der Schrift umfassenden Inspiration noch in dem Baumgartenschen Werke die hermeneutische Untersuchung beherrscht habe, das geht aus folgenden dogmatischen Postulaten hervor, die die Grundlage der Untersuchung, bei der Auslegung des A. Test. nicht minder als bei der des N. Test. ausmachen:

„Die historische Richtigkeit in der Auslegung der h. Schrift ist allezeit mit der hermeneutischen verbunden," so daß man aus der Richtigkeit der Auslegung auf die Richtigkeit der Erzählung, und aus der historischen Unrichtigkeit auf die hermeneutische Unrichtigkeit mit Sicherheit schließen kann;

während man unmöglich einem bloß menschlichen Buche alle die Bedeutungen und Absichten, die auf ersinnliche Weise Statt finden können, beilegen kann, so gilt dieses allerdings, kraft der göttlichen Inspiration, von den heiligen Büchern; weil „der Urheber der h. Schrift nicht nur alle mögliche Vorstellungen und derselben Verbindungen auf einmal hat wissen können, sondern auch die weitesten Absichten bei Anfertigung und Veranstaltung derselben gehabt hat, so muß der Schrift die möglichste Fruchtbarkeit des Verständnisses zukommen **);"

bei Handlungen und Reden der Männer Gottes, wenn sie aus göttlicher Eingebung herrühren, muß die Auslegung allezeit rechtmäßige Endzwecke annehmen; in sonstigen Fällen aber, ingleichen bei tugendhaften und gottesfürchtigen Personen über=

---

*) I. §. 13—16.

**) Nichtsdestoweniger wird neben dieser Behauptung, die Einheit des Sinnes urgirt. Nämlich „die Fruchtbarkeit darf mit der Mannigfaltigkeit nicht verwechselt werden; — es ist eine irrige Ansicht, daß alle Worte in der heiligen Schrift so viel bedeuten sollen, wie sie an und für sich bedeuten und andeuten können, wenn nicht solche Auslegungen in einander gegründet, und einander gegenseitig untergeordnet sind." I. §. 12.

haupt, es ſo lange thun, bis die erweisliche Beſchaffenheit der Handlungen und Reden unläugbar das Gegentheil erfordert. (So z. B. ſoll bei der Frage des Täufers Johannes an Jeſus (Matth. 11, 3.) kein Zweifel bei Johannes geſtattet werden können; denn die Berichtigung eines ſolchen Zweifels zu ſuchen „wäre eine ſündliche Abſicht geweſen“);

aus der übernatürlichen Kraft, die der h. Schrift von „Gott verliehen iſt, folgt ein übernatürliches oder heilſames Verſtehen; d. h. ein ſolches, wodurch die Vorſtellungen, die durch die Schrift-ſtellen nach der Abſicht des Verfaſſers erweckt werden, ſo lebendig werden, daß ſie auf die Bewegung und Beſtimmung des Willens hinlänglichen und überwiegenden Einfluß haben *).“

Abgeſehen von einer Menge hermeneutiſcher Lehrbücher, die ſich in derſelben Richtung, wie die hier erwähnten, bewegen, und deren Charakteriſirung nur zu unnützer Wiederholung führen würde **), werden wir nur noch bei einer Schrift von einem mehr eigenthümlichen Charakter verweilen: J. G. Töllners (Prof. der Theologie und Philoſophie zu Frankfurt a. d. O.) Grundriß einer erwieſenen Hermeneutik der h. Schrift, 1765. — Einigkeit unter den Theologen rückſichtlich der Auslegungsregeln zuwege zu bringen, um ſomit Einigkeit in Beziehung auf den Lehrbegriff zu bewirken, iſt der Endzweck dieſes Verſuchs, und über die Mög-lichkeit der Erreichung deſſelben äußert ſich der Verfaſſer in der Vorrede mit zuverſichtlichen Worten ***). Zu dem Ende iſt die Hermeneutik als rein philoſophiſche Disciplin behandelt; die hiſto-riſchen Unterſuchungen ſind der Dogmatik durchaus untergeordnet und eine ſtreng demonſtrative Methode iſt angewendet, ſo daß die

---

*) I. §. 7. 12. 19. V. §. 79.

**) Meyer. IV. S. 342 f. 349 ff. Roſenmüller, S. 83 f. 90 f.

***) „Sollten die beſondern Auslegungsregeln der h. Schrift eines ebenſo ſtrengen Erweiſes empfänglich ſeyn als die allgemeinen, und folglich eine er-wieſene Hermeneutik der h. Schrift ſo wohl möglich ſeyn als eine erwieſene allg. Hermeneutik: ſo würde ſich Niemand weigern können, dieſelbe für die einige wahre Hermeneutik der h. Schrift zu erkennen, und es würde alle Uneinigkeit in Anſehung der h. Schrift gerade ſo aufhören müſſen, wie ſolche in Anſehung anderer ſtreng erweislicher und erwieſener Wahrheiten aufhört. Ich bekenne, daß eine ſtarke Ueberredung von der Möglichkeit der Sache mich ermuntert hat, dergleichen zu verſuchen“ u. ſ. w.

einzelnen Paragraphen als genau verbundene Prämissen, Folgesätze und Corollarien auf einander folgen. Aber die Grundlage des Systems ist die Theorie von einer Inspiration, durch welche „sowohl die Worte und der Zusammenhang der Worte in der Schrift als die dadurch bezeichneten Dinge von Gott eingegeben sind," jedoch so, daß das Inspirationswunder als „ein weislich gemäßigtes Wunder" gedacht werde, indem Gott dem natürlichen Erkenntnißvermögen zu Hülfe gekommen sey, so daß die Inspiration wohl die ganze Erkenntniß, als wirklich, nicht aber als möglich gedacht, umfasse. Die Hauptsätze in der hierauf gestützten, scharfsinnig ausgeführten Deduktion sind folgende: „Der Sinn in der h. Schrift ist überall aus dem Sinne des Verfassers und des heiligen Geistes zusammengesetzt; als welche einander nicht widersprechen, wohl aber gegenseitig verschieden seyn können, indem der Verf. Nebenvorstellungen gehabt haben kann, die der h. Geist nicht hat bezeichnen wollen, und wiederum der h. Geist bei der Eingebung mehrere Vorstellungen kann gehabt, und mehr dadurch kann haben bezeichnen wollen, als die Verfasser; auch kann er nicht allein die näheren Verhältnisse ferner, sondern auch jeden möglichen und wirklichen Leser vor Augen gehabt haben (unmittelbarer und mittelbarer Sinn). Der Sinn des Verfassers ist also wohl ein Erkenntnißgrund vom Sinne des h. Geistes, aber ein unzureichender. Der Sinn des h. Geistes ist allein der Sinn der h. Schrift als heiliger Schrift; und er ist der reichste, edelste, wichtigste, klarste, gewisseste und lebendigste Sinn, wenngleich — als Folge der weisen Moderation des Inspirationswunders — nicht überall gleich reich, gleich edel, klar und lebendig. Daher kein Mensch den Sinn der h. Schrift ganz erkennt; wogegen Alles, was davon allmälig erkannt wird, wirklich der Sinn der Schrift ist. Die Grundregel für die Auslegung der Schrift wird demnach diese: keine Reihe von Vorstellungen für den Sinn der h. Schrift anzuerkennen, die nicht dem vollkommensten Verfasser ziemen würde, und unter mehreren möglichen Auffassungsweisen diejenige für die wahre anzuerkennen, welche die reichste, edelste, wichtigste, klarste und gewisseste ist. Kein Sinn kann also als der wahre angesehen werden, der unläugbaren anderweitigen Wahrheiten, unläugbaren Erfahrungen oder historischen oder logischen Wahrheiten widerspricht, oder der die Uebereinstimmung der h. Schrift mit sich selbst

aufhebt*)." Doch darf die beigefügte Einschränkung nicht übersehen werden. Die unbedingte Wahrheit wird nämlich von der
Schrift prädicirt, insofern sie inspirirt oder heilige Schrift ist; aber
„der Sinn der heiligen Schrift — heißt es — enthält lauter,
auf Religion gerichtete, praktische Wahrheiten." (§. 27 f.) Es
wird hier sonach nur an den dogmatischen Inhalt und die dazu gehörende Geschichte zu denken seyn; bei historischen Stellen wird
die Möglichkeit einer Abweichung von der Wahrheit in Angabe
von Namen und Zeitbestimmungen zugegeben, wie auch bei dogmatischen Stellen die Möglichkeit weggelassener und aus andern zu
ergänzender Einschränkung, wodurch ein scheinbarer Widerspruch
entsteht, der durch Reflexion oder Hypothese gehoben werden muß.
(§. 103.)

Wenn
die mystisch = allegorische Auslegung
im Allgemeinen als von der Coccejanischen Schule im siebzehnten
Jahrhundert aufs Neue ins Leben gerufen betrachtet wird, so gilt
solches nur mit wesentlicher Einschränkung.

Johann Coccejus, d. i. Cock (geb. zu Bremen, Prof.
zu Leyden, † 1669) — ein Mann, dessen gründliche Gelehrsamkeit, theologischer Ernst und dialektischer, mit Tiefe des Denkens
verbundener Scharfsinn zunächst an Calvin erinnern — ward
wegen seiner eigenthümlichen dogmatischen Ansichten und exegetischen Prinzipien, sowohl bei seinem Leben als nach seinem Tode,
Gegenstand heftiger, verketzernder Anfechtung**). Die allgemein
angenommenen Grundsätze vom normativen Ansehen der Schrift,
der Theopneustie derselben („Scriptores ss. in minutis circum-
stantiis non sunt lapsi"), von der Unabhängigkeit der Schriftauslegung von traditioneller Autorität, von der Nothwendigkeit
besonderer Auslegungsgabe und Erleuchtung durch den h. Geist
— hat Coccejus in seinen polemisch-dogmatischen Schriften***) oft

---

*) §. 7—10. 13. 16. 32. 35. 40. 91.

**) Seine beiden bittersten Gegner waren Sam. Maresius, Prof. zu
Gröningen, und Gisbert Voetius, Prof. zu Utrecht. Ueber die oftmals erneuerten und weit ausgesponnenen Streitigkeiten s. Walchs Einleitung in
die Religionsstreitigk. außerhalb der luther. Kirche. III. S. 756—773.

***) Vornämlich in aphorismi contra Pontificios — animadversio-
nes in Bellarmini controversias. — liber de potentia S. Scr.

und unbedingt als die seinigen anerkannt. Aber bei der Ordnung und Behandlung der Dogmen nach der sogenannten methodus foederalis trat in seinem System die Exegese in solches Verhältniß zur Dogmatik, daß es ihm von besonderer Wichtigkeit werden mußte, jene so inhaltsreich und fruchtbar wie möglich zu machen. Hieraus entsprang der Hauptgrundsatz des Coccejanischen Schrift- auslegungssystems: daß die Worte der Schrift an jeder Stelle so viel bedeuten müssen, als sie gelten und bedeuten können.

Diese Regel, in abstrakter Isolirtheit genommen, führt für den Ausleger die Befugniß mit sich, den ganzen Kreis der verschie- denen Bedeutungen eines Worts in jede einzelne Stelle hineinzu- bringen, in der das Wort vorkommt. Gegen eine solche Erklä- rung hat sich aber Coccejus durch die nähere Entwickelung aus- drücklich verwahrt: „An jeder Stelle muß man annehmen, daß dasjenige bezeichnet sey, was die Worte an jeder Stelle zu bezeichnen am meisten geschickt sind*). — „Die Worte bezeichnen dasjenige, was sie im Zusammenhange der Rede (in integra oratione) bezeichnen können; so daß, wenn der Ausle- ger dasjenige vorgebracht hat, was in Folge der Analogie anderer Theile der Schrift und des Mysteriums der Frömmigkeit, zufolge der Absicht der Rede und aller vorangehenden und nachfolgenden Aeußerungen, in den Worten liegen kann, alsdann weiter nichts hinzugefügt werden dürfe**). So bestimmt, ist hier eine wichtige Wahrheit gegen diejenigen geltend gemacht, die sich an einer aphoristischen, zergliedernden Observationsexegese, wodurch die theologische Aus- beute für wenig oder nichts zu achten war, genügen ließen. Hier- auf ist gerade das Interesse des Coccejus vorzüglich gerichtet. Im Gegensatz von Socinianern und Remonstranten, welche „das Parallelisiren der Schriften gering schätzen***), bemüht er sich „die Bücher von Anfang bis zu Ende im Zusammenhange zu betrachten, das Geistige mit dem Geistigen zusammenzuhalten, und somit die Zusammenstimmung des Glaubens zu erhalten und eine zuverläs-

---

*) Praef. ad Ep. ad Philipp. (Opp. V. p. 6.)
**) Praef. in Ep. ad Rom. (Opp. IV. p. 361.)
***) Aphorismi contra Socin. disp. 1.

ſige Auslegungsregel zu befolgen*);" er erklärt den Satz für
falſch: „daß dasjenige, was zu glauben zum Heile nothwendig iſt,
Alles in den klaren Worten der Schrift enthalten ſey;" denn
auch aus Parabeln und Allegorien giebt es eine ſichere Beweis=
führung; das Räthſelhafte und Problematiſche läßt ſich aus den
klaren Ausſprüchen erklären**);" und er behält ſich in den kräf=
tigſten Ausdrücken ſein Recht vor, ſolche Beweisführung auf die
Auslegung der Schrift nach beſter Einſicht und Ueberzeugung zu
ſtützen***).

Durch ſeine Auslegung des A. Teſtaments ungleich mehr als
durch die des Neuen hat ſich Coccejus ſeinen üblen exegetiſchen
Ruf vornämlich zugezogen. Er geht hier von überſpannten Sä=
tzen von der weſentlichen Identität beider aus: hebt es als Soci=
nianiſche Irrlehre hervor, daß „der Weg des Heils vornämlich
aus dem N. T. erkannt werde, ſo daß weder dieſelben Verheißun=
gen noch die nämlichen Vorſchriften im A. Teſt. zu finden ſeyen,"
und erklärt, daß „nichts der Lehre des A. Teſt. im N. Teſt. hin=
zufügt ſey, nur daß darin die Myſterien erklärt, und Chriſtus und
die Erſcheinung ſeiner Gnade verkündigt ſeyen†)." Hieran ſchließt
der Grundſatz ſich an, welcher die exegetiſche Behandlung des
A. Teſt. beſtimmt: daß nämlich die Weiſſagungen die Zeitordnung
alles deſſen, was in der Welt zur Vorbereitung der Erſcheinung
Chriſti ausgeführt werden ſollte, ferner die Beſchaffenheit des Zeit=
alters Chriſti ſelbſt, die Verbreitung, Anfechtungen und Erhal=
tung der Kirche, die Reformation und den Sieg derſelben über
ihre Feinde dergeſtalt bezeichnen, — daß, wer gehörig geübten
Sinn hat, die einzelnen Theile der Geſchichte in den Weiſſagungen

---

*) Praef. in Ep. ad Gal. (IV. p. 866.)

**) Aphorismi contra Socin. disp. 2. Animadv. in Bellarmin. III.

***) Gott hat der Kirche nicht Zeugen noch Lehrer gegeben, denen er uns
aus dem Grunde ihrer Unfehlbarkeit zu glauben und zu gehorchen geboten
hat; ſelbſt die Lehre der Apoſtel mußte unterſucht werden, bevor dieſelben für
unfehlbar angeſehen werden konnten; nach dieſen aber will Gott nicht die
Kirche durch unfehlbare Menſchen regieren." — „Alle Frommen und beſon=
ders alle gläubige Lehrer haben den Beruf zu lehren, um aus der Schrift die
Wahrheit zu beweiſen; und es giebt keine geſetzgebende Gewalt, der das Ge=
wiſſen ohne weiteren Beweis unterworfen ſeyn ſollte." Aphor. contra
Pontif. disp. 1. Animadv in Bellarm. III.

†) Aphor. contra Socin. disp 1. Animadv. in Bellarm. IV.

gleichsam nachweisen könne; es sey denn, daß man behaupten
wolle, daß es wider die Meinung und Absicht des h. Geistes geschehen sey, daß alle seine Worte aufs Genaueste in der nämlichen
Ordnung und mit denselben Umständen erfüllt werden*).“

Durch eine solche Betrachtung des Verhältnisses der Weissagungen zu Christo und seiner Kirche ist einer Typik sonder Maß
und Gränze, welche durch die Antithese: „Grotium nusquam in
sacris litteris invenire Christum, Cocceium ubique“ charakterisirt worden ist, Thür und Thor geöffnet. Aber auf jeden Fall
ist die hierauf gerichtete Willkührlichkeit der Auslegung von dem
Allegorisiren der älteren Zeiten sehr verschieden. Gegen dessen
Gebrauch hat sich Coccejus selbst erklärt und sich zum Grundsatze
von der Einheit des Sinnes bekannt („non amplius uno litterali et historico sensu admittimus; nam allegoria non con-
stituit peculiarem Scripturae sensum“)**); ohnehin konnte
der dogmatische Ernst seines Charakters mit der spielenden Leicht-
fertigkeit der Allegorisirung nur wenig sympathisiren***). Seine
Exegese des N. Test. leidet allerdings unter dem Bestreben, dogmatischen Reichthum überall finden zu wollen; und in diesem Satze
von der unerschöpflichen Fruchtbarkeit der Schrift kann Coccejus
als Vorgänger der pietistischen Schule betrachtet werden. Aber
auch das philologische Element der Auslegung ist mit Gründlichkeit und Interesse behandelt; und seiner Schule haben wir eine
Anzahl tüchtiger Schriftausleger zu verdanken: Herm. Witsius,
Campeg. Vitringa, Sal. van Till u. A.

---

*) Summa Theol. VI. §. 32.
**) I. l. §. 51. 52. De potent. Scr. c. 21. §. 5. 7.
***) Als seine theologische Gesinnung charakterisirend mag hier noch fol-
gende Aeußerung ihre Stelle finden: „Gratias ago Deo meo, quod mihi
dederit et a pueritia audire verbum suum, et, quum vix pueritiae
annos egressus essem, mihi in manus quasi tradiderit Scripturam,
ut eam legerem et meditarer dies et noctes, et necesse haberem eas
quotidie scrutari, ut ex iis proficerem, et ad quae profecissem audi-
toribus meis fideliter propinarem. In qua palaestra quum iam tri-
ginta quatuor annos desudaverim, ipsa dies me monet, ut, si non
hactenus steti in statione ad exspectandum Dominum meum, nunc
certe incipiam in eo versari, in quo velim inveniri, quum Dom.
me visitabit. Atqui ego nil pulchrius novi, nihil magis salutare,
quam verbis Dei considerandis immori“ cet.

Das auf Rechtfertigung, Begründung und Entwickelung der Grundsätze einer, von der kirchlichen Tradition unabhängigen, historisch-dogmatischen Auslegung abzielende Bestreben der evangelischen Kirche rief von der katholischen Seite auch in dieser Periode eine entsprechende Reaktion hervor. Die Vertheidigung

der traditionell-kirchlichen Auslegung

ist daher in die katholische Controvers-Theologie als ein Hauptpunkt aufgenommen worden, und eine Deduktion der Gültigkeit und Nothwendigkeit derselben — allerdings, aus dem protestantischen Gesichtspunkte betrachtet, nur durch Hülfe einer petitio principii — ist namentlich von zwei berühmten Jesuiten und polemischen Verfassern gegeben, dem Cardinal Robert Bellarmin („la meilleure plume de son temps en matières de controverse." Bayle), und dem Professor Jakob Gretser zu Ingolstadt. Von dem Ersten gehört hieher der Abschnitt „De verbo Dei" im ersten Theil seines Hauptwerks: Disputationes de controversiis chr. fidei, adversus huius temporis haereticos. IV tomi. 1620; von dem Andern, außer seiner defensio operum Bellarmini (im 8. Theil seiner Opp.) gegen Whitacker, Prof. zu Cambridge, Danäus, Hunnius u. A., ein besonderer „tractatus: unde scis, hunc vel illum esse sincerum et legitimum Scripturae sensum."

Die Bellarminische Schrift ist dem Vorworte zufolge durch die lügenhaften, von Luther und Calvin gegen die Katholiken vorgebrachten Beschuldigungen hervorgerufen, als erkennten diese mit Schwenkfeld und den Libertinern die Schrift als Gottes Wort nicht an. Sie befaßt vier Bücher: von den heiligen und apokryphischen Büchern — von den hebräischen, chaldäischen, griechischen, lateinischen Ausgaben der Schrift — von der Auslegung und dem wahren Sinne der Schrift — von dem nichtgeschriebenen Gottesworte. Der Hauptinhalt des dritten Buches ist folgender:

Die Hauptregel bei aller Auslegung der Schrift, es mag nun die Frage gelten, ob der historische Sinn einfach oder figürlich zu nehmen, oder ob der geistige Sinn vorhanden sey, ist diese: „daß die Schriften durch den nämlichen Geist, von welchem sie geschrieben sind, d. h. durch den heiligen Geist, verstanden werden müssen." Wo ist dieser denn zu finden? „Die Ketzer lehren, daß

er nicht an die Bischöfe noch an irgend eine bestimmte Classe von
Menschen gebunden sey, und daß daher ein jeder Richter seyn müsse,
indem er entweder seinem eigenen Geiste folgt, wenn er im Besitz
der Auslegungsgabe ist, oder einem Anderen sich anschließt, den er
mit diesem Geiste ausgerüstet sieht." Diese Behauptung hebt sich
aber selbst auf, man mag nun entweder den mysteriösen Inhalt
der Schrift im Allgemeinen und die häufigen dunklen Stellen be=
rücksichtigen, oder die Aeußerungen der Kirchenväter, oder die
gegenseitigen Abweichungen der Reformatoren selbst rücksichtlich
der Auslegung und der dogmatischen Anwendung ins Auge
fassen. Daher ein „iudex controversiarum" unentbehrlich
ist; und daß ein solcher gegeben sey, das wird sowohl aus
dem Beispiel der jüdischen Hierarchie, als aus Aussprüchen im
N. Testament und aus der Praxis der alten Kirche bewiesen.
In der Schrift indeß ist dieser Richter nicht zu suchen — denn
in jedem Staate ist der Richter vom Gesetz verschieden; — nicht
in dem göttlichen Geiste, der in den Menschen zur Erleuch=
tung wirkt, — denn die streitenden Theile sind Menschen, und
der Richter muß Beiden sichtbar, und mit Gewalt zu zwingen
versehen seyn; — nicht in einem weltlichen Fürsten — denn seine
Macht hat in der Wahl des Volks ihre Gränze, und in der Erhal=
tung des äußeren Friedens und der bürgerlichen Ruhe ihren Zweck.
Es bleibt uns also nur übrig, diese richtende Gewalt in der Kirche
zu suchen. — Vollständiger noch ist dieser Beweis in dem Gret=
serschen Traktat ausgeführt. „Es ist nothwendig, daß die authen=
tische Auslegung der Schrift nicht minder sicher und unfehlbar als
die Schrift selbst sey. Nun giebt es aber weder eine so ausgezeich=
nete Vorzüglichkeit des natürlichen Urtheils, noch eine so ausge=
zeichnete Kenntniß der Sprachen, noch eine so vorzügliche Einsicht
in die gegenseitige Zusammenhaltung der Schriften, daß irgend
ein einzelner Mann vermöge derer sich göttliches Ansehen und Ver=
trauen erwerben könnte. Jene Eigenschaften werden also nicht,
weder eine jede für sich, noch alle mit einander, wenn sie in
e i n e m Menschen sich vereinigt finden, einen solchen Ausleger,
wie wir ihn suchen, bilden können. Da die Gegner aber selbst
behaupten, daß der Weg zum ewigen Heile allein im Worte Gottes
zu suchen sey, und daneben zugeben, daß das, was daraus als
Glaubenslehre aufgestellt wird, alles durch den Geist, von dem

es herrührt, ausgelegt werden müſſe, ſo müſſen ſie nothwendig auch einräumen, daß jene Auslegung nur von demjenigen könne gegeben werden, der nach den offenbaren Zeugniſſen der Schrift den Geiſt, von welchem jenes Wort herrührt, von Gott als bleibenden Beſitz empfangen hat. Aber nur von der Kirche, der Braut Chriſti, wiſſen wir aus der h. Schrift, daß ſie mit dem Geiſte der Wahrheit begabt, und deren Stütze und Grundlage iſt. Sie alſo iſt die alleinige Auslegerin der Schrift." —

Bei dieſer prinzipmäßigen Unterwerfung der Wiſſenſchaft unter die kirchliche Autorität kann das Eigenthümliche an den verſchiedenen Anweiſungen, die zur Schriftauslegung gegeben ſind, ſich nur auf das Unweſentliche der Form beziehen. Von einer Anzahl hermeneutiſcher Verfaſſer *) muß es daher hinreichend ſeyn, hier die zwei berühmten franzöſiſchen Benediktiner: Johann Martianay, aus der Congregation des h. Maurus, und Aug. Calmet zu nennen. Des Erſterwähnten „traité méthodique ou manière d'expliquer l'ecriture par le secours de trois syntaxes, la propre, la figurée et l'harmonique" (1704), und eine ſpätere Schrift deſſelben „méthode sacrée pour apprendre et expliquer l'ecriture sainte par l'ecriture même (1716) — dehnen, wie es ſchon der Titel angiebt, die Unterſuchung auf den Charakter des Vortrags und auf die exegetiſche Paralleliſirung aus, während die „septem regulae hermeneuticae" des Letzteren, die ſich vorn in ſeinem dictionnaire historique de la Bible (1722) finden, ſich auf eine compendiariſche Anweiſung beſchränken **). Bei beiden aber iſt die Regel obenan geſtellt, die alle Anweiſung und alle Arbeit illuſoriſch macht: „an dem Sinne feſtzuhalten, den die Kirche der Schrift gegeben hat, namentlich in den Punkten, die ſich auf den Glauben beziehen," daß „die Concilien und Kirchenväter die wirklichen Inhaber des Sinnes der Schrift ſeyen," und daß man alſo „allemal im Irren begriffen ſey, wenn man nicht die Meinung der Kirche und die Erklärungen befolgt, welche die Väter uns hinterlaſſen haben."

---

*) Mehrere wenig bekannte Namen ſind in Meyers Geſch. d. Schrifterklärung. III. S. 336 angeführt.

**) Eine proteſtantiſche Unterſuchung dieſer Regeln giebt es von Chph. Wolle (Prediger in Leipzig): Examen reg. hermeneut. Calmeti.

V.

Von der Mitte des 18. Jahrhunderts bis auf unsere Zeit.

Durch die Theorie von der buchstäblichen Inspiration der Schrift hatte die kirchliche Dogmatik ihre drückende Herrschaft über das Bibelstudium ausgeübt. Diese Theorie war kein Resultat wissenschaftlicher Betrachtung über die faktische Beschaffenheit und den eigenthümlichen Charakter der Schrift, sondern ein apriorisch gebildetes, für sich bestehendes Theologumenon. Unbesorgt rücksichtlich der Aufgabe, eine Vereinigung der menschlichen Natur der Schrift mit ihrer göttlichen zu verwirklichen, und ohne Achtung vor den geschichtlichen Erscheinungen in der Schrift, ließ sie sich damit begnügen, einen Begriff absoluter Vollkommenheit aufzustellen, und durch Machtspruch denselben als den Kanon geltend zu machen, wonach die vorkommenden Schrift-Phänomene beurtheilt werden sollten. Die biblischen Untersuchungen, welche sich alle insgesammt auf ein geschichtlich Gegebenes beziehen und auf historischem Wege durchzuführen sind, mußten hiedurch in ein falsches Verhältniß zu ihrem Endzweck gebracht werden. Die biblische Kritik fand die Fragen über Aechtheit und Glaubwürdigkeit der Bücher und über die Reinheit des Textes im Voraus durch den Inspirationsbegriff erledigt; und bei der Auslegungsarbeit blieb nur noch die nichttheologische Seite übrig, in Beziehung auf welche die wissenschaftliche Freiheit unangefochten sich behaupten konnte. Wo hingegen die Exegese mit dogmatischer Bedeutung auftrat, da durfte die Anwendung philologischer und philosophischer Studien nur mit großer Einschränkung gestattet werden.

Aber der Zustand einer so unnatürlichen Abhängigkeit, der an die Lage der Dinge im Mittelalter erinnerte, konnte nur unter solchen Bedingungen im wissenschaftlichen und kirchlichen Leben, welche von denjenigen, die in der ganzen Tendenz der evangelischen Kirche und in den früheren Verhältnissen derselben begründet waren, das Gegentheil bildeten, als fortdauernd gedacht werden. Die philologischen und philosophischen Studien ließen sich im acht-

19

zehnten Jahrhunderte nicht unterdrücken, wie es gelungen war,
im achten sie zu vernichten; und ebenso wenig konnte die Anwendung derselben auf die Theologie zurückgedrängt werden, wo nicht
auf prinzipmäßige Weise — so wie in der katholischen Kirche —
auf die kirchliche Orthodoxie, als den abgeschlossenen Inbegriff aller
Wahrheit, hingewiesen werden konnte. Der ausgeübte Zwang
stand daher in der evangelischen Kirche nicht im rechten Verhältniß
zur Kraft; oder richtiger: er fand seinen übermächtigen Widerstand in der Kraft, die in der Kirche eigenem Geiste ruht. Dieser
war, wenngleich dem Anschein nach gehemmt, dennoch lebendig
und thätig; es fehlte nur noch am klaren Bewußtseyn der Reaktion, die sich mit Rücksicht auf die Anwendung des evangelischen
Schriftprinzips allmälig geltend gemacht hatte.

Früher und schneller, als es sonst vielleicht gelungen wäre,
ward die evangelische Kirche zu diesem Bewußtseyn durch die Angriffe gebracht, welche vom Anfange des achtzehnten Jahrhunderts
an von den sogenannten Freidenkern in England, späterhin in
Frankreich und Deutschland, auf die heilige Schrift gemacht wurden. Denn diesen Angriffen — wenn sie gleich gewöhnlich aus
irreligiöser Frivolität und aus Antipathie gegen das Christliche
hervorgingen — bot die Theorie von der verbalen Inspiration
nebst der Behauptung von der absoluten Vollkommenheit jedes
einzelnen Theiles der Schrift in ihrem ganzen Umfange eine erwünschte Unterlage dar. Indem die menschliche Seite der Bücher
des N. Test., verbale und reale Ungenauigkeiten und Divergenzen
ohne Schonung hervorgezogen, und die kleinlichen Künsteleien der
Theologen nebst deren mislungenen Operationen zur Beseitigung
solcher Anstöße, zum Gegenstand unbarmherziger Kritik gemacht
wurden, ließ sich der bisher verheimlichte und verdeckte Gegensatz
zwischen den in der Schrift gegebenen Thatsachen und den Postulaten des Inspirationsdogma's, nicht länger verhehlen. Demnach
war die Alternative dahin gestellt, entweder eine Illusion einzu-
räumen, in welche die Gläubigen verwickelt wären, indem sie der
Schrift als Offenbarungsdocument huldigten, oder die bisher gel-
tende Theorie vom göttlichen Charakter derselben aufzugeben. Eine
kritische Prüfung des Inspirationsdogma's ward also durch die
strenge Nothwendigkeit herbeigeführt; und auf dem Punkte, worauf man sich jetzt befand, konnte es nicht länger angehen, die

Resultate der historischen Untersuchungen über die Beschaffenheit der Schrift zu ignoriren oder zu umgehen. Von dieser mußte man vielmehr ausgehen, und so ward die Aufgabe nun die, einen solchen Begriff von der Göttlichkeit der Schrift zu suchen und zu begründen, welcher Verläugnung des menschlichen Charakters derselben nicht erforderte. Hiedurch war denn die Schriftauslegung aus den Banden der Dogmatik erlöset, und die heiligen Bücher der vollständigen, unbefangenen historischen Beobachtung zurückgegeben.

Historisch=theologische Auslegung.

Joh. Aug. Ernesti (Prof. d. Theol. zu Leipzig, † 1781) ist der Theolog, an dessen Namen die Geschichte den Uebergang zu den freieren Grundsätzen für die Auslegung der Schrift zunächst angeknüpft hat. Wenig Schriften in der Litteratur der neueren Theologie haben einen solchen Ruhm und Einfluß gewonnen, als seine „Institutio interpretis N. T., 1761*).“ Der Umfang und die Anlage des Buches sind theils durch den daselbst aufgestellten Begriff der Hermeneutik bestimmt, als der Wissenschaft von der Auffindung und Entwickelung des Sinnes, theils durch die Unterscheidung der subjektiven Behandlung der Schrift vom objektiv gegebenen Stoffe für die Behandlung, der in der Schrift sowohl als in dem dazu gehörenden litterären Apparate vorhanden ist. Sonach bilden sich drei Hauptabtheilungen:

I. 1) Der reflektirende Theil: Vom Sinne der Worte — von den verschiedenen Wortclassen und deren verschiedenem Gebrauche. 2) Der vorschreibende Theil: Von Bestimmung des Sprachgebrauchs im Allgemeinen — Von den Hülfsmitteln zur Auffindung des Sinnes — Vom Sprachgebrauch des N. Test. — Von Beurtheilung und Erklärung der figürlichen Rede — Von Beurtheilung oratorischer Emphase — Vom Ausgleichen scheinbarer Widersprüche in der Schrift.

II. Von Verfassung und Beurtheilung von Uebersetzungen und Commentaren.

III. Vom hermeneutischen Apparat und rechten Gebrauch desselben: 1) Von der Authentie, Integrität u. s. w. der Bücher

---

*) Ernesti selbst veranstaltete die zweite und dritte Ausgabe 1765 u. 1774. Die fünfte mit Anmerkungen bereicherte Ausgabe ist von Ammon 1809 besorgt.

des N. Test. — 2) Von Handschriften und deren Benützung — 3) Von Ausgaben des N. Test. — 4) Von Uebersetzungen desselben — 5) Von den Schriften der Kirchenväter und deren Gebrauch — 6) Von den verschiedenen Lesarten, den Ursachen und Quellen, der Beurtheilung und Auswahl derselben — 7) Von der Benutzung der alexandrinischen Uebersetzung und der übrigen griechischen Uebersetzungen des A. Test. — 8) Vom Gebrauch der jüdischen Schriftsteller — 9) Von den Auslegern des N. Test. und deren Benutzung — 10) Von der Benutzung der Wissenschaften zur Auslegung.

Aus dieser Uebersicht geht klar hervor, wie sehr es hier noch an Genauigkeit der Begriffsbestimmung und an wissenschaftlicher Begränzung fehlt. Es sind nur die Untersuchungen in der ersten Hauptabtheilung und einzelne Abschnitte in der dritten (5—9—10), welche die Theorie von der Auslegung des N. T. angehen. Daß die zweite Abtheilung eingeschoben worden, ist der unbefugten Trennung im Begriff der Hermeneutik zu verdanken, nach welcher das Verständniß des gegebenen Textes von der Darstellung des Sinnes unter dieser oder jener Form geschieden wird. In der dritten Abtheilung gehört der größte Theil des Inhaltes zu den einleitenden Untersuchungen, die bei der Hermeneutik vorausgesetzt werden müssen. Und wie man in dem, was gegeben ist, vergebens organische Einheit und Verbindung sucht, so sind die hermeneutischen Untersuchungen bei weitem nicht im gehörigen Umfange geführt. Ueber die historische Auslegung — im engeren Sinne des Worts — sind die Untersuchungen größtentheils auf den Schlußabschnitt der dritten Abtheilung verlegt; eine große Anzahl wichtiger Momente, die aber alle bloß zu den Verhältnissen des äußeren Lebens gehören, als chronologische, archäologische, geographische u. s. w., finden sich hier gesammelt. Was jedoch vornämlich vermißt wird, ist befriedigende Vereinigung des Interesses der historischen und der theologischen Auslegung. Im Namen der historischen Auslegung wird nämlich von dem Grundsatz ausgegangen, daß „an jeder Stelle nur ein einziger Sinn in den Worten gegeben sey: der buchstäbliche, historische, grammatische" (I. 1. c. 1. §. 6. 15.); — daß folglich „der Sinn der Worte in den göttlichen Büchern nicht auf andere Weise gesucht und gefunden werden könne, als wie er in menschlichen Büchern gewöhnlich geſucht werde, und auch geſucht werden müſſe" (§. 16.); — daß „die Analogie der Lehre bei der Auslegung nur in ſoweit von Nuten ſey, als ſie bei ſolchen Worten, die wegen der Mannigfaltigkeit der Bedeutung oder Wortfügung oder aus einem andern Grunde zweideutig ſind, zur Entſcheidung des Sinnes führe," wie ja menſchliche Bücher überhaupt, nicht bloß im Allgemeinen, ſondern auch mit Rückſicht auf einzelne Stellen, in Analogie mit der beſtimmten Lehre, zu welcher ſie gehören, auszulegen ſind (I. 1. c. 1. §. 19. 2. c. 3. §. 34). Um dagegen das theologiſche Intereſſe wahrzunehmen, iſt der Inſpirationsbegriff in der gewöhnlichen Form hingeſtellt, ohne tiefere Entwickelung der dogmatiſchen Bedeutung deſſelben, noch ſeines Verhältniſſes zu den allgemeinen Auslegungsgrundſätzen. „Weil die heiligen Bücher — heißt es (I. 1. c. 1. §. 23.) — von inſpirirten Männern geſchrieben ſind, iſt leicht einzuſehen, daß in ihnen kein wirklicher Widerſtreit der verſchiedenen Ausſprüche unter einander Statt findet." Hieraus werden folgende Regeln abgeleitet, die augenſcheinlich in einem Cirkelgange ſich bewegen: „wenn mit Sicherheit könnte bewieſen werden, daß in den heiligen Büchern zwei Stellen einander dermaßen entgegengeſetzt wären, daß kein Mittel, ſie zu vereinigen, mehr übrig bliebe, ſo müßte nothwendig eingeräumt werden, daß die eine oder die andere Stelle in den gewöhnlichen Ausgaben verunſtaltet ſey, und man müßte darauf bedacht ſeyn, den Fehler auf rechtmäßige Weiſe zu berichtigen;" — „wenn die Aechtheit beider Lesarten unbeſtreitbar iſt, ſo iſt es klar, daß ein bloßer Schein des Widerſtreites Statt findet, der auf zweckmäßige Weiſe gehoben werden muß" (I. 2. c. 6. §. 1. 2.). Dieſe Forderung wird darauf, in unbedingter und unbegränzter Form, auf den ganzen hiſtoriſchen Inhalt der Bücher des N. Teſt. ausgedehnt. Nach einer ähnlichen Anwendung des Inſpirationsbegriffs wird bemerkt: daß die neuen Bezeichnungen neuer Gegenſtände und Begriffe, die im N. T. vorkommen, „keinesweges von den Apoſteln erfunden ſeyen, noch haben erfunden werden können, ſondern von dem heiligen Geiſte ihnen gegeben ſeyen (als Beiſpiele werden τέρας, δαιμονίζεσθαι, τάρταρος, ᾅδης, ἀναγεννᾶν angeführt), welche nicht aus dem alten Sprachgebrauch verſtanden und erklärt werden können, ſondern ihre beſondere Auslegung heiſchen" (I. 2. c. 3. §. 27. 28.); — ferner:

daß „solche Worte, welche nur von den Gegenständen, auf welche sie von anderen sind übertragen worden, gebraucht werden, nicht als bildliche zu betrachten, sondern im eigentlichen Sinne zu nehmen seyen; so z. B. das Wort „Geburt" vom Sohne Gottes, weil es nur bestimmt ist, einen Akt des göttlichen Wesens auszudrücken, und die Vorschrift, das Fleisch des Herrn zu essen und sein Blut zu trinken" (I. 2. c. 4. §. 7. 10.).

Wird das Ernestische Handbuch mit dem zunächst vorangehenden hermeneutischen Hauptwerke, dem Baumgartenschen, verglichen, so kann der unmittelbare Fortschritt, welcher darin für die Wissenschaft gewonnen ist, schwerlich hoch angeschlagen werden. Der theologische Knoten, auf dessen Lösung die freie Entwickelung der Auslegungsaufgabe beruht, ist hier noch immer umgangen oder zur Seite geschoben, und der Stoff noch als ein lose verbundenes Aggregat behandelt. Dagegen hat das Buch großes Verdienst sowohl durch Hinweglassen vieler unnützer Zusätze, welche die älteren Lehrbücher überfüllen, als durch die klassische Form, die ohne Zweifel zur Vermehrung seines Einflusses wesentlich beigetragen hat. Da daneben die Forderung, daß die allgemeinen Grundsätze auch bei der Auslegung der heiligen Bücher anzuwenden seyen, hier mit größerer Klarheit und Bestimmtheit, der Begriff von der verbalen Inspiration hingegen mit geringerem Nachdruck als zuvor ausgesprochen wurde, so war hiedurch gewissermaßen der Weg für weitere Fortschritte vorbereitet. Wenn es aber allgemein geworden ist, eine neue Epoche der Schriftauslegung von Ernesti an zu datiren, so ist eine solche Auszeichnung ohne Zweifel weit weniger der Schrift selbst zu verdanken, deren positive Eigenthümlichkeiten anzugeben schwer halten würde, als dem Zeitpunkte ihrer Abfassung; indem der frei vorwärts strebende, wissenschaftliche Geist hier ein in seiner Tendenz freisinniges und durch die Form ansprechendes Vehikel gegeben fand, an welches die Resultate der Forschung bequem sich anknüpfen ließen. Ungleich größer ist die theologische Eigenthümlichkeit in den hermeneutischen Schriften des berühmten Zeitgenossen Ernesti's, Joh. Sal. Semler, Prof. zu Altdorf und Halle († 1791)*); und

---

*) Vorbereit. zur theol. Herm. 1760—69. — Institutio brevior ad liberalem eruditionem theol. l. 1. 1765. — Apparatus ad liberalem

der Einfluß, der von diesem zur freieren Entwickelung der Schriftauslegung herrührt, läßt sich mit weit größerer Bestimmtheit angeben. Den Gesichtspunkt, woraus Semler den Zustand des
Bibelstudiums und die Aufgabe des evangelischen Theologen in
Bezug auf denselben betrachtet hat, finden wir in folgenden Worten angegeben:

„Im 16. Jahrhundert war das Loos der Hermeneutik nicht
viel besser als vor der Reformation. Die meisten Ausleger, ausgenommen Melanchthon, Camerarius, Strigelius, Chyträus
mit wenigen anderen Gleichgesinnten, waren von einem streitbaren
Geiste beseelt; auch gegen die Reformirten waren sie nicht selten
von übermäßiger Heftigkeit entzündet. Insonderheit wurden viele
durch den stürmenden Eifer der Flacianer und die Parteisache gegen
die Krypto-Calvinisten bethört. Hieraus entstand der Parteieifer
derer, welche durch Zudringlichkeit und Härte eine strengere Einigkeit unter den Lutherischen Schulen und Gemeinen herbeizuführen
suchten; woraus die Folge ward, daß einige von diesen Gemeinen
sowohl gegenseitig von einander getrennt wurden, als daß sich
die Gemüther von den Reformirten als von der Pest angesteckten
Feinden förmlich abwendeten. Unter diesen Unruhen und fortwährenden Zänkereien konnte die Auslegung der Bibel, worin
früher doch beide Kirchen die römische übertroffen hatten, weiter
keine Fortschritte machen, da viele öffentliche und private Hindernisse — sowohl durch die Autorität der Lehrer als durch öffentliche Verdammungen, hie und da auch durch die Gesetze der Fürsten — den gelehrten und tüchtigen Männern in den Weg gelegt
wurden. Auch hielten sich die Reformirten in dieser Hinsicht nicht
rein, indem sie im Dortrechtschen Concilium denselben Weg ein-
schlugen. So geschah es, daß nicht Wenige, durch die entehrende
Knechtschaft entrüstet, sich gänzlich von den öffentlichen Versammlungen der Kirche zurückzuziehen und die ganze christliche Wahrheit zu bekämpfen anfingen, statt blos den Fehlern entgegen zu
arbeiten, die sich eingeschlichen hatten. Auch das 17. Jahrhundert

---

N. T. interpretat. 1767. — Abhandlung von freier Unters. des Kanons
(1775—77), 3. Th. — Neuer Versuch, die gemeinnützliche Auslegung und
Anwendung des N. Test. zu befördern, 1786. Diesen Schriften können noch
die Anmerkungen zu seinen Paraphr. ad I. et II. Ep. ad Corinth. hinzugefügt werden.

blieb ohne sonderlichen Gewinn für die Auslegungswissenschaft. Noch immer ward fast alle Zeit und Mühe auf heilige Kriege verwendet, besonders nachdem die neue Sekte der Socinianer entstanden war, die sich einer strengeren Schriftauslegung befliß, als die meisten Lehrer der anderen Parteien. Auch wir bedienen uns der rechtmäßigen, von den alten Auslegern behaupteten Freiheit nicht, wenn wir uns den unwissenschaftlichen Meinungen von der Theopneustie des jetzt üblichen Textes unterwerfen *); — diese strengere Lehre von der Offenbarung, welche neuen Ursprungs ist, hat das sorgfältigere Studium der Geschichte, welches auf die gründliche Auslegung so großen Einfluß hat, verhindert **). Erst in jetziger Zeit hat die vollständigere Vergleichung der Manuskripte die thörichte Vorliebe für Emphases, das grundlose Jagen nach Etymologieen, und den blinden Glauben an den gedruckten Text, auf welchen der rechte Begriff der Theopneustie nicht ausgedehnt werden kann, unterdrückt. Endlich haben auch viele Gegner entweder des Christenthums überhaupt oder der Kirche — Toland, Tindal, Collin, Woolston, Chubb u. M., an deren Gleichen es auch bei uns nicht gefehlt hat, obgleich sie mehr mit fanatischem Geiste, als mit wirklicher Erkenntniß ausgerüstet gewesen sind — Dippel, Petersen, Feud u. M. — wenngleich wider ihren Willen, zur Schärfung der rechten Auslegungsmethode nicht wenig beigetragen. Jetzt bleibt noch übrig, daß alle diejenigen, welche vor allen Anderen die Schrift zu verstehen und auszulegen haben, ein Jeglicher in seiner Weise, sich dieser Studien befleißigen, damit sie dadurch über die Schranken, welche die Armuth oder der kleinliche Fleiß oder der traurige Parteigeist der vergangenen Zeiten vorfanden, hinauskommen, und den Geist und Inhalt der christlichen Lehre vollkommener fassen mögen." — „Wenn

---

*) Noch bei J. A. Bengel († 1752) heißt es: „omnem voculam, a Spiritu Dei profectam, spiritualem vim habere, atque dubium non esse, quin omnes litterae N. T. sint numeratae, ut de capillis suorum loquitur Dominus." Epil. §. 5.

**) „Es giebt gewisse historische Sätze: von Offenbarung und Inspiration, welche alle Kräfte unseres Geistes und die neuen Früchte der fortschreitenden Forschung gleichsam verdrängen und unterbrücken." So äußert er sich an einer anderen Stelle, in der Vorrede zu der vorher (S. 310.) angeführten Schrift: Philosophia Scripturae interpres.

verlangt wird, daß Alle sich an eine jede Formel, die in älteren Zeiten festgesetzt ist, auf solche Weise binden sollen, daß selbst gelehrte und gewissenhafte Männer sich anheischig machen müssen, nie einer besseren Erkenntniß Raum bei sich zu geben, wenn eine solche sich darbieten sollte: so sehe ich nicht ein, worin hier der Unterschied von der unerschütterlichen Gewalt der Kirche bestehen solle, von der uns zu befreien es im 16. Jahrhundert endlich den Bestrebungen der größten Männer gelungen ist. So viel weiß ich, daß ich das akademische Lehramt unter solchen Bedingungen nicht übernommen habe, daß ich mit unveränderlicher Ehrfurcht fortwährend Alles wiederholen sollte, was zu einer anderen Zeit und an einem anderen Orte vorgeschrieben und aufgefunden worden ist*)."

In diesen Aeußerungen ist der Grundton, der durch die Schriften Semlers hindurch klingt, hinlänglich angegeben, und somit auch der gewiß merkwürdige Standpunkt, den dieser Mann einnimmt, welcher vor allen Anderen den Uebergang von dem Stabilitätssystem der älteren Theologie in die neuere Freiheitsperiode eröffnet, in welcher sich das Recht der Subjektivität zum zweiten Male auf dem Gebiete der Religion rechtliche Anerkennung durch Kampf erworben hat. Ein reformatorischer Freiheitsgeist, wenngleich in einseitig protestirender Richtung, ist das Prinzip der Thätigkeit Semlers, gegründet im Bewußtseyn des Rechts und der Verpflichtung des evangelischen Theologen zu selbstständiger Auslegung der heiligen Bücher, und in dem starken Gefühl der Unterdrückung dieses Rechts in der Kirche. Und nicht weniger ist in der Idee, die dem Semlerschen System zum Grunde liegt: nämlich von der objektiven Verschiedenheit eines göttlichen Inhalts und einer menschlichen Form in den heiligen Büchern, ein reformatorischer Charakter ausgedrückt. Diesen Unterschied sich zu vergegenwärtigen und denselben geltend zu machen, dazu ward er schon frühzeitig durch die ultra-pietistische Schule, die seine Jugendbildung durchmachen mußte, angetrieben, indem er die Zudringlichkeit, womit asketische Formen in Wort und Wandel sich als Gesetz geltend machen wollten, mit den gesunden Erfahrungen

---

*) Institut. brev. §. 53—55. Appar. ad lib. interpr. praefat. Prolegom. p. 25.

verglich, die ihm eine ernſtliche Selbſtprüfung entgegen führte*); und Selbſtvertheidigung gegen eine verketzernde Rechtgläubigkeit, mit welcher ſeine kritiſchen Forſchungen ihn in beſtändigen Streit brachten, gab dieſer Unterſcheidung die natürliche Waffe.

Die Vorgänger, an welche ſich die Semlerſche Auslegungstheorie anſchließt, ſind Hugo Grotius als Exeget**), Wetſtein als Hermeneut.

Von Joh. Jak. Wetſtein (Prof. zu Baſel und Amſterdam, † 1754) gehören hieher: Libelli ad orisin atque interpretationem N. T. Die Nothwendigkeit, das N. Teſt. von der menſchlichen Seite als hiſtoriſches Litterärprodukt zu betrachten, damit ſo die Auslegung durch unbefangenes Studium geſucht werde, macht das Grundthema in dieſer Schrift aus. Es findet ſich dies in folgenden Regeln ausgedrückt: „Gleichwie wir ſowohl die heiligen Bücher als die Edikte des Fürſten, ſowohl alte als neue Bücher mit denſelben Augen leſen, ſo werden auch dieſelben Regeln bei ihrer Auslegung zu beobachten ſeyn." — „Den Sinn der Wörter und Phraſen im N. T. lernen wir vornämlich aus anderen Stellen bei dem nämlichen Verfaſſer kennen; ſodann aus den übrigen heiligen Verfaſſern, ferner aus Verfaſſern, die ungefähr zur nämlichen Zeit oder am nämlichen Orte gelebt haben." — Die Stellen, die mit ſich ſelbſt gegenſeitig oder mit der Wahrheit im Widerſpruch zu ſeyn ſcheinen, können meiſtens leicht in Harmonie gebracht werden, wenn wir annehmen, daß der h. Verfaſſer nicht überall ſeine eigene Meinung ausgedrückt, noch die wirkliche Beſchaffenheit der Sache angegeben, ſondern ſich zuweilen nach den Gedanken Anderer oder nach der bald ſchwankenden, bald irrigen Meinung der Menge ausgedrückt habe." — „Zu deutlicherer und vollſtändigerer Auslegung des N. T. iſt es nothwendig, daß man ſich an der Stelle der Perſonen denkt, an welche die Bücher zuerſt von den Apoſteln überliefert worden ſind, daß man ſich in die Zeit und die Gegend, wo ſie zuerſt geleſen worden ſind, hinein

---

*) Eine objektivirende, für alle Zeiten lehrreiche Darſtellung dieſes Zuſtandes, der Mühe und der Frucht deſſelben, findet ſich in Semlers Autobiographie, I. S. 47—101.

**) „Grotius, quem inter praecipuos atque adeo principem fere in lingua N. T. ex veteribus scriptis explananda exstitisse nemo dubitat." Wolle, Examen reg. herm. Calmeti.

versetzt, ferner die Sitten, Gebräuche und Gewohnheiten jener Menschen, und daneben ihre herkömmlichen Meinungen und Vorurtheile, ihre Sprichwörter, Parabeln, tägliche Rede, ihre Art Andere zu überzeugen und sich Zutrauen zu erwerben, soweit möglich kennen lernt ... Auf diesem Wege werden wir einsehen, wie die Gleichnisse im N. T. mit außerordentlicher Einfachheit und Kunst erzählt, und wie alle einzelnen Theile auf die zweckmäßigste Weise geordnet sind; wie das Gebet des Herrn aus Redensarten besteht, die in den Gebeten der Juden gebräuchlich, und damals allgemein bekannt waren; wie von Opferungen solche Ausdrücke vorkommen, die bei den Juden und anderen Völkern täglich im Munde geführt wurden; wie vom Teufel, von Dämonen und Engeln von den heiligen Verfassern, zuweilen wie von den Platonikern, meistens doch wie von den Juden damaliger Zeit geredet wurde, jedoch so, daß es oftmals nicht im eigentlichen Sinne vom Teufel und den Engeln, sondern metaphorisch von den römischen Kaisern und Statthaltern zu verstehen sey; wie Stellen aus dem A. Test. auf dieselbe Weise angeführt werden, wie sie die Juden damals auf den Messias deuteten" u. s. w.

Die hier erwähnte Schrift von Wetstein hat Semler im Jahre 1766 herausgegeben, mit einer Vorrede, die den Nachruhm des Verfassers vertheidigt und seine großen Verdienste um die theologische Wissenschaft darlegt, und mit Anmerkungen, die die Wetsteinschen Bemerkungen und Vorschriften theils entwickeln, theils modificiren, versehen. Der Begriff von der Schriftauslegung, der sowohl in diesen Anmerkungen als in den vorher erwähnten hermeneutischen Schriften geltend gemacht wird, fällt unter den Begriff der Geschichte: „Die Auslegung des N. Test. ist vornämlich geschichtlich, und beschreibt die Thaten oder Bestrebungen und Veranstaltungen jener Zeit, darauf berechnet, die Christen damaliger Zeit zu sammeln und zu befestigen*)." Aber dieser Begriff historischer Auslegung hat hier eine Erweiterung erhalten, die ihm eine ganz andere theologische Bedeutung giebt, als bei den älteren Hermeneuten. Wo diese auf die Nothwendigkeit historischer Untersuchungen Gewicht legen, da haben sie die geschichtlichen Realia, die äußeren Verhältnisse der

---

*) Instit. brev. §. 57.

Zeit und des Orts, Gebrauch und Sitte, Anlaß und Umſtände
im Auge; Semler hingegen hat die Aufmerkſamkeit vorzüglich auf
die geiſtigen Bedingungen der Zeitgenoſſen Chriſti
und der Apoſtel, namentlich auf die religiöſe Denk=
art und Ausdrucksweiſe der Juden, und auf das Ver=
hältniß gerichtet, in welches ſich die heiligen Verfaſſer in ihren Be=
richten und ihrer Behandlung der Lehre hiezu geſtellt haben. Die
folgereichſten Unterſuchungen über die hiſtoriſche und dogmatiſche
Autorität der Schrift ſind ſonach in die Hermeneutik hineingezo=
gen, jedoch ohne daß Semler noch die ganze Bedeutung und die
Nothwendigkeit davon durchſchaut zu haben ſcheint, die letzte Ent=
ſcheidung von einem höheren theologiſchen Standpunkte aus zu
ſuchen.

„Es iſt ein der hermeneutiſchen Entwickelung Semlers zum
Grunde liegender Gedanke — der ſich auch durch ſein theologiſches
Syſtem hindurchzieht, in der Unterſcheidung der Religion von der
Theologie, — daß die erbauliche Leſung und die Auslegung, die
homiletiſche und die wiſſenſchaftliche Behandlung der Schrift recht
beſtimmt aus einander gehalten werden müſſen. „Die gewöhn=
lichen Leſer leſen und verſtehen eigentlich die Anſichten nicht, welche
Chriſtus und Paulus zu der Zeit und an dem Orte vorgebracht
haben; ſie reden vom Zuſtande ihrer eigenen Seele, und erinnern
ſich bei dieſer Gelegenheit deſſen, was ſie anderswo gelernt haben.
Der Ausleger aber darf nicht, mit Hintanſetzung und Verrückung
der Zeitordnung, die wenngleich noch ſo nützlichen Vorſchriften
ſpäterer Zeiten in die Gedanken Chriſti und der Apoſtel übertra=
gen.“ Dieſe Forderung objektivirender Behandlung wird durch
die Behauptung näher beſtimmt: daß „die meiſten dogmatiſchen
Sätze ſich auf die Meinungen und Beſtimmungen der Menſchen
damaliger Zeit beziehen*).“ Hierüber heißt es an einer Haupt=
ſtelle: „Bei dem älteren jüdiſchen Volke war eine gewiſſe ſymbo=
liſche, man könnte ſagen mythologiſche Beſchreibung der überſinn=
lichen Dinge allgemein, wovon ſich hie und wieder in den heiligen
Büchern Spuren finden: ſo vom Staate und der Gemeinſchaft
der Todten, vom Tode als Herrſcher und Tyrann, von den Strö=
men und Schlingen des Todes, vom Paradieſe als einem lieblichen

_____

*) In den Annotat. zu Wetſteins lib. de interpr. N. T. p. 113—115.

Garten. Diese Bilder kommen nicht selten in den alten Gedichten vor; sie verrathen den Geist der alten Morgenländer und uralte Ueberlieferung, nicht aber göttlichen Ursprung und Offenbarung. Dieser Art zu sprechen und zu beschreiben konnten sich die heiligen Verfasser nicht enthalten; sie hätten sonst die Gesetze der wahren Geschichte verletzt, von welcher die vollkommnere, metaphysische Kenntniß, die sich für Menschen zu einer andern Zeit und an einem anderen Orte schickte, als weit entfernt zu denken war. Also reden Christus und die Apostel, weil sie es mit den Menschen damaliger Zeit zu thun hatten, sowie diese zu reden pflegten: sie reden davon, auf zwölf Stühlen im Gericht zu sitzen, mit Abraham im Himmelreich zu sitzen, ins Paradies einzugehen; die Dämonischen werden so gesund gemacht, wie es die Anwesenden erwarteten. Kurz: das Wort ward ihnen so verkündigt, wie sie es zu empfangen im Stande waren, nicht aber so, wie es die völlige Wahrheit zu jeder Zeit forderte. Auch die Jünger bedurften der Schonung, da sie sich noch nicht in den geistigen Lehrer finden konnten*).“ Dasselbe gilt von der Benutzung des A. T. von Seiten Jesu und der Apostel: „um die Juden zu überzeugen, haben sie Unterstützung und Beweisgründe aus den Büchern derselben entlehnt, nicht aber in der Absicht, daß alle Anderen sich streng an alle die unter den Juden geltenden Meinungen halten sollten, durch welche die ganze Geschichte dieses Volks, nicht ohne Aberglauben, geheiligt zu werden pflegte, so daß die Religion des Geistes und der Wahrheit durch die Ehrfurcht gegen die dürftigen Grundelemente gehindert wurde**).“

Da man demnach annehmen muß, daß Jesus und die Apostel ihre Rede oftmals „κατ' ἄνθρωπον, κατ' οἰκονομίαν, durch συγκατάβασις (ex vulgari opinione)“ gefügt haben,

---

*) Inst. brev. p. 515.

**) Ibid. §. 9. Apparatus ad lib. interpr. p. 95. So wird es von der Beweisführung Matth. 22, 32. bemerkt: „Dieser Schluß ist, so viel ich verstehe, ohne Kraft und Inhalt für Leser und Forscher in der Bibel, welche weiter fortgeschritten sind, als die jetzigen Widersacher Christi. Dies war aber eine Lehrweise, deren Chr. sich damals recht wohl bedienen konnte. Eben solche Beispiele kommen im Br. an die Gal. und im Hebräerbriefe vor. Ich will nicht die Forderung an irgend einen denkenden Leser machen, daß er seine erworbene Einsicht wieder verringern sollte, um da noch eine Beweiskraft zu finden.“

„daß sie die Menschen jener Zeit so behandelt haben, daß zugleich der heilsame Unterricht die Menschen aller Zeiten zur wahren Religion führen konnte *)," so wird es die Sache der rechten Hermeneutik seyn, „ἰδιοκώτερα und καθολικὰ" in den heiligen Büchern zu unterscheiden, damit „die sorgfältige Lehrform, die wohlberechnete Oekonomie verstanden werden könne, die nicht falsche und abergläubige Meinungen bestätigt hat, weil sie sie nicht gleich und gewaltsam umgestürzt, sondern die dargebotene Gelegenheit auf solche Weise benutzt hat, daß die Menschen endlich, mit Gottes Beistande, dahin gebracht werden können, daß sie das gangbare Vorurtheil fahren lassen, und sich die vollkommnere und bessere Kenntniß aneignen **)." Ein Hauptmittel, um die Auslegung des N. Test. zu fördern, ist daher „die Meinungen und Redensarten zu sammeln, welche die Ansichten der Juden und anderer Zeitgenossen von den Naturgegenständen, von den Ursachen und Gründen der Dinge, von den Engeln u. s. w. beschreiben; — diejenigen handeln unverständig und übel, welche in Bezug auf solche Dinge die Regel aufstellen, daß man in den h. Büchern die ewigen Gesetze suchen müsse, auf denen Astronomie, Physik und alle Erkenntniß der menschlichen Dinge auf immer ruhen sollen. So wird den h. Schriften, in welchen die allgemeinen Vorstellungen, die das Gepräge des Alterthums und der Einfalt an sich tragen, gewöhnlich eingemischt werden, Gewalt angethan; und sie sind höchlich gegen andere Ausleger erbittert, welche annehmen, die h. Schrift gebe geistige und sittliche Vorschriften, die wir entweder nicht kennen, oder unrichtig auffassen, oder ohne Gottes Beistand nicht richtig anwenden können, welche aber dagegen läugnen, daß sich in der h. Schrift Vorschriften finden, die zur Astronomie, Psychologie u. s. w. gehören ***)." Auf der anderen Seite wird der Mangel an Kritik getadelt, vermöge dessen Viele (selbst Wetstein nicht ausgenommen), vermeintliche Parallele zum N. Test. aus alten Rednern, Dichtern und Geschichtschreibern zusammen suchen, durch anscheinende Uebereinstimmung in diesem oder jenem einzelnen Ausdrucke getäuscht †).

---

*) Apparatus ad lib. inst. Annotatt. zu Wetstein, p. 141.
**) Inst. brev. §. 58. Apparatus ad lib. interpr. p. 94. 182.
***) Annotatt. zu Wetstein, p. 137, 38.
†) Ibid. p. 127.

In Beziehung auf den hiſtoriſchen Inhalt der Schrift macht Semler darauf aufmerkſam, daß „Nachrichten von vorgefallenen Ereigniſſen, ohne eigentlichen Fehler und Irrthum, verſchieden ſeyn können, je nachdem die Menſchen an Sinnen und Auffaſſungsgabe verſchieden ſind," und daß daſſelbe auch rückſichtlich der heiligen Verfaſſer zugegeben werden müſſe; weshalb er die Anwendung des Inſpirationsbegriffs misbilligt, die nicht eher ruht, als bis die evangeliſchen Erzählungen in genaue Zeitfolge und vollkommene Uebereinſtimmung gebracht ſind*). Hiemit läßt der Satz ſich wohl vereinigen: daß „die h. Schrift, beſtimmt die Menſchen zu beſſern und glückſelig zu machen, ſich ſelber nicht widerſtreiten könne; daß daher der göttliche Inhalt (quasi numinis insiti argumentum) nimmer einen Widerſpruch enthalten könne, ebenso wenig wie ein ſolcher aus der Unachtſamkeit oder dem Leichtſinne der Schriftſteller entſtanden ſeyn könne**);" denn die abſolute Wahrheit wird hier auf das göttliche Wort in der Schrift beſchränkt. Wenn aber, mit Rückſicht auf die Gleichartigkeit der Evangelien, eingeſchärft wird: daß, wenn der Widerſpruch auf wiſſenſchaftliche und klare Weiſe nicht zu heben iſt, alsdann übrig bleibe, entweder hierin eine Schule des Gehorſams und des Glaubens zu ſuchen, ſo daß Beides als Wahrheit angeſehen werden müſſe, obgleich das Eine dem Andern entgegengeſetzt iſt, oder eine Verunſtaltung der rechten Schrift und Leſung an der einen Stelle anzunehmen***), — ſo wird die Conſequenz auf auffallende Weiſe vermißt, und die verworfene Inſpirationstheorie hat hier ihre alte Macht ausgeübt.

Die Grundſätze für die hiſtoriſche Auslegung des N. Teſt. ſtehen bei Semler, ebenso wie bei Wetſtein, in genaueſter Verbindung mit den Regeln für die kritiſche Behandlung des Textes†). Es gehen beide von der nämlichen Betrachtung aus: von der des rein geſchichtlichen Verhältniſſes, in welches die heilige Schrift, bei ihrer Abfaſſung und Aufbewahrung, zu den Bedingungen des menſchlichen Lebens getreten iſt. Nicht ohne guten Grund, wie

---

*) Annotatt. zu Wetſtein, p. 140—42.
**) Apparatus ad lib. interpr. §. 75.
***) Annotatt. zu Wetſtein, p. 142.

†) Im Apparatus ad liberalem N. T. interpretationem handelt demgemäß der erſte Abſchnitt „de ingenua textus graeci veritate."

es die Erfahrung gelehrt hat, hat Semler selbst auf die veränderte Richtung in der Schriftauslegung, welche die Folge dieses Hervorhebens der menschlichen Seite der Schrift werden würde, großes Gewicht gelegt. Wäre Semler im Stande gewesen, die Entwickelung des Begriffs der Schrift weiter fortzuführen, und zwar bis auf den Punkt, wo sich der göttliche und der menschliche Charakter in eine Einheit sammeln, und wo die Ungebundenheit der Auslegung zugleich als die Nothwendigkeit eines höheren Gesetzes erkannt wird: so würden wir die Wiedergeburt der christlich- wissenschaftlichen Exegese ihm zu verdanken haben. Aber neben der religiösen Grundstimmung, die uns in seinen Schriften wie in seinem Leben *) entgegentritt, ward ein derselben entsprechendes dogmatisches Interesse bei Semler vermißt; und die Gabe zum scharfsinnigen Beobachten und Combiniren wurde nicht durch organisirendes und systematisirendes Vermögen unterstützt. Daher blieb seine Theorie von der Schrift, dem Inhalte und der Form derselben, bei einem Anfangspunkte stehen, bei einem unbestimmten Verhältniß zwischen der Schrift und dem gleichzeitigen Judenthum, welches in der Schriftauslegung einer Willkühr sonder Maß und Ziel den Weg eröffnete; und nach dem negativen Charakter, der in der theologischen Wissenschaft die Stelle der Periode einer strengen Positivität einzunehmen anfing, konnte es nicht fehlen, daß diese Freiheit höchst einseitig benutzt werden mußte, um den Inhalt der Schrift in sogenannte lokale und temporaire, in vermeintlicher Accommodation gegründete Vorstellungen aufzulösen und gleichsam verfließen zu lassen. Daß spätere Schriftausleger in dieser Anwendung der historischen Auslegung viel weiter gingen, als Semler gedacht hatte, und weiter als er selbst gebilligt haben würde — indem sie den Accommodationsbegriff dazu benutzten, dem Positiven im Inhalte der Schrift alle objektive Gültigkeit abzusprechen — läßt sich nicht in Abrede stellen; und wie es ungerecht ist, ihm die Schuld späterer Theologen im Misbrauche der Freiheit aufbürden zu wollen, die zum großen Theil sein Werk ist, so kann es nur durch unkritische und unhistorische Betrachtung der Verhältnisse verkannt

---

*) Seine Autobiographie enthält überall Beweise einer ernsten, christlichen Gemüthsstimmung. Als ein Beispiel davon kann auf die ergreifende Schilderung des Todes einer geliebten Tochter, I. S. 247 f., hingewiesen werden.

werden, wie viel das Bibelstudium der Gelehrsamkeit, dem Scharf-
sinne und der Freimüthigkeit Semlers zu verdanken hat. Es muß
hier nicht weniger als in sonstigen Fällen als unbillige Forderung
betrachtet werden, daß, wer einen neuen Weg bricht, auch der Benutzung desselben nach allen Richtungen hin das rechte Maß setzen
und uns gerades Weges zum Ziele führen solle, daß man ferner,
indem man sich von lästigen Banden losmacht und in den Besitz
lang entbehrter Freiheit setzt, auch gleich wissen solle, genau die
Gränze zu bezeichnen und den normalen Gebrauch des Gutes der
Freiheit zu machen. In der Geschichte der Wissenschaften wie der
Staaten hat jedes Zeitalter seinen Beruf und seine Aufgabe, und
die Männer, die unter diesem Streben an der Spitze ihrer Zeitgenossen stehen, sind als solche hochzuhalten, welche mittelbar für
jede nachfolgende Zeit gearbeitet haben. Was früher die Entwickelung des Bibelstudiums in der evangelischen Kirche gehemmt
hatte, das geht aus der Geschichte der Theologie hervor; dieses
Hinderniß aus dem Wege geräumt und die theologische For-
schungsfreiheit zurückgeführt zu haben, ist das Verdienst Semlers;
er ist hierin als Repräsentant eines Zeitalters aufgetreten, das
nach seiner historischen Stellung zu reformatorischem Wirken berufen war, und seine Geschichte zeugt von der ungemeinen Energie,
die zur Durchführung dieses Kampfes erfordert wurde *). Wenn
das darauf gefolgte Zeitalter daran arbeitet, die wieder erworbene
Freiheit mit dem Interesse der Offenbarung und der Kirche zu vereinigen, was von den Vorgängern in schiefer und einseitiger Richtung gewirkt ist, zu berichtigen und zu vervollständigen: so ist auch
diese Thätigkeit durch das natürliche Gesetz vorgeschrieben, welches auf das kühne, oft rücksichtslose Vorwärtsstreben die besonnene, umsichtige Kritik folgen läßt. Es darf aber doch nicht übersehen werden, wie das Wohlthuende in der einen Art von Thätigkeit, nämlich der begränzenden, modificirenden, in das Tiefe
zurückführenden, gerade dadurch bedingt ist, daß eine erweiternde,
vorwärts strebende, umbildende Thätigkeit vorausgegangen ist,

---

*) Der Charakter und die Thätigkeit Semlers sind von der Art, daß sie
in unsern Tagen häufig verkannt werden. Wir wollen diejenigen, die vor-
eilig über sein Verdienst den Stab brechen, auf die Darstellung hinweisen,
die er in seiner Autobiographie (II. S. 121 f.) von den Verhältnissen giebt,
unter welchen er in Halle als Bibelausleger auftrat.

daß es verschiedene, aber gleich preiswürdige, für das Bedürfniß der Wissenschaft wie der Kirche gleich unentbehrliche Kräfte sind, die nach beiden Richtungen hin in Bewegung sind.

An Ernesti schloß sich G. T. Zachariä (Prof. zu Göttingen und Kiel) an, in einem, nach seinem Tode (1778) herausgegebenen, hermeneutischen Grundriß: „Einleitung in die Auslegekunst der h. Schrift." Die Ernesti'schen Grundsätze: von der Auslegung des N. T. in Analogie mit der jeder anderen Alterthumsschrift, von einem einzigen, eigentlichen oder uneigentlichen Sinne an jeder Stelle in der Schrift u. s. w., sind ohne irgend eine eigenthümliche Behandlung aufgenommen. Dagegen hat S. F. N. Morus (Prof. zu Leipzig, † 1792) zur Befestigung der Grundsätze für die philologische Schriftauslegung durch seine „acroases acad. super Hermeneutica N. T." beigetragen (nach seinem Tode von Eichstädt 1797 und 1802 herausgeg.), einen mit selbstständiger Kritik ausgeführten Commentar und Entwickelung des Ernesti'schen Handbuchs, dessen Werth durch die inhaltsreichen, besonders philologischen und litterär=historischen Anmerkungen, welche vom Herausgeber hinzugefügt sind, noch vermehrt ist. In größerer Vollständigkeit, und mit musterhafter Kürze und Präcision, ist die hermeneutische Untersuchung in K. A. G. Keils (Prof. in Leipzig, † 1818) „Lehrbuch der Hermeneutik des N. T." (1810) ausgeführt *). Die, von Semler hervorgehobenen, historischen Momente sind hier in die philologischen und in die ganze Reihe anderer historischen Untersuchungen hineingearbeitet, welche alle mit einander in einen gemeinschaftlichen Hauptbegriff grammatisch=historischer Interpretation zusammengefaßt sind. Allein nur stylistische oder historische Einzelheiten der Schrift, wie sich gleichartige Phänomene in jeder Schrift vorfinden, machen hier den Gegenstand der Untersuchung aus, der dogmatische Begriff von heiliger Schrift ist durchaus nicht in die Betrachtung hineingezogen.

Es ist merkwürdig, in der katholischen Kirche ein Seitenstück zu Ernesti's und Keils Lehrbüchern zu finden. J. Jahn, Prof.,

---

*) Ein früheres Programm des nämlichen Verfassers: „Comm. de historica librorum ss. interpretatione eiusque necessitate (1788) ist ebenfalls von Bedeutung in der Geschichte der Hermeneutik.

hernach Domherr in Wien, gab sein „Enchiridion Hermeneuticae generalis tabularum V. et N. Foederis" 1812 heraus,
worin die Ernesti'schen Prinzipien, ohne sichtbare Berücksichtigung
der Forderungen der Kirche, befolgt sind. Der Verf. erklärt es
für ein Blendwerk, daß die Tradition im Stande seyn solle, Einheit in die Auslegung hineinzubringen (p. 15.); bei der Entwickelung des Begriffs von der Analogie der Lehre verwahrt er sich
gegen die Erklärung, als wolle er die Schrift der kirchlichen Dogmatik unterwerfen: „von der Autorität der Kirche kann keine
Rede seyn, wo es sich um Hermeneutik handelt" (p. 98.). Uebrigens sucht er zu beweisen, daß die wissenschaftliche Schriftauslegung nicht vom Tridentiner Concilium verboten sey; weil die
Dekrete desselben nicht zur Absicht haben sollen zu entscheiden,
„aus welchen Quellen der Sinn der h. Schrift zu schöpfen sey,
sondern nur, auf welche Weise die Schrift nicht erklärt werden
dürfe, indem sie nämlich der Willkühr vorbeugen, daß die Schrift
nicht nach vorgefaßten Meinungen ausgelegt und somit eine Lehre
gleichsam herausgezwängt werde, die der kirchlichen Lehre oder der
Zusammenstimmung der Väter in der Glaubens- und Sittenlehre
widerstreitet; als welches der Natur der Sache gemäß zu jeder
Zeit verwerflich und unerlaubt gewesen ist" (p. 41).

Von J. E. C. Schmidt (Prof. zu Gießen, † 1831) und
J. R. Gabler (Prof. zu Jena, † 1826), ist die historische Auslegung
näher entwickelt worden *), so wie, mit specieller Rücksicht auf den
didaktischen Inhalt des N. Test., von G. L. Bauer, Prof. in
Altdorf und Heidelberg („Hermeneutik des A. und des N. Testaments" 1799), und vornämlich von K. G. Bretschneider,
damals Adjunkt an der Universität zu Wittenberg, jetzt General-
Superintendent in Gotha („die historisch-dogmatische Auslegung
des N. Testaments" 1806). Aus der allgemeinen Voraussetzung: daß das N. Test. überall so verstanden werden müsse, wie
es nach vorliegenden Gründen wahrscheinlich ist, daß die damaligen Leser es verstehen konnten und mußten, wird der speciellere Satz
abgeleitet: daß bei Stellen, welche die Theologie jener Zeit berück-

---

*) In mehreren Abhandlungen in verschiedenen theolog. Zeitschriften:
Eichhorns Bibl. f. Kritik u. Exegese des N. T. 1 B., Neues theol. Journ.
6. B. Journal f. auserlesene theol. Litt., 5. 6. B.

sichtigen, die Vorstellungen mit den Worten verbunden werden müssen, welche jenes Zeitalter erweislich damit verbunden hat (§. 9. 10.). Es wird hiebei erinnert, daß diese Auslegungsweise bei den Lehrern der Kirche den verdienten Beifall nicht finde, weil die geoffenbarte Lehre dadurch zum großen Theil zu menschlichen Meinungen oder wohl gar zu Irrthümern hinabzusinken scheint (S. 50.). Es wird nämlich der Begriff der Hermeneutik in so beschränkter Weise aufgefaßt, daß das Interesse derselben in geraden Gegensatz von dem der Dogmatik gestellt wird; „weder der Theologie noch der Philosophie darf in Betreff der Auslegungsarbeit eine Stimme eingeräumt werden; es verhält sich die Hermeneutik zu beiden ungefähr wie die Lehre von dem Mechanischen in den bildenden Künsten sich zu den allgemeinen Grundsätzen für die Aesthetik der bildenden Künste verhält" (S. 57.). Völlige Voraussetzungslosigkeit in Bezug auf die Wahrheit des Inhaltes der Schrift wird dem Ausleger zur ersten Pflicht gemacht: „man sehe nie auf die logische Richtigkeit des Resultats, das bei der historisch-dogmatischen Auslegung herauskommt" (S. 63.); ferner: „man verlasse nicht den historisch=dogmatischen Sinn einer Stelle, wenn dieser nach hinreichenden hermeneutischen Gründen in derselben zu liegen scheint, aus dem Grunde einer Inconsequenz der Vorstellungen oder etwaniger Widersprüche" (S. 64.); und endlich: „Wollte man zum Voraus das N. T. für Offenbarung annehmen, und demzufolge nur den Sinn für den hermeneutisch wahren gelten lassen, der einer Offenbarung würdig zu seyn scheint, so würde man sich in einem Cirkel herum bewegen; — mit gleichem Recht würde man alsdann jedes sonstige Offenbarungsdokument, wie z. B. den Koran oder die Zendbücher, auf diese Weise auslegen, und dadurch den Inhalt desselben als logisch richtig und wahr darlegen können" (S. 55.). — In den „Monogrammata Hermeneutices librorum N. Foederis" (1803) von C. D. Beck (Prof. d. Philol. zu Leipzig, † 1832) machen die, mit großem bibliographischen Fleiße gesammelten, Litterär=Notizen die Hauptpartie des Buches aus. Später herausgekommen, aber in unvollkommener, kaum zuverlässiger Form, sind J. J. Griesbachs „Vorlesungen über die Hermeneutik des N. Test.," herausgeg. von Steiner, 1815. Mit größter Consequenz aber ist der Grundsatz von der historischen Auslegung des N. Test. entwickelt, und

daneben mit ebenso großer wissenschaftlicher Tüchtigkeit angewandt
worden in den exegetischen Schriften von Rückert (s. ob. S. 65.).

Wie wichtig aber auch das Element der Auslegung des N. T.
seyn mag, welches in den hier angeführten Schriften geltend gemacht
ist, so tritt dennoch die Behauptung, daß kein Unterschied zwischen
der heiligen Schrift und jedem sonstigen alterthümlichen Buche ge=
macht werden dürfe, in solchen Conflikt mit dem theologischen In=
teresse und dem christlichen Offenbarungsglauben, daß es ein star=
kes Zeugniß gegen ein Zeitalter seyn würde, wenn es an warnen=
den Stimmen gegen die Einseitigkeit der Richtung, die hier auf
ausschließlich wissenschaftliche Geltung Anspruch machte, gänzlich
gemangelt hätte. Eine solche einzelne Stimme kommt uns ent=
gegen in der Schrift G. C. Storrs (Professors zu Tübingen,
später Oberhofpredigers in Stuttgart, † 1805): „De sensu
historico" (1778)*); — einem Versuch zur Begränzung des
von Semler dargestellten Accommodationsbegriffs und des histori=
schen Auslegungsprinzips durch den christlichen Begriff von der
Wahrheit der Schrift. Es wird auf der einen Seite eingeräumt
und dargelegt, daß Beobachtung allgemeiner und specieller histo=
rischer Verhältnisse Jesu und den Aposteln in ihrem Lehrvortrage
nothwendig gewesen, und daß auch kein Schaden für die Schrift
zu befürchten sey, wenn nur die Accommodation nicht auf Kosten
der Wahrheit ausgedehnt, oder wenn die gemeingültige Anwen=
dung von Gesetz und Lehre nicht als abgeschnitten gedacht wird
durch die Rücksicht, die auf gewisse persönliche Verhältnisse ge=
nommen worden (§. 5. 7.). Dagegen aber wird die Semler'sche
Behauptung, daß jüdische Vorstellungen und Beweisführungen
ohne Wahrheitskraft von Jesu und den Aposteln angewendet seyen,
einer umfassenden und scharfsinnigen Kritik unterworfen, wodurch
namentlich der Unterschied herausgestellt wird zwischen dem Ver=
fahren, sich solcher Ausdrücke zu bedienen, mit welchen Zeitge=
nossen fehlerhafte Vorstellungen verbunden haben und dem Be=
nutzen dieser Vorstellungen selbst (§. 15. 18.). Eine ausführliche
und gründliche Schrift von G. F. Seiler (Prof. zu Erlangen,
† 1807): „Biblische Hermeneutik" (1800), kann ebenfalls als
ein Versuch angeführt werden, das religiöse Interesse mit dem

---

*) In Storr's Opuscula academica, I. p. 1—88.

wiſſenſchaftlichen zu vereinigen. Der Verf. will nicht das N. Teſt. irgend welcher allgemeinen Auslegungsregel entzogen wiſſen. Er nimmt es als unwiderſprechlich an, daß fehlerhafte Meinungen unſchädlicher Art in den Vortrag Jeſu und der Apoſtel verflochten worden ſeyen; er räumt die Nothwendigkeit davon ein, in den Erzählungen des N. Teſt., namenlich denen von Wundern, das Weſentliche vom Unweſentlichen, das eigentliche Faktum von den Nebenumſtänden, deren Unſicherheit den Glauben an den hiſtori= ſchen Mittelpunkt nicht ſchwächt, zu unterſcheiden*). Daneben geht er aber von dem Begriff von Jeſu und den Apoſteln als un= trüglichen Wahrheitslehrern aus, und ſtellt als Prinzip der Bibel= auslegung den Grundſatz auf: „daß die weſentlichen Religions= und Sittenlehren in der Bibel vollkommen unter ſich ſelbſt über= einſtimmen, und die Wahrheit derſelben auf unwiderleglichen Gründen beruhe,“ und durch vorkommende Unübereinſtimmungen, beſonders im hiſtoriſchen Inhalte, nicht erſchüttert werde könne (§. 322.). Wie daher „Jeſus und die Apoſtel ſich nie nach ſchäd= lichen, aus Irrthum in Glaubenslehren entſprungenen, morali= ſchen Irrthümern bequem haben,“ ſo haben ſie, durch Benutzung der Ausdrucksweiſen ihrer Zeitgenoſſen, „zu einer anderen Zeit den darunter liegenden neuen und erhabenen Sinn deutlich er= klärt,“ und dafür geſorgt, „daß ihre Zuhörer und Nachfolger dazu angeleitet und fähig gemacht würden, in Zukunft durch eigenes Nachdenken und Forſchen die Wahrheit zu erkennen“ (§. 262. 274.).

Nachdem ſpäter K. F. Stäudlin (Prof. in Göttingen, † 1826) in einer Gelegenheitsſchrift („De interpretatione N. T. historica non unice vera,“ 1807) das Bewußtſeyn ausgeſpro= chen hatte, welches immer lebendiger werden mußte, je nachdem die Theologie wieder mit Intereſſe und Liebe zum poſitiven In=

---

*) „Fakta in der Geſchichte von der Geburt Johannes des Täufers blei= ben wahr, wenn man gleich annimmt, daß kein Engel die vom Lukas ange= führten Worte mit Zacharias geredet habe. Ebenſo bleibt die Geſchichte von der Empfängniß und der Geburt Chriſti eine hiſtoriſche Wahrheit, es ſey nun, daß ein höherer Geiſt dabei thätig geweſen ſey, oder daß Gott das Geſicht Maria’s auf andere Weiſe veranſtaltet habe. So auch in Bezug auf die Auf= erſtehung Jeſu und auf dasjenige, was die Weiber am Grabe Jeſu ſahen“ (§. 299.).

halt des Christenthums zurückkehrte, das nämlich von dem Unvollendeten und Unbefriedigenden einer Auslegungstheorie, die
bei der Betrachtung der historischen Abhängigkeit stehen blieb,
worin die heiligen Verfasser von der geistigen Gebrechlichkeit
ihres Zeitalters gedacht werden sollten, ohne daß eine Gränze für
dieses Abhängigkeitsverhältniß aus dem höheren Verhältniß zum
Urheber des Christenthums abgeleitet werden durfte: so suchte
R. W. Stein ("Ueber den Begriff und obersten Grundsatz der
histor. Interpretation des N. Test." 1815), wenn gleich mit großer Behutsamkeit, das historische und das religiöse Interesse auf
vermittelnde Weise zu vereinigen, indem er auf das Unhistorische
und Unbillige in dem Verfahren aufmerksam machte, daß man zu
eben der Zeit, wo jede apriorische Voraussetzung von der Wahrheit der Schrift verworfen wurde, die Voraussetzung zum Grunde
legte, daß der Inhalt der Schrift allein nach der jüdischen Dogmatik und dem jüdischen Volksglauben zu verstehen sey, und damit
die Möglichkeit läugnete, daß das ausgezeichnete Individuum seinem
Zeitalter voraneilen könne. — Er wies sonach auf die Individualität Jesu und der Apostel als auf den obersten Erklärungsgrund hin,
und leitete daraus die Einschränkung des historischen Auslegungsprinzips ab: daß das N. T. nur in soweit aus historischen Thatsachen und namentlich aus herrschenden Zeitbegriffen zu erklären sey,
als eine solche Vortragsweise durch den intellectuellen und moralischen Charakter Jesu und der heiligen Verfasser, so wie dieser aus
der Schrift, aus der kirchlichen Tradition und dem darauf beruhenden, allgemeinen christlichen Glauben erkannt werden kann, nicht
eingeschränkt wird. — Den ersten Versuch in wissenschaftlicher Form,
um den Bund der Hermeneutik mit der Dogmatik wieder herzu-
stellen, verdanken wir F. Lücke (damals Privatdocenten in Berlin,
jetzt Prof. in Göttingen) in einer, nach vielen Seiten hin erweckenden, Jugendschrift ("Grundriß der neutestam. Hermeneutik
und ihrer Geschichte," 1817). Die Nothwendigkeit der geistigen
Sympathie des Auslegers mit den heiligen Verfassern wird hier
wieder mit Nachdruck hervorgehoben, und als Schluß- und Cul-
minationspunkt werden die philologischen und historischen Untersuchungen auf die Idee der christlichen Offenbarung als eines uni-
versal-historischen Faktums zurückgeführt. Eine nähere Entwickelung des Begriffs von theologischer Hermeneutik findet sich vom

nämlichen Verf. in einer späteren Abhandlung in „Studien und Kritiken" fürs J. 1830. Die Aufgabe der biblischen Hermeneutik wird folgendermaßen bestimmt: „die allgemeinen hermeneutischen Prinzipien so zu construiren, daß das eigenthümliche theologische Moment, auf wirkliche organische Weise, damit vereinigt werden könne, und ebenfalls, das theologische Moment so zu bilden und festzusetzen, daß die allgemeinen Auslegungsprinzipien ihre volle Gültigkeit behalten." — Auch der hermenetischen Schrift von F. H. Germar, Hofprediger auf Augustenburg („Die panharmonische Interpretation der h. Schrift," 1821) liegt dieselbe Erkenntniß zum Grunde: daß nämlich die allgemeinen Auslegungsgrundsätze, welche den Substrat der Exegetik ausmachen, derselben noch keine hinlängliche Grundlage bereiten; daß die Schriftauslegung von der Bildung des christlichen Lehrbegriffs unzertrennlich sey, und daß daher der Satz, daß die h. Schrift durchaus wie jede andere Schrift behandelt werden müsse, wo er in so uneingeschränkter Allgemeinheit ausgesprochen wird, mit dem Glauben an das Christenthum als göttliche Offenbarung, und an den Inhalt desselben als vollkommene Wahrheit unvereinbar sey (S. 228—263.). Hieraus entsteht das Prinzip: nur dasjenige als den Inhalt der Offenbarung Gottes in der Schrift anzuerkennen, was in der vollkommensten Harmonie sowohl mit den verschiedenen Aeußerungen Christi steht, als mit Allem, was sonst als wahr und richtig anerkannt ist. Wo eine Disharmonie in dieser Hinsicht unauflöslich scheint, wird der Grund entweder in der Unwissenheit oder dem Misverständniß des Auslegers, oder in einer Verunstaltung des Textes, oder in einem Irrthum des Referenten zu suchen seyn. Die Einwendung liegt hier nahe, daß, weil nicht das Christenthum an und für sich, sondern die in der Schrift gegebene Form desselben, nicht die Worte Christi, sondern die Bezeichnung dieser Worte von den Referenten derselben der Gegenstand der Auslegung ist, auch in dem angeführten Prinzip die Gränze zwischen der Auslegung des Worts und der Auffassung der Lehre als misverstanden angesehen werden müsse. Mit besonderer Rücksicht auf diese Einwendung ist es in späteren Schriften („Beitrag zur allg. Hermeneutik und zu deren Anwendung auf die theologische, 1828;" „Die Mängel der bloßen Takt = Interpretation," 1834; „Kritik der modernen Exegese," 1839) ent-

wickelt worden, wie der christliche Glaube an Jesum auch auf die
von ihm auserwählten Verkündiger der Lehre zurückwirke, und
den Ausleger dazu verpflichte, nicht ohne Nothwendigkeit die pan=
harmonische Auslegung der heiligen Bücher aufzugeben. — In
der Schrift von J. G. Rätze: „Die höchsten Prinzipien der
Schrifterklärung, 1824" ist eine sorgfältige Deduktion der Noth=
wendigkeit eines höher liegenden Prinzips gegeben, als das gram=
matisch=historische ist.   „Der religiöse Sinn einer Schriftlehre ist
schon in dem historischen und grammatischen Gehalte eingeschlossen;
aber wenn uns derselbe in seiner völligen Wahrheit von der Exe=
gese auf das Bestimmteste vor Augen gestellt wird, so tritt nun
erst die rein religiöse Untersuchung als die höchste und letzte ein"
(S. 3 f.).   Diese Untersuchung kann bei einem rein rationellen
Prinzip nicht stehen bleiben; denn „ohne das Prinzip der absolut
moralischen Göttlichkeit Christi wird der Ausleger immer nur einen
bloß rationellen Sinn in die höhere, eigenthümliche Schriftlehre
hineintragen, welcher, bei aller inneren, moralischen und ratio=
nellen Wahrheit, doch keinesweges den eigenthümlichen, höheren
Sinn der Schrift erschöpft" (S. XI.).   So wird der Verf. dahin
geführt, die höchste Regel der Schriftauslegung in einem christlich=
rationellen Glaubensprinzip zu suchen, welches, auf die Resultate
der Schleiermacher'schen Theologie gestützt, aus der Erkenntniß
der absoluten Göttlichkeit Christi durch die relative des Menschen
oder aus der Erkenntniß abgeleitet wird, daß die Offenbarung
der absoluten Weisheit, Heiligkeit und Liebe in Christo zugleich
die Offenbarung der menschlichen Natur in ihrer Reinheit sey. Es
ist „das absolut göttliche Lieben, Leben und Wirken Christi, wel=
ches die höchste Regel für die Gültigkeit und für den eigentlich
religiösen Sinn der eigenthümlichen Lehren, Geschichten und That=
sachen des N. Test. ausmacht.   Keine Lehre und keine Geschichte
desselben kann als eine christliche anerkannt werden, deren Inhalt
nicht in völlige Uebereinstimmung mit dem Prinzip der christlichen
Weisheit, Heiligkeit und Liebe gebracht werden kann.   Jede eigen=
thümliche Lehre und Geschichte des Evangeliums dagegen, die
einen mit der moralischen Liebe und Lehre Christi übereinstimmen=
den Sinn in sich enthält, muß als eine göttliche und wahre aner=
kannt werden, wenn sie gleich im Widerspruch mit den physischen
Naturgesetzen zu stehen scheint" (S. 111—113.). — Inhaltsreiche

Bemerkungen über die theologiſche Seite der Schriftauslegung von J. T. Beck (Prof. zu Baſel) finden ſich im Anhange zu ſeinem „Verſuch einer pneumatiſch = hermeneutiſchen Entwickelung des 9. Kapitels im Br. an die Römer, 1833," wie auch in einer ſpäteren Abhandlung: „zur theologiſchen Auslegung der Schrift," welche der „Einleitung in das Syſtem der chriſtlichen Lehre," 1838, als Anhang hinzugefügt iſt. Die pneumatiſche Auslegung „geht aus vom organiſchen Zuſammenhange des Schriftganzen; ſie ſucht die beſtimmten Züge des meſſianiſch theologiſchen Charak= ters in der individuellen Phyſiognomie auf, welche die reine Her= meneutik bei den einzelnen Stellen ins Licht ſtellt, und ermittelt ſo ihre weſentliche Bedeutung in der inneren Oekonomie des gött= lichen Geiſteswirkens." Sie ſteht demnach zwiſchen der reinen Her= meneutik, die bei dem hiſtoriſchen Standpunkte des Schriftſtellers nach inneren und äußeren Verhältniſſen ſtehen bleibt, und der Alle= goriſirung, die ihre Parallele zieht, und ihre Symboliſirungen nach bloßen Aehnlichkeitsrückſichten ausſpinnt, in der Mitte; während die pneumatiſche Auslegung in der theologiſchen Auffaſſung des Mittelpunktes der Offenbarung ihre Wurzel hat, und ihre Anwen= dung folglich auf der größeren oder geringeren Treue, Reinheit und Vollſtändigkeit beruht, womit das im Worte und in der Ge= ſchichte der Offenbarung Gegebene erforſcht und erkannt wird. — In einer anderen hermeneutiſchen Schrift „Ueberſicht der Fehler der neuteſtam. Exegeſe 1835" von G. C. R. Matthäi, Do= centen in Göttingen *), iſt, alle Seltſamkeiten des Inhaltes und der Form abgerechnet, der Hauptgedanke derſelbe: daß nämlich Sprachgebrauch und Geſchichte keinen exegetiſchen Grund abgeben, weil ſie, bei Ausdrücken religiöſen Inhalts, nur die nächſte, auf der Oberfläche liegende, Wortbedeutung angeben, und oftmals zwiſchen mehreren gleich möglichen Bedeutungen unſtät hin und her ſchwanken, ſondern daß das Auslegungsprinzip in dem bibli= ſchen Glaubensbewußtſeyn, im Inhalt und Inbegriff der religiöſen Gedanken, deren ſich Jeſus als der unfehlbar wahren bewußt iſt, zu ſuchen ſey. — Wie endlich ein mehr theologiſcher Charakter: tiefere Begründung des dogmatiſchen Inhaltes mit einer mehr

---

*) Eine frühere Schrift deſſelben Verfaſſers — „Neue Auslegung der Bibel, 1831" — iſt mir unbekannt geblieben.

wissenschaftlichen, kritischen und rationellen Behandlung des philo=
logisch=historischen Moments vereinigt — als das gemeinschaft=
liche Merkmal angesehen werden darf, wodurch die neueren Com=
mentare über die heiligen Bücher sich von der älteren exegetischen
Schule unterscheiden: so finden sich in mehreren von diesen An=
deutungen und Betrachtungen vorausgeschickt, die als Beiträge zu
einer Auslegungstheorie zu betrachten sind; so z. B. in Bill=
roths Commentar über die Briefe an die Corinther (1833); in
Böhmers über den Brief an die Colosser (1835); in dem von
Matthies über die Briefe an die Epheser und Philipper (1834
u. 1835). — Schleiermachers, nach seinem Tode von Lücke
herausgegebene, Hermeneutik (1838) gehört, ihrem Plane und
ihrer Behandlung nach, mehr in das Gebiet der Philosophie als
der Theologie. Das Neue Testament ist nicht zum Mittelpunkt
der Untersuchung gemacht, was schon aus dem Titel des Buchs
(„Hermeneutik und Kritik, mit besonderer Rücksicht auf das Neue
Test.“), und ebenfalls aus der Hauptanlage hervorgeht, indem
die Auslegungstheorie, was den geistigen Theil derselben betrifft,
auf den Begriff allgemeiner psychologischer Auslegung zurückge=
führt ist. Gleichwohl giebt dieses Werk, durch die wissenschaft=
liche Tiefe und Schärfe sowohl in den allgemeinen Grundsätzen
und deren gegenseitiger Verbindung als in den speciellen Anwen=
dungen davon auf das N. Testament, reiche Ausbeute für die
biblische Hermeneutik, und muß als ein vorzügliches Moment zur
Förderung der wissenschaftlichen Vervollkommnung derselben an=
gesehen werden.

Philosophirende und allegorisirende Auslegung.

Die theologische Auslegung hat also, wenn gleich in verschie=
denen Schwingungen, sich immer näher an die h. Schrift ange=
schlossen, und die Frucht dieser Verbindung ist nicht ausgeblieben.
Der Begriff von dem Wesen und der Methode der Schriftausle=
gung, vom Begriff der Schrift ausgehend, mit gleicher Freiheit
von der menschlichen wie von der göttlichen Seite betrachtet, hat
allmälig, auf dem Wege der natürlichen Entwickelung, eine Voll=
ständigkeit und Festigkeit erreicht, wodurch zu erwarten steht, daß

die verschiedenen Richtungen sich immer näher kommen werden. Indessen hat es gleichzeitig mit dieser Entwickelung nicht an Erneuerung der Versuche älterer Zeiten gefehlt, um solchen Auslegungsmethoden Eingang zu verschaffen, welche von einem anderen Prinzip ausgegangen und nach einer anderen Regel fortgeschritten sind. Aber solche Versuche haben in dieser Periode, wo jede einzelne Wissenschaft ihr Gebiet mit vollerem Bewußtseyn des Rechts des Besitzes und des Grundes und der Bedeutung dieses Rechts beherrscht, keinen so irreleitenden und störenden Einfluß, wie vormals, ausüben können. Vielmehr haben sie, durch die bald hervorgerufene Opposition, dazu beigetragen, die Untersuchungen über das Wesen der wahren Auslegung zu fördern und zur Reife zu bringen. Dies gilt namentlich von den verschiedenen Bestrebungen, die Schriftauslegung vom Objekt der Schrift loszumachen, und dieselbe einem apriorischen Begriff zu unterwerfen. Mit Ausnahme der Jahrhunderte des Scholasticismus hat kein Zeitraum in der Geschichte der Kirche eine genauere Verbindung zwischen Theologie und Philosophie aufzuweisen, als gerade das Jahrhundert, welches hier Gegenstand der Betrachtung ist. Die Schriftauslegung konnte von diesem Einfluß der philosophischen Schulen nicht unberührt bleiben; und wenn es unter diesem Einwirken öfters der Fall geworden ist, daß das historische Moment in der Auslegung dem philosophischen aufgeopfert ist, welches letztere, nach der verschiedenen Eigenthümlichkeit der Systeme, bald mehr vom praktischen, bald mehr vom spekulativen Charakter gehabt hat: so ist auch hierin eine Wiederholung früherer Phänomene zu finden; nur daß die Ansprüche auf die Suprematie der Spekulation über die Schrift unter verschiedener Form und unverhohlener als vormals ausgesprochen sind.

Die Kantische Theorie von der Behandlung der Schrift steht in genauester Verbindung mit der Ansicht und Schätzung von Offenbarung und Christenthum, die aus dem Grundbegriff der kritischen Philosophie vom Wesen der Religion folgt:

„Der reine Religionsglaube ist zwar der, welcher allein eine allgemeine Kirche gründen kann, weil er ein bloßer Vernunftglaube ist, der sich Jedermann zur Ueberzeugung mittheilen läßt; indessen daß ein bloß auf Fakta gegründeter historischer Glaube seinen Einfluß nicht weiter ausbreiten kann, als so weit die Nachrichten,

in Beziehung auf das Vermögen ihre Glaubwürdigkeit zu beur=
theilen, nach Zeit= und Ortsumständen hingelangen können*)."

„Ob zwar eine Kirche das wichtigste Merkmal ihrer Wahr=
heit, nämlich das eines rechtmäßigen Anspruchs auf Allgemeinheit,
entbehrt, wenn sie sich auf einen Offenbarungsglauben, der als
historischer Glaube doch keiner allgemeinen überzeugenden Mit=
theilung fähig ist, gründet: so ist es dennoch, wegen des natürli=
chen Bedürfnisses aller Menschen, zu den höchsten Vernunftbe=
griffen und Gründen immer etwas Sinnlichhaltbares, irgend eine
Erfahrungsbestätigung zu verlangen, nothwendig, irgend einen
historischen Kirchenglauben, den man auch gemeiniglich schon vor
sich findet, zu benutzen**)."

„Es kann eine Religion die natürliche, gleichwohl aber auch
geoffenbart seyn, wenn sie so beschaffen ist, daß die Menschen
durch den bloßen Gebrauch ihrer Vernunft auf sie von selbst hät=
ten kommen können und sollen, ob sie zwar nicht so früh, oder in
so weiter Ausbreitung auf dieselbe gekommen seyn würden. In
diesem Falle ist die Religion objektiv eine natürliche, obwohl sub=
jektiv eine geoffenbarte***)."

„Wenn es nun einmal nicht zu ändern steht, daß nicht ein
statutarischer Kirchenglaube dem reinen Religionsglauben, als
Behikel und Mittel der öffentlichen Vereinigung der Menschen zur
Beförderung des Letztern beigegeben werde, so muß man auch ein=
gestehen, daß für die unveränderliche Aufbehaltung desselben, die
allgemeine einförmige Ausbreitung, und selbst die Achtung für die
in ihm angenommene Offenbarung, schwerlich durch Tradition,
sondern nur durch Schrift hinreichend gesorgt werden kann†)."

„Um aber mit einem solchen empirischen Glauben, den uns
dem Ansehen nach ein Ungefähr in die Hände gespielt hat, die
Grundlage eines moralischen Glaubens zu vereinigen, dazu wird
eine Auslegung der uns zu Händen gekommenen Offenbarung
erfordert, d. i. durchgängige Deutung derselben zu einem Sinn,
der mit den allgemeinen praktischen Regeln einer reinen Vernunft=

---

*) Religion innerhalb der Gränzen der reinen Vern. (1793) 2. Aufl.
S. 145.
**) Ebendas. S. 157.
***) Ebendas. S. 233.
†) Ebendas. S. 152.

religion zusammenstimmt. Denn das Theoretische des Kirchen= glaubens kann uns moralisch nicht interessiren, wenn es nicht zur Erfüllung aller Menschenpflichten als göttlicher Gebote hinwirkt; und das Historische, was nichts dazu beiträgt, bessere Menschen zu machen, ist etwas an sich ganz Gleichgültiges, mit dem man es halten kann, wie man will*)."

Ein solches Bestreben, den Sinn zu suchen, der mit dem Heiligsten, was die Vernunft lehrt, zusammenstimmt, ist nicht nur als erlaubt, sondern vielmehr als Pflicht anzusehen: Die Vernunftreligion enthält das oberste Prinzip aller Schriftauslegung. Diese Auslegung mag uns selbst in Ansehung des Textes der Offenbarung oft gezwungen scheinen, oft es auch wirklich seyn, und doch muß sie, wenn es nur möglich ist, daß dieser sie annimmt, einer solchen buchstäblichen vorge= zogen werden, die entweder schlechterdings nichts für die Mora= lität in sich enthält, oder deren Triebfedern wohl gar entgegen wirkt**)."

Die Bedeutung und Fruchtbarkeit dieser Methode wird sodann durch die Umdeutung der Hauptmomente der evangelischen Ge= schichte und des evangelischen Dogma's in eine Darstellung „der personificirten Idee vom guten Prinzip" erläutert. Nämlich: „Das, was allein eine Welt zum Gegenstande des göttlichen Rathschlusses und zum Zwecke der Schöpfung machen kann, ist die Menschheit in ihrer moralischen ganzen Vollkommenheit. Dieser allein Gott wohlgefällige Mensch „ist in ihm von Ewigkeit her;" die Idee desselben geht von seinem Wesen aus; er ist insofern kein erschaffenes Ding, sondern sein eingeborner Sohn; „das Wort (das Werde!), durch welches alle andere Dinge sind, und ohne das nichts existirt, was gemacht ist;" denn um des vernünftigen We= sens in der Welt willen ist Alles gemacht. Dieser Mensch ist „der Abglanz der Herrlichkeit Gottes;" — „in ihm hat Gott die Welt geliebt" und nur in ihm und durch Annehmung seiner Gesinnun= gen können wir hoffen „Kinder Gottes zu werden;" u. s. w. Von diesem Ideal der moralischen Vollkommenheit kann man ferner sagen, es sey vom Himmel zu uns herabgekommen, es habe die

---

*) Ebendas. S. 157 f. 161.
**) Ebendas. S. 158. 161.

Menschheit angenommen;" und diese Vereinigung mit uns kann also als ein „Stand der Erniedrigung des Sohnes Gottes" angesehen werden; denn „jener göttlich gesinnte Mensch, ob zwar selbst heilig, und als solcher zu keiner Erduldung von Leiden verhaftet, übernimmt diese gleichwohl im größten Maße, um das Weltbeste zu befördern." „Obgleich der Mensch, physisch als Sinnenwesen betrachtet, auch nach der Sinnesänderung eben derselbe strafbare Mensch bleibt, so ist er doch in seiner neuen Gesinnung, als intelligibles Wesen, moralisch ein anderer; und diese That in ihrer Reinigkeit, wie die des Sohnes Gottes, welche der Mensch in sich aufgenommen hat, oder (wenn wir diese Idee personificiren) der Sohn Gottes selbst trägt für ihn, und so auch für alle, die praktisch an ihn glauben, als Stellvertreter die Sündenschuld, thut durch Leiden und Tod der höchsten Gerechtigkeit als Erlöser genug, und macht als Sachverwalter, daß sie hoffen können, vor ihrem Richter als gerechtfertigt zu erscheinen; nur daß jenes Leiden, was der neue Mensch, indem er dem alten abstirbt, übernehmen muß, an dem Repräsentanten der Menschheit als ein für allemal erlittener Tod vorgestellt wird *)."

Kant hat selbst dieser Deutungsweise die Stelle angewiesen, die ihr mit Recht gebührt, indem er sich auf das Beispiel griechischer und römischer Moralphilosophen, und auf das der späteren jüdischen Schriftgelehrten bezieht: „vernünftige, wohldenkende Volkslehrer haben ihre heiligen Bücher so lange gedeutet, bis sie dieselben nachgerade mit den allgemeinen moralischen Glaubenssätzen in Uebereinstimmung brachten, — zu unbezweifelt guten und für alle Menschen nothwendigen Zwecken." Die Forderung, daß jene Deutungsweise als Auslegung gelten solle, ist wenigstens aufgegeben, wenn es zur Rechtfertigung derselben heißt: „man kann dergleichen Auslegungen nicht der Unredlichkeit beschuldigen, vorausgesetzt, daß man nicht behaupten will, der Sinn, den wir den heiligen Büchern geben, sey von ihnen auch durchaus so beabsichtigt worden, sondern dieses dahin gestellt seyn läßt, und nur die Möglichkeit, die Verfasser derselben so zu verstehen, annimmt **)."

---

*) Ebendas. S. 73—75. 99 f.

**) Ein Verzeichniß der durch die sogenannte moralische Interpretation hervorgerufenen Litteratur findet sich in Rosenmüllers Handb.

Ganz auf die nämliche Weise tritt bei Fichte die subjektive Deutung an die Stelle der objektiven Auslegung, nur daß sie hier im Dienste des transcendentalen Idealismus, wie dort in dem der praktischen Vernunft steht. Das hermeneutische Prinzip, zu welchem sich der berühmte Wissenschaftslehrer bekennt, ist dieses: „die christlichen Verfasser also zu verstehen, als ob sie wirklich etwas hätten sagen wollen, und — so weit ihre Worte das erlauben — das Rechte und Wahre gesagt hätten;" — was wiederum nur soviel sagen will: als ob sie wirklich die absolute Wahrheit vorgetragen hätten, die im System des Idealismus zu allgemeiner Anerkennung gebracht ist. Was Jesum nämlich zum „eingeborenen und erstgeborenen Sohne Gottes macht, und macht, daß alle Zeiten, die nur fähig sind, ihn zu verstehen, ihn dafür werden erkennen müssen," ist dieses: daß „die Einsicht in die absolute Einheit des menschlichen Daseyns mit dem göttlichen — die tiefste Erkenntniß, welche der Mensch erschwingen kann, vor Jesu nirgends vorhanden, und auch seit seiner Zeit wieder so gut als ausgerottet und verloren — durch ein ungeheures Wunder der Alleinbesitz für ihn geworden ist, als den Ersten von Jahrtausenden vor ihm und von Jahrtausenden nach ihm *)." Diese Einsicht ist namentlich von Johannes „dem einzigen Lehrer des ächten Christenthums, ausgesprochen — denn Paulus und seine Partei sind, als die Urheber des entgegengesetzten christlichen Systems, halbe Juden geblieben, und haben den Grundirrthum des Juden= sowohl als Heidenthums (Annahme einer Erschaffung der Welt) ruhig stehen lassen**);" — wie sie am klarsten im Prolog zum Evangelium in Form gebracht ist. Die ersten Verse desselben sollen, nach der Fichte'schen Auslegung, folgenden Sinn enthalten: „1. 2. Ebenso ursprünglich als Gottes inneres (in sich verborgenes) Seyn, ist sein (faktisch sich offenbarendes) Daseyn, und das letztere ist (während es durch uns von dem ersten unterschieden wird) von diesem unzertrennlich (an sich

---

für die Litteratur der bibl. Kritik und Exegese. IV. S. 13—18., und in Flügge's Versuch einer histor.=krit. Darstellung des bisherigen Einflusses der Kant'schen Philosophie auf alle Zweige der wissenschaftlichen und praktischen Theologie. S. 48—170.

*) Die Anweisung zum seligen Leben (1806), S. 170 f.

**) Ebendas. S. 155.

und in Gott davon nicht unterschieden, vor aller Zeit und ohne alle Zeit bei dem göttlichen Seyn, und selber das Seyn). 3. Dieses göttliche Daseyn ist, in seiner eigenen Materie, nothwendig Wissen (das Wort, d. i. Weisheit); und in diesem Wissen allein ist eine Welt, und alle Dinge, welche in der Welt sich vorfinden, wirklich geworden. 4. In diesem unmittelbaren göttlichen Daseyn war das Leben, der tiefste Grund alles lebendigen, substantiellen, ewig aber dem Blicke verborgen bleibenden, Daseyns; und dieses Leben ward im Menschen Licht, bewußte Reflexion; 5. und dieses eine ewige Urlicht schien ewig fort in den Finsternissen der niederen und unklaren Grade des geistigen Lebens, trug dieselben unerblickt, und erhielt sie im Daseyn, ohne daß die Finsternisse es begriffen *)."

In der Hegelschen Schule ist die Schriftauslegung bis jetzt nicht zum Gegenstande besonderer Untersuchung oder Ausübung gemacht worden. Vom Standpunkte des absoluten Wissens, des vollkommenen Aufgehens des subjektiven Denkens in die allgemeine Vernunft, wo die Anerkennung des Werthes des Christenthums sich auf die Anerkennung desselben als des historischen Mittels beschränkt, durch welches die Spekulation den erhabenen Punkt, den sie gegenwärtig einnimmt, erreicht hat, wonach die Rolle desselben für seine esoterischen Bekenner als ausgespielt betrachtet werden muß: da scheint das Dokument der Schrift kaum länger einen recht anziehenden oder würdigen Gegenstand der Beschäftigung abgeben zu können. Indessen wird, wo dieses geschieht, ohne Zweifel die dialektische Strenge, die durch die Hegelsche Philosophie in alle geistige Thätigkeit hineinkommt, von einer Seite heilsam auf die Theorie der Schriftauslegung und deren Ausübung einwirken. Von einer anderen Seite aber wird allerdings für die theologischen Schulen Grund und Aufforderung vorhanden seyn, ein wachsames Auge darauf zu haben, daß nicht jener Einfluß wieder von Neuem zum Autorisiren einer Umdeutung des heiligen Textes anstatt der Ausdeutung desselben führe, wenn auch in einer anderen Richtung, als dieses früher durch den Kantianismus geschehen ist. Eine Philosophie, die, durchgehends praktisch, das Interesse von der ideellen Welt auf die empirische Welt hinlenkte, und die menschliche Per-

---

*) Ebendas. S. 163—66.

ſönlichkeit geltend machte, um einem Jeden die Verpflichtung und
Aufforderung zu reformirendem Einwirken aufs Leben nahe zu
legen, damit die Verhältniſſe deſſelben nach den reinen moraliſchen Ideen könnten geordnet werden, mußte mit einem gewiſſen
Unwillen die poſitiven Formen in Schrift und Lehre ſowohl als
im Leben betrachten, welche der freieſten Wirkſamkeit der ſittlichen
Ideen im Wege zu ſtehen ſchienen.   So entſtand das Beſtreben,
dergleichen Formen unſchädlich zu machen, indem man denſelben
eine ſittliche Bedeutung unterlegte, ſelbſt wo dieſes nicht ohne will-
kührliches und gewaltſames Verfahren geſchehen konnte.   Anders
verhält es ſich mit einer Philoſophie, die ihre Schüler auf den
Standpunkt ſtellt, von welchem aus ſich alle gegebene Wirklichkeit
als ein dialektiſcher Entwickelungsprozeß der abſoluten Unendlich-
keit präſentirt, welcher nach dem Geſetz einer inneren Rothwendig-
keit des Denkens vorgeht, wo alſo ruhiges Anſchauen dieſer Roth-
wendigkeit an die Stelle der — ebenſo leeren als vermeſſenen —
Beſtrebung tritt, auf den Gang der Dinge einzuwirken.   Die poſitiven Formen, in dem Leben, der Lehre und dem Cultus, werden ſonach nicht allein Gegenſtand einer gewiſſen äußeren Vene-
ration, ſondern ſie gewinnen erhöhetes Intereſſe durch den Stoff,
der in ihnen zu dialektiſcher Uebung enthalten iſt, um nachzuweiſen, wie vollſtändig ſich jene Formen in die aprioriſchen Conſtruktionen hineinfügen.   Die Poſitivität der Schrift ſowohl als der
Kirchenlehre, bis in ihre kleinſten Einzelheiten, darf daher darauf
rechnen, gewürdigt und geziemend feſtgehalten zu werden, jedoch
nur unter der Vorausſetzung, daß ſie einwilligen werde, ihren
concreten und faktiſchen Inhalt, als unvollkommene Vorſtel-
lungsformen, durch die Operationen der Dialektik in die reine
Sphäre des abſtrakten Begriffs umſetzen zu laſſen.

Man irrt demnach kaum, wenn man die mythiſche Behandlung der Evangelien, die in den neueſten, vom Standpunkte
der Spekulation ausgehenden, Bearbeitungen des Lebens Jeſu
durchgeführt worden iſt, als die Frucht von der Anwendung der
Hegelſchen Philoſophie auf die Schriftauslegung anſieht.

Halten wir den Begriff vom Mythus feſt als unfreiwilli-
ger Auffaſſung und Darſtellung der Idee als Geſchichte, gegründet
in dem geiſtigen Unmittelbarkeitszuſtande, worin das Reflexions-
vermögen noch nicht aus dem Dienſte der Phantaſie getreten iſt,

wo daher das Subjektive und Objektive, das Ideelle und Empirische in eine unaufgelöste Einheit verfließt, und sonach alle Wirklichkeit, auch die geistige, sich unwillkührlich in empirischer Form
objektivirt, jedes Gedankenresultat sich als Geschichte gestaltet, und
die Einheit der Idee sich in eine Mannigfaltigkeit von historischen
Momenten auflöst: so wird die Aufgabe für die mythische Behandlung der Evangelien die seyn, die evangelische Erzählung — in
ihrer Totalität oder doch, was ihren wesentlichen Theil betrifft —
als die unwillkührlich gegebene Form einer allgemeinen religiösen Idee darzustellen, deren Wahrheit demnach von der historischen Wirklichkeit wohl unterschieden werden
muß. Die Evangelisten nämlich oder richtiger das evangelische
Zeitalter — denn der Mythus ist kein Werk des Individuums,
sondern des Zeitalters, dessen Geist schaffend durch das Individuum als Organ wirkt — werden als dem Gesetz des kindlichen
Weltalters untergeben betrachtet, diesem nämlich: das innere
Leben als ein äußeres, die verschiedenen Seiten der Idee als
verschiedene historische Fakta darzustellen. Dieser geistige Gehalt wird also die Hauptsache; die historische Grundlage erscheint
als gleichgültig; wie überhaupt die gewöhnliche Unterscheidung
von philosophischem und historischem Mythus eines festen Ein-
theilungsgrundes ermangelt. Denn jeder Mythus ist philoso-
phisch, d. h. aus einem innern Bedürfniß hervorgegangen, sich
eine geistige Wahrheit zu vergegenwärtigen. Wie weit hingegen die historische Form, welche ebenfalls für jeden Mythus wesentlich ist, in einem faktischen Stoffe gegründet sey, läßt sich
nicht entscheiden. Auch ist dies von keiner weiteren Bedeutung; denn in seiner Reinheit kann der historische Stoff doch
auf keinen Fall erhalten seyn. Er ist nur benutzt worden, weil
er sich als natürliche Symbolisation einer innern Geschichte dargeboten hat; aber gerade weil das Faktische nicht in allen Theilen
als einer solchen Anwendung entsprechend gedacht werden kann,
muß es sich mehr oder weniger durch Zusätze umbilden und vermehren lassen, so daß der Unterschied zwischen Umbildung und
freier Hervorbringung oft fast verschwindet. Sonach wird es denn
zugegeben werden können, daß die Darstellung der Idee von der
absoluten Einheit Gottes und des Menschen durch das in der Person und dem Leben Jesu faktisch Gegebene gefördert und erleichtert

ist. Die Nothwendigkeit aber dieses Faktischen kann nicht erkannt
werden; denn wäre kein Faktisches der Art da gewesen, so würde
die geistige Produktivität, nach dem Gesetz einer inneren Noth=
wendigkeit, die ganze Form geschaffen haben, so wie sie jetzt die
einzelnen Züge geschaffen und sie in Eins verbunden hat. Die
historische Wirklichkeit kann daher auch nicht bewiesen werden.

Was dagegen jenen geistigen Gehalt betrifft, so kann er ent=
weder in größerer geistiger Reinheit aufgefaßt werden, oder
mehr an historische Bedingungen, an eine concrete Form gebun=
den seyn, worin die Allgemeinheit der Idee zu einer bestimmten
Zeit und an einem bestimmten Orte sich concentrirt hat.

Letzteres ist das Charakteristische der mythischen Behandlung
im „Leben Jesu" von Strauß. Der Boden, woraus der evan=
gelische Mythenkreis hier als hervorgewachsen betrachtet wird, ist
die jüdische Messiasidee, wie diese in ihren einzelnen Bestandthei=
len durch die Orakel des A. Test. ausgeprägt und gebildet ist. Von
der Macht, womit diese Idee, als Mittelpunkt des politischen so=
wohl als des sittlich=religiösen Lebens, die Gemüther beherrscht
hat, ist nun die evangelische Geschichte das stärkste Zeugniß; denn
es ist diese Idee, welche, als organisch=bildendes Prinzip, die
historischen Momente des Lebens Jesu ausmodellirt und ausge=
schmückt haben soll, bis daß sie sich zu einem abgeschlossenen und
vollständigen Abbilde jener Typen und Analogieen gerundet haben.
So soll die Erzählung von der Geburt Jesu zu Bethlehem in der
prophetischen Auszeichnung der Stadt Davids (Mich. 5.) ihren
Grund haben; — die Erzählung von den Weisen vom Morgen=
lande in 4 B. Mos. 24, 17. (die Weissagung Bileams vom
Stern, der aus dem Hause Jakobs aufgehen wird); Jes. 60. und
Ps. 72 (Gold und köstliche Schätze, die von fernen Königen und
Völkern dem messianischen Könige dargebracht werden sollen); —
von der Entweichung in Aegyptenland, im 2 Mos. 2, 15. (die
Flucht Mosis aus Aegypten); vom Kindermorde zu Bethlehem,
im 2 Mos. 1. 2. (Pharao's Tödten der Erstgeborenen unter den
Israeliten); — vom zwölfjährigen Jesu im Tempel, in ähnli=
chen Erzählungen von Samuel, Salomo, Daniel (1 Sam. 3.
1 Kön. 3, 23 ff. Sus. 45 ff.)*) u. s. w.

---

*) Strauß: Das Leben Jesu. 2. Aufl. I. S. 250. 288—295. 336—338.

Auf einem höheren Standpunkte wird es die religiöse Idee in ihrer reinen Allgemeinheit seyn, ohne irgend eine Begränzung der Form noch Einmischung des Lokalen und Rationalen, wozu die historischen Evangelienberichte sublimirt werden sollen. So im Weiße schen Werk: die Idee des göttlichen Offenbarungs-prozesses, welcher, durch alle Epochen der Weltgeschichte sich hin-durchziehend, endlich seine Spitze und Vollendung in Christo erreicht hat; diese Anerkennung Jesu als des Messias von Seiten der Geister, die in der Vorzeit Organe der Mittheilung des Gött-lichen an die Menschen gewesen sind, ist in den Erzählungen von der Christo dargebrachten Huldigung der Engel symbolisirt. Die späte Geburt Johannes des Täufers bezeichnet, wie die Ideen erst dann in die Weltgeschichte eintreten, wenn die vorhergehenden Formen, welche als ihre Aeltern anzusehen sind, zu altern und ihre Lebenskraft zu verlieren anfangen; das Hüpfen des Kindes (Luk. 1, 44.) bei der Zusammenkunft der beiden Mütter bezeichnet, wie die Ideen und geistigen Gestalten, die ungeboren im Schooße der Völker ruhen, durch Berührung eines höheren, überlegenen, das bevorstehende Erscheinen derselben ankündigenden Geistes in Bewegung gesetzt werden; das Verstummen des Zacharias und die ihm gewordene Wiederherstellung der Sprache bezeichnen, wie das israelitische Priesterthum durch seinen Unglauben vor der Zeit Christi verstummt war, und erst als die Weissagungen in Erfül-lung zu gehen anfingen, die Sprache wieder zurückgewann. Das Verhältniß Josephs zu Jesu, als Pflegevaters, ist Bezeichnung des Verhältnisses des sich überlebt habenden Judenthums zum Christen-thume, das der Sorgfalt desselben anvertraut war. Im Stern der Weisen ist das Hinweisen der orientalischen Sternenreligion und Natursymbolik auf Christus symbolisirt; in ihren Geschenken: wie sich das Christenthum die Poesie und Kunst der alten Welt an-eignet, und durch die Fülle derselben sich befruchtet; in ihrer Ver-handlung mit Herodes: wie die weltliche Macht der alten Welt, in dunkler Ahnung des religiösen Hinstrebens zum Christenthume, zur Verfolgung desselben angetrieben wird, und, von der religiösen Substanz des Heidenthums, der priesterlichen Weisheit, verlassen, gegen die göttliche Wahrheit wüthet; — in der abermaligen Er-scheinung des Sterns vor den Weisen: wie die religiöse Symbolik, allmälig verdunkelt und verschwunden, von Neuem, durch wieder

erwachtes Streben, den Inhalt derſelben zu verſtehen, beſonders
in der alexandriniſch = platoniſchen Schule, Führerin zum Chriſten=
thum ward.   Der zwölfjährige Chriſtus im Tempel bezeichnet den
jugendlichen Geiſt des heranwachſenden Chriſtenthums, der ſich
den Schranken entzieht, die ihm vom Geſetz und von der Schul=
weisheit hemmend in den Weg gelegt werden, und ſich ſelbſtſtändig
zum Heiligthume wendet.   Die Verſuchungsgeſchichte wird folgen=
dermaßen ausgedeutet: Im Bewußtſeyn des geiſtigen Berufs, der
ihm in der Taufe aufgegangen war, ſehnte Jeſus ſich in eine gei=
ſtige Wüſte hinaus, zu geiſtigem Faſten, nämlich weil die Bedeu=
tung des Berufs, und die Art, auf welche derſelbe ausgeführt
werden ſollte, noch nicht klar vor ſeiner Seele ſtanden.   Er war
bei den Thieren, d. i. wilden Leidenſchaften und ungeſtümen Be=
gierden unterworfen, welche in dem genialen Individuum Raum
zu gewinnen ſuchen, ſo lange noch die völlige Befriedigung des
Geiſtes fehlt, und nur durch die höchſte ſittliche Kraft gedämpft
und gebändigt werden *).

Wenn man dergleichen Reſultate der mythiſchen Behandlung
mit denen der allegoriſirenden Auslegung vergleicht, wird es beim
erſten Blicke den Anſchein haben, als ſeyen beide durchaus gleich=
artig.   Beide ſtimmen nämlich (ſ. ob.) in dem Grundſatze überein:
daß die Würde und Göttlichkeit der Schrift Abweichung vom hi=
ſtoriſchen Sinne nothwendig mache: „entweder kann das Göttliche
nicht ſo geſchehen ſeyn, oder das ſo Geſchehene kann nicht göttlich
ſeyn **).‟   Um alſo nicht dazu genöthigt zu werden, die abſolute
Wahrheit des Inhaltes der Schrift aufzugeben, bleibt nur noch
übrig, auf die hiſtoriſche Wahrheit zu verzichten.   Und ſo wird
man auch von beiden Seiten rückſichtlich der Methode und in vie=
len Einzelheiten der Auslegung des Textes zuſammenſtimmen.
Hinſichtlich des zum Grunde liegenden Prinzips aber iſt der Unter=
ſchied weſentlich.   Die allegoriſche Auslegungstheorie geht von
dem Prinzip aus: daß die objektive Wahrheit mit der in der
Schrift gegebenen Anſicht und Darſtellung Eins ſey.   Wo ſich
zwiſchen beiden ein Streit zeigt, kann ſolcher nur als ſcheinbar

---

*) Weiße: Das Leben Jeſu, I. S. 162. 172. 191. 196. 201. 214.
221 — 225. II. S. 19 ff.

**) Strauß: (2. Ausg.) I. S. 2.

angenommen werden, und zwar in einer Buchstabenillusion gegründet. Diese zu heben, wird demnach die Aufgabe der Auslegung seyn; und wenn man den historischen Sinn aufgibt, so thut man es nur, um sich in das Innere des Textes zu vertiefen, und daraus den Sinn hervorzuziehen, der vom Verfasser der Schrift, dem göttlichen Geiste, beabsichtigt seyn soll. In wie auffallendem Gegensatz die Willkühr der subjektiven Auslegung von diesem theoretischen Unterwerfen unter die gegebene Objektivität in der Wirklichkeit auch stehen mag, so kann dennoch der allegorischen Auslegung, wenn auf das Prinzip gesehen wird, zu dem dieselbe sich bekennt, das Recht nicht versagt werden, als Auslegung zu gelten. Ließe sich ein unmittelbarer, historischer Beweis denken, wodurch dargethan würde, daß dieses oder jenes Allegorisiren den ursprünglich vom Verfasser beabsichtigten Sinn wirklich verfehle, so würde der Allegorist prinzipsmäßig dasselbe aufgeben müssen. Die mythische Behandlung hingegen geht gerade von der strengen Unterscheidung der in der Schrift gegebenen Darstellung der Gegenstände und des wirklichen Wesens derselben aus. Allerdings ist eine Auslegung des Schriftworts unentbehrlich; denn auf dem Resultate derselben wird es beruhen, wie weit der Text als Geschichte oder als Mythus zu behandeln sey. Diese Auslegung aber wird nur eine vorläufige Arbeit, von untergeordnetem, historischem Interesse, ein Durchgangspunkt für die höhere Erforschung der Wahrheit. Denn wenn die Untersuchung des Textes zu dem Resultate führt, der Verfasser der Schrift sey in einer geistigen Illusion befangen gewesen, die ihn verhindert habe, Idee und Phänomen, Objekt und Subjekt gehörig aus einander zu halten, so muß von dieser Stufe zu einer höheren fortgeschritten werden, wo die kritische Untersuchung, als die Hauptsache, ihren Anfang nimmt, indem sie sich vom Standpunkte der Erkenntniß aus bemüht, aus der Darstellung des Verfassers die objektive Wahrheit auszumitteln, die in näherem oder fernerem Verhältniß zu jener steht*).

_____

*) Vgl. Weiße, I. S. 221. (Ueber die Erzählung von den Weisen vom Morgenlande): „So entfernt wir davon sind, behaupten zu wollen, daß dem Erfinder des herrlichen Bildes, oder daß irgend einem derer, die sich von dem Bilde geheimnißvoll angesprochen und angeregt fanden, dieser Sinn zu deutlichem Bewußtseyn oder zu begrifflicher Erkenntniß gediehen

Die theolbgiſche Verſchiedenheit zwiſchen der alle=
goriſirenden und der mythiſirenden Behandlung der Schrift läßt
ſich alſo folgendermaßten ausdrücken: daß der Allegoriſt den
Standpunkt der Schrift zu erreichen ſtrebt, der
Mythiker hingegen über denſelben hinaus ſtrebt,
indem er eine ſelbſtſtändige kritiſche Unterſuchung an die Stelle
der Auslegung ſetzt*). Dagegen gehört die mythiſche Behand=
lung, in Folge des Prinzips, zur nämlichen Kategorie, wie die
moraliſche Auslegung Kants. Der Unterſchied beſteht nur in der
beſchränkteren Sphäre, worin die letztere ſich bewegt, indem ſie
bloß das Schriftwort als Bezeichnung moraliſcher Wahrheiten
darzuſtellen ſucht, und — gerade weil dieſe von ſelbſt ſo einleuch=
tend ſind, daß eine Beſtätigung durch Anknüpfung an irgend eine
beſtimmte Wortform kaum nöthig iſt — den Text mit geringem
Intereſſe behandelt. Wogegen die mythiſche Behandlung geiſtige
Fakta an der Stelle empiriſcher ſubſtituirt; und indem ſie die Ge=
ſchichte, als ſymboliſche Form, auf die reine Idee zurückführt,
führt ſie den Gedanken, in ſeinem freieren und höheren Fluge,
in eine Sphäre hinaus, wo ihm bedeutungsvolle und durch ihren
ſinnreichen Inhalt überraſchende Ideen entgegentreten. Beiden
aber liegt die Vorausſetzung weſentlichen Misverſtänd=
niſſes und Verfehlens der Wahrheit in der Schrift
ſelbſt zum Grunde; woraus die Nothwendigkeit folgt, nicht beim
Sinne des Textes ſtehen zu bleiben, ſondern über denſelben hinaus=
zuſchreiten, um die in nebeligen Umriſſen angedeutete und mit hi=
ſtoriſchem Bildwerk ausgeſchmückte Wahrheit ausfindig zu machen.

Hiemit iſt denn die Stellung der mythiſchen Behandlung,
wenn eine ſolche in der evangeliſchen Geſchichte durchgeführt wird,

war: ſo klar und ſicher iſt unſere Ueberzeugung, daß es dieſer mit ahnendem
Seherblick erſchaute Inhalt war, welchen die Dichter der Sage, wie durch
einen göttlichen Geiſt getrieben, in die Bilder hineinlegen mußten."

*) Vgl. Strauß, I. S. 57: „Ein höherer Geiſt hat das Geſchichtliche
als bloße Hülle einer übergeſchichtlichen Wahrheit oder Meinung zubereitet,
und nur der weſentliche Unterſchied findet Statt, daß nach der allegoriſchen
Erklärungsweiſe dieſer höhere Geiſt unmittelbar der göttliche ſelbſt, nach der
mythiſchen der Geiſt eines Volks oder einer Gemeinde iſt, und ſomit die Er=
zählung nach der erſteren Anſicht aus übernatürlicher Eingebung ſich herſchreibt,
nach der andern auf dem natürlichen Wege der Sagenbildung ſich entwi=
ckelt hat."

zum christlichen Offenbarungsbegriffe gegeben; denn das Christenthum, als historische Offenbarung, setzt ein Vehikel voraus, in
welchem seine Wahrheit, die historische sowohl als die dogmatische, als in lebendiger, wirksamer Form vorhanden seyend, und
gegen verunstaltenden Einfluß gesichert erkannt wird. Abgesehen
dagegen von dem christlichen Glaubensstandpunkte würde die unmittelbare Widerlegung einer solchen Auflösung der Fakticität der
evangelischen Geschichte eine historische Dokumentation der fraglichen Thatsachen von anderen Seiten voraussetzen. Aber eine solche
ist gerade durch die mythische Ansicht ausgeschlossen, welche gegen
die Gültigkeit aller historischen Beweisführung aus dem Alterthume,
sowie diese der Natur der Sache nach auf dem Wege der Ueberlieferung möglich ist, Einspruch erhebt. Die wahre Widerlegung aber
— freilich indirekt, aber gleichwohl überzeugend — liegt in der
allgemeinen Ansicht des Lebens und der Wirklichkeit desselben,
worin die evangelische Mythisirung ihren Grund und ihre Wurzel
hat: in der einseitig spekulativen Geistesrichtung, die bloß vor der
ideellen Wahrheit Achtung hat, und, das Wesen und die Wichtigkeit der empirischen Wirklichkeit verkennend, die historische Fakticität von der Idee verschlungen werden läßt*). Wie die Frucht
dieser Einseitigkeit ein bodenloser Skepticismus wird, vor welchem
alle Geschichte der Vorzeit in ein Phantom sich auflöst, so findet
sie ihr natürliches Correktiv in jedem umfassenden Studium der
Natur und des Menschenlebens. Gestärkt durch den realen Inhalt

---

*) Vgl. Weiße, I. S. 231: „Die geschichtliche Offenbarung Gottes
in dem Evangelium verliert von ihrem heiligen Inhalte nicht das Min-
deste, wenn ein Theil dieses Inhaltes — statt als unmittelbare Thatsache
solcher Art zu gelten, in welcher sich die Gottheit mehr spielend als ernst (!)
gleichsam mit ihrem eigenen erhabensten Werke ein paradoxes, halb poeti-
sches, halb aber doch auch trocken prosaisches Spiel treibend erwiese — vielmehr als das geniale, geistvolle Werk erkannt wird, in welches der Menschen-
kreis, an den die göttliche Offenbarung des Christenthums zuerst gerichtet
war, ein produktives, schöpferisches Bewußtseyn von dem in seine Mitte her-
abgestiegenen Gottesgeiste und von der Weise seines Wirkens hineinlegte.‟
Diese Behauptung — daß die geniale Composition der evangelischen Geschichte, als Produkt des im Menschengeiste wirkenden göttlichen Geistes als
ebenso kräftige Bestätigung der gnädigen Fürsorge Gottes hinsichtlich des
Heils der Menschen gelten könne, als eine Verkettung historischer Thatsachen,
in denen diese Fürsorge sich faktisch den Menschen offenbarte — wird sich kaum
jemals dem christlichen Bewußtseyn geltend machen können.

deſſelben wird die Seele zwar dem Scharfſinne der allegoriſirenden Combinationsſpiele ſein Recht widerfahren laſſen, ohne jedoch ſich durch dieſelben an der Ueberzeugung von der hiſtoriſchen Wirklichkeit irre machen zu laſſen. Und ſonach wird auch die evangeliſche Geſchichte von dieſer Seite nichts zu befürchten haben. Dem unverſchrobenen hiſtoriſchen Sinne wird es ohne Zweifel unerklärbar bleiben, durch welches Bedürfniß die religiöſe Idee in dem evangeliſchen Zeitalter, da Philoſophie und Geſchichte ſchon aus einander getreten waren, dahin gebracht ſey, ſich eine vollſtändige hiſtoriſche Form zu bilden, und durch welche Illuſion dieſe Symbolik allgemeinen Glauben an eine hiſtoriſche Wirklichkeit hervorgezaubert habe, die — ohne von den Gläubigen bezweifelt noch von den Gegnern des Glaubens angefochten zu werden — die Grundlage der chriſtlichen Gemeinſchaft durch Jahrhunderte geworden iſt. —

Wenn die hier erwähnten Auslegungsmethoden dies mit einander gemein haben, daß ſie über das hiſtoriſch Gegebene, als unbeſtimmt ſchwebende und täuſchende Form der allein wahren Realität der Idee, hinwegeilen, und ſomit eine vom ſpekulativen oder praktiſchen Intereſſe ausgehende Deutung an die Stelle der Auslegung treten laſſen, ſo bemüht ſich dagegen die ſogenannte pſychologiſch = hiſtoriſche Auslegung eine faktiſche Wirklichkeit des Inhaltes der evangeliſchen Berichte darzulegen, zugleich aber dieſe Wirklichkeit auf die allgemeinen Geſetze für die Ereigniſſe des empiriſchen und des geiſtigen Lebens zurückzuführen. Was den hiſtoriſchen Urſprung anbelangt, ſo iſt dieſe Auslegungsweiſe zunächſt durch die Behandlung der Evangelien, zu welcher durch die Wolfenbüttelſchen Fragmente der Weg gezeigt war, hervorgerufen; und in ſoweit kann man ſagen, ſie ſey aus einem apologetiſchen Beſtreben hervorgegangen, allerdings aber aus einem höchſt beſchränkten dogmatiſchen Geſichtspunkte. Während nämlich die evangeliſche Geſchichte unter den Händen des Fragmentiſten in ein verworrenes Geſpinnſt von Begebenheiten verwandelt wurde, in welchem die Hauptperſonen — theils nach vorgefaßter Abſicht, theils durch getäuſchte Erwartungen und fehlgeſchlagene Pläne allmälig weiter vorwärts getrieben — als heimtückiſche Betrüger auftraten, ſo mußte es ſchon als verdienſtliches Unternehmen erſcheinen, den angefochtenen ſittlichen Charakter zu retten, ſelbſt wenn

es mit Aufopferung des christlichen Offenbarungs-
begriffs, des Uebernatürlichen in der Person und im Leben
Jesu, geschehen müßte. Auf diesem Wege geht die psychologisch-historische Auslegung, wie dieselbe vornämlich von Eichhorn und Paulus entwickelt und angewandt worden ist, von
folgenden allgemeinen Sätzen aus: daß der Inhalt der Evangelien nicht dazu berechtige, irgend eine Unredlichkeit oder selbstbe-
wußte Illusion anzunehmen, auch nicht in Mythus, Dichtung
und Legende aufgelöst werden könne, sondern als wirkliche Thatsachen berichtend angenommen werden müsse; — daß Thatsachen
erst dann auf Glaubwürdigkeit Anspruch haben, wenn sie sich in
wahrscheinlichem Zusammenhange mit wirkenden Ursachen zeigen;
— daß, wo eine solche Causalverbindung in der Geschichte des
N. Test. fehlt, daraus noch nicht gefolgert werden könne, daß
sie wirklich gefehlt habe, wenn man bedenkt, wie ungewohnt es
den h. Verfassern war, umständlichen und genauen Bericht von
dem Geschehenen zu ertheilen; — daß es folglich Aufgabe der
Auslegung sey, den fehlenden Pragmatismus dadurch zu ergänzen, daß sie mit der größtmöglichen Vollständigkeit sich das Erzählte in dem ganzen Zusammenhange einwirkender und begleiten-
der Umstände, durch Beobachtung von Zeit, Ort, Gesinnung,
Sitten, vorgefaßten Meinungen vergegenwärtige; — daß es dadurch möglich werde, mit größerer oder geringerer Wahrscheinlichkeit das wirkliche, äußere oder innere, Faktum von des Erzählers
Auffassung, Beurtheilung und Deutung desselben zu unterscheiden,
und selbiges in seiner Reinheit zu restituiren, frei gemacht nämlich von späteren Künsteleien, die sich bald als Verzierungen, bald
als unvermeidliche, in den geistigen Bedingungen des Zeitalters
gegründete Misgriffe, angesetzt haben*).

Es folgt aus der hier angegebenen Tendenz, daß der Charakter der Auslegung hier erhalten wird, was die äußere Form
betrifft; die einzelnen Theile des Textes werden in genaue Betrachtung gezogen; sorgfältige philologische und historische Special-

---

*) Eichhorns allg. Bibl. I. 1. 2. III. S. 381 ff. VI. S. 1 ff. Pau-
lus Comm. über das N. Test. I. in der Vorrede. Das Leben Jesu (1818).
Exegetisches Handbuch über die drei ersten Evang. (1830—33). Skizzen aus
meiner Lebens- und Bildungsgeschichte (1839) S. 137—144.

untersuchungen werden angestellt; denn zunächst wird nöthig seyn, durch kritisch-pragmatische Combination alle einzelnen Data zu einem Ganzen zusammenzufügen; nur insofern das historische und psychologische Verständniß auf diesem Wege nicht zu erreichen ist, muß das Uebrige durch höhere Reflexion und divinatorischen Takt supplirt werden. Und wenn die mythisirende Exegese auf den gelehrten Apparat und den Scharfsinn höhnisch herabsieht, der in Bewegung gesetzt wird, um, wie es heißt, die Erzählungen der Schrift zu rationalisiren, so zeugt dieses Bestreben immer noch davon, daß hier ein Interesse an irgend einem historischen Inhalte übrig geblieben ist, welches aus dem Gesichtspunkte des absoluten Wissens allerdings nur einem geistigen Unmündigkeitsalter angehört. Auch kann der historische Pragmatismus, worauf dort gezielt wird, an und für sich nicht gemißbilligt werden; denn, wenn gleich dieser außerhalb des Gebietes der Auslegung liegt, so kann doch keine Auslegung historischen Inhalts sich durch ein Resultat historischer Einzelheiten beruhigen, wenn diese durch kein Causalitätsband zusammengehalten erscheinen. Allein, wenn diese Causalitätsverbindung innerhalb der Gränze — nicht bloß der allgemeinen Naturgesetze, sondern auch der Verhältnisse und Begebenheiten des alltäglichen Lebens gesucht und die historische Wahrscheinlichkeit und Wahrheit in den Evangelien nach der Regel, die daraus gezogen werden kann, beurtheilt wird: so muß die Auslegung als vom Boden der Offenbarung losgerissen erkannt werden; und je klarer die evangelische Geschichte den mysteriösen Charakter des Wunders zur Schau trägt, um desto offenbarer wird dieses Trivialisiren der Erzählungen derselben gegen die allgemeinen Auslegungsgesetze anstoßen. Dieses kann nämlich nur gelingen entweder durch künstliches Schrauben und Zwingen der Worte des Textes, um darzulegen, wie durch vermeintlich genauere Analyse das Wegdeuten des Wundervollen im Texte selbst seine Rechtfertigung finde, und wie die natürliche Deutung sich gerade als die vom Evangelisten beabsichtigte zeige — so z. B. in der Erzählung vom Stater im Munde des Fisches*) — oder durch die Annahme, daß die historische Wahrheit vom Berichterstatter zwar misverstanden worden sey, daß sie aber dennoch durch

---

*) Im Comm. des Paulus, II. S. 663—671.

die einzelnen Züge so hindurchschimmere, daß sie sich durch gehörige Anwendung combinirenden und supplirenden Scharfsinnes im Texte selbst könne nachweisen lassen. Im ersteren Falle, dem ungleich seltneren, ist die Form der Auslegung noch nicht aufgegeben; im letzteren hingegen wird der Ausgangspunkt in der That außerhalb der Schrift genommen. Denn zur Ausmittelung der Wahrheit werden ganz andere Operationen nothwendig als Texterklärung; und da die Wahrheit hier in bestimmten Thatsachen in der äußeren oder inneren Welt gesucht werden muß, so ist nicht zu vermeiden, daß nicht allerlei kleinliche Combinationen, abenteuerliche Supplirungen und romanhafte Dichtungen Eingang finden, welche zugleich zum Beweise dienen, wie weit sich hier die Auslegung von ihrem Wege verirrt hat.

Die historisch = psychologische und die mythisirende Deutung gehen demnach beide von der Voraussetzung aus, daß das Wunderthätige vernunftwidrig sey, und daß es daher keiner Rechtfertigung bedürfe, lieber Alles zu versuchen und zu wagen, als die historische Wahrheit der Wundererzählung zuzugeben. Während aber die letzterwähnte natürliches Interesse daran hat, die größtmögliche Irrationalität in die Erzählungen der Schrift hineinzubringen, um somit ihr Recht zur Behandlung derselben als Mythen in ein um so klareres Licht zu stellen, wendet dagegen die ersterwähnte die willkührlichsten Mittel an, um die evangelischen Erzählungen nach einem im Voraus aufgestellten Begriff von der Natur und dem Umfange des Vernünftigen, zu rationalisiren. —

Von ungleich mehr theologischer, mit dem Christenthum wie mit der Schrift mehr sympathisirender, Tendenz ist der Versuch zur Handhabung einer allegorisirenden Behandlung der Schrift, welcher von einem hochverdienten Schriftausleger, H. Olshausen (Prof. zu Königsberg und Erlangen, † 1839.), in seiner Schrift: „Ein Wort über tiefern Schriftsinn,“ 1824, gemacht ist. Der Verf. ist weit entfernt, irgend einen Rückschritt in der Auslegung der heiligen Bücher begünstigen zu wollen. Er äußert sich aufs Nachdrücklichste gegen die regellose Willkühr, das unheilige Spielen der älteren Allegoristen, und will die allgemeinen Gesetze der philologisch=historischen Auslegung mit voller wissenschaftlicher Consequenz auf die Schrift angewandt wissen. Indem er aber von der Voraussetzung ausgeht, daß eine allegorische Auslegung, wie dieselbe bei allen Alterthumsvölkern, wo weise Männer den symbolischen Grundcharakter der Volksreligion verstanden und zur Hervorziehung der Wahrheit aus der Schale derselben benutzt haben, im Gebrauch gewesen, auch von Jesu und den Aposteln aufs A. Testament angewandt worden sey, betrachtet er es als eine nicht abzuweisende Forderung, daß man zwischen einer falschen und einer ächten allegorischen Auslegung unterscheiden, und letztere sodann festhalten müsse als diejenige, welche durch die höchste Autorität bestätigt sey: denn die Erklärung des A. Testaments im N. Testament ist gerade der Punkt, wovon alle der göttlichen Weisheit entsprechende Auslegung, einzig und allein ausgehen müsse; sie reicht uns die Kraft der Erkenntniß dar, das Verständniß der heiligen Schriften durch die gottbegeisterten Männer selbst (S. 3.). Der Grundfehler im gewöhnlichen Allegorisiren, woraus alle Willbührlichkeiten entspringen, indem hiedurch den Prinzipien aller gesunden Auslegung Trotz geboten wird, soll darin zu suchen seyn, daß ein doppelter Sinn, also auch ein von dem durch die Worte bezeichneten durchaus verschiedener Sinn den Schriftstellen beigelegt wird. Sonach wird denn das Merkmal der ächten allegorischen Auslegung dieses seyn: daß dieselbe keinen Sinn neben dem wörtlichen anerkennt, von diesem wie von der historischen Realität des Erzählten im Wesen verschieden, sondern nur einen tiefer liegenden Sinn (ὑπόνοια), durch innern und wesentlichen Zusammenhang mit der Wortbedeutung verbunden, in und mit derselben gegeben, der sich also, wo der Inhalt aus höherem Standpunkte betrachtet wird, mit Nothwendigkeit darbietet, und nach feststehender Regel sich erkennen läßt. Ist demnächst von den Grundsätzen, nach welchen die Verbindung zwischen der tieferen Auffassung und dem am nächsten liegenden Wortsinn ergründet werden müsse, die Frage, so sind diese im Gesetz der allgemeinen Harmonie gegründet, nach welchem alle Einzelheiten, in der sinnlichen wie in der geistigen Welt, einen großen Organismus ausmachen, alle Phänomene, auf höherer oder niedriger Stufe, als Abdruck von dem Wesen der Ideen erscheinen und sonach das Ganze im Einzelnen, und wiederum das Einzelne im Ganzen abgebildet ist. Am klarsten tritt uns dieses mysteriöse Verhältniß im Cultus des jüdischen

Volks und in der Geschichte desselben entgegen; Analoges findet sich aber überall, und in der Art, wie das A. Test. im N. Test. ausgelegt ist, ist daher die Regel aller Auslegung des Worts, der Natur und der Geschichte gegeben. Im Verhältniß Israels zum Jehovah ist nämlich das Bild der Menschheit und eines jeden Individuums im religiösen Verhältniß derselben gegeben; — in dem Verhältniß Israels zu anderen Völkern, das Bild des überall und zu allen Zeiten obwaltenden Gegensatzes zwischen der Frömmigkeit und dem Verfolger derselben; Israel, das auserwählte, priesterliche Volk, ist ferner das Vorbild Jesu als des Gesalbten des Herrn, des ewigen Hohenpriesters; und endlich sind alle heiligen Kämpfer für die Wahrheit, alle nach Heiligkeit trachtenden Individuen wiederum ein Bild des Volkes Israel, und somit auch des eingebornen Sohnes Gottes (S. 68—75. 89—101.). — Was in der nämlichen Schrift vom praktischen Werthe und Nutzen einer Behandlung der Schrift in diesem Geiste und dieser Richtung (S. 109 ff.) hinzugefügt ist, kann man gelten lassen. Die Ansicht, welche derselben zum Grunde liegt, ist die nämliche, worauf sich alles Metaphorisiren und Symbolisiren gründet: nämlich die Anerkennung einer natürlichen und allgemeinen, unter vielen verschiedenen Formen hervortretenden, Symbolik, deren Benutzung so fruchtbar und wirksam ist, um das Unsichtbare dem Gedanken und Gefühl zu vergegenwärtigen. Eine solche Anwendung aber kann ebenso wenig unter dieser Form, als unter derjenigen, welche von den Allegoristen der älteren Kirche empfohlen ist, mit Auslegung synonymisirt werden, wenn man nicht das Wesentliche bei aller Auslegung: nämlich Auffassung des objektiv Gegebenen in dem Sinne, worin es gegeben ist, übersehen will. Wird dieser Begriff nicht festgehalten, so bleibt es vergebliche Mühe, der Willkühr der Subjektivität Schranken setzen zu wollen. Die Allegorisirung mag immerhin mit größerer Mäßigung und besserem Geschmack als vormals angewandt werden; aber gegen das alte, ebenso oft wiederholte als verworfene, Prinzip, daß jeder Sinn, der in den Worten liegen kann, das Recht habe, als der Sinn der Worte zu gelten, werden immer dieselben Einsprüche erhoben werden können.

Die traditionell-kirchliche Auslegung

ist in der katholischen Kirche bis auf die neuesten Zeiten festgehalten worden. Zwei Schriften, beide aus dem Jahre 1839, können hievon zum Beweise dienen:

Hermeneuticae bibl. generalis principia rationalia christiana et catholica, selectis exemplis illustrata, von Dr. J. Ranolder, Prof. am Lyceum zu Fünfkirchen in Ungarn; — und

Introductio in Hermeneuticam biblicam, von B. Reichel, Prof. am Seminar zu Königsgrätz.

„Der katholische Ausleger ist bei Aeußerungen in den heiligen Büchern, die die Glaubens- oder Sittenlehre angehen, verpflichtet an dem Sinne festzuhalten, der von der Kirche officiell erklärt ist;" — dieser Grundsatz, in welchem beide Verfasser übereinstimmen, bezeichnet hinlänglich den wissenschaftlichen Standpunkt. Nicht minder charakteristisch wird bemerkt, wie man nicht den Protestanten die Fortschritte in der Bibelauslegung zu verdanken habe, sondern den Dekreten der Concilien zu Wien und Trident sowohl als den ausgezeichneten Männern, die vor der Zeit derselben geblühet haben.

Ein freierer und wissenschaftlicherer Geist spricht sich in den „Grundzügen der bibl. Hermeneutik und Kritik, von Dr. J. M. A. Loehnis (Prof. zu Gießen), 1839, aus. Der Verf. wirft (S. 154 ff.) die Frage auf: ob dem katholischen Theologen ein selbstständiger Standpunkt als Bibelausleger übrig geblieben sey, und bejahet sie, namentlich aus dem Grunde, weil das Tridentinische Dekret, wodurch die Schriftauslegung an die Sanction der Kirche gebunden ist, nicht zu den dogmatischen, unveränderlichen Dekreten, sondern zu den disciplinarischen, die auf bestimmte Zeitverhältnisse Rücksicht genommen haben, zu rechnen sey; daher „die Kirche ihren Mitgliedern die natürlichen Rechte wieder zurückgeben könne, welche nur auf eine Zeit aus Rücksicht der Umstände suspendirt gewesen seyen." Die Verpflichtung, die dem katholischen Schriftausleger obliegt, schränkt sich sonach darauf ein: „Nichts gegen die bestehende Glaubens- und Sittenlehre oder den einstimmigen Consens der Väter zu lehren." Diese Schranke soll „ebenso segensreich" für die Arbeiten des Exegeten seyn, als sie „ihm sehr freie Bewegung auf dem Gebiete der Auslegung lassen" soll.

Indeſſen iſt die Richtigkeit hievon faktiſch nur dadurch erwieſen, daß die hermeneutiſche Unterſuchung das theologiſche Moment umgangen, dagegen aber ſich über den philologiſch-hiſtoriſchen Detail verbreitet hat. Auch in dieſer Richtung iſt indeſſen die Wiſſenſchaft durch dieſes Buch weiter nicht gefördert worden.

Den hier genannten Hermeneuten ſchließen ſich, als Glaubensverwandte, diejenigen an, welche in der neueſten Zeit verſucht haben, der Theſis in der proteſtantiſchen Kirche Eingang zu verſchaffen: daß die Auslegung der Schrift im kirchlichen Symbolum ihren Regulator haben müſſe. Hierüber weiſen wir auf S. 43 ff. hin.

Philologiſche Auslegung.

Der Gegenſtand der philologiſchen Auslegung iſt der vorliegende Text in der gegebenen Form (vergl. S. 30 f.). Die Aufgabe derſelben iſt kritiſche Unterſuchung aller im Texte enthaltenen Momente, grammatiſcher und techniſcher Eigenthümlichkeiten der Sprache, des Styls und Vortrags, inſofern ſich hierin zur Entſcheidung über den Sinn des Textes anleitende Beiträge finden. In der Beſchaffenheit der Rede iſt daher auch der Gang angegeben, den die Unterſuchung zu nehmen hat. Die Rede iſt ein Ganzes, zuſammengeſetzt aus Einzelheiten, die durch logiſche Kunſt als übergeordnete, nebengeordnete, untergeordnete Theile regelmäßig verbunden und gruppirt ſind. Das Ganze wird nur in und aus ſeinen Theilen erkannt, gleichwie jede Einzelheit erſt aus ihrem Verhältniß zum Ganzen verſtanden wird. Die Unterſuchung wird daher den durch die Natur der Dinge angezeigten Gang befolgen, wenn ſie von den erſten und einfachſten Elementen ausgehend zu den kleineren und größeren Totalitäten, welche ſich durch die Verbindung jener bilden, ſtufenweiſe fortſchreitet. Der Umfang derſelben iſt ſonach durch die, in älteren hermeneutiſchen Schriften angenommene, Unterſcheidung von λέξις, Wortbedeutung — τάξις, Wortfügung — φράσις, Redeform, bezeichnet.

22

I.

Beſtimmung der Bedeutung der einzelnen Wörter.

§. 1.

Das Neue Teſtament unterſcheidet ſich durch ſeinen Sprachcharakter von den Werken der klaſſiſchen Litteratur, und ſchließt ſich an die Reihe der nach-alexanderſchen Verfaſſer an. Bei Beſtimmung der Wortbedeutung werden daher die Eigenthümlichkeiten zu beobachten ſeyn, welche den neueren, den ſogenannten macedoniſch-alexandriniſchen Dialekt (ἡ κοινὴ διάλεκτος, im Gegenſatz von ἡ ἀρχαία, δοκιμή) 1. zum Unterſchied von dem älteren, dem ächten attiſchen 2., bezeichnen. Von ſolchen Eigenthümlichkeiten finden ſich im N. Teſt. Beiſpiele ſowohl mit Rückſicht auf Wörter 3., als auf Wortformen 4. und Wortbemerkungen 5. Zu dieſen kommen noch Ausdrücke, die aus der Römerſprache 6. herrühren.

1. Das neuere, das helleniſche Griechiſch iſt dadurch entſtanden, daß der attiſche Dialekt, indem er die übrigen Dialekte verdrängte, durch die allgemeine Verbreitung zugleich die urſprüngliche Reinheit einbüßte, Einmiſchungen aus den übrigen Dialekten und verſchiedene neuere Formationen annahm, wodurch die Schriftſprache ſich immer mehr der Volksſprache annäherte, auch die Figuren der Dichterſprache in den proſaiſchen Styl aufgenommen wurden. Die nicht ganz adäquate Benennung: macedoniſch-alexandriniſch läßt ſich nur in ſoweit vertheidigen, als es vornämlich die macedoniſche Herrſchaft war, welche die linguiſtiſche Einheit gleichzeitig mit der politiſchen zu Wege brachte, und Alexandrien der Hauptſitz der ſpäteren griechiſchen Litteratur war*). Die hieher gehörenden Verfaſſer ſind Polybius, Dionyſius Halikarn., Diodorus Siculus, Arrian, Dio Caſſius, Herodian, Plutarch — Theophraſt, Aelian — Aurelius Antoninus, Sextus Empiricus, Lucian, Philo, Diogenes Laertius u. M.

---

*) Vgl. Buttmanns ausführl. griech. Sprachlehre, 1. S. 5—7.

Eine Vergleichung des Sprachgebrauchs und der Wortformen der hellenischen und der attischen Gräcität ist ein wesentlicher Gegenstand des Fleißes der alten Lexikographen und Glossatoren gewesen. Die wichtigsten von diesen sind: Hesychius, Suidas, Phrynichus, Phavorinus, Ammonius, Julius Pollux, Moeris, Zonaras, Thomas Magister. Hiezu kommen noch die kritischen inhaltsreichen Bearbeitungen neuerer Gelehrten: Valckenaers Anm. zum Ammonius; Fischers Anm. zum Moeris; Ernesti's Anm. zum Hesychius, Suidas und Phavorin; Lobeck's Anm. zum Phrynichus; Vigeri lib. de praecipuis gr. dictionis idiotismis, ed. G. Hermann, 1802. 1813. Sturz: de dial. macedonico-alexandr. 1784. 1808.

2. Hieraus folgt eine linguistische Orientirung der Schriften des Neuen Test. Was die griechischen Kirchenväter (Origenes, Chrysostomus u. A.) unmittelbar erkannten, und die Reformatoren ohne Bedenklichkeit zugaben: daß nämlich die griechische Classicität vergebens im N. Test. gesucht werde, ist erst in der protestantischen Kirche durch wissenschaftliche Untersuchung begründet worden, nachdem das Misverstandene in einer Pietät, die, auf die strenge Inspirationstheorie sich stützend, an hartnäckiger Verneinung philologischer, augenscheinlich zu Tage liegender, Thatsachen festhielt, zu klarer Anerkennung gebracht worden war. Von diesem Streite im 17. und 18. Jahrhunderte zwischen den Puristen auf der einen Seite (Seb. Pfochen: de linguae gr. N. T. puritate, 1629. Jac. Grosse: trias propositionum theoll. stylum N. T. a barbaris criminationibus vindicantium, 1640. Sig. Georgi: vindiciarum N. T. ab hebraismis libri tres, 1732 u. A.), und den Hebraisten oder Hellenisten auf der andern Seite (Dan. Heinsius: de lingua hellenistica et hellenistis, 1643. Th. Gatacker: de N. Instrumenti stylo, 1648. J. Olearius: de stylo N. T. 1721. J. Vorst: de hebraismis N. T. 1778. J. Leusden: de dialectis N. T., singulatim de eius hebraismis, 1798.

3. Beispiele: ἀλεκτοροφωνία (Mr. 13, 35.). ἁλίσγημα (Apg. 15, 20.). ἀλλοτριοεπίσκοπος (1 Petr. 4, 15.). ἀνθρωπάρεσκος. ἀπαράβατος (Hebr. 7, 24.). ἀποδεκατόω (Mt. 23, 23.). ἀπετάσσομαι. ἀποτομία (Röm. 11, 22.). βαρύτιμος (Mt. 26, 7.). βιωτικός (Luk. 21, 34. 1 Cor. 6, 3. 4.). γεννή-

22 *

ματα. ἐγκάθετος (Luk. 20, 20.). ἔκπαλαι (2 Petr. 2, 3. 3, 5.).
ἐκμυκτηρίζω (Luk. 16, 14. 23, 34.). ἔκτρωμα (1 Cor. 15, 8.).
ἐναγκαλίζομαι (M. 9, 36. 10, 16.). ἐξυπνίζω (Joh. 11, 11.).
ἐσχάτως ἔχω (M. 5, 23.). εὐκαιρέω (M. 6, 31. 1 Cor. 16, 12.).
καλοποιέω (2 Thess. 3, 13.). καταβολὴ τοῦ κόσμου. κατόρ-
θωμα (Apg. 24, 2.). κολλυβιστής. κράββατος (häufig beim
Markus). κραιπάλη (Luk. 21, 34.). μεγιστᾶνες (M. 6, 21.
Apok. 6, 15. 18, 23.). μεσονύκτιον. μεσουράνημα (Apok. 8,
13. u. a. m. O.). ὁδηγός, ὁδηγέω. οἰκοδεσπότης. οἰκοδομή.
πατροπαράδοτος (1 Petr. 1, 18.). πεποίθησις. ποταμοφό-
ρητος (Apok. 12, 15.). προκοπή. σιτομέτριον. σκορπίζω.
σπῖλος, σπιλόω. στρηνιάω (Apok. 18, 7. 9.). συμπολίτης
(Eph. 2, 19.). συμφυλέτης (1 Thess. 2, 14.). σύσσημον (M. 14,
44.). ὑποδείγμα. χρεωφειλέτης (Luk. 7, 41. 16, 5.).

4. a) Substantivische Formen: ἀνταπόδομα (Luk. 14, 12.
Röm. 11, 9.), att. ἀνταπόδοσις — ἀσθένημα (Röm. 15, 1.),
att. ἀσθένεια — βαθμός (1 Tim. 3, 13.), att. βασμός —
βασίλισσα (Mt. 12, 42. Luk. 11, 31.), att. βασίλεια, βασιλίς
— γενέσια (Mt. 14, 6. M. 6, 21.), att. γενέθλια — γλωσ-
σόκομον (Joh. 12, 6.), att. γλωττοκομεῖον — ἥττημα (1 Cor.
6, 7.), att. ἧσσα, ἧττα — κατάλυμα (Luk. 2, 7.), att. κατά-
λυσις — κατήγωρ (Apok. 12, 10.), att. κατήγορος — κλί-
βανος (Mt. 6, 30. Luk. 12, 28.), att. κρίβανος — κοράσιον
(Mt. 9, 24. 25. u. a. O.), att. κόριον — καύχησις, att. καύχη
— πανδοχεῖον (Luk. 10, 34.), att. πανδοκεῖον — ψεῦσμα
(Röm. 3, 7.), att. ψεῦδος.

b) Adjektivische und adverbialische Formen: ἀκατάπαυστος
(2 Petr. 2, 14.), att. ἄπαυστος — ἀλλαχόθεν (Joh. 10, 1.),
att. ἄλλοθεν — ἐξάπινα (M. 9, 8.), att. ἐξαπίνης, ἐξαπι-
ναίως — ὄψιμος, ὄψινος, ὄρθρινος, πρωϊνος, καθημε-
ρινὸς (die Endigung ιμος und ινος anstatt ιος) — πανοικί
(Apg. 16, 34.), att. πανοικίᾳ, πανοικησίᾳ — πατρικός
(Gal. 1, 14.), att. πάτριος.

c) Verbale Formen: ἀροτριάω (Luk. 17, 7. 1 Cor. 9, 10.),
att. ἀρόω — γρηγορέω, att. ἐγρήγορα — ἐξουδενόω (M. 9,
2.), att. ἐξουθενέω — καμμύω (Mt. 13, 15. Apg. 28, 27.),
att. καταμύω — καταποντίζω (Mt. 14, 6. 18, 5.), att. κατα-
ποντόω — κολοβόω (Mt. 24, 22. M. 13, 20.), att. κολούω —

ὀρθρίζω (Luk. 21, 38.), att. ὀρθρεύω — ὁρκίζω (M. 5, 7. u. a. m. D.), att. ὀρκόω — πετάομαι (Apok. 4, 7. u. a. m. D.), att. πέτομαι — ῥήσσω (M. 2, 22. Luk. 9, 42.), att. ῥήγνυμι.

d) Flexion der Nomina: οἱ δεσμοί (Phil. 1, 13.), att. τὰ δεσμά — τὸ ἔλεος (Luk. 1, 50. 54. u. a. D.), att. ὁ ἔλεος — γήρει (Luk. 1, 36.), att. γήρᾳ — δυσί, att. δυοῖν — ἡμίσους (M. 6, 23.), att. ἡμίσεως — νοΐ (Röm. 14, 5. 1 Cor. 1, 10.), att. νῷ — τάχιον (Joh. 20, 4. u. a. m. D.), att. θᾶσσον.

e) Flexion der Zeitwörter. Präsens: δύνῃ (Apok. 2, 2.), κάθῃ (Apg. 23, 3.), att. δύνασαι, κάθησαι. — Imperf.: ἐδολιοῦσαν (Röm. 3, 13.), att. ἐδολιοῦν. — Aor. 2 mit der Endigung des 1. Aor.: ἔπεσα (Apok. 5, 14. 6, 13.), ἀναπέσαι (Luk. 14, 10. 17, 7.), εἶπα (Mt. 26, 25.), ἀνείλατε (Apg. 2, 23.), ἤλθατε (Mt. 25, 36.), ἐγάμησα (M. 6, 17.), d. i. ἔγημα. — Perfekt.: ἀφέωνται (d. i. ἀφεῖνται), ἔγνωκαν (Joh. 17, 7.), εἴρηκαν (Apok. 19, 3.) (die Endigung αν, d. i. ασι), ἀνέῳγε (1 Cor. 16, 9.), d. i. ἀνέῳκται. — Futurum: ἐκχεῶ (Apg. 2, 17. u. a. D.), d. i. ἐκχεύσω, σαλπίσω (Mt. 6, 12. u. a. D.), d. i. σαλπίγξω. — Infinitiv: πεινᾶν, διψᾶν, σημᾶναι, att. πεινῆν, διψῆν, σημῆναι. — Imper.: κάθου (Jak. 2, 3.), att. κάθησο. — Participium: ἀπολλύων (Apok. 9, 11.), d. i. ἀπόλλυς.

5. a) Hauptwörter. αἰτία: Lage, Verhältniß (Mt. 19, 10.). — ἀναστροφή: Lebensart (att. das Umkehren). — δαίμων, δαιμόνιον: von bösen Geistern; att. κακοδαίμων — δοχή: Gaſtmahl (Luk. 5, 29. 14, 13.), att. Aufnahme — ἐπιτιμία: Strafe (2 Cor. 2, 6.), att. Anſehen — θεραπεία: Dienerſchaft (Luk. 12, 42.), att. Dienſt — λιβανωτός: Rauchfaß (Apok. 8, 3.), att. Weihrauch (d. i. λιβανωτίς). — μαλακία: Krankheit (Mt. 4, 23. 9, 35. 10, 1.), att. Weichlichkeit — ὀφείλημα, ὀφειλέτης: Sündenſchuld, der Sünde ſchuldig (Mt. 6, 12. Luk. 11, 4.), att. Schuld, Schuldner — ὀψώνιον: (Luk. 3, 14. 1 Cor. 9, 7.), att. Zukoſt — παρεμβολή: Lager, Schlachtordnung (Apg. 21, 34. 37. u. öfters. Hebr. 13, 34.), att. Einſchieben, Zwiſchenſchieben — πτῶμα: Leiche (Mt. 24, 28. M. 6, 29.), att. Umſturz, Ruin — ῥύμή: Gaſſe (Mt. 6, 2. Luk. 14, 21.), att. Bewegung, Heftigkeit — στάσις: Aufſtand (M. 15, 7. Luk. 23, 19. 25. Apg. 19, 40. 24, 5.), att. Feſtſtehen, Stel-

lung — σχολή: Schule (Apg. 19, 4.), att. Muße — ὑπόστα-
σις: Wesen (Hebr. 1, 3.), Vertrauen (2 Cor. 9, 4. 11, 17.), att.
Grundlage.

b). Beschaffenheits- und Umstandswörter. ἀποτόμως: strenge
(2 Cor. 13, 10. Tit. 1, 13.), att. abgeschnitten, isolirt — αὐστη-
ρός: hart, unbillig (Luk. 19, 21. 22.), att. im eigentlichen Sinne:
zusammenziehend, trocken, scharf — εὐσχήμων: ansehnlich, vor-
nehm (Mr. 15, 43. Apg. 13, 50. 17, 12.), att. von schöner Gestalt — λόγιος: beredt (Apg. 18, 24.), att. so viel als πολυΐ-
στωρ — μεταξύ, d. i. ἔπειτα (Apg. 13, 42.) — σαπρός: unziemend (Eph. 4, 29.), att. welk, verdorben.

c) Zeitwörter. ἀνακεῖμαι, ἀναπίπτω: ich liege zu Tische,
att. κεῖμαι — ἀποστοματίζω: ich frage aus (Luk. 11, 54.),
att. ich sage her nach dem Gedächtniß — ἀποτάσσομαι: ich leiste
auf etwas Verzicht (Luk. 14, 33.), att. ich nehme Abschied —
αὐθεντέω: ich gebiete über etwas (1 Tim. 2, 12.), att. ich tödte
mich selber — βρέχω: ich lasse regnen (Mt. 5, 45. Jak. 5, 17.),
att. ὕω — διαχειρίζομαι: ich erwürge (Apg. 5, 30.), att. ich
behandele, bearbeite — ἐκκακέω: ich ermatte, werde müde (Luk.
18, 1. Eph. 3, 13. u. a. O.) — ἐντρέπομαί τινα: ich scheue mich
vor Jemandem (Mr. 12, 6.) — εὐχαριστέω: ich danke, att.
χάριν εἴδω — ἐρεύγομαι: ich sage her (Mt. 13, 55.), att. her-
vorsprudeln — θριαμβεύω: ich lasse triumphiren (2 Cor. 2,
14.) — κακόω: ich hetze auf (Apg. 14, 2.), att. ich verderbe,
quäle — κεφαλαιόω: ich verwunde Einem den Kopf (d. i. κεφα-
λίζω) (Mr. 12, 4.), att. ich bringe in eine Hauptsumme — πα-
ρακαλέω: ich bitte, tröste, att. ich fordere auf — παιδεύω:
ich strafe (Luk. 23, 16. Hebr. 12, 7.), att. ich erziehe — περι-
σπάομαι: ich mache mir viel zu schaffen (Luk. 10, 40.), att.
werde herumgezogen — πραγματεύομαι: ich handle, wuchere
(Luk. 19, 13.), att. ich verhandle, führe aus — προβάλλω:
hervorkeimen (vom Baume) (Luk. 21, 30.), att. im eigentlichen
Sinne — στέγω: ich vertrage (1 Cor. 9, 12. 1 Thess. 3, 1.), att.
ich bedecke — συγκρίνω: ich richte (1 Cor. 2, 13.), att. ich ver-
menge — συμβιβάζω: ich schließe, beweise, belehre (Apg. 16,
10. 9, 22. 1 Cor. 2, 16.), att. ich verbinde — συμφωνέω:
ich bin oder werde mit einem einig, gehöre irgendwo hin (Mt. 20,
13. Luk. 5, 36. Apg. 5, 9.) — σχολάζω: ich bin müßig (Mt.

12, 44.) — φωνέω: ich rufe, rufe aus, lade ein (Luk. 16, 24.
14, 12. Mt. 20, 32 und oftmals) — ὑπωπιάζω: ich quäle,
mishandle (Luk. 18, 5. 1 Cor. 9, 27.), att. von den Schlägen
der Faustfechter — χωρέω: metaph. ich gebe irgend etwas Raum
bei mir, ich nehme in mich auf und befolge (Mt. 19, 11. 2 Cor.
7, 2.), att. ich fasse, enthalte, — halte aus.

6. Beispiele: ἀσσάριον (Mt. 10, 29. Luk. 12, 6.) —
δηνάριον — δοῦναι ἐργασίαν (Luk. 12, 58.) — κεντουρίων
(M. 15, 39. 44.) — κῆνσος (Mt. 17, 25. 22, 17.) — κοδράν-
της (Mt. 5, 26. M. 12, 42.) — κωλώνια (Apg. 16, 12.) —
κουστωδία (Mt. 27, 65. 28, 11.) — λεγεών (Mt. 26, 53.
M. 5, 9.) — λαμβάνειν συμβούλιον (Mt. 12, 14. 22, 15.) —
λέντιον (Joh. 13, 4. 5.) — λιβερτῖνος (Apg. 6, 9.) — μίλιον
(Mt. 5, 41.) — μεμβράνα (2 Tim. 4, 13.) — μόδιος (Mt. 5,
15.) — ξέστης (M. 7, 4.) — μάκελλον (1 Cor. 10, 25.) —
πραιτώριον (Mt. 7, 27. Apg. 23, 35. u. a. m. O.) — σικάριος
(Apg. 21, 38.) — σιμικίνθιον (Apg. 19, 12.) — σουδάριον
(Luk. 19, 20. Joh. 11, 44. u. a. m. O.) — σπεκουλάτωρ
(M. 6, 27.) — τίτλος (Joh. 19, 19. 20.) — φραγέλλιον,
φραγελλόω (Joh. 2, 15. Mt. 27, 26.).

H. Planck: de vera natura atque indole orationis graecae N. T. 1810. J. A. H. Tittmann: de Synonymis in
N. T. libr. II. 1832. Schott: isagoge hist. crit. in libros
N. T. sacros, p. 497—515. Matthies Propädeutik der
neutestamentl. Theologie, S. 100—153. Bretschneiders
und Wahls Wörterbücher über das Neue Testament. Vor
allen Winers Grammatik des neutestamentl. Sprachidioms.

§. 2.

Die Gräcität des Neuen Testaments unterscheidet sich von den reinen griechischen Sprachwer-
ken überhaupt durch den Einfluß des Hebräischen.
Bei Ausdrucksweisen 1. oder Wortbedeutungen 2.,
welche hellenistischen (von griechischredenden Juden verfaßten) Schriften — den Apokryphen des
A. T., der alexandrinischen Uebersetzung des A. T.,
dem Josephus — eigenthümlich sind, muß daher
die Worterklärung von den Analogien in der hebräischen oder aramäischen Sprache ausgehen.

Durch unkritisches Parallelisiren mit dem A. Testament ist man zur Ueberschätzung des hebraisirenden Elements in der Sprache des N. Testaments geführt worden, indem man von der Vorstellung ausgegangen ist, daß das Denken selbst bei den Aposteln, wie überhaupt bei den griechischredenden Juden, in hebräischer Sprachform sich vollzogen habe, so daß die griechische Form als wörtliche Uebersetzung eines präexistirenden hebräischen Textes zu betrachten sey. Als Folge hievon mußte jedes Wort und jede Wortfügung, wozu sich im Hebräischen analoge Formen nachweisen lassen, als Hebraismus gelten, ohne daß man mit linguistischem Takte untersuchte, wie weit ähnliche Analogien in den Sprachen überhaupt und namentlich im Griechischen vorhanden sind. Gegen diese Verkennung einer allgemeineren Sprachanalogie haben die neueren Linguisten die Unterscheidung von vollkommenen (unzweifelhaften) und unvollkommenen (zweifelhaften) Hebraismen geltend gemacht. Es liegt in der Natur der Sprachamalgamation, daß eine Ausscheidung der verschiedenen Elemente in genetischer Hinsicht sich nur in einzelnen Fällen mit Bestimmtheit vornehmen läßt. Wo aus griechischen Verfassern mehr oder minder ähnliche Sprachbeispiele genommen werden können, die den morgenländischen Ursprung zweifelhaft machen, da wird es auf dem ganzen Sprach-Charakter des jedesmaligen Verfassers beruhen: wie weit der hebräische oder aramäische Ursprung in den einzelnen Fällen als mehr oder weniger wahrscheinlich anzusehen sey. Wie groß ist in dieser Hinsicht nicht der Abstand zwischen dem Evangelium des Matthäus und der Apokalypse auf der einen und den Paulinischen und Johanneischen Schriften auf der anderen Seite!

1. Beispiele: ἄρχων τοῦ κόσμου, τοῦ αἰῶνος (שַׂר הָעוֹלָם) — ἄρσεν διανοῖγον μήτραν (פֶּטֶר רֶחֶם) — γινώσκειν sensu vener. (יָדַע) — δεκαδύο, d. i. δώδεκα (שְׁתֵּים עֶשְׂרֵה) — δόξαν δοῦναι τῷ Θεῷ (נָתַן כָּבוֹד לַיהֹוָה) — εἷς, d. i. τις oder πρῶτος (אֶחָד) — ζητεῖν τὴν ψυχήν τινος (בִּקֵּשׁ נֶפֶשׁ) — θάνατον ἰδεῖν, θανάτου γεύεσθαι (רָאָה טַעַם מָוֶת) — εἰς κοιλίας τῆς μητρός (מִבֶּטֶן אִמּוֹ) — εἰς κενὸν γίνεσθαι (חָיָה לָרִיק) — μακροθυμία, μακροθυμεῖν (הֶאֱרִיךְ, אֶרֶךְ אַפַּיִם) — ὀφθαλμὸς πονηρός (עַיִן רַע) — περιπατεῖν ἐνώπιόν τινος, πορεύεσθαι ἐν ταῖς ἐντολαῖς, ἀκολουθεῖν ὀπίσω τινος

(מְלֹא הָאָרֶץ) — πλήρωμα τῆς γῆς u. a. (חָלַף בְּ, לִפְנֵי, אַחֲרֵי)
— ἐπλήσθησαν αἱ ἡμέραι (וַיִּמְלְאוּ הַיָּמִים) — προβαίνειν
ἐν ἡμέραις (בָּא בַיָּמִים) — ποιεῖν ἔλεος, πόλεμον μετὰ
(עָשָׂה.. עִם) — πρόσωπόν τινος, d. i. τις (Luk. 9, 53.),
πρόσωπον πρὸς πρόσωπον (פָּנִים אֶל‑פָּנִים), πρ. τοῦ οὐρα‑
νοῦ, τῆς γῆς (פְּנֵי הָאָרֶץ הַשָּׁמַיִם) — προσωποληπτεῖν, προσ‑
ωπολήπτης, προσωποληψία (נָשָׂא פָנִים) — πτωχοὶ τῷ
πνεύματι (עַנְוֵי רוּחַ) — σὰρξ καὶ αἷμα (בָּשָׂר וָדָם) — σπλαγ‑
χνίζεσθαι, πολύσπλαγχνος (רַב חֶסֶד, רָחַם) — στηρίζειν τὸ
πρόσωπον εἰς (שׂוּם פָּנָיו לְ) — συζητεῖν, συζήτησις, συζη‑
τητὴς (דָּרַשׁ, מִדְרָשׁ, דִּרְשָׁן).

Hiezu gehören noch Wörter, die geradezu von der aramäi‑
schen Sprache in die griechische, mit einiger Annäherung an die
Formen der letzteren, übergegangen sind. Beisp. ἄββα (אַבָּא),
ἀβαδδών (אֲבַדּוֹן), ἀμήν (אָמֵן), ἀῤῥαβών (עֵרָבוֹן), βάτος
(בַּת), γέεννα (גֵּיא הִנֹּם), κορβᾶν (קָרְבָּן), κόρος (כֹּר), μαμ‑
μωνᾶς (מָמוֹנָא), παράδεισος (פַּרְדֵּם), ῥακά (רֵיקָא), σάτον
(סָאתָא), σατᾶν (שָׂטָן), σίκερα (שֵׁכָר).

2. αἰών: die Welt (עוֹלָם) — ἀλήθεια: Wahrhaftigkeit,
Aufrichtigkeit, Rechtschaffenheit (אֶמֶת, אֱמוּנָה) — ἀνάθεμα:
Verwünschung und der Gegenstand derselben (חֵרֶם) — δόξα:
Glanz, 1 Cor. 15, 40. 41. 2 Cor. 3, 7. u. a. a. St. (כָּבוֹד) —
δυνάμεις: mächtige Thaten (גְּבוּרוֹת) — διανοίγειν, d. i. ἑρμη‑
νεύειν, Luk. 24, 32. Apg. 17, 3. (פָּתַח) — εἰδέναι: Sorge
tragen, 1 Thess. 5, 12. (יָדַע) — εἰρήνη: Glückseligkeit (שָׁלוֹם)
— ἐκβάλλειν: aussenden, Mt. 9, 38. hervornehmen, Mt. 12,
35. ausführen, Mt. 12, 20. (הוֹצִיא) — ἐπισκέπτεσθαι: Für‑
sorge tragen (פָּקַר) — ἐπισκοπή: Untersuchung, Strafaufseher‑
amt (פְּקֻדָּה) — εὐλαβής: gottesfürchtig (חָסִיד) — εὐλογία:
Wohlthat (בְּרָכָה) — εὑρίσκειν: erwerben, sich verschaffen, Joh.
12, 14. (מָצָא) — ἱλαστήριον: der Deckel auf der Bundeslade,
Hebr. 9, 5. (כַּפֹּרֶת), nach LXX. — κολλᾶσθαι, προσκολλ.:
sich eng anschließen (דָּבַק) — κληρονομεῖν: erreichen (נָחַל, יָרַשׁ)
— μαρτύριον: Lehre (עֵדָה, עֵרוּת) vgl. σκηνὴ τ. μαρτ. (Apg.
7, 44. Apok. 15, 5.) nach LXX. — ὄνομα, d. i. ἄνθρωπος,
Apg. 1, 15. Apok. 3, 4. 11, 13. (שֵׁם) — ποιεῖν: erwerben,
Luk. 19, 18. (עָשָׂה) — ὁμολογεῖν m. d. Dat.: lobpreisen, Hebr.
13, 15. (בְּ‑‑הוֹדָה) — ῥῆμα: Ding, Sache, Luk. 1, 37. 65.

Apg. 5, 32. 2 Cor. 13, 1. (רֵב־) — φόβος, φοβεῖσθαι, von religiöser Ehrfurcht (יָרֵא, יִרְאָה).

Schoetgenii u. Lightfootii Horae Hebraicae et Talmudicae. Hartmanns linguist. Einleit. in das Studium des A. Test. Winers Gramm. S. 28—41.

§. 3.

Die Sprache des Neuen Testaments hat einen selbstständigen Grundcharakter, entsprungen aus den christlichen Ideen, die sich bei den Aposteln als bildendes Sprachprinzip äußern mußten. In soweit ein christliches Moment in einem einzelnen Worte enthalten ist, kann die Deutung dieses Worts zwar durch Rücksicht auf Etymologie und Sprachgebrauch theils bei den Classikern, theils im A. Testament vorbereitet werden; aber in ihrem vollen Umfange und ihrer besonderen Modification kann die Bedeutung nur aus der dem Neuen Testamente eigenthümlichen Sprachanalogie entwickelt werden.

Die Originalität der Sprache im Neuen Test. verkennen, hieße — in Folge des natürlichen Verhältnisses, worin die Sprache zum Denken steht — das Eigenthümliche und Neue im religiösen Inhalte des Christenthums verkennen. Das sprachlich Neue kann indessen, nach den Sprachverhältnissen, woran Jesus und die Apostel in ihrer Wirksamkeit gebunden waren, nicht in neuen Wortbildungen gesucht werden, sondern in eigenthümlicher Benutzung des Gegebenen durch neue Wortfügungen und Bedeutungen der Wörter. Dieses Neue wird also hauptsächlich in solchen Ausdrücken zu suchen seyn, welche Bezeichnung von Hauptmomenten der Lehre enthalten. Solche sind z. B.

αἰὼν οὗτος, μέλλων — βασιλεία τοῦ Θεοῦ, τοῦ οὐρανοῦ — δικαιοῦσθαι, δικαιοσύνη — δόξα, δοξάζεσθαι — ζωή, θάνατος, ζωὴ αἰώνιος — καλεῖν, κλῆσις — καταλλάσσειν — κληρονομεῖν, κληρονομία — κόσμος — λόγος — λύτρον, λυτροῦσθαι — μυστήριον — νόμος, ἔργα νόμου — παράκλητος — πειρασμός — πίστις — πλήρωμα, πληροῦσθαι — πνεῦμα, σάρξ — προφήτης, προφητεύειν

— σκότος, φῶς — σταιχεῖα — τέκνα, υἱοὶ τοῦ Θεοῦ — υἱὸς τοῦ ἀνθρώπου — χάρις, χάρισμα — χρίσμα — ψυχικός.

§. 4.

Wenn das Neue Testament in ſtyliſtiſcher Hinſicht — in Folge des allen Apoſteln gemeinſchaftlichen Verhältniſſes ſowohl zum Evangelium als zu den hiſtoriſchen Verhältniſſen — als ein Ganzes kann betrachtet werden, ſo iſt auf der anderen Seite eine ſprachliche Eigenthümlichkeit bei den einzelnen Verfaſſern im N. Teſt. nicht minder bemerklich, als Ausdruck der geiſtigen Individualität und der beſonderen Auffaſſung des Individuums vom Evangelium. Inſofern dieſe Eigenthümlichkeit in einzelnen Ausdrücken zum Vorſchein kommt, welche entweder überhaupt oder in einer gewiſſen Bedeutung dem einzelnen Apoſtel eigenthümlich ſind, kann die allgemeine Deutung durch Paralleliſirung und allgemeinen Ueberblick gefördert werden; aber die genauere Begriffsbeſtimmung muß aus des Verfaſſers eigenem Sprachkreiſe entlehnt werden.

Von reeller Bedeutung zeigt ſich dieſe Sprachverſchiedenheit beſonders in den Johanneiſchen und den Pauliniſchen Schriften. Zum Johanneiſchen Sprachtypus gehören folgende Ausdrücke: ἀγαπᾷν τ. Θεόν, τοὺς ἀδελφούς — ἀλήθεια in ethiſcher Bedeutung — ὁ ἀντίχριστος — ὁ ἄρχων τοῦ κόσμου τούτου — γενηθῆναι ἄνωθεν, ἐκ τοῦ Θεοῦ — εἶναι, μένειν ἐν, ἐν εἶναι — ἔρχεσθαι εἰς τὸν κόσμον — θάνατος, ζωὴ in uneigentlicher Bedeutung — κοινωνίαν ἔχειν μετὰ — κόσμος, im Gegenſatz zu Gott — ὁ λόγος, λόγος τῆς ζωῆς — μαρτυρία, μαρτυρεῖν — μονογενὴς υἱός — ὁρᾷν τὸν Θεόν — ὁ παράκλητος, τὸ πνεῦμα τῆς ἀληθείας — σκοτία, φῶς; —

zum Pauliniſchen Sprachtypus: ἀγών, βραβεῖον — ἀποδοῦναι κατὰ τὰ ἔργα — ἀποθνήσκειν τινί — ἀποκαταλλάσσειν — γράμμα, im Gegenſ. zu πνεῦμα — δικαιοῦσθαι — δουλεία, πνεῦμα δουλείας — ἔργα νόμου, σαρκός, σκότους — οἱ ἐγγύς, entgegengef. οἱ μακράν — κλῆσις — κτίζεσθαι (fig.), καινὴ κτίσις — καρπὸς τοῦ πνεύματος — μακροθυμία — μεσίτης — μυστήριον — νόμος πνεύματος, δικαιοσύνης, ἁμαρτίας, τοῦ νοός, ἐν τοῖς μέλεσι — οἱ ἐκ νόμου, ὑπὸ νόμον — ναὸς Θεοῦ, τοῦ ἁγίου πνεύματος — οἰκοδομεῖν, οἰκοδομή (fig.) — πλήρωμα τοῦ Θεοῦ, τῆς θεότητος, τοῦ χρόνου — πλούσιος, πλουτεῖν, πλουτίζειν (fig.) — σαρκικός — σταυροῦσθαί τινι — στοιχεῖα (fig.) — τύπος (d. i. ὑπόδειγμα) — υἱοθεσία.

Als Beispiel der Parallelisirung können die Johanneischen Ausdrücke: παράκλητος — μένειν ἐν τῷ Θεῷ — γεννηθῆναι ἄνωθεν, mit den Paulinischen: πνεῦμα ἅγιον — τέκνα τοῦ Θεοῦ — καινὴ κτίσις angeführt werden. —

Von dem rein linguistischen Standpunkte aus durchgeführt, führt die Untersuchung der Spracheigenheiten der Apostel in eine Menge lexikalischer und grammatischer Einzelheiten, deren Ausscheiden und Ordnen, wiewohl von untergeordneter Wichtigkeit, doch nicht ohne Ausbeute für die Auslegung bleibt. Hieher gehören die philologischen Monographien:

C. L. Bauer: Rhetorica paulina. Philologia thucydideo-paulina. 1782. 1773. H. G. Tzschirner: Obss. Pauli ap. epistolaris scriptoris ingenium concernentes. 1810. J. D. Schulze: Der schriftstellerische Werth und Charakter des Petrus, Judas und Jakobus. 1802. — Der schriftstellerische Werth und Charakter des Johannes, 1803. Gersdorff: Beiträge zur Sprachcharakteristik des N. T. 1816. Seyffarth: Beitrag zur Specialcharakteristik der Johanneischen Schriften. 1823.

Der stylistische Charakter macht einen wesentlichen Moment in der kritischen Beweisführung für oder wider die Authenticität der bestrittenen Bücher aus. Viele Supplemente zu den angeführten Schriften finden sich daher in den späteren kritischen Untersuchungen über die Aechtheit des Johannes-Evangeliums, der Pastoralbriefe, des Briefes an die Hebräer und der Apokalypse. Vergl. auch Credners Einleit. 1. Th. 1. Abth. S. 63—67. 102—105. 132—142. 223—230. 2. Abth. S. 452. 459. 543—547. 729—730.

§. 5.

Bei Ausdrücken, deren Bedeutung im N. Teſt. unbeſtimmt iſt, indem ſie, auch bei einem und demſelben Verfaſſer, in verſchiedener, entweder eigentlicher oder uneigentlicher, Bedeutung vorkommen, muß man die jedesmalige Bedeutung theils durch Nachſpürung des Gedankenganges in der ganzen Wortverbindung, theils durch Vergleichung mit gleichartigen, parallelen Stellen zu beſtimmen ſuchen.

Von dieſer Mehrdeutigkeit können verſchiedene Arten unterſchieden werden zufolge des Verhältniſſes, das unter den verſchiedenen Bemerkungen Statt findet, worin das Wort vorkommt.

1. Wo der Begriff weſentlich derſelbe bleibt, nur verſchiedentlich modificirt und potenzirt, indem das Wort a., bald in weiterer, bald in engerer b., bald in einfacher, bald in emphatiſcher, bald in hyperboliſcher, bald in meiotiſcher Bedeutung gebraucht wird*).

a. ἀγαπᾷν: lieben (Mt. 5, 44.), liebkoſen (M. 10, 21.) ἄγγελοι: Geſandte (Mt. 11, 10.), Engel (Mt. 18, 20.); zweifelhaft: 1 Cor. 11, 10. — οἱ ἅγιοι: die Chriſten (Apg. 9, 13 f.), Engel (1 Theſſ. 3, 13.). — ἁγιάζειν: einweihen (Joh. 17, 17.), hingeben (Joh. 17, 19.). — ἄδικος: ungerecht (Luk. 16, 10.), unrecht, unächt (Luk. 16, 11.). — ἀνήρ, entgegengeſ. γυνή (M. 10, 12. Joh. 4, 16. 18.), entgegenſ. νύμφη (Apok. 21, 2.). — ἄνθρωπος, entgegenſ. πατήρ (M. 10, 35.), entgegengeſ. κύριος (Luk. 12, 36.). — ἀπόστολος: Geſandter (Joh. 13, 16.),

*) Emphasis (ab ἐμφαίνειν: ante oculos ponere) „repraesentationem rei vel sensus efficaciorem denotat, si scilicet scriptor de industria eiusmodi vocibus et constructionibus utatur, quae rem vividius exprimunt et quasi oculis conspiciendam sistunt.“ Rambach inst. herm. sacrae p. 318. — Hyperbole „modus locutionis, quando id quod dicitur longe est amplius quam quod eo dicto significatur.“ Aug. de civ. D. 21. — Meiosis, Litote, Tapeinosis: „quum iusto leniora vehementioribus rebus dantur.“ Flacii Clavis S. Scr. II. p. 292.

Verbreiter des Evangeliums (Röm. 16, 7.), Apostel (Mt. 10, 2.), Christus (Hebr. 3, 1.). — ἅπτεσϑαι: berühren (2 Cor. 6, 17.), sensu vener. (1 Cor. 7, 1.), die Hände auflegen (Luk. 18, 15, vgl. Mt. 19, 13.: ἐπιϑεῖναι τὰς χειράς). — βασιλεία τῶν οὐρανῶν: die christliche Gemeinschaft (Mt. 13, 24.), das ewige Leben (Mt. 5, 10.). — γράμμα: Schrift (2 Tim. 3, 15.), Brief (Apg. 18, 21.), Schuldbrief (Luk. 16, 6. 7.). — γυνή: Weib (Mt. 14, 3.), Braut (Mt. 1, 20. Apok. 19, 7.). — διακονία: Wirksamkeit (Apok. 2, 19.), Almosenvertheilung (Apg. 6, 1.). — ἐκκλησία: Volksversammlung (Apg. 7, 38.), Kirche (Mt. 18, 17.). — ἐπιβλέπειν ἐπί: hinaufschauen (Jak. 2, 3.), in Gnaden besehen (Luk. 9, 38.). — ἐπισυναγωγή: Sammlung (2 Theff. 2, 1.), unbestimmt (Hebr. 10, 25.). — ζῆλος: Eifer (Röm. 10, 2.), Reid (1 Cor. 3, 3.). — κενός: ohne Wirkung (1 Cor. 15, 10.), ohne Grund (1 Cor. 15, 14.). — κτίσις: die erschaffene Welt (Röm. 8, 22.), die Menschenwelt (Mr. 16, 15.), Obrigkeit (1 Petr. 2, 13.). — λειτουργεῖν: bedienen (Röm. 15, 27.), von dem Gottesdienste (Apg. 13, 2.). — λόγος τοῦ Θεοῦ: Wort Gottes (Joh. 5, 38. 10, 35.), Gedanke Gottes (Hebr. 4, 12.). — μακροϑυμεῖν: Nachsicht haben (1 Theff. 5, 14.), mit Geduld erwarten (Hebr. 6, 15. Jak. 5, 7. 8.). — μετάνοια: Sinnesänderung (Hebr. 12, 7.), Bekehrung (Mt. 3, 11.). — μυστήριον: geheimnißvolle Satzung (Röm. 11, 25.), mysteriöses Dogma (1 Tim. 3, 16.), geheimnißvoller Sinn (Apok. 1, 20. 7, 7.). — οἰκουμένη: das Erdreich (Mt. 24, 14. Apok. 3, 10.), das römische Reich (Luk. 2, 1.). — παραβολή: Parabel (Mt. 13, 3.), Sprichwort (Luk. 4, 23.), Vorbild (Hebr. 9, 9.). — παροιμία: Sprichwort (2 Petr. 2, 22.), Gleichniß (Joh. 10, 6.), dunkle Rede (Joh. 16, 25. 29.). — πειράζειν: prüfen (2 Cor. 13, 5, Apok. 2, 2.), Menschen versuchen (1 Cor. 10, 13.), Gott versuchen (1 Cor. 10, 9.). — σημεῖον: Merkmal (Luk. 1, 18. Mt. 16, 3.), Wunder (Mt. 12, 38.). — σοφίζειν: weise machen (2 Tim. 3, 15.), durch Spitzfindigkeit verkünsteln (2 Petr. 1, 16.) — φοβούμενος τὸν Θεόν: gottesfürchtig (Apg. 10, 35.), Proselyt (Apg. 13, 16. 43.). — φύσις: Natur (Röm. 11, 21. 24.), ursprüngliche Bedingung (Gal. 2, 15. Eph. 2, 3.).

b) ἀκούειν, βλέπειν, d. i. συνιέναι (Mt. 13, 13 f.), achten auf (Mt. 10, 14. 18, 15.). — ἀρνεῖσϑαι: durch Worte ver-

läugnen (Mt. 10, 33.), durch die That verläugnen (1 Tim. 5,
8.). — γινώσκειν, εἰδέναι: kennen (Luk. 12, 47.), erkennen
(Joh. 1, 10., zweifelhaft: 1, 31. 33.), sich annehmen (2 Tim. 2,
19., zweifelhaft: 1 Cor. 8, 3. Gal. 4, 9.). — δύνασθαι: in
moralischer Bed. (Mt. 6, 5. Apok. 2, 2.). — ἔργα: Werke (Joh.
3, 21.), Wunder (Mt. 11, 21.). — εὐαγγελίζεσθαι: eine frohe
Botschaft verkündigen (Luk. 1, 19. 1 Theff. 3, 6.), von Verkündigung des Evangeliums (gewöhnl.). — εὐγενής: von hoher Geburt (1 Cor. 1, 26.), hochherzig (Apg. 17, 11.). — ἡμέρα:
Tag des Gerichts (1 Cor. 4, 3.). — θάνατος, d. i. λοιμός
(Apok. 6, 8.). — ἱκανός: geschickt zu Etwas (2 Cor. 2, 16.
3, 5.), würdig (Luk. 7, 6.). — καινός: neu (Mt. 9, 17.), von
ungekannter, höherer Natur (Mt. 26, 29.) — κακία, πονηρός:
in natürlicher Bed. (Mt. 6, 23 f.), in sittlicher Bed. (Mt. 20,
15.). — κλάσαι ἄρτον: von der Mahlzeit (Apg. 20, 11.), vom
Nachtmahl des Herrn (Apg. 2, 46.) — κρίσις, κρίμα: Gericht
(Joh. 7, 24.), Strafe (1 Petr. 4, 17.). — υἱὸς Ἀβραάμ: Abrahams Nachkommen (Mt. 1, 1.), Abrahams geistiger Verwandter
(Luk. 19, 9.). — υἱὸς Θεοῦ: von den Göttlichgesinnten (Röm.
8, 14.), von Christus (Mt. 16, 16.) — υἱὸς ἀνθρώπου:
Mensch (Apok. 1, 13. 14, 14.), Christus (Mt. 12, 8.).

v) ἀναγκάζειν: treiben (Mt. 14, 22.). — ἄτοπον, d. i.
ἀσεβές (Luk. 23, 41.). — ἀφανίζειν: entstellen (Mt. 6, 16.).
— ἀχρεῖος: böse (Mt. 25, 30.), ohne Verdienst (Luk. 17, 10.).
— ἐκβάλλειν: herausnehmen (Mt. 7, 4. 9, 38. 12, 35.). —
ἐπαινεῖν: loben (Luk. 16, 8.). — μισεῖν: hintansetzen (Mt. 6,
24. Luk. 14, 26.).

2. Wo das Wort gebraucht wird, um wesentlich
verschiedene Begriffe zu bezeichnen, die in einem
gewissen gegenseitigen Verhältnisse: dem der Objektivität, der Causalität, der Aehnlichkeit, und
dergl. mehr stehen.

αἴρειν τὰς ἁμαρτίας: die Sünden hinwegnehmen, tilgen
(1 Joh. 3, 5.), die Sünden auf sich nehmen (Joh. 1, 29.). —
αἰών: Ewigkeit (Joh. 8, 35.), die Welt (Hebr. 1, 2. 11, 3.). —
ἀναστῆσαι: auftreten lassen (Apg. 3, 22. 13, 32.), vom Tode
erwecken (Apg. 13, 34.). — ἄνομος, ἀνόμως: Uebertreter des
Gesetzes (Apg. 2, 23.), des Gesetzes ermangelnd (Apg. 9, 21. Röm.

2, 13.). — *ἀποδεκατοῦν*: verzehnten (Mt. 23. 23.), zehnten (Hebr. 7, 5.). — *ἄλαλος*: stumm (M. 7, 37.), stummmachend (M. 9, 17.). — *ἀνατολή*: der Oft (Mt. 2, 1. 2.), aufgehendes Licht (Luf. 1, 78.). — *ἀρέσκειν*: (Mt. 14, 6.) d. i. *ζητεῖν α.* (1 Cor. 10, 33. Gal. 1, 10.). — *αὐτάρκεια*: Genügsamkeit (1 Tim. 6, 6.), das Nöthige (2 Cor. 9, 8.). — *δικαίωμα*: Gebot (Röm. 2, 26.), Gerechtigkeit (Röm. 5, 18.), Rechtfertigung (Röm. 5, 16.). — *δόξα*: Ehre (Joh. 5, 44.), Glanz (1 Cor. 15, 40.), Herrlichkeit (Joh. 17, 22.). — *δοξάζεσθαι*: verherrlicht werden (Mt. 6, 2.), herrlich gehalten werden (1 Cor. 12, 26.). — *δυνάμεις*: Mächte (Röm. 8, 38.); *δ. τῶν οὐρ.*: Himmelskörper (M. 24, 29.), mächtige Thaten (Mt. 7, 22.). — *ἔλεος*: Barmherzigkeit (Luf. 1, 50.), Begnadigung (Röm. 11, 31.). — *ἔμπροσθεν*: von der Zeit, von Würdigkeit (Joh. 1, 15. 27.). — *ἐξουσία*: Macht (Mt. 9, 8.), Obrigkeit (Luf. 12, 11.), Provinz (Luf. 23, 7.). — *ἡλικία*: Alter (Joh. 9, 21.), Wuchs (Luf. 19, 3.), zweifelhaft: Mt. 6, 27. — *θέατρον*: Theater (Apg. 19, 29. 31.), Schauspiel (1 Cor. 4, 9.). — *θεραπεία*: Dienstleistung (Luf. 9, 11.), Gesinde (Luf. 12, 42.). — *θερισμός*: Ernte (Joh. 4, 35.), reife Saat (Apof. 14, 15.). — *κοινός*: gemeinschaftlich (Tit. 1, 4.), unrein (Apg. 10, 14.). — *κοινωνία*: Gemeinschaft (Phil. 1, 5.), gemeine Geldsteuer (Röm. 15, 26.). — *λόγος*: (in Joh. Evang. und 1. Briefe). — *μεγαλύνειν*: groß machen, mit Worten erheben (Luf. 1, 46. 57.) — *νοῦς*: Sinn, Verstehen (1 Cor. 14, 14. 15.) — *ὄνομα*: Person (Apof. 1, 15. 3, 4. 4, 12. 11, 13.) — *πίστις*: Glaube, Treue (Röm. 3, 3.), Glaubenslehre (Gal. 1, 23.). — *πλήρωμα*: Fülle, Ganzheit (1 Cor. 10, 26. Joh. 1, 16. Col. 2, 9.), die christliche Gemeinschaft (Eph. 1, 23. Col. 1, 19.). — *πνεῦμα*: Geist (Luf. 24, 37.), der Geist Gottes oder des Menschen (Apg. 20, 22.), prophetischer Geist (2 Theff. 2, 2. 1 Joh. 4, 1.). — *πρεσβύτερος*: Aelterer (1 Tim. 5, 1.), Gemeindevorsteher (1 Tim. 5, 17. 19.), zweifelhaft: 1 Petr. 5, 1. 5. — *σάββατον*: Sabbath, Woche (M. 16, 9. Luf. 18, 12.). — *σάρξ*: Körper (Apg. 2, 26.), der Mensch (Luc. 3, 6.). — *στάσις*: Bestehen (Hebr. 9, 8.), Empörung (Apg. 15, 2.). — *φαρμαρκεία*: Giftmischerei (Apg. 9, 21.), Zauberkünste (Gal. 5, 20.). — *φόβος*: Ehrfurcht (Röm. 13, 7.), Abschreckung (Röm. 13, 3.). — *χάρις*: Gnade, Gabe (1 Cor. 16, 3. 2 Cor. 8, 6. 7.).

Hieher gehören mehrere Verben, die sowohl in intransitiver als transitiver Bedeutung vorkommen: μαθητεύειν (Mt. 27, 57. 28, 19.); περισσεύειν (Phil. 4, 13. 2 Cor. 9, 8.); πλεονάζειν (Röm. 5, 20. 1 Theff. 3, 12.); χωρεῖν (Joh. 8, 37. 21, 25. Mt. 19, 11.).

3. **Wörter, die bald in eigentlicher, bald in bildlicher (metaphorischer) Bedeutung vorkommen:**

ἀσθενεῖν, ἀσθένεια, ἀσθενής (intell. u. moralisch) (Mt. 10, 8. 25, 39. — 1 Cor. 8, 9. Hebr. 5, 2. 7, 18.) — εἰδωλολατρεία (Col. 3, 5.) — ζωή, ζῆν, θάνατος (Joh. 5, 24. 1 Joh. 3, 14. 1 Theff. 3, 8.) — θύρα, d. i. εὐκαιρία (1 Cor. 16, 9.) — μοιχός, μοιχαλίς (Hebr. 13, 4. Röm. 7, 3. — Jak. 4, 4. Mt. 12, 39.) — νήπιος, τέλειος (1 Cor. 13, 11. 2, 6. 3, 1. 14, 20.) — νεκρός (Mt. 8, 22. Apok. 3, 1.) — οἶκος Θεοῦ (Mt. 12, 4. 1 Tim. 3, 15.) — πεινᾶν κ. διψᾶν (Mt. 5, 6. Luk. 6, 21.) — πλούσιος, πτωχός (Mt. 19, 23. Apok. 3, 17.) — ποτήριον (1 Cor. 11, 25. Mt. 20, 22.) — πρῶτος (Joh. 1, 15. 30. Mt. 20, 27.) — πρωτότοκος (Luk. 2, 7. Col. 1, 15.). — σπέρμα (Mt. 13, 24. 22, 24.) — στόμα (Hebr. 11, 34.) — ψυχή (Joh. 12, 25. 1 Petr. 2, 11. M. 8, 36 f. (zweideutig).

4. **Wörter, die in der Bildersprache angewendet werden, verschiedene Begriffe zu bezeichnen:**

ἀθετεῖν: aufheben (Gal. 3, 15.), durch Uebertretung trotzen (Hebr. 10, 28.) — βαπτίζεσθαι: mit den Gaben des Geistes überschüttet werden (Mt. 3, 11.), in Leiden versenkt werden (Mt. 20, 22.) — βάρος: Last des Gesetzes (Apg. 15, 28.), Widerwärtigkeit (Gal. 6, 2.), (Apok. 2, 24.: zweideutig) — γρηγορεῖν, καθεύδειν: geistliches Wachen u. Einschlummern (1 Theff. 5, 6.), leben und sterben (1 Theff. 5, 10.) — ἐξίστασθαι: erstaunen (Mt. 12, 23.), seiner selbst vergessen (2 Cor. 5, 13.), (M. 3, 21. zweifelhaft) — θερισμός: Erlösung (Joh. 4, 35.), Strafe (Apok. 14, 15.) — καρπός: Nachkommen (κ. τῆς κοιλίας, Luk. 1, 42.); lebendige Gottesfurcht (Joh. 15, 16.), Lobpreisung (κ. χειλέων, Hebr. 13, 15.), Belohnung (Röm. 6, 21.), (Jak. 3, 17. zweideutig) — οἰκοδομεῖν: das Leben des Geistes fördern (1 Cor. 8, 1.), zum Unrecht durch sein Beispiel verleiten (1 Cor. 8, 10.) — πτωχός: geistliche Armuth (Apok. 3, 17.), geistliche

23

Demuth (Mt. 5, 3.) — ποτήριον τοῦ Θεοῦ: Leiden (Mt. 20, 22.), Gottes Strafe (Apok. 14, 10.) — σκεῦος: Röm. 9, 22 f. (σ. ὀργῆς, ἐλέους), (1 Theſſ. 4, 4.: zweifelhaft) — στοιχεῖα: Rudimente des Mosaismus (Gal. 4, 19.), Grundlehren des Christen= thums (Hebr. 5, 12.) — υἱοὶ τοῦ αἰῶνος τούτου: die Menschen in diesem Leben (Luk. 20, 34.), weltlich gesinnte Menschen (Luk. 16, 8.) — φῶς: Stern (Jak. 1, 17.), Licht des Geistes (Mt. 6, 23.), Erleuchter (Mt. 5, 14.).

§. 6.

Bei Behandlung von Ausdrücken, die im Neuen Test. in verschiedenen Bedeutungen — bloß eigent= lichen oder eigentlichen und uneigentlichen — vor= kommen, bleibt die allgemeine und vorläufige Re= gel die negative: daß die nach der Sprachweise der Schrift gewöhnlichere, die mehr eigentliche, mehr umfassende Bedeutung nicht ohne erweisli= chen Grund im Charakter und Zusammenhange der Rede verlassen werden darf.

Es ist nicht die Meinung, zu dieser Regel in dem Umfange und der Form zurückzukehren, worin sie in der älteren Hermeneu= tik ihren Grund in dem geltenden Inspirationsbegriffe hatte. Wo nämlich vorausgesetzt wurde, daß ein absolut vollkommener Ge= brauch von der Sprache gemacht sey, so daß in jeder einzelnen Stelle der präciseste und inhaltsreichste Ausdruck gesucht werden müße, da mußte die Regel herauskommen: nicht von τὸ ῥητὸν abzu= weichen und διάνοια oder τροπολογία zu suchen, es sey denn, daß der einfache Sinn offenbar und wirklich gegen die Artikel des Glaubens oder das Gesetz der Liebe anstoße, „oder auch, daß der figürliche Sinn offenbar aus der Stelle selbst oder aus andern Stellen hervorginge und dargethan werden könne*).“ Gleichwie jener Grundsatz als im Misverständniß des göttlichen Charakters der Schrift gegründet anerkannt werden muß, und seine faktische Widerlegung in der ganzen Spracheigenthümlichkeit derselben hat, so würde die Regel selbst, in so abstrakter Form, zu einer Buch= stäblichkeit der Auslegung führen, die dem geistigen Gebrauch des

---

*) Glassii philol. sacra p. 400 sqq.

Wortes im religiöſen Vortrage widerſtreiten würde *). Aber die oberwähnte Regel iſt ſo weit davon entfernt, ſich auf eine dogmatiſche Schrifttheorie zu ſtützen, daß ſie vielmehr als Anwenduug einer allgemeinen Auslegungsregel zu betrachten iſt.

Denn da der einfache und vollſtändige Sinn am nächſten liegt, ſo muß im Allgemeinen angenommen werden, daß der Redende oder Schreibende, wo er nicht das Wort entweder in ſeinem vollen Umfange oder nach ſeiner eigentlichen und einfachen Bedeutung verſtanden wiſſen will, es nicht, wenn auch nur indirekt, durch den Zuſammenhang der Rede im Ganzen, unterlaſſen werde, den Zuhörer und Leſer anzuleiten, den Wortſinn einzuſchränken oder zu emphatiſiren, oder ein Bild im Worte zu ſuchen **). Wo ſich die Auslegung über dieſe negative Regel hinausſetzt, wird die Rede der Willkühr der Ausleger preisgegeben ſeyn. Nun darf allerdings ſowohl die populäre Form des Vortrags im N. Teſt. als die geringe Schriftſtellerbildung und Schriftſtellerübung bei den meiſten der Apoſtel nicht zu derſelben Forderung in dieſer Rückſicht berechtigen, als bei mancher anderen Schrift. Es würde aber widerſprechend ſeyn, die Vorſtellung von dieſem Mangel ſo weit zu treiben, daß man den Apoſteln die Fähigkeit, ſich verſtändlich und klar über dasjenige auszudrücken, abſpräche, was vor ihrer Erinnerung oder ihrem Bewußtſeyn klar geſtanden hat. An hinlänglicher Anleitung in dieſer Hinſicht wird es im Allgemeinen nicht fehlen, wenn ſie auch nicht unmittelbar, mit klaren und beſtimmten Worten gegeben iſt; ſie wird ſich aus dem ganzen Sprachcharakter der Schrift und aus dem Contexte der jedesmaligen Stelle ausziehen laſſen. Und ſo auf die objektive Spracheigenthümlichkeit der Schrift geſtützt, darf dieſe Regel nicht aufgegeben

---

*) In dieſem Sinne hat Schleiermacher (Herm. S. 132.) ſich gegen dieſe Regel erklärt, nämlich: „daß im N. Teſt. niemals ein uneigentlicher Gebrauch zuzulaſſen ſey, ſo lange es irgend möglich ſey, den eigentlichen geltend zu machen."

**) Bellarmin. de Euchar. I. 12.: „Non debent a nobis petere, cur sequamur proprium sensum verborum; simile enim id esset, ac si quis peteret ab iis, qui sunt in itinere, cur sequantur viam communem; nemo enim sanus id quaerit, vel cur ingrediamur per portam, non per fenestram."

werden, ohne die jeder Schutz gegen die allegoriſirende Behand=
lung vermißt werden wird.

In Bezug auf dieſe Regel wird die eigentliche Bedeu=
tung feſtzuhalten ſeyn im Gegenſatze zu der metaphoriſchen an
Stellen, wie Matth. 6, 11. (ἄρτος ἐπιούσιος) — Mt. 24, 34.
(ἡ γενεά) — Mt. 25, 32. (τὰ ἔθνη) — Mt. 26, 41. (γρη-
γορεῖτε) — Luk. 6, 20. 21. (οἱ πτωχοί, οἱ πεινῶντες) —
Luk. 12, 15. (ἡ ζωή) — Luk. 15, 24. (ἀπολωλώς — εὑρέθη)
— Luk. 22, 36. (ἀγορασάτω μάχαιραν. Olshauſen: Schwert
des Geiſtes) — Joh. 1, 3. 4. 10. (ἐγένετο ζωή) — Joh. 1, 15.
(πρῶτος) — Röm. 5, 12. (θάνατος) — Röm. 8, 19 ff. (ἡ κτίσις) — Col. 1, 15. 16. (πρωτότοκος πάσης κτίσεως, ἐν αὐτῷ
ἐκτίσθη τὰ πάντα) — 1 Petr. 3, 19. 4, 6. (πνεύματα ἐν
φυλακῇ, νεκροί). Ebenſo muß jede Beſchränkung der Be=
griffsbeſtimmung als willführlich abgewieſen werden bei Stellen,
wie: Matth. 6, 1. (δικαιοσύνη) — Joh. 1, 1. 1 Joh. 1, 1.
2 Theſſ. 2, 13. (ἐν ἀρχῇ, ἀπ᾽ ἀρχῆς) — Joh. 1, 13. (σάρξ)
— Joh. 5, 36 ff. (ἔργα) — Joh. 8, 46. (ἁμαρτία) — Joh.
16, 21. (λύπην ἔχει) — Röm. 7, 7. (νόμος) — 1 Joh. 1, 7.
(καθαρίζει: verſöhnt und erlöſt).

§. 7.

Dagegen wird der Ausdruck als bildlich, empha=
tiſch, hyperboliſch, oder meiotiſch zu erkennen,
die eigentlichere und einfache Auslegung mithin
gegen eine erklärende, modificirende oder verſtär=
kende zu vertauſchen ſeyn:

1. wo Subjekt oder Objekt und Prädikat hete=
rogen ſind, ſo daß das Sinnliche mit dem Ueber=
ſinnlichen, das Beſeelte mit dem Lebloſen, das
Unbedingte mit dem Bedingten, oder umgekehrt
verknüpft iſt. Bei der buchſtäblichen Auslegung wird hier
eine Diſſonanz entſtehen, die aufgelöſt werden muß, und die nur
durch ein Reduciren der einander gegenüberſtehenden Ausdrücke
zu dem höheren, bildlich angedeuteten Einheitsbegriffe aufgelöſt
werden kann.

Hieher gehören Ausdrücke, wie: geiſtlich reich, arm ſeyn —
Hunger und Durſt nach Gerechtigkeit — Gott ſchauen — Gott

wohnt in uns — auf den Geist, das Fleisch säen — Christus anziehen — die Creatur seufzt — Sauerteig der Bosheit — Salz der Erde — Beschneidung des Herzens — Brod des Lebens — Krone des Lebens — Namen im Himmel geschrieben — zu Tische sitzen im Himmelreich; — oder Schriftstellen, wie Matth. 8, 22. („die Todten begraben die Todten"), Mt. 17, 10. (die Gläubigen „versetzen Berge"), M. 16, 18. (die Apostel „tragen Schlangen und trinken Gift ohne Schaden"), Mt. 19, 28. (die Apostel als Richter über die zwölf Stämme), Luk. 10, 18. (der Teufel herabstürzend als ein Blitz), Joh. 1, 52. (die Engel auf Jesus hinauf= und herabsteigend), Joh. 3, 3. (von Neuem geboren werden), Joh. 4, 14. (das durststillende Wasser), Röm 16, 20. (der Satan wird unter den Füßen zertreten), Jak. 1, 18. (aus Gott gezeuget durch das Wort der Wahrheit).

Hyperbolische oder meiotische Ausdrücke, Mt. 10, 32.: „Wer mich bekennet, den will ich bekennen." — 23, 3.: Alles, was sie Euch sagen, daß Ihr halten sollet, das haltet und thuts!" — Joh. 21, 25: „Die ganze Welt werde nicht die Bücher fassen." — Apg. 2, 21.: „Wer den Namen des Herrn anrufen wird, soll selig werden." — Röm. 1, 16.: „Ich schäme mich des Evangelii nicht."

2. Wo der bildliche, hyperbolische oder meiotische Gebrauch durch parallel gestellte Ausdrücke oder durch hinzugefügte erläuternde Beiwörter zu erkennen gegeben ist.

Beisp. Mt. 16, 6. 12.: $ζύμη = διδαχή$. — Mt. 26, 41.: $γρηγορεῖτε$, wegen des Folgenden: $ἵνα μὴ εἰσέλθητε εἰς πειρασμόν$. — Luk. 5, 31. 32.: $ὑγιαίνοντες, κακῶς ἔχοντες = δίκαιοι, ἁμαρτωλοί$. — Luk. 10, 19.: $πατεῖν ἐπάνω ὄφεων = οὐδὲν ἀδικήσει$. — Luk. 15, 24.: $νεκρός, ἀνέζησεν$ (zweifelhaft). — Joh. 3, 3. 5.: $γεννηθῆναι ἄνωθεν = γ. ἐξ ὕδατος κ. πνεύματος$. — Joh. 11, 23.: $ἀναστήσεται$, vgl. B. 25.: $ὁ πιστεύων εἰς ἐμὲ, κἂν ἀποθάνῃ, ζήσεται$. — Joh. 16, 25. 29.: $ἐν παροιμίαις$, entgegengef. $παῤῥησίᾳ$. — Apg. 27, 33.: vierzehn Tage $ἄσιτοι$. — 1 Cor. 1, 27. 28.: $τὰ ὄντα, τὰ μὴ ὄντα = τὰ ἰσχυρά, τὰ ἀγενῆ$. — 1 Cor. 15, 45. 47.: $ὁ ἔσχατος Ἀδὰμ = ὁ κύριος ἐξ οὐρανοῦ$. — 2 Cor. 1, 21.: $χρίσας = βεβαιῶν, σφραγισάμενος$. — 2 Cor. 5, 14.: $οἱ$

πάντες ἀπέθανον = μηκέτι ἑαυτοῖς ζῶσιν. — Gal. 3, 26. 27.: Χριστὸν ἐνεδύσασθε = υἱοὶ Θεοῦ ἐστε διὰ πίστεως ἐν X. — Hebr. 9, 12. 14.: λύτρωσιν εὑράμενος = καθαρίζει τὴν συνείδησιν ἀπὸ νεκρῶν ἔργων. — Jak. 1, 9. 10.: ὕψει entgegengeſ. ταπεινώσει. — 1 Joh. 2, 20.: χρίσμα ἔχετε = οἴδατε πάντα. — Apok. 2, 9.: πλούσιος. — 22, 11.: ὁ ῥυπῶν = ὁ ἀδικῶν. — 22, 16.: ῥίζα = γένος. — 22, 17.: ὁ διψῶν = ὁ θέλων.

Hyperbolifche oder meiotifche Ausdrücke: Mt. 6, 24.: μισήσει = καταφρονήσει. — Mt. 12, 36.: ῥῆμα ἀργὸν = πονηρὸν, B. 35. — Luk. 8, 42.: ἀπέθνησκεν, vergl. V. 49.: τέθνηκεν. — Luk. 17, 10.: ἀχρεῖος, d. i. ὁ ποιῶν τὸ ὀφειλόμενον. — Luk. 18, 25.: Das Kameel durchs Nadelöhr, vgl. V. 24.: πῶς δυσκόλως. — Röm. 1, 16.: ἐπαισχύνομαι τὸ εὐαγγέλιον, vgl. δύναμις γὰρ Θεοῦ ἐστιν. — 1 Theff. 2, 15.: τῶν Ἰουδαίων μὴ ἀρεσκόντων Θεῷ (d. i. θεοστυγῶν).

§. 8.

Die genauere Beſtimmung und Begränzung des mehrdeutigen, bildlichen oder hyperbolifchen und meiotifchen Ausdrucks jedweder Stelle muß gefucht werden:

1. nach der Anweiſung, die im Contexte gegeben iſt, zufolge des Verhältniſſes, in welchem der fragliche Ausdruck zur Totalität der Rede ſteht. Im Allgemeinen wird dieſes Verhältniß durch hinzugefügte, näher erklärende und entwickelnde Redetheile (Epexegeſis) angedeutet gefunden werden; dieſe ſind als ſo weſentlich zum fraglichen Ausdrucke gehörend zu betrachten, daß der Sinn erſt durch ein Zuſammenfügen aller Theile als vollſtändig bezeichnet angeſehen werden kann. Namentlich darf in der populären Vortragsform am wenigſten eine ſolche Präciſion geſucht werden, daß das einzelne Wort ſich ſelbſt ſollte erklären können, und die gnomiſch-bildliche Ausdrucksweiſe macht es bei jedem Schritte nothwendig, Blick und Gedanken in einen weiteren Kreis ergehen zu laſſen, um die Beſtimmung des unbeſtimmt Hingeſetzten zu ſuchen.

Beiſpiele: Mt. 4, 4.: ῥῆμα (ἄρτος in ſich faſſend, welches von πᾶν ῥῆμα ausgenommen wird [μόνος]), d. i. Ding. —

Mt. 5, 17.: πληρῶσαι, durch die nachfolgenden Beiſpiele erklärt, d. i. ausfüllen. — Mt. 5, 44.: ἀγαπᾶτε, modificirt durch εὐλογεῖτε, καλῶς ποιεῖτε, προσεύχεσθε. — Mt. 6, 7.: βαττολογεῖν = πολυλογία. — Mt. 6, 16.: ἀφανίζειν, entgegengeſetzt ἀλείφειν κ. νίπτεσθαι. — Mt. 6, 25.: ψυχὴ (im Verhältniß zu τροφῇ, wie σῶμα zu ἔνδυμα), d. i. Leben. — Mt. 10, 23.: Chriſti Wiederkunft (vor der Vollendung der Wanderung der Apoſtel durch Israels Städte) mithin im geiſtigen Charakter. — Mt. 12, 36.: ῥῆμα ἀργὸν, erkl. durch: ὁ πονηρὸς ἐκβάλλει πονηρά. — Mt. 13.: βασιλεία τ. Θεοῦ, zufolge der Beſchaffenheit der Parabeln: die chr. Kirche; dagegen Mt. 7, 21.: das ewige Leben, ſ. V. 21.: ἐν ἐκείνῃ τῇ ἡμέρᾳ. — Mt. 18, 17.: ἐκκλησία, erklärt durch δήσητε κ. λύσητε (zu den Apoſteln geſagt). — Luf. 7, 6.: ἱκανός εἰμι = ἐμαυτὸν ἠξίωσα. — Luf. 8, 10. Röm. 11, 25.: μυστήριον (erkl. durch δέδοται γνῶναι. οὐ θέλω ἀγνοεῖν), in relativer Bed. — Luf. 10, 22.: Πάντα (erklärt durch οὐδεὶς γινώσκει u. ſ. w.), zur geiſtigen Herrſchaft hinzuführen. — Luf. 16, 11.: ἄδικος μαμωνᾶς, entgegengeſ. τὸ ἀληθινὸν. — Luf. 17, 10.: δοῦλοι ἀχρεῖοι, modificirt durch = ὃ ὠφείλομεν ποιῆσαι, πεποιήκαμεν. — Joh. 5, 22.: κρίσις, umfaſſende Gegenwart (μεταβέβηκεν, V. 24.) und Vorzeit (ἀκούσονται, V. 28.). — Joh. 6, 54.: τρώγειν τὴν σάρκα κ. πίνειν τὸ αἷμα = τρώγειν τὸν Χρ. (V. 57.) = θεωρεῖν τὸν υἱὸν κ. πιστεύειν εἰς αὐτὸν (V. 40. 47.). — Joh. 10, 30.: ἕν ἐσμεν = υἱὸς τ. Θεοῦ εἰμὶ = ἐν ἐμοὶ ὁ πατὴρ, κἀγὼ ἐν αὐτῷ (V. 36. 38.). — Joh. 13, 8. 14.: νίπτειν τοὺς πόδας, bildlich, zufolge V. 15. 17. (μακάριοί ἐστε, ἐὰν ποιῆτε αὐτά). — Joh. 14, 18.: ἔρχομαι πρὸς ὑμᾶς, in geiſtiger Bed., zufolge V. 21. (die Verheißung auf alle Gläubigen ausgedehnt). — Röm. 1, 7.: δικαιοσύνη, entgegengeſetzt ὀργὴ. — Röm. 5, 18.: δικαίωμα, entgegengeſ. παράπτωμα, δικαίωσις, entgegengeſ. κατάκριμα. — Röm. 6, 4.: συνετάφημεν εἰς θάνατον, erkl. durch μηκέτι δουλεύειν τῇ ἁμαρτίᾳ (V. 6.). — Röm. 6, 10.: ἀπέθανε τῇ ἁμαρτίᾳ, zufolge des Contextes, d. i. ἀπεθ. ὑπὲρ τῆς ἁμαρτίας. — 1 Cor. 10, 16.: κοινωνία, erklärt durch V. 18. u. 20. (der Juden und Heiden Beiſpiel). — 1 Cor. 15, 14.: κενὸν, erklärt durch ψευδομάρτυρες. — 2 Cor. 10, 5.: νόημα, beſtimmt durch ὕψωμα und παρακοῇ. — 2 Cor. 11, 2.: ζηλῶ Θεοῦ ζήλῳ, erklärt durch das folgende Gleichniß von der Ehe. — Gal. 4, 3.: στοιχεῖα τ. κόσμου, erklärt durch Beiſpiele in den V. 9. u. 10. — Gal. 4, 29.: κατὰ πνεῦμα, erkl. durch V. 23. (διὰ τῆς ἐπαγγελίας). — Eph. 2, 3.: φύσει, erkl. durch Präterita: ἦμεν, ἀνεστράφημεν ποτέ. — Phil. 1, 15.: διὰ φθόνον καὶ ἔριν, erkl. durch V. 16. ἐξ ἐριθείας, οἰόμενοι θλίψιν ἐγείρειν τοῖς δεσμοῖς μου. — 1 Theſſ. 2, 2.: ἐν πολλῷ ἀγῶνι: unter vieler Gefahr, erkl. durch προπαθόντες κ. ὑβρισθέντες. — 1 Theſſ. 5, 12.: κοπιῶντας = προϊσταμένους, νουθετοῦντας. — 2 Theſſ. 1, 10.: ἁγίοις = πιστεύουσιν. — Hebr. 4, 12.: λόγος τ. Θεοῦ (erkl. durch κριτικὸς .. οὐκ ἔστι κτίσις ἀφανής), d. i. Gedanke Gottes. — Hebr. 9, 28.: χωρὶς ἁμαρτίας, erkl. durch den Gegenſ. ἅπαξ προσενεχθεὶς εἰς τὸ ἀνενεγκεῖν ἁμαρτίας. — Hebr. 11.: πίστις, zufolge der beigefügten Beiſpiele, im weiteſten Sinne: das gottesfürchtige Gemüth; Röm. 4. (f. V. 20. 21.): Vertrauen auf Gott; M. 16, 16. (mit der Taufe zuſammengeſtellt): der chriſtl. Glaube; Jak. 2, 14 ff. (erklärt durch V. 15. 16.): die iſolirte Ueberzeugung. — 1 Petr. 3, 15.: φόβον, erkl. durch das beigefügte πραΰτητος. — 1 Petr. 5, 1.: πρεσβυτέρους, beſtimmt durch V. 2.: ποιμάνατε τὸ ποίμνιον. — 2 Petr. 1, 16.: παρουσία Ἰησοῦ Χρ., Jeſu Erſcheinung in der Welt (erkl. durch ἐπόπται γενηθέντες). — Apok. 22, 11.: ῥυπαρὸς, entgegengeſ. ἅγιος.

§. 9.

2. **Nach der in parallelen Stellen enthaltenen Anweiſung, zufolge der Regel: daß der kürzere, dunklere, unbeſtimmtere Ausdruck ſeine Erklärung findet durch den demſelben entſprechenden, wo ein ſolcher in vollſtändigerer, klarerer, beſtimmterer Form gegeben iſt*).**

Bei der Parallelifirung muß, wie im Allgemeinen, ſo na=

---

*) „Wenn der Teufel Matth. 4. die Schrift entſtellt, drängt ihn Chriſtus durch Worte der Schrift zurück, und lehrt durch ſein Beiſpiel, Gegner zurücktreiben, welche die Schriften auf verſchiedene Weiſe verdrehen, durch Vergleichung der Zeugniſſe der Schriften unter einander, und durch rechte und verſtändige Anwendung derſelben." **Gerhard,** Loci theol. I. p. 132.

mentlich im N. Teſt., mit großer Sorgfalt verfahren werden, damit die reelle Verſchiedenheit nicht durch anſcheinende Ueberein- ſtimmung überſehen werde. Nicht nur kann nämlich irgend eine, weniger in die Augen ſpringende Differenz in Wort oder Wort- verbindung, ungeachtet aller anderen Aehnlichkeit, auf einen ver- ſchiedenen Sinn hindeuten, ſondern auch bei völliger Gleichheit der einzelnen Ausdrücke kann bei genauerer Betrachtung des Zu- ſammenhanges der Rede in verſchiedenen Stellen eine Verſchie- denheit des Sinnes ſich nachweiſen laſſen. Solche illuſoriſche oder doch unſichere Parallelen ſind im N. Teſt. ver- hältnißmäßig häufig. Denn das Unvollendete in der logiſchen Bildung zeigt ſich eben in einer unklaren Verknüpfung der ver- ſchiedenen über- und untergeordneten Redetheile, auch wo der Hauptgedanke ſelbſt mit hinlänglicher Deutlichkeit ausgedrückt ſeyn kann; auf dieſer Verknüpfung beruht indeſſen die Auffaſſung des Sinnes in ſeiner beſonderen Modification, und die logiſche Ver- wandtſchaft wird darum an manchen Stellen ſchwer zu beurtheilen ſeyn. Vorzüglich findet dieſes auf die ſynoptiſchen Evangelien Anwendung, als Folge der gnomiſchen Vortragsform. Theils kommen nämlich hier einzelne, in dieſe Form eingekleidete, Ge- meinſätze oder Lebensregeln vor, durch verſchiedene Veranlaſſung hervorgerufen und auf verſchiedene Verhältniſſe angewandt, mit größerer oder geringerer Verſchiedenheit des Sinnes, ſo: $\tau\tilde{\omega}$ $\mu\acute{\epsilon}\tau\rho\omega$ $\tilde{\omega}$ $\mu\epsilon\tau\rho\epsilon\tilde{\iota}\tau\epsilon$ $\mathring{\alpha}\nu\tau\iota\mu\epsilon\tau\rho\eta\vartheta\acute{\eta}\sigma\epsilon\tau\alpha\iota$ $\mathring{\nu}\mu\tilde{\iota}\nu$: Mt. 7, 2. (War- nung), Luk. 6, 38. (Ermunterung); $\mathring{\delta}$ $\delta o\tilde{\nu}\lambda o\varsigma$ $o\mathring{\nu}\varkappa$ $\mathring{\epsilon}\sigma\tau\iota$ $\mu\epsilon\acute{\iota}$- $\zeta\omega\nu$ $\tau o\tilde{\nu}$ $\varkappa\nu\rho\acute{\iota}o\nu$ $\alpha\mathring{\nu}\tau o\tilde{\nu}$: Mt. 10, 24. und Joh. 15, 20. (von äußeren Verhältniſſen), Joh. 13, 10. (von innerer Geſinnung); $\mathring{\delta}$ $\epsilon\mathring{\nu}\rho\tilde{\omega}\nu$ $(\zeta\eta\tau\tilde{\omega}\nu)$ $\tau\mathring{\eta}\nu$ $\psi\nu\chi\mathring{\eta}\nu$ $\alpha\mathring{\nu}\tau o\tilde{\nu}$, $\mathring{\alpha}\pi o\lambda\acute{\epsilon}\sigma\epsilon\iota$ $\alpha\mathring{\nu}\tau\acute{\eta}\nu$: Mt. 10, 39. (in uneigentlicher Bedeutung), Luk. 17, 33. (in eigent- licher Bed.); — theils finden ſich einzelne Theile der Reden des Herrn auf verſchiedene Weiſe von den Evangeliſten — oder wohl vielmehr von denen, die den Evangeliſten als Gewährsmänner gedient haben — aufgefaßt, und dieſe Verſchiedenheit in der Auf- faſſung iſt in der Darſtellung angedeutet durch gegenſeitige Abwei- chung theils in den Worten, theils in ihrer Verbindung und An- wendung. So: Mt. 5, 3—6. (die da geiſtlich arm ſind u. ſ. w.) und Luk. 6, 20. 21. (die Armen u. ſ. w.) — Mt. 11, 12. ($\mathring{\eta}$ $\beta\alpha\sigma.$ $\tau.$ $o\mathring{\nu}\rho.$ $\beta\iota\acute{\alpha}\zeta\epsilon\tau\alpha\iota$, $\varkappa\alpha\grave{\iota}$ $\beta\iota\alpha\sigma\tau\alpha\grave{\iota}$ $\mathring{\alpha}\rho\pi\acute{\alpha}\zeta o\nu\sigma\iota\nu$ $\alpha\mathring{\nu}\tau\acute{\eta}\nu$) und

Luk. 16, 16. ($\dot{\eta}$ $\beta\alpha\sigma$. τ. Θ. $\dot{\varepsilon}\nu\alpha\gamma\gamma\varepsilon\lambda\dot{\iota}\zeta\varepsilon\tau\alpha\iota$, $\varkappa\alpha\dot{\iota}$ $\pi\tilde{\alpha}\varsigma$ $\varepsilon\dot{\iota}\varsigma$ $\alpha\dot{v}$-$\tau\dot{\eta}\nu$ $\beta\iota\dot{\alpha}\zeta\varepsilon\tau\alpha\iota$) — Mt. 12, 39. 40. ($\tau\dot{o}$ $\sigma\eta\mu\varepsilon\tilde{\iota}o\nu$ $^{\prime}I\omega\nu\tilde{\alpha}$) von der Auferstehung erklärt, und Luk. 11, 29. 30. (erklärt durch $\tau\dot{o}$ $\varkappa\dot{\eta}\varrho\nu\gamma\mu\alpha$ I., V. 32.) — Mt. 23, 25. 26. ($\tau\dot{o}$ $\dot{\varepsilon}\xi\omega\vartheta\varepsilon\nu$ $\tauo\tilde{v}$ $\pio\tau\eta\varrho\dot{\iota}o\nu$ entgegenges. $\tau\dot{o}$ $\dot{\varepsilon}\nu\tau\dot{o}\varsigma$ τ. $\pio\tau\eta\varrho$.) u. Luk. 11, 39—41. (entgegenges. $\tau\dot{o}$ $\dot{\varepsilon}\sigma\omega\vartheta\varepsilon\nu$ $\dot{v}\mu\tilde{\omega}\nu$, also d. i. $\tau\dot{o}$ $\dot{\varepsilon}\xi\omega\vartheta\varepsilon\nu$, $\tauo\tilde{v}\tau^{\prime}$ $\dot{\varepsilon}\sigma\tau\iota$ $\tau\dot{o}$ $\pio\tau\eta\varrho\iotao\nu$ u. f. w.). Eine Auslegung, die bei diesen und ähnlichen Stellen (z. B. Col. 1, 19. und 2, 9.: $\pi\tilde{\alpha}\nu$ $\tau\dot{o}$ $\pi\lambda\dot{\eta}\varrho\omega\mu\alpha$) von dem Parallelismus als gegeben ausginge, und zufolge dessen die Ausdrücke zu demselben Gedanken zurückführte, würde den Sinn auf der einen und der andern Stelle beeinträchtigen.

Wirklicher Parallelismus ist also nur vorhanden, wo es sich ausweiset, daß es derselbe Sinn ist, der auf verschiedene Weise ausgedrückt ist. Diese Verschiedenheit kann entweder in der Umgebung der Hauptwörter, so daß dieselben Hauptwörter in Verbindung mit verschiedenen, mehr oder weniger erläuternden und bestimmenden Beiwörtern, oder in den Hauptwörtern selbst gefunden werden, indem derselbe Begriff durch verschiedene Wörter, bisweilen in entgegengesetzter, positiver oder negativer, Form ausgedrückt ist. Im ersten Falle tritt die verbale, im letzten die reale oder logische Uebereinstimmung klarer hervor; dieser Unterschied wird durch die Namen 1. Verbal= und 2. Real=Parallelen bezeichnet. Die Anwendung von Parallelstellen zur gegenseitigen Erklärung beruht auf dem Grundsatze, daß Ausdrücke, die dasselbe Gedankenresultat geben, denselben Werth haben müssen; woraus folgt, daß sie im Wesentlichen gegenseitig für einander müssen substituirt werden können, und daß dasjenige, was auf der einen Stelle entwickelt, erklärt oder hinzugefügt gefunden wird, dem Gesetze der Analogie gemäß auf die andere übertragen werden kann. Je sicherer und vollständiger die Uebereinstimmung der zusammengehaltenen Stellen im Wesentlichen, in dem seine Erklärung suchenden Begriffe selbst ist, und je größere Verschiedenheit im Zufälligen Statt findet, in den Redetheilen, die ein Mittel zur Erklärung abgeben sollen, desto größer wird die Hülfe, die der Auslegung aus der Anwendung der Parallelen entspringt.

Beispiele. 1. Mt. 7, 7. 18, 19: αἰτεῖτε, καὶ γενήσεται, vergl. Joh. 14, 13 f.: ὅ, τι ἂν αἰτήσητε ἐν τῷ ὀνόματί μου. — Mt. 11, 18.: Joh. d. Täuf. μήτε ἐσθίων μήτε πίνων, Apg. 27, 33.: ἄσιτοι, μηδὲν προςλαβόμενοι, vergl. Luk. 7, 23.: Joh. d. Täuf., μήτε ἄρτον ἐσθίων μήτε οἶνον πίνων. — Mt. 10, 23.: ἐλεύσεται ὁ υἱὸς τ. ἀνθρώπου, vgl. 16, 28. Luk. 9, 27.: ἐλεύσεται ἐν τῇ βασιλείᾳ αὐτοῦ. ἴδωσι τὴν βασιλείαν τ. Θεοῦ. — Joh. 5, 24.: ὁ πιστεύων μεταβέβηκεν ἐκ τοῦ θανάτου εἰς τὴν ζωήν, vergl. 1 Joh. 3, 14. — Apg. 2, 4.: λαλεῖν ἑτέραις γλώσσαις, vgl. Apg. 10, 46. 19, 6. 1 Cor. 14, 2. 4 — 6. 13. 14. 22. 23. 27. (mit μεγαλύνειν τὸν Θεὸν, προφητεύειν, λαλεῖν τῷ Θεῷ, λ. πνεύματι μυστήρια zusammengestellt, von προφητεία unterschieden, der Gebrauch durch ἑρμηνεία bedingt). — Röm. 14, 20.: καταλύειν τὸ ἔργον τ. Θεοῦ, vergl. Joh. 6, 29: τοῦτό ἐστι τὸ ἔργον τοῦ Θεοῦ, ἵνα πιστεύσητε. — Röm. 15, 2.: Ἕκαστος τῷ πλησίον ἀρεσκέτω εἰς τὸ ἀγαθόν, vergl. 1 Cor. 10, 33.: πάντα πᾶσιν ἀρέσκω, μὴ ζητῶν τὸ ἐμαυτοῦ συμφέρον. — 1 Cor. 16, 15.: ἀπαρχὴ τῆς Ἀχαΐας, vgl. Röm. 16, 5.: ἀπ. τῆς Ἀ. εἰς Χριστόν. — 2 Cor. 1, 22.: Θεὸς, ὁ σφραγισάμενος ἡμᾶς, vergl. Eph. 1, 13. 4, 30.: πιστεύσαντες ἐσφραγίσθητε, ἐσφρ. εἰς ἡμέραν ἀπολυτρώσεως. — 2 Cor. 5, 15.: μηκέτι ἑαυτῷ ζῆν, ἀλλὰ τῷ Χρ., vergl. 1 Petr. 4, 2.: μηκέτι ἀνθρώπων ἐπιθυμίαις, ἀλλὰ θελήματι Θεοῦ βιῶσαι. — 2 Cor. 6, 10.: ὡς πτωχοὶ, πολλοὺς πλουτίζοντες, vgl. 1 Cor. 1, 5.: ἐπλουτίσθητε ἐν λόγῳ κ. γνώσει, Col. 2, 2.: πλοῦτος τῆς πληροφορίας τῆς συνέσεως. — Eph. 2, 3.: φύσει τέκνα ὀργῆς, vgl. Röm. 2, 27., Gal. 2, 15: ἡ ἐκ φύσεως ἀκροβυστία, φύσει Ἰουδαῖοι. — 1 Thess. 5, 14.: ἀντέχεσθε τῶν ἀσθενῶν, vgl. Röm. 14, 1.: τὸν ἀσθενοῦντα τῇ πίστει προςλαμβάνεσθε. — Jak. 4, 8.: καθαρίσατε χεῖρας, ἁγνίσατε καρδίας, vgl. 2 Cor. 7, 1.: καθαρίσωμεν ἑαυτοὺς ἀπὸ παντὸς μολυσμοῦ σαρκὸς κ. πνεύματος. — 1 Joh. 1, 1.: ὁ λόγος τῆς ζωῆς, vgl. Joh. 1, 2. — 1 Joh. 2, 27.: ἐλάβετε χρίσμα, vgl. 2 Cor. 1, 21.: ὁ βεβαιῶν ἡμᾶς εἰς Χρ. καὶ χρίσας ἡμᾶς.

2. Mt. 3, 11. Joh. 1, 33.: βαπτίζειν ἐν πνεύματι ἁγίῳ, vgl. Apg. 10, 38.: χρίειν πν. ἁγίῳ. — Mt. 6, 10. Luk. 15, 7.:

ἐν τῷ οὐρανῷ, vgl. Luk. 15, 10.: ἐνώπιον τῶν ἀγγέλων. —
Mt. 6, 24. Luk. 14, 26.: μισεῖν, vgl. Mt. 10, 37.: φιλεῖν
ὑπὲρ τὸν Χρ. — Mt. 10, 32.: Πᾶς ὅστις ὁμολογήσει ἐν
ἐμοὶ, ὁμολογήσω κἀγὼ ἐν αὐτῷ, vgl. Röm. 10, 9.: ἐὰν ὁμο-
λογήσῃς κ. πιστεύσῃς, σωθήσῃ, — Mt. 12, 28.: ἐν πνεύματι Θεοῦ, vgl. Luk. 11, 20.: ἐν δακτύλῳ Θ. — Mt. 19, 23.:
πλούσιος, vgl. M. 10, 24.: τοὺς πεποιθότας ἐπὶ τοῖς χρή-
μασι. — Mt. 26, 28.: τὸ αἷμα τὸ τῆς καινῆς διαθήκης,
vgl. Luk. 22, 20.: ἡ καινὴ διαθήκη ἐν τῷ αἵματί μου. —
Mt. 27, 54.: Θεοῦ υἱὸς, vgl. Luk. 23, 47.: δίκαιος. — Luk.
10, 22.: Πάντα παρεδόθη μοι, vgl. Joh. 3, 35. 36.: ἐν τῇ
χειρὶ αὐτοῦ· ὁ πιστεύων εἰς αὐτὸν, ἔχει ζωὴν αἰώνιον.
Joh. 17, 2.: ἔδωκας αὐτῷ ἐξουσίαν πάσης σαρκὸς, ἵνα ..
δώσῃ αὐτοῖς ζωὴν αἰώνιον. — Luk. 9, 12.: εὕρωσιν, vergl.
Mt. 14, 15.: ἀγοράσωσιν. — Luk. 10, 6.: υἱὸς εἰρήνης, vgl.
Mt. 10, 11.: ἄξιος (εἰρ.). — Luk. 18, 24. 25.: Πᾶς δυσκόλως οἱ τὰ χρήματα ἔχοντες κ. τ. λ., vgl. M. 10, 24.: τοὺς
πεποιθότας ἐπὶ τοῖς χρήμασιν. — Luk. 24, 49.: ἐνδύσεσθε
δύναμιν ἐξ ὕψους, vgl. Apg. 1, 8.: λήψεσθε δύναμιν τοῦ ἁγ.
Πν. Luk. 1, 35.: Πνεῦμα ἅγιον — δύναμις ὑψίστου, — Joh.
3, 5.: γεννηθῆναι ἐξ ὕδατος κ. πνεύματος, vgl. M. 16, 16.:
πιστεύσαι κ. βαπτισθῆναι. Tit. 3, 5.: λουτρὸν παλιγγενε-
σίας κ. ἀνακαινώσεως. — Joh. 3, 13.: ὁ ἐκ τοῦ οὐρανοῦ
καταβὰς, vergl. 6, 46.: ὁ ὢν παρὰ τοῦ Θεοῦ. — Joh. 15,
26.: ἐγὼ πέμψω ὑμῖν (τ. Παρακλ.) παρὰ τοῦ Πατρὸς,
vgl. 14, 16.: ἐρωτήσω τ. Πατέρα, καὶ Παράκλ. δώσει ὑμῖν,
14, 26.: πέμψει ὁ Πατὴρ ἐν τῷ ὀνόματί μου. — Apg. 2,
21.: Πᾶς ὃς ἂν ἐπικαλέσηται τὸ ὄνομα Κυρίου, σωθήσεται, vgl. Röm. 10, 14.: Πῶς ἐπικαλέσονται, εἰς ὃν οὐκ
ἐπίστευσαν; — Apg. 15, 20.: ἀλισγήματα τῶν εἰδώλων, vgl.
V. 29.: εἰδωλοθύτα. — Apg. 17, 30.: ὁ Θεὸς ὑπεριδὼν
τοὺς χρόνους τῆς ἀγνοίας, vgl. 14, 16.: εἴασε τὰ ἔθνη πορεύεσθαι ταῖς ὁδοῖς αὐτῶν. — Röm. 1, 24. 26.: παρέδω-
κεν αὐτοὺς εἰς ἀκαθαρσίαν. — Röm. 6, 7.: ὁ ἀποθανὼν
δεδικαίωται ἀπὸ τῆς ἁμαρτίας, ἐδουλώθητε τῇ δικαιοσύνῃ.
— 1 Cor. 15, 32.: ἐθηριομάχησα, vgl. 2 Tim. 4, 17.: ἐῤῥύ-
σθην ἐκ στόματος λέοντος. — 2 Cor. 5, 13.: εἴτε ἐξέστημεν,
Θεῷ, vgl. 12, 11.: γέγονα ἄφρων καυχώμενος. — Gal. 6,

15.: καινὴ κτίσις, vgl. 1 Cor. 7, 19.: τήρησις ἐντολῶν Θεοῦ. — 1 Theſſ. 3, 10.: καταρτίζειν τὰ ὑστερήματα τῆς πίστεως, vgl. Röm. 1, 11.: μεταδοῦναι χάρισμα πνευματικόν. — Tit. 1, 2.: ἐπηγγείλατο πρὸ χρόνων αἰωνίων, vgl. Hebr. 1, 1.: πάλαι λαλήσας ἐν τοῖς προφήταις. — Hebr. 8, 2.: ἡ σκηνὴ ἡ ἀληθινὴ, vgl. 9, 12. 24: τὰ ἅγια, αὐτὸς ὁ οὐρανὸς. — 1 Joh. 2, 10.: σκάνδαλον ἐν αὐτῷ οὐκ ἔστιν, vgl. das Gegentheil B. 11.: οὐκ οἶδε ποῦ ὑπάγει. — 1 Joh. 2, 20. 27.: χρίσμα ἔχετε ἀπὸ τοῦ ἁγίου, καὶ οἴδατε πάντα, vergl. Joh. 15, 26. 16, 13.: τὸ πνεῦμα τ. ἀληθείας ὁδηγήσει ὑμᾶς εἰς πᾶσαν τὴν ἀλήθειαν.

II.

Gegenſeitige Verbindung der Wörter und Sätze.

§. 10.

Der eigenthümliche Charakter der helleniſchen Sprache tritt inſonderheit in der Wortfügung und dem Baue der Sätze hervor. Die hohe organiſche Entwickelung zeigt ſich in dem durchgeführten Flexionsſyſteme, wodurch die verſchiedenſten Modificationen des Hauptbegriffs durch innere Umbildung des Wortes in Caſus, Modi und Tempora bezeichnet werden, und in einem überaus großen Reichthum an Partikeln zur Bezeichnung der Verhältnißbegriffe und Nebenbeſtimmungen der verſchiedenſten Art. Hieraus erfolgt die größte Conciſion in der Verbindung der einzelnen Wörter, die größte Freiheit und Mannigfaltigkeit in der Zuſammenfügung der verſchiedenen Sätze, bis ſich dieſe kleineren Totalitäten, durch Kunſt des Periodenbaues, in abgeſchloſſener und abgerundeter Einheit ſammeln. Im Hebräiſchen wird die Flexion meiſtens durch eine mehr mechaniſche Struktur, eine Vereinung von Partikeln und Fürwörtern mit der Wurzel des Hauptworts und Zeitworts, zur näheren Beſtimmung des gegenſeitigen Verhältniſſes der Redetheile erſetzt; der Verbindungswörter ſind wenige, ihre Bedeutung und Anwendung beſchränkt. Eine einförmige, ſchleppende Bewegung in der Rede, eine Aggregation mehrerer kurzer, gleichgebauter Sätze,

Parallelismus statt Organismus der Periode wird hieraus die Folge.

Ein Compositum von zwei Sprachen, in deren bildendem Prinzipe und in deren Grundformen die Verschiedenheit so tiefgehend ist, muß besondere grammatikalische Phänomene darbieten, eine Mischung von Constructionen, zu verschiedenen Sprachkreisen gehörend, eine Irregularität der Rede, sichtbar in anomalen, unvollendeten, unabgerundeten Sätzen. Dieses gilt im Allgemeinen von der Syntaxis des N. T.; und zwar um so mehr, als die Apostel nicht die Gränze zwischen der mündlichen Rede und der Schriftsprache haben festhalten können. Aber während ein gewisser Styl des Sprachbaues in gemeinschaftlichen Sprachverhältnissen gegründet, dem N. Test. mit andern hellenistischen Schriften gemein ist, darf das Besondere und Eigenthümliche in den apostolischen Schriften auch in dieser Rücksicht nicht übersehen werden; und dieses wird in demselben Verhältniß mehr hervortreten, als sich der Blick von den einzelnen Elementen der Sprache auf größere Partieen der Rede erweitert.

Die christlichen Ideen konnten nämlich nicht befreiend auf das Denken und die Rede der Apostel einwirken, ohne daß sie durch die Macht jener Ideen über die engen Gränzen der hebraisirenden Sprachform hinausgeführt und dazu gebracht werden mußten, ein eigenthümliches Ineinanderarbeiten beider Sprachen zu versuchen. In dem Paulinischen Periodenstyl, mit all seinen besonderen Anomalien, ist diese Wirkung am meisten in die Augen springend, während z. B. die ersten Kapitel des Matthäus und Lukas nur einen Wiederhall der hebraisirenden Einfachheit und des parallelisirenden Rhythmus geben.

Die vollständige und kritische Entwickelung dieser Spracheigenheiten gehört zur Grammatik des N. Test., die in Winers trefflichem Werke begründet ist. Für die Hermeneutik werden nur solche Eigenheiten in Wortfügung und Construktion von Bedeutung seyn, die auf die Bestimmung des Sinnes Einfluß haben können.

§. 11.

Zunächst kommt hier der besondere, ungenaue oder unregelmäßige Gebrauch der Haupttheile des Satzes, des Nomens als Subjekt oder Objekt 1., des Verbums als Prädikat 2., in Betrachtung. Die Auslegung muß hier durch allgemeine Berücksichtigung der gewöhnlichen Sprachformen im Neuen Testament, in ihrem Verhältniß zum späteren griechischen und hellenistischen Sprachcharakter betrachtet, geleitet werden.

Beispielsweise wird hier angeführt:

1. Beim Gebrauch des Nomens als Subjekt oder Objekt: Die umschreibende Bezeichnung, durch Verbindung des Artikels mit dem Nomen, entweder mit oder ohne Präposition: z. B. οἱ ἐξ ἐριθείας, ἐκ νόμου, ἐκ πίστεως, ἐκ περιτομῆς, οἱ μετὰ Ἰησοῦ. — τὸ τῆς συκῆς (Mt. 21, 21), τὰ τοῦ Θεοῦ, τῶν ἀνθρώπων (Mt. 16, 23.), τὸ τῆς αὔριον (Jak. 4, 14.), τὸ τῆς παροιμίας (2 Petr. 2, 22.), — οἱ περί τινά: nicht nur von der Umgebung einer Person (M. 4, 10. Luk. 22, 49.), sondern auch mit Inbegriff ihrer selbst (Apg. 13, 13.), ja sogar ausschließlich und allein von der Person (Joh. 11, 19.).

Adjektiv oder Participium für Substantiv, Mt. 4, 3.: ὁ πειράζων, d. i. ὁ πειραστής — Mt. 13, 3.: ὁ σπείρων, d. i. ὁ γεωργός — M. 12, 44.: ἐκ τοῦ περισσεύοντος, d. i. ἐκ τ. περισσεύματος. — Röm. 2, 4.: τὸ χρηστὸν, d. i. ἡ χρηστότης — Phil. 3, 8.: τὸ ὑπερέχον, d. i. ἡ ὑπεροχὴ — Hebr. 7, 18.: τὸ ἀσθενὲς, d. i. ἡ ἀσθένεια.

Cardinalzahlen für Ordnungszahlen: ἡ μία (d. i. πρώτη) σαββάτων: Mt. 28, 1. Joh. 20, 19. Apg. 20, 7. 1 Cor. 16, 2.

Nomen im Neutrum (Sing. od. Plur.) für Masculinum oder Femininum im Pluralis, mit emphatischer Bezeichnung der Allgemeinheit, Joh. 3, 6.: τὸ γεγεννημένον. — Joh. 17, 2.: πᾶν ὅ. — 1 Cor. 1, 27.: τὰ μωρὰ, ἀσθενῆ, ἀγενῆ. — Hebr. 7, 7.: τὸ ἔλαττον.

Zwei Hauptwörter, deren das eine im Genitiv, verbunden, um einen Sinn zu bezeichnen, der dem Zusammenhange der Rede zufolge durch Auflösung ausgedrückt werden muß. Die Auflösung beruht insonderheit darauf, ob der Genitiv ein subjektivisches oder ein objektivisches Verhältniß angiebt. Im ersteren Falle wird der Genitiv oft als umschreibende Bezeichnung der Beschaffenheit und des Verhältnisses der fraglichen Person oder Sache, was durch Adjektiv oder Participium ausgedrückt werden kann, wie: τέκνα φωτὸς, ὑπακοῆς, ἀπειθείας, κατάρας — υἱὸς τῆς ἀγάπης — ἄνθρωπος ἁμαρτίας, ἀπωλείας — ὁ κύριος τῆς ἐπαγγελίας (2 Petr. 3, 9.) — λόγος σωτηρίας — κρίτης, οἰκονόμος ἀδικίας — σάλπιγξ φωνῆς μεγάλης — σκεῦος ἐκλογῆς. Im letzteren Falle bezeichnet der Genitiv bald ein unmittelbares Verhältniß des Objekts (z. B. πνεῦμα ἀσθενείας: krankheitwirkender Geist, Luk. 13, 11. — σῶμα τῆς ἁμαρτίας: Körper, der die Sündhaftigkeit in sich hat, Röm. 6, 6. — σῶμα θανάτου: der den Tod bewirkt, Röm. 7, 24., bald ein mittelbares, äußeres und ferneres, Abhängigkeitsverhältniß, das im Allgemeinen durch Hülfe von Präpositionen ausgedrückt werden kann, wie: βάπτισμα μετανοίας (d. i. εἰς μ.), M. 1, 4. — δικαιοσύνη, ζωὴ τοῦ (d. i. ἐνώπιον τοῦ) Θεοῦ, Mt. 6, 33. Eph. 4, 18. — αὔξησις τοῦ Θεοῦ (d. i. κατὰ τὸν Θ.), Col. 2, 19. — δέσμιος Χριστοῦ (d. i. ἕνεκα Χρ.), Philem. V. 9. — αἷμα τοῦ σταυροῦ (d. i. ἐν τ. σταυρῷ ἐκκεχυμένον), Col. 1, 20. — ὁδὸς ἐθνῶν (d. i. πρὸς τὰ ἔθνη), Mt. 10, 5. — παραβολὴ τοῦ (d. i. περὶ τοῦ) σπείροντος, Luk. 6, 7. — κίνδυνοι ποταμῶν (d. i. ἐν ποταμοῖς), 2 Cor. 11, 26. An mehreren Stellen giebt sowohl der subjektivische als der objektivische Gebrauch der Genitive einen passenden Sinn, und die Entscheidung ist hier schwierig; z. B. Röm. 7, 2.: νόμος τοῦ ἀνδρός — 2 Cor. 4, 4.: εὐαγγέλιον τῆς δόξης — 2 Thess. 3, 5. 1 Joh. 3, 17.: ἀγάπη τοῦ Θεοῦ — 1 Tim. 4, 1.: διδασκαλίαι δαιμονίων — Hebr. 6, 2.: βαπτισμῶν διδαχῆς — Jak. 2, 4.: κριταὶ διαλογισμῶν πονηρῶν — Apok. 1, 2. 9.: μαρτυρία Ἰησοῦ χρ., ὑπομονὴ Ἰ. Χρ. — Auch mit Adjektiva verbalia und Participien wird der Genitiv auf ähnliche Weise verbunden, z. B. διδακτοὶ (i. e. ὑπὸ) πνεύματος ἁγίου (1 Cor. 2, 13.), καρδίαν γεγυμνασμένην πλεονεξίαις (d. i. ἐν πλ.) (2 Petr. 2, 14.). — Noch gehört hieher der objektivische Gebrauch der besitzanzeigenden Fürwörter statt des Genitivs des persönlichen Fürworts: ἡ ἐμὴ (d. i. ἐμοῦ) ἀνάμνησις (Luk. 22, 19.) — τῷ ὑμετέρῳ (d. i. ὑμῶν) ἐλέει (2 Tim. 4, 6.).

2. Beim Gebrauch des Verbs:

Die aktivische Form in reflexiver Bedeutung (M. 4, 29.: ὅταν παραδῷ ὁ καρπός — 4, 37: τὰ κύματα ἐπέβαλε — Luk. 15, 12.: τὸ ἐπιβάλλον μέρος — Apg. 13, 12.: περιάγων ἐζήτει — 20, 14. 15.: συνέβαλεν ἡμῖν, παρεβάλομεν — 27, 43.: ἀποῤῥίψαντας) — und in passivischer (1 Petr. 2, 6.: περιέχει ἐν τῇ γραφῇ). So auch die passivische Form in transitiver Bedeutung: (Apg. 13, 2.: προσκέκλημαι αὐτούς, — 13, 46.: ἐντέταλται ὁ κύριος — 25, 12.: καίσαρα ἐπικέκλησαι — Apg. 26, 16.: ὧν ὀφθήσομαί σοι?).

Uebergang im Gebrauch eines Modus in die Bedeutung eines andern: Futurum in imperativischer Bedeutung, Mt. 5, 21. 27. 33. 43. Röm. 13, 9.: οὐ φονεύσεις — μοιχεύσεις — ἐπιορκήσεις — ἀγαπήσεις — 5, 48.: ἔσεσθε τέλειοι — 6, 5.: οὐκ ἐσῇ ὥσπερ οἱ ὑποκριταί. — Imperativ als bedingtes Futurum, Eph. 4, 26.: ὀργίζεσθε.

Uebergang, im Gebrauche der Tempora, von der Bedeutung des einen in die des andern: Präsens zur Bezeichnung der Gewißheit oder unmittelbaren Nähe des historisch Künftigen (Praesens futurascens), Mt. 3, 10.: πᾶν δένδρον ἐκκόπτεται καὶ εἰς πῦρ βάλλεται — Joh. 10, 32.: λιθάζετέ με — 13, 6.: σύ μου νίπτεις τοὺς πόδας; — 14, 3.: πάλιν ἔρχομαι καὶ παραλήψομαι. Dasselbe gilt vom Participium, z. B. Joh. 1, 9.: τὸ φῶς .. ἐρχόμενον εἰς τὸν κόσμον — in den Einsetzungsworten: αἷμα .. τὸ ἐκχυνόμενον s. διδόμενον — σῶμα κλώμενον (Mt. 26, 28. Luk. 22, 19. 1 Cor. 11, 24.) — Präsens das Präteritum in sich fassend, Joh. 8, 58.: πρὶν Ἀβρ. γενέσθαι ἐγώ εἰμι — 15, 27.: ἀπ᾽ ἀρχῆς μετ᾽ ἐμοῦ ἐστε — auch Participium im Präsens (als Imperfektum) für Präteritum: Joh. 1, 49.: ὄντα ὑπὸ τὴν συκῆν, εἶδόν σε — 9, 25.: τυφλὸς ὤν, ἄρτι βλέπω — (vergl. V. 18.); — Aorist für Präsens: Joh. 15, 6.: ἐὰν μή τις μένῃ ἐν ἐμοί, ἐβλήθη ... für Plusquamperfektum: Luk. 24, 1.: φέρουσαι, ἃ ἡτοίμασαν, ἀρώματα — Joh. 5, 13.: ὁ Ἰ. ἐξένευσεν — 7, 30.: ὡς ἀνέβησαν — 13, 12.: ὅτε ἔνιψε .. κ. ἔλαβε .. — 19, 23.: ὅτε ἐσταύρωσαν — Apg. 1, 2.: τοῖς ἀποστόλοις οὓς ἐξελέξατο — 4, 13.: σὺν τῷ Ἰ. ἦσαν.

Emphatiſirende Wiederholung des Verbums im Participium (der hebr. Inf. absol.), oder Hinzufügung des entſprechenden Subſtantivs im Dativ oder Akkuſativ, Mt. 13, 14.: ἀκοῇ ἀκούσετε, βλέποντες βλέψετε — Luk. 22, 15.: ἐπιθυμίᾳ ἐπεθύμησα — Apg. 4, 17.: ἀπειλῇ ἀπειλησώμεθα — 5, 28.: παραγγελίᾳ παρηγγείλαμεν — 7, 34.: ἰδὼν εἶδον — 23, 14.: ἀναθέματι ἀνεθεματίσαμεν — Hebr. 6, 14.: εὐλογῶν εὐλογήσω κ. πληθύνων πληθυνῶ.

§. 12.

Bei der Compoſition der einzelnen Theile der Sätze kommt der Gebrauch der Partikeln in beſondere Betrachtung. Die Auslegung des N. Teſt. muß in dieſer Rückſicht davon ausgehen, daß die urſprüngliche, in den allgemeinen Sprachgeſetzen begründete Bedeutung nicht aufgegeben ſeyn kann, und daß mithin das Verhältniß zwiſchen verſchiedenen gleichartigen Partikeln oder verſchiedenen Rectionen einer Partikel, welches dem griechiſchen Sprachcharakter eigenthümlich iſt, ſich im Ganzen auch in den heiligen Büchern nachweiſen läßt*). Auf der anderen Seite muß die Aufmerkſamkeit auf vorkommende unläugbare Abweichungen von der claſſiſchen Correctheit, namentlich auf den Einfluß der hebraiſirenden Sprache auf dieſen Theil der Wortfügung gerichtet ſeyn, ſo daß es

---

*) Noch im Schleusner'ſchen Lexikon finden ſich 20 verſchiedene Bedeutungen angeführt von der Präpoſit. ἀπό, 30 von διά, 26 von εἰς, 23 von ἐκ, 58 von ἐπί, 32 von κατά, 28 von πρός. Faſt für alle hier angeführten Präpoſitionen findet ſich die Bedeutung von „cum“ als gemeinſchaftlich angeführt; und jeder von ihnen werden grundverſchiedene, ja wechſelſeitig durchaus entgegengeſetzte Bedeutungen beigelegt. So ſoll ἀπό im N. T. unter Anderem: ad — ante — coram — in; διά: ad — cum — iuxta; εἰς: cum — pro; ἐκ: ad — cum — in — sine; ἐπί: ante — cum — per; κατά: a — cum — ex — in; πρός: in — ex bedeuten. Die Bedeutung, welche, der Eigenthümlichkeit der Sprache zufolge, der Partikel an ſich zukommt, und die verſchiedene Weiſe, auf welche der Satz, in der die Partikel vorkommt, bequem und deutlich ſcheint umſchrieben werden zu können, ſind nämlich durchgängig mit einander verwechſelt.

dem ganzen Zusammenhange der Rede anheimgestellt wird, nach freier und möglichst vollständiger Auffassung zu entscheiden, inwiefern Ausnahme von dem strengeren Sprachgebrauche in dem vorliegenden Falle Statt finde oder nicht.

1. Beim Gebrauch der gegenseitig verwandten Partikeln wird man die durch den griechischen Sprachgebrauch gegebene Modification des Hauptbegriffs im Ganzen beobachtet finden:

ἐκ: Ursprung, Ausgang, Herleitung — ἀπό: Entfernung von; Anfang und Ursprung der Wirkung — ὑπό: bestimmtere Hinweisung auf das Subjekt als wirkende Ursache — παρά: von der Umgebung einer Person aus und auf Veranlassung derselben. Beisp. ὁ ἐκ τοῦ οὐρανοῦ καταβὰς (Joh. 3, 13. 6, 38.), ἀπὸ — παρὰ Θεοῦ ἐξῆλθον (Joh. 16, 27. 30.) τὸ πνεῦμα, ὃ παρὰ τοῦ Πατρὸς ἐκπορεύεται (Joh. 15, 26.) — ῥύεσθαι ἐκ: erlösen von (Röm. 7, 24. 2 Cor. 1, 10. Col. 1, 13. 2 Tim. 3, 11. 4, 18.), ῥύεσθαι ἀπό: erretten von (Mt. 6, 13. Röm. 15, 31. 1 Thess. 1, 10. 2 Thess. 3, 2. 2 Tim. 4, 8.) — ἀφαιρίσαι .. ἀπὸ τοῦ ξύλου τῆς ζωῆς καὶ ἐκ τῆς πόλεως τῆς ἁγίας (Apok. 22, 19.) — παρέλαβον ἀπὸ τοῦ κυρίου (1 Cor. 11, 23.) οὐδὲ παρὰ ἀνθρώπου παρέλαβον οὔτε ἐδιδάχθην (Gal. 1, 12.) — ... πότερον ἐκ τοῦ Θεοῦ ἐστιν, ἢ ἐγὼ ἀπ᾽ ἐμαυτοῦ λαλῶ (Joh. 7, 17.) — Μηδεὶς λεγέτω, ὅτι ἀπὸ τοῦ Θεοῦ πειράζομαι .. ἕκαστος δὲ πειράζεται ὑπὸ τῆς ἰδίας ἐπιθυμίας ἐξελκόμενος (Jak. 1, 13. 14.) — Θεραπεύεσθαι ὑπ᾽ αὐτοῦ ἀπὸ τῶν ἀσθενειῶν .. (Luk. 5, 15.) — ὁ λυπούμενος ἐξ ἐμοῦ .. ἵνα μὴ λύπην ἔχω ἀφ᾽ ὧν ἔδει με χαίρειν (2 Cor. 2, 2. 3.) — ἐδικαιώθη ἡ σοφία ἀπὸ τῶν τέκνων αὐτῆς (Mt. 11, 19.: d. i. mittelst ihres Lebens und Wandels — nicht ὑπό, d. i. durch ihre apologetischen Bestrebungen). — ἠγοράσθησαν ἀπὸ τῆς γῆς, ἀπὸ τῶν ἀνθρώπων (Apok. 14, 3. 4.: erkauft von).

σύν: Einheit der Zeit, des Ortes, der Beschaffenheit, des Schicksals. — μετά: jedes gegenseitige, engere oder losere Verhältniß. Beisp. οὗτος σὺν αὐτῷ ἦν ... οὗτος μετ᾽ αὐτοῦ ἦν (Luk. 22, 56. 59.). — Νινευῖται ἀναστήσονται μετὰ τῆς γενεᾶς ταύτης (Mt. 12, 41. 42.: als Zeugen gegen). — μετ᾽ αὐτοῦ (ihm beigefügt) ὄχλος πολὺς μετὰ (versehen mit) μαχαιρῶν καὶ ξύλων (Mt. 26, 47.). — συνεπέμψαμεν μετ᾽ αὐτοῦ (als Gehülfe) τὸν ἀδελφόν (2 Cor. 8, 18).

εἰς, bei Verben, die Ruhe andeuten, und ἐν, bei Verben, die Bewegung andeuten, sind beide in prägnanter Bedeutung gebraucht, nämlich so, daß die Partikel εἰς zugleich eine vorausgegangene Bewegung, die Partikel ἐν zugleich eine später erfolgte Ruhe in sich faßt. Beisp. Mt. 13, 3.: καθημένου αὐτοῦ εἰς τὸ ὄρος τ. ἐλαιῶν. Mr. 2, 1.: ἠκούσθη, ὅτι εἰς οἶκόν ἐστι. Luk. 9, 61.: ἐπίτρεψόν μοι ἀποτάξασθαι τοῖς εἰς τὸν οἶκόν μου. Joh. 7, 18.: ὁ υἱὸς, ὁ ὢν εἰς τὸν κόλπον τ. Πατρός. Apg. 8, 40.: Φίλιππος εὑρέθη εἰς Ἄζωτον. — Mt. 10, 16.: ἀποστέλλω ὑμᾶς ἐν μέσῳ λύκων. Luk. 1, 17.: ἐπιστρέψαι ἀπειθεῖς ἐν φρονήσει δικαίων. Röm. 5, 5.: ἡ ἀγάπη τ. Θεοῦ ἐκκέχυται ἐν ταῖς καρδίαις ὑμῶν. — Mit dem Verbum λέγειν verbunden ist die Part. εἰς nicht so viel als πρὸς, sondern bezeichnet die Person, die der Gegenstand des Inhaltes der Rede ist, siehe Apg. 2, 25. Eph. 5, 12. Hebr. 7, 14.

ἐπὶ: mit dem Genitiv: auf oder gegen; mit dem Akkusativ: hinüber, über den Gegenstand hinaus; mit dem Dativ: Grund, Absicht, Bedingung. Beisp. περιπατῶν ἐπὶ τῆς θαλάσσης (Mt. 14, 25., vergl. V. 24.: τὸ πλοῖον μέσον τῆς θαλάσσης ἦν). ἐφανέρωσεν ἑαυτὸν ἐπὶ τῆς θαλάσσης (Joh. 21, 1.: vor den Jüngern, welche ἀνέβησαν εἰς τὸ πλοῖον, V. 3.). ἐσθίητε καὶ πίνητε ἐπὶ τῆς τραπέζης μου (Luk. 22, 30. sc. τὰ παρατιθέμενα). — ἰδόντες αὐτὸν ἐπὶ τὴν θάλασσαν περιπατοῦντα (Mt. 14, 26.). σκότος ἐγένετο ἐπὶ πᾶσαν τὴν γῆν (Mt. 27, 45.). ἐπ᾽ ἐλπίδι ὀφείλει ὁ ἀροτριῶν ἀροτριᾶν (1 Cor. 9, 10.). ἐπ᾽ ἐλευθερίᾳ ἐκλήθητε (Gal. 5, 13). κτισθέντες ἐπὶ ἔργοις ἀγαθοῖς (Eph. 2, 10.).

οὐ: Bezeichnung des Faktischen, μὴ: Verneinung des Vorausgesetzten oder Gedachten. Beisp. ἔξεστι κῆνσον καίσαρι δοῦναι, ἢ οὔ; δῶμεν, ἢ μὴ δῶμεν; (Mr. 12, 14.) — ὁ πιστεύων οὐ κρίνεται· ὁ δὲ μὴ πιστεύων ἤδη κέκριται, ὅτι μὴ πεπίστευκεν (Joh. 3, 18. vergl. 1 Joh. 5, 10). — εἰσὶν ἐξ ὑμῶν τινες οἳ οὐ πιστεύουσιν. ᾔδει γὰρ .. τίνες εἰσὶν οἱ μὴ πιστεύοντες (Joh. 6, 64.). — μὴ ἀσθενήσας τῇ πίστει, οὐ κατενόησε .. (Röm. 4, 19.). — οὐ γὰρ, ὡς μὴ ἐφικνούμενοι

εἰς ὑμᾶς, ὑπερεκτείνομεν ἑαυτούς (2 Cor. 10, 14.). — Ἡλίας
.. προσηύξατο τοῦ μὴ βρέξαι· καὶ οὐκ ἔβρεξεν (Jak. 5, 17.).

οὔτε — οὔτε, μήτε — μήτε: wo die verneinenden Sätze
in eine allgemeine Negation zu sammeln sind; οὐδὲ — οὐδὲ,
μηδὲ — μηδὲ: wo die einzelnen Sätze jeder für sich eine
selbstständige Verneinung enthaltend, bestimmter aus einander
gehalten werden.   Beisp. θησαυρούς, ὅπου οὔτε σὴς οὔτε
βρῶσις ἀφανίζει (Mt. 6, 20.) — οὐκ ἀφεθήσεται, οὔτε ἐν
τούτῳ τῷ αἰῶνι, οὔτε ἐν τῷ μέλλοντι (Mt. 12, 32.) — Μηδὲν αἴρετε εἰς τὴν ὁδὸν, μήτε ῥάβδους μήτε πήραν μήτε
ἄρτον (Luk. 9, 3.) — οὔτε ἐν τῷ ἱερῷ εὗρόν με .. οὔτε ἐν
ταῖς συναγωγαῖς οὔτε κατὰ τὴν πόλιν (Apg. 24, 12.) —
οὔτε εἰς τὸν νόμον, οὔτε εἰς τὸ ἱερὸν, οὔτε εἰς καίσαρά τι
ἥμαρτον (Apg. 25, 8.) — — οὐ σπείρουσιν, οὐδὲ θερίζου-
σιν οὐδὲ συνάγουσιν (Mt. 6, 26.). — Περὶ τῆς ὥρας οὐδεὶς
οἶδεν, οὐδὲ οἱ ἄγγελοι, οὐδὲ ὁ υἱὸς (Mr. 13, 32.) — οὐδεὶς ἠδύνατο ἐν τῷ οὐρανῷ, οὐδὲ ἐπὶ τῆς γῆς, οὐδὲ ὑπο-
κάτω τῆς γῆς (Apok. 5, 3.).

2. Aber bei einem solchen natürlichen Takte rücksichtlich des
Gebrauchs der Partikel im Allgemeinen, sind häufige Beispiele
der Ungenauigkeit in der Anwendung nicht ausgeschlossen.   Diese
im R. Test. läugnen und den sprachrichtigen Gebrauch in jedem
einzelnen Falle darthun wollen, würde zum Verkünsteln des Zusammenhanges führen, und ebenso wohl einen Abweg bezeichnen,
als die Willkühr, die den Partikelgebrauch des R. Test. außer die
allgemeinen Sprachregeln stellt.

So findet man ἀπὸ gebraucht für ἐκ (Luk. 6, 13.:
ἐκλεξάμενος ἀπὸ τῶν μαθητῶν δώδεκα), ἀπὸ für παρὰ
(Luk. 18, 49.: ἔρχεταί τις ἀπὸ τοῦ ἀρχισυναγώγου), ἀπὸ
für ὑπὸ (bei Verba passiva, Mr. 8, 31.: ἀποδοκιμασθῆναι
ἀπὸ τῶν πρεσβυτέρων. Luk. 6, 18.: οἱ ὀχλούμενοι ἀπὸ πνευ-
μάτων ἀκαθάρτων)*), ὑπὸ für ἀπὸ (Mt. 17, 12.: πάσχειν
ὑπ᾽ αὐτῶν. 2 Petr. 1, 17.: φωνὴν ἐνεχθεῖσαν ὑπὸ τῆς δόξης).

ἐν (ב) für διὰ mit dem Genit. (Mt. 12, 27.: ἐν Βεελ-
ζεβοὺλ ἐκβάλλω τὰ δαιμόνια. 17, 21.: τοῦτο τὸ γένος οὐκ ἐκπορεύεται, εἰ μὴ ἐν προσευχῇ καὶ νηστείᾳ), — für κατὰ

---

*) Doch ist die Lesart an beiden Stellen unsicher.

oder Dativ ohne Präpoſ. (Mt. 5, 34. 35.: ὀμόσαι ἐν τῷ οὐρανῷ, ἐν τῇ γῇ. Mt. 6, 7.: ἐν τῇ πολυλογίᾳ αὐτῶν εἰσακου-
σθήσονται. 7, 2.: ἐν ᾧ κρίματι κρίνετε, κριθήσεσθε), —
für μετά m. dem Genit. (Luk. 14, 31.: ἐν δέκα χιλιάσιν
ἀπαντῆσαι. 1 Cor. 4, 21.: ἐν ῥάβδῳ ἔλθω πρὸς ὑμᾶς). —
εἰς für πρός (Mt. 3, 7. 7, 31.: εἰς τὴν θάλασσαν) —
ὑπέρ für περί: (1 Theſſ. 3, 2.: παρακαλέσαι ὑπὲρ τῆς
πίστεως).

κ α ί, die unbeſtimmte Copula (ן), gebraucht ſtatt ſpeciellerer
Conjunktionen: adverſativ, für ἀλλά, ἀλλ᾽ ὅμως (Mt. 12,
39.: Γενεά .. σημεῖον ἐπιζητεῖ, καὶ οὐ δοθήσεται αὐτῇ. M.
12, 12.: ἐζήτουν αὐτὸν κρατῆσαι, καὶ ἐφοβήθησαν τὸν ὄχ-
λον. Joh. 7, 30.: ἐζήτουν αὐτὸν πιάσαι, καὶ οὐδεὶς ἐπέβαλεν
ἐπ᾽ αὐτὸν τὴν χεῖρα), — für καίπερ (2 Cor. 5, 6.: θαῤ-
ῥοῦντες καὶ εἰδότες); — in cauſativer Bedeutung, wo die logiſche Bedeutung γάρ fordert (1 Cor. 14, 32.: καὶ πνεύματα
προφητῶν προφήταις ὑποτάσσεται. 1 Joh. 3, 4.: καὶ ἡ ἁμαρτία ἔστιν ἡ ἀνομία) — comparativ, nach vorausgegangenem
ὡς oder καθώς, für οὕτω (Mt. 6, 10.: ὡς ἐν οὐρανῷ καὶ
ἐπὶ τῆς γῆς. Joh. 6, 57.: καθὼς ἀπέστειλέ με ... καὶ ὁ τρώ-
γων με ζήσεται. Gal. 1, 9.: ὡς προείρηκα, καὶ πάλιν λέγω.
1 Joh. 4, 17.: καθὼς ἐκεῖνος ἔστι, καὶ ἡμεῖς ἔσμεν) — um
den Anfang des Nachſatzes zu bezeichnen (Mt. 28, 9.: ὡς δὲ ..
καὶ ἰδού. Luk. 13, 25.: ἀφ᾽ οὗ .. καὶ ἐρεῖ .. 2 Cor. 2, 2.: εἰ
γὰρ .. καί τις .. Jak. 2, 2—4.: ἐὰν γὰρ .. καὶ οὐ .. 4, 15.:
ἐὰν ὁ κύριος θελήσῃ .. καὶ ποιήσομεν. Apok. 14, 9. 10.:
εἴ τις .. καὶ αὐτὸς ..):

ε ἰ: als fragende Partikel (Luk. 13, 23.: εἰ ὀλίγοι οἱ σω-
ζόμενοι; Apg. 1, 6.: εἰ ἀποκαθιστάνεις τὴν βασιλείαν τῷ
Ἰσραήλ; 21, 37.: εἰ ἔξεστί μοι εἰπεῖν τι πρός σε ;) — in be-
ſchwörender Rede, mit verneinender Bedeutung (אם): M. 8, 12.:
εἰ δοθήσεται σημεῖον. Hebr. 3, 12. 4, 3.: εἰ εἰσελεύσονται εἰς
τὴν κατάπαυσίν μου. εἰ μή: nicht ausnehmend, ſondern ent-
gegenſetzend, d. i. ἀλλά (Mt. 12, 4.: οὐκ ἐξὸν ἦν αὐτῷ φαγεῖν
οὐδὲ τοῖς μετ᾽ αὐτοῦ, εἰ μὴ τοῖς ἱερεῦσι μόνοις. Apok. 21,
27.: οὐ μὴ .. πᾶν κοινοῦν .. εἰ μὴ οἱ γεγραμμένοι ἐν τῷ
βιβλίῳ τῆς ζωῆς).

Hieher gehört die im N. Teſt. ſehr häufige Verbindung d e s

artikulirten Infinitiv mit Präpositionen: εἰς, um Absicht oder Erfolg zu bezeichnen, d. i.: ἵνα, ὥστε (1 Theff. 3, 2.: ἐπέμψαμεν Τιμόθεον .. εἰς τὸ στηρίξαι ὑμᾶς. Röm. 4, 11.: σημεῖον ἔλαβε περιτομῆς .. εἰς τὸ εἶναι αὐτὸν ..); — ἐν, um das Gleichzeitige oder die Ursache von irgend Etwas zu bezeichnen (Luk. 1, 8.: ἐν τῷ ἱερατεύειν αὐτόν. 2, 27.: ἐν τῷ εἰσαγαγεῖν. 12, 15.: οὐκ ἐν τῷ περισσεύειν τινί. Gal. 4, 18.: ἐν τῷ παρεῖναί με πρὸς ὑμᾶς); — διὰ mit dem Genit. (Hebr. 2, 15.: διὰ παντὸς τοῦ ζῆν), und mit dem Akkusat., in der Bedeut. von ὅτι (M. 5, 4.: διὰ τὸ αὐτὸν δεδέσθαι. Apg. 8, 11.: διὰ τὸ ἐξεστακέναι αὐτούς, Phil. 1, 7.: διὰ τὸ ἔχειν με ἐν τῇ καρδίᾳ ὑμᾶς); — πρὸ (Luk. 2, 21.: πρὸ τοῦ συλληφθῆναι αὐτὸν); — μετὰ mit dem Akkusativ (M. 1, 14.: μετὰ τὸ παραδοθῆναι τὸν Ἰωάννην) u. m.

Nicht weniger häufig wird die Präposition ersetzt, indem der Artikel in den verschiedensten Verbindungen in den Genitiv gesetzt wird (M. 4, 3.: ἐξῆλθεν ὁ σπείρων τοῦ σπεῖραι. Luk. 2, 27.: τοῦ ποιῆσαι αὐτοὺς κατὰ τὸ εἰθισμένον. Apg. 3, 12.: ἡμῖν ὡς πεποιηκόσι τοῦ περιπατεῖν αὐτόν. 20, 30.: ἀναστήσονται ἄνδρες, τοῦ ἀποσπᾶν τοὺς μαθητὰς ὀπίσω αὐτῶν. 27, 1.: ἐκρίθη τοῦ ἀποπλεῖν ἡμᾶς), — seltener im Dativ, d. i.: εἰς τὸ (1 Theff. 3, 3.: τῷ μηδένα σαίνεσθαι) oder διὰ τὸ (2 Cor. 2, 12.: τῷ μὴ εὑρεῖν Τίτον). Ungeachtet ähnliche Construktionen sich bei späteren griechischen Verfassern *) nachweisen lassen, ist doch der Gebrauch davon im N. T. nicht nur so auffallend häufig, sondern er kommt auch in so verschiedenen Verbindungen erweitert vor, daß eine Nachbildung der hebräischen Construktion (Infinitiv mit vorangehendem ב und ל) sich nicht verkennen läßt.

§. 13.

Der einzelne Satz, als logische Totalität betrachtet, bietet im N. Test. viel Unvollendetes 1, Ungenaues 2 oder von der griechischen Syntax Abweichendes 3 dar. Ergänzung, Auflösung und nähere Bestimmung, welches hier die Vorarbeit der Auslegung wird, muß nach sorgfältig beobachteter

---

*) Vergl. Winer, S. 299 ff.

Rücksicht sowohl auf die Sprachanalogie des N. Test., als auf den Gedankengang der einzelnen Stelle geschehen.

1. Der Begriff von Ellipse darf nicht auf einen jeden Ausdruck erweitert werden, bei dessen Erklärung dem Gedanken Etwas hinzuzufügen ist, wenn dieses nämlich entweder eine bloße Wiederholung eines oder mehrerer vorangehender Wörter im Texte seyn würde, deren Wiederholung als überflüssig angesehen worden ist (z. B. Röm. 14, 23.: ὁ διακρινόμενος, ἐὰν φάγη, κατακέκριται, ὅτι οὐκ ἐκ πίστεως sc. ἔφαγε. 2 Cor. 3, 13.: οὐ καθάπερ Μωσῆς ἐτίθει κάλυμμα ἐπὶ τὸ πρόςωπον ἑαυτοῦ, sc. τίθεμεν κάλυμμα ..), oder wenn die Weglassung durch den allgemeinen Sprachgebrauch gerechtfertigt wird (z. B. τὰ τοῦ Θεοῦ, τοῦ πνεύματος — διάγειν, τελευτᾶν (βίον), προσέχειν (νοῦν), ἐνέχειν (χόλον) *). Als elliptische Ausdrücke werden daher nur solche anzusehen seyn, bei welchen die Weglassung irgend eines Theiles der Rede als stylistische Eigenthümlichkeit betrachtet werden kann, zunächst in der Voraussetzung begründet, daß sich das Weggelassene ohne Schwierigkeit aus dem Zusammenhange der Worte suppliren lassen werde.

Weglassung des Nomens: Luk. 9, 52.: ὥστε ἑτοιμάσαι αὐτῷ sc. ξενίαν. Luk. 12, 47. 48.: δαρήσεται πολλὰς, ὀλίγας sc. πληγάς. Luk. 13, 35.: ἕως ἂν ἥξῃ sc. ἡμέρα. Luk. 14, 18.: ἀπὸ μιᾶς (sc. γνώμης) παραιτεῖσθαι. Joh. 20, 12.: ἐν λευκοῖς (sc. ἱματίοις). Apg. 27, 15.: ἐπιδόντες (sc. τὸ πλοῖον) ἐφερόμεθα. 27, 40.: τῇ πνεούσῃ sc. αὔρα. Röm. 9, 10.: ἐξ ἑνὸς (sc. ἀνδρὸς) κοίτην ἔχουσα. 1 Cor. 15, 52.: σαλπίσει (sc. ὁ ἄγγελος, ὁ σαλπιγκτής), Apok. 20, 4.: ἐκάθισαν (sc. τινὲς) ἐπὶ θρόνους. Ebenso bei Citationen aus dem Alten Test.: εἴρηκε, λέγει, μαρτυρεῖ, φησὶ (sc. ἡ γραφὴ, ὁ Θεὸς, τὸ πνεῦμα): Hebr. 1, 7. 4, 4. 7, 17. 8, 5. Wo kein bestimmtes Subjekt hinzugedacht werden kann, ist das Verbum als unpersönlich zu verstehen, und wird am füglichsten in passivische Form umgesetzt; so Luk. 12, 20.: τὴν ψυχήν σου ἀπαιτοῦσιν ἀπὸ σοῦ. 12, 48.: περισσότερον αἰτήσουσιν. 16, 9.: ἵνα δέξωνται ὑμᾶς

---

*) Siehe hierüber Winer (S. 521 ff.) gegen das fleißige, aber unkritische Werk: Lamb. Bos. Ellipses graecae (1712).

εἰς τὰς αἰωνίους σκηνάς. Joh. 15, 6.: συνάγουσιν καὶ βάλλουσιν. — Bei der Supplirung des elliptischen Genitivs müssen historische Data oft zu Hülfe genommen werden: Mt. 1, 6.: ἐκ τῆς τοῦ Οὐρίου sc. γυναικός. Joh. 19, 25.: Μαρία ἡ τοῦ Κλωπᾶ sc. γυνή. M. 15, 47. 16, 1. Luk. 24, 10.: Μαρία Ἰωσῆ κ. Ἰακώβου sc. μήτηρ (s. M. 15, 40.). Apg. 7, 16.: Ἐμμὸρ τοῦ Συχέμ sc. πατήρ. Luk. 6, 16. Apg. 1, 13.: Ἰούδας Ἰακώβου sc. ἀδελφός. 1 Cor. 1, 1.: ὑπὸ τῶν Χλόης sc. οἰκείων. — Auch Parallelstellen können bei solcher Supplirung mitunter auf die Spur leiten; z. B. Mt. 5, 13.: ἐν τίνι ἁλισθήσεται, — nicht unpersönlich, vergl. Luk. 14, 34.: ἀρτυθήσεται. Dagegen 1 Joh. 2, 2. (ἐὰν φανερωθῇ), ungewiß ob unpersönl. oder zu suppl. ὁ κύριος.

Weglassung der Copula: Röm. 4, 9.: ὁ μακαρισμὸς οὗτος ἐπὶ τὴν περιτομὴν sc. λέγεται. 5, 18.: δι' ἑνὸς παραπτώματος εἰς κατάκριμα sc. γέγονεν. 1 Cor. 6, 13.: τὰ βρώματα τῇ κοιλίᾳ sc. προσήκει. 2 Cor. 9, 6.: τοῦτο δὲ sc. γινώσκετε. Gal. 2, 9.: ἵνα ἡμεῖς εἰς τὰ ἔθνη sc. πορευθῶμεν. 5, 13.: μόνον μὴ τὴν ἐλευθερίαν sc. ἔχητε. Phil. 2, 3: μηδὲν κατὰ ἐρίθειαν sc. ποιοῦντες.

Weglassung eines ganzen Satzes: Mt. 16, 7.: λέγοντες (sc. τοῦτο λέγει) ὅτι ἄρτους οὐκ ἐλάβομεν. Joh. 1, 8.: οὐκ ἦν ἐκεῖνος τὸ φῶς, ἀλλ' (sc. ἦλθεν) ἵνα μαρτυρήσῃ. Röm. 11, 21.: εἰ ὁ Θεὸς οὐκ ἐφείσατο (sc. ὁρᾶτε), μήπως οὐδὲ σοῦ φείσηται.

2. Hieher gehören:

Verknüpfung des Nomens mit einem der Bedeutung nach verschiedenartigen Prädikate. M. 8, 3.: ἡ λέπρα αὐτοῦ ἐκαθαρίσθη. Joh. 7, 51.: ὁ νόμος .. γνῷ, τί ποιεῖ. 1 Cor. 16, 9.: θύρα .. ἐνεργὴς. Hebr. 12, 15.: μή τις ῥίζα πικρίας ἐνοχλῇ.

Prägnante Construktion, d. i. wo ein Verbum unmittelbar auf ein Objekt zurückgeführt ist, während ein dazwischenliegender Begriff supplirt werden muß: Apg. 20, 30.: ἀποσπᾶν τοὺς μαθητὰς ὀπίσω αὐτῶν. Apg. 13, 39. Röm. 6, 7.: δεδικαίωται ἀπὸ τῆς ἁμαρτίας. 2 Cor. 2, 15.: Χριστοῦ εὐωδία ἐσμὲν. 11, 3.: μήπως φθαρῇ τὰ νοήματα ἀπὸ τῆς ἁπλότητας. 2 Tim. 2, 26.: μήποτε ἀνανήψωσιν ἐκ τῆς παγίδος. Apg. 8, 22. Apok. 2, 5. 16, 21.: μετανοεῖν ἀπὸ, ἐκ..

Zeugma, d. i. wo ein Verbum sich auf verschiedene Nomina bezieht, während es, seiner Bedeutung nach, nicht auf sie alle paßt: Luk. 1, 64.: ἀνεώχθη τὸ στόμα καὶ ἡ γλῶσσα. 1 Cor. 3, 2.: γάλα ὑμᾶς ἐπότισα, καὶ οὐ βρῶμα. 12, 28.: ἔθετο ὁ Θεὸς ἀποστόλους .. χαρίσματα, ἀντιλήψεις, κυβερνήσεις, γένη γλωσσῶν. 1 Tim. 4, 3.: κωλυόντων γαμεῖν, ἀπέχεσθαι βρωμάτων.

Breviloquenz (Brachylogie): wo die compendiös zusammengezogenen Redetheile einer Entwickelung und Auflösung bedürfen, damit der Ausdruck vollständig und correkt werde: Luk. 12, 49.: τί θέλω εἰ ἤδη ἀνήφθη. Luk. 23, 5. (und Apg. 1, 22.): ἀρξάμενος ἀπὸ Ἰερους .. ἕως ὧδε. Apg. 26, 16.: μάρτυρα .. ὧν ὀφθήσομαί σοι. Röm. 10, 14.: πῶς πιστεύσουσιν, οὗ οὐκ ἤκουσαν; 14, 5. 6.: ὃς δὲ κρίνει πᾶσαν ἡμέραν — φρονῶν, μὴ φρονῶν τὴν ἡμέραν. 2 Cor. 3, 7.: ἡ διακονία .. ἐν γράμμασιν, ἐντετυπωμένη ἐν λίθοις. 6, 14.: ἑτεροζυγοῦντες ἀπίστοις. 10, 15.: εἰς τὰ ἄμετρα καυχώμενοι.

Anakoluthon, d. i. wo der Ausgang der Construktion nicht folgerecht der Art entspricht, auf die sie von Anfang an angelegt ist: Mt. 7, 9.: τίς ἐστιν .. ὃν ἐὰν αἰτήσῃ ὁ υἱὸς αὐτοῦ .., μὴ ἐπιδώσει; M. 6, 8. 9.: παρήγγειλεν αὐτοῖς, ἵνα μηδὲν αἴρωσιν .. ἀλλ᾿ ὑποδεδεμένους .. καὶ μὴ ἐνδύσασθαι .. Luk. 14, 5.: τίνος ὄνος ἢ βοῦς .. ἐμπεσεῖται, καὶ οὐκ εὐθέως ἀνασπάσει; Apg. 15, 22.: ἔδοξε τοῖς ἀποστόλοις .. ἐκλεξαμένους ἄνδρας πέμψαι. 20, 3.: ποιήσας μῆνας τρεῖς .. μέλλοντι ἀνάγεσθαι .. ἐγένετο γνώμη. Röm. 2, 7. 8.: ἀποδώσει τοῖς μὲν .. ζωὴν αἰώνιον· τοῖς δὲ ... θυμὸς καὶ ὀργή. 8, 3.: τὸ ἀδύνατον τοῦ νόμου .. ὁ Θεὸς .. κατέκρινε τὴν ἁμαρτίαν. 2 Cor. 9, 10. 11.: ὁ ἐπιχορηγῶν σπέρμα .. καὶ ἄρτον χορηγῆσαι .. ἐν παντὶ πλουτιζόμενοι ... Gal. 2, 6.: ἀπὸ τῶν δοκούντων .. ἐμοὶ γὰρ οἱ δοκοῦντες. Col. 3, 16.: ὁ λόγος τοῦ Χριστοῦ ἐνοικείτω ἐν ὑμῖν .. διδάσκοντες .. Apok. 1, 5.: ἀπὸ Ἰησοῦ Χριστοῦ, ὁ μάρτυς ὁ πιστὸς .. 21, 8.: δειλοῖς καὶ ἀπίστοις .. τὸ μέρος αὐτῶν ...

Inversion der Construktion: wo eine Versetzung einzelner Redetheile vorgenommen werden muß, um die volle Prä-

eision im Ausdrucke zu erhalten: Apg. 26, 2.: περὶ πάντων ..
in μέλλων ἀπολογεῖσθαι. Röm. 5, 6.: ἔτι Χριστὸς, ὄντων
ἡμῶν ἀσθενῶν, ὑπὲρ ἀσεβῶν ἀπέθανε. 1 Cor. 14, 7.: ὅμως
τὰ ἄψυχα φωνὴν διδόντα .. πῶς γνωθήσεται .. 15, 19.: εἰ
ἐν τῇ ζωῇ ταύτῃ ἠλπικότες ἐσμὲν ἐν Χριστῷ μόνον .. 2 Tim.
2, 6.: τὸν κοπιῶντα γεωργὸν δεῖ πρῶτον τῶν καρπῶν
μεταλαμβάνειν.

Grammatikalische Diffonanz zwischen dem Haupt-
worte und dem demselben entsprechenden Prädikate (Adjektiv und
Participium) rücksichtlich des Geschlechts oder der Zahl: Col. 2,
18.: οὐ κρατῶν τὴν κεφαλὴν, ἐξ οὗ .. Apok. 11, 15.: φωναὶ
μεγάλαι λέγοντες. 19, 14.: τὰ στρατεύματα .. ἐνδεδυμένοι
— Mt. 8, 1.: παμπόλλου ὄχλου ὄντος καὶ μὴ ἐχόντων. Luk.
2, 13.: πλῆθος στρατιᾶς οὐρανίου αἰνούντων .. 19, 37.:
ἅπαν τὸ πλῆθος τῶν μαθητῶν χαίροντες. Joh. 15, 6.: .. τὸ
κλῆμα .. καὶ συνάγουσιν αὐτά; 2 Cor. 5, 19.: κόσμον καταλ-
λάσσων ἑαυτῷ, μὴ λογιζόμενος αὐτοῖς .. 1 Tim. 2, 15.: ἡ
γυνὴ σωθήσεται, ἐὰν μείνωσιν .. Apok. 13, 8.: πάντες .. οὗ
.. τὸ ὄνομα.

Pleonasmus im Ausdrucke; wozu jedoch nur durch Miß-
verständniß basjenige gerechnet werden kann, welches, wenn auch
nicht zur genügenden Bezeichnung nothwendig, doch entweder
dazu dient, die Anschaulichkeit zu erhöhen (so, im erzählenden
Vortrage, Formeln, wie διὰ χειρὸς, ἐν χειρί (Apg. 7, 35. 11,
30. 15, 23. Gal. 3, 19.), ἐγερθεὶς, ἀναστὰς ἐποίησε (Mt. 2,
13. 14. 9, 9. 14. 20. Luk. 15, 18.), ἀνοίξας τὸ στόμα, ἐδί-
δασκε (Mt. 5, 2. Apg. 8, 35.), ἐλθὼν προσεκύνει — ἐκτείνας
τὴν χεῖρα ἥψατο .. (Mt. 8, 2. 3. 26, 51.), λαβὼν περιέτεμεν
αὐτὸν (Apg. 16, 3.), oder den Nachdruck der Rede zu verstär-
ken (sowie Wiederholung in positiver oder negativer Form (Joh.
1, 3. 20. Luk. 1, 20. Eph. 5, 15. 1 Tim. 2, 7.), die Uebergangs-
formel: καὶ ἰδού), oder zur genaueren Bezeichnung des Be-
griffes oder der Thatsache (sowie ἤρξατο ποιεῖν .. (Mt. 16, 21.
26, 37. M. 14, 65. Luk. 3, 8.), ἔδοξε ποιεῖν (Mt. 3, 9. M.
10, 42. Luk. 22, 24.), θέλει ποιεῖν (Joh. 5, 35. 2 Tim. 3, 12.),
εὑρίσκεται εἶναι (Mt. 1, 18. Luk. 17, 18. Röm. 7, 10. Gal. 2, 17.)*).

---

*) Vergl. Winer S. 548 ff.

Nur ſolche Ausdrücke können alſo pleonaſtiſch genannt werden, die nichts Anderes enthalten, als was ebenſo beſtimmt und vollſtändig in den vorhergehenden oder nachfolgenden Worten ausgedrückt iſt. Dieſe Pleonasmen haben ihren Grund entweder in der hebraiſirenden Ausdrucksweiſe (Conſtruktionen, wie καὶ ἐγένετο.. καὶ ἔσται..), oder im Mangel an ſtyliſtiſcher Correktheit. So Wiederholung derſelben Wörter (2 Cor. 8, 24.: τὴν ἔνδειξιν.. ἐνδείξασθε. 1 Tim. 6, 15.: τὴν ἐπιφανείαν δεῖξαι. 1 Petr. 3, 17.: θέλει τὸ θέλημα. Apok. 9, 7.: τὰ ὁμοιώματα ὅμοια); doppelter Comparativ (Luk. 16, 8.: φρονιμώτεροι ὑπὲρ. Hebr. 4, 12.: τομώτερος ὑπὲρ); Wiederholung derſelben Partikel (Mt. 26, 58. Apok. 18, 10.: ἀπὸ μακρόθεν. Mt. 27, 51.: ἀπὸ ἄνωθεν); Wiederholung der Verneinung (Luk. 20, 27.: ἀντιλέγοντες μὴ εἶναι. Apg. 10, 47.: κωλῦσαι τοῦ μὴ βαπτισθῆναι. 1 Joh. 2, 22.: ἀρνούμενος, ὅτι Ἰ. οὐκ ἔστιν ὁ Χρ.).

3. Hebraiſirende Conſtruktionen: καὶ ἐγένετο (וַיְהִי) im erzählenden Styl mit nachfolgendem Verbum finitum, durch καὶ verbunden oder ohne Copula: Mt. 9, 10. 11, 1. M. 4, 4. Luk. 1, 8. 9. 23. 41. 59.; — in einem relativen Saze Pronomen oder Adverbium demonſtr. dem vorangehenden Relativum beigefügt (אֲשֶׁר und nachfolgender Caſus obliquus mit oder ohne Präpoſition) Mt. 3, 12.: οὗ τὸ πτύον ἐν τῇ χειρὶ αὐτοῦ. M. 6, 55.: ὅπου ἤκουον, ὅτι ἐκεῖ ἔστι. 7, 25.: γυνή, ἧς εἶχε τὸ θυγάτριον αὐτῆς. Joh. 1, 27.: οὗ ἐγὼ οὐκ εἰμὶ ἄξιος, ἵνα λύσω αὐτοῦ τὸν ἱμάντα τοῦ ὑποδήματος. Apg. 15, 17.: ἐφ' οὓς ἐπικέκληται τὸ ὄνομα ἐπ' αὐτούς. Apok. 3, 8.: θύραν, ἣν οὐδεὶς δύναται κλεῖσαι αὐτήν. 7, 2.: οἷς ἐδόθη αὐτοῖς. 12, 14.: ὅπου τρέφεται ἐκεῖ. 13, 8.: οὗ.. τὸ ὄνομα αὐτοῦ. 17, 9.: ὅπου κάθηται ἐπ' αὐτῶν; — ein adverbialer Begriff durch das Verbum προσέθετο (וַיּוֹסֶף) mit nachfolgendem Juſin., für πάλιν (Luk. 20, 11. Apok. 12, 3.); — Auflöſung eines Sazes in zwei, durch Verb. fin. für Participium: Mt. 18, 21.: ποσάκις ἁμαρτήσει εἰς ἐμὲ ὁ ἀδελφός μου, καὶ ἀφήσω αὐτῷ; 26, 53.: ἢ δοκεῖς, ὅτι οὐ δύναμαι παρακαλέσαι τὸν Πατέρα μου, καὶ παραστήσει μοι.. Luk. 10, 21.: ὅτι ἀπέκρυψας ταῦτα.. καὶ ἀπεκάλυψας αὐτά.. Eph. 4, 26.: ὀργίζεσθε, καὶ μὴ ἁμαρτάνετε —; eidliche Verneinung, durch die Part. εἰ ausgedrückt,

mit zu supplirendem Nachsatze (das hebr. אם): M. 8, 12: εἰ δοθήσεται τῇ γενεᾷ ταύτῃ σημεῖον. Hebr. 3, 11. 4, 3.: εἰ εἰσελεύσονται εἰς τὴν κατάπαυσίν μου.

§. 14.

Die rechte logische Verbindung zwischen den verschiedenen Sätzen unter einander zu einem grösseren Ganzen muß — zumal in den Paulinischen Schriften — oft mehr durch kritische, überschauende Betrachtung des fortschreitenden Gedankenganges, als durch genaue Beobachtung der gewöhnlichen Sprachgesetze zuwege gebracht werden.

Der Mangel an fließendem Fortgehen der Rede und an Klarheit der Composition, der sich bei den übrigen Verfassern des N. Test. als im Mangel an Fähigkeit die Schriftsprache mit gebührender Correktheit zu handhaben begründet zeigt, hat bei Paulus offenbar seinen Grund in überwiegendem Hinwenden des Interesses auf den Inhalt, in einem Ueberströmen der Gedanken, die sich durch die Regeln für die Construktion der Rede gehemmt gefühlt, diesen Damm darum durchbrochen und sich frei ergossen haben, bis sie den Ruhepunkt gefunden. Eine Auslegung, welche diese Gedankenströmungen als einen gewöhnlichen didaktischen oder rhetorischen Schrittgang behandelte, würde in vielen Theilen die rechte Verbindung verfehlen; wogegen die Auslegung sich auf den Hauptgedanken zurückbeziehen, und von dem so aufgefundenen Standpunkte aus den logischen Plan, der unter der anscheinenden Unregelmäßigkeit versteckt liegt, hervorziehen, und den leitenden Auslegungsfaden weiter ausspinnen muß.

Zu solchen Irregularitäten gehören:

Plötzlicher Wechsel des Subjekts in unmittelbar auf einander folgenden Sätzen: Mt. 3, 16.: ὁ Ἰησοῦς ἀνέβη .. καὶ εἶδε (sc. ὁ Ἰωάννης). M. 9, 20.: (ὁ Ἰησοῦς) ἰδὼν αὐτὸν .. καὶ πεσὼν (sc. ὁ δαιμονιζόμενος) .. Luk. 15, 15.: πορευθεὶς (ὁ υἱὸς) ἐκολλήθη .. καὶ (ὁ πολίτης) ἔπεμψεν αὐτὸν .. 1 Joh. 5, 16.: ἐάν τις ἴδῃ τὸν ἀδελφὸν ἁμαρτάνοντα .. αἰτήσει, καὶ (ὁ Θεὸς) δώσει αὐτῷ ζωήν. Apok. 22, 10—12.: καὶ λέγει (ὁ ἄγγελος) μοι .. καὶ ἰδοὺ, ἔρχομαι (ὁ Ἰησοῦς) ταχύ.

Vermischung direkter und indirekter Rede: M. 11, 32.: ἐὰν εἴπωμεν, ἐξ ἀνθρώπων, ἐφοβοῦντο τὸν λαόν. Luk. 5, 14.: παρήγγειλεν αὐτῷ μηδενὶ εἰπεῖν· ἀλλὰ ἀπελθὼν δεῖξον σεαυτὸν .. Joh. 13, 29.: ἀγόρασον ὧν χρείαν ἔχομεν .. ἢ τοῖς πτωχοῖς ἵνα τι δῷ. Apg. 1, 4.: παρήγγειλεν αὐτοῖς .. περιμένειν τὴν ἐπαγγελίαν Πατρὸς, ἣν ἠκούσατέ μου. Apg. 14, 22.: παρακαλοῦντες ἐμμένειν τῇ πίστει, καὶ ὅτι .. δεῖ ἡμᾶς .. 23, 24.: ἑτοιμάσατε στρατιώτας .. κτήνη τε παραστῆσαι.

Das auf ein fernerstehendes Nomen im vorhergehenden Satze sich beziehende relative oder demonstrative Fürwort: Apg. 4, 7.: στήσαντες αὐτοὺς (sc. τοὺς ἀποστόλους, B. 2.). 1 Cor. 1, 8.: ὅς (sc. ὁ Θεὸς B. 4, 5.) βεβαιώσει ἡμᾶς. 2 Thess. 2, 9.: οὗ (sc. τοῦ ἀνόμου) ἐστιν ἡ παρουσία .. Hebr. 9, 4.: ἐν ᾗ (sc. τῇ σκήνῃ, B. 3.). 1 Joh. 2, 29.: γεγέννηται ἐξ αὐτοῦ (sc. τοῦ Θεοῦ), ebendas. 3, 1.: τέκνα Θεοῦ. 1 Joh. 5, 20.: οὗτος (ὁ Θεὸς, B. 19.) ἐστιν ὁ ἀληθινὸς Θεός.

III.

Besonderer Charakter und besondere Form des Vortrags.

§. 15.

Bei der Schätzung der Bedeutung von einzelnen Wörtern und der gegenseitigen Verbindung der Redetheile ist die hermeneutische Untersuchung besonders auf die objektive Beschaffenheit der jedesmaligen Sprache und den Entwickelungspunkt derselben angewiesen, welcher aus dem zu einer gegebenen Zeit herrschenden Sprachgebrauche hervorgeht. Das besondere Verhältniß dagegen, worin sich die geistige Eigenthümlichkeit eines Verfassers zu der ihm angewiesenen Sprache befindet, bildet den Styl oder stylistischen Charakter der Rede. Dieser wird wiederum nach der verschiedenen Natur des Vortrags modificirt: dem Verhältnisse gemäß, worin eine gegebene Rede theils zum

Objekte derselben, theils zum redenden Subjekte steht, in wiefern also die Anlage und Form der Rede zunächst in dem objektiv Gegebenen oder in subjektiven Bedingungen begründet ist. So unterscheidet sich der historische und didaktische Vortrag, als der, worin der Charakter der Objektivität hervortritt, von dem oratorischen und dichterischen, wo die Subjektivität vorherrschend ist. Beachtung der hierin begründeten Verschiedenheit ist bei dem N. Test. um so nöthiger, als es eine Folge der dialogischen und epistolarischen Form ist, daß die eine Vortragsweise oft unvermerkt in die andere übergeht.

§. 16.

Beim historischen Vortrage im N. Test. wird es die Aufgabe der philologischen Auslegung sein, aus dem Contexte und den in demselben enthaltenen direkten oder indirekten Momenten zu bestimmen, wie der Verfasser das Erzählte, sowohl Wort als That, sowohl im Einzelnen als in der chronologischen Folge und gegenseitigen Verbindung aufgefaßt habe.

Soll das Moment der philologischen und der historischen Auslegung gebührend aus einander gehalten werden, so muß hier noch Rücksicht auf mittelbar gegebene, außerhalb der eigenen Gränzen der Erzählung liegende, Beiträge zur Sicherung und Vervollständigung der Auslegung derselben, wo der Text nicht an sich hinlängliches Licht giebt, zurückgewiesen werden. Die Betrachtung wird hier noch auf die Erzählung selbst zu beschränken seyn, in soweit diese selbst das subjektive Verhältniß andeutet, in dem sich der Verfasser zum Erzählten befunden hat, oder auch, welche Darstellung der historischen Wahrheit und Bedeutung er als die rechte hat geben wollen.

Wichtige Fingerzeige in dieser Hinsicht sind in den historischen Notizen verschiedener Art gegeben, die sich unter dem Gange der Erzählung eingestreut finden. Bald enthalten diese eine Angabe historischer Nebenumstände, und solche sind namentlich bei Markus und Johannes häufig (z. B. M. 5, 8. 6, 14. 7, 3. 4. 26. 15, 10. — Joh. 1, 28. 2, 9. 4, 1. 8. 9. 6, 23. 11, 30. 13, 2. 19, 31. — Apg. 17, 21. 18, 2. 21, 29. 22, 2. 23, 8.); bald enthalten sie eine Parallelisirung, wodurch das Erzählte auf eine, in irgend einer Rücksicht entsprechende, Begebenheit im Alten Test. zurückgeführt wird (z. B. Matth. 1, 22. 23. 2, 15. 17 f. 23. 4, 14—16. 8, 17. 12, 17—21. 21, 4. 5. 27, 9 f. 35. — Joh. 2, 17. 12. 15. 19, 24. — Apg. 1, 20.); bald endlich Erklärungen und Reflexionen über von Anderen mitgetheilte Aussagen, oft nicht einmal deutlich von diesen unterschieden (z. B. Matth. 12, 40. (?). Joh. 1, 16—18. 2, 21. 22. 24 f. 6, 6. 7, 39. 11, 13. 12, 33. 37—43. 21, 19. 23.).

Von der größten Wichtigkeit für die Auslegung des vorliegenden Berichts sind indessen solche hinzugefügte Bemerkungen, bei denen die psychologische Wirkung der erzählten Begebenheit auf den Kreis berechnet ist, dem die Apostel selbst angehört haben. So bei der Bedräuung des Sturmes auf dem Meere, Matth. 8, 27.: „wie mächtig ist dieser Mann“ u. s. w.; — bei der Heilung des Gichtbrüchigen, Matth. 9, 8.: „da das Volk das sahe, verwunderte es sich, und preisete Gott;“ — beim Wandeln auf dem Meere, Matth. 14, 26.: „sie (die Jünger) erschraken und sprachen: „es ist ein Gespenst; und schrieen vor Furcht;“ — bei der Verdorrung des Feigenbaums, M. 11, 21.: und Petrus sprach: „siehe! der Feigenbaum, den du verfluchet hast, ist verdorret;“ — bei Petri Fischzuge, Luk. 5, 9.: „es war ihm ein Schrecken ankommen;“ — bei der Erweckung des Jünglings zu Nain, Luk. 7, 16.: „es kam sie alle eine Furcht an und sie preiseten Gott;“ — bei der Erweckung von Jairi Töchterlein, Luk. 8, 56.: „ihre Eltern entsetzten sich;“ — bei der Heilung des Blinden, Luk. 18, 43.: „er folgte ihm nach und preisete Gott;“ — bei der Hochzeit zu Kana, Joh. 2, 11.: „Das ist das erste Zeichen, das Jesus that;“ — bei der Heilung des königischen Sohnes, Joh. 4, 54.: „Das ist das andere Zeichen, das Jesus that;“ — bei der Speisung der fünf Tausend, Joh. 6, 14.: „da sie das Zeichen sahen, das er gethan, sprachen sie: das ist wahrlich der Prophet;“ — bei der Auferweckung des Lazarus, Joh. 11, 45.: „Viele nun der Juden, die sahen, was er gethan hatte, glaubten an ihn;“ — bei der Himmelfahrt, Luk. 24, 52.: „sie

(die Jünger) beteten ihn an . . mit großer Freude;" und das
Zeugniß der Engel, Apg. 1, 11.; — bei der Heilung eines Lah=
men durch die Apostel, Apg. 3, 10.: „sie wurden voll Wunderns
und Entsetzens!"

Diese commentirenden Bemerkungen sind in exegetischer Rück=
sicht um so wichtiger, — als der Mangel an Genauigkeit und
Ausführlichkeit, der häufig in der Erzählung selbst gefunden wird,
von einer gewissen exegetischen Schule dazu benutzt worden ist, die
übernatürliche Thatsache durch einen Auslegungsprozeß zu irgend
einer alltäglichen Begebenheit zu reduciren, als solle es, bei gebüh=
render Analyse des Textes, sich in einem bloßen Misverständnisse
begründet ausweisen, daß ein Wunderbares in der evangelischen
Erzählung gefunden wird.   Selbst wenn diese sogenannte natür=
liche Auslegung sich nicht in den meisten Fällen als höchst unna=
türlich und gekünstelt herausstellte, würde sie ihre Widerlegung
finden durch die so hinzugefügte Schätzung der religiösen Bedeu=
tung der That, worin sich der Evangelisten eigene Auffassung
derselben aufs Klarste abgespiegelt hat.

Auf der anderen Seite hat man nicht selten den Aposteln die
Absicht beigelegt, Wunder zu berichten, wo weder die Erzählung
selbst noch die hinzugefügten Umstände über die Gränze des physisch
oder psychologisch Erklärbaren hinausführen.   So bei der Aus=
treibung der Wechsler aus dem Tempel — Luk. 4, 30., Joh. 8,
59.: „aber er ging mitten durch sie hinweg;" — Joh. 1, 48.
J. zu Nathanael: „da du unter dem Feigenbaum warst, sähe
ich dich;" — 4, 17. zur Samariterin: „du hast Recht gesagt, ich
habe keinen Mann;" — 11, 44. von Lazarus: „er kam heraus,
an den Füßen gebunden (mit zusammengebundenen Füßen!);" —
18, 6. in Gethsemane: „sie wichen zurück, und fielen zu Boden;"
— 20, 19. 26. J. kam zu den Jüngern, „da die Thüren ver=
schlossen waren;" — Apg. 14, 20.: Paulus, nach der Steini=
gung bei Lycaonien, „stund auf, und ging in die Stadt;" —
28, 5. Paulus mit der Otter: „schüttelte das Thier ab, und
ihm widerfuhr nichts Uebels."

An diesen Stellen ist das Uebernatürliche nur durch Anwen=
dung willführlicher Mittel zwischen die Zeilen hineingezwängt.

Erweitern wir demnächst die Betrachtung von den einzelnen
Begebenheiten, jede für sich genommen bis zu der Reihenfolge,

25

in der sie dargestellt sind, so entsteht die Frage über die Com=
position der Erzählung: wiefern es zu erachten, daß der
Verfasser die Absicht gehabt habe, die einzelnen Theile der Erzäh=
lung nach der Regel der Zeitfolge zu verknüpfen und uns eine
wirkliche historische Continuität vorzuführen. Die mehr historisi=
rende Tendenz (z. B. beim Johannes) ist ebenso wenig mit völli=
ger Consequenz durchgeführt, als auf der anderen Seite die im
Ganzen unhistorische Anordnung (z. B. beim Matthäus) dazu be=
rechtigt, Aufopferung aller historischen Zeitfolge im Einzelnen vor=
auszusetzen. In wie fern diese im speciellen Falle als bezweckt
anzunehmen sey, wird mithin der Gegenstand einer, ins Einzelne
gehenden Untersuchung über den Gang der Erzählung seyn. Die=
ser wird uns auf der einen Seite in den Evangelien zu
Aussagen von Jesu führen, die so ohne Verbindung mit dem
Vorhergehenden und Nachfolgenden dastehen, daß es kaum anzu=
nehmen ist, daß die Evangelisten, durch solche Zusammenstellung
eine wirkliche, organische Verbindung haben angeben wollen.
Diese Isolirtheit hat theils ihren Grund in Weglassung der zwi=
schenliegenden, verknüpfenden Glieder — so in einzelnen Gesprä=
chen, die offenbar nur in fragmentarischen Auszügen gegeben sind,
z. B. das Gespräch mit Nicodemus, die Anweisung wegen der Her=
berge, wo das Osterlamm gegessen werden sollte, Matth. 26,17 ff.,
das Verhör beim Pilatus, Joh. 18, 33 ff., — theils, nament=
lich bei gnomisch ausgedrückten Aeußerungen, in einer Versetzung
in eine andere Veranlassung und Umgebung, weil das biographische
Interesse, zufolge des besonderen Zweckes bei der Abfassung, einem
andern Interesse untergeordnet gewesen ist; so beim Matthäus,
z. B. 10, 16—39. (die Voraussagung von Jesu Leiden und Tod,
bei der ersten Sendung der Apostel), verschiedene Theile der pro=
phetischen Rede im 24. Kapitel mit Luk. 17. zusammengehalten;
oder weil der ursprüngliche historische Zusammenhang dem Evan=
gelisten unbekannt gewesen ist, z. B. Luk. 12, 54—56. (an die
Pharisäer als gegenwärtig gerichtet); 17, 1. 2. 3. 4. (vgl. Mtth.
18, 7 ff., 15 ff.); 9, 57—62 (drei gleichartige Antworten);
13, 34—35. (die Wehklage über Jerusalem, vergl. Matth. 23,
37 ff.), — theils in einer ungenauen Versetzung der Redetheile,
wodurch der natürliche Gedankenzusammenhang verdunkelt wor=
den ist, z. B. Mark. 9, 41. getrennt von V. 37. durch V. 38—40.

(vergl. Matth. 10, 42.) Luk. 11, 31. 32. gegenfeitig verfetzt; fo
auch Luk. 21, 12—16, vergl. Matth. 10, 17—20.

Je größer auf der anderen Seite die chronologifche
Unbeftimmtheit im Allgemeinen ift, und je weniger diefe durch
Verbindungsformen wie ἐν ταῖς ἡμέραις ἐκείναις, ἐν μιᾷ τῶν
ἡμερῶν, ἐν ἐκείνῳ τῷ καιρῷ, ἐν τῷ καθεξῆς καὶ μετὰ
ταῦτα u. a. m. verhehlt worden ift, um defto weniger ift es zu
verkennen, daß die Evangeliften an anderen Orten verfchiedene
Begebenheiten auf eine Weife verbinden, die ihre Ueberzeugung
von einem Zufammengehören nach Zeit und Ort, einer wirklichen
Aufeinanderfolge außer allem Zweifel fetzen. Dies gilt nicht nur
von der Leidensgefchichte, die bei allen Evangeliften als ein hifto-
rifches Ganzes behandelt ift, fondern auch von verfchiedenen anderen Partieen, welche durch verbindende Zeitbeftimmungen (ἐν
αὐτῇ τῇ ἡμέρᾳ, ἐν ἐκείνῃ τῇ ὥρᾳ, καὶ εὐθέως, ἐν τῇ
ἑξῆς [ἡμέρᾳ], πρωΐας, ὀψίας γενομένης u. a. m.) gefammelt
und als eine Reihe zufammengehörender Begebenheiten abgefchlof-
fen find*).

§. 17.

Aus dem ftrengeren objektiven Charakter —
fowohl in der Wahl der Worte als in dem logifchen
Verhältniß zwifchen den einzelnen Redetheilen
und Sätzen ausgedrückt, — welcher für den didaktifchen Vortrag ein charakterifirendes Merkmal ift,
folgt, daß die Auslegung des Neuen Teftaments,
in demfelben Verhältniß, worin fich der Vortrag
dem didaktifchen Charakter nähert, fich dem Gegebenen genauer anfchließen müffe, um durch geiftige
Reproduktion die Bedeutung des Einzelnen mög-
lichft zu erfchöpfen, und das Ganze in die rechte
Verbindung zufammenzufaffen.

Je entfchiedener ein Vortrag den Zweck hat, die Erkenntniß
zu vervollftändigen und aufzuhellen, um defto mehr muß angenommen werden, daß das Streben von Seiten des Redenden

---

*) Sowohl hierüber als über die im Vorhergehenden angeführten Mo-
mente verweife ich auf meine Quatuor evangeliorum tabulae synopticae
p. XVII sq., und auf die einzelnen, fich darauf beziehenden, Abfchnitte.

oder Schreibenden darauf gerichtet sey, die Darstellung sich dem in Frage gestellten Objekte so nahe als möglich anschließen zu lassen, so daß die Hauptmomente die adäquateste Bezeichnung erhalten haben, und alle Sorgfalt darauf verwendet sey, die im Zusammenhange und gradweise entwickelte Totalität ins klarste Licht zu stellen. Alle einzelnen Theile für sich, so wie in ihrer gegenseitigen Verbindung, haben hier Anspruch auf die genaueste Betrachtung und Behandlung, damit die bei der Ausarbeitung verwendete Sorgfalt auch in der Auslegung ausgedrückt gefunden werde.

Durch solchen mehr hervortretenden didaktischen Charakter unterscheiden sich einzelne Bücher im N. Test. von den übrigen; so das Evangelium des Johannes, mit den synoptischen Evangelien, den Briefen an die Römer, Galater, Hebräer zusammengehalten. Aber so wie dieses doch nur von diesen Schriften rücksichtlich des größeren Theiles des Inhalts gilt, so finden sich auch in den übrigen — selbst in denjenigen Briefen, die sich am meisten auf specielle Verhältnisse beziehen und am meisten individuelle Stimmungen ausdrücken: nämlich denen an die Corinther, Philipper, Thessalonicher — Abschnitte, die dem Inhalte und der Form nach sich zu einer didaktischen Einheit abschließen.

Die Wahrheit, welche der von den älteren Hermeneuten (Franke, Rambach, Baumgarten) sorgfältig ausgeführten Emphasiologie zum Grunde liegt — daß in einem wohlberechneten Vortrage überhaupt weder Wörter noch Wortstellungen sich mit andern vertauschen lassen, ohne daß der Hauptgedanke dadurch, von irgend einer Seite, an Gewicht oder Klarheit etwas einbüßt — gilt insonderheit bei Abschnitten von didaktischer Natur. Doch ist auch hier ein mikrologisches Aufsuchen und Classificiren bestimmter Emphasen in einzelnen Wörtern zu vermeiden; denn die rechte Kraft des Wortes ist häufiger über den ganzen Redebau verbreitet, als an eine einzelne Wortform gebunden. Nicht weniger kommt es hier in Betracht, ob die didaktische Entwickelung und Begründung in objektiver Reinheit gehalten, oder ob sie mit bestimmtem Bezug auf einen gewissen Kreis von Empfangenden angelegt und ausgeführt worden; in welchem Falle die rechte Auslegung darauf beruhen wird, in welchem Grade geistige Reife und Empfänglichkeit für die Wahrheit bei Jenen hat vorausgesetzt werden können.   Aber die weitere Untersuchung hievon gehört zur historischen Auslegung.

§. 18.

Wo der Inhalt der christlichen Glaubens= oder Sittenlehre zum Gegenstande didaktischer Begründung und Entwickelung gemacht ist, beruht die Wahrheit der Auslegung auf der Reinheit, womit der doktrinelle Mittelpunkt ergriffen und festgehalten wird, auf der Sicherheit und Klarheit, womit sodann die Hauptgedanken von Nebengedanken geschieden und sämmtliche logische Vordersätze in die natürliche Verbindung geordnet werden, wenn sie umgesetzt, — verknüpft, wenn sie sich entweder durch Gedankensprünge oder durch eingeschaltete Digressionen getrennt finden.

In der vollendetsten Form ist der didaktische Vortrag an solchen Stellen ausgeführt, die sich einer Beweisführung annähern: wo eine Gedankeneinheit durch eine Reihe von Momenten zu ihrer Entwickelung oder Begründung geführt ist. Als Beispiele von logischer Beweisführung können angeführt werden: Mt. 9, 15—17. (des Fastengebots Verhältniß zur chr. Lehre) — 12, 25 ff. (Jesu wunderthätige Kraft als göttlich) — Joh. 1, 1—4. 9—14. Joh. 5, 31—40. 8, 14—18. (göttliche Zeugnisse für Jesus) — 6, 48—58. (Jesus als Brod des Lebens) — 8, 31—36. (die Freimachung durch Christus) — 8, 37—40. (der Begriff von Abrahams Kindern) 10, 28—30. (Einheit des Vaters und des Sohnes) — Röm. 3, 20—30. (Rechtfertigung durch den Glauben, nicht durch das Gesetz) — 5, 5—11. (die christliche Hoffnung auf Christus gegründet) — 6, 1—23. (Nothwendigkeit der Heiligung) — 7, 7—14. (des Gesetzes Verhältniß zur menschlichen Sündhaftigkeit) — 9, 6—33. 11, 1—32. (Israels Verstoßung mit Gottes Verheißungen vereinbar) — 14, 13—18. 1 Cor. 8, 4—13. (die Verpflichtung, Aergerniß zu meiden) — 1 Cor. 10, 14—21. (Unnatürlichkeit des Götzendienstes) — 15, 12—22. 2 Cor. 5, 1—9. (Gewißheit der Auferstehung) — Gal. 2, 15—21. (Unterwerfung unter das Gesetz Mosis unvereinbar mit dem Glauben an Christus) — 3, 7 ff. (Aufhebung des Gesetzes Mosis durch Christus) — Eph. 2, 4—10. (die Erlösung, die Gnadenwirkung Gottes)

— Hebr. 4, 14—5, 9. (die religiöse Bedeutung der Prü=
fung Christi) — 1 Joh. 4, 7—13. (Liebe zu den Brüdern unzer=
trennlich von der Liebe zu Gott);

als Beispiele von historischer Dokumentation zur Bestätigung
und näheren Erklärung eines Satzes oder einer Lehre: Matth.
12, 3—5. (das Aehrenausraufen der Apostel durch Davids und der
Priester Beispiel in Schutz genommen) — Joh. 10, 34—36. (Be=
rufung auf den 82. Psalm) — Röm. 7, 1—4. (Verhältniß des
Christen zum Gesetze Mosis, durch des Weibes, durchs Gesetz
bestimmtes Verhältniß zum Manne erläutert) — 9, 11—21.
(Abhängigkeit der menschlichen Lebensbedingungen von Gott,
durch Esau's und Jakobs, Pharao's und des Töpfers Beispiel
erläutert) — 2 Cor. 3, 7—12. (Herrlichkeit des Christenthums,
durch das Beispiel des Judenthums erläutert) — Jak. 2, 20—24.
(Nothwendigkeit der Werke, durch Abrahams und Rahabs Bei=
spiele erläutert) — Hebr. 3, 1—6. (Christi Hoheit, durch Mosis
Beispiel erläutert) — 9, 1—10. 18. (Herrlichkeit des neuen Bun=
des, durch Beispiele des levitischen Cultus und des levitischen Prie=
sterthums erläutert).

Aber so wenig als das didaktische Element im N. Test. sich
von dem oratorischen gesondert findet, ebenso wenig ist es da in
systematischer Form gegeben. Der dialogische und epistolarische
Vortrag gestattet eine freie und ungebundene Gedankenbewegung,
ja führt dieselbe mit sich, und so sind es an den angeführten und
andern ähnlichen Stellen eher logische Rudimente, die vorgefun=
den werden, als eine ganze und abgeschlossene Beweisführung.
Es fehlt sowohl an logischer Vollständigkeit der Theile als an
logischer Genauigkeit der Anordnung. Nicht nur ist es häufig,
daß eine oder mehrere der Prämissen vermißt werden, sondern
auch die eigentliche Thesis und die Spitze des Beweises ist selten
mit deutlichen und bestimmten Worten ausgedrückt, oft nur von
fern angedeutet (z. B. Mt. 22, 32.: „Gott ist nicht ein Gott
der Todten, sondern der Lebendigen"); und ebenso oft fehlt der
Beweisführung ihre Abschließung in einer bestimmten Conclusion.
In der Anordnung vermißt man die logische Gruppirung, die
kunstgemäße Construktion. Die Prämissen sind oft ohne organi=
sche Verbindung zusammengestellt und eine fast tautologische Wie=
derholung findet häufig Statt, indem die Rede durch eine zufällige

Wendung zu demselben Punkte zurückgeführt worden ist, wovon sie schon früher ausgegangen ist, so namentlich beim Johannes. Nicht weniger häufig sind die zusammengehörenden Theile durch eingeschaltete Sätze oder längere Digressionen, die durch irgend eine dazwischenkommende Betrachtung herbeigeführt sind, durchkreuzt und getrennt. Die Einheit des Hauptgedankens ist hiedurch unterbrochen, ohne jedoch aus dem Auge verloren zu seyn, indem man den Faden nach kürzeren oder längeren Zwischenräumen, auf mehr oder weniger deutliche Weise, von neuem aufgenommen findet. Der Beweis hievon liegt in dem klareren Zusammenhange und der leichteren Gedankenverbindung zwischen dem Vorausgehenden und dem Nachfolgenden, welche dadurch herauskommt, daß die zwischenliegenden Theile als parenthetische Einschaltungen betrachtet werden; so Mt. 11, 11. 12. 12, 40. Joh. 1, 9—14. 1 Cor. 8, 1—3. 2 Cor. 3, 14—17. Eph. 3, 2—13. 2 Thess. 3, 7—10. Hebr. 5, 11—6, 20. Jak. 4, 14—17. 1 Joh. 1, 2. Eine formelle Restauration wird demnach vonnöthen seyn — bald durch Hinzufügung oder durch Weglassung, bald durch Umsetzung oder durch Zusammenziehung mehrerer oder wenigerer Theile, — damit der Ausgangspunkt der Beweisführung, das allmälige Fortschreiten und das endliche Resultat in Klarheit vor die Betrachtung treten können.

§. 19.

Im Neuen Testamente geht der didaktische Vortrag sehr häufig in den oratorischen über, welcher nicht nur, wie jener, darauf berechnet ist, Erkenntniß der Wahrheit zu bewirken, sondern zugleich eine entsprechende Bewegung des Gefühls und der Thätigkeit des Willens hervorzubringen. Zu diesem Zwecke wird auf die Persönlichkeit der jedesmaligen Individuen, selbst auf die einzelnen Momente im Zustande derselben speciellere Rücksicht genommen, welche sich in der Form des Vortrags abprägt: sowohl in einer reicheren Wortfülle und einer gewissen Breite der Darstellung, als in größerer Freiheit in der Composition der Rede, einer größeren Mannigfaltigkeit in Wendungen und rednerischen Figuren, durch welche die Darstellung an Nachdruck und eindringender Wirkung gewinnt. Der Vortrag steht sonach hier, dem weiter ausgedehnten Endzwecke zufolge, in mehr mittelbarem Verhältniß zum Gedankeninhalte; Hauptgedanke und Nebengedanken sind auf eine freiere, mehr abwechselnde Weise unter einander gruppirt, und um so sorgfältiger muß die Auslegung dahin streben dieses Verhältniß festzuhalten und zu verdeutlichen, daß nicht entweder das Prägnante und Bedeutungsvolle in Ausdruck, Wortstellung und Redeform übersehen oder die oratorische Form ungebührlich gepreßt und hervorgehoben werde auf Kosten des Hauptgedankens.

Sowohl aus der praktischen, auf das Leben unmittelbar eingehenden Tendenz des Inhaltes des N. Test., als aus der Form, unter welcher dieser Inhalt mitgetheilt ist: in Anrede, Zuschrift und Gespräch — folgt, daß das didaktische und das oratorische Element nicht als jedes für sich bestehend nachgewiesen werden können. Das eine geht unvermerkt in das andere über; das letztere fehlt ebenso wenig in den dogmatischen Abschnitten der Apostelbriefe, als das erstere in den paränetischen fehlt. Es bleibt so nur ein Unterschied zwischen einem Mehr oder einem Weniger zu machen, je nachdem die logische Einheit in reinerer dialektischer Form hervortritt, oder diese versteckt ist, gleichsam zurückgedrängt von verschiedenen Nebenvorstellungen, welche im Verlaufe der Rede oder der Zuschrift durch die bestimmtere Richtung hervortauchen, worin der Gedanke auf die Persönlichkeiten hingelenkt worden ist, auf welche der Vortrag zunächst berechnet ist, durch das bestimmte Streben die Stimmung zu wecken und zu befestigen, in welcher die Lehre am sichersten Eingang und Aneignung finden kann. In dem oratorischen Vortrage ist sonach eine gewisse Weitläufigkeit über die Gränzen der logischen Nothwendigkeit hinaus auf natürliche Weise einheimisch, eine Zusammenstellung gleichartiger Ausdrücke, ein, dann und wann ans Tautologische gränzendes Wiederholen derselben und ähnliche Sätze, so namentlich beim Johannes, — ferner das, gleichfalls dem Johannes charakteristische Wiederholen desselben Inhalts in positiver und negativer Form (Joh. 1, 3. 20.), und nicht weniger — nach der Eigenthümlichkeit der Stimmung — eine emphatische Inversion der gewöhnlichen Wortfolge (z. B. Joh. 1, 1. 3, 16. 4, 24.), oder eine affektvolle Unterbrechung der Rede, deren Vollendung dem Zuhörer oder Leser überlassen wird (Aposiopesis); so M. 7, 11. Luk. 1, 55. 13, 9. 19, 42. 22, 42. Phil. 3, 13. 14. Denn eben dadurch kann die Erreichung derselben geistigen Wirkung in verschiedenartigen Individuen erwartet werden, daß die Wahrheit von verschiedenen Seiten, unter verschiedenen Wendungen und Formen herausgestellt wird.

Dasselbe ist der Zweck beim Gebrauche der verschiedenen rhetorischen Figuren, bei denen sich der prosaische Vortrag dem poetischen nähert. Dahin gehört der uneigentliche Gebrauch des Subjekts: wo entweder das wirkliche Subjekt, zufolge einer Substitution (Mimesis), ein ganz anderes ist als dasjenige, welches das Wort zu erkennen giebt (erste oder zweite Person statt eines Subjekts in der dritten Person: Röm. 3, 7.: „So die Wahrheit Gottes durch meine Lügen herrlicher wird;" Gal. 2, 18.: Wenn ich aber das, so ich zerbrochen habe, wiederum baue, so mache ich mich selbst zu einem Uebertreter;" Jak. 2, 18.: „Aber es möchte Jemand sagen: Du hast den Glauben und ich habe die Werke" ...), oder das Subjekt in engerem Sinne genommen werden muß, als das Wort ausdrückt (der Pluralis entweder statt des Singularis gesetzt: Joh. 3, 11. 12. 2 Cor. 3, 1 ff. u. s. f., oder gebraucht, um die Schärfe des Satzes zu mildern, also mit einer gewissen Einschränkung zu verstehen: Röm. 13, 11.: „Die Stunde ist da, daß wir vom Schlafe aufstehen;" 1 Petr. 4, 3.: „Es ist genug, daß wir die vergangene Zeit des Lebens zugebracht haben nach heidnischem Willen, da wir wandelten in Unzucht" ...), oder das Subjekt in weiterem Sinne genommen werden muß, als das Wort ausdrückt (der Singularis für den Pluralis, im Monolog oder in der Apostrophe: Röm. 2, 17 ff.: „Du heißest ein Jude, verlässest dich aufs Gesetz...;" 7, 15 ff.: „Was ich will, das thue ich nicht; was ich nicht will, das thue ich;" 12, 20.: „So deinen Feind hungert, so speise ihn...;" 1 Cor. 7, 16.: „Was weißest du, Weib! ob du den Mann werdest selig machen?"; 13, 1—3.: „Wenn ich mit Menschen= und mit Engelzungen redete...;" 11.: „Da ich ein Kind war, da redete ich wie ein Kind...").

Auflösung eines allgemeinen Satzes in verschiedene Glieder,

die alle zusammengefaßt werden müssen, um einen vollständigen Ausdruck des bezweckten Sinnes zu geben. Diese Auflösung kann entweder eine gleichmäßige Vertheilung auf mehrere coordinirte, symmetrisch entsprechende Glieder seyn (oratorischer Parallelismus), z. B. in den hebraisirenden Partieen des Lukas: 1, 17. 51—53. 68—79.; die Doxologie in Luk. 2, 14. 7, 44—46.; Joh. 6, 35.; Röm. 8, 5. 6.; 1 Cor. 15, 42—44.; oder eine fortschreitende Gedankenentwickelung, durch stufenartiges Hinaufsteigen vom Geringeren zum Höheren (Climax); wo das erste und das letzte Glied so den Inbegriff des Satzes bezeichnet: 1 Cor. 11, 3.: „Des Mannes Haupt, Christus; des Weibes Haupt, der Mann; Christus Haupt, Gott;" 2 Cor. 6, 9. 10.; die Doxologie 1 Tim. 3, 16. Auch im erzählenden und beschreibenden Vortrage findet sich mitunter im R. T. eine Zusammenstellung der faktischen Einzelheiten, wo eben die größte Wirkung durch die geringsten Mittel hervorgebracht ist: z. B. vom Jünglinge zu Nain: „siehe er wurde todt hinausgetragen, seiner Mutter einziger Sohn, und sie war eine Wittwe" (Luk. 7, 12.). In weniger genauer Form ist die Climax ausgedrückt: Röm. 5, 4. 5. 8, 38. 39. 2 Petr. 1, 5—7.; und an anderen Stellen ist die Zusammenstellung verschiedener Glieder ohne höhere Einheit oder ordnende Regel gegeben, nur zur emphatischen Bezeichnung des allgemeinen Begriffs; z. B. Röm. 1, 29—31. 2 Cor. 6, 4—6. Apok. 5, 12. 7, 12. 19, 1.

Paronomasie (adsonatio, alliteratio), wo die Ursache, warum gewisse Wörter unmittelbar zusammengestellt gefunden werden, nicht sowohl in der Verwandtschaft der Begriffe zu suchen ist — diese liegen oft ziemlich weit aus einander, — als vielmehr in der Aehnlichkeit der Laute und dem dadurch herbeigeführten oratorisch-musikalischen Numerus. So Mt. 6, 16.: ἀφανίζουσι .. ὅπως φανῶσι. Röm. 1, 29.: φθόνου, φόνου — πορνείᾳ, πονηρίᾳ. 1, 31.: ἀσυνέτους, ἀσυνθέτους — ἀστόργους, ἀσπόνδους — Gal. 5, 12.: περιτομὴν — ἀποκόψονται — Phil. 3, 2. 3.: κατατομὴν — περιτομὴ. 3, 12.: εἰ καὶ καταλάβω ἐφ᾽ ᾧ καὶ κατελήφθην — 2 Thess. 3, 2. 3.: οὐ πάντων ἡ πίστις· πιστὸς δὲ ὁ κύριος — Hebr. 5, 8.: ἔμαθεν ἀφ᾽ ὧν ἔπαθε τὴν ὑπακοήν. 11, 37.: ἐπρίσθησαν, ἐπειράσθησαν. Die Auslegung hat sich hier davor zu hüten, entweder die Bedeutung der einzelnen Wörter zu urgiren, oder in ihrer Zusammenstellung einen Beweis zu suchen für ihr näheres logisches oder psychologisches Zusammengehören. Auch Luk. 19, 42. in der Anrede an Jerusalem: τὰ πρὸς εἰρήνην ist vielleicht eine Anspielung auf den Namen יְרוּשָׁלֵם zu suchen; so wie Luk. 1, 72.: des Zacharias Hymne: ἔλεος — μνησθῆναι — ὤμοσε, auf den Namen Johannes (יוחנן), Zacharias (וכריה), Elisabeth (אלישבע); Mt. 10, 25.: οἰκοδεσπότην auf den Namen Beelzebul (בעל זבל).

Oxymoron: wo der Nachdruck der Rede durch die anscheinende Paradoxie im Ausdrucke verstärkt wird: Mt. 10, 39.: „Wer sein Leben findet, der wird's verlieren" u. s. w.; Luk. 9, 60.: „Laß die Todten ihre Todten begraben;" Joh. 1, 15.: „Nach mir wird kommen, der vor mir gewesen ist;" Joh. 6, 51.: „Wer von diesem Brod essen wird, der wird leben in Ewigkeit;" 9, 39.: „auf daß die da nicht sehen, sehend werden, und die da sehen, blind werden;" Apg. 5, 41.: „daß sie würdig gewesen waren um seines Namens willen Schmach zu leiden;" 1 Cor. 1, 21.: „Dieweil die Welt durch ihre Weisheit Gott in seiner Weisheit nicht erkannte, gefiel es Gott wohl, durch thörichte Predigt selig zu machen die, so daran glauben;" 2 Cor. 6, 10.: „Als die Traurigen, aber allezeit fröhlich, als die Armen, aber die doch viel reich machen, als die nichts inne haben, und doch Alles haben;" 2 Cor. 8. 2.: „Und wiewohl sie sehr arm waren, haben sie doch reichlich gegeben in aller Einfältigkeit;" Apok. 2, 9.: „Ich weiß deine Armuth (du bist aber reich)."

Von Hyperbel und Litote siehe oben.

Ironie: wo der Nachdruck der Rede dadurch verstärkt wird, daß die Worte, für sich allein betrachtet, den entgegengesetzten Sinn ausdrücken von dem, der in Folge der ganzen Verbindung und der geschichtlichen Veranlassung als der wirkliche erachtet wird. So M. 7, 9.: „Wohl fein habt ihr Gottes Gebot aufgehoben." Luk. 5, 31 ff.: „Die Gesunden bedürfen des Arztes nicht — ich bin nicht kommen, den Gerechten zu rufen." Luk. 9, 13.: „... es sey denn, daß wir hingehen sollen, und Speise kaufen für so groß Volk!" Luk. 11, 41.: „Gebet Almosen von dem, das da ist; siehe, so ists euch Alles rein!" Luk. 13, 33.: „Es thuts nicht, daß ein Prophet umkomma außer Jerusalem." Joh. 1, 50.: Jesus zu Nathanael: „Weil ich dir gesagt habe, daß ich dich

gesehen habe unter dem Feigenbaum, darum glaubst du!" 1 Cor.
4, 8.: „Ihr seyd schon satt worden, ihr seyd schon reich worden,
ihr herrschet ohne uns." 2 Cor. 11, 19.: „Ihr vertraget gern
die Narren, dieweil ihr klug seyd!" 2 Cor. 12, 13.: „Welches
ists, darinnen ihr geringer seyd denn die anderen Gemeinen, ohne
daß ich selbst Euch nicht habe beschweret? Vergebet mir diese
Sünde!" — Zweifelhaft, und — der Stimmung des Augen-
blicks zufolge — unwahrscheinlich, ist die Ironie Mt. 11, 19.:
„Die Weisheit muß sich rechtfertigen lassen von ihren Kindern,"
oder Luk. 22, 38.: ἱκανόν ἐστι*).

§. 20.

Der dichterische Vortrag im Neuen Testamente
nähert sich bald dem episch-dramatischen Charakter, bald dem lyrischen oder dem symbolisch-didak-
tischen. Im ersteren Falle schließt sich die Darstellung, was Situationen und Charakterzüge
betrifft, den Vorbildern im A. Testamente an; im
letzteren Falle ist sie unmittelbarer Ausdruck des
christlichen Geistes und der christlichen Lehre. Die
Auslegung wird hier im höheren oder geringeren
Grade durch die Fähigkeit des dichterischen Nach-
construirens bedingt seyn, damit die religiöse Idee
weder durch oberflächliche Auslegung der poetischen Form verflüchtigt, noch durch kleinliche Auslegung verdunkelt werde.

Als Beispiel der episch-dramatisirenden Form in Anlage und
Ausführung kann auf die evangelische Vorgeschichte beim Lukas,
1. Kapitel, auf die prophetische Schilderung der Zerstörung Jerusalems und des jüngsten Gerichts, Matth. 24. und 25. Kap., mit
den parallelen Stellen in den Briefen Pauli an die Thessalonicher: 1. Brief 4, 13—17., 2. Brief 2, 7—12., und besonders
auf die Apokalypse hingewiesen werden. Vertraute Bekanntschaft
mit dem ganzen Bilderkreise in den prophetischen Weissagungen

---

*) Vergl. Grulich: Ueber die Ironien in den Reden Jesu, 1838, der
sich insonderheit damit beschäftigt, die ungebührliche Erweiterung des Begriffs
der Ironie bei der Auslegung der evangelischen Reden abzuweisen.

und Visionen ist hier die erste Bedingung der Auslegung. — Die religiöse Rhetorik gränzt nahe an die religiöse Lyrik; und an mehreren Stellen in den Apostelbriefen hat so der oratorische Ausdruck der christlichen Stimmung einen höheren, lyrischen oder hymnologischen Aufschwung genommen, der auch in der Form durch einen rhythmischen Charakter bezeichnet ist, z. B. Röm. 8, 16—23. 33—39. 1 Cor. 13, 1—13. 15, 51—57. 2 Cor. 4, 16—5, 10. Eph. 3, 14—21. Phil. 2, 5—11. 1 Tim. 3, 16. 4, 13—16. Jak. 5, 1—6. — Die bildliche, gnomische, parabolische Form ist die natürliche Einkleidung für den didaktischen Inhalt, das wirksamste Mittel, diesen in seiner Anwendung in verschiedenen Richtungen und auf verschiedene Lebensverhältnisse zu veranschaulichen, und darum die am häufigsten gebrauchte Form, besonders in den Reden Jesu *).

Da die geistige Thätigkeit bei der Hervorbringung und bei der Auslegung gleichartig ist, so muß ein jeder Vortrag von dichterischem Anstriche auf eine entsprechende Beweglichkeit in der Einbildungskraft von Seiten des Auslegers Rechnung machen. Das rechte Verhältniß kann also ebensowohl verfehlt werden durch Mangel an dichterischem Sinn, in welchem Falle das Resultat der Auslegung eine unbestimmt schwankende Vorstellung, eine allgemeine Abstraktion ohne Form und Fülle seyn wird, als durch luxuriirende Phantasie, die allerhand Nebenzüge als Hauptzüge hervorzieht, wodurch die Einheit der Idee gestört wird. Es ist indessen natürlich, daß die heiligen Bücher mehr von dem positiven Mißgriffe (per excessum), als von dem negativen (per defectum) zu leiden haben.

§. 21.

Der bildliche Vortrag ist im N. Test. theils in vereinzelte Sinnbilder zusammengedrängt, in die

---

*) „Das ist gerade ein unbestreitbarer Vorzug der symbolischen Lehrart, daß sie nicht nur die religiöse Wahrheit im Allgemeinen der sinnlichen Anschauung des ungebildeten Menschen nahe bringt, sondern an einem und demselben Symbol diese Wahrheit erst in ihren allgemeinsten Umrissen, dann in ihren verschiedenen Einzelnheiten und zuletzt in ihrer ganzen Fülle zeigen kann, und dadurch ein allmäliges Fortschreiten in der Erkenntniß möglich macht." Bähr, Symb. des mos. Cultus, I. S. 31.

belehrende oder paränetische Lehre verflochten, zur anschaulicheren Bezeichnung der geistigen Wahrheit, theils in Allegorie oder Parabel ausgeführt. Das Ziel der Auslegung ist hier, die bezweckte Idee, die mittelst bildlicher Aehnlichkeit — tertium comparationis — zur gewählten Einkleidung geführt hat, in ihrer Totalität und Reinheit aufzufassen und hervorzuheben, indem sie die wesentlichen Züge, im Gegensatze von den bildlichen Verzierungen, in Eins zusammenfaßt. Hiezu giebt sowohl Beobachtung der Anlage und ganzen Oekonomie der bildlichen Darstellung als solcher, außerhalb derselben liegenden, Data Anleitung, die auf den Punkt hinweisen, von welchem der Verfasser ausgegangen ist.

Die bildliche Bezeichnung ist eine Zusammenstellung (σύμβολον von συν-βάλλω, παραβολή von παρα-βάλλω) verschiedener Subjekte oder Verhältnisse, aus verschiedenen Sphären genommen, am häufigsten aus dem Kreise des Sinnlichen und des Uebersinnlichen, begründet in dem Uebertragen (Metapher) irgend einer Eigenschaft, die so den Vergleichungsmoment ausmacht. Die weitere Entfaltung und Ausführung der Metapher nach ihren einzelnen Bestandtheilen ist Allegorisirung, so im N. T. Joh. 6, 32 ff. (der geistige Genuß Christi), 1 Cor. 3, 10 — 15. (der bleibende und der vergängliche Bau), Eph. 6, 14 ff. (die geistige Gottesrüstung), Hebr. 9, 11 ff. 10, 19 ff. (Christus als Hoherpriester und als Opfer), Apok. 21, 11—21. (das neue Jerusalem). Parabel ist eine erdichtete Erzählung zur Veranschaulichung einer dogmatischen oder moralischen Wahrheit, — durch die erzählende Form verschieden von der Allegorie, von der Fabel dagegen verschieden durch die Situation, als innerhalb des Kreises der Ereignisse des wirklichen, am öftersten sogar des gewöhnlichen Lebens liegend *). Eben hierin hat die vorzügliche praktische Anwendbarkeit dieser Form des Vortrags ihren Grund.

---

*) Eine Sammlung älterer Definitionen der Parabel findet sich in Glassii philol. sacra p. 478 sq. Cf. Storr: De parabolis Christi (Opusc. acad. I. p. 89—144.).

Die bildliche Wortform ift durch die Auslegung denfelben Misgriffen ausgefetzt, als jede bildliche Darftellung der Kunft — die Hieroglyphe, allegorifche Bildwerke in der Malerei und Skulptur, fymbolifche Handlungen — daß, auf der einen Seite, das Wefen des Symbols, die Idee, welche das Bild erfchaffen und gebildet hat, nicht vollftändig, in ihren beftimmten Umriffen und ihrer ganzen Fülle, aus den hingeftellten Zügen ausgezogen und gefammelt werde, auf der andern Seite, daß die einzelnen Züge ohne Unterfchied alle gleich fehr hervorgehoben werden als eben fo viele für fich beftehende Einheiten. Durch die mikrologifche Betrachtung, welche alle Theile gleich wefentlich macht, kann die Bedeutung des Bildes ebenfowohl verfehlt werden, als durch die oberflächliche, welche das Wefentliche überfieht. Die Art, worauf die religiöfe Symbolik im Naturcultus des Heidenthums, im levitifchen Tempeldienft, in dem katholifchen Ritual oft von älteren und neueren Auslegern behandelt worden ift, giebt einen anfchaulichen Begriff von diefem Extrem, und nicht weniger die allegorifirende Behandlung der Bilderfprache in den heiligen Büchern, welche einen höheren Sinn in einzelne Nebenzüge — Namen, Zahlenangaben, hiftorifche Data — hineingezwängt wiffen will, obgleich diefe nur zur Vervollftändigung und Belebung des Bildes dienen. Es ift, als wenn man in der Kunftfymbolik in jedem Faltenwurf der Draperie, in jeder Stellung von Hand oder Fuß, jeder decorirenden Umgebung der Figuren eine myfteriöfe Ideebezeichnung fuchen wollte *).

Was fo bei jeder vorkommenden Vergleichung oder jedem Gegenfatze die Hauptaufgabe feyn wird: das eigentliche Moment der Vergleichung oder des Gegenfatzes feftzuhalten und hervorzuheben — z. B. Röm. 5, 15 ff. 1 Cor. 15, 21 ff. (Verdammniß und Tod

---

*) Non sane omnia, quae gesta narrantur, aliquid etiam significare putanda sunt, sed propter illa, quae aliquid significant, etiam ea, quae nihil significant, attexuntur.‟ Aug. de civ. D. XVI. 2. „Non est necesse, similitudinem aut parabolam quadrare per omnia; alioqui parabolas de nocturno suffossore domus, de pecunia foeneratoris debita, de dispensatore iniquo, de vita et palmitibus, de pueris in foro canentibus et id genus innumeris ad hanc legem ridicule exigemus. Satis est, si hactenus congruant, quatenus declarant id, cuius gratia adhibentur.‟ Glassii phil. s. l. I.

durch Adam, Rechtfertigung und Leben durch Christus), 1 Cor. 2, 10. 11. (das Verhältniß zwischen Gott und Gottes Geist und dem Menschen und dessen Geist), 15, 45—49. (Christus als der zweite Adam), Hebr. 7. (Melchisedek als Typus für Christus) — wird es namentlich auch hier seyn, wo Vergleichung zwischen Gegenständen der niederen und höheren Welt angestellt wird. In demselben Verhältniß, als die verglichenen Subjekte hier aus einander liegen, wird die Genäuigkeit in der oben angeführten Hinsicht von größerer Wichtigkeit seyn, z. B. in der Vergleichung von Christus und der Henne mit ihren Küchlein (Mt. 23, 37.); von Christus und dem Diebe in der Nacht (Luk. 12, 38. 39.); von den zukünftigen Leibern oder Saamen und Himmelskörpern (1 Cor. 15, 37—44.), oder in den Parabeln, die eine Uebertragung von den menschlichen Verhältnissen auf Gottes Wesen und Wirken enthalten, so von dem ungefälligen Freunde, Luk. 11, 5—13., und von dem ungerechten Richter, Luk. 18, 1—7.; so auch, wo der Vergleichungspunkt entweder unbestimmt gelassen (z. B. der heilige Geist als Taube, Joh. 1, 32., das Hinauf= und Herab= fahren der Engel auf des Menschen Sohn, Joh. 1, 52.), oder ungenau angegeben ist; so Mt. 11, 16., wo die Juden mit „den Kindlein am Markte" statt mit den Gesellen derselben verglichen werden, oder 13, 19—23., wo die Menschen, statt der Lehre, mit der ausgesäeten Saat verglichen werden.

Es gilt zu dem Ende, in der bildlichen Darstellung selbst die Züge gesammelt zu halten, die sich bei näherer Prüfung als noth= wendig ausweisen, um ein zusammenhangendes Ganze zu bilden, und diese von solchen getrennt zu halten, die, ohne Einfluß auf das Ganze als fehlend oder anders gestaltet würden gedacht wer= den können. Eine solche Ausscheidung drängt sich um so mehr auf, mit je größerem Reichthum und je größerer Fülle die Dar= stellung gegeben ist; so in den mehr ausgeführten Parabeln: der Säemann, die Arbeiter im Weinberge, der barmherzige Sama= riter, der verlorene Sohn, der ungerechte Haushalter, Lazarus und der reiche Mann, der gute Hirt. Anleitung in dieser Hin= sicht ist im Contexte zu suchen: inwiefern darin irgend ein Auf= schluß über die äußere Veranlassung der Parabel enthalten ist, wor= aus man wiederum auf die Absicht schließen kann, in welcher das Bild angewendet ist, oder wohl gar irgend eine ausdrückliche Er=

kūrung oder erklärende Bemerkung gefunden wird (πρὸς ἐπιδι-
αγνωίδωσιν), zur Bezeichnung der Gränze, innerhalb welcher Erklärung und Anwendung sich zu halten haben*). So Mt. 24, 28.
(das Aas und die Adler), wo der Context (B. 23. 24.) zur Erklärung
von gewinnsüchtiger Benutzung des Todes Christi führt — Luk. 5,
36. 17.: Der Gegensatz zwischen dem Alten und dem Neuen auf
die Behauptung der Nothwendigkeit rein ceremonieller Vorschriften beschränkt — Luk. 11, 5 ff. und 18, 1. ff., wo B. 11. 23. und
18, 1. 7. ausdrücklich die Anwendung auf den Gegensatz zwischen
der Natur des menschlichen und des göttlichen Willens zurückführen — Luk. 12, 39.: Christi Wiederkunft als die des Diebes, erklärt durch B. 40 (ᾗ ὥρᾳ οὐ δοκεῖτε).

Historische Auslegung.

Die historische Auslegung des N. Testaments — im engeren
Sinne des Worts — geht über den vorliegenden Text hinaus, und
betrachtet jede einzelne Schrift als Werk des genannten Verfassers,
um aus dem Verhältniß, worin sie zu diesem steht, ein vollständigeres und genaueres Verständniß des Wortes herbeizuführen.
Diese Aufgabe führt also zunächst zur psychologischen Untersuchung
der geistigen Persönlichkeit des jedesmaligen Verfassers. Aber dieser darf nicht als isolirtes, feststehendes Phänomen betrachtet werden. Es ist ein innerlich bewegtes Leben, das sich in jenen Schriften abprägt; und die verschiedenen Zustände und Gemüthsstimmungen weisen auf ein Einwirken verschiedener äußerer Gegenstände hin. So wird die historische Auslegung ein doppeltes Verhältniß umfassen: ein subjektives, zur geistigen Eigenthümlichkeit
des Verfassers, sowohl im Allgemeinen betrachtet als durch eine
Reihe besonderer Momente, und ein objektives, welches theils den

---

*) „In den Parabeln soll man nicht mit übertriebener Sorgfalt Alles
nach den Worten herauspressen; wenn wir aber erst die Absicht mit den Parabeln eingesehen und daraus die nützliche Lehre gezogen haben, sollen wir
nicht weiter suchen mit ängstlicher Anstrengung." Chrysost. Homil. 63
über Matth. 20.

Begründung des Inhalts des Schrift selbst überhaupt, mag nun durch äußere oder innere Gründe, faktische Data oder Lehren und Begriffe enthalten, theils historische Umgebungen, gewisse Persönlichkeiten oder gewisse Vorstellungen und Meinungen, die auf den Inhalt und die Form des schriftlichen Ausdrucks größeren oder geringeren Einfluß gehabt haben. Die Bedingung hiebei ist eine gewisse Vollständigkeit des historischen Materials, woraus sich eine solche Kenntniß von der psychologischen Individualität der Verfasser und ihrer ganzen Lebensstellung bilden kann, die ein fruchtbares Moment zur Anleitung und Ergänzung der Auslegung abgeben kann, wo sich die philologische Betrachtung des Textes als unzureichend zeigt (Vergl. S. 30 f.).

Storr: de sensu historico. 1778. (Opusc. acad. I. p. 1.)

§. 22.

Im Neuen Testament ist es die historische Persönlichkeit Jesu und der Apostel, von welcher die Auslegung ausgehen muß. Die Untersuchung in dieser Hinsicht wird auf der einen Seite dadurch beschränkt, daß das historische Bild hauptsächlich aus den Schriften selbst gebildet werden muß; sie wird aber auf der anderen Seite durch den unmittelbaren Ausdruck des inneren Lebens und Wirkens der geistigen Persönlichkeit gefördert, der in diesen Schriften gegeben ist.

Es ist das historisch gegebene Verhältniß, worin die heiligen Worte und die heiligen Schriften zur Individualität der Redenden und Schreibenden stehen, welches hier Grundlage und Regel der Auslegung abgeben soll. Auf der einen Seite kommt es also darauf an, wie weit eine solche Kenntniß der jedesmaligen Persönlichkeit, der intellektuellen und moralischen Eigenthümlichkeit derselben erworben werden kann, daß sich darauf eine mehr oder minder begründete Ueberzeugung davon bauen läßt, was mit den Worten überhaupt, bei zweifelhafter Wortauslegung, gemeint oder nicht gemeint seyn könne. Aber auf der anderen Seite wird die Anwendung dieser historischen Kenntniß auf der Beschaffenheit dieses Worts und dieser Schrift beruhen: wiewiet das Wort nämlich in solcher Verbindung mit der menschlichen oder litterären Persönlichkeit des Subjects stehe, daß die Auslegung desselben, auf einmal zur Kenntniß dieser Persönlichkeit beitrage, und selbst wieder erst aus derselben sich erklären läßt. In beiden Hinsichten befinden wir uns, bei der Auslegung alterthümlicher Schriften überhaupt, auf einem unvortheilhaften Punkte. Denn dem traditionellen Bilde von den Verfassern des Alterthums fehlt es entweder am Gepräge der Individualität, an dem erforderlichen Zusammenfließen der einzelnen Züge in eine Einheit, oder auch ein solches Bild ist später und allmätig gebildet, vornämlich aus den jedesmatigen Schriften selbst entlehnt. Was aber aus diesen in dieser Hinsicht mit Sicherheit gefolgert werden kann, ist gerade hier im Allgemeinen so wenig, weil ein strenger Objektivitätscharakter das Merkmal der alterthümlichen Literatur ist. So hat im A. Test. nur bei den lyrischen Bestandtheilen die Rücksicht auf die Persönlichkeit des Verfassers eine exegetische, obschon wegen des allgemeinen Typus, in welchem die religiöse Lyrik gehalten ist, immer nur untergeordnete Bedeutung; bei den historischen und didaktischen Schriften würde für die Auslegung wenig gewonnen seyn, wenn auch die Verfasser und ihre Persönlichkeit uns bekannt wären.

Beim Neuen Testamente sind die Bedingungen günstiger. Zwar finden wir uns bei dem Bestreben, die Worte auf die Persönlichkeit bestimmter Individuen zurückzuführen, meistens auf die in den Schriften selbst aufbewahrte Tradition hingewiesen, und das historische Interesse findet sich durch die hier mitgetheilten Erläuterungen nicht befriedigt. Aber das exegetische Interesse kann sich an Wenigerm genügen lassen. Die evangelischen Erzählungen geben bei ihrer aphoristischen und fragmentarischen Form dennoch ein klares und scharf gezeichnetes Charakterbild des Herrn. Auch Paulus, wie sehr wir auch von seinen früheren Lebensverhältnissen sowohl als vom ganzen Lauf seiner Thätigkeit und vom Beschluß derselben Nachrichten vermissen, tritt als charaktervolle Gestalt vor uns auf, und selbst von Petrus und Jakobus vereinen und sammeln die einzelnen Züge sich von selbst zum Bilde einer bestimmt ausgeprägten Individualität. Denn nicht allein die Evangelien und die Apostelgeschichte, sondern auch die Paulinischen Briefe, in welchen der Apostel häufig sich selbst auf die anschaulichste Weise objektivirt, sind reich an Zügen, die in hohem

26*

Grade individualisirende Bedeutung haben, und — was haupt=
sächlich in Betracht kommt — die geistige Charakteristik ist unmit=
telbar im Inhalte der Schriften selbst gegeben, denn die religiöse
Thätigkeit, welche den Mittelpunkt und Kern im Leben Jesu und
der Apostel ausmachte, ist in diesen Schriften gleichsam concen=
trirt, und reflectirt sich durch dieselben zu einem anschaulichen
Bilde.

Die biblische Personalcharakteristik, die Frucht der pragmati=
schen Behandlung der neueren Zeit von der biblischen Geschichte,
ist daher für die Schriftauslegung von der größten Bedeutung.
So, außer Niemeyers „Charakteristik der Bibel,“ die Bearbeitung
vom „Leben Jesu“ von Hase und Neander, die „Geschichte der
Pflanzung und Leitung der chr. Kirche durch die Apostel“ vom letzt=
erwähnten Verfasser, und die specielleren Beiträge von Tholuck:
„Bemerkungen über die Lebensumstände, den Charakter und die
Sprache des Ap. Paulus“ (Stud. u. Krit. 1835, 2. H.), Lücke:
Charakteristik des Johannes in der Einl. zum Comment. über das
Evangelium u. m. Sowie der Charakter dieses Apostels hier
dargestellt worden ist, müssen nothwendig viele Aeußerungen in
seinen Schriften in ein Licht treten, das sehr verschieden vom dem=
jenigen ist, worin sie gewöhnlich betrachtet worden sind.

§. 23.

Wie schon die dialogische und epistolarische
Form die Schriften des Neuen Testaments als Ge=
legenheitsschriften bezeichnet, so findet sich in ih=
nen eine Reihe verschiedener, sich ablösender, oft=
mals plötzlich wechselnder Gemüthsstimmungen
ausgedrückt, durch ein gewisses gegenseitiges Ver=
hältniß zu bestimmten Persönlichkeiten und Er=
eignissen hervorgerufen. Das völlige Verständ=
niß der gegebenen Rede, sowohl wo diese polemisch
und ankämpfend, als wo sie entgegenkommend und
sich anbequemend ist, wird sonach durch psycholo=
gisches Eindringen in die geistige Stimmung, aus
welcher die Worte hervorgegangen sind, und durch

Verfolgen des Wechsels und der Uebergänge dieser Stimmung bedingt seyn*).

Was durch die bloße Form dem Vortrag im N. Test. so anziehende und unterhaltende Frische und Leben giebt, ist die beständige psychologische Abwechselung, die Beweglichkeit der Stimmung, wodurch die Rede auch desselben Inhaltes durch verschiedene Tonarten und Tonleitern hindurchgeführt wird, was besonders durch Vergleichung mit dem stereotypischen Charakter in der Behandlung von Ideen und Dogmen im A. Test. einleuchtend wird. Diese Abwechselung des Vortrags ist in den äußeren Verhältnissen gegründet, durch welche die Form zu einer gewissen Zeit und an einem einzelnen Orte bestimmt worden ist. In den Evangelien haben wir Reden und Gespräche von Jesu an Freunde und Feinde, an die Jünger, an die Schriftgelehrten, an die gemischte Menge oder an einzelne Personen unter besonderen Umständen gerichtet; von den Briefen des Paulus sind einige an vertraute Schüler, andere an ganze Gemeinen geschrieben, und zwar solche, welche gegen die Person und Lehre des Apostels so verschieden gesinnt waren, wie die zu Thessalonich und Philippi, die Corinthische und Galatische; der Inhalt der Briefe ist theils auf Judenchristen, theils auf bekehrte Heiden berechnet. Auf wie verschiedene Weise mußte hier nicht das Nämliche mitgetheilt und ausgedrückt werden, damit dieselbe Erkenntniß zu Wege gebracht, dieselbe praktische Wirkung erreicht werden könnte! Wenn schon ein unwillkührlicher Takt uns lehrt, die Art und Weise, wie wir uns vor Anderen aussprechen und uns ihnen mittheilen, nach dem Charakter und der augenblicklichen Stimmung des Individuums einzurichten; so müssen wir doch annehmen, daß diese Rücksicht um so vollkommener beobachtet ist, als wir berechtigt sind, dem Redenden Menschenkenntniß, psychologischen Scharfblick und Eifer, um den beabsichtigten Zweck zu erreichen, beizulegen.

Das Bewegte in einem solchen Vortrage erheischt beim Ausleger eine entsprechende Beweglichkeit des Geistes, die sich in die vorliegende Situation so hineinzuversetzen weiß, daß man dahin

---

*) Vgl. A. H. Franke: Delineatio doctrinae de affectibus, quatenus ad Hermeneuticam spectat. (Zulage zu seiner Manuductio ad lectionem S. Scr., s. oben S. 269.

gelangt, den zurückwirkenden Einfluß auf die Stimmung des Wortführenden zu erkennen, und diese in ihren Uebergängen zu verfolgen, selbst wo diese schroff und die Schwingungen stark sind, oder
wo sich die Spur — wie bei epitomirtem Anführen der Rede
eines Andern — nur schwach angedeutet findet.

Bei der Auslegung der Paulinischen Briefe ist dies besonders
einleuchtend. Denn diese Briefe — Zeugnisse von einem leicht-
beweglichen, feurigen und energischen Geiste — enthalten einen
großen psychologischen Reichthum; es ist augenscheinlich, mit welcher Sorgfalt Anlage und Behandlung auf bestimmte geistige Bedingungen berechnet sind, wie lebendig die jedesmaligen Verhältnisse dem Apostel vorgeschwebt und die verschiedensten Gemüths-
bewegungen hervorgerufen haben. Selbst in dem nämlichen
Briefe, z. B. in den Briefen an die Corinther, Galater, Philipper, Thessalonicher, finden sich starke Gegensätze hinsichtlich der
Sprache und des Tons der Anrede, je nachdem der Gedanke auf
die eine oder die andere Seite des Zustandes der Gemeinen geführt
worden ist. Man vergleiche die zärtliche Aufforderung (2 Cor. 2,
1—3, 3. 9, 1 ff. Gal. 4, 12—20. Phil. 1, 3 ff. 4, 10 ff. 1 Thess.
1, 2 ff. 3, 9 ff. oder die behutsame, beruhigende Anrede (1 Cor.
15, 51 ff. 1 Thess. 4, 18 ff. 2 Thess. 2, 1 ff., mit Rücksicht auf die
beunruhigenden Zweifel an der Auferstehung), mit dem streng
zurechtweisenden und drohenden oder dem bitter ironischen Ton an
treulose und halsstarrige Christen (1 Cor. 4, 8—21.: ἐν ῥάβδῳ
ἔλϑω; 2 Cor. 10, 1 ff.: ... οἷοί ἐσμεν τῷ λόγῳ ἀπόντες, τοι-
οῦτοι καὶ παρόντες τῷ ἔργῳ. Gal. 3, 1 ff.: ὦ ἀνόητοι .. Hebr.
6, 4.: ἀδύνατον ...), oder an falsche und irreführende Lehrer
(1 Cor. 1, 20.: ἐμώρανεν ὁ Θεὸς τὴν σοφίαν., Gal. 5, 12.:
ὄφελον ἀποκόψονται .. Phil. 3, 2.: βλέπετε τοὺς κύνας, τὴν
κατατομὴν ..).

Noch näher und specieller ist das Verhältniß, in welches wir in
den Gesprächen der Evangelien Jesum zu denjenigen treten sehen,
die in der verschiedenartigsten Absicht und Stimmung an ihn sich
wenden; in eben dem Grade, als dieses Verhältniß richtig und
klar aufgefaßt wird, wird auch das rechte Verständniß der Rede
erleichtert und gesichert werden. Theils nämlich sind die Worte
auf einen gewissen vorhergehenden Gemüthszustand bei Andern
berechnet, der behutsame Berührung, glimpfliche Zurechtweisung

nothwendig machte, z. B. die Antwort an den reichen Jüngling
(Mt. 19, 17 ff.), und die den Jüngern ertheilte Zusage von ihrer
Auszeichnung im zukünftigen Messiasreiche (Mt. 19, 28 ff. Luk.
22, 29. 30.) — der Befehl, die Predigt des Evangeliums auf die
Juden zu beschränken (Mt. 10, 5. 6.) — Gespräche mit den Dä=
monischen (M. 5, 9. 9, 25—29.); theils finden sich Ausdrücke,
die selbst das Gepräge einer ungewöhnlich aufgeregten Stimmung
tragen, welche auf besondere äußere Verhältnisse hindeutet, wie
z. B.: Mt. 10, 34.: („ich bin nicht gekommen, Frieden zu senden,
sondern das Schwert"); Mt. 12, 31.: („die Lästerung wider den
Geist wird den Menschen nicht vergeben"); Joh. 8, 44.: („Ihr
seyd von dem Vater dem Teufel"); Mt. 16, 23. (zu Petro:
„Hebe dich, Satan, von mir!"); Joh. 13, 8. („Werde ich dich
nicht waschen, so hast du kein Theil mit mir"); Mt. 18, 3. (zu
den Jüngern: „es sey denn, daß Ihr Euch umkehret, so werdet
Ihr nicht in das Himmelreich kommen"); Luk. 9, 60. 62. (Jesus
zu Solchen, welche einen Scheingrund suchten, um die Nachfolge
zu verweigern, oder die Willfährigkeit heuchelten: „Laß die Tod=
ten ihre Todten begraben" — „Wer seine Hand an den Pflug
legt, und sieht zurück, der ist nicht geschickt zum Reich Gottes");
Mt. 26, 38. 27, 46. („meine Seele ist betrübt bis an den Tod"
— „mein Gott! mein Gott! warum hast du mich verlassen?");
vgl. Apg. 8, 20. (Petrus zu Simon Magus: „daß du verdammet
werdest mit deinem Gelde!"); Apg. 23, 3. (Paulus zu Ananias:
„Gott wird dich schlagen, du getünchte Wand!")

Bis zu welchem Grade die Auslegung von der Kenntniß der
augenblicklichen Stimmung, die den Worten zum Grunde liegt, ab=
hängig seyn kann, fällt besonders an solchen Stellen in die Augen,
wo die Worte uns rücksichtlich des Tons, der Miene und Geberde,
womit die Worte begleitet gewesen sind, ungewiß lassen*). Die=
ses gilt z. B. von Joh. 1, 4.: τί ἐμοὶ καὶ σοί, γύναι; — Joh.
2, 19.: λύσατε τὸν ναὸν τοῦτον — Joh. 17, 5.: Pilatus: ἴδε
ὁ ἄνθρωπος — Joh. 20, 17.: μή μου ἅπτου — Joh. 20, 28.:

---

*) Da wir die heiligen Verfasser nicht können reden hören, so muß man
suchen, diesen Mangel dadurch zu ersetzen, daß man auf verschiedene Weise
versucht, ob nicht der wahre Sinn klarer hervorgeht, wenn der Text mit
diesem oder jenem Tonfalle, unter Beobachtung der übrigen Auslegungsre=
geln, vorgetragen wird." Franke, Praelect. herm. p. 248.

Thomas: ὁ κύριός μου καὶ ὁ θεός μου: Hieher gehören auch die Stellen, wo man ungewiß ſeyn kann, ob der einfache oder ironiſche Sinn angenommen werden ſolle (ſ. oben).

Am wichtigſten und von der größten Bedeutung wird indeſſen die Anwendung der erwähnten Regel bei den mehr ausgeführten Geſprächen beim Johannes: bei dem mit Nikodemus (Cap. 3.), mit der Samariterin (Cap. 4.), mit den Schriftgelehrten (Cap. 7. 8.). Die dramatiſirende Form der Anreden und Antworten zeigt uns hier eine beſtändige Wechſelwirkung zwiſchen den Zuſammenredenden, einen dadurch motivirten Wechſel verſchiedener Gemüthsſtimmungen. Gleichwohl iſt der Umriß nur ſkizzirt; die Haupttheile ſind durch leere Räume getrennt, die auf mehr als eine Weiſe ausgefüllt werden können; und wenn die Reſtaurirung hier das Willkührliche vermeiden und eine wirkliche, natürliche Compoſition — die höchſte Aufgabe der Auslegungskunſt — zu Wege bringen ſoll, ſo iſt die erſte Bedingung dieſe, daß ſie ſich in ihren Operationen durch die geiſtigen Ausgangs- und Leitungspunkte leiten läßt, die im fortſchreitenden Gange des Geſprächs gegeben ſind. Wo loſe Vermuthungen und künſtliche Hypotheſen von inneren und äußeren Verhältniſſen, die zu ſuppliren ſeyn ſollen, an die Stelle wohlbegründeter Beobachtung und darauf gebauter pragmatiſcher Nachconſtruktion treten, da führt die hiſtoriſch - pſychologiſche Auslegung mit Unrecht ihren Namen.

§. 24.

Das Neue Teſtament ſteht, ſeinem Inhalte nach, in einem mehr oder minder unmittelbaren Verhältniß zum geiſtigen, intellektuellen und moraliſchen Zuſtande der Zeit ſeiner Abfaſſung. Wo demnach hierher gehörende Verhältniſſe Gegenſtand des ſchildernden, ermahnenden, warnenden Vortrags ſind, da wird die rechte Auslegung auf hinlänglicher Kenntniß von dieſer Seite des Lebens des damaligen Geſchlechts beruhen.

Die Unterſcheidung der heidniſchen und der jüdiſchen Welt behält hier ihre volle Bedeutung. Denn wie ſehr auch der Einfluß der griechiſch-römiſchen Cultur auf das ſpätere jüdiſche Volk in die Augen fällt, ſo iſt dieſer Einfluß doch nur in den äußeren

Formen im öffentlichen und privaten Leben — in Sprache, Münzwesen, conventionellen Gebräuchen und socialen Einrichtungen — überwiegend und stark genug geworden, um das Rationale allmälig zu verdrängen. Der geistige Charakter hingegen behauptete seinen eigenthümlichen Typus; denn er schloß sich noch immer, wenn gleich unter milderen Formen, fortwährend an die dogmatische, rituelle und disciplinaire Ueberlieferung an; und selbst die Nothwehr, wozu der Kampf gegen die siegreichen Götter des Polytheismus aufforderte, führte zu einem schärferen und mehr bewußten Gegensatz zum Leben der heidnischen Welt.

Die hellenisch-römische Welt war zur Zeit Christi in den Zustand einer geistigen Auflösung versunken, in mehr oder minder klarem Bewußtseyn des Unwahren oder Unbefriedigenden in den bisher bestehenden Formen und im Mangel an Vermögen, dieselben durch neue und bessere zu ersetzen, gegründet. Diese Rathlosigkeit des Geistes, ein unstätes Umherirren nach Stützpunkt und Leitfaden, spricht sich überall, in der Schule wie im Volksleben, aus. Zwar setzten die Eklektiker die Arbeit, ein Wissen von den übersinnlichen Dingen zu begründen, noch immer fort; aber die historische Compilationsmethode, an die Stelle der freien, selbstständigen Spekulation getreten, zeugte von der zweifelnden, mismuthigen Stimmung, die zur Arbeit mitgebracht wurde; — eine Stimmung, welche die Skeptiker unverhohlen an den Tag legten. Durch diese begünstigt, legten die Eudämonisten es darauf an, das Interesse von der trostlosen Spekulation abzuwenden, und in der Wirklichkeit der Lebensgenüsse der Seele einen fruchtbareren Stoff zu geben, während die Dialektiker und Rhetoren sich bemühten, die Richtigkeit der Resultate einer sogenannten Erkenntniß und die Leere einer Religion, die sich selbst überlebt hatte, durch sophistisches Klauben der Begriffe und durch Wortgespinnste oder durch phantastisches Umbilden der mythologischen Erzählungen zu naturphilosophischen Mysterien zu verdecken. Beim Volke entsprach diesen Richtungen auf der einen Seite, bei den frömmeren Gemüthern, eine Deisidämonie (s. Apg. 17, 22 f.), die sich in ängstlicher Besorgung, allenthalben der Gottheiten zu sammeln, und in abergläubiger Befriedigung durch gleichmäßig vertheilte Theilnahme an der Verehrung derselben äußerte, auf der anderen Seite dagegen, bei der

großen Masse, indifferentistische Stumpfheit und frechlästernde
Ruchlosigkeit.

Bei den Juden ist es nur die Sekte der Sadducäer, die
ein ähnliches Bild der Losreißung von der alten Wurzel giebt. Es
ist vielmehr ein strenger Positivismus, ein einseitiges
und borniertes Festhalten an den Formen des Buchstabens, der
Ceremonie, der Observanz, ein bigottes Hervorheben des Aeußeren auf Kosten der inneren Wahrheit, worin die charakteristischen Züge hier zu suchen sind. In den Rabbinerschulen ward das
Wort der Schrift nebst dem Gebot des Gesetzes durch willkührliche
Auslegungskünste, kasuistische Spitzfindigkeiten und traditionelle
Zusätze verunstaltet; und die mechanischen Andachtsübungen, der
gedankenlose Ceremoniendienst, wozu das Volk auf Kosten lebendiger Frömmigkeit und Menschenliebe angehalten wurde, stellen
nicht viel mehr als eine Parodie der Mosaischen Lehre und des Mosaischen Cultus dar.

Das hier skizzirte Bild der Zeitgenossen Jesu und der Apostel
muß festgehalten werden, zum völligen Verständniß der Aeußerungen der Schrift von den sittlich-religiösen Zuständen. So
z. B. die Schilderung der allgemeinen, auf Juden und Heiden
gleich sehr sich beziehenden, Verirrung und Verderbtheit (Mt. 6,
1—18. 12, 30 ff. Joh. 8, 30—59. 12, 37 ff. Röm. 1. u. 2. Kap.
1 Cor. 5, 1 ff. 2 Cor. 3, 14 ff. 10, 1 ff. Eph. 2 Kap. 4, 17 ff.
Tit. 4, 10 ff. Jak. 4, 1 ff. u. a.) — vom Gegensatze zwischen
dem göttlichen Gesetze und der Tradition der Väter (Mt. 15,
3—6. Gal. 1, 14. Col. 2, 18—23.) — vom Gegensatze zwischen
Glauben und Werken (Röm. 3. u. 4 Kap. Jak. 2 Kap.) — vom
Gegensatze zwischen Weisheit und Philosophie auf der einen, und
dem kindlichen Gemüthe und dem einfachen Glauben auf der anderen Seite (Luk. 10, 21. 1 Cor. 1 u. 2 Kap. Col. 2, 8.) —
von der Lehre und den Sitten der falschen Lehrer (Mt. 23. Die
Briefe des Paulus an die Cor., Eph., Col., den Timoth. und
Titus; 1 Joh. 2, 18 ff. 2 Petr. 2, 1 ff. Jud. B. 3—19. Apok.
2, 14 ff. 20 ff.).

Es hieße indessen den wahren Endzweck der historischen Auslegung verkennen, wenn diese, bei Aeußerungen der Schrift, wie
die hier angeführten, dazu benutzt würde, die Bedeutung und den
Gebrauch der Worte auf bloß vorübergehende Verhältnisse zu be-

schränken, und eine allgemeine Anwendung der darin enthaltenen
Schilderungen, Lehren und Warnungen auszuschließen. Denn
nicht allein giebt es gewisse allgemeine Grundzüge, welche immer
und allenthalben ihre Anwendung finden; sondern selbst die speciellen Züge, die der Physiognomie eines gewissen Zeitalters angehören, können mit gehöriger Modification auf andere Personen
und Verhältnisse übertragen werden. Aber allerdings ist Kritik
in hohem Grade hier vonnöthen. Wie oft eine polemische oder
eine misverstandene asketische Anwendung von den starken Aeußerungen der Schrift über den Unglauben, die Verstockung und
Bosheit der Menschen gemacht worden ist, ist aus der Geschichte
der Kirche hinlänglich bekannt; und solcher Misbrauch entspringt
gerade aus Hintansetzung der historischen Auslegung. Denn Aeußerungen, die sich zunächst auf bestimmte historische Phänomene
beziehen, dürfen nur in soweit außerhalb des Kreises, auf welchen
sie berechnet sind, angewandt werden, als es durch vorausgegangene kritische Untersuchung dargethan ist, daß gleichartige Verhältnisse wirklich Statt finden. Für solche vergleichende Untersuchung
wird genaue Kenntniß von den Verhältnissen des Zeitalters, von
dem die Vergleichung ausgehen soll, die erste Bedingung seyn.

§. 25.

Durch den historischen und dogmatischen Charakter des Alten Testaments ist die Form bestimmt,
unter welcher das Christenthum als Abschluß der
positiven Offenbarungen auftreten mußte; und
Christus und die Apostel fanden sich daher, bei der
Entwickelung der Lehre und der damit verbundenen
faktischen Begebenheiten, auf dieses historisch gegebene Vehikel hingewiesen. Eine genaue Verbindung ist sonach zwischen der alten und der neuen
Sammlung heiliger Bücher entstanden, und die
Art, worauf jene in dieser angewandt und benutzt
ist, ist ein wichtiger Gegenstand der Untersuchung.
Wo Aeußerungen aus dem A. Test. im N. Test. so
angeführt sind, daß die Worte des Textes entweder verändert sind, wodurch ein vom Sinne des
Originals abweichender Sinn ausgedrückt ist, oder

auch ohne Rücksicht auf den im hebräischen Texte
enthaltenen Sinn angewandt sind, da wird die
historische Untersuchung des Verhältnisses, in
welchem dieses Phänomen zu dem bei den Juden
üblichen Verfahren in Benutzung der heiligen
Worte steht, der erste Schritt zu einer befriedigen-
den Auslegung seyn.

Die historischen Verhältnisse, mit welchen das Christenthum
in Verbindung gesetzt ist, sind gleichsam in das A. Testament, in
die Lehre, den Cultus und die Geschichte desselben, zusammengedrängt. Dieses bildet sonach das Verbindungsglied, durch welches
das Christenthum mit den Religionsformen der alten Welt, mit
den in denselben aufbewahrten religiösen und sittlichen Ideen in
Berührung steht; und jedes Blatt in unseren heiligen Büchern
bezeugt es, wie hoch diese Verbindung geschätzt, und wie sorgfältig sie von Jesu und den Aposteln benutzt worden ist. Die
Form, unter welcher diese Benutzung Statt gefunden hat, erheischt vorläufig eine genauere Betrachtung.

Der heilige Buchstabe stand bei den Juden, nachdem der
Kanon abgeschlossen war, in dem größten Ansehen. Nicht allein
gehörte es zu rabbinischer Gründlichkeit, die Bestätigung jedes
Satzes, die Vorbedeutung jeder historischen Thatsache, welche in
irgend einer Beziehung einiges Interesse hatte, in den heiligen
Büchern nachzuweisen; sondern der ganze Vortrag in den alten
rabbinischen Büchern ist mit Schriftstellen durchwebt, die sich,
als gangbare, gemeingültige Sätze und angewöhnte Redensarten,
während des Niederschreibens halb unwillkührlich dargeboten zu
haben scheinen, und zur Bestätigung oder Ausschmückung der Rede
benutzt worden sind. Sowohl die Formeln, durch welche solche
Schriftsprüche hier eingeleitet, als die Art, auf welche sie citirt werden, und die Anwendung, die von den angeführten Worten gemacht wird, kommen hier in Betracht, und fordern dazu auf, eine
Parallele mit dem Gebrauch im N. Testament zu versuchen *).

1. Die gewöhnlichen Citationsformeln in den Schriften der

---

*) Mit erschöpfender Genauigkeit ist dieser Gegenstand in Suren-
husii βίβλος καταλλαγῆς, Amstelöd. 1713., abgehandelt. Vergl. auch
Döpke's Hermeneutik der neutest. Schriftsteller.

Rabbiner, sind, nur von den einfacheren und allgemeineren zu den mehr zusammengesetzten und mehr bezeichnenden überzugeben, folgende: נאמר (N. Test. ἐῤῥέθη, κατὰ τὸ εἰρημένον) — דכתיב oder ככתיב (N. Test. γέγραπται, καθὼς oder οὕτω γέγραπται, γεγραμμένον ἐστι, κατὰ τὸ γεγραμμένον) — מהו דכתיב, אמר קרא (N. Test. ἡ γραφὴ λέγει, εἶπε) — מאי דכתיב (N. Test. τί λέγει ἡ γραφὴ;) — אלא מהם (N. Test. οὐκ ἀνέγνωτε;) — כאשר אמר אלהים oder רוח הקדש (N. Test. καθὼς εἶπεν ὁ Θεός, καθὼς λέγει τὸ Πνεῦμα τὸ ἅγιον) — היינו דכתיב (N. Test. τοῦτό ἐστι τὸ γεγραμμένον) — לקיים oder שנאמר מה (N. Test. ἵνα oder ὅπως πληρωθῇ τὸ ῥηθὲν — מה שכתיב את קיים (N. T. οὕτως ἐπληρώθη oder ἐτελειώθη ἡ γραφή).

Oftmals finden sich die Worte der Schrift ohne irgend eine Citation — eine Formalität, die oft für Leser, bei denen die heiligen Worte dem Gedanken gegenwärtig waren, überflüssig scheinen mußte, angeführt. So auch im N. Test.: Röm. 10, 18. 1 Cor. 15, 27. Gal. 3, 11. 12. Eph. 5, 31. u. m. St. Zu näherer Bezeichnung der angeführten Stelle wird dagegen entweder der Verfasser oder die redende Person (Moses, David, Salomo, Jesaias, Hiob u. s. w.) genannt, so wie auch im N. Test., Luk. 2, 23. (ἐν νόμῳ κυρίου), Röm. 3, 19. (ἐν τῷ νόμῳ), M. 12, 36. (Δαβὶδ εἶπεν), Joh. 12, 39. (εἶπεν Ἡσαίας), Mt. 27, 9. τὸ ῥηθὲν διὰ Ἱερεμίου) u. m., — oder auch der Hauptinhalt der jedesmaligen Stelle, z. B. bei Michael (d. i. Jes. 6, 6.), bei Gabriel (d. i. Dan. 9, 21.). So im N. Test., M. 2, 26. (ἐπὶ Ἀβιάθαρ, d. i. 1 Sam. 24.), M. 12, 26. (ἐπὶ τῆς βάτου, d. i. Exod. 3.), Röm. 11, 2. (ἐν Ἡλίᾳ, d. i. 1 Kön. 19.).

2. Beim Anführen der Zeugnisse der Schrift bekümmern die Rabbiner sich nicht allein nicht darum, die Worte mit Genauigkeit und Treue wiederzugeben, sondern sie haben sich sogar durch verschiedene Rücksichten zur Abweichung vom Texte bestimmen lassen. Als die verordneten Ausleger des Gesetzes und Vertheidiger der Schrift warfen sie auf sonderbare Weise die zwei verschiedenen Funktionen, die Schrift zu citiren und über dieselbe zu commentiren, in Eins zusammen. Sonach galt ihnen dieses als Hauptregel, die Worte der Schrift auf solche Weise anzuführen, daß der Sinn weder undeutlich noch anstößig erschiene, daß der

Ausdrücke zu reiner Klage rücksichtlich der Sprache Anlaß gäbe, noch das Volk und dessen Lehrer dem Hasse der argwöhnischen Herren, deren Botmäßigkeit die Juden späterhin unterworfen waren, aussetzen könnte. Es war demnach den Rabbinern unbenommen gestattet, ja es wurde sogar wohl eher als ihre Pflicht angesehen, aus Rücksicht des Inhaltes oder der Form, die geschriebenen Worte mit anderen zu vertauschen, was die Auslegung zu fördern scheinen könnte, hinzuzufügen, was in irgend einer Beziehung mitzutheilen bedenklich wäre, wegzulassen, eine Schriftstelle aus anderen gleichartigen Stellen zu suppliren oder mehrere Stellen für Eins zusammenzuziehen, oder wohl gar aus dem, was sich durch Folgerungen aus den Worten der Schrift ableiten ließ, einen neuen Schriftspruch zu bilden. Dazu kommt noch Mangel an Genauigkeit und Kritik bei der Citirung, indem bald nur ein einzelnes Wort angeführt wird, während die eigentliche Beweiskraft in ganz anderen, entweder vorhergehenden oder nachfolgenden, Worten liegt, bald wieder ein ganzer Passus, wo es nur ein einzelnes Wort ist, auf welches es beim Citate ankommt.

Den Citaten im N. T. liegt ein doppelter Text zum Grunde; denn wenn der griechische Text in der alexandrinischen Uebersetzung, den jüdischen Inspirationsbegriffen zufolge, auf gleiche Linie mit dem hebräischen Originaltexte gestellt wurde, so war es natürlich, daß dieser unter den hellenistischen Juden, was den Gebrauch selbst anbelangt, vor jenem zurücktreten mußte. Aber schon hiedurch mußten die Citate des N. Test. in ein anomales Verhältniß zum hebräischen Texte treten. Denn an gar vielen Stellen haben die alexandrinischen Ausleger einen ganz verschiedenen Text wiedergegeben — wohl nicht allein, wo sie andere Lesarten vor sich gehabt, oder wo sie den Text falsch verstanden haben, sondern ohne Zweifel ebenso oft, weil sie sich bei der Uebersetzungsarbeit derselben ungebundenen Freiheit bedient haben, womit die heiligen Bücher gewöhnlich bei Citirungen behandelt wurden; und auch bei solchen Stellen ist der alexandrinische Text im N. Test. befolgt worden, wo dieser einen Sinn gab, der den beabsichtigten Gebrauch begünstigte. Beispiele hievon sind: Mt. 3, 3. u. K. 4, 3.: φωνὴ βοῶντος ἐν τῇ ἐρήμῳ· ἑτοιμάσατε τὴν ὁδὸν κυρίου, εὐθείας ποιεῖτε τὰς τρίβους αὐτοῦ. — Hebr. T. (Jes. 40, 3.): „Es ist eine Stimme eines Predigers in der Wüsten: Beeitet dem Herrn den Weg, machet auf dem Gefilde eine ebene Bahn unserm Gott!" Apg. 15, 17.: ὅπως ἂν ἐκζητήσωσιν οἱ κατάλοιποι τῶν ἀνθρώπων τὸν κύριον — Hebr. Text (Amos 9, 12.): "Auf daß sie besitzen die übrigen zu Edom." Röm. 11, 26. ὁ Ἥξει ἐκ Σιὼν ὁ ῥυόμενος, καὶ ἀποστρέψει ἀσεβείας ἀπὸ Ἰακώβ — Hebr. Text (Jes. 59, 20.): "Denn denen zu Zion wird ein Erlöser kommen, und denen, die sich bekehren von den Sünden in Jakob." Eph. 4, 8.: Ἀναβὰς εἰς ὕψος, ἠχμαλώτευσεν αἰχμαλωσίαν, καὶ ἔδωκε δόματα τοῖς ἀνθρώποις — Hebr. Text (Ps. 68, 19.): "Du bist in die Höhe gefahren, und hast das Gefängniß gefangen; du hast Gaben empfangen für die Menschen." Hebr. 10, 5—7.: Θυσίαν καὶ προσφορὰν οὐκ ἠθέλησας, σῶμα δὲ κατηρτίσω μοι .. τότε εἶπον· ἰδού, ἥκω (ἐν κεφαλίδι βιβλίου γέγραπται περὶ ἐμοῦ) τοῦ ποιῆσαι, ὁ Θεός, τὸ θέλημά σου — Hebr. Text (Ps. 40, 7. 8.): "Opfer und Speisopfer gefallen dir nicht, aber die Ohren hast du mir aufgethan (d. i. gereinigt, um zu hören und zu gehorchen) ..... Da sprach ich: Siehe, ich komme; im Buch ist von mir geschrieben. Deinen Willen, mein Gott, thue ich gerne." Hiezu noch Mt. 13, 14. und öfters (Jes. 6, 9. 10.), Luk. 4, 18. (Jes. 61, 1.: τυφλοῖς ἀνάβλεψιν, hebr. Text: "Den Gebundenen eine Erledigung"), Apg. 8, 32. (Jes. 53, 8.: ἐν τῇ ταπεινώσει αὐτοῦ ἡ κρίσις αὐτοῦ ἤρθη, hebr. Text: "Er ist aus der Angst und Gericht genommen"), 1 Cor. 15, 55. (Hosea 13, 14.; hebr. Text: "Tod! ich will dir ein Gift seyn; Hölle! ich will dir eine Pestilenz seyn"), Hebr. 11, 21. (Gen. 47, 31.) u. m. St.

An anderen und zwar weit mehreren Stellen finden sich doch die Citate im N. Test. mehr oder weniger vom griechischen sowohl als vom hebräischen Texte abweichend, indem sie, ganz nach Art und Weise der Rabbiner, bald umschrieben, bald durch Zusätze vergrößert, bald wieder abgekürzt und zusammengezogen sind. Beispiele hievon sind Mt. 2, 6. (Mich. 5, 1.), Mt. 4, 14. (Jes. 8, 23. 9, 1.), Mt. 11, 10., M. 1, 2., Luk. 7, 27. (Mal. 3, 1.), Mt. 21, 18. (Jes. 42, 1.), Mt. 21, 44. und Luk. 20, 18. (Jes. 8, 15.), Mt. 27, 9. (Zach. 11, 12. 13.), Luk. 2, 23. (Exod. 13, 2.), Joh. 12, 15. (Zach. 9, 9.), Joh. 12, 40. und Apok. 1, 7. (Jes. 6, 9. 10.), Joh. 19, 37. (Zach. 12, 10.), Apg. 8, 22. 23. (Deut. 18, 15. 19.),

(Jef. 50, 7.), Röm. 12, 19. (Deut. 32, 35.), Röm. 14, 11. (Jef. 45, 23.), 1 Cor. 2, 9. (Jef. 64, 4.), 1 Cor. 15, 54. (Jef. 25, 8.), Jak. 2, 23. (Gen. 15, 6.).

Endlich fehlt es auch nicht an Beispielen, wo keine dem Citat entsprechende Stelle im A. Test. sich aufweisen läßt, indem das Citat entweder aus Ausdrücken, die verschiedenen Stellen abgeborgt sind, zusammengesetzt, oder frei behandelt ist, als Resultat reflektirender Aneignung des religiösen und moralischen Inhalts der heiligen Bücher. So z. B. Mt. 21, 5. (Jef. 62, 11. und Zach. 9, 7.); Mt. 21, 13. (Jef. 56, 7. und Jerem. 7, 11.) — Luk. 4, 18. 19. (Jef. 61, 1. 2. und 58, 6.) — Luk. 3, 5. 6. (Jef. 40, 4. 5. und 52, 10.) — Joh. 7, 38. (Jef. 44, 3. 58, 11.) — Apg. 3, 25. (Gen. 12, 3. u. 22, 18.) — Röm. 3, 4. (Pf. 116, 11. und Pf. 51, 4.) — Röm. 9, 27. (Jef. 10, 22. 23. und Hof. 1, 10.) — Röm. 11, 18. (Jef. 29, 10. und Deut. 19, 4.) — 1 Cor. 3, 19. 20. (Hiob 5, 13. und Pf. 94, 11.) — 2 Cor. 6, 16. 17. (Lev. 26, 11. 12. und Jef. 52, 11.) — Eph. 5, 14. (Jef. 9, 2. und 60, 1.) — 1 Tim. 5, 18. (Deut. 25, 4.) — Jak. 4, 5. (??) — 2 Petr. 2, 22. (Prov. 26, 11.)

3. So wenig die jüdischen Schriftgelehrten sich verpflichtet fühlten, beim Citiren aus den heiligen Büchern die Worte genau wiederzugeben, ebenso wenig glaubten sie sich bei der Auslegungsarbeit selbst an den durch die Worte gegebenen, eigentlichen Sinn gebunden. In Folge des Axioms, daß der nämliche Text durchaus verschiedenen Sinn enthalten könne, mußte es die Aufgabe der Auslegung werden, diese Mannigfaltigkeit ans Licht zu bringen; und je tiefer und versteckter die Deutung war, welche man auszukünsteln so glücklich war, um desto größer ward der Triumph der Gelehrsamkeit und des Scharfsinnes geschätzt. Hiezu war aber nöthig, frei über die Worte gebieten zu dürfen, und dieselben als einen abgeschlossenen Stoff für exegetische Grübelei zu behandeln, ohne sich irgend einen Zwang durch den Zusammenhang, worin sie gegeben waren, auferlegen zu lassen. Worauf stand die allegorisirende Auslegung des A. Test., worüber wir im Vorhergehenden (S. 86 ff.) gehandelt ist. Auf ein paar Bemerkte wollen wir hier hinweisen, und nochmals erinnern an die bizarren Combinationen als, die willkürlichen ....

von Aeußerungen und Erzählungen auf fremdartige Lehren, anderweitige Begebenheiten und Personen, in dem typologischen Hindeuten auf den Messias, sein Reich und seine Wirksamkeit, ihren Mittelpunkt finden mußten. — Von dem Verhältniß, in welchem die Anwendung der Citate des A. Test. im N. Test. zu dieser Auslegungsmethode steht, wird unten an Ort und Stelle zu handeln seyn.

§. 26.

Das spätere Judenthum, auf das Alte Testament zwar gestützt, aber durch den Einfluß der orientalisch-hellenischen Cultur modificirt, ist die religiöse Form, zu welcher das Christenthum in unmittelbar historischem Verhältniß steht, und durch welche es mit der religiös-sittlichen Ideologie des ganzen Alterthums in Berührung steht. Wo daher der Lehrvortrag im N. Test. an herrschende Vorstellungen angeknüpft ist, und solche Ausdrücke benutzt sind, welche nach allgemeinem Sprachgebrauch zur Bezeichnung dieser Vorstellungen dienten, da muß es als nächste Absicht angenommen werden, dieselben auszudrücken, weil Zuhörer und Lehrer durch die Worte auf diese Spur geführt worden sind. Ueber die fernere, höher liegende Absicht ist hiemit noch nichts abgemacht; um diese aber zu erkennen, dazu wird Einsicht in das Verhältniß, in welchem die Aeußerungen des N. Test. zu jenem Sprachgebrauch stehen, und Einsicht in die religiöse Bedeutung jener Sätze, als Bestandtheile der Lehre und des Volksglaubens der alten Welt, insonderheit der Juden, die erste Bedingung seyn.

Es ist das spätere Judenthum, welches hier der vornehmste Gegenstand der Betrachtung wird, und zwar die geistige religiös-sittliche Seite desselben; denn zu dem disciplinairen, traditionellen Inhalte oder der partikularistischen Form des Religiösen finden wir im Allgemeinen Jesum und die Apostel nur im Oppositionsverhältniß. Die Kenntniß davon verdanken wir Josephus, Philo und den Talmudisten, wie große Schwierigkeiten auch, mit Rück-

ficht auf die letzterwähnten, die kritische Ungewißheit in Betreff
des Alters der verschiedenen Schriften oder der verschiedenen
Theile derselben in den Weg legt. Es ist nicht mehr der Mosaismus in der scharf begränzten, strenge ausschließenden Form, welcher hier beibehalten ist; es hat diese einer freieren und umfassen-
deren weichen müssen. Theils durch die Bestrebung jüdischer, namentlich alexandrinischer Lehrer, theils als Folge der Macht,
womit das Volksleben auf die Theologie zurückwirkte, ist die Religion sowohl mit orientalischen Theologumenen, durch den Par-
sismus, als mit der hellenischen Religionsphilosophie, durch den
Platonismus, in Verbindung getreten. In der jüdischen Religionslehre schimmert sonach die religiöse und ethische Wahrheit
hervor, die, als das geistige Erbtheil des menschlichen Geschlechts,
in den Religionen des Alterthums aufbewahrt worden, und durch
jene, als historisches Verbindungsglied, mit dem Christenthum in
Berührung getreten ist; und diese Formen mußten benutzt werden,
wenn es anders der christlichen Lehre gelingen sollte, festen Fuß
zu fassen. Wiefern die Absicht nun hiemit gewesen ist, entweder
solche Sätze in der vorliegenden Gestalt zu bestätigen, und dieselben, unverändert oder mit geringer Modification, in die christliche
Lehre aufzunehmen, oder die Erkenntniß der Wahrheit und deren
vollkommnere Bezeichnung durch vorläufige Benutzung der andeu-
tenden Formen, die sich bei den Zeitgenossen, namentlich bei dem
jüdischen Volke vorfanden, vorzubereiten, solches liegt hier noch
außerhalb der Betrachtung. Aber jedenfalls muß die Vorbereitung durch historische Untersuchung der Religionssysteme der älten
Welt in ihrer ursprünglichen Bedeutung und successiven Entwickelung auf verschiedenen Stufen und unter verschiedenen Formen
gemacht werden.

Eine gewisse Verwandtschaft mit dem religiösen Denken und
dem Sprachgebrauch der alten Welt ist demnach in der ganzen Form
und Art gegeben, auf welche die Hauptpunkte der christlichen Lehre
im N. Testament dargestellt und entwickelt sind: von Gott und
den göttlichen Dingen, von seiner Offenbarung in der Welt, von
der menschlichen Natur, von der zwischen Gott und dem Menschen
durch Christum gestifteten Versöhnung. So z. B. die menschliche
Beschreibung vom Wesen Gottes, als welcher zürnt und sich er-
barmt, verstößt und seiner Gnade theilhaft macht, vom unsicht-

reßbaren Einwirken des Gebetes auf den göttlichen Willen (Mt. 6, 7. 8. Jak. 5, 16 — 18.), von der entsündigenden und bindigen Kraft des Opferblutes (Hebr. 9, 13. 22.), von der göttlichen Inspiration, von Schutzgeistern (Mt. 18, 10. Joh. 1, 52.), und der Gegenwart der Engel bei der Gesetzgebung auf Sinai (Gal. 3, 19. Hebr. 2, 2.), von der Macht des Teufels und der Dämonen und dem Einfluß derselben auf das physische und geistige Wesen, nebst deren Austreibung (Mt. 12, 43. 17, 21. Joh. 8, 44. 12, 31. Apok. 12, 9. 10. u. s. w.); — ferner die Entwickelung der Christologie: vom göttlichen Logos als präexistirend und Antheil habend an der Erschaffung und Regierung der Welt, namentlich der Schicksale des jüdischen Volks (Joh. 1, 1—14. 1 Cor. 10, 4. Col. 1, 15. 16. 1 Joh. 1, 1 ff.), vom Messias als Gottessohn und Menschensohn, als dem letzten Adam (1 Cor. 15, 45.), von der versöhnenden Wirksamkeit des Messias (Röm. 3, 25. Hebr. 9, 14. 15. 1 Petr. 1, 19. vgl. Joh. 1, 29.), von seiner lehrenden und erlösenden Thätigkeit in der Unterwelt (1 Petr. 3, 18 ff.), von seiner Wiederkunft zum Gericht und Regiment des göttlichen Reichs; — von der Art, wie die Sünde und der Tod in die Welt gekommen sind, und von der gegenseitigen Verbindung beider (Röm. 5, 12 ff. 1 Cor. 11, 30.; vgl. die Formel: ἀφέωνταί αἱ ἁμαρτίαι σου), vom Wesen und der Beschaffenheit der Auferstehung (Joh. 5, 24 ff. 1 Cor. 15, 35 ff. 2 Cor. 5, 1 ff. 1 Thess. 4, 13 ff.), vom jüngsten Tage (Mt. 24, 25. 1 Cor. 15, 24 ff. 2 Thess. 2, 1 ff. 2 Petr. 3, 7 ff. Apok. 21.), vom Zustande in dem Himmel und der Hölle (Mt. 8, 11. 25. Kap. Luk. 13, 28. 14, 15. 22, 16. Apok. 20, 11 ff.). Namentlich ist es der ganze, bei der dogmatischen Entwickelung zu Hülfe gerufene Bilderkreis, welcher hier unmittelbar die Auslegung auf das A. Testament zurückführt; z. B. die, im N. Testament auf mancherlei Weise benutzte, bildliche Darstellung des Verhältnisses zwischen Jehovah und dem jüdischen Volke, als zwischen König und Unterthanen, Vater und Sohn, Mann und Weib (Ehebruch), Hirt und Heerde, — oder die bildliche Schilderung des Zustandes der Ruhe, des Friedens, des Genusses im Gegensatz vom Zustande der Verdammniß und der Qual. Vor allen wird die Apokalypse ein verschlossenes Buch bleiben, wofern ihre Bilder nicht aus dem Alten Testament ihre Deutung erhalten; siehe z. B. 2, 17. 28.

27*

3, 5. 5, 1. 6. 8, 5. 9, 7 ff. 10, 9. 11, 4. 6. 13, 6. 14. 14 ff.
17, 1. 21, 2.*).

Von anderer Art sind solche Ausdrücke, welche gewisse Gegenstände nach der allgemeinen Vorstellungsweise bezeichnen, es mag diese nun entweder in der unmittelbaren sinnlichen Wahrnehmung ihren Grund haben (z. B. vom Auf- und Untergange der Sonne, Mt. 5, 45. Eph. 4, 26.)**), oder in der historischen Ueberlieferung (z. B. Moses, David, Daniel als Verfasser, Joh. 5, 46. 2 Cor. 3, 15. Mt. 24, 15. 22, 43.), Identificirung des Dämons und des für besessen Angesehenen (Mt. 8, 31. M. 3, 11. u. m. St.). Beim Gebrauche solcher Ausdrücke ist es die Absicht nicht, irgend Etwas über die physische oder historische Beschaffenheit nach der objektiven Wahrheit auszusagen, sondern nur durch unwillkührliche Akkommodation eine bestimmte, allgemein verständliche Bezeichnung des jedesmaligen Gegenstandes zu geben.

§. 27.

Wo der Vortrag gegen religiöse oder sittliche Vorstellungen gerichtet ist, welche als allgemein angenommen bezeichnet sind, und mit Misbilligung, Widerlegung, Berichtigung erwähnt werden, da ist gleichfalls Kenntniß von dem Ursprunge und der Entwickelung, von der Beschaffenheit und der verschiedenen Anwendung dieser Vorstellungen nothwendige Bedingung, um die Bedeutung und den Hauptzweck der Opposition zu fassen.

---

*) Von Parallelen im N. T. mit einzelnen, bei den Rabbinern vorkommenden, Sentenzen findet sich eine bedeutende Anzahl bei Döpke, S. 14—38. angeführt.

**) Bei den älteren Hermeneuten werden Ausdrücke und Redensarten von dieser Natur als „optische" bezeichnet, d. h. in einer Illusion beim Gebrauch des Auges gegründet, z. B. in Baumgartens ausf. Vortr. VI. §. 93., wo auf das Unrichtige darin, hier eine vorsätzliche Annäherung an irrige Vorstellungen erblicken zu wollen, aufmerksam gemacht wird; denn „der allerschärfste Philosoph kann in solchem Falle nicht anders reden." Zu dieser Classe will er auch die Erzählung von dem bis Bethlehem fortschreitenden Stern (Mt. 2, 9 f.) gerechnet wissen, „wo die Ausdrücke, nach der optischen Vorstellung, weiter nichts bezeichnen können, als daß die Weisen den Stern vor ihren Augen behalten haben." (§. 100.)

Auch von dieser Seite zeigt sich der historische Charakter des
N. Test., daß die meisten didaktischen Partien desselben in einem
gewissen Oppositionsverhältniß zu entsprechenden Seiten des religiösen und sittlichen Lebens, hauptsächlich bei den Juden, stehen.
Bald nämlich ist die Entwickelung der Wahrheit unmittelbar durch
ein Aussondern des traditionellen Irrthums veranlaßt (z. B. in
der Bergpredigt), bald wieder ist die Belehrung, wenn gleich von
einem selbstständigen Moment ausgegangen, bis auf einen Punkt
fortgeführt, wo es nothwendig wurde auf die entgegengesetzten
Lehren oder Meinungen Rücksicht zu nehmen.

Als solche Punkte in der jüdischen Lehre und dem jüdischen
Volksglauben können die verschiedenen Vorstellungen von einem
Messiasreiche von dieser Welt genannt werden (s. Luk. 17, 20.
21. Mt. 20, 21—28. Joh. 18, 36. 37. Apg. 1, 6—8.) — vom
Vorrecht der Juden am Reiche Gottes, und von der Ausschließung der Heiden (Joh. 8, 33—47. Apg. 11, 16—18. Röm. 9.
10. 11. Kap. Eph. 2, 11—22.) — von der absoluten Verdienst-
lichkeit der Werke (Br. an die Röm. und Gal.) — von der Gültigkeit des Mosaischen Gesetzes für die Christen (Joh. 4, 21—24.
Mt. 9, 14—17. Apg. 15, 1—29. Röm. 3—9. Kap. Gal. 4. Kap.
Gal. 2, 13—22. Hebr. 9. Kap.) — misverstandener Begriff vom
Wesen des Glaubens (Jak. 2, 14 ff.) — von der absoluten Gültigkeit des Gesetzes vom Sabbath (Mt. 12, 8. 11. 12. Joh. 5,
10—17.) — von der Nothwendigkeit und Hinlänglichkeit des
Ceremoniendienstes (Mt. 7, 21—23. 12, 6. 7. 15, 4—11. 23, 23.)
— Verkennung des wahren Begriffs der chr. Freiheit (Röm. 6,
1 ff. Gal. 5, 13 ff. 1 Cor. 8. u. 9. Kap.) — von den Bedingungen
der Verbindlichkeit des Eides (Mt. 5, 33—37. Jak. 5, 12.) —
von der Verehrung der Engel (Col. 2, 18.) — von Unglücksfällen
als göttlicher Strafe (Luk. 13, 1—5. Joh. 9, 2. 3. Hebr. 12,
3—11.) — phantastische Meinungen von der Natur Jesu (Joh.
20, 25. 27. 1 Joh. 4, 1—4. 5, 5—8.) — ängstigende Vorstellungen vom jüngsten Gericht (Matth. 24. 1 Thess. 4, 13—18.
2 Thess. 2, 1 ff.). Je nachdem der Irrthum hier in verschiedener
Richtung entwickelt worden, und dadurch in verschiedene Stellung zur christlichen Wahrheit getreten ist, ist auch von Seiten
letzterer die Opposition auf verschiedene Weise angelegt und aus-

geführt worden. Dieses gegenseitige Verhältniß enthält sonach kräftige Aufforderung zu genauer Untersuchung.

§. 28.

Bei historischen Berichten, deren gegenseitige Vergleichung, neben merklicher Uebereinstimmung größere oder geringere Verschiedenheit aufweiset, müssen alle einzelnen Züge zu einer vollständigen Erzählung gesammelt werden, um es somit zur größtmöglichen Gewißheit davon zu bringen, wie weit die Verschiedenheit zu der Annahme berechtige, daß ein verschiedenes historisches Objekt bei den verschiedenen Berichten beabsichtigt sey, oder nur auf verschiedene Auffassung und Darstellung eines und desselben Faktums hindeute. Im letzteren Falle wird es wiederum die Aufgabe der Auslegung seyn: zu untersuchen, ob die verschiedenen Berichte einander gegenseitig ausschließen, oder ob sie sich zu einer Einheit sammeln lassen, nach der Regel, daß der weniger genaue und vollständige Bericht keineswegs ausschließe, was er übergeht, sondern selbst aus dem vollständigeren und umständlicheren zu ergänzen sey, insofern solches ohne Zwang oder künstelnde Spitzfindigkeit geschehen kann.

So lange es als unbestreitbare Wahrheit galt — weil es unmittelbar aus einer Inspirationstheorie folgte, der Niemand zu widersprechen wagte, — daß sich in den historischen Partien des N. Test. keine Verschiedenheit, als eine bloß scheinbare, fände, so durfte die Auslegung nicht aufgeben, es dahin zu bringen, jedes ἐναντίωμα in ein bloßes ἐναντιοφανές verwandelt zu sehen. Die heiligen Bücher, namentlich die Evangelien, haben von dem frivolen Unglauben keine größere Mißhandlung zu erleiden gehabt, als von dieser mißverstandenen Pietät; — so berühren sich die Extreme. Denn diese maßte sich nicht minder als jener — obwohl in entgegengesetzter Richtung — unumschränkte Gewalt zum Berichtigen und Meistern der Schrift an. Die ungereimtesten Künste wurden angewandt, um eine vollkommen historische Harmonie

herbeizuführen, und die einzelnen Erzählungen bis auf die klein-
sten Züge in Uebereinstimmung zu bringen. Die evangelische Geschichte schwoll unter diesen Operationen zu einem Umfange heran,
der doppelt, ja drei Mal so groß als der natürliche war; denn wo
eine Differenz, wenn auch noch so unbedeutend, zugegeben werden
mußte, blieb weiter nichts übrig, als die parallelen Erzählungen
für Berichte von ebenso vielen verschiedenen Ereignissen gelten zu
lassen; wodurch denn das nämliche Faktum zu wiederholten Malen
zurückkehrte, nur mit etwa einem Unterschiede in Betreff einer
Zahl, eines Namens oder dergleichen. Selbst den Apostel Petrus
trug man kein Bedenken, den Herrn — nicht drei, sondern sieben
Mal verläugnen zu lassen, damit ja nicht die Evangelisten als
schuldig erscheinen sollten einer fehlerhaften Angabe der Personen,
denen die versuchenden Fragen, welche den Apostel zum Falle
brachten, in den Mund gelegt sind*). Nachdem die Schrift der
Gegenstand vorurtheilsfreier, wissenschaftlicher Betrachtung geworden, ist die Auslegungsarbeit in dieser Hinsicht simplificirt
worden. Denn es gilt jetzt nicht mehr, die historischen Unüberein-
stimmungen, wo solche wirklich vorhanden sind, zu beseitigen, sondern ihre Beschaffenheit und ihr gegenseitiges Verhältniß zu erläutern.

Die historische Unübereinstimmung verschiedener Berichte ist als
scheinbar anzusehen, wo die Verschiedenheit das Fundament der
Erzählungen selbst betrifft, während sich die Uebereinstimmung auf
die minder wesentlichen Theile bezieht. Die Identität des Inhaltes

---

*) Von der Verkündigung der Harmonisten in dieser Beziehung siehe
meine IV Evangg. Tabulae synopticae, p. IX—XII. 158. Mit rück-
sichtslosester Kühnheit ist jenes Prinzip in Andr. Osianders Harmoniae
evangg. libr. IV. durchgeführt. Es heißt hier in der Vorrede: „Semper
in hac fui sententia, quatuor evangelistas tantam non modo suae
diligentiae industriam, verum etiam Spiritus S. ἐνέργειαν ad scri-
bendum attulisse, ut verbum nullum ac ne litteram quidem
ullam, nisi certissima historiae veritate invitante ac Spiritu S.
approbante, libris suis inseruerint. Itaque, quamvis prima facie
tam in rebus ipsis quam in ordine rerum alicubi discrepare viderentur, nunquam tamen dubitavi, quin sub tali specie perturbatae
dissensionis ordinatissimus et perfectissimus lateret
omnium rerum consensus, quem quisquis explicare et in lucem
producere posset."

der Erzählungen zu halten hier nicht allein unerlässlich, sondern ein kritisches Abwägen des Gemeinsamen und des Eigenthümlichen, welches sich in den verschiedenen Erzählungen findet, wird zur Annahme verschiedener, wenngleich einander ähnlicher Fälle führen. Dies ist das wahrscheinliche Resultat der kritischen Betrachtung solcher Erzählungen, wie die von der an Jesu vollzogenen Salbung des schuldbeladenen Weibes (Luk. 7, 36—50) und die von der Salbung Maria's ist (Mt. 26, 6 ff. M. 14, 3 ff. Joh. 12, 1—8); — das Gleichniß von der Anvertrauung der zehn Minen von den zehn Knechten, denen sie anvertraut werden (Luk. 19, 11—28.), und von der Vertheilung der Talente unter drei Knechte (Mt. 25, 14—30.) — das Gleichniß von der königlichen Hochzeit und dem vermißten hochzeitlichen Kleide (Mt. 22, 1 ff.) und vom Abendmahl und den säumenden Gästen (Luk. 14, 16—24). Gleichfalls ist die Unübereinstimmung nur scheinbar, wo sich die Verschiedenheiten zwar auf die Darstellung des nämlichen Faktums beziehen, sich aber gegenseitig nur als die minder genaue Erzählung zu der genaueren verhalten, oder sich, wenn jede für sich betrachtet unvollständig ist, unter einander ergänzen. So z. B. Mt. 20, 29 ff. (zwei Blinde beim Ausgange von Jericho sehend gemacht), vgl. Luk. 18, 35 ff. (ein Blinder beim Eingange zur Stadt), M. 10, 46 ff. (ein Blinder beim Ausgange derselben) — Mt. 9, 18. (Jairi Töchterlein: ὅτι ἐτελεύτησεν), vgl. Luk. 8, 42 u. ἀπέθνησκεν — B. 49: τέθνηκεν — M. 14, 4 f.: τινές, vgl. Mt. 26, 8: οἱ μαθηταί, Joh. 12, 4: Judas — Mt. 26, 48 ff. (Jesus in Gethsemane durch den Judaskuß verrathen), vgl. Joh. 18, 4. 5. (Jesus sich selbst angebend) — Apg. 9, 8. 26. (Paulus nach Damaskus, und von da nach Jerusalem), vergl. Gal. 1, 17. 18. (nach Arabien, wieder nach Damaskus, endlich nach Jerusalem) — 2 Cor. 11, 25. 13, 1. (die verschiedenen Reisen und Leiden des Paulus, und sein zweimaliger Aufenthalt zu Corinth); verglichen mit der Erzählung in der Apostelgeschichte von den Schicksalen des Apostels — Gal. 1, 18. 19. (Paulus zu Jerusalem allein mit Petrus und Jakobus zusammen), vgl. Apg. 9, 27. (Barnabas führte Paulus πρὸς τοὺς ἀποστόλους) — 1 Tim. 1, 3. (Timotheus, bei der Abreise des Paulus nach Macedonien, in Ephesus zurückgelassen), vergl. Apg. 19, 22. (Timotheus früher von Paulus von Ephesus nach Macedonien geschickt).

Größer aber ist die Anzahl der Erzählungen, namentlich in den Evangelien, wo die Verschiedenheiten eine wirkliche Unübereinstimmung in historischen Einzelheiten angeben, entweder mit Rücksicht auf Personen, die Zahl und Namen derselben, auf Zeit und Ort, oder auf die Aussagen des Herrn, die Verbindung, und den darauf beruhenden Sinn, worin sie gesprochen sind. Auf Verschiedenheiten dieser Art, welche indessen auf den Kern des historischen Berichts ohne Einfluß bleiben, führt uns die synoptische Lesung der Evangelien bei jedem Schritt: vom Geschlechtsregister Jesu und der chronologischen Reihefolge der verschiedenen Theile der Geschichte seiner Kindheit bis zum Einzuge in Jerusalem, dem letzten Abendmahle mit den Jüngern, der Stunde der Verurtheilung und Kreuzigung und den Engeln am Grabe des Auferstandenen. Aus inneren und äußeren Kriterien zu entscheiden, welche von den verschiedenen Angaben Anspruch darauf hat, als die ursprüngliche und wahre zu gelten, oder mit Wahrscheinlichkeit aus den verschiedenen Berichten das historische Faktum auszumitteln, ist Aufgabe der historischen Kritik. Das Resultat der kritischen Untersuchungen über die Authentie der einzelnen Evangelien bleibt hierbei nicht ohne wesentlichen Einfluß, und nicht minder kommt der mehr oder weniger historische Charakter der einzelnen Bücher hier in Betracht. Das Johannes-Evangelium und die Apostelgeschichte sind offenbar nach historisch-chronologischem Plan angelegt; diesen nähert sich das Evangelium des Lukas durch ähnliche Bestrebung an; wogegen die Anordnung im Matthäus-Evangelium, was die wesentlichen Bestandtheile betrifft, außerhalb des historischen Plans liegt, auch Markus scheint, ohne bestimmten Zweck, bei einer Aggregation der historischen Einzelheiten stehen geblieben zu seyn. Diese Arbeit aber liegt außerhalb des Gebietes der Hermeneutik. Diese beschäftigt sich mit jedem einzelnen Bericht für sich betrachtet, und schränkt sich, nachdem sie das gegenseitige Verhältniß zwischen den verschiedenen Berichten ins Reine gebracht hat, darauf ein, zur Anerkennung zu bringen, was dem einzelnen Berichterstatter als historische Wahrheit gegolten hat.

§. 29.

In Erzählungen, wo auf eine schwankende Lage, in welcher sich die heiligen Verfasser als

Zeugen von der erzählten Begebenheit befunden haben, und, als Folge davon, auf eine gewisse Unsicherheit in der Beurtheilung der historischen Faktieität hingedeutet wird, liegt eine exegetische Aufforderung zur Unterscheidung einer solchen Erzählung von anderen, bei welchen ein reines und unmittelbares Verhältniß zwischen der Begebenheit und dem Zeugen Statt findet.

Die historische Auslegung gränzt hier unmittelbar an das Gebiet der historischen Kritik. Dort wie hier geht die Untersuchung auf den mehr oder minder historischen Charakter aus, der einer gewissen Erzählung zuerkannt werden müsse. Aber die Aufgabe ist bei der Auslegungsarbeit mehr begränzt. Die historische Kritik ruft bei ihrer Untersuchung alle Momente zu Hülfe, ohne zu berücksichtigen, woher sie genommen sind, ob sie außerhalb oder innerhalb der Gränzen der Erzählung liegen. Die historische Auslegung hingegen schränkt sich auf solche in der Erzählung selbst vorkommende Winke ein, durch welche der Verfasser ein entfernteres, durch dazwischengetretene Personen vermitteltes oder durch eingetroffene Umstände verdunkeltes, Verhältniß zwischen dem Erzähler selbst und dem erzählten Faktum angedeutet hat. So geben die evangelischen Erzählungen von der Geburt, der Taufe und Versuchung Jesu einen fruchtbaren Stoff für die historische Kritik ab. Bei dieser Untersuchung kommen nun allerdings auch die exegetischen Resultate vorzüglich in Betracht; aber insofern diese aus dem Charakter der ganzen Vortragsform als dichterisch mythisirender gezogen werden sollen, gehören sie unter die philologische Auslegung (s. oben S. 337 f.). Die historische Auslegung geht von der Stellung zu der erzählten Begebenheit aus, welche der Erzähler selbst in mehr oder minder bestimmten Andeutungen in seiner Erzählung angegeben hat, und sie bleibt demnach bei den kritischen Spuren stehen, welche die subjektive Unsicherheit des Erzählers in Betreff des historischen Fundaments, eine gewisse Unterscheidung des eigentlichen Faktums von der Gestalt, in welcher er dasselbe aufzufassen vermocht hat, zu verrathen scheinen.

Hierzu kann gerechnet werden:

Die Erzählung von der Transfiguration. Mt. 17, 1 — 9. Mr. 9, 2 — 13. Luk. 9, 28 — 36. Nicht allein verräth die Beschreibung selbst von der erzählten μεταμόρφωσις („sein Angesicht leuchtete wie die Sonne, und seine Kleider wurden weiß, als ein Licht und wie der Schnee" — „die Gestalt seines Angesichts ward anders") eine unbestimmt schwebende Vorstellung von dem Vorgefallenen, wie denn auch das Ganze von Jesu selbst (Mt. 17, 9.) als ein ὅραμα bezeichnet wird; sondern es heißt ausdrücklich von den drei anwesenden Zeugen: „sie wußten nicht, was sie redeten, denn sie waren bestürzt" — „sie waren voll Schlafs;" und ferner: „da sie ihre Augen aufhoben, sahen sie Niemand, denn Jesum allein;" —

Die Erzählung von der Erscheinung des Engels oder der Engel in und am Grabe nach der Auferstehung: indem die Evangelien sehr bestimmt zwischen dem Bericht der Weiber von den Engeln (Joh. 20, 11. 12. Luk. 24, 4.) und dem Zeugniß der Jünger unterscheiden; von Petrus heißt es ausdrücklich, wie er Nichts gesehen habe außer den Leinen und dem Schweißtuch (Joh. 20, 6. 7. Luk. 24, 12.); —

Die Erzählung von der Erscheinung des Engels in Gethsemane: Luk. 22, 43. Der Evangelist selbst fügt hinzu (und noch ausdrücklicher Matthäus und Markus): daß Jesus seine Jünger schlafend fand; der Bericht ist also ohne historische Gewähr gelassen; —

Die Erzählung von der Himmelfahrt Jesu: M. 16, 19. Luk. 24, 51. Apg. 1, 9. Die unbestimmten Ausdrücke, worin die Erzählung gehalten ist („er ward aufgehoben gen Himmel" — „er schied von ihnen, und fuhr auf gen Himmel" — „er ward aufgehoben, und eine Wolke nahm ihn auf vor ihren Augen weg") scheinen von Ungewißheit in Betreff der physischen Seite des erzählten Faktums zu zeugen; —

Die Erzählung von dem Phänomen am Pfingstfeste: Apg. 2, 2. 3. Wie unbestimmt ist nicht die Beschreibung: „ein Brausen vom Himmel als eines gewaltigen Windes" — man sahe an ihnen die Zungen zertheilet, als wären sie feurig;" —

Die Erzählung vom Gesicht des Petrus: Apg. 10, 9 ff. Lukas leitet sie mit den Worten ein: „er ward entzückt, und sahe den Himmel aufgethan" u. s. w.

Die Erzählung von den Gesichten und Offenbarungen des Paulus (ὀπτασίαι κ. ἀποκαλύψεις), 2 Cor. 12, 1 ff.; wo der

Apostel zu wiederholten Malen erklärt, daß er sich des Zusammenhanges nicht bewußt ist („ob es ihm in dem Leibe oder außer dem Leibe widerfahren ist — Gott allein weiß es").

Die historische Auslegung stellt nicht in Frage, daß die Verfasser hier von der Wirklichkeit irgend eines faktisch Gegebenen überzeugt gewesen sind, und daß sie es als solches haben darstellen wollen. Sie macht aber darauf aufmerksam, wie die Erzählung selbst, was den historischen Charakter betrifft, sich von den übrigen Berichten im N. Test. unterscheidet, insofern die Verfasser theils sich nicht als Augenzeugen, sondern als Ueberlieferer des Berichts Anderer ankündigen, theils sich auf eine Beschreibung dessen beschränken, was sich ihnen dargestellt hat, ohne — wozu sie sich, wie es scheint, nicht im Stande gesehen haben — eine anschauliche Darstellung der objektiven Beschaffenheit des Ereignisses zu geben. Sie scheinen hierdurch selbst mehr die ideelle als die materielle Seite des Geschehenen, mehr die religiöse Bedeutung als die empirische, die dogmatische Wahrheit mehr als die historische hervorzuheben. Indem die Auslegung diese Spur befolgt, ist es so weit entfernt, irgend einer Willkühr sich schuldig zu machen, daß vielmehr ein anderes Verfahren, welches diese Erzählungen mit den übrigen in den heiligen Büchern in gleiche Linie stellte, mit gutem Grunde als unkritisch gelten müßte.

§. 30.

Wo der Text bestimmte geographische 1., historisch-politische 2., archäologische 3. oder physische 4. Data entweder angiebt oder auf dieselben hindeutet, da ist die Auslegung durch die nöthige Sachkunde bedingt.

1. Cäsarea in der Apostelgesch. 8, 40. 9, 30. 10, 14, und Cäsarea (Philippi) in den Evangelien (Mt. 16, 13., M. 8, 27. u. a. m. St.) — Achaia, d. i. Griechenland (Apg. 19, 21. Röm. 15, 26. 1 Thess. 1, 7. 8.), und das prokonsularische Achaia (Apg. 18, 12. 2 Cor. 1, 1.) — Vgl. die exegetischen Schwierigkeiten Joh. 1, 28. (Bethania) und Tit. 3, 12. (Nikopolis.)

2. Luk. 10, 30 ff. im Gleichniß von dem barmherzigen Samariter: Jericho, Priesterstadt, und der Weg zwischen derselben

und Jerusalem unsicher durch Räuber *) — Luk. 19, 12 ff.: Hindeutung, wie es scheint, auf die römische Reise des Archelaus, um die Regierung über Judäa zu erhalten (Iosephi archaeologia iudaica XVII. 12. 13.) — Luk. 9, 53. und Joh. 4, 9.: das Verhältniß zwischen Juden und Samaritern; vgl. Iosephus I. I. XI. 4. XII. 3. XVIII. 3. XX. 5. — Joh. 1, 47. 7, 52.; die Galiläer, ein Gegenstand der Geringschätzung und des Spottes ihrer Landsleute.**) — Joh. 18, 13.: das hohepriesterliche Ansehen des Annas; vgl. Iosephus I. I. XVIII. 4.; nach dem Annas, sein Sohn Eleazar und sein Schwiegersohn Caiphas Hohepriester — Apg. 17, 21. 22.: die Redseligkeit der Athener, und ihre äußere Gottesfurcht***) — Apg. 18, 2.: die Vertreibung der Juden aus Rom durch Claudius; vgl. Sueton. Claud. 25. Dio Cass. 60, 6. — Apg. 21, 38.: Aufruhr durch einen Aegypter; vergl. Ioseph. I. I. 20, 12. de b. iud. 2, 12. — Apg. 22, 25.: die Berufung des Paulus auf das römische Bürgerrecht; vgl. Cic. pro Rabir. c. 4. in Verr. V. c. 57. — Apg. 23, 5.: die problematische hohepriesterliche Würde des Ananias; vgl. Ioseph. archaeol. iud. 20, 8. — Apg. 25, 10 ff.: die Appellation des Paulus an den Kaiser; vgl. Plin. ep. X. 97. — 2 Cor. 11, 32.: Damaskus in der Gewalt des Aretas; vgl. Ioseph. I. I. 18, 9. — Apok. 2, 13.: das Martyrium des Antipas; vgl. Euseb. H. E. IV. 15. — Apok. 7, 5.: Weglassung vom Stamme Dans; vgl. 1 Chron. 4 ff. — Apok. 13, 3. 12. 17, 10. 11.: die sieben Köpfe des Thiers, von welchen der eine tödtlich verwundet, aber wieder geheilt, mit sieben Königen parallelisirt, unter welchen Einer, eine Zeitlang verschwunden, als der achte wiederkommen wird; vergl. Sueton. Nero c. 40. 57. Tacit. ann. II. 8. — Apok. 16, 16.; Harmagaddon, der Ort zur Niederlage; vgl. B. d. Richt. 5, 19. 2 Kön. 23, 29 f.

Hierher gehört auch die Benutzung der historischen Traditionen der Juden, hauptsächlich in der Rede des Stephanus, Apg. 7. (vgl. Josephus und Philo); — auch Mt. 16, 14.: Jeremias als

---

*) Zufolge des Eusebius und des Talmud, s. Paulus Comm. zu d. St.

**) Aeußerungen aus dem Talmud und den Kirchenvätern, bei Lücke und Tholuck zu d. St.

***) Die Zeugnisse alter Verfasser finden sich bei Kuinöl zu d. St. gesammelt.

der erwartete Vorgänger des Messias; vgl. 2 Makk. 2, 7. 8. 15, 14. — 1 Cor. 10, 4.: der Fels (d. i. Christus), die Juden in der Wüste begleitend; s. Wetstein zu d. St. — 2 Tim. 3, 8.: Jannes und Jambres; s. Schoetgen. horae hebr. ad h. l. — 2 Petr. 2, 15.: Bileam als Diener der Ungerechtigkeit; s. Baxtorf. lex. rabb. — Iud. 9.: der Streit Michaels mit dem Teufel über den Leichnam Mosis: s. Schoetgen. horae hebr. ad h. l. — Apok. 2, 17.: der Mannakrug in der Bundeslade aus der Zerstörung des Tempels gerettet; vgl. 2 Makk. 2, 4—7. Fabric. cod. apocr. V. T. H. p. 1412. — Apok. 11, 3.: die zwei Zeugen, als Vorgänger des Messias; s. Ewalds Comm. zu d. St.

Au nicht wenigen Stellen ist es gerade Mangel an Kenntniß von der Geschichte, auf welche angespielt wird, der die Auslegung unsicher oder dunkel macht; so z. B. Luk. 13, 1. 2.: die hingerichteten Samariter mit denen zusammengestellt, die durch den Thurm zu Siloam erschlagen worden waren — Luk. 16.: das Gleichniß vom ungetreuen Haushalter, wahrscheinlich auf Fakta gebaut, die den Jüngern bekannt gewesen sind — Joh. 1, 49.: Nathanael unter dem Feigenbaume — 1 Cor. 15, 32.: ἐθηριομάχησα ἐν Ἐφέσῳ — 2 Cor. 12, 2 ff. 7.: die Entzückung und Anfechtung des Paulus — 2 Cor. 13, 1.: zwei vorhergehende Reisen des Paulus nach Corinth — Phil. 4, 3.: σύζυγος γνήσιος — 2 Thess. 2, 3 ff. 7 ff.: „der Mensch der Sünde, das Kind des Verderbens," und dessen Widersacher (ὁ κατέχων) — 1 Tim. 1, 4.: μῦθοι καὶ γενεαλογίαι ἀπέραντοι — 2 Tim. 4, 17.: „ich bin erlöset von des Löwen Rachen" — Tit. 1, 5.: der Aufenthalt des Paulus auf Creta — 1 Petr. 5, 13.: ἡ ἐν Βαβυλῶνι συνεκλεκτὴ — 2 Joh. 1, 1.: ἐκλεκτὴ κυρία — Apok. 2, 20.: Jesabel, falsche Prophetin, zu Thyatira.

3. Mt. 5, 41.: ἀγγαρεύειν; vgl. Herod. VIII. 98. Xen. cyrop. VIII. 6, 17. — Mt. 9, 14.: das Fasten der Pharisäer; s. Winers bibl. Realler. beim Worte „Fasten" — Mt. 17, 24.: die Abgabe der zwei Drachmen; vgl. Exod. 30, 13.: Ioseph. antt. iud. XVIII. 9, 1. — Mt. 18, 16.: zweier Zeugen Gegenwart; vgl. Deut. 19, 15. — Mt. 22, 18.: die Befugniß dem Kaiser Zins zu geben; vgl. Ioseph. I. I. XVIII. 1. — Mt. 23, 5.: φυλακτήρια. κράσπεδα; vgl. Exod. 13, 1 ff. Num. 15, 38 f. Deut. 6, 4 ff. 11, 13 ff. Surenhus. Mischnah I. 9. — Mt. 24, 20. Apg. 1,

12.: ὁδὸς σαββάτου, s. Lightfoot ad h. l. — M. 2, 4.: Niederlassung des Gichtbrüchigen durch das Dach; vgl. d. Comm. des Paulus zu d. St. — Luf. 1, 5. 8.: die verschiedenen Priesterclassen; vgl. 1 Chron. 24. Ioseph. I. I, VII. 11. — Luf. 10, 4.: „Grüßet Niemand auf der Straße;“ vgl 2 Kön. 6, 4. 29. — Luf. 11, 38.: die Reinigung der Juden vor dem Essen; vgl. Schoetgen. horae hebr. ad h. l. — Luf. 11, 44.: „verdeckte Todtengräber;“ vgl. Winer beim Worte „Gräber“ — Luf. 23, 54.: σάββατον ἐπέφωσκε (d. i. der Anbruch des Sabbaths Freitag Abend) — Joh. 1, 29.: die Worte des Täufers von dem Gotteslamme, das die Sünde trägt — Joh. 7, 37.: die Libation am Laubhüttenfest; s. Winer beim Worte „Laubhüttenfest“ — Apg. 13, 43.: σεβόμενοι προσήλυτοι; s. Winer beim Worte „Proselyten“ — Apg. 19, 35.: νεωκόρος, vgl. die Inschrift auf Münzen und Monumenten, v. Graevii thesaur. antt. gr. et rom. t. XI. — 1 Cor. 14, 4. 5.: die Hauptbedeckung des Mannes und des Weibes; 2 Cor. 3, 14. 15.: die Decke vor dem Angesicht der Juden bei der Lesung der heiligen Bücher; wahrscheinlich mit Anspielung auf den jüdischen Gebrauch, das Haupt einzuhüllen, vgl. Jahns Arch. III. S. 439. — Phil. 1, 13.: πραιτώριον s. Rheinwalds Comm. zu d. St. — Hebr. 4, 13.: τετραχηλισμένα, Suicer. thes. eccl. s. h. v. — Apof. 2, 17.: ein neuer Name auf einen weißen Stein geschrieben; s. Ewalds Comm. zu d. St. — Apof. 14, 8.: Babylon, d. i. Rom; vgl. Eisenmenger I. S. 800.

4. Mt. 13, 32.: das Senfkorn zu einem Baum herangewachsen; s. Celsii Hierobotan. II. p. 256 ss. — Luf. 10, 34.: Oel und Wein als Heilmittel; vgl. Plin. H. N. 31, 47. — Joh. 4, 35.: Vier Monate bis zur Ernte; s. Winer, beim Worte „Ernte.“ — Joh. 19, 29.: der Labetrunk am Kreuze durch einen Ysop gereicht; vgl. Celsii Hierobotan. I. p. 407. — Jaf. 5, 17.: Dürre durch drei Jahre hindurch; s. Winer, beim Worte „Witterung.“

Literaire Hülfsmittel [*].

C. Niebuhr: Reisebeschreibung nach Arabien. 1774—78.

---

[*] Ein vollständigeres Verzeichniß ist in der Vorerinnerung zu Winers bibl. Realwörterbuch gegeben.

Rosenmüller: Das Alte und Neue Morgenland. 1818.
Winer: Biblisches Realwörterbuch. 2 Theile.
Bochart: Geographia sacra. 1674.
Reland: Palaestina illustrata. 1716.
Röhr: Beschreibung Palästina's. 1829.
Raumer: Palästina. 1835.
Brammer: Det hellige Land ved Herrens Tid. (Das heilige
    Land zur Zeit des Herrn.) 1832.
S. Oedmann: Sammlungen aus der Naturkunde zur Erklä-
    rung der heiligen Schrift. 1785.
Bochart: Hierozoicon. 1663.
Forskål: Descriptio animalium in itinere orient. 1775.
Celsii Hierobotanicon. 1745.
Mead: Medica sacra. 1749.

Lightfoot: Horae hebraicae et talmudicae. 1679—84.
Schoetgenii Horae hebraicae. 1733—42.
Vitringa: de Synagoga Veterum. 1696.
Selden: de iure ant. et gent. iuxta disciplin. Hebr. 1640.
    1695.
Spencer: de legibus Hebr. ritualium. 1686. 1732.
Michaelis: Mosaisches Recht. 1775—1803.
Lund: die alten heil. Alterthümer. 1695. 1704. 1712.
Jahns bibl. Archäologie. 1796—1805.
de Wette: Lehrb. der hebr. jüd. Archäologie. 1814.
Scholz: Handbuch der bibl. Archäologie. 1834.
Georgi: die alten jüdischen Feste. 1835.

Theologische Auslegung.

Die theologische Auslegung geht von der Anerkennung des eigenthümlichen Verhältnisses aus, worin das Neue Testament zum Christenthume als göttlicher Veranstaltung steht, bestimmt, in die Weltgeschichte als Mittelpunkt der geistigen Versöhnung Erlösung und Heiligung einzutreten. Diese Bestimmung kann aber nicht erreicht werden ohne ein geschichtliches Gebiet, durch welches die christliche Wahrheit durch alle Geschlechter hindurch hinreichend erhalten ist, und ein solches kann nur in einer schriftlichen Ueberlieferung gegeben seyn. So entsteht der Begriff von heiliger oder inspirirter Schrift, wodurch dieses bezeichnet wird, daß das Einwirken und Durchdringen des göttlichen Geistes der Wahrheit, durch welches die menschliche Individualität bei den Aposteln zu reiner Erkenntniß der geoffenbarten Wahrheit und zum Vermögen, dieselbe mitzutheilen, erhoben und verklärt worden, in den von ihnen uns hinterlassenen Schriften so ausgedrückt ist, daß wir in denselben diese Wahrheit in unentstellter Reinheit und Kraft besitzen. Die theologische Auslegung stützt sich sonach auf Voraussetzungen, welche in der christlichen Kirche als Axiome gelten müssen: nämlich von einer geistigen Lebenskraft, einer organischen Einheit in der Schrift, wodurch eben derselbe Geist, aus welchem sie herrührt, auch denen sich mittheilt, die mit ernster Gesinnung in ihren Inhalt sich hineinarbeiten, und sie zu der rechten Einsicht führt, daß und wie das Einzelne in der Verbindung mit dem Ganzen seine hinreichende Auslegung finde. Sonach werden die Fäden von Neuem aufzunehmen seyn, welche die philologisch = historische Auslegung unvollführt gelassen hat, damit von dem Standpunkte des christlichen Glaubens ein exegetisches Resultat aus demjenigen gewonnen werde, was für die bloß sprachliche und historische Betrachtung als unbestimmt, mehrdeutig, dem Zweifel und Widerspruch ausgesetzt, hat dahinstehen müssen.

§. 31.

Bei dem didaktischen Inhalte wird die Auslegung des N. Test. erst dadurch vollendet, daß die

28

einzelne Aeußerung, Entwickelung oder Weitereinführung auf die derselben zum Grunde liegende
christliche Idee zurückgeführt wird, so daß das Verhältniß nachgewiesen werden könne, worin die verschiedenen, mehr oder minder adäquaten und mehr oder weniger ausgeführten Vorstellungsformen zum wesentlichen Inhalte des Dogma's stehen.

Die philologisch-historische Auslegung hat eine genau eingehende und scharf auffassende Untersuchung des Einzelnen zum Ziel, mit Rücksicht auf Inhalt und Form, auf alle Eigenthümlichkeiten, deren Grund im Sprachgebrauch, in der Form des Vortrags, in psychologischer Individualität, in historischen Verhältnissen zu suchen ist, und die daher durch umfassende Betrachtung des Textes, durch wechselseitiges Parallelisiren gleichartiger Stellen oder durch Berücksichtigung anderweitiger Verhältnisse ihre Auslegung finden.

Hiemit ist aller Schriftauslegung der Grund gelegt, und Gründlichkeit in dieser Arbeit kann nicht genug empfohlen werden. Ohne dieselbe ermangelt das protestantische Schriftprinzip, das Prinzip von der Schrift als ihrer eigenen Auslegerin, wahrer und wirklicher Bedeutung. Gegen die katholische oder katholisirende Behauptung, daß die Auslegung der Schrift einer in der Kirche aufbehaltenen, geheimnißvollen Ueberlieferung untergeordnet seyn solle, die indeß, um in der Wirklichkeit geltend werden zu können, in den kirchlichen Bekenntnissen, Glaubensregeln und Lehrbestimmungen ihren Ausdruck haben soll, enthält die freie philologisch-historische Auslegung einen faktischen Einspruch und die zuverlässigste Wehr. Und nicht minder wohlthätig ist das Gegengewicht dieser Auslegung gegen ein oberflächliches Spiritualisiren, welches sich über die Schrift als menschlich-unvollkommene Ausdrucksform Gewalt anmaßt, und dieselbe der Berichtigung und Bestätigung des Geistes unterworfen wissen will, es mag nun diese in einem innern Lichte, das in einer einzelnen begnadigten Seele aufgegangen seyn soll, in einem gewissen philosophischen Schulsystem oder in einer nach subjektiver religiöser Ansicht angelegten Vernunftkritik begründet werden, — gegen jedwede Exegese also, die es auf den verschiedenen Wegen der Schwärmerei oder der allegorisirenden Dichtung oder der Spekulation oder der Freidenkerei darauf anlegt, das Eigenthümliche in den Dogmenentwickelungen

und Deduktionen der Schrift in nichtigen Schein zu verflüchtigen,
und durch ein Auswässern derselben in praktische oder spekulative
Gemeinsätze oder durch ein Auflösen in den Dunst mystischer Ne-
belgebilde alle Schwierigkeiten mit Leichtigkeit zu beseitigen weiß.
Wo solchergestalt die philologisch-historische Auslegung der Schrift
in ihrem Rechte anerkannt und mit wissenschaftlicher Gründlichkeit
ausgeübt wird, da ist sowohl ein kirchliches Centralisationssystem
ausgeschlossen, das die freie Thätigkeit der verschiedenen Individualitäten verpönt, als andererseits ein unkirchliches Auflösungs-
system, das die Regel und den Maßstab der Wahrheit in der individuellen Subjektivität gegeben wissen will.

Es darf aber auf der anderen Seite nicht übersehen werden,
daß ein Hinrichten der Aufmerksamkeit und Beobachtung auf Einzelheiten, auf das Concrete, das Individuelle, gar leicht die Auslegung auf Abwege in anderen Richtungen führt, zu einem Hervorheben nämlich und Urgiren des Aeußeren, des Zufälligen als
zum Wesen der Sache gehörend. Diese Einseitigkeit wird wiederum
zu sehr verschiedenem, fürs rechte Verstehen und Aneignen des
Inhaltes der Schrift aber gleich nachtheiligem Resultat führen.
Wo ein strengeres System von der Beschaffenheit der göttlichen,
positiven Autorität der Schrift zum Grunde liegt, wird die Folge
ein Festhalten an den einzelnen Ausdrücken in der Schrift nach der
eigentlichen Bedeutung der Wörter werden, ohne tiefere Untersuchung des Verhältnisses, worin diese zur Behandlung des Dogma's im Allgemeinen und zur Einheit der christlichen Hauptideen
steht, ein Isoliren also des Buchstabens der Schrift, ein Losreißen vom Geiste derselben. Bei einer anderen theologischen Geistesrichtung hingegen wird die genaue Analyse des Einzelnen, gerade
bei den didaktischen Partieen der Schrift, dahin führen, das sprachlich Incorrekte, das logisch Ungenaue, das formell Unbefriedigende
in der Begriffsbestimmung, Entwickelung und Beweisführung hervorzuheben; und ein einseitiges Verweilen bei dieser, der menschlichen, formellen, in individuellen oder zufälligen Verhältnissen
gegründeten Seite der Schrift wird nur gar zu leicht das Interesse
von der göttlichen und substantiellen ablenken, so daß die Auslegung daran gehindert wird, dem Denken des Verfassers, der beabsichtigten, wenn gleich weniger genau dargestellten, ideellen Wahrheit ihr Recht widerfahren zu lassen.

28 *

Es muß die Schriftauslegung auf theologischem Grunde ru=
hen, um gegen den misverstandenen Literalismus und Spiritua=
lismus schützen, um die Ansprüche des Geistes mit denen des Buch=
stabens aussöhnen *), und somit auf einmal die dogmatische Rein=
heit und die dogmatische Totalität sichern zu können; denn wäh=
rend die buchstäbliche Richtung in der Auslegung von dem Interesse
geleitet wird, nichts von dem, was mit zur christlichen Lehre zu
gehören scheinen könnte, zu vergeben, sondern dieselbe ganz und
unverkürzt darzustellen, so liegt der spiritualistischen Auslegung
das Interesse zum Grunde, Nichts aufzunehmen, was der Lehre
fremd und zuwider scheinen könnte, sondern dieselbe rein und un=
gemischt zu erhalten. Es ist ein geistiges Eindringen, worauf es
hier ankommt, in das Ganze der christlichen Ideen, in das innere
Leben und Wesen des Dogma's, und zwar nicht so wie dieses in
späteren Theorieen und Dogmenbestimmungen ausgedrückt ist, son=
dern so wie es, von dem Herrn und seinem Geiste herrührend, seine
Apostel erfüllte, und ihnen die Wahrheit des Evangeliums, bei
ihrem Forschen und bei der freiesten und vielseitigsten Bestrebung,
das Evangelium für Andere fruchtbar zu machen, Leitstern und
Führer werden ließ. Erst so werden wir zur rechten Würdigung
des Lehrvortrags der Schrift, zur rechten Erkenntniß des gegen=
seitigen Verhältnisses zwischen den einzelnen dogmatischen Bezeich=
nungen und Entwickelungen geführt werden, und uns davon über=
zeugen, daß die Fülle und Wahrheit des religiösen Lebens in der
Schrift zu jeder Zeit zu einem Ausdruck herangediehen ist, der
zwar in mancherlei Beziehung durch das menschlich Individuelle,
durch lokale und temporäre Rücksichten bedingt ist, worin sich aber
dessenungeachtet der christliche Wahrheitsgehalt eingeschlossen und
aufbewahrt finden wird, wenn auf den Unterschied zwischen der
antiken und der modernen, der unmittelbar religiösen und der durch
Reflexion vermittelten, der concreten und der abstrakten Ausdrucks=
weise über die göttlichen Dinge gehörige Rücksicht genommen wird.

§. 32.

Wo es durch gründliche und umfassende Unter=
suchung der Behandlung des Gegenstandes, der An=

---

*) „Res in literis tenentur, ut literae in rebus legantur.“
Tertullian. de resurr. carn. c. 20.

lage und Einkleidung der Rede, durch Vergleichung mit anderen, klareren und bestimmteren Aeuße= rungen und durch Beobachtung auffallender Ue= bereinstimmung mit herrschenden Zeitbegriffen und Ausdrucksweisen wahrscheinlich gemacht ist, daß vorsätzliche und wohlbedachte Annäherung an die allgemeine Vorstellungs= und Ausdrucksform Statt gefunden hat (s. §. 26.): da muß es der Ana= logie der Schrift oder der objektiv gegebenen Wahrheit des Christenthums anheim gestellt wer= den, die Auslegung dadurch zu vollenden, daß sie das positive Verhältniß zwischen dem doktrinellen Inhalte und der symbolischen Wortform zu be= stimmen sucht.

Wenn man nach Semlers Zeit dem auf das N. Test. über= tragenen Akkommodationsbegriffe eine solche Erweiterung gab, daß der Name „heilige Schrift" meist nur als eitler Ehrentitel gebraucht wurde, indem die Benutzung allerlei falscher Vorstellungen und abergläubischer Fiktionen, wie sich dieselben bei Zeitgenossen vor= fanden, ohne nähere gehörige Bestimmung und Einschränkung, in dem belehrenden und beweisenden Vortrage zugestanden wurde, zur Erreichung irgend eines untergeordneten Zwecks (s. S. 306 ff.): so ward man später, um sich von diesem Extrem fern zu halten, zu der Forderung geneigt, daß die Akkommodation im Vortrage Jesu und der Apostel auf solche Stellen beschränkt werden müsse, wo der Sinn nach wörtlicher Erklärung in augenscheinlichen Wi= derstreit mit historischer oder geistiger Wahrheit gerathen würde. Aber eine solche Beschränkung auf einzelne auserlesene Stellen muß jeder Reflexion über die Natur der Rede sowohl als einer unbefangenen Betrachtung der Schrift nach ihrer historischen Be= schaffenheit als willkührlich und in Misverständniß gegründet er= scheinen. Denn der Nothwendigkeit, an die jede menschliche Wirk= samkeit geknüpft ist, die gegebenen Verhältnisse besonders in gei= stiger Beziehung zu berücksichtigen und zu benutzen, durfte sich das Wirken Jesu und der Apostel nicht entziehen. Diese Rücksicht mußte immerfort und durchgehends, im Wort sowohl als in der That, beobachtet werden (vgl. 1 Cor. 9, 19 — 22.); und Merk= zeichen dieses freiwilligen, weislich berechneten Abhängigkeitsver=

hältnisse müssen in allen Theilen der Rede nachgewiesen werden können. Und gleichwie nun die historische Auslegung durch Verkennung der Allgemeinheit dieses Verhältnisses in ihrem Fortgange gehemmt werden würde, so würde auch die theologische Auslegung dadurch aus der natürlichen Spur herausgedrängt werden. Denn nicht durch unhistorisches Beschränken der Akkommodation in extensiver Hinsicht, sondern durch genaueres Begränzen in intensiver Hinsicht, zufolge des besonderen Zwecks und der eigenthümlichen Bestimmung derselben, soll die Befriedigung des religiösen Interesses gesucht werden. Als Absicht nämlich eines solchen Anschließens im Gebrauch des Worts muß jede andere als ausgeschlossen gedacht werden, außer derjenigen, welche den Gebrauch der Worte der Schrift überhaupt geleitet hat: der Wahrheit des Evangeliums den Weg zu eröffnen und Eingang zu verschaffen; und wenn unser christlicher Glaube mit dieser Absicht Weisheit in Anwendung der Mittel in Verbindung setzt, so folgt daraus, daß alle Akkommodation im N. Test. als der evangelischen Wahrheit dienend gedacht werden, daß ferner diese Wahrheit als Regulator des Grades und der Art der geschehenen Annäherung betrachtet werden muß. Sonach wird diese denn auf die Auswahl und Benutzung solcher traditionellen Volksvorstellungen, Lehrformen und Ausdrucksweisen zu beschränken seyn, in welchen eine höhere und reinere Wahrheit verborgen lag, als es diejenigen, die sich derselben bedienten, im Allgemeinen ahneten. An diese Formen konnte das Evangelium mit Glück angeknüpft werden; die Wahrheiten desselben durften ihnen als interimistischen Organen, als inhaltsreichen Symbolen anvertrauet werden. Gegen schädliche Misdeutung, die zu befürchten war, konnte theils in der besonderen Art, in welcher diese Formen modificirt wurden, Sicherung gesucht werden, theils durfte es der aufklärenden und freimachenden Kraft des Christenthums überlassen werden, zu gradweise fortschreitender Entwickelung der Symbolik der Sprache, zu immer tieferem Eindringen in deren Bedeutung, immer reinerem Entwickeln des dogmatischen Moments zu führen. Was nun den verschiedenen Grad und die verschiedene Art im Gebrauche der Akkommodation betrifft, so ist die Annäherung am wenigsten in die Augen fallend, wo sie sich über die ganze Redeform erstreckt, als die Wahl und Zusammenstellung der Gründe, die An-

lage und den Ton des Vortrags im Allgemeinen bestimmend; der
psychologischen Beobachtung, der feineren Analyse entfaltet sie
sich indeß nicht minder klar, z. B. in den Gesprächen Jesu mit
Nikodemus und der Samariterin, in den Expostulationen des
Paulus mit den Corinthern (1 Cor. Cap. 1—3. 8. 9. 2 Cor.
Cap. 1—2. u. a. St.), oder in seiner Rede an die Athener und
an Felix (Apg. 17. 24.) (s. oben). Auf die augenscheinlichste Weise tritt dagegen der historische Einfluß auf die Redeform
— wo er auch allgemein eingeräumt worden ist — theils in bestimmten Ausdrücken bildlicher, gnomischer Art hervor (z. B. bei
der Beschreibung der Wiederkunft des Herrn zum Gericht, des seligen und unseligen Zustandes im zukünftigen Leben), theils in dem
unbedingten Gebieten und Verbieten gewisser äußerer Handlungen,
während doch die sittliche und religiöse Bedeutung des Gebotenen
oder Verbotenen auf der Gesinnung beruht, z. B. dem Bösen
nicht zu widerstreben (Mt. 5, 39.) — unablässiges Beten (1 Thess.
5, 17.) — Werth der Mildthätigkeit (Luk. 16, 9. 2 Cor. 9, 6.) —
Vorzüglichkeit der Ehelosigkeit (Mt. 19, 11. 12.) — Hinlänglichkeit des Bekenntnisses (Mt. 10, 32. Römer 10, 10.) — Ausschließung von der Sündenvergebung (Hebr. 10, 26.). Schwieriger
wird die Frage, wo sich die vermeintliche Akkommodation nicht
auf einzelne Ausdrucksformen, sondern auf ganze Vorstellungen bezieht. Indeß bleibt das Verhältniß das nämliche.
Gleichwie die Wortformen nämlich Bezeichnungen der Vorstellung
sind, aus verschiedenen Aehnlichkeitsverhältnissen entnommen, so
sind die concreten Vorstellungen die natürlichen Bezeichnungen der
höher liegenden Idee. Daß der Teufel in den Menschen fährt
(Luk. 11, 24.), daß er ausgetrieben, vom Himmel herabgestürzt
wird, wie ein brüllender Löwe umhergeht, von den Füßen der
Gläubigen zertreten wird (Joh. 12, 31. Luk. 10, 18. 1 Petr. 5, 8.
Röm. 16, 20.), das Alles wird allgemein als bildliche Bezeichnung
des geistigen Einwirkens des Teufels auf den Menschen, des Umsturzes seiner Macht und seines Reichs erkannt; aber in demselben
Verhältniß, in welchem diese Bilderformen zur Vorstellung vom
Teufel stehen, steht wiederum diese Vorstellung von der Persönlichkeit des Teufels und dem dämonischen Reiche zu der Idee von
der Macht und Ausdehnung des Bösen über die Grenzen der
menschlichen Welt hinaus.

Die exegetische Behandlung muß daher in allen Fällen wesentlich dieselbe bleiben, es mag nun die Form, von deren wahrer Bedeutung die Frage ist, entweder in der Anlage und Anordnung der Rede im Allgemeinen, oder in einzelnen Ausdrücken oder in ganzen Vorstellungen zu suchen seyn. Wollte man sich bei der Auslegung solcher Stellen an den einfachen wörtlichen Sinn halten, so würde man bei dem nämlichen Punkte stehen bleiben, auf welchem sich diejenigen Leser oder Zuhörer befanden, deren Schwäche Jesus und die Apostel gerade berücksichtigen mußten, wogegen dahin gestrebt werden muß, den Sinn so aufzufassen, wie sie ihn würden ausgedrückt haben, wenn sie nicht durch die beschränkte Empfänglichkeit Jener und durch besondere Verhältnisse gehemmt gewesen wären. So gewiß es also hier die Aufgabe der Auslegung wird, die Leser dem Punkte des Verstehens entgegenzuführen, den Jesus und die Apostel selbst bei der Wahl der besonderen Mittheilungsform im Auge hatten, ebenso gewiß wird eine Unterscheidung dessen, was eigentlich hat ausgedrückt werden sollen, von der Form, unter welcher es ausgedrückt worden ist, nothwendig seyn. Durch philologische und historische Untersuchung des Textes — an und für sich sowohl als im Verhältniß desselben zu den religiösen Vorstellungen und dem Sprachgebrauch der Zeitgenossen — ist diese Bestimmung des gegenseitigen Verhältnisses vorzubereiten, aber ein positives Resultat kann erst durch die theologische Auslegung, die in der Mitte der christlichen Hauptideen wurzelt, und nach Anleitung derselben die dunkle, vieldeutige Rede ausdeutet, gewonnen werden. Sonach ist es — um das Verhältniß durch ein Beispiel zu erläutern — der historischen Auslegung zufolge eine Thatsache, daß der Opfertod Christi, das Daseyn des Teufels, die Auferstehung der Leiber in der Schrift gelehrt werden; aber die historische Auslegung macht zugleich auf das merkwürdige Verhältniß aufmerksam, worin die darauf Bezug habenden Aeußerungen zu Vorstellungen stehen, die, dem Mosaismus fremd, erst späterhin Bestandtheile der jüdischen Theologie und des jüdischen Volksglaubens geworden sind, und zu gleichlautenden Ausdrücken in späteren jüdischen Schriften; sie macht darauf aufmerksam, daß die traditionellen Vorstellungen von einer Versöhnung des Zornes Gottes, vom Teufel als einem mächtigen persönlichen Individuum, von dem das Böse über die menschliche

Welt ausströmen soll, von einer Wiederherstellung der irdischen Leiber — nicht in dieser Form, durch irgend eine selbstständige Behandlung, von Jesu und den Aposteln in das christliche Lehrgebäude hineingearbeitet sind, sondern daß vielmehr die Aeußerungen oftmals auf einen von demjenigen, worin die Ausdrücke gewöhnlich gebraucht wurden, abweichenden Sinn hindeuten, z. B. Römer 3, 25.: Versöhnungsopfer durch den Glauben; 1 Petr. 1, 18 f.: durch den Tod Christi von dem eiteln Wandel der Väter erlöset; Hebr. 9.: Christus im Gegensatz von den Levitischen Opfern — die psychologische Beschreibung des Ursprungs und der Entwickelung des Bösen im Menschen: Mt. 15, 19. Luk. 6, 45. Römer 7, 11. Jak. 1, 14 f. — Mt. 22, 30. (in der Auferstehung als Engel Gottes); 1 Cor. 15, 50. (Fleisch und Blut können nicht das Reich Gottes ererben.) So wendet sich denn also die Frage auf das Verhältniß, in welchem jene Vorstellungen zu den Dogmen des Evangeliums vom Versöhnungstode Jesu, vom Ursprunge und der Macht des Bösen, von der Fortdauer des Menschen nach dem Tode stehen mögen; und die Auslegung wird zur Fortsetzung der Untersuchung aufgefordert, damit, vom Standpunkte des Christenthums aus, die Wahrheit nachgewiesen werde, die, so wie sie eine Hauptstelle in der Lehre des Evangeliums einnimmt, auch zweckmäßig durch jene, im religiösen Denken des Alterthums gegründeten und dem evangelischen Zeitalter überlieferten Vorstellungsformen konnte bezeichnet werden. Die festen Punkte, welche die Auslegung hier festzuhalten haben wird, sind die Dogmen vom Tode Christi als der faktischen, von Gott selbst objektiv veranstalteten Offenbarung der göttlichen, von den Sündern subjektiv durch den Glauben sich anzueignenden Gnade gegen dieselben — vom Bösen als einer durchgreifenden, auf allen Stufen des Daseyns der Endlichkeit sich äußernden Macht, welche daher, vom Anfang an thätig, in das menschliche Geschlecht von den ersten Stammältern desselben an eingedrungen, und nur durch Hülfe göttlicher Erlösung zu besiegen ist — von der Fortdauer der menschlichen Persönlichkeit im zukünftigen Daseyn, durch die fortgesetzte Verbindung der Seele mit ihrem leiblichen, zwar geistigeren und unverweslichen, jedoch substantiell mit dem gegenwärtigen identischen Organe.

Auch von einem Anschließen von Seiten der Apostel an allgemeine Vorstellungen und Erwartungen, welches ohne Zweifel
als unfreiwillig anzusehen ist, enthält die Schrift Beispiele in den
Aeußerungen von der nahe bevorstehenden Wiederkunft des Herrn
zum Gericht (1 Cor. 10, 14. 15, 51. 1 Theff. 4, 15. 1 Tim. 6, 14.
Tit. 2, 13. Jak. 5, 8. 1 Petr. 4, 7. Hebr. 10, 25. 37. 1 Joh. 2,
18. 28.), welche wahrscheinlich durch Aeußerungen von Jesus,
wie z. B. Mt. 10, 23. Luk. 9, 27. Joh. 14, 3. 18. 23. u. m. veranlaßt worden sind. Aber das historische Mißverstehen, welches hier eingeräumt werden muß, und auch unbedenklich zugegeben werden kann, schließt das rechte Auffassen des religiösen
Moments nicht aus. Gerade einer von der Idee des Christenthums ausgehenden Auslegung der Worte des Herrn, in welchen
die verschiedenen Zeitmomente des göttlichen Gerichts in eine Einheit zusammengefaßt sind, so wie dieses nach dem Gesetz und der
Regel des göttlichen Worts in der Kirche Christi auf Erden suc-
cessiv vollzogen wird, und so wie es am Ende der Tage vollendet
werden soll, wird es vorbehalten seyn, die ideelle, religiöse Wahrheit jener Erwartung darzulegen, die in historischem Sinne uner-
füllt bleiben mußte.

Bis auf diesen Punkt fortgeführt, erhält die Schriftauslegung einen rein theologischen Charakter. Dieser zeigt sich auch
darin, daß die befriedigende Lösung der Aufgaben hier, wie überall
im Gebiete der Theologie, zuletzt auf einer gewissen Sympathie
oder einem geistigen Aufgehen der Subjektivität der Ausleger in
das objektiv Gegebene beruht. Die Auslegung darf daher, auf
dieser obersten Stufe, nur auf approximative Wahrheit Anspruch
machen; damit aber solche Annäherung auf wünschenswerthe
Weise, durch immer völligeres und klareres Verstehen des göttlichen Worts, gefördert werde, kann es nicht genug eingeschärft
werden, im Gegensatz von einem abgeschlossenen Dogmatismus,
eine reine Empfänglichkeit des Gemüths für die erweckende, be-
fruchtende, vervollkommnende Kraft des evangelischen Christenthums zu unterhalten.

§. 33.

Bei dogmatischen Darstellungen, die gegen
andere bestimmte Aeußerungen in der Schrift oder

gegen chriftliche Grundwahrheit im Allgemeinen
zu ftreiten ſcheinen, iſt es für den chriſtlichen Glauben ein Axiom, daß der Gegenſatz auf Verſchiedenheit in Auffaſſung der nämlichen Wahrheit müſſe
rebucirt werden können. Dieſes darzuthun, wird
Sache der theologiſchen Auslegung ſeyn, und zwar
durch Zurückführen der einzelnen vorliegenden
Sätze auf den dogmatiſchen Einheitspunkt, der
die verſchiedenen Vorſtellungsweiſen umfaßt, und
ſo den ſcheinbaren Gegenſatz in eine Verſchiedenheit des Standpunktes und der Entwickelungsform
ſich auflöſen läßt.

Es iſt nicht allein der Charakter des Vortrags und der Einkleidung, der im N. Teſt. durch Rückſicht auf hiſtoriſch gegebene
Verhältniſſe beſtimmt worden iſt; auch hinſichtlich des Inhaltes
iſt die dogmatiſche Behandlung einem ähnlichen Einfluſſe untergeben geweſen, indem öfters die Lehre nicht in voller und reiner
Allgemeinheit hat dargeſtellt werden können, ſondern bald dieſe,
bald jene einzelne Seite herausgehoben worden iſt, je nachdem
beſondere Verhältniſſe dazu die Veranlaſſung gaben. Dieſe par-
tiellen Bezeichnungen der Wahrheit ſind, dem Bedürfniß des
populären und oratoriſchen Vortrags zufolge, ſo ausgeſprochen,
als ob die ganze Wahrheit, ohne Bedingung, Einſchränkung
und Hinweiſung auf nöthige Ergänzung von anderen Seiten her,
darin gegeben und enthalten wäre. Und auf dieſe Weiſe entſtehen
ſcheinbare Widerſprüche, indem der eine Satz, in ſich ſelber abge-
ſchloſſen, den andern auszuſchließen ſcheint.

So z. B.: das anthropomorphiſtiſche Herausheben einer einzelnen göttlichen Eigenſchaft, namentlich in verſchiedenen Gleich-
niſſen, z. B. Luk. 11, 5—13. 18, 1—8.: Gott, durch die Beharrlichkeit des Gebetes zur Erhörung bewogen; zuſammengehalten mit dem chriſtlichen Begriff Gottes als eines über Veränderung
und Wechſel erhabenen Geiſtes; — Gott als Gegenſtand der
Furcht (Hebr. 10, 31.: „ſchrecklich in die Hände des lebendigen
Gottes zu fallen“); verglichen mit der Idee der chriſtlichen Liebe,
welche die Furcht austreibet (Römer 8, 15. Hebr. 12, 5—11.); —
die Erſchaffung und Regierung der Welt dem Vater beigelegt
(Apg. 17, 24. Römer 1, 25. 1 Cor. 12, 6. 28. 15, 28. Eph. 4, 6.),

dem Logos oder Sohne (Joh. 1, 3. Hebr. 1, 2. 3. Eph. 4, 11.
M. 16, 20.), dem Geiste Gottes (1 Cor. 12, 11. Apg. 16, 6. 20.
28.); — das Verhältniß der Alles wirkenden Gnade Gottes zum
menschlichen Freiheitsvermögen (Joh. 6, 37. 44. 65.: „Es kann
Niemand zu mir kommen, es sey denn, daß ihn der Vater ziehe;"
Phil. 2, 13.: „Gott ist es, der beides wirket, das Wollen und
das Vollbringen, nach seinem Wohlgefallen; vgl. Mt. 23, 37.:
»Ich habe Euch versammeln wollen, und Ihr habt nicht gewollt;"
Phil. 2, 12.: „Schaffet, daß Ihr selig werdet"); — das Ver=
hältniß der Alles= umfassenden Gnade zur Verstockung und selbst=
verschuldeten Verdammniß des Menschen (Joh. 12, 39.: „Sie
konnten nicht glauben, denn Jesaias sagt: Er (Gott) hat ihre Au=
gen verblendet und ihr Herz verstocket;" Römer 9, 18.: „er ver=
stocket, welchen er will;" 11, 32.: „Gott hat Alles beschlossen un=
ter den Unglauben;" Apg. 4, 28.: „Herodes und Pilatus hatten
sich versammelt ... zu thun, was Deine Hand und Dein Rath
zuvor bedacht hatte, das geschehen sollte;" — vgl. M. 16, 16.:
„Wer nicht glaubet, der wird verdammet werden;" Joh. 3, 18.:
„Wer nicht glaubet, der ist schon gerichtet, denn er hat nicht ge=
glaubt;" Hebr. 10, 26.: „Denn so wir muthwillig sündigen,
nachdem wir die Erkenntniß der Wahrheit empfangen haben, ha=
ben wir weiter kein anderes Opfer mehr für die Sünde, sondern
ein schreckliches Warten des Gerichts und des Feuereifers"); —
Der Umfang des Plans Jesu: Mt. 10, 5. 15, 24. (nicht nach den
Heiden); — vgl. Joh. 3, 16. (die Liebe Gottes zur Welt), 10,
16. (eine Heerde, ein Hirte), Apg. 10, 34 f. (Gott ohne Ansehen
der Person), Römer 1, 14 — 16. Eph. 2, 14—16. (Vereinigung
der Juden und Heiden); — das Verhältniß der Erlösung und Ver=
söhnung zur Wirksamkeit Jesu: Römer 3, 25 f., Hebr. 9, 14.,
1 Petr. 1, 18. 19. (ausschließlich dem Tode Jesu beigelegt); vgl.
Römer 4, 25. 1 Cor. 15, 14 ff. (Christus um unserer Gerechtig=
keit willen auferwecket; ohne Auferstehung die Predigt und der
Glaube vergeblich); — das Verhältniß zwischen Gnade und Ver=
geltung: Luk. 17, 10. (δοῦλοι ἀχρεῖοι), Römer 11, 35. („Wer
hat ihm etwas zuvor gegeben, das ihm werde wieder vergolten?"),
Eph. 2, 8. 9. („aus Gnaden seyd Ihr selig geworden, und dassel=
bige nicht aus Euch; Gottes Gabe ist es"); vgl. Mt. 25, 34. (das
Gericht nach den Werken), Römer 2, 6 f. („Gott wird geben

einem jeglichen nach seinen Werken".) Gal. 6, 7 f. („Was der
Mensch säet, das wird er ernten"); — die Bedingung der Seligkeit: die Erkenntniß der christlichen Wahrheit (Joh. 17, 3.; vgl.
Jak. 2, 19.: die Erkenntniß der Dämonen), oder das Bekenntniß derselben (Mt. 10, 32. Röm. 10, 13. 1 Cor. 12, 3. 1 Joh.
4, 2.; vgl. Mt. 7, 21.: Unzulänglichkeit des Bekenntnisses), Liebe
als das Merkmal des Christen (Joh. 13, 35. 1 Cor. 13, 13. Gal.
5, 6.), Gehorsam (Mt. 7, 21. Joh. 14, 21. 23. Hebr. 5, 9.),
gute Werke (Mt. 25, 34 ff. Röm. 2, 7 ff. 13. Jak. 2, 14.); —
die Gültigkeit des Mosaischen Gesetzes: Mt. 5, 18 f. (kein Buchstabe, kein Titel vom Gesetze wird zergehen, noch das geringste
der Gebote aufgehoben werden), vgl. Mt. 9, 16. 17. (die Unver-
einbarkeit des Alten und des Neuen), Joh. 1, 17. (das Gesetz
durch Moses, die Wahrheit durch Jesus), Joh. 4, 21. (Aufhebung des Tempeldienstes), Apg. 15, 28. (das jerusalemsche Dekret), Röm. 10, 4. (Christus, das Ende des Gesetzes), Gal. 3,
23 ff. (wegen des Glaubens nicht mehr unter dem Zuchtmeister);
— die Auferstehung und das Gericht als gegenwärtig und als
zukünftig (Joh. 5, 24—29.), als unmittelbar nach dem Tode,
und als erst am Ende der Tage bevorstehend (Luk. 23, 43. Mt. 25,
31 ff. 1 Cor. 15, 23 ff.)

Wenn, in Fällen von dieser Natur, der christliche Ausleger
seine Arbeit nicht eher für beendigt halten darf, als bis die Gegensätze in höhere Einheit aufgelöst sind, so zeigt es sich gerade hier
besonders klar, wie die philologische und die historische Auslegung
einen — zwar unentbehrlichen, aber dennoch nur vorbereitenden
Dienst leisten. Das sorgfältige Wortforschen kann es einleuchtend
machen, daß die Worte nicht anders gewählt und gestellt sind,
als daß eine Vereinigung der verschiedenen Sätze als möglich angesehen werden müsse; die genaue Untersuchung des Contextes und
Vergleichung mit verschiedenen Aeußerungen wird dieses Suchen
auf die rechte Spur leiten können; die historische Untersuchung der
Verhältnisse, die in der Rede berücksichtigt sind, kann zu den verschiedenen Formen, unter welchen die Lehre des Evangeliums dargestellt ist, den Schlüssel reichen. Das Dogma aber in seiner
ganzen Bedeutung, die christliche Wahrheitsfülle, von der die verschiedenen Darstellungen herrühren, und auf welche sie wiederum
hinweisen, kann nicht aus irgend einer einzelnen Schriftstelle, noch

weniger aus der Betrachtung anderweitiger religiöser Verhältnisse entnommen werden. Es ist Einsicht in das Ganze der Lehre, in den Geist und religiösen Grundcharakter der Schrift, welche hier allein die Lösung des Knotens herbeiführen kann; ohne diese wird sonach die Schriftauslegung, gerade bei den wichtigsten Abschnitten der Schrift, schwankend, und das Resultat derselben unvollständig werden.

§. 34.

Beim Gebrauch des Alten Testaments, wo sich Stellen aus demselben im Neuen Testamente so angeführt finden, daß die philologische Auslegung wesentliche Abweichung von den Worten des Grundtextes oder vom Sinne desselben aufzeigt, während die historische Auslegung, in beiden Beziehungen, Uebereinstimmung mit der Benutzungsweise darlegt, die unter den Juden allgemein üblich war (s. oben), wird die gemachte Anwendung nach dem dadurch anschaulich gemachten religiösen Verhältniß, in welchem das Judenthum und die heilige Schrift desselben überhaupt zum Christenthume steht, zu beurtheilen seyn*).

Nach einer allgemein verbreiteten Ansicht wird angenommen, daß das religiöse Interesse in eben dem Grade seine vollkommnere Befriedigung finde, als die christlichen Phänomene — nicht bloß über die Verbindung mit den Gesetzen für historisch gleichartige Verhältnisse hinaus-, sondern aus derselben herausgerückt werden. In eben dieser Isolirung des religiösen Interesses hat die Behauptung ihren Stützpunkt: daß jede einzelne Stelle im A. Test., die im N. Test. angeführt ist, nach ihrem wahren und ursprünglichen Sinne so zu verstehen sey, wie sie hier ausgelegt worden ist. Da nun namentlich unter den Stellen aus dem A. Test., von welchen in der evangelischen Geschichte Anwendung gemacht ist, verschiedene auf Einzelheiten im Leben Christi, von denen man

---

*) Vgl. Bleek: Bemerkungen über die dogm. Benutzung alttestamentl. Aussprüche im N. Test., und deren normative Bedeutung für den chr. Ausleger (Theol. Stud. u. Krit. 1835, 2. Hft., übers. in d. Zeitschr. f. ausw. theol. Lit. 1835). Tholuck: das A. Test. im N. Test., 1835.

zu jedem mal, daß sie historisch nicht vorherzusehen waren, zurückgeführt werden — z. B. auf die Flucht nach Aegypten (Mt. 2, 15.),
den Kindermord in Bethlehem (Mt. 2, 17. 18.), die Loosung
(Joh. 19, 24.), das Beinzerbrechen (Joh. 19, 36.); so enthält
jene Behauptung nothwendig die Voraussetzung eines wirklichen
Vorherwissens ($\mu\alpha\nu\tau\epsilon\iota\alpha$) bei den Propheten des A. Test., Kraft
dessen das Zukünftige — nicht durch Hülfe der Reflexion und
Combination, sondern unmittelbar und in seinem ganzen Detail,
in anschaulicher Klarheit vor ihrem Blick offen gelegen habe. Dieser
Voraussetzung aber fehlt es an allen Kriterien der Wahrheit. Wird
die Persönlichkeit der Propheten berücksichtigt, so ist ein eigentli-
ches Vorherwissen mit der Natur des menschlichen Denkens unvereinbar, welches, was das Zeitliche betrifft, an die Form der Zeit
gebunden, und darauf beschränkt ist, aus dem gegebenen Gegenwärtigen durch Wahrscheinlichkeitsschluß einen Umriß der zukünftigen Dinge zu entwerfen. Wird ferner auf die Beschaffenheit
der jedesmaligen Orakel gesehen, so enthalten diese — mit Ausnahme einzelner Theile, deren Unächtheit bei unbefangener Untersuchung kaum mehr zu bezweifeln ist — keine Vorhersagung historischer, nicht vorauszusehender Details, wie z. B. Namen, Angabe
von Zeit, Ort, Anzahl, sondern Schilderungen, die in der religiösen Grundansicht, der Macht der theokratischen Idee im Gemüthe, gegründet, und aus derselben entsprungen sind. Auch die
Aeußerungen im N. Testament führen auf keine andere Vorstellung von der prophetischen Gabe. Wie überhaupt nicht die Persönlichkeit der Prophezeienden, sondern die religiöse Bedeutung der
Weissagungen Gegenstand der Aeußerungen Jesu und der Apostel
ist, so ist auch die Bezeichnung der Propheten als gottbegeisterter,
vom heiligen Geiste getriebener, aus dem Geiste redender Männer
u. s. w., so ganz im Allgemeinen gehalten, daß jede nähere Bestimmung der Beschaffenheit des göttlichen Einwirkens und des
Verhältnisses zwischen dem göttlichen und dem menschlichen Geiste
vermißt wird. Gewöhnlich wird indessen die Behauptung von einer,
im N. Test. gegebenen, absoluten Auslegungsregel für das A. Test.
als schon hinlänglich durch die Formeln gerechtfertigt betrachtet,
mit welchen jene Schriftstellen eingeleitet werden: $\tau o\tilde{\upsilon}\tau o\ \dot{\epsilon}\gamma\dot{\epsilon}\nu\epsilon\tau o$
$\tilde{\iota}\nu\alpha\ \pi\lambda\eta\rho\omega\vartheta\tilde{\eta}$ — $o\tilde{\upsilon}\tau\omega\varsigma\ \dot{\epsilon}\tau\epsilon\lambda\epsilon\upsilon\dot{\omega}\vartheta\eta$ — $\tau o\tilde{\upsilon}\tau\dot{o}\ \dot{\epsilon}\sigma\tau\iota\ \tau\dot{o}\ \gamma\epsilon\gamma\rho\alpha\mu$-
$\mu\dot{\epsilon}\nu o\nu$ — $\dot{\epsilon}\nu\ \tau o\acute{\upsilon}\tau\omega\ \pi\lambda\eta\rho o\tilde{\upsilon}\tau\alpha\iota\ \dot{\eta}\ \gamma\rho\alpha\varphi\acute{\eta}$ u. s. w. Aber in

welche Schwierigkeiten werden wir uns durch einen solchen Schluß nicht verwickelt finden! Der Prophet sollte — nicht an die Auswanderung der Juden aus Aegypten, sondern an die Rückkehr des Messias von dannen nach Palästina gedacht haben, weil der Evangelist (Matth. 2, 15.) diese Anwendung von Hos. 11, 1. gemacht hat; der Psalmist sollte — nicht von der Stimme des Donners, sondern von den Stimmen der Verkündiger des Evangeliums geredet haben, weil der Apostel (Röm. 10, 18.) die Worte des Psalms (Ps. 19, 5.) auf die Predigt der Apostel übertragen hat. Schon eine solche Deutung würde eine Vernichtung der Auslegung in ihrem Grunde und ihrer Wurzel seyn; und dennoch würde man bei diesem Punkte consequent noch nicht stehen bleiben können; denn das nämliche Gesetz, welches als Regel der Auslegung gelten sollte, müßte auch als Regel der Real- und Verbalkritik geltend gemacht werden. Durch die Benennung, unter welcher die einzelnen Bücher des A. Test. im N. Test. vorkommen, durch die Textform, unter welcher die Schriftstellen angeführt sind, müßten schon die Fragen von der Aechtheit der jedesmaligen Bücher, von der Lesart an den einzelnen Stellen die authentische Entscheidung in letzter Instanz gefunden haben. Es müßte sonach als bewiesen und unbestreitbar gelten, daß Moses Verfasser des Pentateuchs sey, weil derselbe als Bücher Mosis genannt wird (Joh. 5, 46. Luk. 24, 27.), daß Jesaias wirklich Verfasser des 53. Kapitels sey, laut Matth. 8, 17. und daß die, Matth. 27, 9. angeführten, Worte weder aus einer apokryphischen, pseudonymen Schrift, noch — durch eine Verwechselung — aus dem Zacharias (11, 12. 13.), sondern aus einer späterhin verloren gegangenen Schrift des Jeremias entnommen seyen. Und endlich müßte man bei gar vielen Stellen, wo die griechische Uebersetzung vom hebräischen Textes abweicht, oder wohl gar einen ganz andern Sinn ausdrückt, sich für berechtigt, ja verpflichtet halten, den Text des Originals nach der Autorität der Uebersetzung zu ändern.

So sehen wir uns denn auf diesem Wege bei einem unaufgelöseten Gegensatz zwischen der Schrift und der Wissenschaft, zwischen den Resultaten einer von der Dogmatik beherrschten Exegese und faktischer, bei historischer Betrachtung sich aufnöthigender Wahrheit festgebannt. Aber eine Forderung und ein Verfahren,

uns in dieses Labyrinth hineinführt, ohne aus demselben irgend
einen Ausweg zu zeigen, darf nicht auf Jesum zurückgeführt werden,
der auch in der Wissenschaft der Weg und die Wahrheit ist; und
das Schicksal eines Systems, welches Christum und die heilige
Schrift dadurch zu verherrlichen wähnt, daß es seinen Namen
und deren Gesetz im Gegensatz von jedem andern Namen und
jedem andern Gesetze stellt, darf der in christlicher Einsicht zur
Mannesreife fortschreitenden Zeit ruhig überlassen werden.

Ein Versuch, die Autorität der Schrift mit der Wissenschaft
auszusöhnen, ist in der von neueren Theologen gegebenen Modification der älteren Lehre von einer gewissen Doppelheit des im
prophetischen Worte enthaltenen Sinnes gemacht worden; indem
der allgemeine Grundsatz von der Einheit des Sinnes festgehalten
wird, aber so, daß zwischen einer höheren und einer geringeren
Potenz desselben Sinnes unterschieden wird, auf welche Doppelheit
gerade beim Gebrauch des A. Test. im N. Test. hingedeutet seyn soll
(s. oben). Die menschliche Natur wird bei dieser Erklärung in den
Propheten zwar nicht aufgeopfert, aber doch nur theilweise erhalten. Die Doppelheit des im prophetischen Worte enthaltenen
Sinnes stützt sich nämlich auf den Begriff von einem Einwirken
des göttlichen Geistes, der zum Theil die menschliche Persönlichkeit vertreten haben soll. So wird für einen zwiefachen Sinn,
der auf das doppelte Subjekt zurückzuführen seyn wird, Raum
gewonnen, und zwar wird der eine Sinn als aus bewußter Reflexion bei dem menschlichen Verfasser, der andere hingegen als
aus der unmittelbaren Eingebung des göttlichen Geistes entsprungen betrachtet. Diese Vorstellung ist indessen, in psychologischer
wie in historischer Beziehung, nicht befriedigender. Denn wie
einerseits das persönliche Selbstbewußtseyn aufgehoben ist, wo die
menschliche Seele durch das Einwirken des Geistes Gottes zur
Werkstätte einer Wirksamkeit wird, die nicht in dem eigenen Wesen derselben ihre Wurzel und Entwickelung hat, so hat die Vorstellung von einer solchen geistigen Doppelheit oder Getheiltheit
nicht weniger die prophetische Vortragsform selbst gegen sich, indem wir den Inhalt der Orakel und Visionen in seinen Einzelheiten zum Gegenstande reflektirender Erklärung und Entwickelung
gemacht finden.

29

Fragen wir aber nun nach dem Grade dieser immer wieder kehrenden Conflikte zwischen den Ansprüchen des dogmatisch-theologischen und des philologisch-historischen Interesses, so ist dieser in der isolirenden, beschränkten Betrachtung untersucht, wenn man den einzelnen Stellen im A. Test. von denen im N. Test. Gebrauch gemacht ist, unverrückt festhält. Das ausgleichende, versöhnende Moment ist daher allein in der umfassenden Betrachtung des A. Test. als religiöser, ein Ganzes bildender, Einheit zu finden. Denn der am stärksten hervortretende Charakterzug im A. Test. ist das tiefe Gefühl des Mangels an geistiger Befriedigung, die starke Sehnsucht nach dem Zukünftigen, die Schilderung der Zeit des Heils unter der Form des messianischen Reichs. Diese Idee von der Herrlichkeit des Messias und seines Reichs war beim jüdischen Volke in dem Grade der große Gegenstand der sehnsuchtsvollen Erwartung des Gemüthes, daß sie die ganze Anschauungsweise von der Natur und Geschichte durchdrang und bestimmte. Es ist dieselbe der goldene Grund, auf welchem jedes der reichen Phantasiebilder ausgeführt ist, so daß ihr Glanz durch die aufgetragenen Farben hindurchschimmert; und selbst in Schilderungen des Vergangenen oder des Gegenwärtigen, in welchen irgend ein religiöses Moment hervortritt — in Schilderungen der Weltregierung Jehovahs und seiner Führungen des Volks, oder der großen Persönlichkeiten und Begebenheiten der Vorzeit wie der Gegenwart — finden sich Züge jenes Idealbildes, der Majestät und Herrlichkeit des königlichen Gottmenschen, der Vorzüglichkeit und Glückseligkeit des irdischen Gottesreichs, eingeschaltet.

Hierin ist das organische Grundverhältniß des alten Bundes, der vorläufigen Gottesoffenbarung in der Geschichte, dem Gesetz, der Lehre und dem Cultus des jüdischen Volks, zum neuen, und zwar als Verheißung, Vorbedeutung, Vorbereitung desselben gegeben (παραβολὴ εἰς τὸν καιρὸν, τὸν ἐνεστηκότα, ἀντίτυπα τῶν ἀληθινῶν, Hebr. 9, 24.). Dieses Verhältniß ist im Aeußerungen von Jesu und den Aposteln ausgedrückt, wie z. B. Luk. 24, 27.: „Er fing an von Mose und allen Propheten, und legte ihnen alle Schriften aus, die von ihm gesagt waren;" Joh. 5, 39.: „Suchet in der Schrift, denn sie ists, die von mir zeuget;" — Röm. 15, 4.: „Was zuvor geschrieben ist, das ist zur Lehre geschrieben;" — 1 Cor. 10, 11.: „Solches alles widerfuhr

führen ihnen zum Vorbilde; es ist aber geschrieben uns zur Warnung. — In diesem Verhältniß, in seiner ganzen Allgemeinheit
aufgefaßt, ist Probe und Regel der Verfahrungsart enthalten,
nach welcher das A. Testam. im N. Test. in Gebrauch genommen ist;
aber weil das Gesetz und die Propheten, als ein Ganzes betrachtet, als Ankündigung und Vorbedeutung der in Christo vollendeten Gottesoffenbarung bezeichnet werden können, so gilt es darum
noch von allen einzelnen Theilen derselben. Und dieses muß auch
in Beziehung auf mehrere von den im N. Test. angeführten Stellen aus dem A. Test. zugegeben werden, in welchen der natürliche
Anknüpfungspunkt zwischen dem Inhalte und der messianischen
Idee vermißt wird; als auf Beispiele kann wieder auf Matth. 2,
15. und Röm. 10, 18. hingewiesen werden. Nicht aber der concrete Inhalt der angeführten Stelle wird sonach als Hauptsache zu
betrachten seyn; denn die Anführungen zeigen sich nicht überall
in vorhergehender Ueberlegung, noch in sorgfältiger Auswahl gegeben; sie sind oft gelegentlich hervorgerufen und beispielsweise
vorgebracht, um jenes allgemeine Verhältniß zu erläutern. Dieses Verhältniß, in einem einzelnen Beispiel dargestellt — und
zwar nicht sowohl nach der Bedeutung der Stelle selbst, als in
Beziehung auf den allgemeinen Ton, der durch jeden größeren
Theil des heiligen Schrift hindurchklingt — wird also Hauptgegen-
stand der Betrachtung seyn müssen.

Wir werden uns demnach nicht zu der Annahme berechtigt
halten können, daß Jesus und die Apostel sollten zur Absicht gehabt haben, irgend Etwas rücksichtlich des in den einzelnen Stellen enthaltenen Gedankens der prophetischen Verfasser und des den
Worten derselben beizulegenden Sinnes zu bestimmen, etwa eine
eigentliche Auslegungstheorie aufzustellen, oder durch erwählte
Beispiele den Weg zur wahren Auslegung der fraglichen Schriftstellen zu zeigen. Der Sinn, den wir hier hervorgehoben finden,
ist nicht immer ein solcher, welcher durch kritische Untersuchung als
der historisch wahre würde gerechtfertigt werden können; wohl
aber sollen wir darin den Sinn suchen, der von dem höheren
Standpunkte des Christenthums aus der religiös wahre ist, nämlich als Bezeichnung des allgemeinen Verhältnisses des Judenthums zum Christenthume. Von diesem Verhältniß ist der Gebrauch des A. Test. im N. Test. eine faktische Erklärung — eine

Nachweisung: dessen, wie die messianische Idee, die Erwartung einer historischen Gottesoffenbarung in menschlicher Persönlichkeit zum Heile der Menschheit, den jüdischen Glauben und Cultus durchdrungen hat, so daß selbst zwischen einzelnen Theilen des A. Test. und einzelnen Momenten der evangelischen Geschichte und Lehre ein Parallelismus sich der Betrachtung darbietet.

Durch diese Ansicht der Sache ist auf der anderen Seite jene Erklärung abgewiesen, nach welcher in den erwähnten Citaten weder Anderes noch Mehr zu suchen sey, als die Bezeichnung einer zufällig gegebenen Uebereinstimmung, oder Aehnlichkeit in gewissen äußeren, öfters unwesentlichen, Momenten zwischen dem vormals Geschriebenen und dem später Eingetroffenen; eine Erklärung, die — selbst abgesehen vom Gesichtspunkte des theologischen Interesses — sich als unwahr und unbefriedigend zeigt, weil in den Citationsformeln selbst offenbar eine tiefere Causalverbindung angedeutet ist. Nur insofern der Grund, warum gerade die eine bestimmte Stelle vor allen anderen benutzt worden, öfters in einer gewissen äußeren Uebereinstimmung mit besonderen historischen Verhältnissen gegeben ist, ist eine gewisse Zufälligkeit oder Willkühr im Gebrauch zuzugeben; und so wird die Anwendung im N. Test. — bei aller äußeren Uebereinstimmung mit der rabbinischen Auslegung — dennoch in ihrem Grunde und Wesen von dieser verschieden. Während letztere auf der Oberfläche spielt, sich mit kleinlichen Parallelen oder mit Nachweisung der Uebereinstimmung durch künstliche Combinationsspielereien beschäftigt, finden sich dort Vorzeit und Zukunft verbunden durch den tiefen Einblick in die göttliche Oekonomie, und durch das klare Ueberschauen der Geschichte der Offenbarung Gottes in ihren verschiedenen Akten, welches das Einzelne nach der Regel einer höheren Wahrheit sammelt und ordnet.

Durch eine Unterscheidung der Auslegung von der Anwendung im hier entwickelten Sinne darf sonach das christliche Interesse als befriedigt betrachtet werden, ohne daß das Recht der wissenschaftlichen Auslegung von der einen oder der anderen Seite der Verletzung ausgesetzt wird.

§. 35.

Bei historischen Partieen im A. Test., wo die philologisch-historische Auslegung darauf hinführt.

...rische Fakten von der gegebenen Darstellung derselben zu unterscheiden, und theils
... gedichterischen oder reflektirenden, von
der gewöhnlichen rein historischen abweichenden
Form, theils in Folge des Verhältnisses zur Welt
dem das Erzählte oder einzelne Theile desselben
zu historischer Wahrscheinlichkeit oder zum eigenthümlich christlichen Charakter stehen, — muß die
Auslegung von der Totalität der Schrift und der
evangelischen Geschichte ausgehen, um in den
Stand gesetzt zu werden, eine Gränze zwischen dem
Faktischen und dem Traditionellen auf befriedigende Weise zu ziehen.

Der Inhalt der evangelischen Geschichte ist die Unterlage des
christlichen Dogmas, Gegenstand des christlichen Glaubens; und
bei jeder Auslegung, die vom Begriff der Schrift als heiliger
Schrift oder als des von Gott bestimmten Behikels zur Ueberlieferung der christlichen Lehre ausgeht, gilt es daher als Voraussetzung, daß der historische Inhalt so in der Schrift erhalten sey,
daß die hinlängliche Gewähr für die faktische Wahrheit desselben
darin gegeben ist. Von einer anderen Grundansicht geht eine Behandlung der historischen Bestandtheile der Schrift aus, welche
außerhalb derselben Prinzip und Regel sucht, wonach die historische Faktität des Erzählten zu beurtheilen seyn soll; man
mag nun hiebei entweder von der Voraussetzung ausgehen, daß
alles Unerklärbare, von dem gewöhnlichen Laufe der Natur Abweichende auf Misverständniß beruhe, und daß sonach jede Erzählung so lange umzubilden sey, bis ihr Inhalt unter die allgemeinen Gesetze für die Wirksamkeit des physischen oder des psychi-
schen Lebens fällt (die psychologisch-historische Auslegung); oder
es vorziehen, den Erzählungen den historischen Charakter abzusprechen, sie als mythische, unwillkührlich entstandene und nach
und nach ausgeschmückte Symbolisirungen religiöser Ideen zu betrachten, und somit die Erzählung selbst Preis zu geben, indem
man das exegetische und das historische Resultat als durchaus
wesentlich verschiedene aus einander hält (S. 322 ff.).

Aber in der dogmatischen Bedeutung des historischen Inhaltes
der Schrift liegt zugleich die Berechtigung einer theologischen, vom

christlichen Offenbarungsglauben ausgehenden Auslegung des historischen Theils der Schrift, damit der historischen Auslegung von daher die Anleitung und nähere Bestimmung zu Theil werde, die in Folge der eigenthümlichen Beschaffenheit der Erzählungsweise im N. Test. nicht fehlen darf. Das rechtverstandene christliche Interesse stellt nämlich die Forderung nicht auf, daß sich der historische Charakter auf alle Theile der Schrift ohne Unterschied erstrecken sollte; denn nicht alle historischen Theile der Schrift stehen in gleichem Verhältniß zum Hauptinhalte desselben, so daß ihnen dogmatische Bedeutung zukommt. Ebenso wird die kritische Untersuchung und Vergleichung zeigen, daß nicht alle Theile auf rein historische Geltung Anspruch machen (siehe oben). Und auf der anderen Seite — wenn man es bedenkt, welche Besitz und Selbstthätigkeit, welche sittliche Kraft und welche charismatische Ausbildung der verschiedensten Fähigkeiten zu einer rein historischen Auffassung erforderlich sind, zumal bei Begebenheiten, die das Gemüth des Augenzeugen in Bewegung setzen, und wenn mit diesen Forderungen die bei den Evangelisten vorhandenen Bedingungen zusammengehalten werden; so würde man gewiß dem menschlichen Charakter der Schrift zu nahe treten, wenn man in allen einzelnen Theilen jeder einzelnen Erzählung reine und ungemischte Geschichte suchen wollte. Noch unwahrscheinlicher wird dieses durch kritische Betrachtung der sehr verschiedenartigen Bestandtheile der evangelischen Geschichte. Sie beziehen sich auf Begebenheiten, bei welchen die Berichterstatter Augenzeugen waren, und auf andere, die nur durch Tradition, ungewiß auf welchem Wege und durch wie viele Zwischenglieder, zur Kenntniß der Evangelisten gekommen sind; sie enthalten Züge, die, der Natur der Begebenheiten gemäß, Gegenstand historischer Beobachtung seyn konnten, und wieder Andere, wo die Beobachtung durch eigene Reflexion hat supplirt werden müssen. Eine besonnene Kritik wird hier nicht einen gleich historischen Charakter einräumen können; eine Unterscheidung des rein Historischen vom Sagenhaften, in welchem ein historisch Gegebenes Gegenstand traditionellen Zusatzes und dichterischer Ausschmückung geworden ist, nöthigt sich auf; und dem psychologischen Nachdenken wird es wahrscheinlich, daß in solchen Fällen, wo sich die Berichterstatter von der historischen Gewähr verlassen fanden, der Glaube an die messianische Würde und an die göttliche Natur Jesu als ergänzendes Prinzip bei den mangelnden Zügen gewirkt hat. In einzelnen Erzählungen scheint die Darstellung selbst auf eine Verschiedenheit des historischen Faktums von der später angestellten Reflexion über den Grund oder die religiöse Bedeutung desselben aufmerksam zu machen. So z. B. Joh. 12, 28. 29., wo die angeführten verschiedenen Meinungen (Donner und ein redender Engel) dergestalt scheinen vereinigt werden zu können, daß die eine sich an die physische Seite des Phänomens gehalten hat, die andere hingegen sich zur religiösen Bedeutung desselben erhebt, oder Apg. 12, 3—11.: „Petrum dünkte es, er sähe ein Gesicht; — da er aber zu sich selber kam, sprach er: Nun weiß ich wahrhaftig, daß der Herr seinen Engel gesandt hat, und mich errettet aus der Hand Herodis."

Aber bei den Erzählungen, die Gegenstand einer eigenen theologischen Auslegung werden sollen, ist es nur erste und vorläufige Bedingung, daß die Darstellung selbst irgendwie eine gewisse Unsicherheit hinsichtlich des historischen Fundaments verräth (siehe oben). Die eigentliche Grundlage der Untersuchung wird im Inhalte zu suchen seyn, indem dieser nämlich von einer oder von anderen Seite gegen die Durchführung einer streng historischen Auslegung religiös-sittliche Bedenklichkeit erregt, und dadurch zur Erwägung dessen auffordert, wie das der Erzählung zum Grunde liegende Faktische zu begränzen sey, damit jene Bedenklichkeiten ohne Aufopferung des religiösen Moments gehoben werden. Wir weisen hier auf die Verkündigungs- und Geburtsgeschichte (Luk. 1. und 2.) hin, deren historische Quelle und Gewähr ebenso dunkel ist, als es einleuchtet, daß die Darstellung vom allgemeinen Typus der evangelischen Erzählung verschieden ist, und daß sie sich in demselben Verhältniß der poetisirenden Form in entsprechenden Erzählungen des A. Test. nähert; — auf die Erzählungen von der Taufe des Herrn, — von den Angelophanien in Gethsemane und nach der Auferstehung, — von der Genesung der Dämonischen durch Austreibung des Dämons aus dem Leibe des Besessenen, durchaus analog mit den bei Prosaschriftstellern häufigen Erzählungen*), — von der Einfahrt der

*) Bekannt ist die Erzählung des Josephus (de ant. Iudd. I. 8.)

Dämonen, und Jesu dazu gegebner Glaube, an die Heerde von Säuen und deren dadurch herbeigeführten Untergang (Luk. 8, 32 ff.), er von der Wiederherstellung des mit dem Blutfluß behafteten Weibes, durch Berührung des Saumes vom Kleide Jesu (Luk. 8, 44 ff. „ich fühle," sagt Jesus, „daß eine Kraft von mir gegangen ist"), so auch Apg. 19, 12, wo es heißt, daß die Kranken dadurch geheilt worden seyen, daß sie mit den Kleidern des Paulus überdeckt wurden — eine Darstellung, die mit der religiösen Bedeutung der wunderthätigen Kraft kaum vereinbar ist, — von der Verfluchung des Feigenbaums (Marc. 11, 14), wo man aus religiösen Gründen zu der Annahme versucht wird, daß der Dämon an die Stelle des Futurums gesetzt sey, — von der Auferstehung der verstorbenen Heiligen gleichzeitig mit der Auferstehung Jesu (Matth. 27, 52 ff.).

Mit Ausnahme des letzterwähnten Beispiels, wo die Aehnlichkeit mit den Erzählungen der apokryphischen Evangelien unwillkührlich zur Annahme eines späteren traditionellen Ursprungs führt, scheint eine Unterscheidung des historischen Faktums von der Bearbeitung desselben durch später angestellte Reflexion über die Causalität der wundervollen Wirkung nicht eben mit großer Schwierigkeit verbunden zu seyn, und ohne Zweifel kann diese so ausgeführt werden, daß die religiös-dogmatische Bedeutung davon unberührt bleibt. Denn die hier angedeutete Auslegungskritik der Wundererzählungen des N. Testaments geht gerade von der Analogie der Schrift aus: von der Voraussetzung, daß in der Schrift ein Typus für die Wunder der evangelischen Geschichte gegeben sey — ein christlicher gemeingültiger Charakter, nicht minder in That als in Wort hervortretend, — nach welchem, in Verbindung mit gegebenen philologischen und historischen Thatsachen, die historische Wirklichkeit der einzelnen Theile der Erzählung als Gegenstand der Prüfung, mit größerer oder geringerer Wahrscheinlichkeit bestätigt, bezweifelt oder verneint werden kann.

---

von Eleazars, des jüdischen Geisterbeschwörers, in der Gegenwart Vespasians und seines Hofstaats unternommener Austreibung eines Dämons, der nach dem Befehl des Beschwörers, um seine wirkliche, wenn gleich unsichtbare, Anwesenheit darzuthun, beim Auszuge aus dem Leibe des Besessenen ein in die Nähe gestelltes, mit Wasser gefülltes Gefäß umstoßen mußte.

Auch von zwei anderen Erzählungen — der Verwandlung des Wassers in Wein, und die Speisung mit Brod und Fischen — gilt es, daß das eigentliche Faktum, sowie es in der Erzählung gegeben ist, sich jedem Versuch entzieht, um es der Sphäre des menschlichen Denkens auch nur näher zu bringen. In soweit unterscheiden sich diese Erzählungen von den übrigen Wunderzählungen, bei welchen die Erfahrung gewisse, entfernter oder näher liegende, Analogien von der Herrschaft des Geistes über die Materie darzubieten hat, welche zur Ahnung des hier geoffenbarten höheren Naturzusammenhanges führen. Indeß, da die obgedachten Erzählungen von Augenzeugen herrühren, und keine Unsicherheit bei diesen in Betreff der historischen Wirklichkeit des Wunders verrathen, so ist kein Kriterium vorhanden, wodurch die Auslegung als solche eine Unterscheidung des Faktums von der Erzählung begründen könnte. Eher könnte die Wanderung auf dem Meere hieher gerechnet werden, insofern die Erzählung bei Johannes (6, 16—21.), wahrscheinlich dem einzigen Augenzeugen unter den Evangelisten, von einem vor sich gegangenen Wunder oder einer dadurch hervorgerufenen religiösen Verwunderung durchaus keine Winke enthält.

§. 36.

Wo sich aus dem Grunde der Unvollständigkeit oder Undeutlichkeit des Textes keine bestimmte Erklärung als die ausschließlich richtige erweisen läßt, da wird die exegetische Aufgabe auf das Ausfindigmachen einer solchen Erklärung zu beschränken seyn, welche, ohne philologische oder historische Gründe gegen sich zu haben, sich am meisten mit der Analogie der Schrift übereinstimmend zeigt.

Unter den historischen Partieen im N. Test. kommen hier die einzelnen Erzählungen in Betracht, wo das Problematische nicht auf einzelne Züge des Ganzen oder auf das genau zu bestimmende Verhältniß des Faktischen zur Einkleidung desselben beschränkt ist, sondern wo es überhaupt in Zweifel gestellt werden kann, ob auch der Darstellung ein bestimmtes Faktum zum Grunde liege, oder ob diese nicht als Form einer dogmatischen Wahrheit gewählt sey. Hiezu können die Erzählungen von der Versuchung Jesu, von

der Predigt vor", den Geistern im Gefängniß" (1 Petr. 3, 18 ff.);
von dem Paulinischen σκόλοψ τῆ σαρχί, dem ἄγγελος σατᾶν
(2 Cor. 12, 7.), von der heimlichen Bosheit (2 Thess. 2, 3 ff.),
gerechnet werden. Die Ungewißheit, die bei der historischen Auslegung hier übrig bleibt, läßt sich durch die theologische Auslegung
nicht beseitigen. Denn letzterer Beruf ist näher zu bestimmen, zu
vollenden, zu begründen und zu bestätigen; daher sie ein auf niedri-
gerer Stufe schon abgeschlossenes Resultat voraussetzt. Darum aber
wird ihre Wirksamkeit, wiewohl meist auf das Negative beschränkt,
doch nicht minder wichtig; indem sie nämlich dadurch, daß sie die
Regel der Schriftanalogie zum Grunde legt, die Gränzen bestimmt,
innerhalb welcher die Auslegung sich bewegen darf, ferner die
Erklärungen abweiset, die mit der Wahrheit des Evangeliums
als Geschichte und als Lehre unvereinbar sind; und die Wahl
zwischen den übrigbleibenden leitet. Wenn so in der Versuchungsgeschichte die Untersuchung des ganzen Charakters der Auslegung
von der Annahme einer äußeren Geschichte, einer Verhandlung
eines persönlichen — entweder dämonischen oder menschlichen —
Versuchers mit dem Heilande abführt, dagegen aber zur Auswahl
die Annahme eines innern, psychologischen Faktums oder einer
mythischen oder parabolischen Erklärung dem Leser anheimstellt,
so wird von Seiten der theologischen Auslegung der christliche
Grundbegriff von der sittlichen Vollkommenheit Jesu als oberste
Regel der Auslegung geltend gemacht, so daß eine psychologische
Erklärung nur unter der Bedingung zu gestatten seyn wird, daß es
gelingen kann, den Begriff der Versuchung oder richtiger den von
außen herrührenden Versuch zur Versuchung so zu constituiren, daß
jedwede, selbst nur augenblickliche, Störung im rein-sittlichen Wirken des Willens ausgeschlossen wird. Bei der Stelle im Briefe
Petri von der Predigt vor den Geistern wird ebenfalls die Auslegung sich nur für die theologische Betrachtung fixiren können, durch
die ideelle Verbindung nämlich, worin die mysteriöse Hindeutung
mit dem Dogma von Jesu als dem Heilande der Welt steht, vor
dem „sich beugen sollen alle derer Knie, die im Himmel und auf
Erden, und unter der Erde sind" (Phil. 2, 10.).

Unter exegetische Probleme in Stellen didaktischen Inhalts
sind nicht bloß solche Aeußerungen zu zählen, wo die Worte an
und für sich so dunkel sind und in einer so losen und fernen Ver-

bindung mit dem Vorhergehenden und dem Nachfolgenden (schon
daß Einwendungen, nicht ohne Gewicht, gegen jede gegebene Auslegung sich vorbringen lassen (z. B. 1 Cor. 15, 29.: οἱ βαπτι-
ζόμενοι ὑπὲρ τῶν νεκρῶν. Gal. 3, 20.: ὁ μεσίτης ἑνὸς οὐκ
ἔστιν); sondern auch solche, wo Ausdruck und Wortverbindung
den Ausleger zwischen mehreren verschiedenen gleich möglichen Erklärungen schwanken lassen, indem kein Moment der einen den
Vorzug vor der anderen zu geben scheint. (z. B. Matth. 6, 13. und
Joh. 3, 12.: τοῦ πονηροῦ, Maskul. oder Neutr.?). In den
Reden bei Johannes bleibt bei der Auslegung oft ein solches Unbestimmbares übrig, als Folge eines gewissen Mangels an scharfer
Begränzung und an Präcision der Johanneischen Phraseologie,
wie auch wegen der loseren Verbindung der einzelnen Theile der
Rede, und nicht minder findet dieses in dem Paulinischen Briefstyl
Statt, und zwar als Folge der in den vorkommenden Hauptwör-
tern enthaltenen Vieldeutigkeit und der Uncorrectheit oder der Unbe-
stimmtheit hinsichtlich der Zusammenfügung der Wörter oder Sätze.

Die Anleitung, welche hier aus der dogmatischen Totalität
der Schrift gewonnen werden kann, ist theils negativ, insofern
sie gegen jede Erklärung, die unbestreitbar den geistigen Charakter
des Evangeliums und der Schrift gegen sich haben würde, Einsprüche erhebt, theils positiv, insofern sie die Betrachtung von
der bloß historischen Seite ab und auf die religiöse Seite hinlenkt.
Da die hier sich darbietende, leitende Regel sich auf das religiöse
Moment in den jedesmaligen Aeußerungen beschränkt, so wird
ihre Anwendung um so wichtiger, ihr Einfluß um so größer seyn,
als dieses Moment von Bedeutung ist; und indem so die theologische Auslegung dieses Moment als das einzig Nöthige gegen Eingriffe exegetischer Willkühr verwahrt, wird daneben zugleich die
exegetische Freiheit gegen das hemmende und einschränkende Einwirken eines misverstandenen dogmatischen Interesses gesichert.

Die Beruhigung auf der einen, und die Sicherstellung auf
der anderen Seite, welche hiedurch erreicht werden, hat schon Augustinus folgendermaßen treffend bezeichnet: „Quando ex iisdem Scripturae verbis non unum aliquid sed duo vel plura
sentiuntur, etiam si latet, quid senserit ille qui scripsit, nihil
periculi est, si quodlibet eorum congruere veritati, ex aliis
locis Scripturae Sacrae doceri potest" (de doctr. chr. III, 88.).

I.

Sach- und Namenregister.

II.
Angezogene Stellen aus dem N. T.

Lukas.

6, 20. 21. S. 353.
356. 361.
6, 38. 361
6, 45. 441
7, 6. 351. 359
7, 12. 394
7, 16. 384
7, 23. 363
7, 27. 415
7, 36—50. 424
7, 41. 340
7, 44—46. 394
8, 10. 359
8, 32—33. 456
8, 42. 358. 424
8, 44 ff. 456
8, 49. 358. 424
8, 56. 384
9, 3. 373
9, 11. 352
9, 12. 364
9, 13. 395
9, 27. 363. 442
9, 28—36. 426
9, 38. 350
9, 42. 341
9, 52. 376
9, 53. 429
9, 57—62 386
9, 60. 407
9, 61. 372
9, 62. 407
10, 4. 431
10, 6. 364
10, 18. 357. 439
10, 19. 357
10, 21. 410
10, 22. 359. 364
10, 30 ff. 428
10, 34. 340. 431
10, 40. 342
11, 4. 341
11, 5—13. 401.
443
11, 20. 364
11, 29. 30. 362
11, 31 f. 340.
362. 387
11, 38. 431
11, 39—41. 362
11, 41. 395
11, 44. 431
11, 6. 343
11, 11. 352
11, 15. 356. 375

Lukas.

12, 20. S. 376
12, 28. 340
12, 36. 349
12, 38. 39. 401
12, 42. 341. 352
12, 47. 351. 376
12, 48. 376
12, 54. 56. 386
12, 58. 343
13, 1. 2. 430
13, 1. 5. 421
13, 9. 393
13, 11. 368
13, 23. 374
13, 25. 374
13, 28. 419
13, 34. 35. 376.
386
14, 5. 378
14, 10. 341
14, 12. 340. 343
14, 13. 341
14, 15. 419
14, 16—24. 424
14, 18. 376
14, 21. 341
14, 26. 351. 364
14, 31. 374
14, 33. 342
14, 14. 377
15, 7. 363
15, 10. 364
15, 12. 369
15, 15. 381
15, 18. 379
15, 24. 356. 357
16, 5. 340
16, 6. 7. 350
16, 8. 351. 354.
380
16, 9. 439
16, 10. 11. 349.
359
16, 14. 340
16, 16. 362
16, 24. 343
17, 1—4. 386
17, 7. 340. 341
17, 10. 351. 358.
359. 444
17, 18. 379
17, 20. 21. 421
17, 33. 361
18, 1 ff. 342.
401. 443.

Lukas.

18, 5. S. 349
18, 7. 401
18, 12. 352
18, 15. 350
18, 24. 25. 358.
364
18, 35. 424
18, 43. 384
19, 3. 352
19, 9. 351
19, 12 ff. 429
19, 13. 342
19, 18. 345
19, 20. 343
19, 21. 22. 342
19, 24. 25. 424
19, 37. 379
19, 42. 393. 395
20, 11. 380
20, 18. 415
20, 20. 340
20, 27. 380
20, 34. 354
21, 12—16. 387
21, 30. 342
21, 34. 340
21, 38. 341
22, 16. 419
22, 19. 368. 369
22, 20. 364
22, 24. 379
22, 29. 30. 407
22, 36. 226. 356
22, 38. 396
22, 42. 393
22, 43. 427
22, 49. 367
22, 56. 371
22, 59. 371
23, 5. 378
23, 7. 352
23, 16. 342
23, 19. 341
23, 25. 341
23, 34. 340
23, 41. 351
23, 43. 445
23, 47. 364
23, 54. 431
24, 1. 369
24, 4. 427
24, 10. 377
24, 12. 427
24, 27. 448. 450
24, 32. 345

Johannes.

24, 377. S. 352
24, 49. 364
24, 51. 427
24, 52. 384

Johannes.

1, 1 ff. 356. 363.
395
1, 3. 356. 444
1, 8. 377
1, 9. 369
1, 10. 351. 356
1, 13. 356
1, 15. 352. 353.
356
1, 16 ff. 384
1, 17. 445
1, 20. 379. 392
1, 27. 352. 380
1, 28. 429
1, 29. 351. 419.
431
1, 30. 353
1, 31. 351
1, 32. 400
1, 33. 351. 363
1, 47. 429
1, 49. 430
1, 50. 395
1, 52. 357. 419
2, 9. 384
2, 11. 384
2, 15. 343
2, 17. 384
2, 19. 226. 407
2, 21. 22. 384
2, 24. 364
3, 3. 357
3, 5. 357. 364
3, 6. 367
3, 11. 12. 393.
459
3, 13. 364
3, 16. 444
3, 18. 444
3, 21. 351
3, 35. 36. 364
4, 1. 384
4, 8. 384
4, 9. 429
4, 14. 357
4, 16. 349
4, 17. 365
4, 18. 349
4, 21. 445

1 Corinther.	1 Corinther.	2 Corinther.	Galater.
8, 4—13. S. 389	15, 37—44. S. 399	8, 6. 7. S. 352	4, 20. S. 360
8, 9. 333	400	8, 18. 372	5, 6. 445
8, 10. 333	15, 40 f. 345. 352	8, 24. 380	5, 12. 394. 406
9, 7. 341	15, 42—44. 394	9, 4. 342	5, 13 ff. 372. 421
9, 9. 266	15, 45 ff. 357. 400. 419	9, 6. 377. 438	5, 20. 352
9, 10. 340. 372	15, 47. 357	9, 8. 352. 353	6, 7 ff. 445
9, 12. 342	15, 50. 129. 441	9, 10. 11. 378	6, 15. 365
9, 19—22. 437	15, 51—57. 397. 406. 442	10, 1 ff. 406. 410	
9, 27. 343	15, 52. 376	10, 5. 169. 359	Epheser.
10, 4. 142. 419. 430	15, 54. 416	10, 14. 373	1, 13. 363
10, 9. 350	15, 55. 415	10, 15. 378	1, 23. 352
10, 11. 442. 450	16, 2. 367	11, 2. 360	2, 3. 169. 350. 360. 363
10, 13. 350	16, 3. 352	11, 3. 377	2, 4—10. 389
10, 14—21. 389	16, 9. 353. 377	11, 17. 342	2, 8. 9. 444
10, 16. 359	16, 12. 340	11, 19. 396	2, 10. 372
10, 25. 343	16, 15. 363	11, 25. 424	2, 11—22. 421
10, 26. 352		11, 26. 368	2, 19. 340
10, 33. 352. 363	2 Corinther.	11, 32 ff. 429	3, 2—13. 391
11, 3. 394	1, 1. 428	12, 1 ff. 427	3, 13. 342
11, 4. 5. 431	1, 10. 371	12, 2 ff. 430	3, 14—21. 397
11, 10. 349	1, 21. 357. 363	12, 7. 430. 458	4, 6. 443
11, 23. 371	1, 22. 363	12, 11. 364	4, 8. 415
11, 24. 360	2, 1—3. 406	12, 13. 396	4, 11. 444
11, 25. 353	2, 2 f. 371. 374	13, 1. 346. 424. 430	4, 17 ff. 410
11, 30. 419	2, 6. 341	13, 5. 350	4, 18. 368
12, 3. 445	2, 12. 375	13, 10. 342	4, 26. 161. 420
12, 6. 443	2, 14. 342		4, 29. 342
12, 11. 444	2, 15. 377	Galater.	4, 30. 363
12, 28. 352	2, 16. 351	1, 9. 374	5, 12. 372
12, 28. 378. 443	3, 1 ff. 393	1, 10. 352	5, 14. 416
13, 1—3. 393	3, 5. 351	1, 12. 371	5, 15. 379
13, 1—13. 397	3, 7 ff. 345. 378	1, 14. 340. 410	5, 31. 413
13, 11. 353. 393	3, 13. 96. 376	1, 17 ff. 424	6, 14 ff. 398
13, 13. 445	3, 14. 410. 431	1, 23. 352	
14, 2. 4—6. 363	3, 15. 410. 420. 431	2, 6. 378	Philipper.
14, 7. 379	4, 4. 368	2, 9. 377	1, 3 ff. 406
14, 14. 15. 352. 363	5, 1 ff. 419	2, 15 ff. 350. 363. 389	1, 5. 352
14, 20. 353	5, 1—9. 389	2, 17. 379	1, 7. 375
14, 32. 374	5, 6. 374	2, 18 ff. 389. 393	1, 13. 341. 431
15, 8. 340	5, 13. 353. 364	3, 1 ff. 406	1, 15. 16. 360
15, 10. 350	5, 14. 357	3, 7 ff. 389	2, 3. 377
15, 12—22. 389	5, 15. 363	3, 11. 12. 413	2, 5—11. 397
15, 14 ff. 350. 359. 444	5, 19. 379	3, 15. 353	2, 10. 458
15, 19. 379	6, 4—6. 394	3, 19. 379. 419	2, 12. 444
15, 21 ff. 399	6, 9. 10. 363. 394. 395	3, 20. 459	2, 13. 170. 444
15, 23 ff. 445	6, 14. 378	3, 23 ff. 445	3, 2 ff. 394. 406
15, 24 ff. 419	6, 16. 17. 350. 416	3, 26. 27. 358	3, 8. 367
15, 27. 413	7, 1. 363	4, 3. 360	3, 12. 394
15, 28. 443	7, 2. 343	4, 9. 351. 360	3, 13. 14. 393
15, 29. 459	8, 2. 395	4, 12—20. 406	4, 3. 430
15, 32. 364. 450		4, 18. 375	4, 10 ff. 406
15, 35 ff. 419		4, 19. 354	4, 13. 353

31

III.

Vorkommende griechische Wörter.

Leipzig, gedruckt bei Wilh. Staritz.

Druckfehler.

Seite 47 Zeile 12 von unten: st. uns: l. nur.
— 93 — 15 von oben: nach „Leibe" ein Comma zu setzen.
— 198 — 5 = = den Letzteren: l. dem Letztern.
— 220 — 15 = = im: l. und.
— 255 — 7 = = seyen: l. seyn.
— 271 — 11 von unten: Lösung: l. Lesung.
— 309 — 2 von oben: (s. ob. S. 65): l. (s. ob. S. 58).
— 352 — 11 = = M. 24,: l. Mt. 24,.
— 368 — 3 = = nach „Sache" ist das Wort „gebraucht"
                einzuschalten.
— 409 — 10 = = das Comma nach „Gegensatz" ist zu streichen.
— 428 — 19 = = es: l. sie.
— 448 — 9 von unten: Textes: l. Texte.